부동산 블랙박스 시리즈 10

★공인중개사, 감정평가사, 피수용자, 법무 종사자 등의 필독서★

실전
부동산중개실무(Ⅳ)

- 토지보상실무 -

실무와 이론을 모두 담은 토지 보상의 바이블!

김태건 저

도서출판 **애플북**

머리말

필드의 실무자들 사이에서는 "실무가 중요하지, 이론이 뭐가 필요하냐?"는 말이 회자(膾炙)되는 것을 종종 본다. 토지수용보상에 관하여는 더더욱 지당한 말인지도 모른다. 그러나 일반적으로 실무가이든 이론가(학자)이든 "고수의 반열에 오르려면 반드시 이론과 실무 양자를 겸비하여야 한다". 왜냐하면 '실무를 모르는 이론은 공허하지만, 이론을 모르는 실무 또한 맹목적'이기 때문이다. 한마디로 고수의 반열에 오르려면 이론과 실무는 결코 별개가 아니라는 것이다.

또한 부동산(토지) 공법과 토지보상실무는 자웅법(雌雄法)이다. 따라서 함께 공부를 하여야 그 효과가 배가된다. 그러나 부동산(토지) 공법이 복잡하고 양이 많다 보니, 책의 분량상 인허가·특허 등의 법적 성격과 이들의 양도·승계와 그 효과, 행정심판과 행정소송 등과 대법원 및 헌법재판소의 판례 등을 충분히 실을 수가 없다. 따라서 어쩔 수 없이 이들에 관하여는 토지보상실무에서 언급할 수밖에 없었다. 독자 제현께서는 이점을 꼭 상기하여 부동산공법실무와 토지수용보상실무를 함께 공부하기를 당부드린다. 그리고 이 양법이 자웅법임에도 불구하고 중개업계에는 보상실무에 관한 실무서가 아직 없다. 보상실무에 관한 저자의 책이 처음으로 선 보이게 된 셈이다. 보상실무를 동시에 공부하여야 비로소 토지공법에 관한 명실상부한 전문가가 될 수 있다.

이 책은 위와 같은 점을 고려하여 최대한 효용 극대화를 얻을 수 있도록 집필하였다. 정확한 법적 근거를 제시하고 백과사전식의 많은 정보를 담았다. 따라서 이 책은 현직 공인중개사·감정평가사·건축사·토목설계사와 같은 부동산실무자는 물론 부동산투자자·개발업자·건설업자·컨설턴트·기업의 부동산 개발팀에게도 도움이 될 것이다. 나아가 법무법인·변호사·법무사 사무실의 실무자, 기업의 임직원 등 부동산법률을 통한 소송 실무자, 대학과 대학원의 부동산학과·법학과·경영학과 교수와 학생들에게도 일조가 될 것이다.

오랜 기간의 자료수집과 준비를 거쳐 부동산 중개·투자·경매·토지공법과 손실보상(토지수용보상)에 이르기까지 부동산 전 종목의 실무와 관련한 10권의 "부동산 블랙박스 시리즈" 전질에 관한 집필을 완성하는 데에는 무려 10년의 세월이 흘렀다. 자료수집과 준비기간을 고려하면 강산이 두 번 변한 셈이다. 그동안 독자들의 성원에 힘입어 임대차실무·상가실무·경매실무는 제3판까지 출간되었다. 정말 내 인생에서 다시없는 인고(忍苦)의 노력을 하였다고 생각하니 만감이 교차한다. 그러나 탈고(脫稿)를 하면서도 아쉬운 점이 남는 것은 무슨 까닭인가? 부족한 점은 독자들의 질책을 겸허히 수용하여 훗날을 기약하기로 한다. 이 책이 나오기까지 진심 어린 관심을 가지고 응원을 해주신 분들이 많다. 이순(耳順)의 나이에 '백아와 종자기'의 '지음지교(知音之敎)의 고사'를 생각하면서 성원을 보내 주신 모든 분들께 머리 숙여 감사의 인사를 올린다.

연구실에서 저자 김태건 씀

추천사

초로의 길목에 계시지만 학문과 배움에 대한 열정은 그 누구보다 깊고 강한 분이다. 강의실에서나 논문지도를 할 때나 김태건 박사의 성실하고 열정적이며 매사 최선을 다하는 모습에 깊이 감동받은 적이 많다. 박사과정 내내 단 한 번도 결석하거나 지각을 한 적도 없으며, 수업 준비와 논문작성에 소홀하거나 부족했던 적이 전혀 없다.

김태건 박사는 체계적 이론과 다양한 실무를 모두 겸비한 진정한 부동산 전문가이다. 대학과 대학원에서 법학, 부동산학을 전공하여 탄탄한 이론적 지식 기반을 갖추었을 뿐만 아니라, 법무부 및 검찰에서 공무원 생활을 거치고, 법무법인에서 소송 실무직을 수행하면서 부동산 이론들이 판례, 실무에 어떻게 적용되는지 직접 경험하며 지식의 깊이를 심화시켰다. 20여 년에 걸쳐 민사는 물론 형사, 가사, 행정소송 등의 업무를 모두 경험하면서, 본인의 실무적 지식과 경험을 학문적으로 확장시키는 동시에, 후진양성에 이바지하고자 고시학원에서 법원검찰직 공채반과 경찰관 승진시험반 등에서 형법, 형사소송법, 행정법 강의도 하였다. 거기다가 부동산중개실무 또한 20년 여년 간 경험하였다.

부동산중개실무, 주택상가임대차실무, 부동산경매실무 등과 같이 부동산 실무 전문가만이 집필이 가능한 전문 서적들을 두루 집필하였다. 김태건 박사의 다양한 저서들은 독자들이 쉽게 이해할 수 있도록 이론을 체계적으로 정리하였을 뿐만 아니라, 실제 판례 및 실무를 접목하여 현업에서 어떻게 적용되는지도 잘 보여주고 있다. 그의 저서들은 공인중개사, 부동산 경매투자자, 법무 관련 실무 종사자들뿐만 아니라 부동산 투자에 관심이 있는 일반인들도 쉽게 접근할 수 있는 부동산학의 기본 필독서로서 큰 역할을 하고 있다.

김태건 박사를 보면, 그의 성실하고 묵묵히 도전하는 삶을 떠올리게 해주는 시가 있다. 롱펠로우(Henry Wadsworth Longfellow)의 인생 예찬(A psalm of life) 중의 일부이다.

위대한 사람들의 생애는 우리에게 깨달음을 주느니	Lives of great men all remind us
우리도 장엄한 삶을 이룰 수 있고,	We can make our lives sublime,
떠나가면서 시간의 모래 위에	And, departing, leave behind us
발자취를 남길 수 있으니,	Footprints on the sands of time;
그 발자취는 후에 다른 이가,	Footprints, that perhaps another,
장엄한 인생의 바다를 건너다가	Sailing o'er life's solemn main,
난파되어 홀로 남겨진 형제가 보고	A forlorn and shipwrecked brother,
다시금 용기를 얻게 될 것이다.	Seeing shall take heart again

어쩌면 롱펠로우가 김태건 박사를 염두해 두고 쓴 글은 아닌지 하는 생각이 들기도 한다. 그의 삶과 그의 저서는 우리 모두에게 배움과 동시에 인생의 시련과 도전에 대해서 생각해 볼 수 있는 계기가 될 것이다.

평택대학교 국제도시부동산학과
교수 오세준

목 차

제1장　손실보상 총론 ·· 15

　제1절　손실보상법제의 연혁 ·· 15
　　　1. 개설 ·· 15
　　　2. 위 각 법의 연혁과 특성 ·· 15
　제2절　손실보상 일반론 ·· 16
　　　1. 의의와 특색 ·· 16
　　　2. 손실보상의 근거 ·· 18
　　　3. 손실보상의 법적 성질 ··· 20
　　　4. 손실보상의 요건 ·· 21
　　　5. 손실보상의 기준 ·· 29
　　　6. 손실보상의 내용 ·· 32
　　　7. 손실보상의 종류와 절차 ··· 39
　　　8. 손실보상에 대한 불복 ··· 40
　제3절　공용수용의 의의·근거·종류 등 ·· 40
　　　1. 토지보상법의 의의 ·· 41
　　　2. 공용수용의 의의·근거·종류 ··· 43
　제4절　공용수용의 당사자 등 ·· 45
　　　1. 공용수용의 당사자 ·· 45
　　　2. 권리·의무의 승계 ·· 47
　제5절　수용의 목적물(적용대상) ·· 47
　　　1. 수용의 목적물 ··· 47
　　　2. 목적물의 제한 ··· 50
　　　3. 목적물의 확장수용 ·· 51

제2장　공익사업의 준비 ·· 54

　　　　1. 개설 ·· 54
　　　　2. 공익사업의 준비 ·· 54

제3장　협의에 의한 취득 또는 사용 ·· 57

　　　　1. 협의취득의 의의 ·· 57
　　　　2. 공익사업계획의 결정 ·· 58
　　　　3. 토지 및 물건 조서의 작성 ·· 58
　　　　4. 보상계획의 공고·열람 ··· 60
　　　　5. 협의 ·· 61
　　　　6. 보상계약의 체결 ·· 65

제4장　수용에 의한 취득 또는 사용 ·· 68

제1절　수용 또는 사용의 절차 ·· 68

　　　　1. 개설 ·· 68
　　　　2. 사업인정 ·· 68
　　　　3. 토지 및 물건 조서의 작성 ·· 83
　　　　4. 보상계획의 공고·통지·열람 ··· 85
　　　　5. 협의 ·· 85
　　　　6. 재결 ·· 88
　　　　7. 화해 ·· 99
　　　　8. 보상금 결정만을 위한 손실보상의 재결 ·· 100
　　　　9. 공용사용의 약식절차 ·· 101

제2절　수용 또는 사용의 효과 ·· 103

　　　　1. 개설 ·· 103
　　　　2. 사업시행자의 권리취득 ·· 103
　　　　3. 사업시행자의 의무 ·· 108
　　　　4. 피수용자가 취득하는 권리 ·· 111
　　　　5. 피수용자의 목적물의 인도·이전 의무 ··· 113
　　　　6. 수용지의 지하에 폐기물이 매립되어 있는 경우 ·························· 115
　　　　7. 보상금의 지급 또는 공탁이 없는 경우의 효과 ···························· 117
　　　　8. 담보물권과 보상금의 관계(물상대위) ·· 118

제5장 토지수용위원회 …………………………………………………………… 123

1. 의의 및 성격 ……………………………………………………………… 123
2. 조직, 구성 등 ……………………………………………………………… 123
3. 토지수용위원회의 권한과 운영 ………………………………………… 125
4. 토지수용위원회의 관할 ………………………………………………… 127

제6장 손실보상과 평가 …………………………………………………………… 128

제1절 손실보상의 원칙 ………………………………………………………… 128

1. 사업시행자 보상의 원칙 ………………………………………………… 128
2. 사전 보상의 원칙 ………………………………………………………… 128
3. 현금 보상의 원칙 ………………………………………………………… 129
4. 개인별 보상의 원칙 ……………………………………………………… 134
5. 일괄 보상의 원칙 ………………………………………………………… 135
6. 시가 보상의 원칙(협의 또는 재결 당시 가격 기준의 원칙) ………… 135
7. 사업 시행 이익과 손실의 상계 금지 원칙 …………………………… 136
8. 개발이익 배제의 원칙 …………………………………………………… 137
9. 2인 이상의 감정평가법인 등에 의한 평가의 원칙 …………………… 142
10. 보상액 평가의 근거법과 평가 방법 …………………………………… 143

제2절 손실보상의 종류와 기준 ………………………………………………… 147

1. 취득하는 토지의 보상 …………………………………………………… 147
   (1) 의의 및 평가 ………………………………………………………… 147
   (2) 공시지가 기준 평가 ………………………………………………… 148
   (3) 현황평가와 객관적 상황평가 ……………………………………… 156
   (4) 개별평가, 일괄평가, 구분평가, 부분평가 ……………………… 160
   (5) 건축물 등이 있는 경우의 나지 상정 평가 ……………………… 163
   (6) 공법상 제한을 받는 토지의 보상평가 …………………………… 165
   (7) 무허가건축물 등의 부지 평가 …………………………………… 168
   (8) 불법으로 형질변경된 토지의 평가 ……………………………… 169
   (9) 미지급용지(미보상용지) 평가 …………………………………… 174
   (10) 도로부지 평가 ……………………………………………………… 176

(11) 구거 및 도수로 부지 평가 ··· 187
   (12) 하천부지 평가 ··· 188
   (13) 저수지・양어장 부지 평가 ·· 193
   (14) 염전・잡종지・목장용지・종교용지・묘지・선하지 등의 평가 ············ 194
   (15) 공동소유인 토지의 평가 ·· 197
   (16) 대지권의 목적인 토지의 평가 ··· 198
   (17) 등록사항 정정대상 토지(이른바 지적불부합지)의 평가 ······················ 199
   (18) 국공유지의 개간(매립・간척)비 평가 ·· 202
   (19) 토지에 매장된 토석 평가 ·· 204
 2. 잔여지의 손실과 공사비 보상 ·· 206
   (1) 잔여지의 가격감소 보상 ·· 206
   (2) 잔여지의 매수 및 수용 청구 ·· 211
   (3) 공사비 보상 ·· 215
 3. 공용사용으로 인한 토지의 보상 ··· 217
   (1) 사용하는 토지에 대한 보상 ·· 217
   (2) 토지의 지하 또는 지상 공간의 사용에 대한 평가 ····························· 217
   (3) 사용하는 토지의 매수청구 ··· 219
 4. 지상 건축물 등 물건에 대한 보상 ·· 219
   (1) 건축물 등의 이전비 보상과 평가 ··· 219
   (2) 건축물의 보상평가 ··· 223
   (3) 잔여 건축물의 손실보상 ·· 226
   (4) 주거용 건축물의 보상 특례 ·· 229
   (5) 공작물 등의 보상평가 ·· 230
   (6) 농작물의 보상평가 ··· 234
   (7) 수목의 보상평가 ·· 235
   (8) 과수 등(수익수, 관상수)의 보상평가 ·· 237
   (9) 묘목의 보상평가 ·· 239
   (10) 입목 등의 보상평가 ·· 240
   (11) 토지에 속한 흙・돌・모래・자갈 등 보상 ······································ 243
   (12) 분묘의 보상평가 ··· 244
 5. 사업의 폐지・변경으로 인한 보상 ··· 246
 6. 권리의 보상 ·· 248
   (1) 광업권 보상 ·· 248

(2) 어업권 등의 보상 ·· 252
7. 영업의 손실 등에 대한 보상 ·· 256
　　(1) 영업손실의 보상 ·· 256
　　(2) 영업 폐지의 손실보상 ·· 262
　　(3) 영업 휴업의 손실보상 ·· 266
　　(4) 상가권리금 보상평가에 관하여 ···································· 270
　　(5) 농업의 손실에 대한 보상 ··· 279
　　(6) 축산업(잠업 포함)의 손실에 대한 평가 ······························ 286
　　(7) 휴직 또는 실직 보상 ·· 289
8. 이주대책과 이주정착금 등의 보상 ······································ 290
　　(1) 이주대책 실시 ·· 290
　　(2) 이주정착금 지급 ·· 300
　　(3) 주거 이전비와 동산 이전비 보상 ·································· 301
　　(4) 이농비(離農費)·이어비(離漁費) 보상 ······························ 305
　　(5) 우선 고용 및 취업 알선 ·· 305
　　(6) 사업 폐지 등에 대한 보상 ·· 306
　　(7) 공장의 이주대책 수립 등 ··· 306
9. 공익사업시행지구 '밖'의 토지의 공사비용 보상 ·························· 306

제7장　이의신청과 행정소송 ·· 312

1. 이의신청 ·· 312
　　(1) 이의신청의 의의 및 성질 ··· 312
　　(2) 이의재결 전치주의 불채택 ·· 312
　　(3) 관할 및 당사자 ·· 312
　　(4) 이의신청의 대상 ·· 313
　　(5) 요건 및 절차 ··· 313
　　(6) 이의신청의 효과 ·· 314
　　(7) 이의신청에 대한 심리·재결(裁決) ································· 314
　　(8) 이의신청에 대한 재결의 효력 ···································· 315
2. 행정소송 ·· 317
　　(1) 개설 ·· 317
　　(2) 취소소송 ··· 318
　　(3) 형식적 당사자소송(보상금증감소송) ································ 323

        (4) 무효 등 확인소송 ·· 324

제8장 환매권 ·· 326
    1. 개설 ·· 326
    2. 환매권의 행사요건 ·· 327
        (1) 사업시행자의 통지의무 ·· 327
        (2) 환매권자 ·· 327
        (3) 환매권의 대항력 ·· 327
        (4) 환매권의 행사요건과 판단기준 ·· 327
        (5) 환매권의 행사 방법 ·· 330
        (6) 환매권 행사대금(환매 대금) ·· 331
        (7) 환매권 행사 효과 ·· 331
        (8) 환매권의 소멸 ·· 332

【 일러두기 】

- 부동산(토지)공법과 토지보상실무는 자웅법이다. 따라서 함께 공부를 하여야 그 효과가 배가된다. 독자제현께서는 이점을 꼭 상기하여 부동산중개실무 제3권 부동산공법(김태건 저)과 이 책을 함께 공부하기를 당부드린다. 이와 같이 본서는 입체적으로 공부할 필요가 있다. 대학의 학부나 3학차 이하의 대학원생들은 개념 중심의 교과서와 함께 공부를 하면 간접적으로 실무내용도 습득할 수 있어서 매우 유용할 것이다.
- 명칭이 긴 법령은 물론 대부분의 법령은 모두 약어를 사용하였다. 법제처 등에 검색을 할 때는 아래 약어표의 '정식 명칭'으로 조회하여야 한다.
- 법률명칭, 법률용어 등 명사로 굳혀진 단어들은 뛰어쓰기를 하지 않고 붙여 썼다. 법명은 『법』, 대통령령은 『영』, 시행규칙은 『규칙』이라고 줄여서 표현하였다.
- 오타 및 오류 지적은 email: 009ktg@naver.com 또는 네이버 카페:"김태건의 부투클럽/아카데미(cafe.naver.com/pyeongtaekbaksa)" – "책 구독자 코너"를 통하여 알려주시면 감사하겠다. 책 내용에 관한 질문 역시 카페의 "책구독자 코너"를 이용하면 된다.

【 토지수용보상실무 법령약어표 】

약어	정식 명칭
감정평가법	감정평가 및 감정평가사에 관한 법률
개발제한구역법, 개특법	개발제한구역의 지정 및 관리에 관한 특별조치법
공공용지특례법	공공용지의 취득 및 손실보상에 관한 특례법
공간정보법	공간정보의 구축 및 관리 등에 관한 법률
공공기관운영법	공공기관의 운영에 관한 법률
공유수면법	공유수면 관리 및 매립에 관한 법률
국가보위특별조치법	국가보위에 관한 특별조치법
국토계획법	국토의 계획 및 이용에 관한 법률
규칙	감정평가에 관한 규칙

약칭	정식 명칭
실무기준	감정평가 실무기준(국토부 고시)
농어업경영체법	농어업경영체 육성 및 지원에 관한 법률
농업농촌공익직불법	농업·농촌 공익기능 증진 직접지불제도 운영에 관한 법률
댐건설관리법	댐건설 및 주변지역지원 등에 관한 법률
도시정비법	도시 및 주거환경정비법
미군이전평택지원법	주한미군기지 이전에 따른 평택시 등의 지원 등에 관한 특별법
발전소주변지역법	발전소주변지역 지원에 관한 법률
부패방지권익위법	부패방지 및 국민권익위원회의 설치와 운영에 관한 법률
산단절차간소화법	산업단지 인·허가 절차 간소화를 위한 특례법
산림복지진흥법	산림복지 진흥에 관한 법률
산업입지법	산업입지 및 개발에 관한 법률
소나무재선충방제법	소나무재선충병 방제특별법
소송촉진법	소송촉진 등에 관한 특례법
부동산가격공시법	부동산 가격공시에 관한 법률
제주특별법	제주특별자치도 설치 및 국제자유도시 조성을 위한 특별법
지침	토지보상평가지침(한국감정평가사협회)
토지보상법	공익사업을 위한 토지 등의 취득 및 보상에 관한 법률
폐기물처리시설촉진법	폐기물처리시설 설치촉진 및 주변지역지원 등에 관한 법률
하천편입토지보상법	하천편입토지 보상 등에 관한 특별조치법
해양조사정보법	해양조사와 해양정보 활용에 관한 법률
행복도시법	신행정수도 후속대책을 위한 연기·공주지역 행정중심복합도시 건설을 위한 특별법

제1장 손실보상 총론
제2장 공익사업의 준비
제3장 협의에 의한 취득 또는 사용
제4장 수용에 의한 취득 또는 사용
제5장 토지수용위원회
제6장 손실보상과 평가
제7장 이의신청과 행정소송
제8장 환매권

실전
부동산중개실무

제1장

손실보상 총론

제1절 손실보상법제의 연혁

1. 개설

- 우리나라의 토지수용과 그에 따른 손실보상제도의 시초는 일제 강점기 1911년 "조선토지수용령(조선총독부 제령 제3호)"이다. 그 후 1962년 박정희 정권 당시 "토지수용법"이 제정되어 토지수용법 체계가 갖추어졌다. 그리고 1975년 공공용지의 취득 및 손실보상에 관한 특례법(이하 "손실보상특례법"이라 한다)이 제정되어 토지수용법과 손실보상특례법 양체제로 운영되다가, 2002. 2. 4. 법률 제6656호로 공익사업을 위한 토지 등의 취득 및 보상에 관한 법률(이하 "토지보상법" 또는 단순히 "법"이라 한다)이 제정되면서 위 토지수용법과 손실보상특례법은 폐지되었다.

2. 위 각 법의 연혁과 특성

- 우리나라는 1962년 토지수용법을 제정하여 형식상 제령(制令)[1]을 벗어난 최초의 토지수용 및 재산권에 대한 보상을 법제화하였다는 의미가 있으나 그 내용은 조선총독부의 조선토지수용령을 크게 벗어나지 못하였다. 다만 1차 개정에서 이의신청 불복 시에 행정소송을 제기할 수 있는 규정을 신설하고, 5차 개정 시에 중앙토수위를 상설기구화 하는 등의 약간의 변화가 있었다. 그 후 6차 개정에서 손실보상의 기준 및 산정 방법에 대하여 손실보상특례법을 준용하도록 하였다.

---

[1] 일제 강점기 조선 총독이 법률을 대신하여 발포한 명령으로서 조선토지수용령, 즉 '조선총독부 제령 제3호'을 말한다.

- 한편 손실보상특례법이 제정된 1975년까지 공익사업을 위한 토지수용과 그 보상은 토지수용법과 민사법에 의한 협의매수의 방법에 의하였다. 그러나 이러한 협의매수 방식은 보상절차의 지연과 복잡성으로 인하여 많은 민원이 발생하였고, 이를 보완하기 위한 수단으로 1975. 12. 31. 손실보상특례법이 제정되었지만, 손실보상특례법은 특이할 사항이 없는 데다가 토지수용법 6차 개정에서 손실보상의 기준 및 산정 방법에 대하여 손실보상특례법을 준용하도록 함으로써 결과적으로 토지수용법과 손실보상특례법이 실질적인 차이가 없었다.
- 위와 같은 토지수용법과 손실보상특례법의 이원화로 인하여 사실상 보상절차의 중복으로 통합의 필요성이 제기되어 오던 중, 2003년 1월 1일부터는 "토지보상법"으로 통합함으로써 손실보상에 관한 절차와 기준을 체계화하고 각종 불합리한 제도를 개선하여 국민의 재산권을 충실히 보호함과 아울러 공익사업의 효율적인 추진을 도모하게 되었다.

제2절 손실보상 일반론

1. 의의와 특색

(1) 의의

- 행정상 또는 부동산 공법상 손실보상이란 행정주체의 적법한 공권력 행사로 인하여 개인이 입은 재산상의 특별한 희생에 대하여 사유재산권의 보장과 전체적인 공평부담의 견지에서 인정되는 조절적인 재산권 보상을 말한다. 개념상 다음과 같은 특색을 가지고 있다.

(2) 특색

① 적법한 공권력 행사로 인한 손실보상

- 손실보상은 법률에 근거를 둔 공익사업의 시행이라는 '적법한' 공권력 행사를 원인으로 한다. 따라서 '위법한' 행정작용에 기인한 손해배상과 구별되고(그러나 오늘날 양 제도는 점차 접근해 가고 있다), 행정주체의 위법한 책임과 무관한 '결과적 위법'을 원인으로 하는 '수용유사의 침해[2]'와 다르다.

---

[2] "수용유사의 침해론"은 '적법한' 공권력 행사가 있었으나 "손실보상에 대한 규정의 흠결로 인하여 결과적으로 위법·무책한 공권력의 행사가 된 경우"에 손실을 보상해 주고자 생겨난 이론이다. 예컨대 개발제한구역법에 따라 개발제한구역(소위 그린벨트)이 지정되면 자기의 토지에서도 건축물의 건축, 토지의 형질변경 등의 행위를 할 수 없게 되는 경우이다. 독일의 연방사법재판소의 판례에 의하여 인정된 이론이다. 독일에서는 관습법으로 존재하고 있는 희생보상청구권에서 그 근거를 두고 있다고 한다. 학설은 우리나라는 독일과 달리 관습법이 존재하지 않음을 내세워 부정하는 설과 헌법 제23조 및 제11조를 유추적용하여 인정하는 설(홍준형, 수용유사침해이론의 재조명, 정현 박윤흔 박사 회갑기념 논문집, 553-554)이 대립하고 있고, 대법원 판례는 아직 명시적으로 인정한 것은 보이지 않으나 간접적으

- 전통적인 손실보상과 손해배상 이론에 의하면, 손실보상은 적법·무책의 경우에 인정되고, 손해배상은 위법·유책의 경우에 인정된다. 그렇다면 위법·무책의 경우와 비재산권에 대한 손해와 비의욕적 침해에 대하여는 양자를 적용할 수 없다는 결론에 이르게 된다. 따라서 이와 같은 경우에 손실 또는 피해를 구제하기 위하여 새로운 이론들이 태생되었는데, 이들 이론들을 간단히 도표로 비교해 보자.

전통적인 손실보상과 독일의 신종 유사이론의 비교		
전통적인 손실보상의 요건	손실보상과 유사한 제도	
1. 재산권 침해	비재산권의 침해(예컨대 코로나 예방접종으로 인한 생명·신체의 침해)	희생보상청구권
2. 공공의 필요, 특별한 손해		
3. 의도적·전형적 침해	비의도적·비전형적·결과적 침해	수용적 침해
4. 보상규정의 존재	적법한 침해, 보상규정 흠결, 결과적으로 위법·무책한 공권력의 행사	수용유사침해

- 또한 '공권력 행사'를 원인으로 한다는 점에서 공법적 성질을 가지므로 행정주체의 비권력적 행정작용, 즉 공공용지의 임의 매수에 의한 보상 또는 사법상의 계약에 의한 반대급부와 다르고, 행정주체의 사실행위에 의한 손실보상과도 다르다. 따라서 토지보상법에서 사업인정 전 협의취득 또는 협의사용을 인정하고 있다 하더라도 이는 손실보상의 전형적인 것은 아니다.

② 특별한 희생에 대한 조절적 보상

- 손실보상은 '특별한 희생'에 대한 보상이다. 따라서 국민의 일반적 부담이나 재산권에 내재하는 사회적 제약에 대하여는 손실보상의 문제가 발생하지 않는다. 이처럼 특정한 개인이 입은 재산상의 특별한 희생을 공평부담의 견지에서 국민 전체의 부담으로 전가하여 조절적 보상을 하는 것이 행정상 손실보상이다.

③ 재산권에 대한 공용침해에 대한 보상

- 손실보상은 '재산권에 대한' 수용·사용·제한과 같은 공용침해에 의한 보상이다. 따라서 재산권이 아닌 사람의 생명이나 신체에 대한 보상인 형사보상과도 구별되며, '공용침해'에 대한 보상이라는 점에서 형의 선고에 따른 강제노역, 전시 근로의 동원과도 구별된다.

로 인정하고 있는 듯 하다. 즉, 물건 또는 권리 등에 대한 손실보상액 산정의 기준이나 방법에 관하여 구체적으로 정하고 있는 법령의 규정이 없는 경우에는 그 성질상 유사한 물건 또는 권리 등에 대한 관련 법령상의 손실보상액 산정의 기준이나 방법에 관한 규정을 유추적용할 수 있다고 한다(대법원 2018. 12. 27. 선고 2014두11601 판결 [보상금증액]; 대법원 1987. 7. 21. 선고 84누126 판결[하천구역손실보상재결처분취소]; 대법원 2018. 12. 27. 선고 2014두11601 판결[보상금증액] 등 참조).

④ 행정주체의 의도된 손실에 대한 보상
- 손실보상은 행정주체가 의욕한 손실에 대한 보상이라는 점에서 행정주체가 의욕하지 않은 비의도적인 손실에 대한 보상인 '수용적 침해[3]에 대한 보상'과 다르다.[4]

2. 손실보상의 근거

(1) 이론적 근거

① 학설
- 손실보상에 관한 학설에는 자연법적인 기득권의 불가침을 전제로 하는 "기득권설", 국가권력의 절대성을 전제로 보상은 국가의 은혜로 보는 "은혜설", 특정인에게 가해진 특별한 희생은 전체적으로 부담하는 것이 정의와 공평에 부합한다는 "특별희생설" 등이 존재한다.

② 평가
- 기득권설은 오늘날 기득권 불가침의 원칙이 인정될 수 없다는 점에서, 은혜설은 공익우선과 국가권력의 절대사상에서 출발한 이론으로서 취할 바가 아니며, 정의와 공평부담의 관점에서 특별희생을 공평의 견지에서 국민 전체의 부담으로 보상하는 특별희생설이 타당하고 오늘날의 통설이다.

(2) 실정법적 근거

① 헌법 제23조 제3항[5]
- 헌법은 제23조 3항에서 "공공필요에 의한 재산권의 수용·사용 또는 제한 및 그에 대한 보상

---

[3] "수용적 침해론"은 '적법한' 공권력 행사로 인한 부수적 효과로서 '비전형적이고 비의도된' 공용침해에 관하여 손실보상을 인정하자는 이론이다. 예컨대 장기간에 걸친 도시의 지하철 공사로 인하여 주변 상인들이 영업손실을 입은 경우가 그 예이다. 교통난 해소를 위한 지하철 공사는 주변 상가의 영업손실을 전혀 의도하지 않은 적법한 행위이지만 부수적으로 손해가 발생하였다면 이를 보상하자는 것이 수용적 침해에 대한 보상이론이다. 이 이론 역시 수용유사의 침해이론과 같이 독일에서 생성발전한 것이다. 문제는 우리나라에서도 인정될 수 있느냐이다. 이 이론에도 역시 긍부정설이 있다. 이와 같은 영업보상을 위하여 우리 토지보상법에 신설된 규정이 있다. 배후지의 3분의 2 이상이 상실되어 그 장소에서 영업을 계속할 수 없는 경우, 진출입로의 단절, 그 밖의 부득이한 사유로 인하여 일정한 기간 동안 휴업하는 것이 불가피한 경우에 공익사업시행지구 밖의 영업손실에 대한 보상을 인정하는 규정이 있다(토지보상법 시행규칙 제64조). 적어도 수용적 침해로 인한 영업적 보상에 관하여는 우리 토지보상법은 명문으로 인정한 것으로 보아도 될 것이다(같은 견해로 김은유 외2, 실무 토지수용보상, 파워에셋, 2019, 25쪽).
[4] 김은유 외2, 앞의 책, 19쪽
[5] 헌법 제23조 제3항과 관련하여 독일 기본법 제14조 제3항의 해석상 인정되고 있는 이른바 불가분조항(또는 부대조항·결부조항·동시조항)의 원칙이 우리 헌법 제23조 제3항에도 적용되는지에 관하여 학설의 다툼이 있다. 불가분조항의 원칙이란 공공의 필요에 의한 공권력 행사를 허용하는 규정과 그에 대한 손실보상의 기준·방법·범위 등의 규정이 '모두 하나의 동일한 법률에 규정'되어 있어야 한다는 원칙이다. 이 원칙을 우리 헌법 제23조 제3항에도 도입·적용할 수 있는가에 대하여 학설이 분분하다.

은 법률로써 하되, 정당한 보상을 지급하여야 한다"고 규정하여 헌법적 근거를 마련하고 있다.

② 개별 법률의 근거
- 위 헌법의 규정에 따라서 토지보상법이 제정되어 있고, 그 외 국토계획법(동법 제131조)·도로법(동법 제82조, 제99조 참조)·하천법(동법 제78조)·징발법(동법 제19조) 등 개별법들이 공용침해로 인한 손실보상을 인정하는 규정을 두고 있다.

③ 보상 규정이 없는 경우
- 위에서 본 바와 같이 헌법 제23조 제3항은 헌법적 근거를 두고 공용침해와 그에 대한 보상을 개별법에 유보하고 있다. 그런데 문제는 개별법에 보상규정이 없는 경우이다. 이때 개별 규정이 없어도 헌법 제23조 제3항만으로 또한 이에 근거하여 직접 손실보상을 청구할 수 있느냐에 관하여 오래 전부터 학설은 분분하다.
- 이에 관하여는 헌법 규정은 입법의 방침 내지는 지침에 불과하므로 구체적으로 법률에 규정이 없으면 손실보상청구가 불가능하다는 "방침규정설(입법지침설)", 헌법 제23조 제3항은 방침규정이 아니라 법규로서의 성격을 가지고 있다는 전제에서 입법자가 보상규정을 두지 않은 경우에는 그 법률은 위헌 무효이므로 국가는 손해배상을 해야 한다는 "위헌무효설(입법자에 대한 직접효력설)", 개별 법률에 보상 규정이 없더라도 손실보상에 관한 헌법 규정에 따라서 직접 손실보상청구권이 발생한다는 "국민에 대한 직접효력설", 공용침해에 대한 보상규정이 없는 경우에는 헌법 제23조 제1항(재산권 보장) 및 제11조(평등의 원칙)에 근거하고 헌법 제23조 제3항을 유추적용하여 손실보상을 청구할 수 있다는 "유추적용설(간접효력규정설)[6]", 보상규정이 없는 공용침해는 그 자체가 헌법에 위반된다는 "입법부작위위헌설" 등이 있다.
- 생각건대 위 학설들은 모두 일장 일단이 있다. 개별 규정이 없어도 헌법 제23조 제3항만으로 또한 이에 근거하거 직접 손실보상을 청구할 수 있느냐에 관한 이 문제의 취지상 손실보상에 관한 국가의 책임을 강화한다는 의미에서 "유추적용설(간접효력규정설)"을 취하는 것이 가장 타당하다고 생각한다.[7] 이설에 의할 때 비로소 수용적침해와 수용유사의 침해를 무리없이 수용할 수 있으며, 복지국가를 표방하고 있는 현대의 행정국가와 상통하기 때문이다.
- 대법원은 보상 규정이 없어도 손실보상을 인정하고는 있지만 그 근거는 일정하지 않고 그때 그때 위 설들을 취하고 있는 것으로 보인다.[8] 한편 헌법재판소는 위헌무효설을 취하고 있

---
6) 이 설은 수용유사침해론과 수용적침해론을 수용하는 입장에 있는 견해이다.
7) 석종현, 신토지공법론, 박영사, 제12판(2019년판), 125쪽 참조
8) ① (방침규정설적 입장: 대법원 1996. 6. 28. 선고 94다54511 판결 [손실보상금]) 도시계획법 제21조의 규정이…그에 대하여 손실보상의 규정을 두지 아니하였다 하여 도시계획법 제21조의 규정을 헌법 제23조 제3항, 제11조 제1항 및 제37조 제2항에 위배되는 것으로 볼 수 없다. 따라서 이 사건 토지가 도시계획법 제21조에 의하여 개발제한구역으로

다.9) 이 헌재 결정 이후 개발제한구역법(이른바 그린벨트법)이 제정되어 시행되고 있다. 아무튼 헌재의 위헌무효설적 견해에 의하면 개별 규정이 없어도 헌법 제23조 제3항만으로 또한 이에 근거하여 직접 손실보상을 청구할 수 있느냐에 관한 위의 제 학설과 대법원 판결은 사실상 무용지물이 되고 만다.10) 개발제한구역법이 제정된 이후에도 동법의 보상규정이 미흡하여 보상법으로서의 역할은 거의 하지 못하고 있다.11)

3. 손실보상의 법적 성질

(1) 학설

- 손실보상의 법적 성질이 무엇이냐에 관하여는 사권설과 공권설이 있다. 전설은 공용침해행위와 손실보상청구권을 분리하여 손실보상청구권을 사법상의 권리로 본다. 한편 후자는 손실보상청구권 역시 공법상의 작용에 의하여 파생된 것이므로 손실보상청구권을 공법상의 청구권으로 본다.
- 이들 학설은 어느 설을 취하느냐에 따라서 손실보상청구권의 소송상 행사방법이 달라진다. 사권설에 의하면 민사소송에 의하여야 하고, 공권설에 의하면 행정소송법 제3조 제2호의 당사자소송에 의하게 된다. 국민의 기본권 보장의 차원에서 후설이 타당하다.

(2) 판례

- 판례는 한때 사권설을 취하였으나 전합 판결로 공권설로 돌아선 후 통설과 같이 공권설에 입각하고 있다.12)

지정되었다고 하더라도 헌법 제23조 제3항에 근거하여 손실보상을 청구할 수는 없는 것이다. ② (국민에게 직접효력설 입장: 대법원 1972. 11. 28. 선고 72다1597 판결 [손해배상], 대법원 1967. 11. 2. 선고 67다1334 전원합의체 판결 [징발목재반환]) 토지구획정리사업으로 말미암아 본건 토지에 대한 환지를 교부하지 않고 그 소유권을 상실케 한데 대한 본건과 같은 경우에 손실보상을 하여야 한다는 규정이 본법에 없다 할지라도 이는 법리상 그 손실을 보상하여야 할 것이다; 징발보상금 청구권은 징발보상 심의회의 조정이 없더라도 곧 발생한다고 보는 것이 정당하다. ③ (위헌무효설적 입장: 대법원 1966. 10. 18. 선고 66다1715 판결 [손해배상]) 수용 또는 사용이 법률의 근거없이 이루어진 것인 경우에는 그것을 재산권자에 대한 관계에 있어서는 불법행위라고 하지 않을 수 없다. ④ (유추적용설 : 대법원 1999. 10. 8. 선고 99다27231 판결 [손해배상(기)], 대법원 2018. 12. 27. 선고 2014두11601 판결[보상금증액]) 공공사업의 시행 결과 공공사업의 기업지 밖에서 발생한 간접손실에 대하여 그 보상에 관한 명문의 법령이 없는 경우, 피해자는 손실보상특례법 시행규칙상의 손실보상에 관한 규정을 유추적용하여 사업시행자에게 보상을 청구할 수 있다.
9) 89헌마214 / 90헌바16 / 97헌바78 도시계획법 제21조 의 위헌여부에 관한 헌법소원(이른바 그린벨트결정 사건): 입법자가 도시계획법 제21조를 통하여 국민의 재산권을 비례의 원칙에 부합하게 합헌적으로 제한하기 위해서는, 수인의 한계를 넘어 가혹한 부담이 발생하는 예외적인 경우에는 이를 완화하는 보상규정을 두어야 한다.
10) 석종현, 앞의 책, 124-125쪽
11) 김은유 외2, 앞의 책, 35-36쪽
12) 대법원 2006. 5. 18. 선고 2004다6207 전원합의체 판결[보상청구권확인], 대법원 2016. 8. 24. 선고 2014두46966 판결[손실보상금]

4. 손실보상의 요건

- 손실보상의 요건으로는 일반적으로 ① '재산권'에 대한 '의도적 침해'가 있을 것, ② 재산권의 침해는 '공공의 필요'에 의한 '적법한 공권력 행사'일 것, ③ '특별한 희생'일 것, ④ '보상 규정'이 있을 것 등이 제시되고 있다.

(1) 재산권에 대한 의도적 침해가 있을 것

① 재산권에 대한 침해

- 손실보상의 대상인 재산권은 재산적 가치가 있고 현존하는 구체적인 권리로서의 사법상·공법상의 모든 권리이다. 재산권은 사적인 유용성이 있고 개인이 임의적인 처분이 인정되는 한 공사법을 따지지 않고 헌법상 보호의 대상이 된다. 하지만 보호의 대상이 되는 권리는 재산적 가치가 있고 현존하는 구체적인 권리여야 한다. 따라서 현존하지 않고 구체적인 권리가 아닌 토지의 자연적·문화적·학문적 가치[13]나 지가상승의 기대와 같은 기대이익(장래의 시세차익)은 손실보상의 대상이 되지 않는다. 손실보상은 재산권에 대한 공권력 주체의 '의도적이고 직접적인 원인이 된 침해'여야 하기 때문이다.
- 여기서 재산권에 '무체재산권 내지는 지적재산권'이 포함되느냐가 문제이다. 헌법 제22조 제2항은 무체재산권 내지는 지적재산권을 '학문과 예술의 자유와 관련된 정신적 재산권의 일종'으로 보호하고 있다. 이와 연장선상에서 최근 영업권이 여기의 재산권에 포함되느냐가 초미의 관건이다. 일반적으로 학설과 헌재는 영업권을 직업행사의 자유로 파악하고 있다. 그러나 헌재 2003헌가1 등 학교보건법 제6조 제1항 제2호 위헌 제청 사건에서 소수의견은 영업권을 헌법상의 재산권으로 파악한 바 있다. 즉 단순한 이윤획득의 기회나 기업활동의 사실적·법적 여건에 불과한 것을 영업권이라는 구체적 재산권으로 인정할 수는 없을 것이나, 다년간에 걸쳐 확고하게 형성되거나 획득된 영업상의 비결, 신용, 영업능력, 사업연락망 등을 포함하는 영업재산이나 영업조직은 경제적으로 유용하면서 처분에 의한 환가가 가능하므로 재산적 가치가 있다는 것이 사회 일반에 의하여 승인되고 있으며, 또한 여러 법률에서 구체적으로 인정하고 있으며, 대법원도 영업권을 무형적 재산적 가치로 판단하고 있다는 점 등을 종합적으로 고려해 본다면 영업권을 헌법상의 재산권에 속하는 하나의 권리로 충분히 인정할 수 있다는 것이다.[14] 생각건대 영업권을 직업행사의 자유로만 파악하는 것은 문제가 있다.

---

13) 대법원 1989. 9. 12. 선고 88누11216 판결[토지수용재결처분취소]
14) 석종현, 앞의 책, 128쪽 참조.

단순한 이윤획득의 기회나 기업활동의 사실적·법적 여건에 불과한 일반적·추상적인 영업권은 학문과 예술의 자유와 관련된 정신적 재산권의 일종이나, 그것이 이미 구체적으로 형성되거나 획득된 상태의 영업상의 비결, 신용, 영업능력, 고객 등은 단순한 학문과 예술의 자유의 보호 대상을 넘어서서 이미 헌법 제23조 제3항의 보호대상으로서의 재산권에 해당된다고 보아야 한다. 결국 영업권은 학문과 예술의 자유와 재산권으로서의 이중의 성격을 가지고 있다고 본다. 영업권이 재산권이냐의 문제, 특히 최근에 와서 권리금의 재산권성에 대하여 새로운 사회적 변화와 관련하여 기존의 학설과 헌재의 다수견해는 재고의 여지가 충분히 있다. 영업권과 권리금은 헌법 제23조 제3항의 손실보상의 대상으로서의 재산권으로 보아야 한다. 이에 관하여는 단행본인 이 책의 내용으로 쓰기에는 부적합하므로 다른 논문을 통하여 구체적으로 재론하고자 한다.15) 한편 사회·경제적 상황이 크게 변화하는 오늘날에는 뒤에서 보는 공공필요의 개념과 함께 재산권의 개념이 점차 확대되는 추세에 있다. 한편 2012. 3. 15. 한미자유무역협정(FTA)이 발효되어 이 협정상의 확대된 재산권 개념과의 조화문제와 관련하여서도 새로운 개념 정립이 불가피해 보인다.16)

② 공권적 침해
- 손실보상의 대상인 재산권의 침해는 공공의 필요에 의한 행정작용에 의해 개인의 재산에 대한 의도된 공권적인 침해여야 한다. 그리고 침해는 재산적 가치의 파괴·감소는 물론 재산권자의 재산의 향유·사용의 박탈이나 억제도 포함된다. 즉 공법상의 일체의 재산적 감손(減損)을 의미한다. 따라서 도시개발사업의 환지처분에 따른 재산권의 감손에 대한 감가보상금도 공권적 침해에 따른 손실보상이다(도시개발법 제45조, 영 제67조 참조). 헌법상의 침해의 태양으로는 재산권에 대한 수용·사용·제한이 된다(헌법 제23조 제3항). 다만 공익사업 인정 전에 협의취득의 대가도 통상 손실보상이라고 칭하기는 하나, 이것은 공법적인 것이 아니므로 법리상은 전형적인 손실보상은 아니며 사법상 계약의 일종일 뿐이다.

③ 의도적·직접적 침해
- 재산권에 대한 의도적인 침해란 재산권에 대한 침해가 공권력 주체에 의하여 의도 또는 의욕되었거나 적어도 재산권 손실에 대한 직접적인 원인이 되어야 한다는 것이다. 따라서 위에서 본 공권적 침해이지만 보상요건을 갖추지 못하여 결과적으로 위법하게 되는 "수용유사침해론"이나 '적법한' 침해이지만 의도되지 않은 부수적 침해에 대한 보상의 문제인 "수용적 침해론"은 바로 의도된 침해 내지 침해의 직접성이 없어서 여기서 말하는 손실보상과는 그 법리적 뉘앙스가 다르다. 따라서 저자는 앞에서 개별법적 보상 규정이 없는 경우의 헌법 제23조

---

15) 이에 관하여는 김태건, 상가창업과 상가중개실무(총론), 부연사, 2019, 189쪽 이하; 김태건·오세준, "권리금 보상 법제의 문제점과 입법과제", 건국대학교 법학연구소 일감 부동산법학 제25호(2022. 11.), pp. 99-138 참조
16) 석종현, 앞의 책, 128쪽 참조

제3항의 적용에 관한 학설 중 위헌무효설(입법자에 대한 직접효력설)을 취하지 않고 헌법 제23조 제3항 유추적용설(간접효력규정설)을 취한 것은 바로 이와 같은 맥락에서이다.

(2) 재산권의 침해는 공공의 필요에 의한 적법한 공권력 행사일 것

① 공공의 필요
- 헌법 제23조 제3항은 공공필요에 의한 재산권의 수용·사용·제한을 할 수 있다고 하고 있다. 이처럼 공익사업을 위한 재산권의 침해는 '공공의 필요'가 있을 때에만 가능하다. 공공의 필요란 공공의 이익을 위해서 불가피한 경우를 말한다. 헌재결정에 의하면 공공필요는 공익성과 필요성이라는 요소로 구성된다.[17] 토지보상법은 공공의 필요가 있는 경우에 시행할 수 있는 공익사업의 종류를 열거하고 있다. 이와 같은 공공의 필요성을 판단하는 데에는 공익과 사익 간의 이익형량의 원칙이 중요한 척도가 되며, 이익형량의 기준으로 비례의 원칙(필요성의 원칙, 적합성의 원칙, 상당성의 원칙, 보충성의 원칙, 과잉금지의 원칙)이 적용된다.
- 공공의 필요는 이른바 '불확정개념'으로서 사회·경제적 상황에 따라 변하는 개념이다. 토지보상법 제4조는 공익사업의 종류를 법정하여 공공필요의 유무에 관한 판단기준을 제시하고 있다. 하지만 공익사업과는 달리 '공공필요'는 사업인정의 단계에서 개별적·구체적으로 심사를 받아야 한다.
- 한편 사회·경제적 상황이 크게 변화하는 오늘날에는 '공익사업 범위'의 확대와 궤를 같이하여 '공공필요의 개념'이 점차 확대되는 추세이다. 이와 관련하여 첨예한 문제는 '사인에 의한 공용침해'에 대하여도 '공공의 필요'라는 요건을 인정할 것인가가 문제 된다. 앞에서 본 도시개발사업·도시재개발사업·택지개발사업에서 보듯이, 당해 사업 자체는 행정주체가 시행하더라도 개발사업의 완료 후의 토지가 주택·상가·공장 등에 공용되는 경우에도 공공성이 인정되고 공용수용이 인정되는 것과 같이, 민간(사인, 사기업, 민간단체 등)에 의한 수용권 행사(민간 수용, 사적 수용, 사용수용 등이라고도 한다)에서 공공의 필요성이 인정되느냐이다. 최근 들어와서 전기·가스·상하수도·철도·도로·공항·항만 등의 사업을 행하는 생존배려형 사기업, 기업의 사적 영리활동 외에 부수적으로 공공필요에 따른 공익사업을 수행하는 사기업 등의 경우에는 일반적으로 공공성의 요건을 충족하는 것으로 보고 있다.[18] 생각건대 사업의 공공성은 그 사업의 내용과 효과에 따라서 객관적으로 판단할 문제이지 사업의 수행 주체가 행정청이냐 공공단체냐 사인이냐를 두고 판단할 문제는 아니다. 결론적으로 수용권의 주체는 행정주체가 원칙이나 공공성이 인정되는 한 사인도 수용권의 주체가 될 수

---
17) 2011헌바172 등 지역균형개발 및 지방중소기업 육성에 관한 법률제16조 제1항 제4호 등 위헌소원(지역균형개발법 민간개발자 고급골프장 수용 사건)
18) 석종현, 앞의 책, 265쪽 참조

있다. 헌법재판소도 같은 견해이다.

- 헌재는 산업단지개발사업에서의 민간기업의 수용조항, 주택건설사업에서의 민간기업의 매도청구권 조항, 토지등소유자가 도시환경정비사업을 시행하는 경우 토지 등을 수용할 수 있도록 한 조항, 민간개발자에게 관광단지 조성 대상 토지면적 중 사유지의 3분의 2 이상을 취득한 경우에 토지 등을 수용할 수 있도록 한 조항 등은 공공필요에 위반되지 않는다고 한다. 아래에서 헌재 판례를 소개한다.[19]

- 한편 대법원은 체육시설법 제3조와 관련하여 "골프장에 관한 도시계획시설결정에 따라 관할 시장이 민간기업을 사업시행자로 하여 회원제 골프장을 설치하는 내용의 도시계획시설사업 실시계획인가 고시를 한 사안에서, 위 인가처분은 위법하지만 그 흠이 중대·명백하여 당연무효라고 볼 수는 없다."고 한다. 즉 대법원은 민간기업의 도시계획시설로서의 회원제골프장 설치는 공공의 필요라는 관점에서는 위법하지만, 행정처분의 흠이 중대·명백하여 당연무효라고 볼 수는 없다고 하여 행정행위의 하자의 관점에서 결론적·우회적으로 공익성을 인정

---

19) (긍정한 경우); 2009. 9. 24. 2007헌바114 전원재판부[산업입지 및 개발에 관한 법률 제11조 제1항 등 위헌소원(민간기업을 주체로 한 산업단지개발사건)], 2012. 3. 29. 2010헌바370[공익사업을 위한 토지 등의 취득 및 보상에 관한 법률 제19조 제1항 등 위헌소원(산업단지개발사업 수용 사건)], 2009. 11. 26. 2008헌바133 전원재판부[주택법 제18조의2 위헌소원(민간사업자의 주택건설사업)], 2011. 11. 24. 2010헌가95·96(병합)[도시 및 주거환경정비법 제38조 위헌제청(도시환경정비사업을 토지등소유자가 시행하도록 한 조항에 대한 위헌제청사건)]토지등소유자가 도시환경정비사업을 시행하는 경우 토지 등을 수용할 수 있도록 한 '도시 및 주거환경정비법'(2005. 3. 18. 법률 제7392호로 개정된 것) 제38조의 '사업시행자' 부분 중 제8조 제3항에 따라 도시환경정비사업을 토지등소유자가 시행하는 경우에 관한 법률조항은 재산권을 침해하지 않는다. 2013. 2. 28. 2011헌바250[관광진흥법 제54조 제4항 등 위헌소원] 민간개발자에게 관광단지 조성계획상의 조성 대상 토지면적 중 사유지의 3분의 2 이상을 취득한 경우에 토지 등을 수용할 수 있도록 한 관광진흥법(2009. 3. 25. 법률 제9527호로 개정된 것) 제54조 제4항 단서 중 제61조 제1항에 관한 법률조항은 헌법 제23조 제3항의 공공필요에 위반되지 않는다.
(부정한 경우); 2014. 10. 30. 2011헌바129·172(병합)[지역균형개발 및 지방중소기업 육성에 관한 법률 제18조 제1항 등 위헌소원(지역균형개발법 민간개발자 고급골프장 수용 사건)] 이 사건에서 문제된 지구개발사업의 하나인 '관광휴양지 조성사업' 중에는 고급골프장, 고급리조트 등의 사업과 같이 입법목적에 대한 기여도가 낮을 뿐만 아니라, 대중의 이용·접근가능성이 작아 공익성이 낮은 사업도 있다. 또한 고급골프장 등 사업은 그 특성상 사업 운영과정에서 발생하는 지방세수 확보와 지역경제 활성화는 부수적인 공익일 뿐이고, 이 정도의 공익이 그 사업으로 인하여 강제수용 당하는 주민들의 기본권침해를 정당화할 정도로 우월하다고 볼 수는 없다; 2011. 6. 30. 2008헌바166, 2011헌바35(병합)[국토계획법 제2조 제6호 등 헌법소원(골프장 수용 사건)]기반시설의 종류로서 체육시설을 규정한 이 사건 정의조항은 이 사건 수용조항과 결합한 전반적인 규범체계 속에서 도시계획시설사업의 시행을 위해 수용권이 행사될 수 있는 대상의 범위를 확정하는 역할을 하므로 재산권 제한과 밀접하게 관련된 조항이라 할 것이다. 그런데 특히 재산권 수용에 있어 요구되는 공공필요성과 관련하여 살펴본다면 체육시설은 시민들이 손쉽게 이용할 수 있는 시설에서부터 그 시설 이용에 일정한 경제적 제한이 존재하는 시설, 시설이용비용의 다과와는 관계없이 그 자체 공익 목적을 위하여 설치된 시설 등에 이르기까지 상당히 넓은 범위에 걸쳐 있다. 따라서 그 자체로 공공필요성이 인정되는 교통시설이나 수도·전기·가스공급설비 등 국토계획법상의 다른 기반시설과는 달리, 기반시설로서의 체육시설의 종류와 범위를 대통령령에 위임하기 위해서는, 체육시설 중 공공필요성이 인정되는 범위로 한정해 두어야 한다. 그러나 이 사건 정의조항은 체육시설의 구체적인 내용을 아무런 제한 없이 대통령령에 위임하고 있으므로, 기반시설로서의 체육시설의 구체적인 범위를 결정하는 일을 전적으로 행정부에게 일임한 결과가 되어 버렸다. 그렇다면 이 사건 정의조항은 개별 체육시설의 성격과 공익성을 고려하지 않은 채 구체적으로 범위를 한정하지 않고 포괄적으로 대통령령에 입법을 위임하고 있으므로 헌법상 위임입법의 한계를 일탈하여 포괄위임금지원칙에 위배된다.

하고 있다.[20]

- 그러나 생각건대 대법원 스스로도 인정하고 있는 바와 같이, "행정청이 골프장에 관하여 한 도시계획시설결정은 특별한 사정이 없는 한 일반인의 이용에 제공하기 위하여 설치하는 체육시설인 경우에 한하여 적법한 것으로 인정될 수 있다 할 것이고, 행정청이 그 도시계획시설결정에 관한 실시계획을 인가할 때에는 그 실시계획이 법령이 정한 도시계획시설(체육시설)의 결정·구조·설치의 기준은 물론이고, 운영방식 등에서 일반인의 이용에 제공하기 위한 체육시설에 해당하는지도 함께 살펴 이를 긍정할 수 있을 때에 한하여 인가할 수 있다고 보아야 한다. 그리고 체육시설이 운영방식 등에서 일반인의 이용에 제공하기 위한 시설에 해당하는지 여부는, 그 종류의 시설을 이용하여 체육활동을 하는 일반인의 숫자, 당해 시설의 운영상의 개방성, 시설 이용에 드는 경제적 부담의 정도, 시설의 규모와 공공적 요소 등을 종합적으로 고려하여 그 시설의 이용가능성이 불특정 다수에게 실질적으로 열려 있는지를 중심으로 판단하여야 한다. 알다시피 숫제 회원제 골프장은 형식상 누구나 입회비만 내고 회원자격을 얻으면 그 시설을 이용할 수 있지만, 우리 사회의 일반적인 경제적 수준에 비추어 상당한 정도로 고액인 입회비를 내고 회원이 된 사람 이외의 일반인에게는 이용이 제한되므로, 그 운영방식에 관하여 달리 볼 특별한 사정이 없는 한 이를 '일반인의 이용에 제공하기 위하여 설치하는 체육시설'이라고 보기는 어렵다. 따라서 회원제 골프장을 도시계획시설사업으로 하는 이 사건 도시계획시설사업 실시계획인가는 그 근거가 되는 이 사건 도시계획시설결정의 적법성이 인정되는 범주를 벗어나는 것이므로 이는 위법하다"고 보아야 옳다. 그럼에도 불구하고 대법원은 "원심은 이 사건 도시계획시설사업 실시계획에 의한 회원제 골프장이 이 사건 도시계획시설결정에 적합하다는 취지로 판단하였으니, 이는 도시계획시설결정의 대상인 골프장의 의미, 그 도시계획시설결정에 기초한 도시계획시설사업의 실시계획이 도시계획시설결정에 맞는지 등에 관한 법리를 오해한 것이다"라고 하여, 이 사건 토지보상법상의 공익사업성에 관한 원고의 주장을 수긍하면서도 공익사업성과 별개의 법리인 행정행위의 하자(흠)의 이론으로 결국은 원고의 도시계획시설사업 실시계획인가고시처분 무효확인 및 토지수용재결처분취소를 배척하고 있다. 결국 구체적인 규정에 관한 토지보상법상의 '공익사업성(공공의 필요)' 여부를 우회하여 별개의 법리인 행정처분의 무효에 대한 일반이론으로 판결을 하는 것은 소송경제와 판결의 명확성의 면에서 문제가 없지 않다.

② 재산권 침해의 적법성
- 손실보상이 인정되기 위한 재산권에 대한 공권적 침해는 적법한 것이어야 한다. 위법한 경우에는 국가배상법 등의 손해배상의 문제가 발생할 뿐이다.

---

20) 대법원 2013. 9. 12. 선고 2012두12884 판결 [도시계획시설사업실시계획인가고시처분무효확인], 대법원 2013. 10. 11. 선고 2012두15784 판결[토지수용재결처분취소]

(3) 특별한 희생일 것

① 개설
- 재산권에는 '내재적 제약 내지 사회적 제약'이 따른다. 재산권에 대한 손실보상은 바로 이러한 내재적 제약 내지 사회적 제약을 넘는 '특별한 희생'이 있을 때에만 인정된다. 헌법도 제23조 제1항에서는 모든 국민의 재산권은 보장된다고 하여 '재산권의 보장'을 규정하고, 동조 제2항에서 재산권의 공공복리 적합성이라는 사회적 구속에 따른 보상이 필요 없는 '정당한 제한(사회적 제약)'을 규정하면서, 동조 제3항에서는 공공필요에 의한 재산권의 공용침해(수용규정)는 '정당한 보상'을 하여야 한다고 규정하고 있다. 그렇다면 보상이 필요 없는 사회적 제약과 보상을 요하는 공용침해를 구별하는 기준이 무엇인가? 이에 관하여는 독일에서는 독일 기본법 제14조와 관련하여 학설과 판례를 통하여 경계이론과 분리이론을 발전시켜 왔다. 독일 기본법 제14조는 우리 헌법 제23조와 같이 제1항 제2문, 제2항은 재산권의 보장과 사회적 제약을 규정(재산권의 내용규정)이고, 제3항은 공용침해(수용 규정, 특별한 희생)와 그에 대한 보상 규정이다.21)

② 경계이론
- 경계이론은 재산권에 대한 사회적 제약(내용규정)과 공용침해(수용규정, 특별한 희생)는 재산권 제한에 대한 별도의 제도가 아니라 '정도의 문제'에 불과하며, 재산권에 대한 제약이 재산권에 내제된 사회적 제약의 영역이라는 일정한 경계(문턱)를 넘어서면 공용침해(수용)가 되어 입법자의 의사와는 관계없이 손실보상의 대상이 되고, 그 경계(문턱)를 넘지 않으면 손실보상이 필요 없는 사회적 제약이 된다는 것이다. 즉 양자는 모두 재산권에 대한 제약이지만, 사회적 제약과 공용침해는 보상의 요하느냐 요하니 않느냐의 경계(문턱)에 있다는 것이다. 따라서 사회적 제약에 해당하는 침해도 재산권 제한에 대한 정도가 일정한 한도를 넘게 되면 보상을 요하는 공용침해로 전환된다. 결국 경계론은 재산권에 대한 사회적 제약과 공용침해는 재산권 침해의 정도에 따라 손실보상이 '유동적'이 되며, 이 이론의 핵심은 보상을 요하는 공용침해와 보상을 요하지 않는 사회적 제약 간의 경계 설정의 문제(보상의무가 시작되는 경계를 찾는 문제)이다.
- 경계이론은 '특별한 희생의 판단기준'에 따라서 다시 재산권 침해의 인적 범위에 따라서 소수침해는 특별희생이고 다수침해는 사회적 제약이라는 '형식설', 침해의 수가 아니라 제한의 성질·정도·중대성 등 실질적 기준에 따르는 '실질설', 양자를 모두 기준으로 하는 '절충설'로 나뉘어 지고 있다. 경계이론은 독일의 연방최고법원과 연방행정법원의 지지를 받고 있다.

---
21) 류하백, 토지수용과 보상의 주요문제, 부연사, 2019, 114-115쪽; 석종현, 앞의 책, 133-134쪽(주석 55번)

- 이러한 경계이론에 의하면 수용개념에 협의의 수용(적법한 수용)뿐만 아니라 수용규정과 보상규정의 불가분조항성(결부조항)을 근거로 보상규정을 두지 않아 위헌·위법의 문제를 야기하는 중간영역(위법한 수용)으로서 '수용 유사의 침해 및 수용적 침해', 즉 확장된 수용개념을 차용하게 된다.22)

③ 분리이론
- 이에 비하여 분리이론은 재산권에 대한 사회적 제약과 공용침해는 서로 다른 독립한 제도로써 분리되어 있다는 이론이다. 독일 연방헌법재판소가 1981년 자갈채취결정에서 경계이론을 반박하면서 나온 것이 분리이론이다. 이 이론은 재산권의 사회적 제약(내용규정)과 공용침해(수용규정, 특별한 희생)를 헌법상 서로 다른 제도로 보고, 재산권 제약의 질적 정도에 의하여 구분되는 것이 아니라 입법의 형식과 목적에 따라서 구분된다고 한다. 따라서 입법자가 보상규정을 두고 그 보상규정의 목적이 "공적 과제의 수행을 위한 의도적이며 '개별적·구체적인' 재산권 박탈"의 경우라면 보상이 필요한 '수용규정'이 되고, 보상규정 없이 "단순히 '일반적·추상적인' 재산권을 확정"하는 경우라면 '사회적 제약(내용규정)'이라는 것이다.23)
- 즉, 우리 헌법 제23조 제1항 제2문, 제2항(독일 기본법 제14조 제1항 제2문, 제2항)의 재산권의 사회적 제약(재산권의 내용규정) 규정은 법률에 의한 일반적·추상적 규율이고, 우리 헌법 제23조 제3항(독일 기본법 동조 제3항) 공용침해(공용수용) 규정은 개별적·구체적인 행정처분을 통한 재산권을 박탈하는 규정으로서 헌법 조문상으로도 서로 분리된다고 한다. 따라서 재산권에 대한 사회적 제약이 정도를 넘어서 과도한 침해(수용적 효과)를 가져오더라도 사회적 제약이 공용침해로 전환되지 않음이 원칙이다. 다만 비례의 원칙, 평등원칙, 신뢰보호의 원칙 등에 위반하는 경우에는 위헌이 되며, 그 위헌성은 보상을 요하는 내용규정(우리 헌법 제23조 제3항)이 된다고 한다.24) 다시 말하면 분리이론은 보상규정을 결한 재산권 제약은 원칙적으로 재산권의 내용상의 제한에 해당하여 보상의 문제가 발생하지 않으나, 예외적으로 그 재산권 제약행위에 내용규정이 적용되어 보상을 하지 않는 것이 비례의 원칙 등 헌법상의 원칙에 위배되는 경우에는 그 내용규정은 위헌무효가 되고, 이러한 내용규정에 의한 위법한 침해에 대해서는 그 처분을 취소하거나 보상을 하는 등의 권리보호를 하여야 한다고 한다.25)

④ 대법원과 헌법재판소의 태도
- 대법원은 경계이론을 취하고 있으며,26) 헌법재판소는 분리이론을 취하고 있다.27) 동일한

---
22) 장태주, 행정법 개론(제8판), 법문사, 673-674쪽
23) 장태주, 앞의 책, 673-675쪽
24) 석종현, 앞의 책, 135-136쪽; 류하백, 앞의 책, 116쪽.
25) 장태주, 앞의 책, 674쪽
26) 대법원 1990. 5. 8.자 89부2 결정[위헌심판제청], 대법원 1992. 11. 24. 선고 92부14 판결[위헌제청신청], 대법원

사안[도시계획법 제21조 개발제한구역(이른바 그린벨트) 지정의 위헌 여부]에 관하여 대법원 1996. 6. 28. 선고 94다54511 판결[손실보상금], 대법원 1994. 5. 10. 선고 93도2397 판결[도시공원법위반] 도시계획법 제21조의 규정에 의하여 개발제한구역 안에 있는 토지의 소유자는 재산상의 권리 행사에 많은 제한을 받게 되고 그 한도 내에서 일반 토지소유자에 비하여 불이익을 받게 됨은 명백하지만, '도시의 무질서한 확산을 방지하고 도시주변의 자연환경을 보전하여 도시민의 건전한 생활환경을 확보하기 위하여 또는 국방부장관의 요청이 있어 보안상 도시의 개발을 제한할 필요가 있다고 인정되는 때'에 한하여 가하여지는 토지소유자의 불이익은 공공의 복리를 위하여 감수하지 아니하면 안 될 정도의 것이라고 인정되므로, 그에 대하여 손실보상의 규정을 두지 아니하였다 하여 도시계획법 제21조의 규정을 헌법 제23조 제3항, 제11조 제1항 및 제37조 제2항에 위배되는 것으로 볼 수 없다.

27) 1998. 12. 24. 89헌마214, 90헌바16, 97헌바78(병합) 전원재판부 도시계획법 제21조에 대한 위헌소원

1. 헌법상의 재산권에 관하여 입법자는 중요한 공익상의 이유로 토지를 일정 용도로 사용하는 권리를 제한할 수 있다. 따라서 토지의 개발이나 건축은 합헌적 법률로 정한 재산권의 내용과 한계내에서만 가능한 것일 뿐만 아니라 토지재산권의 강한 사회성 내지는 공공성으로 말미암아 이에 대하여는 다른 재산권에 비하여 보다 강한 제한과 의무가 부과될 수 있다.
2. 개발제한구역을 지정하여 그 안에서는 건축물의 건축 등을 할 수 없도록 하고 있는 도시계획법 제21조는 헌법 제23조 제1항, 제2항에 따라 토지재산권에 관한 권리와 의무를 '일반·추상적으로 확정하는 규정'으로서 '재산권을 형성'하는 규정인 동시에 공익적 요청에 따른 '재산권의 사회적 제약'을 구체화하는 규정인바, 토지재산권은 강한 사회성, 공공성을 지니고 있어 이에 대하여는 다른 재산권에 비하여 보다 강한 제한과 의무를 부과할 수 있으나, 그렇다고 하더라도 다른 기본권을 제한하는 입법과 마찬가지로 비례성원칙을 준수하여야 하고, 재산권의 본질적 내용인 사용·수익권과 처분권을 부인하여서는 아니된다.
3. 개발제한구역 지정으로 인하여 토지를 종래의 목적으로도 사용할 수 없거나 또는 더 이상 법적으로 허용된 토지이용의 방법이 없기 때문에 실질적으로 토지의 사용·수익의 길이 없는 경우에는 토지소유자가 수인해야 하는 '사회적 제약의 한계를 넘는 것'으로 보아야 한다.
4. 개발제한구역의 지정으로 인한 개발가능성의 소멸과 그에 따른 지가의 하락이나 지가상승률의 상대적 감소는 토지소유자가 감수해야 하는 사회적 제약의 범주에 속하는 것으로 보아야 한다. 자신의 토지를 장래에 건축이나 개발목적으로 사용할 수 있으리라는 기대가능성이나 신뢰 및 이에 따른 지가상승의 기회는 원칙적으로 재산권의 보호범위에 속하지 않는다. 구역지정 당시의 상태대로 토지를 사용·수익·처분할 수 있는 이상, 구역지정에 따른 단순한 토지이용의 제한은 원칙적으로 재산권에 내재하는 사회적 제약의 범주를 넘지 않는다.
5. 도시계획법 제21조에 의한 재산권의 제한은 개발제한구역으로 지정된 토지를 원칙적으로 지정 당시의 지목과 토지현황에 의한 이용방법에 따라 사용할 수 있는 한, 재산권에 내재하는 사회적 제약을 비례의 원칙에 합치하게 합헌적으로 구체화한 것이라고 할 것이나, 종래의 지목과 토지현황에 의한 이용방법에 따른 토지의 사용도 할 수 없거나 실질적으로 사용·수익을 전혀 할 수 없는 예외적인 경우에도 아무런 보상없이 이를 감수하도록 하고 있는 한, 비례의 원칙에 위반되어 당해 토지소유자의 재산권을 과도하게 침해하는 것으로서 헌법에 위반된다.
6. 도시계획법 제21조에 규정된 개발제한구역제도 그 자체는 원칙적으로 합헌적인 규정인데, 다만 개발제한구역의 지정으로 말미암아 일부 토지소유자에게 사회적 제약의 범위를 넘는 가혹한 부담이 발생하는 예외적인 경우에 대하여 보상규정을 두지 않은 것에 위헌성이 있는 것이고, 보상의 구체적 기준과 방법은 헌법재판소가 결정할 성질의 것이 아니라 광범위한 입법형성권을 가진 입법자가 입법정책적으로 정할 사항이므로, 입법자가 보상입법을 마련함으로써 위헌적인 상태를 제거할 때까지 위 조항을 형식적으로 존속케 하기 위하여 헌법불합치결정을 하는 것인바, 입법자는 되도록 빠른 시일내에 보상입법을 하여 위헌적 상태를 제거할 의무가 있고, 행정청은 보상입법이 마련되기 전에는 새로 개발제한구역을 지정하여서는 아니되며, 토지소유자는 보상입법을 기다려 그에 따른 권리행사를 할 수 있을 뿐 개발제한구역의 지정이나 그에 따른 토지재산권의 제한 그 자체의 효력을 다투거나 위 조항에 위반하여 행한 자신들의 행위의 정당성을 주장할 수는 없다.
7. 입법자가 도시계획법 제21조를 통하여 국민의 재산권을 비례의 원칙에 부합하게 합헌적으로 제한하기 위해서는, 수인의 한계를 넘어 가혹한 부담이 발생하는 예외적인 경우에는 이를 완화하는 '보상규정'을 두어야 한다. 이러한 보상규정은 입법자가 헌법 제23조 제1항 및 제2항에 의하여 재산권의 내용을 구체적으로 형성하고 공공의 이익을 위하여 재산권을 제한하는 과정에서 이를 합헌적으로 규율하기 위하여 두어야 하는 규정이다. 재산권의 침해와 공익간의 비례성을 다시 회복하기 위한 방법은 헌법상 반드시 금전보상만을 해야 하는 것은 아니다. 입법자는 지정의 해제 또는 토지매수청구권 제도와 같이 금전보상에 갈음하거나 기타 손실을 완화할 수 있는 제도를 보완하는 등 여러 가지 다른 방법을 사용할 수 있다.

은 경계이론에 따라서 개발제한구역의 지정은 재산권의 사회적 제약에 해당하므로 손실보상이 인정되지 않음은 물론 위헌이 아니라고 하고 있음에 반하여, 헌재는 분리이론과 비례의 원칙에 따라서 개발제한구역의 지정은 원칙적으로 합헌이나 일부 토지소유자에게 사회적 제약의 범위를 넘는 가혹한 부담이 발생하는 예외적인 경우에는 입법자는 보상규정을 둘 의무가 있으며 보상규정을 두지 않은 것은 비례의 원칙 위반으로서 위헌이라고 한다.[28]

■ 헌법 규정과 경계이론 및 분리이론의 관계를 요약하면 아래 표의 내용과 같다.

유형	내용	사회적 제약 특별한 희생	보상 여부
•경계이론 •대법원 판례	헌법 제23조 제1항, 제2항	사회적 제약	보상 불요
	헌법 제23조 제3항	특별한 희생	보상 필요
	개발제한구역(그린벨트) 지정	사회적 제약	보상 불요
•분리이론 •헌재 결정	헌법 제23조 제1항, 제2항	사회적 제약	비례원칙 위반 여부에 따라 보상 결정
	헌법 제23조 제3항	특별한 희생	보상 필요
	개발제한구역(그린벨트) 지정	사회적 제약	비례원칙 위반 여부에 따라 보상 결정

(4) 보상 규정이 있을 것

■ 헌법 제23조 제3항은 재산권의 수용·사용·제한은 법률로써 하되, 정당한 보상을 지급하도록 하고 있다. 여기의 법률은 국회에서 제정한 형식적 의미의 법률을 의미하며, 이에는 국토계획법, 도시개발법, 도시정비법, 도로법, 하천법, 산지관리법, 토지보상법 등의 무수하게 많은 개별법이 존재한다. 보상규정이 없는 경우에 관하여는 학설 및 대법원과 헌법재판소의 견해를 위에서 본 바와 같다.

5. 손실보상의 기준

(1) 헌법상의 보상기준

■ 헌법 제23조 제3항은 공공필요에 의한 재산권의 수용·사용·제한 및 그에 대한 보상은 법률로써 하되, '정당한 보상'을 하여야 한다고 하면서, 구체적인 보상액의 산출기준은 법률에 유보하고 있다. 여기서 '정당한 보상'의 의미에 관하여는 학설이 대립하고 있다.

① 학설

---

[28] 헌법재판소는 1999. 10. 21. 97헌바26 전원재판부[도시계획법 제6조 위헌소원(장기미집행 도시계획시설에 대한 헌법불합치결정)] 사건, 헌재 1999. 4. 29. 96헌바6 등[택지소유상한에관한법률 제7조등 위헌소원 결정] 사건에서도 위 개발제한구역(그린벨트) 지정과 마찬가지의 논지로 헌법불합치결정을 내린 바 있다.

- "완전보상설"은 '정당한 보상'이란 피침해 재산의 객관적 가치와 부대적 손실 전부를 보상하는 것이며, 미연방 수정헌법 제5조의 '정당한 보상' 조항의 해석을 중심으로 발전한 학설이다. 여기에는 부대적 손실을 포함한다는 입장과 포함하지 않는다는 입장이 있다.
- "상당보상설"은 독일 기본법 제14조 제3항의 '정당한 형량보상'의 해석을 둘러싸고 발전한 설로써, '정당한 보상'이란 공사익의 비교형량에 따른 적정한 보상을 말한다.
- "절충설"은 완전보상을 원칙으로 하면서 합리적 사유가 있는 경우 또는 공사익의 조정의 견지에서 생활보상까지 인정하는 견해이다(완전보상설의 일종). 이 설은 완전보상을 원칙으로 하면서도 공익상의 합리적 이유가 있거나 공사익에 대한 조정적 견지에서 완전보상에서 하회할 수도 있으며, 댐건설에 따른 전부락이 수몰로 인하여 거주지를 떠나 다른 지역에서 새롭게 생활을 재건하여야 하는 경우에는 생활재건보상과 같은 완전보상에서 상회할 수도 있다고 본다.[29]
- 생각건대 '정당한 보상'의 구체적인 의미를 정하기 위한 것이 목적이나, 결국 생활보상과 부대적 손실보상 등의 기타 보상이 '정당한 보상'에 포함되느냐가 핵심이라고 본다. 피침해 재산의 객관적 가치와 부대적 손실 전부를 보상하는 '완전보상'을 원칙으로 하되, 생활보상의 경우와 같이 완전보상을 상회하거나 개발이익을 보상액에서 배제하는 공시지가제의 채택과 개발이익환수를 인정하는 개발부담금제의 인정 등의 경우와 같이 완전보상을 하회할 수 있도록 하여, 헌법이 추구하는 사회적 정의 실현과 사회국가의 이념을 조화시킬 수 있는 절충설이 타당하다.

② 판례
- 대법원[30]과 헌법재판소[31]는 모두 완전보상설의 입장이다.

---

29) 석종현, 앞의 책, 144·152쪽; 류재성, 토지재산권의 사회적 구속성과 손실보상에 관한 연구, 충남대학교 박사학위논문, 1992, 119쪽; 류해웅, 토지이용계획제한과 손실보상, 건국대학교 박사학위논문, 1990, 120쪽

30) 대법원 2001. 9. 25. 선고 2000두2426 판결[토지수용이의재결처분취소], 대법원 2006. 7. 28. 선고 2004두3458 판결[토지수용이의재결처분취소] 헌법 제23조 제3항에 따른 정당한 보상이란 원칙적으로 피수용재산의 객관적인 재산가치를 완전하게 보상하여야 한다는 완전보상을 뜻하는 것인데, 건물의 일부만이 수용되고 그 건물의 잔여부분을 보수하여 사용할 수 있는 경우 그 건물 전체의 가격에서 편입비율만큼의 비율로 손실보상액을 산정하여 보상하는 한편 보수비를 손실보상액으로 평가하여 보상하는 데 그친다면 보수에 의하여 보전될 수 없는 잔여건물의 가치하락분에 대하여는 보상을 하지 않는 셈이어서 불완전한 보상이 되는 점 등에 비추어 볼 때, 잔여건물에 대하여 보수만으로 보전될 수 없는 가치하락이 있는 경우에는, 동일한 토지소유자의 소유에 속하는 일단의 토지 일부가 공공사업용지로 편입됨으로써 잔여지의 가격이 하락한 경우에는 공공사업용지로 편입되는 토지의 가격으로 환산한 잔여지의 가격에서 가격이 하락된 잔여지의 평가액을 차감한 잔액을 손실액으로 평가하도록 되어 있는 공공용지의취득및손실보상에관한특례법시행규칙 제26조 제2항을 유추적용하여 잔여건물의 가치하락분에 대한 감가보상을 인정함이 상당하다.

31) 2013. 12. 26. 2011헌바162[구 공익사업을 위한 토지 등의 취득 및 보상에 관한 법률 제70조 제1항 등 위헌소원] 이 사건 토지보상조항이 '부동산 가격공시 및 감정평가에 관한 법률'에 의한 공시지가를 기준으로 토지수용으로 인한 손실보상액을 산정하되, 개발이익을 배제하고 공시기준일부터 재결 시까지의 시점보정을 인근 토지의 가격변동률과 생산자물가상승률에 의하도록 한 것은 공시기준일의 표준지의 객관적 가치를 정당하게 반영하는 것이고 표준지의 선정과 시점보정의 방법이 적정하므로, 이 사건 토지보상조항은 헌법 제23조 제3항이 규정한 정당보상의 원칙에

(2) 토지보상법상 보상기준의 위헌 여부

① 공시지가 보상의 위헌 여부
- 위에서 우리는 헌법상의 정당한 보상에 관하여 완전보상이 타당하다는 결론을 내렸고, 대법원과 헌재 또한 완전보상설의 입장에 있음을 보았다. 그런데 토지보상법은 공시지가에 의하여 보상액을 산정하도록 규정하고 있다(동법 제70조 제1항). 공시지가에 의하도록 규정한 토지보상법이 위헌이라는 설과 합헌이라는 설이 대립한다. 이에 관하여 대법원은 합헌이라고 하고 있다.32)

② 기타 사항의 반영 여부
- 공시지가를 기준으로 한 보상액이 시가에 미달하는 경우에 수용대상토지의 정당한 보상액을 산정함에 있어서 인근 유사토지의 정상거래사례나 보상선례를 참작 등의 방법으로 보상액을 조정하는 것이 가능한지가 문제된다. 구 토지수용법 제46조 제2항은 기타 사항의 참작을 인정하고 있었으나 토지수용법을 전수한 토지보상법에는 이와 같은 규정이 없어서 생기는 문제이다. 이에 관하여 대법원은 한정적으로 긍정하고 있다.33)

③ 개발이익배제의 위헌 여부
- 헌법은 완전보상을 수용하고 있는데, 공익사업의 시행으로 피수용자의 노력과는 관계없는 토지의 기대가치(개발이익)가 상승한 경우, 토지보상법이 이러한 개발이익을 보상금에서 배제하는 것(토지보상법 제67조 제2항)이 정당한가가 문제이다. 개발이익을 배제하는 것이 완전보상에 해당하는지에는 의문이 없지 않으나 헌재34)와 대법원35)은 정당하다고 보고 있다.

위배되지 않는다.
32) 대법원 1993. 7. 13. 선고 93누2131 판결[토지수용재결처분취소등], 대법원 2004. 10. 27. 선고 2003두1349 판결[재결처분취소] 공시지가에 의하여 보상액을 산정하도록 되어 있는 구 토지수용법(1991.12.31. 법률 제4483호로 개정되기 전의 것) 제46조 제2항과 지가공시및토지등의평가에관한법률 제10조 제1항 제1호는 완전보상 원칙을 선언한 헌법 제23조 제3항에 위반되지 아니한다.
33) 대법원 2003. 7. 25. 선고 2002두5054 판결 [토지수용이의재결처분취소] 수용대상토지에 대한 보상액을 산정하는 경우에 인근 유사토지의 거래사례나 보상선례를 반드시 조사하여 참작하여야 하는 것은 아니며, 다만 인근 유사토지의 거래사례나 보상선례가 있고 그 가격이 정상적인 것으로서 적정한 보상액 평가에 영향을 미칠 수 있는 것임이 인정된 경우에 한하여 이를 참작할 수 있을 뿐이다.
34) 1995. 4. 20. 93헌바20·66,94헌바4·9,95헌바6(병합) 전원재판부[구 토지수용법 제46조 제2항 등 위헌소원], 2013. 12. 26. 2011헌바162[구 공익사업을 위한 토지 등의 취득 및 보상에 관한 법률 제70조 제1항 등 위헌소원]
이 사건 토지보상조항이 '부동산 가격공시 및 감정평가에 관한 법률'에 의한 공시지가를 기준으로 토지수용으로 인한 손실보상액을 산정하되, 개발이익을 배제하고 공시기준일부터 재결 시까지의 시점보정을 인근 토지의 가격변동률과 생산자물가상승률에 의하도록 한 것은 공시기준일의 표준지의 객관적 가치를 정당하게 반영하는 것이고 표준지의 선정과 시점보정의 방법이 적절하므로, 이 사건 토지보상조항은 헌법 제23조 제3항이 규정한 정당보상의 원칙에 위배되지 않는다.
35) 대법원 1993. 7. 27. 선고 92누11084 판결[토지수용재결처분취소], 대법원 1993. 9. 28. 선고 93누5314 판결[토지수용재결처분취소등] 당해 수용사업의 시행으로 인한 개발이익은 수용대상토지의 수용 당시의 객관적 가치에 포함되

생각건대 토지의 공공성을 고려할 때 개발이익의 배제는 불가피해 보인다. 그러나 주변토지의 가격에 비례해 볼 때 형평에 반할 정도로 배제되는 것은 문제가 없지 않다.[36) 수용되는 토지는 개발이익이 배제되는데 주변의 수용되지 않는 토지는 개발가치가 상승할 것이므로 형평의 문제가 없지 않음을 상기해 보라.

6. 손실보상의 내용

(1) 공공사업과 손실보상 내용의 다양화

- 과거의 공공사업은 도로·공공청사 건설 등의 소규모의 개발이 대부분이었기 때문에 손실보상이론에 있어서도 주로 '재산권 보상'이 문제 되었고, 생활권 침해로 인한 '생활보상'은 문제되지 않았다. 그러나 오늘날의 공공사업은 집단적 택지개발·공장개발·신도시개발 등의 대규모 개발이 많고, 댐 건설 등과 같이 주민 전체가 집단적으로 다른 곳으로 이주하여야 하는 것과 같이 생활터전 자체가 상실되는 경우가 발생하고 있다. 따라서 대규모의 개발로 인하여 재산권 보상은 물론 생활보상 나아가 공공사업지 외에 미치는 이른바 사업손실(간접손실)도 손실보상에서 고려하지 않을 수 없게 되었다. 생활보상과 이른바 사업손실(간접손실)보상에 관하여는 뒤에서 자세히 본다.

(2) 손실보상의 구체적 내용

① 재산권 보상

- 재산권 보상은 개별적·구체적인 유무형의 재산상의 손실에 대한 보상을 말한다. 이에는 재산 자체의 상실에 대한 ⓐ'재산의 객관적 가치보상'과 ⓑ재산권 상실에 부대하는 '부대적 손실보상'이 있다. 전자에는 '토지보상과 토지이외의 재산권 보상'이 포함되고, 후자에는 '실비변상적 보상과 일실이익(기대이익손실)의 보상'이 포함된다.

ⓐ 토지 보상

- 토지보상의 보상액 산정은 재결에 의하는 경우에는 수용 또는 사용의 재결 당시의 가격을 기준으로, 협의에 의하는 경우에는 협의 성립 당시의 가격을 기준으로 한다(토지보상법 제67

지 아니하는 것이므로 수용대상토지에 대한 손실보상액을 산정함에 있어서 구 토지수용법(1991.12.31. 법률 제4483호로 개정되기 전의 것) 제46조 제2항에 의하여 손실보상액 산정의 기준이 되는 공시지가에 당해 수용사업의 시행으로 인한 개발이익이 포함되어 있을 경우 그 공시지가에서 그러한 개발이익을 배제한 다음 이를 기준으로 하여 손실보상액을 평가하고, 반대로 그 공시지가가 당해 수용사업의 시행으로 지가가 동결된 관계로 개발이익을 배제한 자연적 지가상승분도 반영하지 못한 경우에는 그 자연적 지가상승률을 산출하여 이를 '기타사항으로 참작'하여 손실보상액을 평가하는 것이 '정당보상의 원리'에 합당하다.
36) 김은유 외2, 앞의 책, 52쪽 참조

조 제1항).
- 협의나 재결에 의하여 취득하는 토지에 대하여는 부동산가격공시법에 따른 '공시지가를 기준'으로 하여 보상하되, 그 공시기준일부터 가격시점까지의 관계 법령에 따른 그 토지의 이용계획, 해당 공익사업으로 인한 지가의 영향을 받지 아니하는 지역의 대통령령으로 정하는 지가변동률, 생산자물가상승률(한국은행법 제86조에 따라 한국은행이 조사·발표하는 생산자물가지수에 따라 산정된 비율)과 그 밖에 그 토지의 위치·형상·환경·이용상황 등을 고려하여 평가한 적정가격으로 보상하도록 하고 있다(법 제70조 제1항).
- 위에서 본 바와 같이, 토지는 부동산가격공시법에 따른 '공시지가를 기준'으로 하여 보상하도록 하고 있다. 공시지가로 보상한다는 것은 개발이익을 배제한다는 의미이다. 즉 토지보상법 제67조 제2항에서 "해당 공익사업으로 인하여 토지등의 가격이 변동되었을 때에는 이를 고려하지 아니한다"라고 하고 있는 것과 같은 법 제70조 제2항에서 "토지에 대한 보상액은 가격시점에서의 현실적인 이용상황과 일반적인 이용방법에 의한 객관적 상황을 고려하여 산정하되, 일시적인 이용상황과 토지소유자나 관계인이 갖는 주관적 가치 및 특별한 용도에 사용할 것을 전제로 한 경우 등은 고려하지 아니한다"라고 규정한 것이 그것이다. 대법원과 헌재가 개발이익배제가 위헌이 아니라고 하고 있음은 위에서 이미 보았다.

ⓑ 토지 이외의 재산권 보상
- 토지 이외의 재산권의 보상에는 잔여 건축물의 손실에 대한 보상(법 제75조의2 제1항), 농작물 등에 대한 보상(법 제75조 제2항), 토지에 속한 흙·돌·모래 또는 자갈(흙·돌·모래 또는 자갈이 해당 토지와 별도로 취득 또는 사용의 대상이 되는 경우만 해당한다) 등에 대한 보상(법 제75조 제3항), 광업권·어업권·양식업권 및 물(용수시설을 포함한다) 등의 사용에 관한 권리에 대한 보상(법 제76조) 등이 있다.

ⓒ 실비변상적 보상
- 실비변상적 보상이란 재산권의 상실·이전 등에 따라서 비용이 발생한 경우 그 비용을 보상하는 것을 말한다. 건축물·입목·공작물과 그 밖에 토지에 정착한 물건의 이전비 보상(법 제75조 제1항), 분묘 이장비 보상(법 제75조 제4항), 잔여지의 손실과 공사비 보상(법 제73조 제1항) 등이 있다.

ⓓ 일실이익(기대이익손실)의 보상
- 일실이익의 보상이란 토지 등 재산권의 손실로 인한 사업의 폐지·휴업 등의 경우에 전업기간 또는 휴업 기간 중에 사업경영으로 얻을 수 있었던 기대이익의 상실에 대한 보상을 말한다(법 제77조). 이에는 영업의 폐업·휴업에 따른 일실이익 보상(제1항), 농업의 일실이익 보상(제2항), 근로자의 휴직 또는 실직 보상(제3항) 등이 있다.

② 생활보상

ⓐ 생활보상의 등장 배경과 이론적 타당성

- 과거에는 '재산권의 가치보장'에 중점을 두어서 '대물적 보상'을 중심으로 하면서 그 재산과 인과관계가 있는 통상적인 보상을 하였으나, 오늘날 다목적 댐 건설 등과 같이 대규모 공익사업으로 인하여 단순히 재산권만이 아닌 생활 터전이 상실되는 결과를 초래할 뿐만 아니라 생활기반의 상실과 간접피해 등의 경우에는 대물적 보상의 그 전제 자체가 성립되지 않는 경우도 많다. 또한 공익사업의 시행결과 생활의 터전을 상실하는 경우에 재산상태의 회복이라는 대물적 보상만으로는 불충분하다. 이러한 생활권 박탈과 같은 침해에는 생활 재건을 위한 '재산권의 존속보장'으로서의 생활보상이 전면에 부상하게 되어 보상제도에 대한 전반적인 재검토가 필요하게 되었다. 특히 과거 야경국가와는 달리 오늘날 현대적 복리국가의 성격상 국가는 공공의 침해로 인하여 생활 근거를 상실한 피수용자에게 생활재건조치를 해야 하는 것은 당연한 귀결이다. 더욱이 국민의 복리를 최고의 이상으로 지향하는 현대복리국가가 공익사업의 결과로 국민의 기본적인 생활권을 위협한다면 보상제도의 취지에는 물론 헌법상 인간의 존엄과 인간다운 생활을 할 권리에도 배치됨은 자명하다.

ⓑ 생활보상의 개념

- 생활보상의 개념도 협의로 사용하는 분과 광의로 사용하는 분이 있다. 그러나 양 개념의 개념상의 차이보다는 '어느 범위까지 보상해 주느냐의 문제'라고 생각된다. 현대 복리국가의 손실보상의 변화 추세를 생각할 때 광의로 새기는 것이 옳다고 본다.
- 이처럼 생활보상은 공공사업의 시행으로 인한 재산권 침해에 대하여 단순히 소극적으로 공공사업의 시행이 없었던 것과 같은 재산 상태를 유지해 주는 재산권의 가치보장에 그치는 것이 아니라 적극적으로 공공사업의 시행이 없었던 것과 같은 생활상태를 재건해 주는 원상회복적 성격을 가진다. 따라서 공공사업으로 인하여 생활 터전을 상실한 사람에게 종전과 같은 생활 터전의 재건에 필요한 생활재건조치가 뒤따라야 할 것이다.

ⓒ 생활보상의 근거와 법적 성격

- 생활보상의 이론적 근거는 사회국가적 관념을 반영한 복리국가주의의 표방이라고 할 수 있고, 생활보상의 헌법적 근거는 헌법 제23조 재3항 '정당한 보상' 규정과 헌법 제34조 '인간다운 생활을 할 권리' 규정이다. 나아가 법률적 근거로는 토지보상법 제78조 이주대책의 수립 등과 같은 법 제78조의2 공장의 이주대책의 수립 등 단편적 규정이 있고, 그 외 산업입지법, 댐건설관리법, 전원개발촉진법, 발전소주변지역법, 폐기물시설촉진법 등의 법률에서 이주대책, 이주정착지원금, 생활안정지원금지급, 주민우선고용 등에 관하여 규정하고 있다. 생활보상의 법적 성격은 헌법상의 권리로서의 성격을 가지나, 그것은 법률에 의하여 구체화

되어야 할 성질의 것이므로, 헌법으로부터 직접 생활보상청구권이 도출되는 것은 아니다. 우리나라는 손실보상에 관한 일반법이라고 할 수 있는 토지보상법조차도 아직 생활보상에 관하여 매우 단편적인 규정만을 하고 있는 실정이며, 생활보상적 손실보상에 관하여 매우 인색하다.
- 다행히 대법원은 토지보상법의 생활보상 규정, 즉 이주대책 수립·실시의무를 정하고 있는 토지보상법 제78조 제1항은 물론 이주대책의 내용에 관하여 규정하고 있는 같은 법 제78조 제4항 본문을 강행규정으로 보고 있다. 따라서 토지보상법 제78조 제4항에 규정된 생활기본시설 설치비용을 분양대금에 포함시킴으로써 이주대책대상자들이 생활기본시설 설치비용까지 사업시행자 등에게 지급하게 하는 것은 사업시행자에게 부당이득이 성립하는 것으로써, 사업시행자는 그 금액을 부당이득으로 이주대책대상자들에게 반환할 의무가 있다고 한다.[37]

ⓓ 생활보상의 내용
- 토지보상법이 규정하고 있는 생활보상의 내용은 이주대책 수립·실시 또는 이주정착금의 지급(법 제78조 제1항), 우선고용과 취업알선(법 제78조 제7항), 공장에 대한 이주대책 수립(법 제78조의2), 그 밖의 토지에 관한 비용보상 등(법 제79조)이다. 자세한 내용은 뒤에서 다시 본다.

③ 휴직 또는 실직 보상
- 생활보상의 일종으로 사업인정고시일 등 당시 공익사업시행지구 안의 사업장에서 3월 이상 근무한 근로자(소득세법에 의한 소득세가 원천징수된 자에 한한다)에 대하여는 근로장소의 이전으로 인하여 일정기간 휴직을 하게 된 경우에는 휴직일수(휴직일수가 120일을 넘는 경우에는 120일로 본다)에 근로기준법에 의한 평균임금의 70%에 해당하는 금액을 곱한 금액(다만 평균임금의 70%에 해당하는 금액이 근로기준법에 의한 통상임금을 초과하는 경우에는 통상임금을 기준으로 한다), 근로장소의 폐지 등으로 인하여 직업을 상실하게 된 경우에는 근로기준법에 의한 평균임금의 120일분에 해당하는 금액을 각 휴직 또는 실직보상(이직자보상)으로 보상한다(규칙 제51조).

④ 간접손실 보상(사업손실 보상)
ⓐ 간접손실 보상의 개념
- 과거와 달리 오늘날은 공업단지·주택단지·댐건설 등의 시행이 대단위의 사업으로 인하여 본래의 침해와 직접적인 피해가 아닌 당초에 예기치 않았던 간접적이고 부수적인 손실을 초래하는 경우가 많다. 이처럼 재산권이 직접 공공사업의 취득대상은 아니지만, 대상물건이 공

---

[37] 대법원 2011. 6. 23. 선고 2007다63089,63096 전원합의체 판결 [채무부존재확인·채무부존재확인], 대법원 2019. 3. 28. 선고 2015다49804 판결[부당이득금], 대법원 2019. 4. 11. 선고 2014다209579 판결[채무부존재확인]

공사업으로 인하여 본래의 기능을 수행할 수 없게 됨으로써 그 소유자 등이 입은 손실을 보상해 주는 것을 간접보상 또는 사업손실 보상[38]이라고 한다.

ⓑ 간접손실 보상의 근거

- 토지보상법은 제76조에서 제78조까지 사업지역 내에서의 보상규정을 두고, 제79조의 '그 밖의 토지에 관한 비용보상 등'이라는 표제 하에 제2항에서 " 공익사업이 시행되는 지역 밖에 있는 토지 등이 공익사업의 시행으로 인하여 본래의 기능을 다할 수 없게 되는 경우에는 국토교통부령으로 정하는 바에 따라 그 손실을 보상하여야 한다", 또한 제4항에서 "제1항부터 제3항까지에서 규정한 사항 외에 공익사업의 시행으로 인하여 발생하는 손실의 보상 등에 대하여는 국토교통부령으로 정하는 기준에 따른다"라고 규정하고 있다. 여기서 "그 밖의 토지에 관한 비용보상 외에 공익사업의 시행으로 인하여 발생하는 손실보상"은 간접손실보상의 근거를 마련하기 위한 것으로 보인다. 다시 법률의 위임에 따라서 국토교통부령 제59조~제65조 등의 규정을 통하여 간접보상에 관하여 규정하고 있다.

ⓒ 간접손실 보상의 요건

- 대법원 판례에 나타난 간접손실의 요건은 "일반적으로 공익사업의 시행에 수반된 사업지구 밖의 제3자가 입은 손실일 것, 손실에 대한 예견가능성이 있고, 손실의 범위도 특정할 수 있어야 하며, 원칙적으로 손실보상 규정도 있어야 한다"이다. 다만 토지보상법 제79조 제2,4항에서 간접손실에 대하여 포괄적 규정을 두고 있고, 잠시 뒤에서 보는 바와 같이 판례 또한 토지보상법의 보상규정을 유추적용하여 간접손실보상을 인정하고 있어서 보상규정의 존재는 크게 문제되지 않는다고 생각된다.

ⓓ 간접손실 보상의 유형

- 간접보상의 유형에는 대지 등에 대한 보상(규칙 제59조), 건축물 등의 보상(규칙 제60조), 소수잔존자에 대한 보상(규칙 제61조), 공익사업시행지구 밖의 공작물 등에 대한 보상(규칙 제62조), 공익사업시행지구 밖의 어업의 피해에 대한 보상(규칙 제63조), 공익사업시행지구 밖의 영업손실에 대한 보상(규칙 제64조), 공익사업시행지구 밖의 농업의 손실에 대한 보상(규칙 제65조) 등이 있다.

ⓔ 유추적용 여부

- 간접보상에 관하여 토지보상법은 구체적으로 충분한 규정을 두고 있지 못하기 때문에 지상개발, 광산개발, 어업개발, 하천개발, 전원개발, 원자력개발 등 현실에서는 간접손실에 대한 보상청구가 자주 발생한다. 그런데 구체적인 명문 규정이 없는 경우에는 이와 같은 간접손실 보상청구에는 토지보상법 시행규칙 제59조~제65조의 공익사업 시행지구 밖의 보상규정이

---

[38] 간접보상을 사업손실 보상이라고 하는 분이 있다. 김은유 외2, 앞의 책, 58

열거조항이냐 예시조항이냐가 문제된다. 예시조항이라면 제59조~제65조에서 규정하지 않은 경우에도 위 제59조~제65조를 유추적용하여 보상을 청구할 수 있기 때문이다. 생각건대 생활보상의 일종인 간접보상이 발생하는 경우의 사회현상을 위 조항에서 사전에 모두 열거할 수는 없을 것이다. 따라서 위 조항은 열거조항이 아닌 예시조항으로 봄이 옳으며, 따라서 위 조항에서 규정하지 않은 손실에 대하여도 유추적용할 수 있다고 봄이 옳다. 다만 토지보상법에 따른 손실보상청구는 동법에서 규정하고 있는 절차에 따라서 이의신청과 행정소송을 통하여 불복을 하여야 한다. 그러나 위 규칙에서 규정이 없는 경우 보상청구는 사업시행자를 당사자로 하여 "민사소송"을 제기할 수밖에 없다. 대법원의 견해도 같다.[39]

- 구체적인 보상청구 사례에서, 대법원은 수산업협동조합이 상실한 위탁판매 수수료 수입에 대한 손실보상청구[40], 몽리답 취득으로 인한 사업지 외 저수지 기능상실에 따른 손실보상청구[41], 수산제조업 사건[42], 하천수사용권에 대한 손실보상청구사건[43]에서는 위 조항을 유추적용하여 손실보상을 인정하였다. 그러나 금강하구둑 공사로 인한 참게 축양업 사건[44]과 관

---

39) ① 대법원 2014. 5. 29. 선고 2013두12478 판결[어업손실보상금]
구 수산업법 제81조의 규정에 의한 손실보상청구권이나 손실보상 관련 법령의 유추적용에 의한 손실보상청구권은 사업시행자를 상대로 한 민사소송의 방법에 의하여 행사하여야 한다(대법원 2001. 6. 29. 선고 99다56468 판결 참조). 그렇지만 구 토지보상법의 관련 규정에 의하여 취득하는 어업피해에 관한 손실보상청구권은 민사소송의 방법으로 행사할 수는 없고, 구 공익사업법 제34조, 제50조 등에 규정된 재결절차를 거친 다음 그 재결에 대하여 불복이 있는 때에 비로소 구 공익사업법 제83조 내지 제85조에 따라 권리구제를 받아야 하며, 이러한 재결절차를 거치지 않은 채 곧바로 사업시행자를 상대로 손실보상을 청구하는 것은 허용되지 않는다.
②대법원 1997. 9. 5. 선고 96누1597 판결[광업권보상거부처분취소]
광업권자들의 손실보상신청을 거부한 조치가 항고소송의 대상이 되는 행정처분이라고 할 수 없다. 이 경우 손실보상을 구하는 광업권자의 구제방법은 건설부장관이 속한 권리주체인 국가를 상대로 직접 민사소송인 손실보상금지급청구를 함이 상당하다.
40) 대법원 1999. 10. 8. 선고 99다27231 판결[손해배상(기)]
공공사업의 시행 결과 공공사업의 기업지 밖에서 발생한 간접손실에 대하여 사업시행자와 협의가 이루어지지 아니하고 그 보상에 관한 명문의 법령이 없는 경우, 피해자는 공공용지특례법 시행규칙상의 손실보상에 관한 규정을 유추적용하여 사업시행자에게 보상을 청구할 수 있다. 공유수면매립사업으로 인하여 수산업협동조합이 관계 법령에 의하여 대상지역에서의 독점적 지위가 부여되어 있던 위탁판매사업을 중단하게 된 경우, 그로 인한 위탁판매수수료 수입 상실에 대하여 공공용지특례법 시행규칙을 유추적용하여 손실보상을 하여야 한다.
41) 대법원 1999. 6. 11. 선고 97다56150 판결[보상금]
사업시행자가 택지개발사업을 시행하면서 그 구역 내의 농지개량조합 소유 저수지의 몽리답을 취득함으로써 사업시행구역 외에 위치한 저수지가 기능을 상실하고, 그 기능 상실에 따른 손실보상의 협의가 이루어지지 않은 경우, 공공용지특례법 시행규칙 제23조의6을 유추적용하여 사업시행자를 상대로 민사소송으로서 그 보상을 청구할 수 있다.
42) 대법원 1999. 12. 24. 선고 98다57419, 57426 판결 [보상금]
공공사업의 시행으로 인하여 사업지구 밖에서 발생한 수산제조업에 대한 간접손실의 보상에 관하여 공공용지특례법 시행규칙 제23조의5 소정의 간접보상 규정을 유추적용할 수 있다.
43) 대법원 2018. 12. 27. 선고 2014두11601 판결[보상금증액] 물건 또는 권리 등에 대한 손실보상액 산정의 기준이나 방법에 관하여 구체적으로 정하고 있는 법령의 규정이 없는 경우, 그 성질상 유사한 물건 또는 권리 등에 대한 관련 법령상의 손실보상액 산정의 기준이나 방법에 관한 규정을 유추적용할 수 있다. 즉 甲 회사의 하천수 사용권에 대한 '물의 사용에 관한 권리'로서의 정당한 보상금액은 어업권이 취소되거나 어업면허의 유효기간 연장이 허가되지 않은 경우의 손실보상액 산정 방법과 기준을 유추적용하여 산정하는 것이 타당하다.
44) 대법원 1998. 1. 20. 선고 95다29161 판결 [보상금]

계 법령이 요구하는 허가나 신고없이 김양식장을 배후지로 한 김종묘생산어업[45]에서는 손실보상을 부정하였다.

- 한편 공공사업 시행에 관한 실시계획 승인·고시 후에 어업에 관한 허가 또는 신고를 받은 경우에는 공공사업 시행으로 인한 손실보상 또는 손해배상을 청구할 수 없다.[46]

⑤ 정신적 보상

- 현 토지보상법에는 정신적 보상은 포함되지 않는다. 즉 댐 건설 등 대규모 공익사업의 시행으로 인하여 조상 대대로 전래되던 지역을 쫓겨남으로써 받게 되는 정신적 고충에 대하여는 어떠한 보상도 하고 있지 않다.

- 원래 손실보상은 재산적 손실을 대상으로 태동·발전해 온 것은 사실이지만, 오늘날 생활보상과 간접보상과 같은 확대된 보상의 관념이 보편적으로 인정되고 있고, 손해배상은 물론 손실보상도 종국적으로는 금전보상으로 대체할 수 밖에 없다는 '금전보상의 원칙'이라는 법리적 한계를 생각해 볼 때, 조상 전래의 촌락공동체가 파괴됨으로 인하여 기존의 생활기반 상실은 물론 오랜 세월 정착해온 공동체 주민들의 역사·문화·전통·추억·향수와 같은 주관적 가치나 감정의 상실과 타격에 대한 현저한 정신적 고통은 특별한 손해임이 틀림없다. 따라서 이러한 특별한 경우의 주관적 가치나 감정의 상실과 타격에 대한 현저한 정신적 고통은 생활보상의 일환으로 고려함이 마땅하다.[47]

공공사업의 시행으로 손실을 입은 자는 사업시행자와 사이에 손실보상에 관한 협의를 이루지 못한 이상 공공용지특례법 시행규칙 제23조의5, 제23조의6 등의 간접보상에 관한 규정들에 근거하여 곧바로 사업시행자에게 간접손실에 관한 구체적인 생활유지보상청구권을 행사할 수 없고, 토지수용법 제51조가 규정하고 있는 '영업상의 손실'이란 수용의 대상이 된 토지·건물 등을 이용하여 영업을 하다가 그 토지·건물 등이 수용됨으로 인하여 영업을 할 수 없거나 제한을 받게 됨으로 인하여 생기는 직접적인 손실, 즉 수용손실을 말하는 것일 뿐이고 공공사업의 시행 결과 그 공공사업의 시행이 기업지 밖에 미치는 간접손실을 말하는 것은 아니므로, 그 영업상의 손실에 대한 보상액을 산정함에 있어 같은 법 제57조의2에 따라 공공용지특례법 시행규칙 제23조의5, 제23조의6 등의 간접보상에 관한 규정들을 준용할 수 없고, 따라서 토지수용법 제51조에 근거하여 간접손실에 대한 손실보상청구권이 발생한다고도 할 수 없다. 즉 간접보상에 관한 규정에 근거하여 직접 사업시행자에게 간접손실에 관한 구체적인 손실보상청구권(행정소송)을 행사할 수 없고 사업시행자를 상대로 민사소송을 제기하여야 한다.

45) 대법원 2002. 11. 26. 선고 2001다44352 판결[손해배상(기)]
관계 법령이 요구하는 허가나 신고없이 김양식장을 배후지로 하여 김종묘생산어업에 종사하던 자들의 간접손실에 대하여 그 손실의 예견가능성이 없고, 그 손실의 범위도 구체적으로 특정하기 어려워 공공용지특례법 시행규칙상의 손실보상에 관한 규정을 유추적용할 수 없다.

46) ① 대법원 2014. 5. 29. 선고 2011다57692 판결 [손해배상(기)]
甲 등이 한국수자원공사를 상대로 남강댐 보강공사로 인한 손실보상 등을 구한 사안에서, 남강댐이 건설되고 '보상이 완료된 후 새로이 어업권을 취득한' 甲 등은 댐 보강공사의 시행으로 손실보상의 대상이 되는 특별한 손실을 입게 되었다고 할 수 없어 이에 대한 손실보상 또는 손해배상을 청구할 수 없다.
② 대법원 2019. 4. 11. 선고 2018다284400 판결[보상금청구의소]
어업에 관한 허가 또는 신고의 유효기간이 경과한 후 재차 허가를 받거나 신고를 한 경우, 종전 어업허가나 신고의 효력 또는 성질이 계속되는지 여부(소극), 이러한 법리는 수산업법상 어장이용개발계획에 따른 대체개발 등을 이유로 종전 어업권을 포기하고 다른 어장에 새로운 어업권을 등록한 경우에도 마찬가지인지 여부(적극)

47) 같은 생각으로 장대주, 앞의 책, 689쪽

7. 손실보상의 종류와 절차

(1) 손실보상의 종류

① 금전 보상
- 손실보상은 금전보상이 원칙이다(토지보상법 제63조 제1항). 즉 손실보상은 다른 법률에 특별한 규정이 있는 경우를 제외하고는 현금으로 지급한다.

② 현물보상(대토보상)
- 토지소유자가 원하는 경우, 사업시행자가 해당 공익사업의 합리적인 토지이용계획과 사업계획 등을 고려하여 토지로 보상이 가능한 경우에는 '그 공익사업의 시행으로 조성한 토지'로 보상할 수 있다(제1항 단서).

③ 매수보상
- 공익사업으로 인한 물건의 사용기간이 3년 이상으로 길거나 사용으로 토지의 형질변경이 되거나 사용하려는 토지 위에 건물이 있는 경우에는 토지소유자는 사업시행자에게 토지의 매수를 청구하거나 관할 토지수용위원회에 그 토지의 수용을 청구할 수 있다(법 제72조).
- 동일한 소유자에게 속하는 일단의 토지의 일부가 협의에 의하여 매수되거나 수용됨으로 인하여 잔여지를 종래의 목적에 사용하는 것이 현저히 곤란할 때에는 해당 토지소유자는 사업시행자에게 잔여지 매수를 청구할 수 있으며, 사업인정 이후에는 관할 토지수용위원회에 수용을 청구할 수 있다(법 제74조 제1항).

④ 채권보상
- 토지보상법은 금전보상을 원칙으로 하면서도, 예외적으로 사업시행자가 국가·지자체·그 밖에 대통령령으로 정하는 공공기관운영법에 따라 지정·고시된 공공기관 및 공공단체인 경우에는 토지소유자나 관계인이 원하거나 사업인정을 받은 사업의 경우로서 이른바 부재부동산소유자가 1억원 이상의 금액을 보상받는 경우에는 해당 사업시행자가 발행하는 채권으로 지급할 수 있고(법 제63조 제7항), 나아가 토지투기가 우려되는 지역으로서 토지거래허가구역이 속한 시군구와 이에 연접한 시군구에서 택지개발사업, 산업단지개발사업, 그 밖에 대규모 개발사업의 경우에는 공공기관운영법에 따라 지정·고시된 공공기관 및 공공단체는 부재부동산 소유자의 1억원 이상을 초과하는 토지보상금에 대하여는 사업시행자가 발행하는 채권으로 지급하도록 하고 있다(법 제63조 제8항). 이 채권보상에 관하여는 위헌성 문제가 제기되고 있다.

(2) 손실보상의 절차

① 보상액 결정 방법
- 손실액 결정 방법에는 당사자 간의 협의와 계약 체결에 의하는 방법(법 제16조), 행정청의 재결·결정·재심 등에 의하는 방법(법 제30조, 징발법 제24조), 소송에 의하는 방법이 있다.

② 보상액 결정 시기
- 협의에 의한 경우에는 협의 성립 당시의 가격을, 재결에 의한 경우에는 수용 또는 사용의 재결 당시의 가격을 기준으로 하고, 해당 공익사업으로 인하여 토지등의 가격이 변동되었을 때에는 이를 고려하지 아니한다(법 제67조).

(3) 손실보상의 지급 방법

① 선급과 후급
- 토지보상법은 원칙적으로 선급과 후급 중 선급주의를 채택하고 있고(법 제40조 제1항, 제62조), 예외적으로 후급주의를 취하고 있다(법 제38조, 제39조, 징발법 제19조 제5항).

② 일시급과 분할급
- 일시급(전액지급)이 원칙이나(법 제62조) 분할급을 인정하는 경우도 있다(법 제62조 단서)

③ 개인별 보상과 일괄 보상
- 손실보상은 토지소유자나 관계인에게 개인별로 지급함이 원칙이나 예외적으로 일괄보상도 인정된다(법 제64조, 제65조).

8. 손실보상에 대한 불복

- 손실보상액 결정은 당사자 간의 협의와 계약 체결에 의하는 것이 원칙이고, 협의가 이루어지지 않을 경우에는 행정청의 재결·결정·재심 등에 의하여 이루어 진다. 이 경우에 소유자 등 관계인은 이의신청에 따른 행정심판과 행정소송을 제기함으로써 불복을 할 수 있다.
- 이에 관하여는 뒤에서 자세히 쓰겠다.

제3절 공용수용의 의의·근거·종류 등

1. 토지보상법의 의의

(1) 목적

- 이 법은 공익사업에 필요한 토지 등을 협의 또는 수용에 의하여 취득하거나 사용함에 따른 손실의 보상에 관한 사항을 규정함으로써 공익사업의 효율적인 수행을 통하여 공공복리의 증진과 재산권의 적정한 보호를 도모하는 것을 목적으로 한다(법 제1조).

(2) 용어 정의

- 이 법에서 사용하는 용어의 뜻은 다음과 같다(법제2조).
1. "토지등"이란 제3조 각 호에 해당하는 '토지·물건·권리'를 말한다.
2. "공익사업"이란 제4조 각 호의 어느 하나에 해당하는 사업을 말한다.
3. "사업시행자"란 공익사업을 수행하는 자를 말한다.
4. "토지소유자"란 공익사업에 필요한 토지의 소유자를 말한다.
5. "관계인"이란 사업시행자가 취득하거나 사용할 토지에 관하여 지상권·지역권·전세권·저당권·사용대차 또는 임대차에 따른 권리 또는 그 밖에 토지에 관한 소유권 외의 권리를 가진 자나 그 토지에 있는 물건에 관하여 소유권이나 그 밖의 권리를 가진 자를 말한다. 다만 제22조에 따른 사업인정의 고시가 된 후에 권리를 취득한 자는 '기존의 권리를 승계한 자를 제외'하고는 관계인에 포함되지 아니한다.
6. "가격시점"이란 제67조제1항에 따른 보상액 산정의 기준이 되는 시점을 말한다.
7. "사업인정"이란 공익사업을 토지등을 수용하거나 사용할 사업으로 결정하는 것을 말한다.

(3) 기간의 계산방법·통지·송달 등

- 이 법에서 기간의 계산방법은 민법에 따르며, 통지 및 서류의 송달에 필요한 사항은 대통령령으로 정한다(법 제6조, 영 제3조, 제4조). 따라서 통지는 서면으로, 송달은 민사소송법 제176조의 '특별송달의 방법'에 의한다(영 제3조, 제4조, 규칙 제3조).
- 송달받을 자를 알 수 없거나 송달받을 자의 주소·거소 또는 그 밖에 송달할 장소를 알 수 없는 경우 등 일정한 경우에는 공시송달도 인정된다(영 제4조 제3항). 여기에서 주소, 거소 기타 송달할 장소를 알 수 없을 때라 함은 주민등록표에 의하여 이를 조사하는 등 통상의 조사방법에 의하여 그 송달장소를 탐색하여도 이를 확인할 수 없을 때를 말한다. 따라서 재결서를 송달함에 있어 원고의 등기부상의 주소로 송달하여 본 다음 주소불명으로 송달불능이 되자 송달가능한 주소를 더 이상 조사함이 없이 바로 공시송달하였다면, 위 공시송달은

법령에 정하여진 기간 동안 게시판에 게시된 여부에 관계없이 그 요건을 갖추지 못한 것으로서 적법한 송달로서의 효력을 발생하지 못한다. 또한 구 국가보위법에 의한 토지수용절차에서 토지소유자가 등기부상 주소지에 거주하고 있음에도 불구하고 수용통지서를 임야대장상의 주소지로 송달하였다가 수취인불명으로 반송되자 바로 게시장에 게시·공고만을 행하고 그 보상금을 공탁한 경우, 그 공탁은 부적법하다.[48]

- 공시송달을 하려는 자는 토지등의 소재지를 관할하는 시장(제주특별법에 따른 행정시의 시장을 포함)·군수 또는 구청장(자치구가 아닌 구의 구청장을 포함)에게 해당 서류를 송부하여야 하고, 시군구청장은 송부된 서류의 사본을 해당 시군구의 게시판에 게시하여야 한다. 서류의 사본 게시일부터 14일이 지난 날에 해당 서류가 송달받을 자에게 송달된 것으로 본다(영 제4조 제4항~제6항).

- 송달에 관하여는 민사소송법 제178조부터 제183조까지(교부송달 등), 제186조(보충송달, 유치송달), 제191조(외국에서 하는 송달의 방법) 및 제192조(전쟁에 나간 군인 또는 외국 주제 군계인 등에게 할 송달)를 준용하지만(영 제4조 제2항), 민사소송법 제187는 준용되지 않으므로 "등기우편" 등 대법원 규칙이 정하는 방법에 의한 송달은 인정되지 않는다는 점을 주의해야 한다.

(4) 대리인, 서류의 발급신청

- 사업시행자, 토지소유자, 관계인은 사업인정의 신청, 재결(裁決)의 신청, 의견서 제출 등의 행위를 할 때 변호사나 그 밖의 자를 대리인으로 할 수 있다(법 제7조). 대리인은 서면으로 그 권한을 증명하여야 한다(영 제5조).

- 사업시행자는 공익사업의 수행을 위하여 국가 또는 지자체에 필요한 서류의 발급을 신청할 수 있고, 국가 또는 지자체는 수수료 없이 공익사업자에게 해당 필요서류를 발급하여야 한다(법 제8조 제1항). 이때 사업시행자는 서류 발급신청을 사업시행자의 성명 또는 명칭·주소, 공익사업의 종류·명칭, 대상 토지등의 표시 등이 기재된 신청서(전자문서로 된 신청서 포함)를 제출하여야 한다(법 제6조, 영 제6조). 사업시행자(법 제81조에 따라 보상 또는 이주대책에 관한 업무를 위탁받은 자 포함)는 보상사무를 수행하기 위하여 불가피한 경우 개인정보 보호법 시행령 제19조 제1호 또는 제4호에 따른 주민등록번호 또는 외국인등록번호가 포함된 자료를 처리(사용)할 수 있고, 국토교통부장관 또는 시·도지사는 토지수용위원회 위원의 위촉과 관련하여 법 제54조에 따른 결격사유를 확인하기 위하여 불가피한 경우에도 마찬가

---

[48] 대법원 1987. 12. 22. 선고 87누600 판결 [토지수용재결처분등취소]; 대법원 1996. 3. 8. 선고 95누18741 판결 [토지수용재결취소등]; 대법원 1999. 7. 9. 선고 98다53233 판결 [소유권이전등기말소].

지이다(영 제50조의2).

2. 공용수용의 의의·근거·종류

(1) 의의

① 개념
- "수용 또는 공용수용"이란 공익사업 또는 공공복리를 목적으로 타인의 특정한 재산권을 법률에 의하여 강제적으로 취득하는 것을 말한다. 최근에는 수용·사용·제한을 포괄하여 "공용침해"라고도 한다. 공용침해로 개념을 확장하면 타인의 재산권에 대한 '위법한 침해'인 "수용유사의침해"와 비의욕적인 부수적 결과인 '적법한 행정작용'으로서 "수용적 침해"를 포괄하게 된다.

② 개념적 특징

ⓐ 공용수용은 '공익사업 기타 복리 목적'을 위한 특정한 타인의 재산권에 대한 강제적 취득이다. 따라서 재정목적, 국방목적, 질서유지목적을 위한 타인의 재산권에 대한 징수·제한과 구별된다.
- 토지보상법 제4조 및 동조 제8호[별표]에는 공익사업의 종류를 열거하고 있다.[49] 동 조항의 공익사업의 종류는 동법 제4조의2 제1항이 "이 법에 따라 토지등을 수용하거나 사용할 수 있는 사업은 제4조 또는 별표에 규정된 법률에 따르지 아니하고는 정할 수 없다"라고 하고 있고, 제2항에서 "별표는 이 법 외의 다른 법률로 개정할 수 없다"라는 점으로 미루어 볼 때, 동 조항의 공익사업의 종류는 예시주의가 아니라 "열거주의"를 채택하고 있는 것이다.
- 공익사업의 공공성은 전통적으로 사권보호의 차원에서 제한적으로 인정해 왔지만, 오늘날 복리행정의 확대로 공공성이 확대되고 있다. 한편 사인에 의한 공익사업의 시행이 증대되면서 산업입지법에 의한 산업단지개발, 주택법에 의한 택지개발 등과 같이 사인에 의한 토지수용도 확대되고 있다(이른바 공공적 사용수용, 사인을 위한 공용수용).

ⓑ 공용수용은 타인의 재산권에 대한 '법률의 규정에 의한 강제적·원시적 취득'이다.
- 수용에 의한 사업시행자의 토지소유권취득은 토지소유자와 수용자와의 법률행위에 의하여 승계취득하는 것이 아니라, 법률의 규정에 의하여 "원시취득"하는 것이다. 즉 공용수용은 사법상의 계약에 의한 취득이 아니라 종전 권리자의 의사와는 관계없이 법률의 규정에 의하여 수용권자가 일방적으로 직접 재산권을 강제적으로 취득한다. 따라서 승계취득이 아니라 원

---

[49] 무엇이 공익사업인지에 관한 입법에는 열거주의와 예시주의(개괄주의)가 있다. 전자는 공익사업의 판단과 종류를 전적으로 입법자에게 맡겨서 법률로 규정하는 방식이고, 후자는 입법자는 법률에서 예시적·개괄적·포괄적으로 규정하고 구체적인 경우에 행정부가 공익사업성 여부를 결정하는 방식이다. 양 제도 모두 장단점이 있지만 현행 헌법은 제23조 제3항과 토지보상법 제4조 제8호 별표에서 법률유보의 원칙을 취하여 열거주의를 취하고 있음을 명백히 하고 있다.

시취득에 해당한다(민법 제187조 참조). 토지소유자가 토지수용법 제63조(현 토지보상법 제43조)의 규정에 의하여 부담하는 토지의 인도의무에는 수용목적물에 숨은 하자가 있는 경우에도 '하자담보책임이 포함되지 아니하여' 토지소유자는 수용시기까지 수용 대상 토지를 현존 상태 그대로 사업시행자(현 토지보상법상 사업시행자, 이하 동일하다)에게 인도할 의무가 있을 뿐이다.50)

ⓒ 공용수용은 '특정한 재산권'의 강제적 취득을 목적으로 한다.

- 공용수용의 목적물은 특정한 목적물이다. 구체적으로 토지보상법은 제3조에서 적용대상이라는 제목으로 특정한 재산권에 관하여 규정하고 있다.

ⓓ 공용수용은 '특정한 공익사업자'에 의한 '손실보상을 전제로 한' 재산권의 강제적 취득이다.

- 공용수용의 주체인 특정한 공익사업자에는 국가, 공공단체, 사인이 포함된다. 이때의 사인은 소위 행정법상 행정주체의 지위에 있는 사인이다.
- 공용수용에 의한 재산권자의 부담은 특별한 희생에 의한 것이므로 공평 부담의 원리에 따라 정당한 보상을 전제로 한다.

(2) 근거

- 공용수용은 공공의 필요를 이유로 타인의 재산권을 강제적으로 취득하는 것이므로, 반드시 법률의 근거를 필요로 한다. 헌법 제23조 제3항은 "공공필요에 의한 재산권의 수용·사용 또는 제한 및 그에 대한 보상은 법률로써 하되…"라고 법률의 근거를 천명하고 있다. 헌법에 따라서 수용의 근거 법률은 일반법과 특별법으로 나누어 진다.

① 일반법

- 공용수용에 관한 일반법은 토지보상법이라고 할 수 있다. 이후 이 책에서 집중적으로 쓰고자 하는 분야이다. 물론 토지보상법이 수용법제와 보상법제에서 "일반법으로서의 지위"에 있느냐에 관하여는 의문이 없지 않다. 바로 다음에서 보듯이 이에 관한 특별법이 너무 많기 때문이다. 이 점은 부동산공법의 문제점이도 하다. 부동산공법이 국민을 위한 법이 아니라 오로지 공공단체, 즉 행정편의를 위한 법이 아닌가라는 의구심이 들 정도이다. 아무튼 저자는 이 책에서 토지보상법을 간편하게 '사실상' 일반법으로 지칭하겠다. 차제에 외국의 주요 입법례와 같이 수용법제와 보상법제를 단일화하여 특별한 경우가 아닌 한 개별법(특별법)으로 분산하기보다는 단일법 체제로 통일을 하는 것이 바람직하다고 본다. 그렇게 함으로써 토지수용법제와 보상법제에 관한 개별법이 심플해짐은 물론, 개별법(특별법)이 토지보상법의 사업인정 등을 의제함으로써 사업인정제도를 형해화하는 것을 막을 필요가 있다.

---

50) 대법원 2001. 1. 16. 선고 98다58511 판결 [손해배상(기)]

② 특별법
- 공용수용에 관하여는 일반법인 토지보상법 이외에도 무수히 많은 법령이 공용수용에 관한 일반법인 토지수용법에 대한 특례를 규정하고 있거나 또는 토지보상법을 준용하고 있다. 예컨대 댐건설관리법(제11조), 관광진흥법(제61조 제2,3항), 개발제한구역법(제20조 제2항), 도로법(제82조 제2항), 도시정비법(제62조, 제63조), 도시개발법(제22조 제2,3항), 도시철도법(제10조), 광업법(제73조), 농어촌정비법(제64조의4 제3,4항), 문화재보호법(제83조) 등이 그것이다.

(3) 종류
- 공용수용의 종류는 목적물을 표준으로 한 분류로서 부동산수용, 동산수용, 무체재산수용으로 분류된다.

제4절 공용수용의 당사자 등

1. 공용수용의 당사자

- 공용수용의 당사자는 수용자와 피수용자인데, 토지보상법은 수용자를 '사업시행자', 피수용자를 '토지소유자와 관계인'으로 규정하고 있다(법 제2조 제3~5호).

(1) 사업시행자
- 사업시행자는 공익사업을 수행하는 자를 말한다(법 제2조 제3호). 수용자(사업시행자)는 국가, 공공단체, 사인이 있을 수 있는데, 사인이 사업시행자인 경우 수용의 주체가 누구냐에 관하여 학설 대립(국가수용권설, 사업자수용권설)이 있으나, 이때의 사인은 행정주체로서의 사인이므로 후설이 타당하며, 실익이 없는 대립인 것 같다.

(2) 토지소유자
- "토지소유자"란 공익사업에 필요한 토지의 소유자를 말한다(법 제2조 제4호). 소유자는 사업인정 고시 후에 종전의 권리를 원시취득한 자도 손실보상을 받을 수 있다는 점이 관계인과 다르다.

(2) 관계인

- "관계인"이란 사업시행자가 취득하거나 사용할 '토지'에 관하여 지상권·지역권·전세권·저당권·사용대차권 또는 임차권, 소유권 외의 권리를 가진 자, 그 토지에 있는 '물건'에 관하여 소유권이나 그 밖의 권리를 가진 자를 말한다(법 제2조 제5호).
- 위 관계인의 권리는 물권은 물론 채권도 포함되며, 등기 여부도 불문한다. 매수 대금을 지급하였으나 이전등기를 하지 않은 자도 관계인이다.[51] 따라서 토지보상법의 보상 대상이 되는 '기타 토지에 정착한 물건에 대한 소유권 그 밖의 권리를 가진 관계인'에는 독립하여 거래의 객체가 되는 정착물에 대한 소유권 등을 가진 자뿐만 아니라, 당해 토지와 일체를 이루는 토지의 구성부분이 되었다고 보기 어렵고 거래 관념상 토지와 별도로 취득 또는 사용의 대상이 되는 정착물에 대한 소유권이나 수거·철거권(자동차 운전학원 사무실 건물, 운전 코스 및 장거리 주행연습장 등 시설물) 등 실질적 처분권을 가진 자도 포함된다. 이와 관련하여 대법원은 "택지개발사업의 사업시행자인 한국토지주택공사가 공공용지로 협의 취득한 토지 위에 있는 甲소유의 지장물에 관하여 중앙토수위의 재결에 따라 보상금을 공탁하였는데, 위 토지에 폐합성수지를 포함한 산업쓰레기 등 폐기물이 남아 있자 甲을 상대로 폐기물 처리비용의 지급을 구한 사안에서, 한국토지주택공사는 甲에게 폐기물을 이전하도록 요청하거나 그 불이행을 이유로 처리비 상당의 손해배상을 청구할 수 없다"고 하였다.[52] 피수용자의 목적물 인도의무는 승계취득이 아니라 원시취득으로서 하자담보책임이 인정되지 않기 때문이다. 즉 토지소유자는 수용대상 토지를 비록 산업폐기물이 묻혀 있더라도 수용시기까지 현존 상태대로 인도하면 그만이다.
- 하지만 "사업인정의 고시가 된 후"에 권리를 취득한 자는 기존의 권리를 승계 취득한 자를 제외하고는 관계인에 포함되지 아니한다(법 제2조 제5호 단서). 따라서 사업인정 후 담보물권을 취득한 자는 관계인이 아니므로 사업인정이나 재결에 불복할 수 없다. 그러나 담보물권의 물상대위성에 따라서 그 목적물의 수용 또는 사용으로 인하여 채무자가 받을 보상금에 대하여는 행사할 수 있다. 다만 그 보상금이 채무자에게 지급되기 전에 압류하여야 한다(법 제47조). 이것은 토지보상법에 이 규정이 없다라도 민법상 담보물권의 성질상 당연한 법리이다. 물론 유치권자는 물상대위권이 없으므로 담보물권이지만 보상금에 대하여 물상대위할 수 없다. 또한 수용목적물에 대한 가처분권자도 관계인이 되지 못한다. 가처분은 토지소유자

---

51) 대법원 1982. 9. 14. 선고 81누130 판결 [토지수용재결처분취소]
   토지에 대한 수용재결절차개시 이전에 당해토지를 매수하여 대금을 완급하고 그 토지를 인도받아 사용권을 취득하였으나 그 소유권이전등기만을 마치지 아니한 자는 토지수용법 제4조 제3항에서 말하는 관계인으로 해석함이 상당하므로 토지수용위원회의 수용재결에 대하여 이의를 신청할 수 있다.
52) 대법원 2009. 2. 12. 선고 2008다76112 판결 [손실보상금수령권자확인], 대법원 2019. 4. 11. 선고 2018다277419 판결[공탁금출급청구권확인], 대법원 2021. 5. 7. 선고 2018다256313 판결[손해배상(기)]
   본 사례]

- 의 임의처분을 금지함에 그치고 그로써 소유권취득의 효력까지 주장할 수는 없기 때문이다.53)
- 어업보상, 영업보상, 영농보상, 축산보상, 잠업보상, 휴직 또는 실직보상 등을 원인으로 사업인정 전에 협의를 하는 경우, '보상계획공고일 이후에 새로운 권리를 취득한 자와 택지개발촉진법, 공공주택특별법, 산업입지법 등에 의한 공익사업에서 '주민 등의 의견청취를 위한 공고일' 이후에 새로운 권리를 취득한 자도 관계인이 아니다.

2. 권리·의무의 승계

(1) 사업시행자의 권리·의무 승계

- 사업시행자의 권리·의무의 승계는 자주 일어나는 일은 아니지만 가끔씩은 일어난다. 예컨대 한국토지주택공사가 시행하던 택지개발사업을 지방공사가 승계하는 경우 등이다. 사업시행자의 권리·의무의 승계가 발생한 경우에는 이 법에 따른 사업시행자의 권리·의무는 그 사업을 승계한 자에게 이전한다(법 제5조 제1항).

(2) 토지소유자 및 관계인의 권리·의무 승계

- 토지소유자 및 관계인의 권리·의무도 그 승계인에게 이전한다. 토지보상법은 "이 법에 따라 이행한 절차와 그 밖의 행위는 사업시행자, 토지소유자, 관계인의 승계인에게도 그 효력이 미친다"고 규정하여 이를 인정하고 있다.

제5절 수용의 목적물(적용대상)

1. 수용의 목적물

(1) 토지보상법의 규정

- 사업시행자가 다음 각 호에 해당하는 토지·물건·권리를 취득하거나 사용하는 경우에는 이 법을 적용한다(법 제3조).

---

53) 1973.2.26 선고 72다2401,2402 판결, 대법원 1982. 9. 14. 선고 81누130 판결 [토지수용재결처분취소] 그러나 가처분의 실체적 내용에 따라서 판단하는 것이 옳으며, 실질적 보상의 관점에서 손실보상의 확대 경향이라는 점, 손실보상에 반드시 등기된 권리임을 요하지 않는다는 점, 또한 일본의 경우는 가등기상의 권리자·압류 및 가압류채권자도 관계인으로 규정하고 있는 점 등에 미루어 볼 때 이에 관한 대법원의 견해는 재고의 여지가 없지 않다.

---
1. 토지 및 이에 관한 소유권 외의 권리(토지소유권, 토지소유권 외의 권리)
2. 토지와 함께 공익사업을 위하여 필요한 입목, 건물, 그 밖에 토지에 정착된 물건 및 이에 관한 소유권 외의 권리
3. 광업권・어업권・양식업권 또는 물의 사용에 관한 권리
4. 토지에 속한 흙・돌・모래 또는 자갈에 관한 권리
---

① 토지소유권, 토지소유권 외의 권리
- 공공수용은 타인의 재산권을 강제적으로 취득하는 것이므로 모든 재산권이 수용의 목적물이 되는 것이 아니며, 당해 공익사업에 필요불가결하며 비대체적인 대상물이이어야 하며, 목적물의 범위는 필요 최소한에 그쳐야 한다. 따라서 그 한도를 넘는 부분은 수용대상이 아니므로 그 부분에 대한 수용은 위법하고, 초과수용된 부분이 적법한 수용대상과 불가분적 관계에 있는 경우에는 그에 대한 이의재결 전부를 취소할 수밖에 없다.[54] 소유권 외의 권리는 지상권・지역권・전세권・저당권 등의 물권과 임차권・사용권 등의 채권과 공법상의 권리 등이다.

② 입목, 건물, 그 밖에 토지에 정착된 물건 및 이에 관한 소유권 외의 권리
- 입목, 건물, 그 밖에 토지에 정착된 물건 및 이에 관한 소유권 외의 권리도 수용이 목적물이 된다. 토지정착물은 그 자체가 공익사업에 필요하여야 하고, 그렇지 않은 경우에는 그 정착물에 대한 이전료를 보상하고 이전시키는 것이 원칙이다.[55] 대법원도 "지장물인 건물이 토지수용법상 손실보상의 대상이 되기 위해서는 적법한 건축허가를 받아 건축된 것이어야 하는 것은 아니지만, 주거용 건물이 아닌 위법 건축물의 경우, 그 위법의 정도가 관계 법령의 규정이나 사회통념상 용인할 수 없을 정도로 크고 객관적으로도 합법화될 가능성이 거의 없어 거래의 객체도 되지 아니하는 경우에는 예외적으로 토지수용법상의 수용보상 대상이 되지 아니한다"고 한다.

③ 광업권・어업권・양식업권 또는 물의 사용에 관한 권리
- 물의 사용에 관한 권리와 관련하여 대법원은 "하천법 제50조에 따른 '하천수 사용권'은 토지보상법 제76조 제1항에서 손실보상의 대상으로 규정하고 있는 '물의 사용에 관한 권리'에 해당한다"고 하고 있음[56]에 반하여, 중앙토수위(이하 '중앙토수위'라 함)는 "하천법상 하천수

---
54) 대법원 1994. 1. 11. 선고 93누8108 판결 [토지수용재결처분취소], 대법원 2005. 11. 10. 선고 2003두7507 판결[토지수용이의재결처분취소]
55) 대법원 2000. 3. 10. 선고 99두10896 판결[무허가건물재결처분취소], 대법원 2001. 4. 13. 선고 2000두6411 판결 [토지수용이의재결처분취소] ; 원심이 이 사건 건물 잔여부분은 이미 이 사건 수용 이전부터 철거될 운명으로 그 건축한 목적대로 사용할 수 없었던 것이지 수용으로 인하여 비로소 종래의 목적대로 사용할 수 없거나 사용이 현저히 곤란하게 되었다고 할 수는 없다는 이유로 이 사건 건물 잔여부분에 대한 보상금지급을 구하는 원고의 청구를 배척한 것은 정당하다.
56) 대법원 2018. 12. 27. 선고 2014두11601 판결 [보상금증액] 하천법 제50조에 의한 하천수 사용권은 위에서 본 하천법 제33조에 의한 하천점용허가권과 마찬가지로 '특허에 의한 공물사용권의 일종'으로서, 양도가 가능하고 이

사용허가는 특허에 의한 공물사용권의 일종으로 계속적, 배타적으로 이용할 수 있는 권리로 보아 물 사용권리가 손실보상이 된다 하더라도 "하천수 사용권"은 그 자체가 고유의 가치를 가지는 것이라기보다는 하천수를 이용하여 전기를 생산, 판매함으로써 얻을 수 있는 수익에 의하여 그 가치가 결정되는 것으로 볼 수 있어 영업 손실보상과 불가분에 관계에 있다. 따라서 이미 영업 손실보상을 하였다면 그 영업보상은 물 사용에 관한 권리를 기반으로 이루어진 영업에 대한 보상으로서 "물 사용권리"도 포함하여 일괄평가된 것이므로 별도 보상은 타당하지 않다"라고 재결을 한 바 있다.57) 즉 중앙토수위는 특허를 받은 하천수 사용권을 재산권으로 보면서도 물사용권이 영업권에 포함된 것으로 보고 있다. '하천수 사용권'은 특허권으로서 배타적 재산권으로서의 성격이 명백하며, 영업권과는 별개로 평가되어야 한다. 대법원의 견해가 타당하며, 이에 배치되는 중앙토수위의 재결은 폐기되어야 할 것이다.

- 한편 대법원은 '먹는샘물(생수)' 제조에 사용되던 '지하수에 대한 이용권'이 구 토지수용법 제2조 제2항 제3호에서 수용대상으로 규정한 '물의 사용에 관한 권리'에 해당하지 않는다고 하며58), 지하수 개발·이용권의 법적 성질 및 지하수 개발·이용허가 후 토지소유권이 이전되면 그 지하수 개발·이용권도 당연히 이전되는 것은 아니라고 한다.59) 앞의 '하천수 사용권'은 행정행위의 성질이 특허이고 '먹는샘물과 지하수 이용권'은 허가라는 성질상의 차이가 있다. 전자는 자유재량행위이고, 후자는 원칙적으로 기속재량행위이다. 그러나 행정행위의 성질에 따라서 손실보상이 결정되는 것은 아니며, 지하수 이용권을 보상의 대상이 아니라고 보는 것은 재산권에 대한 지나치게 편협한 생각으로 보인다.

- 하천부지를 점용허가를 받아 비닐하우스 1개동, 관정 3개 등을 설치하고 수십 년간 농사를 지어오던 원고가, 공익사업의 시행과 관련하여 토지를 포함한 476필지 위의 물건 등에 관한 보상계획이 공고되자, 토지에 비닐하우스 23개동, 관정 123개 등을 새로 설치한 사건에서,

---

에 대한 민사집행법상의 집행 역시 가능한 독립된 재산적 가치가 있는 구체적인 권리라고 보아야 한다. 따라서 하천법 제50조에 의한 하천수 사용권은 토지보상법 제76조 제1항이 손실보상의 대상으로 규정하고 있는 '물의 사용에 관한 권리'에 해당한다. 즉, 갑 주식회사가 한탄강 일대 토지에 수력발전용 댐을 건설하고 한탄강 하천수에 대한 사용허가를 받아 하천수를 이용하여 소수력발전사업을 영위하였는데, 한탄강 홍수조절지댐 건설사업 등의 시행자인 한국수자원공사가 댐 건설에 필요한 위 토지 등을 수용하면서 지장물과 영업손실에 대하여는 보상을 하고 갑 회사의 하천수 사용권에 대하여는 별도로 보상금을 지급하지 않자 갑 회사가 재결을 거쳐 하천수 사용권에 대한 별도의 보상금을 산정하여 지급해 달라는 취지로 보상금증액 소송을 제기한 사안에서, '토지보상법' 및 그 시행령, 시행규칙에 '물의 사용에 관한 권리'의 평가에 관한 규정이 없고, 하천법 제50조에 의한 하천수 사용권과 면허어업의 성질상 유사성, 면허어업의 손실액 산정 방법과 환원율 등에 비추어 볼 때, 갑 회사의 하천수 사용권에 대한 '물의 사용에 관한 권리'로서의 정당한 보상금액은 토지보상법 시행규칙 제44조(어업권의 평가 등) 제1항이 준용하는 수산업법 시행령 제69조 [별표 4](어업보상에 대한 손실액의 산출방법·산출기준 등) 중 어업권이 취소되거나 어업면허의 유효기간 연장이 허가되지 않은 경우의 손실보상액 산정 방법과 기준을 유추적용하여 산정하는 것이 타당하다고 보았다.

57) 물 사용권리보상(2013.6.20.), 중앙토수위 홈페이지, 알림마당, 제44번 재결사례
58) 대법원 2005. 7. 29. 선고 2003두2311 판결 [토지수용이의재결취소등]
59) 대법원 2001. 10. 23. 선고 99두7470 판결 [지하수이용허가명의변경]

대법원은 토지보상법에 따른 사업시행자의 보상계획공고 등으로 공익사업의 시행과 보상 대상 토지의 범위 등이 객관적으로 확정된 후 해당 토지에 지장물을 설치하는 경우에는 원칙적으로 손실보상의 대상에 해당하지 않는다고 한다.[60] 당연한 귀결이다.

④ 토지에 속한 흙·돌·모래 또는 자갈에 관한 권리
- 흙·돌·모래 또는 자갈에 관한 권리란 토지는 불필요하고 오로지 그에 속하는 흙·돌·모래 또는 자갈만 필요한 경우이다. 토지에 속한다는 의미는 인공적으로 토지에서 분리시킨 것이 아닌 상태를 말한다. 따라서 이미 분리된 것은 수용의 목적물이 아니다.

(2) 개별 단행법의 규정
- 도로법(제82조, 제83조), 농어업재해대책법(제7조 제1항), 징발법(제5조), 특허법(제106조 제1항), 실용신안법(28조) 등에 개별 규정이 있다. 도시철도법은 토지의 지하 부분을 수용의 목적물로 규정하고 있다(동법 제9조 영 제10, 11조).

2. 목적물의 제한

- 헌법상의 재산권의 보장규정에 따라 공용수용은 공익사업을 위하여 타인의 특정한 재산권을 법률의 힘에 의하여 강제적으로 취득하는 것이므로 수용할 목적물의 범위는 원칙적으로 사업을 위하여 필요한 최소한도에 그쳐야 하며[61], 비례의 원칙과 평등의 원칙 등에 따른 일정한 제한이 따른다.
- 토지소유권은 그 소유자가 누구냐에 의한 제한이 없이 수용되는 것이 원칙이나 공물은 이미 공공의 필요에 의하여 공공의 목적에 공용되고 있는 것이므로 공용폐지행위가 선행되지 않는 한 수용의 대상물이 되지 않는다. 토지보상법 제19조 제2항은 "공익사업에 수용되거나 사용되고 있는 토지등은 특별히 필요한 경우가 아니면 다른 공익사업을 위하여 수용하거나 사용할 수 없다"고 하여 이를 분명히 하고 있다. 그러나 위 규정은 어디까지나 원칙일 뿐이므로, 판례는 보존공물과 국유토지 등의 경우 대체로 수용이 가능하다고 본다.[62] 생각건대 보

---

60) 대법원 2013. 2. 15. 선고 판결 2012두22096[보상금증액]
61) 대법원 2005. 11. 10. 선고 2003두7507 판결 [토지수용이의재결처분취소], 대법원 1987. 9. 8. 선고 87누395 판결 [토지수용재결처분취소]
62) 대법원 1996. 4. 26. 선고 95누13241 판결[토지수용이의재결처분취소등] 토지수용법은 제5조의 규정에 의한 제한 이외에는 수용의 대상이 되는 토지에 관하여 아무런 제한을 하지 아니하고 있을 뿐만 아니라, 토지수용법 제5조, 문화재보호법 제20조 제4호, 제58조 제1항, 부칙 제3조 제2항 등의 규정을 종합하면 구 문화재보호법(1982. 12. 31. 법률 제3644호로 전문 개정되기 전의 것) 제54조의2 제1항에 의하여 지방문화재로 지정된 토지가 수용의 대상이 될 수 없다고 볼 수는 없다.
대법원 1981. 6. 9. 선고 80다316 판결[소유권이전등기등] 토지수용법에 의하여 수용의 대상이 되는 토지에 대하여는

다 더 중요한 공익사업을 위하여 특별한 필요가 있는 경우에는 예외적으로 공물도 수용의 목적물이 될 수 있다고 본다.63)

- 또한 판례는 "공익사업의 시행자가 요존국유림(현 보전국유림)과 불요존국유림(현 준보전국유림)을 철도사업 등 토지보상법에 의한 공익사업에 사용할 필요가 있는 경우에 국유림법에서 정하는 절차와 방법에 따르지 아니한 채 토지보상법에 따른 재결을 통해 보전국유림과 준보전국유림의 소유권이나 사용권을 취득할 수 없다"고 한다. 그러나 그 이유는 토지보상법은 공익사업에 토지 등이 필요한 경우 사업시행자가 먼저 토지 등에 대한 보상에 관하여 토지소유자 등과 협의 절차를 진행하여야 하고(제16조, 제26조), 협의가 성립되지 아니하거나 협의를 할 수 없을 때에 한하여 사업시행자가 관할 토수회에 재결을 신청할 수 있다고 규정하고 있음(제28조 제1항)에 반하여, 국유림법상 보전국유림은 국유림법에서 정하는 절차와 방법에 따라서만 관리·사용할 수 있을 뿐이고, 준보전국유림으로 재구분되지 않는 이상 관리청이 임의로 처분하지 못하는 것이기 때문에 토지보상법상 협의 또는 재결의 대상이 될 수 없으며, 준보전국유림의 경우에도 우선 국유림법에서 정하는 요건을 갖추어 매각·교환·대부계약의 체결을 적법하게 신청하여야 하고, 그럼에도 산림청장이 위법하게 그 계약체결을 거부하는 경우에 한하여 예외적으로 토지보상법에 따른 재결신청을 할 수 있을 따름이기 때문이다.64) 즉 이 경우의 이유는 토지보상법의 절차와 공적 보존물의 절차와 방법에 따른 차이로 인하여 내려진 판결이며, 직접 공물의 제한에 관한 판결은 아니다.

3. 목적물의 확장수용

- 공용수용의 목적물은 필요 최소한에 그쳐야 하지만, 예외적으로 당사자의 이해관계의 조정, 특히 피수용자의 이익을 도모하기 위하여 또는 형평의 원칙에 부합하거나 대규모 개발사업 등 사업을 원활하게 시행하기 위하여 그 한도를 넘어서 확장수용이 필요한 경우가 있다. 이러한 확장수용의 성질도 공용수용으로 봄이 옳고 청구권처럼 표현되어 있으나 그 실질은 형성권이다(통설·판례)65). 따라서 잔여지수용청구권이 그 요건을 구비한 때에는 토수위의 특별한 조치를 기다릴 것 없이 청구에 의하여 수용의 효과가 발생하는 형성권적 성질을 가진다.

동 법 제5조(현 토지보상법 제19조 제2항)의 규정에 의한 제한 외에는 아무런 제한이 없으므로 국유의 토지도 이를 수용할 수 있다.
63) 2000. 10. 25. 2000헌바32 전원재판부[토지수용법 제5조 위헌소원]
64) 대법원 2018. 11. 29. 선고 2018두51904 판결 [토지사용이의재결처분취소]
65) 대법원 1993. 11. 12. 선고 93누11159 판결 [토지수용재결처분취소등], 대법원 2001. 9. 4. 선고 99두11080 판결[토지수용이의재결처분취소], 대법원 2010. 8. 19. 선고 2008두822 판결[토지수용이의재결처분취소등]

① 완전수용
- 사업인정 고시가 된 후 토지를 '사용'하는 기간이 3년 이상인 경우, 토지의 '사용'으로 인하여 토지의 형질이 변경되는 경우, '사용'하려는 토지에 그 토지소유자의 건축물이 있는 경우에는 해당 '토지소유자'는 사업시행자에게 해당 토지의 매수를 청구하거나 관할 토수위에 그 토지의 수용을 청구할 수 있다. 즉 사용을 수용으로 해 줄 것을 청구하는 것이다. 토지소유자가 완전수용을 청구하는 경우에 '관계인'은 사업시행자나 관할 토수위에 그 권리의 존속을 청구할 수 있다(법 제72조). 위에서의 사용은 적법한 사용만을 의미하고 토지수용법이 정한 절차에 의하지 아니하고 무단으로 토지를 사용하고 있는 경우는 이에 포함되지 않는다.[66]

② 확장수용(잔여지수용, 전부수용)
- 동일한 소유자에게 속하는 일단의 토지의 일부가 협의에 의하여 매수되거나 수용됨으로 인하여 잔여지를 종래의 목적에 사용하는 것이 현저히 곤란할 때에는 해당 토지소유자는 사업시행자에게 잔여지를 매수하여 줄 것을 청구할 수 있으며, 사업인정 이후에는 관할 토수위에 수용을 청구할 수 있다. 이 경우 수용의 청구는 매수에 관한 협의가 성립되지 아니한 경우에만 할 수 있으며, 사업완료일까지 하여야 한다(법 제74조 제1항). 매수 또는 수용의 청구가 있는 잔여지 및 잔여지에 있는 물건에 관하여 권리를 가진 자는 사업시행자나 관할 토수위에 그 권리의 존속을 청구할 수 있다(제2항). 사업시행자가 잔여지를 매수취득 또는 수용취득하는 경우에는 그 잔여지에 대하여 사업인정 및 사업인정의 고시가 있는 것으로 본다(제3항).

③ 이전에 갈음하는 수용
- 건축물·입목·공작물과 그 밖에 토지에 정착한 물건(이하 "건축물등"이라 한다)에 대하여는 이전에 필요한 비용(이하 "이전비"라 한다)으로 보상하여야 한다. 다만 건축물등을 이전하기 어렵거나 그 이전으로 인하여 건축물등을 종래의 목적대로 사용할 수 없게 된 경우, 건축물등의 이전비가 그 물건의 가격을 넘는 경우, 사업시행자가 공익사업에 직접 사용할 목적으로 취득하는 경우에는 해당 물건의 가격으로 보상하여야 한다(법 제75조).

④ 지대(地帶)수용
- 공용수용은 공익사업에서 불가피한 경우에 사인의 재산을 필요 최소한으로 강제수용하는 것이다. 그러나 토지의 조성·정리 등의 이유로 공익사업에 직접 필요한 토지 이외에 "수용 대상 토지의 인근 일대의 토지를 수용"하는 것을 당해 지역 일대의 토지를 수용한다는 의미로 지대수용이라고 한다. 토지의 조성·정리가 완료된 후에 타인에게 매각 또는 대여하여 얻은 금액으로 조성·정리에 들어간 비용에 충당한다.
- 지대수용은 확장수용과 구별하여야 한다. 지대수용은 인근의 토지가 공익사업의 시행에 필

---

[66] 대법원 1996. 9. 10. 선고 96누5896 판결 [토지수용이의재결처분취소등]

요하다는 점에서, 필요하지 않지만 피수용자의 이익을 위하여 손실보상의 범위 또는 정도를 넘어서 인정되는 '확장수용'과 다르다. 한편 지대수용은 공익사업의 시행으로 지가가 오를 것이 예상되는 인근 일대를 수용하여 지가상승이익을 특정인이 독점하는 것을 막고 사업시행자에게 귀속시켜 공익을 위하여 사용하기 위한 제도이다. 그러나 최근 공익사업이 대형으로 광범위하게 인정되고 있어서 지대수용의 필요성 또한 높아지고 있지만, 자칫 사업시행자가 편리 또는 지가의 시세차익을 위하여 악용할 소지 또한 높으므로 지대수용제도는 엄격한 조건하에서 인정되어야 할 것이다.

- 지대수용에 관하여는 토지보상법에 명문규정은 없다. 하지만 토지보상법 제4조 제6호와 도시개발법 제21조 제1항의 환지방식과 택지개발촉진법 제12조 제1항의 택지개발사업을 위한 토지수용이 지대수용을 인정한 규정이라는 주장이 있다.[67] 그러나 동 규정들을 지대수용의 근거로 보기에는 무리가 없지 않다고 생각된다.

---

[67] 석종현, 앞의 책, 314쪽.

제2장

공익사업의 준비

1. 개설

- 공익사업은 공공필요를 이유로 사인의 재산권을 강제적으로 취득하는 공권력 작용이기 때문에 엄격한 성문법의 절차가 필요하다. 이러한 수용절차에는 보통절차와 약식절차로 구분되는데, 보통의 절차가 원칙이며 이에는 사업인정절차와 보상절차가 핵심이다. 사업인정절차는 공익사업성 인정에 관한 절차이고 보상절차는 정당한 보상이 되도록 하기 위한 방편이기 때문이다. 이와 같은 사업인정과 보상을 위하여 그 준비단계로서 공익사업의 준비가 필요하다. 이에 관하여 간단히 보도록 하자.

2. 공익사업의 준비

(1) 사업 준비를 위한 출입

① 출입의 허가와 통지

- 사업시행자는 공익사업을 준비하기 위하여 타인이 점유하는 토지에 출입하여 측량하거나 조사할 수 있다(법 제9조 제1항). 측량이나 조사를 하려면 사업의 종류와 출입할 토지의 구역 및 기간을 정하여 특별자치도지사, 시군구청장의 허가를 받아야 한다. 이때의 허가는 사용권을 설정하는 효과가 있으므로 강학상 특허로 봄이 옳다. 다만 사용권은 공익사업의 준비를 위한 것이고 또한 한시적인 성격을 가지므로 특허이지만 기속행위로 보는 것이 타당하다.[68]

---

68) 전원개발사업 예정구역 출입허가취소 및 전면중단처분 무효확인등[춘천지법 강릉지원 2015. 5. 21., 선고, 2015구합1541, 판결 : 확정] 甲 시장이 원자력발전소 전원개발사업을 시행하는 乙 주식회사에 사업 예정구역에 대한 지적현황 측량 및 지장물 실태조사를 위한 출입허가를 하였다가 민간기구 주관으로 실시한 원전 유치 찬반 주민투표 결과 원전 유치 반대의견이 압도적으로 높아 원전건설사업이 더 이상 진행되기 어려운 상황이라는 등의 이유로 출입허가를 취소하는 처분을 한 사안에서, 위 처분은 정당한 처분사유를 갖추지 못하였고 절차상으로도 중대한 하자가 있어 위법하다고 하였다.

- 사업시행자가 국가일 때에는 그 사업을 시행할 관계 중앙행정기관의 장이 특자도지사, 시군구청장에게 통지하고, 사업시행자가 특·광·도지사일 때에는 특·광·도지사가 시군구청장에게 통지하여야 한다(제2항).
- 특자도지사, 시군구청장은 출입허가를 한 경우, 국가로부터 출입통지를 받은 경우, 자신이 사업시행자인 경우로서 타인이 점유하는 토지에 출입하여 측량이나 조사를 하려는 경우에는 사업시행자, 사업의 종류, 출입할 토지의 구역 및 기간을 공고하고 이를 '토지점유자'에게 통지하여야 한다(제3항).
- 타인이 점유하는 토지에 출입하려는 자는 출입하려는 날의 5일 전까지 그 일시 및 장소를 특자도지사, 시군구청장에게 통지하여야 한다(법 제10조 제1항). 특자도지사, 시군구청장은 통지를 받은 경우 또는 자신이 사업시행자인 경우로서 타인이 점유하는 토지에 출입하려는 경우에는 지체없이 이를 공고하고 그 '토지점유자'에게 통지하여야 한다(제2항).

② 토지점유자의 인용의무
- 사업시행자는 해가 뜨기 전이나 해가 진 후에는 토지점유자의 승낙 없이 그 주거나 경계표·담 등으로 둘러싸인 토지에 출입할 수 없다(제3항). 토지점유자는 정당한 사유 없이 사업시행자가 통지하고 출입·측량·조사하는 행위를 방해하지 못한다(법 제11조). 이를 위반하여 사업시행자의 출입·측량·조사하는 행위를 방해한 점유자는 200만원 이하의 벌금에 처하도록 규정하고 있다(법 제97조). 토지소유자에 대하여는 이러한 규정이 없다. 입법의 불비이다.

(2) 증표 등의 휴대

- 특자도지사·시군구청장의 허가를 받고 타인이 점유하는 토지에 출입하려는 사람, 장해물 제거등을 하려는 사람(특자도지사·시군구가 사업시행자인 경우는 제외), 특자도지사·시군구청장에게 통지하고 타인이 점유하는 토지에 출입하려는 사람, 사업시행자가 특자도·시군구인 경우로서 타인이 점유하는 토지에 출입하거나 장해물 제거등을 하려는 사람은 그 신분을 표시하는 증표와 특자도지사·시군구청장의 허가증을 지녀야 한다(법 제13조 제1,2항). 증표 및 허가증은 토지 또는 장해물의 소유자 및 점유자, 그 밖의 이해관계인에게 이를 보여주어야 한다(제3항).

(3) 장해물 등의 제거

- 사업시행자는 타인이 점유하는 토지에 출입하여 측량 또는 조사를 할 때 장해물을 제거하거나 토지를 파는 행위(이하 "장해물 제거등"이라 함)를 하여야 할 부득이한 사유가 있는 경우

에는 그 소유자 및 점유자의 동의를 받아야 한다. 다만 그 소유자 및 점유자의 동의를 받지 못하였을 때에는 사업시행자는 특자도지사·시군구청장의 허가를 받아 장해물 제거등을 할 수 있으며, 특자도·시군구가 사업시행자인 경우에는 허가 없이 장해물 제거등을 할 수 있다(법 제12조 제1항). 특자도지사·시군구청장은 허가를 하거나 장해물 제거등을 하려면 미리 그 소유자 및 점유자의 의견을 들어야 한다(제2항). 장해물 제거등을 하려는 자는 장해물 제거등을 하려는 날의 3일 전까지 그 소유자 및 점유자에게 통지하여야 한다(제3항).

(4) 손실보상

- 사업시행자는 타인이 점유하는 토지에 출입하여 측량·조사함으로써 발생하는 손실과 장해물 제거등을 함으로써 발생하는 손실을 보상하여야 한다(법 제9조 제4항, 제12조 제4항).
- 손실보상은 사업시행자와 손실을 입은 자가 협의하여 결정하고, 협의가 성립되지 않으면 관할 토수위에 재결을 신청할 수 있다. 이때의 손실보상은 손실이 있음을 안 날부터 1년이 지났거나 손실이 발생한 날부터 3년이 지난 후에는 청구할 수 없다(법 제9조 제5~7항, 제12조 제5항, 영 제6조의2).

제3장

협의에 의한 취득 또는 사용

1. 협의취득의 의의

(1) 협의취득이란

- 사업시행자가 토지수용절차에 의하지 아니하고 토지보상법상의 협의취득절차에 따라 토지소유자 및 관계인과 앞에서 본 적용대상에 대한 교섭을 통하여 취득하는 것을 말한다. 이러한 협의를 하기 위해서는 사업시행자가 하려는 사업이 당연히 공익상에 해당함을 전제로 한다(법 제4조 참조).

(2) 협의취득의 법적 성질

- 협의취득은 수용취득과는 달리 사업시행자가 사경제 주체로서 행하는 사법상의 계약, 즉 매매행위이다. 따라서 당사자는 협의에 따라서 취득의 내용을 정할 수 있고 토지보상법상의 손실보상의 기준에 의할 필요 없이 매매대금을 정할 수 있고 그 효력은 당사자 사이에서만 발생한다. 협의취득은 사법상의 계약이므로 여기에도 '민법상의 계약자유의 원칙'이 당연히 적용된다. 따라서 토지보상법상 토수위의 수용재결이 있은 후에도 당사자가 다시 협의하여 토지 등의 취득이나 사용 및 그에 대한 보상에 관하여 임의로 계약을 체결할 수 있음은 당연하다.[69] 나아가 무권리자로부터 협의취득이 이루어졌다고 하더라도 진정한 권리자는 권리를 상실하지 아니한다. 따라서 무권리자가 타인의 권리를 자기의 이름으로 또는 자기의 권리로 처분한 경우에 권리자는 후일 이를 추인함으로써 그 처분행위를 인정할 수 있고, 특별한 사정이 없는 한 이로써 권리자 본인에게 위 처분행위의 효력이 발생함은 사적 자치의 원칙에 비추어 당연하고, 이 경우 추인은 명시적으로뿐만 아니라 묵시적인 방법으로도 가능하며 그

---

[69] 대법원 2017. 4. 13. 선고 2016두64241 판결 [수용재결무효확인]

의사표시는 무권대리인이나 그 상대방 어느 쪽에 하여도 무방하다(민법 제130조, 제133조 참조).[70]

(3) 협의취득의 절차

- 협의취득의 절차는 ① 공익사업의 결정, ② 토지 및 물건조서의 작성, ③ 보상계획의 공고·열람, ④ 보상액 산정, ⑤ 협의, ⑥ 보상계약의 체결 순으로 이루어진다. 각 절차마다 구체적으로 본다.

2. 공익사업계획의 결정

- 공익사업계획은 공익사업에 대하여 수립계획을 거쳐 확정한 '행정계획'을 말한다. 공익사업을 시행하기 위해서는 이 공익사업계획을 먼저 결정한다. 따라서 사업시행자는 공익사업의 계획이 확정되었을 때에는 공간정보법에 따른 지적도 또는 임야도에 대상물건인 토지를 표시한 '용지도(用地圖)'와 토지등에 관한 공부의 조사 결과 및 현장조사 결과를 적은 '기본조사서'를 작성해야 한다(영 제7조 제1항). 작성된 용지도와 기본조사서를 기본으로 하여 '토지조서 및 물건조서'를 작성한다(제2항).

3. 토지 및 물건 조서의 작성

(1) 조서의 의의와 역할

- 토지 및 물건조서는 협의취득 또는 사용을 위하여 토지 및 물건의 내용에 관하여 사업시행자가 작성한 문서이다. 이 조서의 작성은 사업시행자의 의무이자 권리에 해당하며, 협의 개시 전에 토지와 물건에 대하여 필요한 사항을 확인하고 그 상황을 명확하게 함으로써 조서에 기재된 사항에 관하여 진실성을 추정하게 하여 당사자의 사후 분쟁을 예방하고 토수위의 심리와 재결절차를 신속·원활·용이하게 하려는데 있다.

(2) 조서의 작성 절차

- 토지 및 물건조서의 작성 절차는 ① 토지 및 물건의 조사, ② 용지도 작성(영 제7조 제1항),

---

[70] 대법원 2001. 11. 9. 선고 2001다44291 판결 [소유권말소등기], 대법원 2017. 6. 8. 선고 2017다3499 판결 [근저당권말소등기등] 〈무권리자가 문서를 위조해서 근저당권설정등기와 대출을 하였는데, 권리자가 무권리자의 처분을 추인하였는지가 문제된 사건〉

③ 토지조서 및 물건조서 작성(영 제7조 제2항), ④ 사업시행지 및 토지소유자와 관계인의 서명 또는 날인(법 제14조 제1항), ⑤ 토지소유자 등의 이의제기 순이다.
- 토지조서와 물건조서에 포함되어야 할 사항은 영 제7조 제3·4항에서 규정하고 있다. 물건조서를 작성할 때 그 물건이 건축물인 경우에는 제4항 각 호의 사항 외에 건축물의 연면적과 편입면적을 적고, 그 실측평면도를 첨부하여야 한다. 다만 실측한 편입면적이 건축물대장에 첨부된 건축물현황도에 따른 편입면적과 일치하는 경우에는 건축물현황도로 실측평면도를 갈음할 수 있다(영 제7조 제5항). 기본조사서의 작성에 관한 세부사항은 국토교통부장관이 정하여 고시한다〈신설 2021. 11. 23.〉. 이에 관하여 토지 및 물건 기본조사서 작성기준[시행 2021. 11. 23.] [국토교통부고시 제2021-1258호, 2021. 11. 23., 제정]이 제정되어 있다.

(3) 조서의 내용과 효력

① 진실 추정력 부여
- 조서의 효력은 협의 개시 전에 토지와 물건에 대하여 필요한 사항을 확인하고 그 상황을 명확하게 함으로써 조서에 기재된 사항에 관하여 '진실성을 추정'하게 하여 당사자의 사후 분쟁을 예방하고 토수위의 심리와 재결절차를 신속·원활·용이하게 하려는데 있다. 따라서 토지소유자 또는 관계인은 토지 및 물건조서의 내용에 대하여 법 제15조 3항에 따라서 이의를 제기한 경우를 제외하고는 법 제14조에 따라 작성된 토지조서 및 물건조서의 내용에 대하여 이의를 제기할 수 없다. 다만 토지조서 및 물건조서의 내용이 진실과 다르다는 것을 입증할 때에는 그러하지 아니하다(법 제27조 제3항 참조). 즉 추정력이 인정될 뿐이다.[71] 그러나 여기서 조서에 추정력을 인정하는 것은 문제가 있다. 요즈음엔 위성사진 또는 항공사진이 발달하여 예컨대 사업시행자가 실사를 하지 않고 항공사진 또는 위성사진을 통하여 조서를 작성할 가능성이 높다. 이 경우에 소유자가 이의를 제기하지 않으면 추정력을 이용하여 소유자에게 입증책임을 전환하는 것은 소유자에게 결과책임을 지우는 것이나 다름없기 때문이다. 소유자에게 불리한 조서의 추정력은 시정되어야 한다.

② 절차상 하자 있는 조서의 효력
- 사업시행자는 실제로 현황을 조사하여 조서를 작성하여야 한다. 그러나 현실에서는 피수용자들의 거부를 이유로 현황을 조사하지 않고 공부상으로만 확인하여 조서를 작성하는 경우가 있다. 이와 관련하여 토지소유자 등의 실력에 의한 거부와 저지가 있는 경우에는 항공측량, 도면을 이용한 조사를 할 수 있다는 견해도 있다.[72]

---

[71] 대법원 1993. 9. 10. 선고 93누5543 판결 [토지수용재결처분취소등]
[72] 류해웅, 신수용보상법론, 부연사(2012), 248쪽

- 토지소유자 등에게 입회를 요구하지 아니하고 작성한 토지조서는 절차상의 하자를 지니게 되는 것으로서 토지조서로서의 효력이 부인되어 조서의 기재에 대한 증명력에 관하여 추정력이 인정되지 아니한다. 소유자의 청구 없이 사업구역 안·밖에 걸쳐서 건립된 건물 전부를 수용대상으로 삼아 손실보상액을 정한 수용재결은 위법하며 이 경우 재결 전부를 취소하여야 한다.[73]
- 한편 대법원은 토지조서의 작성에 하자가 있다 하여 그것이 곧 수용재결이나 그에 대한 이의재결의 효력에 영향을 미치는 것은 아니라는 전제에서, 토지조서에 '실제 현황에 관한 기재'가 되어 있지 아니하다거나 '실측평면도가 첨부'되어 있지 아니하다거나 '토지소유자의 입회나 서명날인'이 없었다든지 하는 사유만으로는 이의재결이 위법하다 하여 그 취소를 구할 사유로 삼을 수 없다고 한다.[74] 그러나 대법원의 견해는 문제가 있다. 공익사업을 위한 강제적인 토지 등의 취득과정에서 절차상의 하자가 있음에도 불구하고 재결 취소를 인정하지 않는다는 것은 전근대적인 국가주의적 사고라고 하지 않을 수 없다. 토지조서와 물건조서의 서식은 규칙 제5조 각각 별지 제4호서식 및 별지 제5호서식에 의한다.

4. 보상계획의 공고·열람

(1) 보상계획공고

- 사업시행자는 토지조서와 물건조서를 작성하였을 때에는 공익사업의 개요, 토지조서 및 물건조서의 내용과 보상의 시기·방법·절차 등이 포함된 '보상계획'을 전국을 보급지역으로 하는 일간신문에 공고하고, 토지소유자 및 관계인에게 각각 통지하여야 하며, 법 제14조 제2항 단서에 따라 열람을 의뢰하는 사업시행자를 제외하고는 특자도지사·시군구청장에게도 통지하여야 한다. 다만 토지소유자와 관계인이 20인 이하인 경우에는 공고를 생략할 수 있다(법 제15조 제1항). 사업시행자는 보상계획을 공고할 때에는 시·도지사와 토지소유자가 감

---

[73] 서울고등법원 1999. 2. 24. 선고 97구31542 판결 [토지수용이의재결처분취소] "수용대상이 무허가건물인 경우에는 그 위치·면적을 확인할 공부가 없으므로 지적법령이 규정하는 경계복원측량 현황측량을 실시하여 이를 확인하여야 함에도 불구하고 담당공무원 등이 목측이나 줄자 등을 이용하여 어림짐작으로 그 위치·면적을 정하고 이에 터잡아 토지수용위원회가 손실보상액을 정하였다면, 이와 같이 재결에서 정한 손실보상액이 지적측량에 의하여 확인된 위치·면적을 기초로 산정한 손실보상액보다 많다는 등의 특별한 사정이 없으면 그 소유자에 대한 관계에서 그 재결 중 위 부족부분은 위법하다고 할 것이고, 나아가 어느 무허가건물이 사업구역 안과 밖에 걸쳐서 건립된 경우에는 그 소유자의 청구가 없는 한 사업구역 밖의 부분은 수용대상으로 삼아야 하지 아니함에도 불구하고 재결에서 그 무허가건물 전부를 수용대상으로 삼고 사업구역 안밖의 구분 없이 전체로서 손실보상액을 정하였다면 이는 가분적 행정처분이라고 할 수 없으므로 사업구역 밖의 부분을 수용하였음을 이유로 취소함에 있어서는 이에 대한 재결 전부를 취소하여야 할 것이다"라고 한다..
[74] 대법원 1993. 9. 10. 선고 93누5543 판결 [토지수용재결처분취소등]

정평가법인등을 추천할 수 있다는 내용을 포함하여 공고하고, 보상 대상 토지가 소재하는 시·도의 시·도지사와 토지소유자에게 이를 통지해야 한다(영 제28조 제1항).

(2) 보상계획열람

- 사업시행자는 보상계획의 공고나 통지를 하였을 때에는 그 내용을 14일 이상 일반인이 열람할 수 있도록 하여야 한다. 다만 사업지역이 둘 이상의 시군구에 걸쳐 있거나 사업시행자가 행정청이 아닌 경우에는 해당 특자도지사·시군구청장에게도 그 사본을 송부하여 열람을 의뢰하여야 한다(법 제15조 제2항).

(3) 이의신청

- 공고되거나 통지된 토지조서 및 물건조서의 내용에 대하여 이의가 있는 토지소유자 또는 관계인은 위 열람기간 이내에 사업시행자에게 서면으로 이의를 제기할 수 있다. 다만 사업시행자가 고의 또는 과실로 토지소유자 또는 관계인에게 보상계획을 통지하지 아니한 경우 해당 토지소유자 또는 관계인은 협의가 완료되기 전까지 서면으로 이의를 제기할 수 있고(법 제15조 제3항), 사업시행자는 해당 토지조서 및 물건조서에 제3항에 따라 제기된 이의를 부기(附記)하고 그 이의가 이유 있다고 인정할 때에는 적절한 조치를 하여야 한다(제4항).
- '사업인정고시가 된 후'에는 토지소유자나 관계인이 토지조서 및 물건조서의 내용에 대하여 이의를 제기하는 경우를 제외하고는 작성된 토지조서 및 물건조서의 내용에 대하여 이의를 제기할 수 없다. 다만 토지조서 및 물건조서의 내용이 진실과 다르다는 것을 입증할 때에는 그러하지 아니하다(법 제27조 제3항).

5. 협의

(1) 협의의 의의와 성질

- 사업시행자는 공익사업의 목적물을 수용재결을 통하여 강제적으로 취득할 수도 있지만 그와 같은 방법은 토지소유자 등과의 감정대립은 물론 번잡한 절차를 거쳐야 하므로 바람직한 방법이 아니다. 따라서 협의는 수용재결의 방법을 피하고 공익사업을 원활하게 하기 위하여 토지소유자 및 관계인과 합의에 의하여 보상하는 절차를 말한다. 토지보상법은 사업시행자는 토지등에 대한 보상에 관하여 토지소유자 및 관계인과 성실하게 협의하여야 한다고 규정하여 사업시행자의 성실협의의무를 부과하고 있다(법 제16조). 성실한 '협의'는 구체적이고 실질적인 협의를 뜻하고, 그와 같은 협의 요건을 갖추었는지 여부를 판단할 때에는 사업주체

가 매매가격 또는 그 산정을 위한 상당한 근거를 제시하였는지, 사업주체가 협의 진행을 위하여 노력하였는지, 대지 소유자가 협의에 어떠한 태도를 보였는지 등의 여러 사정을 종합적으로 고려하여야 하며, 그 요건 충족에 대한 증명책임은 사업주체가 부담한다.[75)76)]

- 협의는 사업시행자와 토지소유자 또는 관계인 간의 교섭행위이므로, 협의가 성립하면 이들 간에 계약을 체결하여야 한다. 따라서 협의 성립에 따른 계약체결은 보상에 관한 임의적 합의로써 사법상의 매매계약에 해당한다.

(2) 협의 시기

- 협의는 사업인정의 전후에 관계 없이 할 수 있다. 즉 토지보상법은 사업인정 전에 협의절차를 거칠 수도 있고, 사업인정 후에 협의절차를 거칠 수도 있다(법 제26조 참조). 다만 "재결신청 전"에는 반드시 협의를 거쳐야 하며(협의전치주의), 재결신청 전에 협의를 거치지 아니하면 설사 재결이 정상적으로 성립하였다 하더라도 그 재결처분은 위법·무효가 된다.

(3) 협의 상대방

- 일반적으로 협의의 상대방은 토지소유자 또는 관계인이지만, 단독소유가 아닐 경우에는 문제이다. 이에 관하여 공유, 총유, 합유를 나누어 본다.
- 공유토지, 구분소유적 공유토지는 공유자 전원과 협의를 하여야 하며, 특별한 사정이 없는 한 이를 필지별로 평가하여야 할 것이므로, 상호명의신탁 관계에 있는 이른바 구분소유적 공유토지라고 할지라도 명의신탁된 부동산이 대외적으로 수탁자의 소유에 속하는 것이니만큼, 일반 공유토지와 마찬가지로 한 필지의 토지 전체를 기준으로 평가한 다음 이를 공유지분 비율에 따라 안분하여 각 공유지분권자에 대한 보상액을 정하여야 한다.
- 합유는 원칙적으로 분할할 수 없으므로 합유자 전원과 협의를 하여야 하고 합유자 전원의 동의가 없으면 보상계약도 체결할 수 없다. 같은 이유로 재결신청도 지분 표시 없이 OOO, OOO의 합유토지로 신청하여야 하고 지분별로 보상계약을 체결하면 아니된다. 합유등기에 있어서는 등기부상 각 합유자의 지분을 표시하지 아니한다.[77)]

---

75) 대법원 1998. 7. 10. 선고 98두6067 판결 [토지수용이의재결처분취소등]
76) 대법원 2013. 5. 9. 선고 2011다101315, 101322 판결[소유권이전등기·매매대금], 대법원 2014. 8. 26. 선고 2013다99256 판결 [소유권이전등기]
77) ⓐ 합유자 중 일부가 나머지 합유자들 전원의 동의를 얻어 그의 합유지분을 타에 매도 기타 처분하여 종전의 "합유자 중 일부가 교체되는 경우"에는 합유지분을 처분한 합유자와 합유지분을 취득한 합유자 및 잔존 합유자의 공동신청으로 「○년 ○월 ○일 합유자 변경」을 원인으로 한 "잔존 합유자 및 합유지분을 취득한 합유자의 합유로 하는 합유명의인 변경등기신청"을 하여야 한다.
ⓑ "잔존 합유자가 수인인 경우 합유자 중 일부가 그 합유지분을 잔존 합유자에게 처분하고 합유자의 지위에서 탈퇴한 경우" 잔존 합유자가 수인인 때에는 탈퇴한 합유자와 잔존 합유자의 공동신청으로 「○년 ○월 ○일 합유자 ○○○

- 여러 사람의 물건의 소유 중에는 위에서 본 공유와 합유 외에 총유가 있다. 총유란 종중·교회·사찰·마을(동·리 등의 자연부락)·동창회·어촌계·아파트입주자대표회의 등의 법인 아닌 사단(권리능력 없는 사단)이 결합체로서 물건을 소유하는 방식을 말한다.
- 이러한 재산 중 종중재산에 대하여는 종중의 정관 기타 규약, 총회의사록, 재산처분결의서 등을 공증을 받아서 확보하고, 대표자의 인감증명서도 확보한 후 보상계약과 보상금 지급을 대표자와 하는 것이 안전하다. 종중재산이 종중원의 명의로 되어 있는 경우 민법상 매우 복잡한 문제가 발생할 수 있음에 주의해야 한다. 특히 우리의 전통사회가 정리주의와 소규모의 혈연집단 중심으로 구성되어 있어서 매우 복잡하고 어려운 문제가 대두되고 있고, 또한 종손 또는 중중원이 불법행위로 종중 토지 또는 공익사업으로 인한 보상금을 독식하는 사례가 상당히 많다. 또한 법인 아닌 사단의 소유형태인 총유가 공유나 합유에 비하여 단체성이 강하고 구성원 개인들의 총유재산에 대한 지분권이 인정되지 아니하는 데에서 나온 당연한 귀결이라고 할 것이므로 총유재산에 관한 소송은 법인 아닌 사단이 그 명의로 사원총회의 결의를 거쳐 하거나 또는 그 구성원 전원이 당사자가 되어 필요적공동소송의 형태로 할 수 있을 뿐 그 사단의 구성원은 설령 그가 사단의 대표자라거나 사원총회의 결의를 거쳤다 하더라도 그 소송의 당사자가 될 수 없고, 이러한 법리는 총유재산의 보존행위로서 소를 제기하는 경우에도 마찬가지이다.78) 수용보상금의 분배도 총유물의 처분에 해당하므로 정관 기타 규약에 달리 정함이 없는 한 종중총회의 분배결의가 없으면 종원이 종중에 대하여 직접 분배청구를 할 수 없다.79) 권리능력 없는 사단의 소유형태에 관하여 자세한 것은 졸저 "실전 부동산중개실무(Ⅰ)"을 참고하기 바란다.

탈퇴」를 원인으로 한 "잔존 합유자의 합유로 하는 합유명의인 변경등기신청"을 하여야 한다.
ⓒ "잔존 합유자가 1인이 된 경우"에는 탈퇴한 합유자와 잔존 합유자의 공동신청으로 「○년 ○월 ○일 합유자 ○○○ 탈퇴」를 원인으로 한 "잔존 합유자의 단독소유로 하는 합유명의인 변경등기신청"을 하여야 한다.
ⓓ 합유자 중 일부 또는 전부가 그 합유지분 중 일부를 제3자에게 처분하여 "제3자가 합유자로 추가된 경우"에는 기존의 합유자 및 새로 가입하는 합유자의 공동신청으로 「○년 ○월 ○일 합유자 ○○○ 가입」을 원인으로 한 "기존 합유자와 새로 가입하는 합유자의 합유로 하는 합유명의인 변경등기신청"을 하여야한다. 이 경우 합유지분을 처분한 합유자, 탈퇴한 합유자, 기존합유자의 인감증명을 각각 첨부하여야 한다.
ⓔ 합유자 중 일부가 사망한 경우 합유자 사이에 특별한 약정이 없는 한 사망한 합유자의 상속인은 민법 제719조의 규정에 의한 지분반환청구권을 가질 뿐 합유자로서의 지위를 승계하는 것이 아니므로, 사망한 합유자의 지분에 관하여 그 상속인 앞으로 상속등기를 하거나 해당 부동산을 그 상속인 및 잔존 합유자의 합유로 하는 변경등기를 하는 것이 아니라, 잔존 합유자는 사망한 합유자의 사망사실을 증명하는 서면을 첨부하여 해당 부동산을 잔존 합유자의 합유로 하는(잔존 합유자가 1인인 경우에는 잔존 합유자의 단독소유로 하는) '합유명의인 변경등기신청'을 할 수 있다. 그 잔존 합유자도 사망한 때에는 그 잔존 합유자의 상속인은 바로 자기 앞으로 상속등기를 신청할 수 있다(합유등기의 사무처리에 관한 예규 제정 1998. 1. 14. [등기예규 제911호, 시행]).

78) 대법원 2005. 9. 15. 선고 2004다44971 전원합의체 판결 [소유권말소등기], 대법원 2018. 10. 25. 선고 2018다210539 판결 [공탁금출급권자확인]
79) 대법원 1994. 4. 26. 선고 93다32446 판결 [배분금], 대법원 2010. 9. 30. 선고 2007다74775 판결 [분배금], 대법원 2017. 10. 26. 선고 2017다231249 판결 [소유권말소등기]

- 권리능력 없는 사단으로서 교회도 신도들의 성금이나 기타 수입으로 재산을 소유하는 경우가 많다. 유지재단의 경우에는 법인이므로 등기사항증명서와 토지대장등본 외에 법인등기부등본, 법인 대표자의 인감증명, 문체부 장관의 재산처분 인가서, 정관 기타 규약, 재산처분에 관한 이사회 회의록 등을 제출받고 재단의 대표자와 협의를 하고 계약을 체결하여야 한다. 유지재단이 아닌 개별 교회 재산의 경우에는 정관 기타 규약, 신도총회 의사록 또는 재산처분결의서 등을 공증받아서 제출받는 것이 안전하며, 대표자의 인감증명서도 확보하여야 한다. 단체와의 협의 또는 계약은 개인보다 더욱 신중을 기하여야 한다. 사찰의 경우도 교회에 준하여 처리하면 될 것이다.
- 자연부락인 마을재산의 경우에도 단체의 구성원이 유동적인 경우가 많고 단체의 구성이 불명확하다는 점 등으로 인하여 문제 발생이 많다. 정관 기타 규약, 마을총회 결의 등에서 이 점을 특히 유의할 필요가 있다. 권리능력 없는 사단으로서의 특성상 총유재산에 대한 거래에서는 특히 신중을 기해야 한다.
- 보존등기가 되지 않은 토지 등의 협의는 시구읍면장이 발급한 확인서에 의하여 정당한 권리자로 인정되는 자에게 보상금을 지급해왔으나, 법 제18조 '소유사실확인서 발급제도'가 폐지되었으므로, 협의에 의하지 않고 재결을 통하여 수용하는 것이 타당하다.
- 한국 국적을 가지고 있는 재외국민의 경우에는 내국인과 동일한 절차에 따라서 협의취득을 한다. 본인이 입국하지 못할 경우에는 국내의 대리인을 선임하여 협의를 하되, 처분위임장과 매도용(협의용) 인감증명서 또는 공증, 외국주재 한국대사관 또는 영사관 발행 재외국민 주소증명정보(거주증명서), 재외국민의 부동산등기용등록번호 등이 필요하다.[80]

(4) 협의 절차와 방법

- 사업시행자는 협의를 하려는 경우에는 국토교통부령으로 정하는 보상협의요청서(규칙 제6조 별지 제6호 서식)에 협의기간·협의장소 및 협의방법, 보상의 시기·방법·절차 및 금액, 계약체결에 필요한 구비서류를 적어 토지소유자 및 관계인에게 통지하여야 한다. 다만 토지소유자 및 관계인을 알 수 없거나 그 주소·거소 또는 그 밖에 통지할 장소를 알 수 없을 때에는 다음의 공고로 통지를 갈음할 수 있다(영 제8조 제1항). 보상협의요청서는 배당증명이 되는 등기우편으로 함이 옳다. 토수위의 재결을 위한 입증자료로 활용하기 위함이며, 협의요청은 행정처분이 아니다. 따라서 행정쟁송의 대상이 아니다. 위 협의기간은 특별한 사유가 없으면 30일 이상으로 하여야 한다(제3항).

---

[80] 재외국민 및 외국인의 부동산등기신청절차에 관한 예규 개정 2020. 6. 10. [등기예규 제1686호, 시행 2020. 7. 1.] 참조

- 공고는 사업시행자가 공고할 서류를 토지등의 소재지를 관할하는 시군구청장(자치구가 아닌 구의 구청장 포함)에게 송부하여 해당 시군구의 게시판 및 홈페이지와 사업시행자의 홈페이지에 14일 이상 게시하는 방법으로 한다(제2항).

(5) 협의 경위서 작성

- 사업시행자는 위 협의기간에 협의가 성립되지 아니한 경우에는 국토교통부령으로 정하는 협의경위서(규칙 제6조 별지 제7호 서식)에 협의의 일시·장소·방법, 대상 토지의 소재지·지번·지목·면적과 토지에 있는 물건의 종류·구조·수량, 토지소유자 및 관계인의 성명 또는 명칭 및 주소, 토지소유자 및 관계인의 구체적인 주장내용과 이에 대한 사업시행자의 의견, 그 밖에 협의와 관련된 사항을 적어 토지소유자 및 관계인의 서명 또는 날인을 받아야 한다. 다만 사업시행자는 토지소유자 및 관계인이 정당한 사유 없이 서명 또는 날인을 거부하거나 토지소유자 및 관계인을 알 수 없거나 그 주소·거소, 그 밖에 통지할 장소를 알 수 없는 등의 사유로 서명 또는 날인을 받을 수 없는 경우에는 서명 또는 날인을 받지 아니하되, 해당 협의경위서에 그 사유를 기재하여야 한다(영 제8조 제5항).
- 위와 같이 사업시행자가 우편으로 3회 정도 손실보상협의요청서를 보낸 후에 협의에 응하지 않으면 협의경위서에 토지소유자 등이 정당한 사유없이 거부하였다고 기재하고 이를 근거로 토수위에 수용재결을 신청하는 것이 관례이다. 토수위 또한 이에 응하고 있다. 그러나 협의요청은 사법상의 매매행위를 성사시키기 위한 일종의 청약에 불과하며, 사업시행자는 성실하게 협의할 의무가 있고(법 제16조), 토지소유자는 보상금이 불만일 수도 있지만 공익사업을 반대하여 협의에 응하지 않을 수도 있다. 따라서 토수위의 수용재결 단계에서 수용처분을 인용하더라도 적어도 "협의 단계"에서 특별한 사정이 없이 토지소유자가 정당한 사유없이 거부하였음을 이유로 바로 수용재결처분을 하는 것은 문제가 없지 않다. 협의 단계에서 협의불응을 정당한 사유가 없다고 단정함은 수용재결 단계와 이에 대한 행정소송을 인정하는 이유를 무색하게 만들어 토지소유자의 재산권보호는 공염불이 되기 때문에 부당하다. 이때 소유자가 수용재결에서 이 문제를 주장할 경우 수용재결신청은 기각됨어야 함이 타당하다.

6. 보상계약의 체결

- 토지보상에 관한 협의가 성립되면 사업시행자와 토지소유자 및 관계인은 계약을 체결하여야 한다(법 제17조). 이 계약은 사법상의 매매계약이므로 계약의 내용에는 계약의 해지 또는 변경에 관한 사항과 이에 따르는 보상액의 환수 및 원상복구 등에 관한 사항이 포함되어야 함

은 당연하다(영 제8조 제4항). 대법원 역시 이러한 사법상의 매매를 전제로 판결을 하고 있다. 즉 공공사업의 시행자가 토지수용법에 의하여 그 사업에 필요한 토지를 취득하는 경우 그것이 협의에 의한 취득이고, 토지수용법에 의한 협의 성립의 확인이 없는 이상 그 취득행위는 어디까지나 사경제 주체로서 행하는 사법상의 취득으로서 승계취득한 것으로 보아야 할 것이고, 재결에 의한 취득과 같이 원시취득한 것으로 볼 수는 없다고 하면서[81] 토지수용에 있어서 사업시행자와 토지소유자의 협의 성립에 대한 관할 토수위의 확인을 받지 아니한 것이면 그 토지를 원시취득한 것으로는 볼 수 없고 원래의 소유자로부터 승계취득을 한 것이라고 해석할 수 밖에 없다[82]고 한다.[83] 헌재 역시 같은 생각이다.[84]

- 협의취득 또는 보상합의는 공공기관이 사경제주체로서 행하는 사법상 매매 내지 사법상 계약이므로, 당사자 간의 합의로 토지보상법 소정의 손실보상의 요건을 완화하는 약정을 할 수도 있고, 같은 법 소정의 손실보상의 기준에 의하지 아니한 매매대금을 정할 수도 있고[85], 손실보상특례법이 토지소유자에게 그 일방적인 의사표시에 의하여 매매계약을 성립시키는 형성권으로서 잔여지 매수청구권을 인정하고 있다고 볼 수는 없고, 위 특례법에 의한 협의취득절차에서도 토지소유자가 사업시행자에게 잔여지 매수청구를 할 수 있음은 의문이 없으나

---

81) 대법원 1996. 2. 13. 선고 95다3510 판결 [소유권이전등기등말소]
82) 대법원 1978. 11. 14. 선고 78다1528 판결 [손해배상등]
83) 대법원 2012. 3. 29. 선고 2011다104253 판결 [손해배상(기)등] 한국토지주택공사가 국민임대주택단지를 조성하기 위하여 갑 등에게서 토지를 협의취득하면서 '매매대금이 고의·과실 내지 착오평가 등으로 과다 또는 과소하게 책정되어 지급되었을 때에는 과부족금액을 상대방에게 청구할 수 있다'고 약정하였는데, 공사가 협의취득을 위한 보상액을 산정하면서 한국감정평가업협회의 구 토지보상평가지침(2003. 2. 14.자로 개정된 것)에 따라 토지를 지상에 설치된 철탑 및 고압송전선의 제한을 받는 상태로 평가한 사안에서, '위 약정은 단순히 협의취득 대상토지 현황이나 면적을 잘못 평가하거나 계산상 오류 등으로 감정평가금액을 잘못 산정한 경우뿐만 아니라 토지보상법상 보상액 산정 기준에 적합하지 아니한 감정평가기준을 적용함으로써 감정평가금액을 잘못 산정하여 이를 기준으로 협의매수금액을 산정한 경우에도 적용되고', 한편 공사가 협의취득을 위한 보상액을 산정하면서 대외적 구속력을 갖는 토지보상법 시행규칙 제22조에 따라 토지에 건축물 등이 있는 때에는 건축물 등이 없는 상태를 상정하여 토지를 평가하여야 함에도, 대외적 구속력이 없는 구 토지보상평가지침에 따라 토지를 건축물 등에 해당하는 철탑 및 고압송전선의 제한을 받는 상태로 평가한 것은 정당한 토지 평가라고 할 수 없는 점 등에 비추어 위 협의매수금액 산정은 공사가 고의·과실 내지 착오평가 등으로 과소하게 책정하여 지급한 경우에 해당한다고 본 원심판결에 판단누락이나 이유불비 등의 잘못이 없다.
84) ① 1992. 11. 12. 90헌마160 전원재판부 [하천부지 교환에 대한 헌법소원] 폐천부지(廢川敷地)의 교환행위는 하천관리청이 하천의 신설 또는 개축으로 말미암아 생긴 폐천부지를 새로운 하천부지로 된 타인의 토지와 교환하여 주는 것으로서 행정처분이 아니라 사경제주체(私經濟主體)로서 행하는 사법상의 법률행위이다.
② 2020. 5. 26. 2020헌마610 [입찰무효처분취소] 국가계약법에 따라 행정기관이 낙찰자를 결정하여 용역계약 등을 체결하는 입찰무효통보는 사경제 주체로서의 사법행위이며, 조달청 고시 또한 사경제 주체로서의 행위의 전제가 되는 사전절차로서 사법적 성격을 가진다(헌재 2018. 10. 30. 2018헌마941 지정부 결정 참조). 따라서 국가가 공법상의 행정처분이 아니라 사경제주체로서 행하는 사법상의 법률행위에 대하여는 헌법소원의 심판대상이 되는 공권력행사라고 볼 수 없다(헌재 1992. 11. 12. 90헌마160; 헌재 1992. 12. 24. 90헌마182 참조). 따라서 이 사건 입찰무효통보 및 심판대상조항은 헌법소원으로 다툴 수 없어, 그 관계에서 발생하는 기본권의 침해 문제 또한 기본적으로 법원에서 민사소송으로 다루어져야 한다(헌재 2006. 11. 30. 2005헌마855 참조).
85) 대법원 1999. 3. 23. 선고 98다48866 판결 [보상금]

이는 어디까지나 사법상의 매매계약에 있어 청약에 불과하다고 할 것이므로, 사업시행자가 이를 승낙하여 매매계약이 성립하지 아니한 이상 이른바 형성권처럼 토지소유자의 일방적 의사표시에 의하여 잔여지에 대한 매매계약이 성립한다고 볼 수는 없다.[86]

- 또한 토지보상법에 의한 보상합의는 공공기관이 사경제주체로서 행하는 사법상 계약의 실질을 가지므로, 당사자 간의 합의로 같은 법 소정의 손실보상의 기준에 의하지 아니한 손실보상액에 관한 합의를 하였다고 하더라도 그 합의가 착오 등을 이유로 적법하게 취소되지 않는 한 유효하다. 따라서 손실보상금에 관한 당사자 간의 합의의 내용대로 구속력이 있고, 합의가 적법하게 취소되는 등의 특별한 사정이 없는 한 추가로 토지보상법상 기준에 따른 손실보상금 청구를 할 수는 없게 된다.[87]

---

86) 대법원 2004. 9. 24. 선고 2002다68713 판결 [매매대금]
87) 대법원 2013. 8. 22. 선고 판결 [부당이득반환]

제4장

수용에 의한 취득 또는 사용

제1절 수용 또는 사용의 절차

1. 개설

- 공용수용 또는 사용(이하 수용이라고만 한다)은 공익사업을 위하여 사인의 재산권을 강제적으로 취득하는 제도이다. 따라서 피수용자의 권익침해 방지와 이익 조정을 위하여 법률의 규정이 있어야 하고, 또한 그 규정에 따라서 시행하여야 함이 원칙이다.
- 현행법상 공용수용의 절차는 공용수용권이 직접 '법률에 의하여 인정'되는 경우와 법률의 규정에 따른 '행정행위에 의하여 인정'되는 경우가 있다. 전자는 국가 또는 공공단체 등의 행정주체가 수용권자인 경우에 또한 비상사태 또는 비상재해 등의 긴급한 사유가 있는 경우에 한하여 예외적으로 인정된다(징발법 제7조, 도로법 제83조 등). 이 경우에는 특별한 절차도 필요 없이 행정주체의 수용 통고로써 수용 또는 사용의 효과가 발생한다. 물론 이 경우에도 보상은 하여야 한다. 이에 비하여 후자는 법률이 규정한 여러 절차에 따라서 수용하는 것을 말한다. 수용에서의 일반적인 원칙이며 보통절차라고 한다. 보통절차에서 일부의 절차를 생략한 약식절차가 예외적으로 인정되기도 한다(토지보상법 제38조, 제39조 참조).
- 공용수용의 보통절차는 통상 ① 사업인정, ② 토지 및 물건조서 작성, ③ 협의, ④ 재결·화해 4단계로 보고 있다(다수설). 그러나 토지 및 물건조서 작성 대신 행정쟁송을 넣어서 4단계로 설명하는 견해도 있다.

2. 사업인정

(1) 사업인정 의의, 한계, 성격

① 사업인정 의의와 한계
- 토지수용을 할 수 있는 공익사업은 토지보상법 제4조 각호의 공익사업에 해당하여야 한다. 토지보상법 제4조의 공익사업은 예시가 아니라 열거라고 보는 것이 통설이므로, 사업시행자가 공익사업을 시행하기 위해서는 위 제4조상의 공익사업에 해당한다는 확인을 받아야만 수용이 가능해진다. 이러한 공익사업에 해당한다는 확인이 바로 '사업인정'이다. 사업인정을 위해서는 엄격한 사업인정의 요건을 구비하여야 함은 물론 사업시행자는 사업시행 의사와 사업시행 능력을 갖추고 있어야 한다.

② 사업인정 한계
- 사업인정이란 공익사업을 위한 토지 등을 수용 또는 사용할 사업으로 결정하는 것으로서 공익사업의 시행자에게 그 후 일정한 절차를 거칠 것을 조건으로 일정한 내용의 수용권을 설정하여 주는 공법상의 형성행위이다. 그러므로 해당 사업이 외형상 토지 등을 수용 또는 사용할 수 있는 사업에 해당하더라도 사업인정기관으로서는 그 사업이 공용수용을 할 만한 공익성이 있는지 여부와 공익성이 있는 경우에도 그 사업의 내용과 방법에 관하여 사업인정에 관련된 자들의 이익을 공익과 사익 사이에서는 물론, 공익 상호 간 및 사익 상호 간에도 정당하게 비교·교량하여야 하고, 비교·교량은 비례의 원칙에 적합하도록 하여야 한다.
- 그뿐만 아니라 해당 공익사업을 수행하여 공익을 실현할 의사나 능력이 없는 자에게 타인의 재산권을 공권력적·강제적으로 박탈할 수 있는 수용권을 설정하여 줄 수는 없으므로, 사업시행자에게 해당 공익사업을 수행할 의사와 능력이 있어야 한다.
- 따라서 공용수용은 헌법상의 재산권 보장의 요청상 불가피한 최소한에 그쳐야 한다는 헌법 제23조의 근본취지에 비추어 볼 때, 사업시행자가 사업인정을 받은 후 그 사업이 공용수용을 할 만한 공익성을 상실하거나 사업인정에 관련된 자들의 이익이 현저히 비례의 원칙에 어긋나게 된 경우 또는 사업시행자가 해당 공익사업을 수행할 의사나 능력을 상실하였음에도 여전히 그 사업인정에 기하여 수용권을 행사하는 것은 수용권의 공익 목적에 반하는 수용권의 남용에 해당하여 허용되지 않는다. 이와 같이 사업인정에는 일정한 한계가 존재한다. 대법원과 헌재의 견해도 같다.[88]

③ 사업인정의 법적 성격
- 사업인정은 행정행위(행정처분)이다. 대물적 처분이면서 특정한 사업시행자에게 수용권을

---

88) 대법원 2019. 2. 28. 선고 2017두71031 판결 [사업인정고시취소], 대법원 2011. 1. 27. 선고 2009두1051 판결 [토지수용재결처분취소], 2007. 11. 29. 2006헌바79 전원재판부 [국토의 계획 및 이용에 관한 법률 제96조 제2항 등 위헌소원], 2017헌바246, 2019헌바391, 471(병합) [공익사업을 위한 토지 등의 취득 및 보상에 관한 법률 제70조 제1항 등 위헌소원]

부여하는 것이므로 대인적 처분으로서의 성격도 가진다.[89]
- 사업인정을 단순히 특정한 사업이 공용수용을 할 수 있는 토지보상법 제4조상의 공익사업에 해당하는지 여부만을 판단·결정하는 행위로 보느냐, 아니면 토지보상법 제4조상의 공익사업에 해당하는지 여부를 확인함은 물론 나아가 사업시행자에게 적극적으로 수용권을 설정하는 형성행위로 보느냐에 따라서 '확인행위설'과 '설권적 형성행위설'로 나누어 진다. 전설은 주로 '국가수용권설'을 취하는 학자들의 견해이고, 후설은 '사업시행자수용권설'을 취하는 학자들의 견해이다.
- 또한 전설은 사업인정을 설권(권리설정)적 행위라고 보지 않으므로 사업인정에 수용권을 인정하지 않고 공익사업성 여부의 판단도 특정한 사업이 수용에 필요한 일정한 요건을 갖추었는지 여부를 법률의 규정에 따라서 형식적으로 판단한다. 따라서 그 판단·결정은 '기속재량(기속행위)'에 해당하여 사업인정기관은 공익성 여부의 판단에 재량이 없다고 본다(소수설). 이에 비하여 후설은 사업인정은 토지보상법 제4조상의 공익사업에 해당하는지 여부를 확인함은 물론 나아가 사업시행자에게 적극적으로 수용권을 설정하는 형성행위로 보기 때문에 사업인정의 판단·결정은 설권(設權)행위로서 '재량(裁量)행위'가 된다(다수설).
- 대법원은 후설의 입장이다.[90] 따라서 사업인정을 재량행위로 보게 되면 행정행위의 하자가 명백하고 중대한 하자가 있어 당연무효가 아닌 한 선행처분의 하자가 후행처분에 승계되지 않는다. 예컨대 택지개발계획의 승인·고시가 있은 때(택지개발촉진법 제12조 제2항에 의하면 택지개발계획의 승인·고시가 있은 때에는 토지수용법 제14조 및 제16조의 규정에 의한 사업인정 및 사업인정의 고시가 있은 것으로 보도록 규정하고 있음)에는, 토지소유자로서는 선행처분인 국토부 장관의 '택지개발계획 승인단계'에서 그 제척사유를 들어 쟁송하여야 하고 그 제소기간이 도과한 후 '수용재결이나 이의재결 단계'에 있어서는 위 택지개발계획 승인처분에 명백하고 중대한 하자가 있어 당연무효라고 볼 특단의 사정이 없는 이상 그 위법 부당함을 이유로 재결의 취소를 구할 수는 없게 된다.[91]

(2) 사업인정의 요건

---

89) 류해웅·허강무, 신수용보상법론, 부연사, 2016, 203쪽; 석종현, 앞의 책, 321쪽
90) 대법원 2019. 2. 28. 선고 2017두71031 판결[사업인정고시취소] 〈풍납토성 보존을 위한 사업인정 사건〉, 대법원 1995. 12. 22. 선고 95누30 판결 [광업용토지수용의사업인정처분취소], 대법원 1992. 11. 13. 선고 92누596 판결 [토지수용을위한사업인정거부처분취소등] 광업법 제87조 내지 제89조, 토지수용법 제14조에 의한 토지수용을 위한 사업인정은 단순한 확인행위가 아니라 형성행위이고 당해 사업이 비록 토지를 수용할 수 있는 사업에 해당된다 하더라도 행정청으로서는 그 사업이 공용수용을 할 만한 공익성이 있는지의 여부를 모든 사정을 참작하여 구체적으로 판단하여야 하는 것이므로 사업인정의 여부는 행정청의 재량에 속한다.
91) 대법원 1996. 4. 26. 선고 95누13241 판결 [토지수용이의재결처분취소등]

① 얼개
- 토지보상법은 사업인정의 요건에 대하여 명시적인 규정을 두고 있지는 않는다. 그러나 토지보상법의 취지와 목적 및 이에 대한 판례 등을 기준으로 최소한의 요건을 설정할 수 있다. 토지보상법 제4조 및 동조 제8호 [별표]의 '공익사업'에 해달하느냐 여부, 그 사업이 공용수용을 인정할 만한 '공익성'을 갖추고 있는지와 수용의 필요성과 수용대상 및 범위의 최소성 여부, 공익성이 인정되더라도 공익과 사익 간·공익 상호 간·사익 상호 간의 '비례의 원칙'에 적합하느냐 여부, 사업시행자에게 공익사업을 수행하고 공익을 실현할 '의사와 능력'이 있느냐 등이 요건이 된다. 이에 관하여 대법원과 헌재 판례를 기준으로 요건을 개괄적으로 본다.

② 공익성, 수용의 필요성, 수용대상 및 범위의 최소성
- 실시계획의 인가 요건을 갖추지 못한 인가처분은 공공성을 가지는 도시계획시설사업의 시행을 위하여 필요한 수용 등의 특별한 권한을 부여하는 데 정당성을 갖추지 못한 것으로서 법규의 중요한 부분을 위반한 중대한 하자가 있다.[92] 즉, 헌법 제23조 제3항에서 규정하고 있는 '공공필요'는 "국민의 재산권을 그 의사에 반하여 강제적으로라도 취득해야 할 공익적 필요성"으로서, '공공필요'의 개념은 '공익성'과 '필요성'이라는 요소로 구성되어 있는바, '공익성'의 정도를 판단함에 있어서는 공용수용을 허용하고 있는 개별법의 입법목적, 사업내용, 사업이 입법목적에 이바지 하는 정도는 물론, 특히 그 사업이 대중을 상대로 하는 영업인 경우에는 그 사업 시설에 대한 대중의 이용·접근 가능성도 아울러 고려하여야 한다. 그리고 '필요성'이 인정되기 위해서는 공용수용을 통하여 달성하려는 공익과 그로 인하여 재산권을 침해당하는 사인의 이익 사이의 형량에서 사인의 재산권 침해를 정당화할 정도의 공익의 우월성이 인정되어야 하며, 사업시행자가 사인인 경우에는 그 사업 시행으로 획득할 수 있는 공익이 현저히 해태되지 않도록 보장하는 제도적 규율도 갖추어져 있어야 한다.
- 그런데 이 사건에서 문제된 지구개발사업의 하나인 '관광휴양지 조성사업' 중에는 고급골프장, 고급리조트 등(이하 '고급골프장 등'이라 한다)의 사업과 같이 입법목적에 대한 기여도가 낮을 뿐만 아니라, 대중의 이용·접근가능성이 작아 공익성이 낮은 사업도 있다. 또한 고급골프장 등 사업은 그 특성상 사업 운영 과정에서 발생하는 지방세수 확보와 지역경제 활성화는 부수적인 공익일 뿐이고, 이 정도의 공익이 그 사업으로 인하여 강제수용 당하는 주민들의 기본권침해를 정당화할 정도로 우월하다고 볼 수는 없다. 따라서 이 사건 법률조항은 공익적 필요성이 인정되기 어려운 민간개발자의 지구개발사업을 위해서까지 공공수용이 허용될 수 있는 가능성을 열어두고 있어 헌법 제23조 제3항에 위반된다.[93]

---

[92] 대법원 2015. 3. 20. 선고 2011두3746 판결 [토지수용재결처분취소등]
[93] 2014. 10. 30. 2011헌바129·172(병합) [지역균형개발 및 지방중소기업 육성에 관한 법률 제18조 제1항 등 위헌소

- 재산권 수용에 있어 요구되는 공공필요성과 관련하여 살펴본다면 체육시설은 시민들이 손쉽게 이용할 수 있는 시설에서부터 그 시설 이용에 일정한 경제적 제한이 존재하는 시설, 시설 이용비용의 다과와는 관계없이 그 자체 공익목적을 위하여 설치된 시설 등에 이르기까지 상당히 넓은 범위에 걸쳐 있다. 따라서 그 자체로 공공필요성이 인정되는 교통시설이나 수도·전기·가스공급설비 등 국토계획법상의 다른 기반시설과는 달리, 기반시설로서의 체육시설의 종류와 범위를 대통령령에 위임하기 위해서는, 체육시설 중 공공필요성이 인정되는 범위로 한정해 두어야 한다.[94]

③ 비례의 원칙, 재량권

- 행정주체가 주차장의 필요성과 그 구체적인 내용을 결정하는 데 있어서 갖는 형성의 자유는 무제한적인 것이 아니라 그 주차장설치계획에 관련되는 자들의 이익을 공익과 사익 사이에서는 물론이고 공익 상호 간과 사익 상호 간에도 정당하게 비교교량하여야 한다는 제한이 있는 것이고, 따라서 행정주체가 그 주차장 설치계획을 입안·결정함에 있어서 이익형량을 전혀 행하지 아니하거나 이익형량의 고려 대상에 마땅히 포함시켜야 할 사항을 누락한 경우 또는 이익형량을 하였으나 정당성·객관성이 결여된 경우에는 그 행정계획 결정은 재량권을 일탈·남용한 것으로서 위법하게 되고, 특히 특정 토지를 노외주차장으로 도시계획시설결정을 하는 경우에는 그 토지에 노외주차장을 설치할 필요성은 물론 그 토지의 개별공시지가 또는 시가를 감안한 사유재산권의 침해 정도와 주차장으로서의 경제성 내지 효율성의 비교도 이익형량의 고려 대상에 포함시켜야 한다.[95]

④ 공익사업 수행 '의사와 능력'

- 해당 공익사업을 수행하여 공익을 실현할 의사나 능력이 없는 자에게 타인의 재산권을 공권력적·강제적으로 박탈할 수 있는 수용권을 설정하여 줄 수는 없으므로, 사업시행자에게 해당 공익사업을 수행할 의사와 능력이 있어야 한다는 것도 사업인정의 한 요건이라고 보아야 한다.[96]

- 도로의 관리청이 아닌 자는 비록 관리청으로부터 공사 시행 허가를 받았다 하더라도 그것만으로는 도로법(제82조 제1항 참조)에 의한 수용권한이 없고, 토지보상법 제4조 제8호 별표 35호에 따른 사업인정을 받아야만 도로사업을 시행하기 위한 토지 등을 수용할 수 있다.[97]

⑤ 이미 실행 중인 공익사업의 유지를 위한 사업인정

원]
94) 2011. 6. 30. 2008헌바166, 2011헌바35(병합) [국토의 계획 및 이용에 관한 법률 제2조 제6호 등 위헌소원 등]
95) 대법원 2018. 6. 28. 선고 2018두35490, 35506 판결 [도시계획시설결정처분취소청구·사업실시계획인가처분취소청구], 대법원 2006. 4. 28. 선고 2003두11056 판결 [도시계획시설결정처분취소]
96) 대법원 2011. 1. 27. 선고 2009두1051 판결 [토지수용재결처분취소]
97) 1998.7.16. 토정 58342-1134 참조

- 토지보상법 제20조에 의한 사업인정처분이 이미 시행된 공익사업의 유지를 위한 것이라는 이유만으로 당연히 위법한 것은 아니다.[98] 따라서 국가지정문화재에 대하여 관리단체로 지정된 지방자치단체의 장은 문화재보호법 제83조 제1항 및 토지보상법에 따라 국가지정문화재나 그 보호구역에 있는 토지 등을 수용할 수 있다.[99]

(3) 사업인정 절차

① 사업인정 신청
- 사업시행자는 토지등을 수용하거나 사용하려면 대통령령으로 정하는 바에 따라 국토교통부장관의 사업인정을 받아야 한다(법 제20조 제1항, 영 제10조). 사업인정을 신청하려는 자는 국토교통부령으로 정하는 수수료를 내야 하며(제2항), 사업인정신청서에는 영 제10조 제2항의 서류 및 도면을 첨부하여야 한다.

② 사업인정 협의와 의견 청취
- 국토부 장관은 사업인정을 하려면 관계 중앙행정기관의 장 및 특·광·도지사·특자도지사(이하 "시·도지사"라 한다) 및 중앙토수위와 '협의'하여야 하며, 미리 사업인정에 이해관계가 있는 자의 '의견'을 들어야 한다(법 제21조 제1항, 영 제11조 제1항). 법 제4조 관련 [별표]에 규정된 법률에 따라 사업인정이 있는 것으로 의제되는 공익사업의 허가·인가·승인권자 등이 사업인정이 의제되는 지구지정·사업계획승인 등을 하려는 경우에도 같다(제2항, 영 제11조 제2항~제6항). 협의요청절차, 재협의 요청, 협의 후 자료 제출요청에 관하여는 규칙 제9조의2, 제9조의3, 제9조의4를 참조하기 바란다.

③ 중앙토수위의 검토 및 의견제시
- 중앙토수위는 협의를 요청받은 경우 사업인정에 이해관계가 있는 자에 대한 의견 수렴 절차 이행 여부, 허가·인가·승인대상 사업의 공공성, 수용의 필요성, 해당 공익사업이 근거 법률의 목적, 상위 계획 및 시행 절차 등에 부합하는지 여부, 사업시행자의 재원 및 해당 공익사업의 근거 법률에 따른 법적 지위 확보 등 사업수행능력 여부를 검토하여야 한다(제3항, 영 제11조의2). 검토를 위하여 필요한 경우 관계 전문기관이나 전문가에게 현지조사를 의뢰하거나 그 의견을 들을 수 있고, 관계 행정기관의 장에게 관련 자료의 제출을 요청할 수 있다(제4항). 중앙토수위는 협의를 요청받은 날부터 30일 이내에 의견을 제시하여야 한다. 다만 그 기간 내에 의견을 제시하기 어려운 경우에는 한 차례만 30일의 범위에서 그 기간을 연장할 수 있다(제5항). 제3항의 사항을 검토한 결과 자료 등을 보완할 필요가 있는 경우에는 해

---

[98] 대법원 2005. 4. 29. 선고 2004두14670 판결 [사업인정처분취소]
[99] 대법원 2019. 2. 28. 선고 2017두71031 판결 [사업인정고시취소] 〈풍납토성 보존을 위한 사업인정 사건〉

당 허가·인가·승인권자에게 14일 이내의 기간을 정하여 보완을 요청할 수 있다. 이 경우 그 기간은 제5항의 기간에서 제외한다(제6항). 중앙토수위가 제5항에서 정한 기간 내에 의견을 제시하지 아니하는 경우에는 협의가 완료된 것으로 본다(제7항).
- 그 밖에 협의에 관하여 필요한 사항은 국토교통부령으로 정한다(제8항, 규칙 제9조의2~4). 부칙 경과규정 〈법률 제16138호, 2018. 12. 31.〉 제3조(협의 및 의견청취 등에 관한 적용례) 제21조의 개정 규정은 이 법 시행[시행 2019. 7. 1.] 후 최초로 제20조에 따른 사업인정을 하거나 관계 법률에 따라 사업인정이 의제되는 지구지정·사업계획승인 등을 하는 경우부터 적용한다.

④ 사업인정처분
- 사업인정은 국토부장관이 한다(법 제20조 제1항). 사업인정처분은 사업인정신청이 공익사업의 형식적·실질적 요건을 충족한 경우 사업인정기관이 내리는 행정처분이다. 사업인정신청의 형식적 요건은 사업인정신청서 작성과 첨부서류에 대한 심사이고, 실질적 요건은 당해 사업이 공용수용을 인정할 수 있는 공익사업으로서의 가치를 가지고 있는지에 대한 구체적인 판단이므로 이에 관한 사업인정권자의 판단은 재량행위에 속한다. 이에 대하여 기속행위로 보는 설이 있음은 위에서 이미 보았다. 이 설에 의하면 사업인정에 필요한 요건을 구비하면 사업인정기관은 이에 기속되어 사업인정을 하여야 한다.

(4) 사업인정의 고시와 효과

① 사업인정의 고시
- 국토부장관이 사업인정을 하였을 때에는 지체 없이 그 뜻을 사업시행자, 토지소유자 및 관계인, 관계 시·도지사에게 통지하고 사업시행자의 성명이나 명칭, 사업의 종류, 사업지역 및 수용하거나 사용할 토지의 세목을 관보에 고시하여야 하고(법 제22조 제1항),[100] 사업인정의 사실을 통지받은 시·도지사(특자도지사 제외)는 관계 시장·군수·구청장에게 이를 통지하여야 한다(제2항).
- 여기서 토지세목을 포함한 '사업인정의 고시'는 구체적으로 수용할 수 있는 목적물의 범위를 '임시적으로' 결정하는 행위이다. 따라서 국토부장관이 위와 같은 절차를 누락한 경우 이는 절차상의 위법으로서 수용재결 단계 전의 사업인정 단계에서 다툴 수 있는 취소사유에 해당할 뿐, 더 나아가 그 사업인정 자체를 무효로 할 중대하고 명백한 하자라고 보기는 어렵고, 따라서 이러한 위법을 들어 수용재결처분의 취소를 구하거나 무효확인을 구할 수는 없다.[101]

---

100) 대법원 1997. 12. 26. 선고 97누16732 판결 [양도소득세부과처분취소] 도시계획법 제12조, 제13조에 따른 '도시계획의 결정고시 또는 그 지적의 승인'만으로는 위와 같은 사업인정으로 볼 수 없고, 도시계획사업의 '실시계획의 인가'가 있는 경우가 위 '사업인정고시'가 있는 때에 해당된다.

② 사업인정 고시의 효력 발생 시기
- 토지보상법에 따른 사업인정은 '고시한 날부터' 그 효력이 발생한다(법 제22조 제3항).
- 개별법에서는 토지보상법의 사업인정 조항을 의제하는 경우가 대부분이다(이른바 사업인정 의제 조항). 예컨대 산업입지법은 '산업단지의 지정·고시'를 사업인정고시로 본다(산업입지법 제22조 제1항). 이 경우에는 산업단지의 지정·고시일이 사업인정고시일이 된다. 또한 산단절차간소화법에서는 '산업단지계획 승인 고시'를 산업입지법에 따른 '산업단지의 지정 고시 및 실시계획 승인의 고시'로 본다(산단절차간소화법 제15조 제2항). 이 경우 '산업단지의 지정 고시'는 산업입지법 제22조 제1항에 의하여 '사업인정고시'로 의제 된다. 한편 주택법 제27조 제2항은 토지보상법에 따른 사업인정을 주택법에 따른 "사업계획승인"으로 본다. 즉 주택법에서는 국민주택건설 및 이를 위한 대지조성의 경우에는 사업계획승인을 토지보상법에 의한 사업인정으로 본다. 다만 국민주택규모 이상의 주택건설사업은 예외이다.[102] 도로법은 "'도로구역의 결정 또는 변경과 이에 관한 고시'는 토지보상법에 따른 사업인정 및 사업인정고시로 보며, 도로관리청은 도로공사의 시행기간에 재결을 신청할 수 있다"고 규정한다. 택지개발촉진법 역시 "택지개발지구의 지정·고시가 있은 때에는 토지보상법에 따른 사업인정 및 사업인정의 고시가 있은 것으로 보며, 재결의 신청은 실시계획에서 정하는 사업시행기간에 하여야 한다"고 규정한다. 도시정비법 제65조 제1항~제3항에도 사업시행계획인가 고시(시장·군수등이 직접 정비사업을 시행하는 경우에는 사업시행계획서의 고시)가 있은 때에는 토지보상법에 따른 사업인정 및 그 고시가 있은 것으로 본다. 수용 또는 사용에 대한 재결의 신청은 사업시행계획인가(사업시행계획변경인가 포함)를 할 때 정한 사업시행기간 이내에 하도록 규정하고 있다.
- 2015. 12. 29. 토지보상법이 개정되기 전에는 다른 법률에 의한 '사업인정 의제 조항'에 관하여는 이해관계인 등의 의견 청취에 대한 명문규정이 없었다. 대법원은 "토지소유자로서는 선행처분인 국토부 장관의 택지개발계획 승인단계에서 그 제척사유를 들어 쟁송하여야 하고, 그 제소기간이 도과한 후 토수위의 수용재결단계에 있어서는 택지개발계획 승인처분에 명백하고 중대한 하자가 있어 당연무효라고 볼 특단의 사정이 없는 이상 그 행정처분의 불가쟁력에 의하여 이를 다툴 수 없고 동 위원회로서도 그 적부를 심사할 수 없다"고 하였다.[103] 이에 대하여는 자신의 토지가 수용된다는 사실을 모른 채 의견진술 기회조차 없었고 하자를 사업

---

101) 대법원 2000. 10. 13. 선고 2000두5142 판결 [토지수용재결무효확인], 대법원 2005. 7. 28. 선고 2003두9312 판결 [토지수용이의재결처분취소], 대법원 2007. 1. 11. 선고 2004두8538 판결 [토지수용이의재결처분취소]
102) 다만 주택법 제4조에 의한 등록사업체가 시행하는 주택건설사업이나 국가·지자체 등 공공단체가 시행하더라도 국민주택규모 이상의 주택건설사업에는 의제되지 않으므로 이들 주택건설사업을 위해서는 토지보상법 제20조 제1항의 사업인정을 받아야 한다.
103) 대법원 1986. 8. 19. 선고 86누256 판결 [토지수용재결처분취소]

인정 단계에서만 다투어야 한다는 대법원의 태도는 국민의 기본권을 침해한다는 비판이 있어왔고, 사업인정 의제 조항 또한 사업인정 단계에서 토지소유자들의 의견 청취 등의 적법절차가 생략되어 사유재산권에 대한 사회적 제약의 범위를 넘는 과도한 제한으로써 헌법에서 보장된 사유재산권과 정당보상원리가 침해된다는 견해도 있다.[104] 따라서 <u>2018. 12. 31. 토지보상법 제21조 제2항이 신설되어 사업인정 의제조항에도 중앙토수위와 협의하여야 하며, 사업인정에 이해관계가 있는 자의 의견을 듣도록 하였다.</u>

③ 사업인정의 효과
- 사업인정이 고시되면 그날로부터 이하에서 보는 여러 가지의 법적 효과 발생한다.

ⓐ 수용권 발생
- 사업인정은 토지수용에서 제1단계의 핵심적이고 주된 절차이다. 바로 이 사업인정처분에 의하여 목적물을 수용할 수 있는 권한을 부여받게 된다.

ⓑ 수용목적물의 확정
- 국토부장관이 사업인정을 고시할 때에는 토지의 세목을 함께 고시하여야 하므로, 사업인정의 고시에 의하여 수용될 토지의 범위가 구체적으로 확정된다.

ⓒ 관계인의 범위 제한
- "관계인"이란 사업시행자가 취득하거나 사용할 토지에 관하여 지상권·지역권·전세권·저당권·사용대차 또는 임대차에 따른 권리 또는 그 밖에 토지에 관한 소유권 외의 권리를 가진 자나 그 토지에 있는 물건에 관하여 소유권이나 그 밖의 권리를 가진 자를 말한다. 다만 사업인정의 고시가 된 후에 '기존의 권리'를 승계한 자를 제외하고 새로운 권리를 취득한 자는 관계인에 포함되지 아니한다(법 제2조 제5호).

ⓓ 토지 등의 보존 의무
- 사업인정고시가 된 후에는 누구든지 고시된 토지에 대하여 사업에 지장을 줄 우려가 있는 형질의 변경이나 토지와 함께 공익사업을 위하여 필요한 입목, 건물, 그 밖에 토지에 정착된 물건 및 이에 관한 소유권 외의 권리·토지에 속한 흙·돌·모래 또는 자갈에 관한 권리를 손괴하거나 수거하는 행위를 하지 못한다(법 제25조 제1항). 사업인정고시가 된 후에 고시된 토지에 건축물의 건축·대수선, 공작물의 설치 또는 물건의 부가(附加)·증치(增置)를 하려는 자는 특자도지사, 시군구청장의 허가를 받아야 한다. 이 경우 특자도지사, 시군구청장은 미리 사업시행자의 의견을 들어야 한다(제2항). 제2항을 위반하여 건축물의 건축·대수선, 공작물의 설치 또는 물건의 부가·증치를 한 토지소유자 또는 관계인은 해당 건축물·공작물 또는 물건을 원상으로 회복하여야 하며 이에 관한 손실의 보상을 청구할 수 없다(제3항).

---

[104] 류하백, 토지수용과 보상의 주요문제, 부연사, 45

그러나 사업인정고시에 불복하는 토지소유자 등은 행정소송으로 위법을 다툴 수 있다.[105]
ⓔ 보상액 산정 시기의 고정
- 사업인정고시일은 보상액 산정을 고정시키는 효과를 가진다. <u>공용수용에 따른 보상액은 "사업인정 당시의 공시지가를 기준"으로 하여 사업인정 시부터 재결 시까지 "시점수정"을 하여 산정하기 때문이다.</u> 사업인정 시를 기준가격으로 하는 이유는 개발이익을 위하여 수용절차를 지연시키는 것을 방지하기 위함이다.

ⓕ 토지 · 건물 조사권
- 사업인정의 고시가 된 후에는 사업시행자 또는 감정평가를 의뢰받은 감정평가법인등(이하 "감정평가법인등"이라 한다)은 사업시행자가 사업의 준비나 토지조서 및 물건조서를 작성하기 위하여 필요한 경우, 감정평가법인등이 감정평가를 의뢰받은 토지등의 감정평가를 위하여 필요한 경우에는 해당 토지나 물건에 출입하여 측량하거나 조사할 수 있다. 이 경우 사업시행자는 해당 토지나 물건에 출입하려는 날의 5일 전까지 그 일시 및 장소를 토지점유자에게 통지하여야 한다(법 제27조 제1항). 사업 준비를 위한 출입의 경우에는 특자도지사, 시군구청장의 허가를 받아야 하는 경우와 다르다. 그러나 출입 · 측량 · 조사에 관하여는 법 제10조 제3항, 제11조 및 제13조가 준용되므로, 해 뜨기 전이나 해진 후에는 토지점유자의 승낙 없이 그 주거나 경계표 · 담 등으로 둘러싸인 토지에 출입할 수 없고, 토지점유자의 인용의무, 증표 등을 휴대 · 제시하여야 한다(법 제27조 제2항).

ⓖ 사업시행자의 토지 및 물건 조서의 작성 의무 등
- 사업인정을 받은 사업시행자는 토지조서 및 물건조서의 작성, 보상계획의 공고 · 통지 및 열람, 보상액의 산정과 토지소유자 및 관계인과의 협의 절차를 거쳐야 한다(법 제26조 제1항, 법 제14조~제16조, 법 제68조). 토지소유자 및 관계인과의 협의 절차를 거쳤지만 협의가 성립되지 아니하고 사업인정을 받은 사업으로서 토지조서 및 물건조서의 내용에 변동이 없을 때에는 제1항에도 불구하고 제14조부터 제16조까지의 절차를 거치지 아니할 수 있다. 다만 사업시행자나 토지소유자 및 관계인이 협의를 요구할 때에는 협의하여야 한다(법 제26조 제2항).

ⓗ 토지 및 물건 조서에 대한 이의제기권 상실
- 사업인정 고시가 된 후에는 법 제15조 제3항(보상계획의 열람 등)에 따라 토지소유자나 관계인이 토지조서 및 물건조서의 내용에 대하여 이의를 제기하는 경우를 제외하고는 토지조서

---

105) 대법원 2017. 4. 28. 선고 2016다213916 판결 [건물퇴거], 대법원 2017. 4. 13. 선고 2013다207941 판결 [건물명도] 행정청이 행정대집행의 방법으로 건물의 철거 등 대체적 작위의무의 이행을 실현할 수 있는 경우, 민사소송의 방법으로 그 의무의 이행을 구할 수 없다. 또한 건물의 점유자가 철거의무자인 경우 별도로 퇴거를 명하는 집행권원이 필요없다.

및 물건 조서의 내용에 대하여 이의를 제기할 수 없다. 다만 토지조서 및 물건조서의 내용이 진실과 다르다는 것을 입증할 때에는 그러하지 아니하다(법 제27조 제3항).

ⓒ 토지 출입·측량·조사로 인한 손실보상
- 사업시행자는 제1항에 따라 타인이 점유하는 토지에 출입하여 측량·조사함으로써 발생하는 손실(감정평가법인등이 제1항 제2호에 따른 감정평가를 위하여 측량·조사함으로써 발생하는 손실을 포함한다)을 보상하여야 한다(제4항). 손실의 보상은 손실이 있음을 안 날부터 1년이 지났거나 손실이 발생한 날부터 3년이 지난 후에는 청구할 수 없다. 손실의 보상은 사업시행자와 손실을 입은 자가 협의하여 결정한다. 협의가 성립되지 아니하면 사업시행자나 손실을 입은 자는 관할 토수위에 재결을 신청할 수 있다(제5항).

④ 사업인정의 실효
- 사업인정은 다음의 사유가 발생하므로써 그 효력을 상실한다.

ⓐ 재결신청 기간의 경과로 인한 실효
- 사업시행자가 사업인정의 고시가 된 날부터 1년 이내에 재결신청을 하지 아니한 경우에는 사업인정고시가 된 날부터 1년이 되는 날의 다음 날에 사업인정은 그 효력을 상실한다(법 제23조 제1항). 사업시행자는 사업인정이 실효됨으로 인하여 토지소유자나 관계인이 입은 손실을 보상하여야 한다(제2항). 이때의 손실보상에 관하여는 제9조 제5항부터 제7항까지의 규정을 준용한다(제3항). 따라서 손실이 있음을 안 날부터 1년이 지났거나 손실이 발생한 날부터 3년이 지난 후에는 청구할 수 없다. 손실의 보상은 사업시행자와 손실을 입은 자가 협의하여 결정하고, 협의가 성립되지 아니하면 사업시행자나 손실을 입은 자는 관할 토수위에 재결을 신청할 수있다.[106]

ⓑ 사업 시행 기간이 도과한 후 사업 기간을 '변경 고시'한 경우의 '사업인정의 효력'
- 이때 사업 시행 기간이 지난 후 변경 고시로 사업 시행 기간을 연장하여 고시하는 경우에도 사업시행기간 경과 후의 변경고시는 새로운 인가로서의 요건을 갖추어야 하며, 그러한 요건을 갖추지 못하면 변경 고시는 취소사유가 되고, 취소된 경우에는 사업인정 절차를 다시 밟아야 한다.
- 대법원도 "도시계획사업 시행기간 내에 토지 취득절차가 선행되지 아니하여 도시계획사업의 실시계획인가가 실효된 후 그 시행 기간을 연장하는 변경인가로 실효된 실시계획인가가 효력을 회복하여 소급적으로 유효하게 될 수는 없다. 그러나 도시계획사업실시계획의 변경인

---

[106] 이때의 수용재결 해태로 인한 손실보상은 원래 사업시행자가 사업인정에 따른 일정한 의무를 불이행한 데 대한 것이므로 손실보상이 아니라 손해배상의 성격을 가지는 것이다. 그러나 피수용자가 손해배상을 청구하는 경우에는 다시 국가에 대한 손해배상법상의 요건구비 등을 갖춰야 하는 등의 현실적인 어려움을 고려하여 토지보상법에서 손해배상이 아닌 손실보상으로 해결하도록 한 것이다.

가가 새로운 인가로서의 요건을 갖춘 경우의 새로운 인가로서의 효력이 있다"고 한다.
- 계속하여 대법원은 "도시계획사업의 실시계획인가 고시에 정해진 사업시행기간 경과 후 변경인가 고시를 하면서 일부 사항을 종전의 것과 같다는 취지에서 생략한 경우, 그 하자는 변경인가에 의한 새로운 사업실시계획인가의 무효사유가 아니라 '취소사유'에 지나지 아니한다. 따라서 도시계획사업의 실시계획인가는 그 자체가 행정처분의 성격을 띠는 것으로서 독립하여 행정쟁송의 대상이 되므로 이것이 당연무효가 아닌 한 이 처분이 위법하다고 주장하는 사람은 이 행정처분을 대상으로 하여 그 취소를 구하여야 하고, 이 선행처분을 다투지 아니하고 그 쟁송기간이 도과한 후 수용재결단계에 있어서는 그 처분의 불가쟁력에 의하여 그 도시계획사업의 '실시계획인가 고시'에 위법이 있음을 들어 '수용재결처분의 취소'를 구할 수는 없다"고 한다.[107]
- 한편 대법원은 도시정비사업에서도 "도시정비법에 따라 설립된 정비사업조합에 의하여 수립된 사업 시행 계획에서 정한 사업 시행 기간이 도과하였더라도, 유효하게 수립된 사업시행계획 및 그에 기초하여 사업시행기간 내에 이루어진 토지의 매수·수용을 비롯한 사업시행의 법적 효과가 소급하여 효력을 상실하여 무효로 된다고 할 수 없다"고 판시하고 있다.[108]

ⓒ 사업의 폐지·변경으로 인한 실효

- 사업인정 고시가 된 후 '사업의 전부 또는 일부를 폐지하거나 변경'함으로 인하여 토지등의 전부 또는 일부를 수용하거나 사용할 필요가 없게 되었을 때에는 사업시행자는 지체 없이 사업지역을 관할하는 시·도지사에게 신고하고, 토지소유자 및 관계인에게 이를 통지하여야 한다(법 제24조 제1항). 시·도지사는 신고를 받으면 사업의 전부 또는 일부가 폐지되거나 변경된 내용을 관보에 고시하여야 한다(제2항).
- 시·도지사는 사업시행자의 신고가 없는 경우에도 사업시행자가 사업의 전부 또는 일부를 폐지하거나 변경함으로 인하여 토지를 수용하거나 사용할 필요가 없게 된 것을 알았을 때에는 미리 사업시행자의 의견을 듣고 고시를 하여야 한다(제3항). 시·도지사는 고시를 하였을 때에는 지체 없이 그 사실을 국토교통부장관에게 보고하여야 한다(제4항).
- 법 제4조 [별표]에 규정된 법률에 따라 사업인정이 있는 것으로 의제되는 사업이 해당 법률에서 정하는 바에 따라 해당 사업의 전부 또는 일부가 폐지되거나 변경된 내용이 고시·공고된 경우에는 위 제2항에 따른 고시가 있는 것으로 본다(제5항).〈신설 2021. 8. 10.〉위 고시가 된 날부터 그 고시된 내용에 따라 사업인정의 전부 또는 일부는 그 효력을 상실한다(제6

---

[107] 대법원 1991. 11. 26. 선고 90누9971 판결 [토지수용재결처분취소], 대법원 2005. 7. 28. 선고 2003두9312 판결 [토지수용이의재결처분취소], 대법원 2007. 1. 11. 선고 2004두8538 판결 [토지수용이의재결처분취소]
[108] 대법원 2016. 12. 1. 선고 2016두34905 판결 [사업시행계획무효확인], 대법원 2020. 1. 30. 선고 2018두66067 판결 [기타(일반행정)].

항).〈개정 2021. 8. 10.〉
- 사업시행자는 사업의 전부 또는 일부를 폐지·변경함으로 인하여 토지소유자 또는 관계인이 입은 손실을 보상하여야 한다(제7항).〈개정 2021. 8. 10.〉 손실보상에 관하여는 제9조 제5항부터 제7항까지의 규정을 준용한다(제8항). 따라서 손실이 있음을 안 날부터 1년이 지났거나 손실이 발생한 날부터 3년이 지난 후에는 청구할 수 없다. 손실의 보상은 사업시행자와 손실을 입은 자가 협의하여 결정하고, 협의가 성립되지 아니하면 사업시행자나 손실을 입은 자는 관할 토수위에 재결을 신청할 수 있다.

ⓓ 사업인정 고시 실효로 다시 사업인정을 받은 경우의 평가 문제

- 사업인정 고시가 실효된 후 다시 사업인정을 받은 경우, 새로운 사업인정을 기준으로 이 전의 사업인정 고시로 인하여 용도 변경된 내역을 반영하여 평가하여야 하는지 아니면 이를 반영하지 않고 처음의 사업인정 이전의 용도지역을 기준으로 평가하여야 하는지가 문제된다. 이에 대하여 토지보상법 시행규칙 제23조 제2항은 "당해 공익사업의 시행을 직접 목적으로 하여 용도지역 또는 용도지구 등이 변경된 토지에 대하여는 '변경되기 전의 용도지역 또는 용도지구 등을 기준'으로 평가한다"고 규정하고 있다.

⑤ 사업인정에 대한 불복

ⓐ 사업인정의 법적 성질

- 사업인정은 행정행위(행정처분)임은 이미 앞에서 보았다. 그런데 토지보상법은 토수위의 재결에 대한 이의와 토수위의 이의재결에 대한 행정소송은 명문으로 규정하면서(법 제83조~제85조) 사업인정에 대한 불복에 관하여는 침묵하고 있다.

- 그러나 행정심판법(제2조 제1호, 제3조 제1항)과 행정소송법(제2조 제1호, 제3조 제1호)은 처분 등을 행정쟁송[109]의 대상으로 규정하고 있으며, 행정심판법은 "처분"이란 "행정청이 행하는 구체적 사실에 관한 법집행으로서의 공권력의 행사 또는 그 거부, 그 밖에 이에 준하는 행정작용을 말한다"(행정심판법 제2조 제1호)고 하고 있고, 행정소송법은 "처분등"이라 함은 "행정청이 행하는 구체적 사실에 관한 법집행으로서의 공권력의 행사 또는 그 거부와 그 밖에 이에 준하는 행정작용(이하 "處分"이라 한다) 및 행정심판에 대한 재결을 말한다"고 한다.[110] 한편 사업인정이 고시되면 토지소유자 등에게 형질변경의 금지 등 토지의 보전의무

---

[109] 행정심판과 행정소송을 합쳐서 '행정쟁송'이라고 한다.
[110] 대법원 2010. 11. 18. 선고 2008두167 전원합의체 판결 [건축신고불허(또는반려)처분취소], 대법원 2021. 2. 4. 선고 2020두48772 판결 [시공업체선정처분취소]
항고소송의 대상인 '처분'이란 '행정청이 행하는 구체적 사실에 관한 법집행으로서의 공권력의 행사 또는 그 거부와 그 밖에 이에 준하는 행정작용'을 말한다(행정소송법 제2조 제1항 제1호). 행정청의 행위가 항고소송의 대상이 될 수 있는지는 추상적·일반적으로 결정할 수 없고, 구체적인 경우에 관련 법령의 내용과 취지, 그 행위의 주체·내용·형식·절차, 그 행위와 상대방 등 이해관계인이 입는 불이익 사이의 실질적 견련성, 법치행정의 원리와 그 행위에 관련된 행정청이나 이해관계인의 태도 등을 고려하여 개별적으로 결정하여야 한다(대법원 2010. 11. 18. 선고 2008두

가 부과됨은 물론 사업시행자에게 토지물건조사권과 공용수용권이 주어진다. 따라서 사업인정은 개인의 권리의무에 직접적이고 강제적인 영향을 미치므로, 행정청이 행하는 구체적 사실에 관한 법집행으로서의 공권력의 행사에 해당하여 처분에 해당함은 의문의 여지가 없다. 대법원의 견해도 같다.111) 행정소송법은 행정청의 '위법한 처분'을 대상으로 하고 있다.
- 그러나 행정심판법은 행정소송법과 달리 위법한 처분은 물론 '부당한 처분'도 포함된다. 이처럼 원칙적으로 '부당한 처분'과 같은 재량 문제는 행정소송의 대상이 아니다. 사업인정은 재량행위이므로 부당한 처분은 '일탈·남용이 있는 경우에만' 인정(행정소송법 제27조)되나 일탈·남용 여부는 '본안심리에서 심리·결정될 사항'으로 일단 부당한 처분도 행정소송의 대상으로 수용되어야 마땅하다. 대법원도 "어떠한 처분에 법령상 근거가 있는지, 행정절차법에서 정한 처분 절차를 준수하였는지는 본안에서 해당 처분이 적법한가를 판단하는 단계에서 고려할 요소이지, 소송요건 심사단계에서 고려할 요소가 아니다"라고 하고 있다.112)
- 또한 사업인정은 이른바 복효적 행정행위(이중효과적 행정행위, 제3자효 행정행위)113)이므로 원래의 처분이 취소됨으로써 이로 인하여 제3자의 권익이 침해되는 경우에는 '행정심판의 재결'을 행정소송의 대상으로 삼을 수 있다. 예컨대 행정청이 사업인정신청에 대하여 거부처분을 한 경우에 사업시행자가 사업인정 거부처분의 취소심판을 제기할 수 있고, 사업인정 거부처분 취소심판이 인용되면 토지소유자 및 관계인은 거부처분 취소심판으로 인하여 자신의 권익이 침해되므로, 행정소송을 통하여 '원처분인 사업인정 거부처분'을 다투는 것이 아니라 '행정심판의 재결, 즉 사업인정 거부처분을 취소한 인용재결'에 관하여 다툴 수 있다.
- 사업시행자, 토지소유자, 관계인 모두에게 원고적격이 있다. 심판의 상대방(피고)은 국토부장관이다.

ⓑ 사업인정에 관한 하자의 승계 문제
- 사업인정의 하자를 이유로 흠이 없는 수용재결의 효력(무효 또는 취소)을 다툴 수 있는지의 문제가 하자승계의 문제 또는 재결 단계에서 사업인정의 하자승계의 문제이다. 행정법상 일

---

167 전원합의체 판결 참조).
111) 대법원 1994. 5. 24. 선고 93누24230 판결 [토지수용재결처분취소등], 대법원 1995. 12. 5. 선고 95누4889 판결 [취득세부과처분취소].
112) 대법원 2021. 2. 4. 선고 2020두48772 판결 [시공업체선정처분취소]; 대법원 2016. 8. 30. 선고 2015두60617 판결 참조.
113) 하나의 행정행위가 동일인에게 수익적 효과와 부담적 효과가 동시에 발생하거나, 한 사람에게는 수익적 효과가 발생하고 다른 사람에게는 부담적 효과가 발생하는 경우를 말한다. 후자를 특히 제3자효적 행정행위라고도 한다. 예컨대 건축허가, 영업허가로 제3자(인근 주민)에게 피해가 생기거나 공장허가로 인한 공장 가동에 따른 공해로 인근 주민 또는 농어민에게 재산상의 손해가 발생하는 경우를 생각해보라. 제3자효 행정행위에서의 제3자는 법률상 보호되는 이익이 있는 한 당해 행정행위의 직접 상대방에 관계없이 심판청구인 적격 또는 원고적격이 인정된다(대법원 1999. 10. 12. 선고 99두6026 판결 [자동차운송사업면허신청서반려처분의취소], 대법원 2021. 2. 4. 선고 2020두48772 판결 [시공업체선정처분취소]).

반론으로는 선행처분과 후행처분 간의 하자승계의 문제이다. 이에는 승계 긍정설, 승계 부정설, 예외적 승계 긍정설이 있다.

- 판례는 부정설의 입장을 취한 경우114)도 있고, 예외적 긍정설을 취한 경우도 있다. 그러나 부정설을 취한 판례는 지나치게 형식논리적이다. 즉 도시계획사업허가의 공고시에 토지세목의 고시를 누락되거나 구 토지수용법의 수용 또는 사용할 토지의 세목 공시 절차를 누락한 경우에는 자신의 토지가 수용대상에서 제외되어 그 제외된 토지소유자는 사업인정 고시 단계에서 다툴 수가 없다. 그럼에도 불구하고 사업인정 고시 단계에서 다투지 않았다는 이유로 또는 토지 세목 고시 누락이 절차상의 위법으로서 취소사유에 불과하고 그 하자가 중대하고 명백하여 사업인정 자체가 무효라고는 할 수 없다는 이유로 수용재결단계에서 다툴 수가 없다는 것은 지나치게 형식논리적이어서 설득력이 떨어진다.115) 토지 세목 고시 누락의 경우에는 사업인정의 중대·명백한 하자로써 수용재결의 효력(무효 또는 취소)을 다툴 수 있다고 봄이 옳다.

- 예외적 승계긍정설이 종래의 다수설이었다. 즉 두 행위가 하나의 법적 효과를 완성하는 경우에는 하자가 승계되고, 두 행위가 독립하여 별개의 효과를 발생하는 경우에는 원칙적으로 하자의 승계를 부정한다. 그러나 이에 대하여는 지나치게 단순하고 형식적이라는 비판이 제기되었다.116) 즉 동일한 법적 효과라는 형식적 기준에만 의존하여 하자의 승계 여부를 정하는 것은 개별적인 사안에 따라 불합리한 결과가 도출될 수 있다는 것이다. 따라서 하자의 승계 여부는 '법적 안정성, 제3자의 보호, 권리구제 등을 고려하여 구체적 타당성을 가질 수 있도록 결정'하여야 한다는 것이다. 최근에 판례도 쟁송 제기 기간이 경과한 개별공시지가 결정의 위법을 이유로 하여 그에 기초하여 부과된 양도소득세 부과처분의 취소를 구하는 사건에서, 하자의 승계 여부를 기준으로 앞서의 형식적 기준 이외에 '예측가능성과 수인한도의 법리를 보충적 기준'으로 하고 있다.117)

---

114) 대법원 1988. 12. 27. 선고 판결 [토지등수용재결처분취소], 대법원 1993. 6. 29. 선고 91누2342 판결 [토지수용재결처분취소등], 대법원 2000. 10. 13. 선고 2000두5142 판결 [토지수용재결무효확인] "도시계획사업허가의 공고시에 토지세목의 고시를 누락한 것은 절차상의 위법으로서 취소사유에 불과하고 그 하자가 중대하고 명백하여 사업인정 자체가 무효라고는 할 수 없으므로 이러한 위법을 선행처분인 사업인정단계에서 다투지 아니하였다면 그 쟁송기간이 이미 도과한 후인 수용재결단계에 있어서는 그 처분의 불가쟁력에 의하여 위 도시계획사업허가의 위와 같은 위법 부당함을 들어 수용재결처분의 취소를 구할 수는 없다"고 하거나 "가령 건설부장관이 위와 같은 구 토지수용법의 수용 또는 사용할 토지의 세목 공시 절차를 누락한 경우 이는 절차상의 위법으로서 수용재결 단계 전의 사업인정 단계에서 다툴 수 있는 취소사유에 해당하기는 하나, 더 나아가 그 사업인정 자체를 무효로 할 중대하고 명백한 하자라고 보기는 어렵고, 따라서 이러한 위법을 들어 수용재결처분의 취소를 구하거나 무효확인을 구할 수는 없다"고 한다.

115) 같은 생각으로 김은유 외2, 앞의 책, 198-199 참조

116) 장태주, 앞의 책, 280

117) 대법원 2019. 1. 31. 선고 2017두40372 판결 [중개사무소의개설등록취소처분취소], 대법원 2017. 7. 18. 선고 2016두49938 판결 [군계획시설사업분할실시계획인가처분취소], 대법원 1994. 1. 25. 선고 93누8542 판결 [양도소득

- 생각건대 2개 이상의 행정처분이 연속적 또는 단계적으로 이루어지는 경우 및 중대하고 명백하여 선행처분이 당연무효인 경우에 선행처분의 하자가 후행처분에 승계되고, 선행처분과 후행처분이 서로 독립하여 별개의 법률효과를 발생시키는 경우에는 선행처분의 하자가 후행처분에 승계되지 않는다고 보되, 구체적 타당성을 위하여 '예측가능성과 수인한도의 법리를 보충적 기준'을 고려하여 구체적 타당성을 기할 필요가 있다고 본다.

3. 토지 및 물건 조서의 작성

(1) 의의

- 사업인정 고시가 있으면 사업시행자는 수용을 필요로 하는 토지와 그 토지 위에 있는 물건의 내용에 관한 문서를 작성한다. 이것이 이른바 토지 및 물건에 관한 조서이다. 이에 관하여는 사업인정의 효과에서 이미 언급한 바 있다. 다른 점에 관하여만 몇 가지 기술하겠다. 사업인정 고시 전에 사업의 준비를 위한 경우와는 달리 사업인정 고시 후에는 토지 및 물건조서를 작성하기 위하여 당해 토지나 물건에 시군구청장의 허가 없이 출입·측량·조사를 할 수 있다.

(2) 작성 절차 및 효력

세등부과처분취소】
2개 이상의 행정처분이 연속적 또는 단계적으로 이루어지는 경우 선행처분과 후행처분이 서로 합하여 1개의 법률효과를 완성하는 때에는 선행처분에 하자가 있으면 그 하자는 후행처분에 승계된다. 이러한 경우에는 선행처분에 불가쟁력이 생겨 그 효력을 다툴 수 없게 되더라도 선행처분의 하자를 이유로 후행처분의 효력을 다툴 수 있다. 그러나 선행처분과 후행처분이 서로 독립하여 별개의 법률효과를 발생시키는 경우에는 선행처분에 불가쟁력이 생겨 그 효력을 다툴 수 없게 되면 선행처분의 하자가 중대하고 명백하여 선행처분이 당연무효인 경우를 제외하고는 특별한 사정이 없는 한 선행처분의 하자를 이유로 후행처분의 효력을 다툴 수 없는 것이 원칙이다. 다만 그 경우에도 선행처분의 불가쟁력이나 구속력이 그로 인하여 불이익을 입게 되는 자에게 수인한도를 넘는 가혹함을 가져오고, 그 결과가 당사자에게 예측가능한 것이 아니라면, 국민의 재판받을 권리를 보장하고 있는 헌법의 이념에 비추어 선행처분의 후행처분에 대한 구속력을 인정할 수 없다. 개별공시지가결정은 이를 기초로 한 과세처분 등과는 별개의 독립된 처분으로서 서로 독립하여 별개의 법률효과를 목적으로 하는 것이나, 개별공시지가는 이를 토지소유자나 이해관계인에게 개별적으로 고지하도록 되어 있는 것이 아니어서 토지소유자 등이 개별공시지가결정 내용을 알고 있었다고 전제하기도 곤란할 뿐만 아니라 결정된 개별공시지가가 자신에게 유리하게 작용될 것인지 또는 불이익하게 작용될 것인지 여부를 쉽사리 예견할 수 있는 것도 아니며, 더욱이 장차 어떠한 과세처분 등 구체적인 불이익이 현실적으로 나타나게 되었을 경우에 비로소 권리구제의 길을 찾는 것이 우리 국민의 권리의식임을 감안하여 볼 때 토지소유자 등으로 하여금 결정된 개별공시지가를 기초로 하여 장차 과세처분 등이 이루어질 것에 대비하여 항상 토지의 가격을 주시하고 개별공시지가결정이 잘못된 경우 정해진 시정절차를 통하여 이를 시정하도록 요구하는 것은 부당하게 높은 주의의무를 지우는 것이라고 아니할 수 없고, 위법한 개별공시지가결정에 대하여 그 정해진 시정절차를 통하여 시정하도록 요구하지 아니하였다는 이유로 위법한 개별공시지가를 기초로 한 과세처분 등 후행 행정처분에서 개별공시지가결정의 위법을 주장할 수 없도록 하는 것은 수인한도를 넘는 불이익을 강요하는 것으로서 국민의 재산권과 재판받을 권리를 보장한 헌법의 이념에도 부합하는 것이 아니라고 할 것이므로, 개별공시지가결정에 위법이 있는 경우에는 그 자체를 행정소송의 대상이 되는 행정처분으로 보아 그 위법 여부를 다툴 수 있음은 물론 이를 기초로 한 과세처분 등 행정처분의 취소를 구하는 행정소송에서도 선행처분인 개별공시지가결정의 위법을 독립된 위법사유로 주장할 수 있다.

- 토지·건물 조사권과 토지 및 물건조서의 작성, 토지 및 물건 조서에 대한 이의제기권 상실 등 절차와 토지 출입·측량·조사로 인한 손실보상 등 토지 및 물건 조서의 효력에 관하여도 사업인정의 효과에서 이미 보았다.
- 토지 및 물건조서의 기재사항은 토지보상법 제14조 제2항과 영 제7조 제3,4항에서 규정하고 있다. 물건조서를 작성할 때 그 물건이 건축물인 경우에는 제4항 각 호의 사항 외에 건축물의 연면적과 편입면적을 적고, 그 실측평면도를 첨부하여야 한다. 다만 실측한 편입면적이 건축물대장에 첨부된 건축물현황도에 따른 편입면적과 일치하는 경우에는 건축물현황도로 실측평면도를 갈음할 수 있다. 자세한 것은 토지 및 물건 기본조사서 작성기준 [시행 2021. 11. 23.] [국토교통부고시 제2021-1258호, 2021. 11. 23., 제정]을 참고하기 바란다.

(3) 토지 및 물건 조서 작성의 절차상 하자가 재결에 영향을 미치는지의 문제

- 이에 관하여 대법원은 절차상의 하자는 재결의 효력에 영향을 미치지 않는다고 한다. 즉 "도시계획의 수립에 있어서 도시계획법 소정의 공청회를 열지 아니하고 공공용지특례법 소정의 이주대책을 수립하지 아니하였더라도 이는 절차상의 위법으로서 취소사유에 불과하고 그 하자가 도시계획결정 또는 도시계획사업시행인가를 무효라고 할 수 있을 정도로 중대하고 명백하다고는 할 수 없으므로 이러한 위법을 선행처분인 도시계획결정이나 사업시행인가 단계에서 다투지 아니하였다면 그 쟁송기간이 이미 도과한 후인 수용재결단계에 있어서는 도시계획수립 행위의 위와 같은 위법을 들어 재결처분의 취소를 구할 수는 없다"고 한다. 나아가 "사업시행자(현 토지보상법상의 사업시행자)가 토지조서나 물건조서를 작성함에 있어 소유자들의 입회와 서명날인이 있었는지의 여부는 그 기재의 증명력에 관한 문제이어서 입회나 서명날인이 없었다는 사유만으로는 중앙토수위의 이의재결이 위법하다 하여 그 취소의 사유로 삼을 수는 없다"고 한다.[118]
- 원지적도가 없는 상태에서 토지조서 및 물건 조서를 작성하였다거나, 국토부 장관이 토지수용법 제16조의 규정에 따라 토지수용사업승인을 한 후 그 뜻을 토지소유자 등에게 통지하지 아니하였다거나, 사업시행자가 토지소유자와 협의를 거치지 아니한 채 토지의 수용을 위한 재결을 신청하였다는 등의 하자들 역시 절차상 위법으로서 이의재결의 취소를 구할 수 있는 사유가 될지언정 당연무효의 사유라고 할 수는 없다.[119]
- 토지조서의 작성에 하자가 있다 하여 그것이 곧 수용재결이나 그에 대한 이의재결의 효력에 영향을 미치는 것은 아니라 할 것이므로 토지조서에 실제 현황에 관한 기재가 되어 있지 아

---

118) 대법원 1990. 1. 23. 선고 87누947 판결 [토지수용재결처분취소등], 대법원 2005. 9. 30. 선고 2003두12349, 12356 판결 [토지수용재결처분취소·토지수용재결무효확인]
119) 대법원 1993. 8. 13. 선고 93누2148 판결 [토지수용재결처분취소등]

니하다거나 실측평면도가 첨부되어 있지 아니하다거나 토지소유자의 입회나 서명날인이 없었다든지 하는 사유만으로는 이의재결이 위법하다 하여 그 취소를 구할 사유로 삼을 수 없다.[120]

4. 보상계획의 공고·통지·열람

■ 보상계획의 공고·통지·열람에 관하여는 앞 장의 협의에 의한 취득 또는 사용에서 기술한 바와 대체로 같다. 이를 참조하기 바란다.

5. 협의

(1) 협의 의의

■ 공용수용의 제3단계의 절차에 해당하는 협의도 앞 장의 협의에 의한 취득 또는 사용에서 기술한 바와 대체로 같다. 사업인정 후의 협의에서 다른 점을 중심으로 기술한다.
■ 협의는 사업인정의 전후에 관계 없이 할 수 있다. 즉 토지보상법은 사업인정 전에 협의절차를 거칠 수도 있고 사업인정 후에 협의절차를 거칠 수도 있지만(법 제26조 참조), 토지 등의 보상에 관하여 '성실협의주의의 원칙'에 입각하고 있으므로(법 제16조, 제26조 제1항), 재결신청 전에는 반드시 협의를 거쳐야 하며(협의전치주의), 재결신청 전에 협의를 거치지 아니하면 설사 재결이 정상적으로 성립하였다 하더라도 그 재결처분은 위법·무효가 된다는 것도 보았다.

(2) 협의의 성질

■ 협의가 성립되면 재결은 필요 없고 그것으로 공용수용절차는 모두 종결된다. 협의의 법적 성질에 대하여 사업인정 전의 협의 성립에 따른 계약체결은 보상에 관한 임의적 합의로써 '사법상의 매매계약'에 해당한다. 그러나 문제는 사업인정 후의 협의 성립의 법적 성질이 문제된다.
■ "사법상 계약설"은 수용권의 주체에 관하여 주로 국가수용권설을 취하는 입장에서의 주장이고, "공법상 계약설"은 주로 사업시행자수용권설을 취하는 입장의 주장이다. 문제는 어느 설을 취하느냐에 따라서 소송의 방식이 달라진다. 전자는 민사소송으로, 후자는 공법상 당사자소송으로 하여야 한다. 토지보상법 제29조는 사업시행자와 토지소유자 및 관계인 간에 사업

---

[120] 대법원 1993. 9. 10. 선고 93누5543 판결 [토지수용재결처분취소등]

인정 후 협의가 성립되었을 때에는 사업시행자는 사업인정고시가 된 날부터 1년 이내에 해당 토지소유자 및 관계인의 동의를 받아 관할 토수위에 협의 성립의 확인을 신청할 수 있으며, 이때의 확인은 이 법에 따른 재결로 본다. 따라서 사업시행자·토지소유자 및 관계인은 그 확인된 협의의 성립이나 내용을 다툴 수 없게 된다. 이 경우는 협의 성립의 확인이 재결로 보게 되므로, 결국 협의의 법적 성질이 문제되는 것은 사업인정 후 '협의 성립의 확인을 받지 않은 협의'이다. 생각건대 당사자소송을 인정하고 있는 현행 행정소송법(법 제3조 제2호)과 토지보상법의 협의 확인의 효과(법 제29조 제4항)와의 관계상 후설(공법적계약설)이 타당하며 또한 통설이다.

(3) 협의의 확인

① 의의 및 취지

- 협의가 성립되면 그 이후의 절차는 필요 없이 공용수용의 절차는 종결된다. 따라서 사업시행자는 협의 내용에 따라 목적물을 취득하고 보상을 하게 된다. 그런데 이때 협의에 의한 목적물의 취득은 '승계취득'으로서 재결에 의한 '원시취득'과 법적 성질이 다르다. 따라서 토지보상법은 사업시행자와 토지소유자 및 관계인 간에 협의가 성립되었을 때에는 사업시행자는 재결신청 기간 이내(사업인정 고시가 된 날부터 1년 이내)에 해당 토지소유자 및 관계인의 동의를 받아 관할 토수위에 '협의 성립의 확인'을 신청할 수 있도록 하고 있다(법 제29조 제1항).121)
- <u>협의 성립의 확인 신청은 사업인정 고시가 된 날부터 1년 이내에 사업시행자만이 할 수 있다. 또한 사업인정 후에 성립한 협의에 대하여만 확인이 가능하고 사업인정 전에 성립한 협의는 확인의 대상이 아니다.</u> 협의 성립의 확인제도는 수용과 손실보상을 간이·신속하게 하기 위

---

121) 대법원 2018. 12. 13. 선고 2016두51719 판결 [협의성립확인신청수리처분취소]
토지보상법상 수용은 일정한 요건 하에 그 소유권을 사업시행자에게 귀속시키는 행정처분으로서 이로 인한 효과는 소유자가 누구인지와 무관하게 사업시행자가 그 소유권을 취득하게 하는 원시취득이다. 반면 토지보상법상 '협의취득'의 성격은 사법상 매매계약이므로 그 이행으로 인한 사업시행자의 소유권 취득도 승계취득이다. 그런데 토지보상법 제29조 제3항에 따른 신청이 수리됨으로써 협의 성립의 확인이 있었던 것으로 간주되면, 토지보상법 제29조 제4항에 따라 그에 관한 재결이 있었던 것으로 재차 의제되고, 그에 따라 사업시행자는 사법상 매매의 효력만을 갖는 협의취득과는 달리 확인대상 토지를 수용재결의 경우와 동일하게 원시취득하는 효과를 누리게 된다.
이처럼 간이한 절차만을 거치는 협의 성립의 확인에, 원시취득의 강력한 효력을 부여함과 동시에 사법상 매매계약과 달리 협의 당사자들이 사후적으로 그 성립과 내용을 다툴 수 없게 한 법적 정당성의 원천은 사업시행자와 토지소유자 등이 진정한 합의를 하였다는 데에 있다. 여기에 공증에 의한 협의 성립 확인 제도의 체계와 입법 취지, 그 요건 및 효과까지 보태어 보면, 토지보상법 제29조 제3항에 따른 협의 성립의 확인 신청에 필요한 동의의 주체인 토지소유자는 협의 대상이 되는 '토지의 진정한 소유자'를 의미한다. 따라서 사업시행자가 진정한 토지소유자의 동의를 받지 못한 채 단순히 등기부상 소유명의자의 동의만을 얻은 후 관련 사항에 대한 공증을 받아 토지보상법 제29조 제3항에 따라 협의 성립의 확인을 신청하였음에도 토수위가 신청을 수리하였다면, 수리 행위는 다른 특별한 사정이 없는 한 토지보상법이 정한 소유자의 동의 요건을 갖추지 못한 것으로서 위법하다.

하여 도입된 것이다.

② 확인의 절차 등
- 확인의 방법에는 2가지가 있다. 하나는 '재결 절차에 따른 확인 방법'이고, 또 하나는 '공증을 받아 토수위에 제출함으로써 확인하는 방법'이다.
- 전자의 방법에 따른 협의 성립의 확인 신청은 영 제13조 제1항의 사항을 기재한 협의성립확인신청서 2부를 관할 토수위에 제출함으로써 한다. 신청서에는 토지소유자 및 관계인의 동의서, 계약서, 토지조서 및 물건조서, 사업계획서를 첨부하여야 한다(영 제13조 제2항). 후자의 방법은 사업시행자가 협의가 성립된 토지의 소재지·지번·지목 및 면적 등 영 제13조 제1항으로 정하는 사항에 대하여 공증인법에 따른 공증을 받아 협의 성립의 확인을 신청하였을 때에는 관할 토수위가 이를 수리함으로써 협의 성립이 확인된 것으로 본다(법 제29조 제3항). 즉 공증을 받아 협의 성립의 확인을 신청하는 경우에 공증에 의한 협의 당사자의 자발적 합의를 전제로 한 협의의 진정 성립이 객관적으로 인정되었다고 보아, 토지보상법상 재결절차에 따르는 공고 및 열람, 토지소유자 등의 의견진술 등의 절차 없이 관할 토수위의 수리만으로 협의 성립이 확인된 것으로 간주함으로써, 사업시행자의 원활한 공익사업 수행, 토지수용위원회의 업무 간소화, 토지소유자 등의 간편하고 신속한 이익 실현을 도모한 것이다.[122]
- '재결 절차에 따른 확인 방법'에서는 토수위가 협의성립확인신청서를 접수한 때에는 재결에 준하여 지체 없이 이를 공고하고, 공고한 날부터 14일 이상 관계 서류의 사본을 일반인이 열람할 수 있도록 하여야 하며, 토수위가 공고를 하였을 때에는 관계 서류의 열람기간 중에 토지소유자 또는 관계인은 의견을 제시할 수 있다(법 제29조 제2항, 법 제31조). 후자의 방법인 공증을 받아 확인을 신청한 때에는 관할 토수위가 이를 수리함으로써 위와 같은 공고·열람·의견제시·심의 등의 절차도 없이 협의 성립이 확인된 것으로 간주하는 것과 다르다.

③ 심리 및 확인
- 토수위는 열람기간이 지났을 때에는 지체 없이 해당 신청에 대한 조사 및 심리를 하여야 한다(법 제32조 제1항). 심리를 할 때 필요하다고 인정하면 사업시행자, 토지소유자 및 관계인을 출석시켜 그 의견을 진술하게 할 수 있다(제2항). 이들을 출석하게 하는 경우에는 사업시행자, 토지소유자 및 관계인에게 미리 그 심리의 일시 및 장소를 통지하여야 한다(제3항).
- 토수위의 확인은 서면으로 하며, 협의성립확인서에는 주문 및 그 이유와 확인일을 적고, 위원장 및 회의에 참석한 위원이 기명날인한 후 그 정본을 사업시행자, 토지소유자 및 관계인에게 송달하여야 한다(법 제29조 제2항, 법 제34조). 중앙 토수위의 회의는 구성원 과반수의 출석과 출석위원 과반수의 찬성으로 의결한다(법 제29조 제2항, 법 제52조 제7항).[123]

---

122) 대법원 2018. 12. 13. 선고 2016두51719 판결 [협의성립확인신청수리처분취소]
123) 지방 토수위의 회의는 위원장이 소집하며, 위원장과 위원장이 회의마다 지정하는 위원 8명으로 구성한다. 다만

④ 확인의 효과
- 협의성립의 확인은 "재결"로 보며, 사업시행자·토지소유자 및 관계인은 그 확인된 협의의 성립이나 내용을 다툴 수 없다(법 제29조 제4항). 즉 적법·유효한 확인된 협의는 다툴 수 없다. 그러나 진정한 토지소유자의 동의 없는 확인의 수리행위는 위법하므로 재결과 같이 항고소송으로 취소를 구할 수 있다.[124] <u>확인으로써 사업시행자는 목적물에 대한 권리를 승계취득이 아니라 '원시취득'을 하게 되고 토지소유자 등은 권리를 상실한다. 따라서 사업시행자가 사업인정을 받은 후 토지 소유자와 토지에 관하여 권리의 취득을 위한 협의가 성립되었다고 하더라도 관할 토수위의 협의성립의 확인을 받지 아니하였다면 이는 토지수용법에 의한 권리취득이라고 볼 수 없다.</u>[125] 협의가 성립하였더라도 협의성립에 대한 확인을 받지 아니한 경우에는 사업시행자가 토지소유권을 취득하기 위해서는 법률행위로 인한 부동산물권변동의 일반원칙에 따라서 소유권이전등기를 마쳐야 하고, 소유권이전등기를 마치지 아니하고도 토지소유권을 원시취득하는 것은 아니다.[126]
- 협의성립의 확인은 재결로 간주되므로, 협의성립의 확인을 받은 후에도 협의에서 정한 보상의 시기까지 손실보상을 하지 않으면 수용재결의 실효규정(법 제42조 제1항)을 적용하여 당해 확인행위의 효력이 상실되므로 이때 협의의 효력도 상실되는 것이 아닌가라는 의문이 들 수 있다. 그러나 협의 성립의 확인을 받으려면 보상금을 먼저 지급한 후 그 지급증명서를 첨부하여 신청을 하여야 하므로 그와 같은 일은 발생하기 어렵다.

6. 재결

(1) 의의 및 성질

① 의의
- 재결이란 협의가 성립되지 않거나 토지소유자 등의 소재 불명 등으로 협의를 할 수 없는 경우에 사업시행자의 신청으로 보상금 지급을 조건으로 목적물을 사업시행자가 취득 또는 사용하게 하는 공용수용의 마지막 절차이다. 재결에는 '손실보상금액 결정'도 함께 이루어진다.

위원장이 필요하다고 인정하는 경우에는 위원장을 포함하여 10명 이상 20명 이내로 구성할 수 있다(법 제29조 제2항, 법 제53조 제4항). 협의성립의 확인에는 법 제57조(위원의 제척·기피·회피), 법 제58조(심리조사상의 권한)를 준용한다.
124) 대법원 2018. 12. 13. 선고 2016두51719 판결 [협의성립확인신청수리처분취소]
125) 대법원 1992. 9. 14. 선고 92다21319 판결 [토지소유권이전등기말소등기]
126) 대법원 1997. 7. 8. 선고 96다53826 판결 [소유권이전등기말소등], 대법원 1994. 6. 28. 선고 94누2732 판결 [토지수용재결처분취소등]

② 성질
- 재결은 사업시행자에게 보상금 지급을 조건으로 토지 등에 관한 권리를 취득하게 하고 피수용자에게는 그 권리를 상실하게 하는 효과를 발생시키는 '형성적 행정행위'이다.
- 토지보상법은 공용수용의 절차를 사업인정과 재결의 절차를 분리하고 양자를 사업인정기관(국토부장관)과 재결기관(토수위)에 각각 따로 처리하도록 하고 있다. 사업인정은 수용권을 설정해 주는 행정처분으로서, 이에 따라 수용할 목적물의 범위가 확정되고, 수용권자가 목적물에 대한 현재 및 장래의 권리자에게 대항할 수 있는 공법상 권한이 생긴다. 그러나 재결에 관하여는 이와 같은 토지수용절차의 2분화 및 사업인정의 성격과 토수위의 재결사항을 열거하고 있는 같은 법 제29조 제2항의 규정 내용에 비추어 볼 때, 토수위는 행정쟁송에 의하여 사업인정이 취소되지 않는 한 그 기능상 사업인정 자체를 무의미하게 하는, 즉 사업의 시행이 불가능하게 되는 것과 같은 재결을 행할 수는 없다고 보여진다. 따라서 '사업인정은 재량행위'이고, '재결은 기속행위'로 보아야 할 것이다. 판례의 견해도 같다.[127]
- 사업인정은 물론 재결은 사업시행자에 대하여는 '수익적 행정행위'이고, 피수용자에 대하여는 권리를 박탈하는 효과가 동시에 발생하므로 이른바 '복효적 행정행위(이중효과적 행정행위, 제3자효 행정행위)'에 해당한다. 재결이 준사법적 성격을 가지고 있느냐에 관하여 '이의재결'은 양 당사자의 법률관계를 제3의 기관이 판단·결정하므로 준사법적 성격을 가지고 있으나, 1차적 처분에 해당하는 '수용재결'에 관하여는 준사법적 성격 구비 여부에 관하여 이견이 있다.

(2) 재결의 신청 요건

① 협의가 성립되지 않거나 협의를 할 수 없는 때
- 재결신청은 일단 협의가 성립되지 아니하거나 협의를 할 수 없을 때(법 제26조 제2항 단서에 따른 협의 요구가 없을 때를 포함)에는 사업시행자는 사업인정고시가 된 날부터 1년 이내에 대통령령으로 정하는 바에 따라 관할 토수위에 재결을 신청할 수 있다(법 제28조 제1항, 영 제12조).

---

127) 대법원 1994. 11. 11. 선고 93누19375 판결 [토지수용재결처분취소], 대법원 2019. 12. 12. 선고 2019두47629 판결 [영업휴업보상등], 대법원 2007. 1. 11. 선고 2004두8538 판결 [토지수용이의재결처분취소]
구 토지수용법(2002. 2. 4. 법률 제6656호공익사업을 위한 토지 등의 취득 및 보상에 관한 법률 부칙 제2조로 폐지)은 수용·사용의 일차 단계인 사업인정에 속하는 부분은 사업의 공익성 판단으로 사업인정기관에 일임하고 그 이후의 구체적인 수용·사용의 결정은 토지수용위원회에 맡기고 있는바, 이와 같은 토지수용절차의 2분화 및 사업인정의 성격과 토지수용위원회의 재결사항을 열거하고 있는 같은 법 제29조 제2항의 규정 내용에 비추어 볼 때, 토지수용위원회는 행정쟁송에 의하여 사업인정이 취소되지 않는 한 그 기능상 사업인정 자체를 무의미하게 하는, 즉 사업의 시행이 불가능하게 되는 것과 같은 재결을 행할 수는 없다.

- 협의를 할 수 없는 경우란 피수용자의 행방불명, 외국에 체류 중이거나 장기간 여행 중인 경우, 중병으로 입원 중, 재소로 인한 면회 사절, 사업시행자의 과실없이 피수용자를 알 수 없는 경우, 수용목적물에 대한 소송 중에 있어 누가 피수용자인지를 판단하기 관란한 경우 등을 들 수 있다.

② 건축물 등 이전 보상이 곤란한 경우
- 건축물·입목·공작물과 그 밖에 토지에 정착한 물건(이하 건축물등이라 함)에 대하여는 이전비로 보상하여야 한다(법 제75조 제1항). 그러나 건축물등을 이전하기 어렵거나 그 이전으로 인하여 건축물등을 종래의 목적대로 사용할 수 없게 된 경우, 건축물등의 이전비가 그 물건의 가격을 넘는 경우에는 사업시행자는 관한 토수위에 수용재결을 신청할 수 있다(법 제75조 제5항).

③ 토지소유자 등의 재결신청청구가 있는 경우
- 사업시행자는 사업인정고시가 된 후 협의가 성립되지 아니하여 토지소유자와 관계인이 서면으로 사업시행자에게 재결신청에 대한 청구를 받았을 때에는 그 청구를 받은 날부터 60일 이내에 대통령령으로 정하는 바에 따라 관할 토수위에 재결을 신청하여야 한다(법 제30조 제1·2항, 영 제14조). 재결신청은 사업시행자만이 할 수 있고, 토지소유자 등은 협의가 성립되지 아니하는 경우 사업시행자에게 재결신청을 청구할 수 있을 뿐이다.[128]

(3) 재결신청의 절차

① 사업시행자의 재결신청 방법
- 재결신청은 재결신청서(규칙 제10조 [별지 제13호 서식])에 영 제12조 제1항의 사항을 기재하고, 제2항의 서류 및 도면과 보상금을 채권으로 지급하려는 경우에는 채권으로 보상금을 지

---

[128] ⓐ대법원 2011. 7. 14. 선고 2011두2309 판결 [보상제외처분취소등] 토지보상법 제30조 제1항에서 정한 '협의가 성립되지 아니한 때'의 의미에, 토지소유자 등이 손실보상 대상에 해당한다고 주장하며 보상을 요구하는데도 사업시행자가 손실보상대상에 해당하지 않는다며 보상대상에서 이를 제외한 채 협의를 하지 않아 결국 협의가 성립하지 않은 경우도 포함된다(아산~천안 간 도로건설 사업구역에 포함된 토지의 소유자가 토지상의 지장물에 대하여 재결신청을 청구하였으나, 그 중 일부에 대해서는 사업시행자가 손실보상대상에 해당하지 않아 재결신청대상이 아니라는 이유로 수용재결신청을 거부하면서 보상협의를 하지 않은 사안에서, 사업시행자가 수용재결 신청을 거부하거나 보상협의를 하지 않으면서도 아무런 조치를 취하지 않은 것은 토지보상법에서 정한 재결신청 청구제도의 취지에 반하여 위법하다고 본 원심판단을 수긍한 사례).
ⓑ대법원 2019. 8. 29. 선고 2018두57865 판결 [수용재결신청청구거부처분취소], 대법원 2011. 10. 13. 선고 2009다43461 판결 [농업손실보상금]
토지보상법 제26조, 제28조, 제30조, 제34조, 제50조, 제61조, 제83조 내지 제85조의 규정 내용 및 입법 취지 등을 종합하면, 공익사업으로 인하여 농업의 손실을 입게 된 자가 사업시행자로부터 토지보상법 제77조 제2항에 따라 농업손실에 대한 보상을 받기 위해서는 토지보상법 제34조, 제50조 등에 규정된 재결절차를 거친 다음 그 재결에 대하여 불복이 있는 때에 비로소 토지보상법 제83조 내지 제85조에 따라 권리구제를 받을 수 있을 뿐, 이러한 재결절차를 거치지 않은 채 곧바로 사업시행자를 상대로 손실보상을 청구하는 것은 허용되지 않는다.

급할 수 있는 경우에 해당함을 증명하는 서류와 채권으로 보상하는 보상금액 등을 적은 서류를 첨부하여 관할 토수위에 제출하여야 한다(법 제28조, 영 제12조). 일정액의 수수료도 내야 한다(법 제28조 제2항, 규칙 제9조).
- 재결신청 시 누락된 물건이 있을 경우에는 누락물건에 대하여는 협의가 없었으므로, 소유자가 스스로 보상을 요구하는 경우를 제외하고는 당해 물건에 대하여 별도의 보상협의를 한 후 재결신청을 하여야 할 것이다.

② 토지소유자 등의 사업시행자에 대한 재결신청청구 방법

ⓐ 의의 및 인정 취지

- 사업인정고시가 된 후 협의가 성립되지 아니하는 때에는 토지소유자와 관계인은 대통령령으로 정하는 바에 따라 서면으로 사업시행자에게 재결을 신청할 것을 청구할 수 있다(법 제30조 제1항, 영 제14조). 토지 소유자 및 관계인에게 재결 신청의 청구권을 부여한 이유는 시행자는 사업인정의 고시 후 1년 이내(재개발사업은 그 사업의 시행기간 이내)에는 언제든지 재결을 신청할 수 있는 반면에 토지 소유자 및 관계인은 재결신청권이 없으므로 수용을 둘러싼 법률관계의 조속한 확정을 바라는 토지 소유자 및 관계인의 이익을 보호하고 수용 당사자간의 공평을 기하기 위하여, 또한 사업시행자가 재결신청을 위 기간 이내에 하지 아니하고 차일피일 미루는 경우에는 피수용자는 대토(代土) 또는 생활의 근거 마련이 지연되기 때문에 이를 막기 위한 것이다.[129)130)]

ⓑ 청구 방법

- 재결신청청구서는 영 제14조 제1항의 사항을 기재한 재결신청청구서를 '사업시행자에게' 직접 제출하거나 '배달증명취급의 방법'으로 한다(영 제14조 제1항, 규칙 제12조). 배달증명취급우편물로 하도록 한 것은 분쟁을 방지하기 위함이다. 다만 이 규정은 효력규정이라고 보기는 어렵지만[131)] 일반우편물로 인한 재결신청청구의 적법 여부의 시비에 휘말리지 않도록 해야 할 것이다. 우편법상 증명취급에는 내용증명과 배달증명이 있고, 배달증명은 등기취급을 전제로 우편물의 배달일자 및 수취인을 배달우체국에서 증명하여 발송인에게 통지하는 특수

---

129) 대법원 1995. 10. 13. 선고 94누7232 판결 [토지수용재결처분취소] 법이 위와 같은 형식을 요구하는 취지는 토지소유자 등의 의사를 명확히 하려는 데 있고, 재결신청의 청구는 엄격한 형식을 요하지 아니하는 서면행위이고, 따라서 토지소유자 등이 서면에 의하여 재결청구의 의사를 명백히 표시한 이상 같은법 시행령 제16조의2 제1항 각호의 사항 중 일부를 누락하였다고 하더라도 위 청구의 효력을 부인할 것은 아니고, 또한 사업시행자를 대신하여 협의절차의 업무를 대행하고 있는 자가 따로 있는 경우에는 특별한 사정이 없는 한 재결신청의 청구서를 그 업무대행자에게도 제출할 수 있다.
130) 대법원 1997. 10. 24. 선고 97다31175 판결 [토지수용이의재결처분취소등], 헌법재판소 2019. 5. 30. 선고 2017헌바503 전원재판부 [헌공제272호,652]
131) 대법원 1995. 10. 13. 선고 94누7232 판결 [토지수용재결처분취소], 서울행정법원 2016. 7. 7.선고 2015구합75268 판결 참조

취급제도이다. 우편법에 따르면, 수취인에게 배달할 수 없거나 수취인이 수취를 거부한 우편물은 발송인에게 되돌려 보낸다(제32조 제1항). 우편법령의 규정 내용과 취지에 비추어 보면, 우편물이 <u>등기취급</u>(내용증명우편 및 배달증명우편, 우편법 시행규칙 제25조 제1항 제1호 및 제4호 참조)의 방법으로 발송된 경우에는 반송되는 등의 특별한 사정이 없는 한 그 무렵 <u>수취인에게 배달되었다고 보아야 한다</u>. 상대방이 부당하게 등기취급 우편물의 수취를 거부함으로써 그 우편물의 내용을 알 수 있는 객관적 상태의 형성을 방해한 경우 그러한 상태가 형성되지 아니하였다는 사정만으로 발송인의 의사표시의 효력을 부정하는 것은 신의성실의 원칙에 반하므로 허용되지 아니한다. 이러한 경우에는 <u>부당한 수취 거부가 없었더라면 상대방이 우편물의 내용을 알 수 있는 객관적 상태에 놓일 수 있었던 때, 즉 수취 거부 시에 의사표시의 효력이 생긴 것으로 보아야 한다</u>.[132]

ⓒ 재결신청 청구대상

- 재결신청 청구대상은 '<u>협의가 성립되지 아니하는 때</u>'이다. 협의가 성립되지 아니하는 때를 구체적으로 보면, 토지 및 물건조서의 내용에 대한 당사자 간에 다툼이 있는 경우, 토지 등이 보상대상에 포함되는지 여부, 토지소유자 등이 손실보상대상에 해당한다고 주장하며 보상을 요구하는데도 사업시행자가 손실보상대상에 해당하지 않는다며 보상대상에서 이를 제외한 채 협의를 하지 않은 경우[133]도 포함된다. 이때 재결신청 거부행위 또는 부작위에 대한 불복방법은 '거부처분 취소소송' 또는 '부작위위법 확인소'이 가능하고 민사소송의 방법으로 그 절차이행을 구할 수 없다.[134]

- 또한 토지보상법은 재결신청 청구권자를 토지소유자 및 관계인으로 규정하고 있으므로, 관계인은 영업보상에 관하여도 협의가 성립되지 아니하는 때에는 영업보상에 관한 재결신청을 청구할 수 있다. 여기의 관계인에는 자기 건물의 영업자는 물론 타인 건물의 영업자, 즉 세입자도 포함된다고 본다. 특별한 사정이 없는 한 이를 배제할 하등의 이유가 없기 때문이다.[135]

ⓓ 사업시행자의 재결신청과 지연에 대한 가산금

- 사업시행자는 재결신청청구를 받았을 때에는 그 청구를 받은 날부터 60일 이내에 대통령령으로 정하는 바에 따라 관할 토수위에 재결을 신청하여야 한다(법 제30조 제2항, 영 제12조). 사업시행자가 위 기간을 넘겨서 재결을 신청하였을 때에는 그 지연된 기간에 대하여 소송촉진 등에 관한 특례법에 따른 법정이율을 적용하여 산정한 금액을 관할 토수위에서 재결한

---

[132] 대법원 2020. 8. 20. 선고 2019두34630 판결 [손실보상금] 〈등기취급 우편물의 수취거부 시 의사표시 효력 발생의 요건이 문제 된 사건
[133] 대법원 2011. 7. 14. 선고 2011두2309 판결 [보상제외처분취소등]
[134] 대법원 1997. 11. 14. 선고 97다13016 판결 [손해배상(기)], 대법원 1999. 4. 23. 선고 97누3439 판결 [손실보상금]
[135] 같은 생각으로 김은유 외2, 앞의 책, 232-233쪽 참조

보상금에 가산하여 지급하여야 한다(제3항).136) 이때 사업시행자가 위 기간을 넘겨서 재결을 신청하였을 때에는 그 지연된 기간에 대한 법 제30조 제3항에 따른 가산금액은 사업시행자가 재결신청을 할 때에 관할 토수위가 재결서에 적어야 하며, 사업시행자는 수용 또는 사용의 개시일까지 보상금과 함께 이를 지급하여야 한다(영 제14조 제2항).

ⓔ 지연가산금에 대한 불복방법
- 또한 지연가산금은 수용보상금과 함께 수용재결로 정하도록 규정하고 있으므로, 지연가산금에 대한 불복은 '수용보상금의 증액에 관한 소'에 의하여야 한다. 지연가산금 청구를 보상금의 증감에 관한 행정소송(당사자소송)이 아닌 민사소송으로 제기할 수 없다.137)
- 그러나 수용재결 전 손해배상, 즉 사업시행자가 수용재결에 의하여 수용의 효력이 발생하기도 전에 토지를 권원 없이 사용한 사실이 있다고 하더라도 이를 원인으로 하여 사업시행자에 민사상 손해배상이나 부당이득의 반환을 구함은 별론으로 하고, 재결 절차에서 그 손실보상을 구할 수는 없다. 또한 공유수면매립사업 시행자가 손실보상의무를 이행하지 아니한 채 공사를 시행하여 허가어업자에 실질적이고 현실적인 침해를 가한 경우(수용재결 전 손해배상 문제 발생), 민법상 불법행위가 성립하고 이에 대한 민사소송 제기와는 서로 다른 문제이다.138)
- 다만 손해배상과 손실보상이 혼재할 경우에 행정소송에 민사소송을 병합하여 제기할 수도 있을 것이다. 대법원도 "원고는 피고 수원시가 아무 근거 없이 지장물을 철거 또는 수거함으로써 원고에게 그 가액 상당의 손해를 입혔으므로 이를 보상해 주어야 한다고 주장하면서 보상금 지급을 구하고 있는바, 이러한 원고의 청구는 보상금 증액 청구가 아닌 민사상 손해

---

136) 대법원 2017. 4. 7., 선고, 2016두63361 판결 [수용보상금증액등] 사업시행자가 수용의 개시일까지 재결보상금을 지급 또는 공탁하지 아니한 때에는 재결은 효력을 상실하고('토지보상법 제42조 제1항), 사업시행자의 재결신청도 효력을 상실하므로, 사업시행자는 다시 토수위에 재결을 신청하여야 한다. 그 신청은 재결실효 전에 토지 소유자 및 관계인이 이미 법 제30조 제3항에 따른 재결신청청구를 한 바가 있을 때에는 재결실효일로부터 60일 내에 하여야 하고, 그 기간을 넘겨서 재결신청을 하면 지연된 기간에 대하여도 소송촉진 등에 관한 특례법 제3조에 따른 법정이율을 적용하여 산정한 지연가산금을 지급하여야 한다. 토지보상법은 재결이 실효됨으로 인하여 토지소유자 등이 입은 손실을 보상하는 규정(토지보상법 제42조 제2항, 제3항)을 지연가산금 규정과 별도로 두고 있는데, 지연가산금은 사업시행자가 정해진 기간 내에 재결신청을 하지 않고 지연한 데 대한 제재와 토지소유자 등의 손해에 대한 보전이라는 성격을 아울러 가지고 있다. 위와 같이 재결이 실효된 이후 사업시행자가 다시 재결을 신청할 경우에는 원칙적으로 다시 보상협의절차를 거칠 필요가 없으므로, 재결실효일부터 60일이 지난 다음에는 지연가산금이 발생한다는 것이 원칙이다. 그러나 사업시행자가 재결실효 후 60일 내에 재결신청을 하지 않았더라도, 재결신청을 지연하였다고 볼 수 없는 특별한 사정이 있는 경우에는 그 해당 기간 동안은 지연가산금이 발생하지 않는다. 재결실효 후 토지소유자 등과 사업시행자 사이에 보상협의절차를 다시 하기로 합의한 데 따라 협의가 진행된 기간은 그와 같은 경우에 속한다.
137) 대법원 1997. 10. 24. 선고 97다31175 판결 [토지수용이의재결처분취소등], 대법원 1997. 11. 14. 선고 97다13016 판결 [손해배상(기)], 대법원 1999. 4. 23. 선고 97누3439 판결 [손실보상금]
138) 대법원 2000. 7. 28. 선고 98두6081 판결 [토지수용이의재결처분취소], 대법원 1999. 11. 23. 선고 98다11529 판결 [손해배상(기)], 대법원 2005. 7. 29. 선고 2003두2311 판결 [토지수용이의재결취소등], 대법원 2001. 9. 4. 선고 99두11080 판결 [토지수용이의재결처분취소]

배상청구가 병합된 것으로 보고 이에 대하여 심리·판단하여야 함에도 불구하고, 원심이 이를 보상금 증액 청구로만 보아 선뜻 배척하고 말았으니, 거기에는 행정소송절차에 병합된 민사상 손해배상청구의 심리절차에 관한 법리를 오해하여 판결에 영향을 미친 위법이 있다"고 한다.139)

- 또한 토지소유자 등이 구 토지보상법 제85조에서 정한 제소기간 내에 관할 토수위에서 재결한 보상금의 증감에 대한 소송을 제기한 경우, 같은 법 제30조 제3항에서 정한 지연가산금은 위 제85조에서 정한 제소기간에 구애받지 않고 그 소송절차에서 청구취지 변경 등을 통해 청구할 수 있다.140)

③ 재결신청서의 열람 등
- 중앙토수위 또는 지방토수위는 재결신청서를 접수하였을 때에는 대통령령으로 정하는 바에 따라 지체 없이 이를 공고하고, 공고한 날부터 14일 이상 관계 서류의 사본을 일반인이 열람할 수 있도록 하여야 한다(법 제31조 제1항). 열람은 관할 토수위가 재결신청서 및 관계 서류의 사본을 토지등의 소재지를 관할하는 시군구청장(행정시의 시장141)과 자치구가 아닌 구의 구청장을 포함)에게 송부하여 공고 및 열람을 의뢰하는 방법으로 한다(영 제15조 제1항). 시군구청장은 서류를 받았을 때에는 지체 없이 재결신청 내용을 시군구의 게시판에 공고하고, 공고한 날부터 14일 이상 그 서류를 일반인이 열람할 수 있도록 하여야 한다. 다만 천재지변이나 그 밖의 긴급한 사정으로 공고 및 열람 의뢰를 받은 날부터 14일 이내에 공고하지 못하거나 일반인이 열람할 수 있도록 하지 못하는 경우 '관할 토수위는 직접' 재결신청 내용을 공고하고, 재결신청서와 관계 서류의 사본을 일반인이 14일 이상 열람할 수 있도록 할 수 있다(영 제15조 제2항). 이 규정은 민선 시군구청장이 공고 및 열람을 거부하는 경우의 재결절차 지연을 막기 위한 것이다. 토수위 또는 시군구청장이 공고를 하였을 때에는 관계 서류의 열람기간 중에 토지소유자 또는 관계인은 의견을 제시할 수 있다. 시군구청장 또는 관할 토수위는 공고를 한 경우에는 그 공고의 내용과 의견이 있으면 의견서를 제출할 수 있다는 뜻을 토지소유자 및 관계인에게 통지하여야 한다. 다만 통지받을 자를 알 수 없거나 그 주소·거소 또는 그 밖에 통지할 장소를 알 수 없을 때에는 그러하지 아니하다.(법 제31조 제2항, 영 제15조 제3항~제6항).

(4) 재결

---

139) 대법원 2001. 9. 4. 선고 99두11080 판결 [토지수용이의재결처분취소]
140) 대법원 2012. 12. 27. 선고 2010두9457 판결 [보상금증액]
141) 제주자치도는 「지방자치법」 제2조 제1항 및 제3조 제2항에도 불구하고 그 관할구역에 지방자치단체인 시와 군을 두지 아니한다. 제주자치도의 관할구역에 '지방자치단체가 아닌 시'(이하 "행정시"라 한다)를 둔다(제주특별법 제10조).

① 재결 사항과 범위
- 토수위의 재결사항은 수용하거나 사용할 토지의 구역 및 사용 방법, 손실보상, 수용 또는 사용의 개시일과 기간, 그 밖에 이 법 및 다른 법률에서 규정한 사항이다(법 제50조 제1항)). 토수위는 사업시행자, 토지소유자 또는 관계인이 신청한 범위에서 재결하여야 한다(<u>불고불리의 원칙</u>). 다만 <u>손실보상의 경우에는 증액재결</u>을 할 수 있다(법 제50조 제2항). 대법원의 견해도 같다.[142]
- 감액재결이 가능한지가 문제된다. 토지보상법 제50조는 증액재결의 경우를 제외하고는 사업시행자, 토지소유자 또는 관계인이 신청한 범위에서 재결하여야 한다(불고불리의 원칙)고 하고 있는 점을 감안할 때 <u>감액재결은 할 수 없다</u>고 함이 타당하다. 또한 대법원은 토수위가 재결을 함에 있어 사업인정 자체를 무의미하게 하는 재결을 할 수는 없다고 한다.[143] 불고불리의 원칙상 당연하다.

② 재결의 종류와 형식
- 재결에는 '<u>수용 또는 사용의 재결</u>'과 '<u>각하 재결</u>'로 구분할 수 있고, 토수위의 재결을 위한 심리형식은 <u>서면주의 · 비공개주의 · 직권주의</u>에 입각하고 있다. 재결의 형식은 서면으로 하고(법 제34조 제1항), 재결서에는 주문 및 그 이유와 재결일을 적고, 위원장 및 회의에 참석한 위원이 기명날인한 후 그 정본(正本)을 사업시행자, 토지소유자 및 관계인에게 송달하여야 한다(법 제34조 제2항).
- 서류의 송달은 해당 서류를 송달받을 자에게 교부하거나 우편법 시행규칙 제25조제1항제6호의 규정에 의한 특별송달의 방법에 의하여 이를 할 수 있다(영 제4조 제1항, 규칙 제3조). 수용재결서가 수용시기 이전에 피수용자에게 적법하게 송달되지 아니하였다고 하여 수용절차가 당연무효가 된다고 할 수는 없고, 다만 그 수용재결서의 정본이 적법하게 송달된 날로부터 수용재결에 대한 이의신청기간이 진행된다.[144] 사망자를 수령자로 한 수용재결서의 송달은 그 상속인들에 대한 송달로서의 효력을 인정할 수 없으므로 그 상속인들을 송달 수령자로 하여 그들에 대하여 별도의 송달이 있은 날로부터 비로소 진행된다.[145]
- 송달받을 자를 알 수 없는 경우, 송달받을 자의 주소 · 거소 또는 그 밖에 송달할 장소를 알 수 없는 경우, 민사소송법 제191조(외국에서 하는 송달의 방법) 에 따를 수 없는 경우에는

---

[142] 대법원 1993. 10. 8. 선고 93누8610 판결 [토지수용재결처분취소등] 중앙토수위가 이의재결에서 사업시행자의 협의제시 가액을 초과한 금원을 토지에 대한 손실보상액으로 정하였다 하더라도 이의재결에 당사자주의나 불고불리의 원칙에 위배된 위법이 있다고 할 수 없다.
[143] 대법원 2007. 1. 11. 선고 2004두8538 판결 [토지수용이의재결처분취소], 대법원 1994. 11. 11. 선고 93누19375 판결 [토지수용재결처분취소]
[144] 대법원 1995. 6. 13. 선고 94누9085 판결 [토지수용재결처분취소]
[145] 대법원 1994. 4. 26. 선고 93누13360 판결 [토지수용재결처분취소등]

공시송달을 할 수 있다. 공시송달을 하려는 자는 토지등의 소재지를 관할하는 시장(제주특별법에 따른 행정시의 시장을 포함)·군수 또는 구청장(자치구가 아닌 구의 구청장을 포함)에게 해당 서류를 송부하여야 하고, 시군구청장은 서류를 받았을 때에는 그 서류의 사본을 해당 시군구의 게시판에 게시하여야 한다. 그 게시일부터 14일이 지난 날에 해당 서류가 송달받을 자에게 송달된 것으로 본다(영 제4조 제3항~제6항).

- 이와 같이 토지보상법령이 재결을 서면으로 하도록 하고, '사용할 토지의 구역, 사용의 방법과 기간'을 재결사항의 하나로 규정한 취지는, 재결에 의하여 설정되는 사용권의 내용을 구체적으로 특정함으로써 재결 내용의 명확성을 확보하고 재결로 인하여 제한받는 권리의 구체적인 내용이나 범위 등에 관한 다툼을 방지하기 위한 것이다. 따라서 관할 토수위가 토지에 관하여 사용재결을 하는 경우에는 그 재결서에 사용할 토지의 위치와 면적, 권리자, 손실보상액, 사용 개시일 외에도 사용방법, 사용기간을 구체적으로 특정하여야 한다. 대법원은 지방토수위가 甲소유의 토지 중 일부는 수용하고 일부는 사용하는 재결을 하면서 재결서에는 수용대상 토지 외에 사용대상 토지에 관해서도 '수용'한다고만 기재한 사안에서, 위 재결 중 사용대상 토지에 관한 부분은 토지보상법 제50조 제1항에서 정한 사용재결의 기재사항에 관한 요건을 갖추지 못한 흠이 있음에도 사용재결로서 적법하다고 본 원심판단에 법리를 오해한 잘못이 있다고 한다.[146]

③ 재결의 심리와 재결 기간

- 토수위는 열람 기간이 지났을 때에는 '지체 없이' 해당 신청에 대한 조사 및 심리를 하여야 한다(법 제32조 제1항). 심리는 서면주의, 직권주의, 비공개주의가 원칙이다. 따라서 사업시행자·토지소유자·관계인은 토수위에서 인정하는 이외에는 심리과정에 참여할 수 없다. 다만 심리를 할 때 필요하다고 인정하면 사업시행자, 토지소유자 및 관계인을 출석시켜 그 의견을 진술하게 할 수 있고(제2항), 출석하게 하는 경우에는 사업시행자, 토지소유자 및 관계인에게 미리 그 심리의 일시 및 장소를 통지하여야 한다(제3항).
- 토수위는 심리에 필요하다고 인정할 때에는 다음 각 호의 행위를 할 수 있다.

1. 사업시행자, 토지소유자, 관계인 또는 참고인에게 토수위에 출석하여 진술하게 하거나 그 의견서 또는 자료의 제출을 요구하는 것
2. 감정평가법인 등이나 그 밖의 감정인에게 감정평가를 의뢰하거나 토수위에 출석하여 진술하게 하는 것
3. 토수위의 위원 또는 제52조 제8항에 따른 사무기구의 직원이나 지방토수위의 업무를 담당하는 직원으로 하여금 실지조사를 하게 하는 것 위원 또는 직원이 실지조사를 하는 경우에는 제13조(증표 등의 휴대) 를 준용한다.

---

[146] 대법원 2019. 6. 13. 선고 2018두42641 판결 [수용재결취소등]

- 토수위는 심리를 시작한 날부터 14일 이내에 재결을 하여야 한다. 다만 특별한 사유가 있을 때에는 14일의 범위에서 한 차례만 연장할 수 있다(법 제35조).

④ 재결의 효과
- 공익사업은 1차적으로 협의에 의하고, 협의가 성립되지 않을 경우에는 최종적으로 재결로써 종결된다. 사업시행자, 토지소유자 또는 관계인은 재결에 불복할 때에는 재결서의 정본을 받은 날부터 30일 이내에 토수위에 이의신청을 할 수 있고(법 제83조), 재결서를 받은 날부터 90일 이내에 또는 이의신청을 거쳤을 때에는 이의신청에 대한 재결서를 받은 날부터 60일 이내에 각각 행정소송을 제기할 수 있다(법 제85조 제1항).
- 재결이 성립되면 수용의 효과가 발생된다. 따라서 사업시행자는 보상금의 지급 또는 공탁을 조건으로 수용의 시기에 토지소유권을 '원시취득'하게 되며, 피수용자가 의무를 이행하지 않으면 사업시행자는 '행정대집행을 청구'할 수 있다. 피수용자는 수용의 목적물을 인도·이전 의무를 지는 대신에 손실보상청구권과 환매권을 가지게 된다. 나아가 재결 후 위험부담은 원칙적으로 사업시행자가 지게 된다. 따라서 재결 후 목적물이 당사자의 책임 없이 멸실된 경우에는 사업시행자는 목적물의 소유자에게 손실보상을 하여야 한다. 이른바 채권자위험부담주의를 채택하였다. 당연한 귀결이다.
- 토지보상법상 토수위의 수용재결이 있은 후 토지소유자 등과 사업시행자가 다시 협의하여 토지 등의 취득이나 사용 및 그에 대한 보상에 관하여 임의로 계약을 체결할 수 있는지 여부가 문제되나, 판례는 인정하고 있다.147)

⑤ 재결의 효력
- 재결서를 받은 날부터 90일 이내에, 이의신청을 거쳤을 때에는 이의신청에 대한 재결서를 받은 날부터 60일 이내에 각각 행정소송을 제기하지 아니하거나 그 밖의 사유로 이의신청에 대한 재결이 확정된 때에는 <u>재결이 확정되면 민사소송법상 확정판결이 있는 것과 같은 효과가 있으며, 재결서 정본은 집행력 있는 판결의 정본과 동일한 효력이 인정된다</u>(법 제86조 제1항).

⑥ 재결의 흠결
- 재결의 흠결을 바로 잡는 제도에는 '재결의 경정'과 '재결의 유탈'이 있다. 재결에 계산상 또는 기재상의 잘못이나 그 밖에 이와 비슷한 잘못이 있는 것이 명백할 때에는 토수위는 직권으로 또는 당사자의 신청에 의하여 '경정재결(更正裁決)'을 할 수 있고, 경정재결은 원재결서(原裁決書)의 원본과 정본에 부기하여야 한다. 다만 정본에 부기할 수 없을 때에는 경정재결의 정본을 작성하여 당사자에게 송달하여야 한다(법 제36조). 토수위가 신청의 일부에 대한

---

147) 대법원 2017. 4. 13. 선고 2016두64241 판결 [수용재결무효확인]

재결을 빠뜨린 경우가 재결의 유탈인데, 재결의 유탈의 경우에는 그 빠뜨린 부분의 신청은 계속하여 그 토수위에 계속(係屬)된다(법 제37조).

- 어떤 보상항목이 토지보상법상 손실보상대상에 해당함에도 관할 토수위가 사실을 오인하거나 법리를 오해함으로써 손실보상대상에 해당하지 않는다고 잘못된 내용의 재결을 한 경우, 피보상자는 관할 토수위를 상대로 그 재결에 대한 취소소송을 제기할 것이 아니라, 사업시행자를 상대로 토지보상법 제85조 제2항에 따른 '보상금증감소송을 제기'하여야 한다.[148]

⑦ 재결의 실효 및 손실보상

- 사업시행자가 수용 또는 사용의 개시일까지 관할 토수위가 재결한 보상금을 지급하거나 공탁하지 아니하였을 때에는 해당 토수위의 재결은 효력을 상실한다(법 제42조 제1항). 재결의 효력이 상실되면 '재결신청'도 없었던 것으로 되며, 사업인정고시가 있는 날로부터 1년 이내에 재결신청을 하지 않은 경우에는 '사업인정'도 효력이 상실되며, 결국 수용절차 일체가 백지상태로 돌아가므로 사업시행자는 토수위에 다시 재결신청을 하여야 한다.[149]

- 사업시행자는 재결의 효력이 상실됨으로 인하여 토지소유자 또는 관계인이 입은 손실을 보상하여야 한다(제2항). 손실의 보상은 손실이 있음을 안 날부터 1년이 지났거나 손실이 발생한 날부터 3년이 지난 후에는 청구할 수 없다. 손실의 보상은 사업시행자와 손실을 입은 자가 협의하여 결정함이 원칙이지만, 협의가 성립되지 아니하면 사업시행자나 손실을 입은 자는 대통령령으로 정하는 바에 따라 관할 토수위에 재결을 신청할 수 있다(제3항, 법 제9조 제5항~제7항).

- 사업시행자가 수용의 개시일까지 재결보상금을 지급 또는 공탁하지 아니한 때에는 재결은 효력을 상실하고(법 제42조 제1항) 사업시행자의 재결신청도 효력을 상실하므로, 사업시행자는 다시 토수위에 재결을 신청하여야 함은 위에서 보았다. 그런데 그 신청은 재결실효 전에 토지소유자 등이 이미 '재결신청청구'를 한 바가 있을 때에는 재결 실효일로부터 60일 내에 하여야 하고, 그 기간을 넘겨서 재결신청을 하면 지연된 기간에 대하여도 '지연가산금'을 지급하여야 한다.

- 토지보상법은 재결이 실효됨으로 인하여 토지소유자 등이 입은 손실을 보상하는 규정(토지보상법 제42조 제2항, 제3항)을 지연가산금 규정과 별도로 두고 있는데, 지연가산금은 사업시행자가 정해진 기간 내에 재결신청을 하지 않고 지연한 데 대한 제재와 토지소유자 등의 손해에 대한 보전이라는 성격을 아울러 가지고 있다. 위와 같이 재결이 실효된 이후 사업시

---

[148] 대법원 2019. 11. 28. 선고 2018두227 판결 [보상금], 대법원 2020. 4. 9. 선고 2017두275 판결 [손실보상금등청구], 대법원 2018. 7. 20. 선고 2015두4044 판결 [토지수용보상금등증액]
[149] 대법원 1987. 3. 10. 선고 84누158 판결 [토지수용재결처분취소], 대법원 2017. 4. 7. 선고 2016두63361 판결 [수용보상금증액등]

행자가 다시 재결을 신청할 경우에는 원칙적으로 다시 보상협의절차를 거칠 필요는 없지만 재결 실효일부터 60일이 지난 다음에는 지연가산금이 발생하는 것이 원칙이다. 그러나 사업시행자가 재결 실효 후 60일 내에 재결신청을 하지 않았더라도 재결신청을 지연하였다고 볼 수 없는 특별한 사정이 있는 경우에는 그 해당 기간 동안은 지연가산금이 발생하지 않는다. 재결 실효 후 토지소유자 등과 사업시행자 사이에 보상협의절차를 다시 하기로 합의한 데 따라 협의가 진행된 기간은 그와 같은 경우에 속한다.[150]

7. 화해

(1) 의의와 성질

■ 화해란 토수위의 심리과정에서 당사자가 상호 양보하여 당사자 간의 분쟁을 종결하는 약정을 말한다. 행정처분인 재결에 의하지 않고 당사자가 상호 양보하여 수용의 목적을 달성할 수 있는 공법상의 계약이다.

(2) 화해의 권고

■ 토수위는 그 재결이 있기 전에는 그 위원 3명으로 구성되는 소위원회로 하여금 사업시행자, 토지소유자 및 관계인에게 화해를 권고하게 할 수 있다. 이 경우 소위원회는 위원장이 지명하거나 위원회에서 선임한 위원으로 구성하며, 소위원회의 위원 중에는 중앙토수위에는 국토교통부, 지방토수위에는 특·광·도 또는 특자도 소속 공무원인 위원이 1명씩 포함되어야 한다(법 제33조 제1항, 영 제16조). 화해의 권고는 임의적 절차로서 재량사항이다.

(3) 화해의 성립과 효과

■ 화해가 성립되었을 때에는 해당 토수위는 '화해조서를 작성'하여 화해에 참여한 위원, 사업시행자, 토지소유자 및 관계인이 서명 또는 날인을 하여야 하고, 화해조서에 서명 또는 날인이 된 경우에는 당사자 간에 화해조서와 동일한 내용의 합의가 성립된 것으로 본다(법 제33조 제2·3항). 화해가 성립된 경우 토수위는 화해조서의 정본을 사업시행자·토지소유자 및 관계인에게 송달하여야 한다(영 제17조).
■ 협의 성립의 확인과 같이 화해가 성립하여 화해조서에 서명 또는 날인을 한 자는 화해조서의

---

150) 대법원 2020. 8. 20. 선고 2019두34630 판결 [손실보상금], 대법원 2017. 4. 7. 선고 2016두63361 판결 [수용보상금증액등], 헌법재판소 2019. 5. 30. 선고 2017헌바503 전원재판부 [헌공제272호,652], 헌법재판소 2020. 9. 24. 선고 2018헌바239 전원재판부 [헌공제288호,1261]

성립이나 그 내용을 다툴 수 없다. 토지보상법에 명문 규정은 없으나 구 토지수용법 제40조 제3항과 같이 해석함이 타당하기 때문이다. 나아가 민사소송법상 화해조서와 같이 토지보상법상의 화해조서에 확정판결과 같은 효과, 재결의 효과를 인정할 수 있느냐가 문제된다. '재결 절차에 따른 확인 방법'과 '공증을 받아 토수위에 제출함으로써 확인하는 방법'의 확인에 모두 재결로서의 효력을 인정하는 점(법 제29조)과의 균형상 화해조서가 작성되면 재결의 효력이 있다고 봄이 타당하다. 따라서 화해조서에서 정한 취득일까지 보상금을 지급하지 않으면 재결시효의 규정을 적용하여 화해조서작성의 효력도 실효된다고 봐야 할 것이다.[151]

8. 보상금 결정만을 위한 손실보상의 재결

(1) 의의

- 수용을 전제로 하지 않고 손실보상만을 위하여 재결을 하여야 하는 경우가 있다. 이 경우를 수용재결과 구분하여 '보상금 결정만을 위한 손실보상의 재결'이라고 한다. 이러한 재결신청은 토지보상법에 명문이 있는 경우에만 가능하며, 도시정비법(제62조) · 하천법(제76조 제1 · 3항, 제77조) 등 개별법에도 규정이 있다.

(2) 토지보상법상의 재결 규정

- 토지보상법상 보상금 결정만을 위한 재결신청 규정을 보면 아래와 같다. 이 경우 사업시행자와 손실을 입은 자 간에 협의가 성립되지 않는 경우에는 손실을 입은 자가 손실보상을 위한 재결을 신청할 수 있다.
- 사업인정 전 사업 준비를 위한 측량 · 조사 등으로 인한 손실보상(법 제9조 제4 · 7항), 장애물 제거를 위한 토지 출입 · 측량 · 조사로 인한 손실보상(법 제12조 제4항 · 5항), 사업인정의 실효로 인한 손실보상(법 제23조 제2 · 3항), 사업의 폐지 · 변경으로 인한 손실보상(법 제24조 제7 · 8항), 사업인정 후 토지 및 물건조서 작성을 위한 출입 · 측량 · 조사로 인한 손실보상(법 제27조 제4항 · 5항), 천재지변 시의 토지 사용으로 인한 손실보상(법 제38조 제4 · 5항), 재결 실효로 인한 손실보상(법 제42조 제2 · 3항), 잔여지 가격감소 및 공사비 보상(법 제73조 제1 · 4항), 잔여 건축물의 가격감소 보상(법 제75조의2 제1 · 3항), 공익사업의 시행으로 인하여 취득하거나 사용하는 토지(잔여지 포함) 외의 토지에 통로 · 도랑 · 담장 등의 신설 등으로 인한 공사비 보상(법 제79조 제1항, 제80조 제2항), 공익사업이 시행되는 지역 밖에 있는 토지 등이 공익사업의 시행으로 인하여 본래의 기능을 다할 수 없게 되는 경우의

---

151) 김은유 외2, 앞의 책, 253

손실보상(법 제79조 제2항, 제80조 제2항) 등의 규정이 있다.

(3) 불복방법

■ 위 규정에 따른 손실보상의 재결에 불복이 있는 경우에는 이의신청 또는 행정소송을 제기할 수 있다(법 제83조~제85조). 손실보상을 위한 재결에 관하여 '명문의 규정이 없는 경우'에 발생한 손실에 관하여는 민사소송을 통하여 구제받을 수 있다.

(4) 소멸시효

■ 위와 같은 손실보상은 토지보상법에 규정이 있는 경우에는 <u>손실의 보상은 손실이 있음을 안 날부터 1년이 지났거나 손실이 발생한 날부터 3년이 지난 후에는 청구할 수 없다</u>(법 제9조 제5항, 제12조 제5항, 제23조 제3항, 제24조 제8항, 제38조 제5항, 제42조 제3항,).
■ 다만 잔여지 가격감소 및 공사비 보상(법 제73조 제1·4항), 잔여 건축물의 가격감소 보상(법 제75조의2 제1·3항), 공익사업의 시행으로 인하여 취득하거나 사용하는 토지(잔여지 포함) 외의 토지에 통로·도랑·담장 등의 신설 등으로 인한 공사비 보상(법 제79조 제1항, 제80조 제2항), 공익사업이 시행되는 지역 밖에 있는 토지 등이 공익사업의 시행으로 인하여 본래의 기능을 다할 수 없게 되는 경우의 손실보상(법 제79조 제2항, 제80조 제2항)의 경우에는 손실 또는 비용의 보상은 관계 법률에 따라 사업이 완료된 날 또는 사업 완료의 고시가 있는 날(이하 '사업완료일'이라 함)부터 1년이 지난 후에는 청구할 수 없다(법 제73조 제2항, 75조의2 제4항, 제79조 제5항).
■ 개별법에서 토지보상법을 준용한다는 규정이 없는 경우에는 국가재정법 제96조 또는 지방재정법 제82조의 규정을 준용하여 다른 법률에 특별한 규정이 있는 경우를 제외하고는 5년간 행사하지 아니하면 소멸시효가 완성한다고 봐야 할 것이다.

9. 공용사용의 약식절차

(1) 의의 및 취지

■ 통상의 절차와 달리 천재지변이나 그 밖의 사변(事變)으로 인하여 공공의 안전을 유지하기 위한 공익사업을 긴급히 시행할 필요가 있는 경우가 있다. 이 경우에는 비상적인 사정으로 인하여 통상의 절차를 따를 수 없게 된다. 그래서 인정되는 것이 이른바 약식절차이다. 토지보상법은 천재지변이나 그 밖의 사변과 비상사태의 경우와 공용수용이 아닌 '공용사용에 한'하여 약식절차를 인정하고 있다.

(2) 천재지변이나 그 밖의 사변으로 인한 토지 사용

① 사용 절차
- 천재지변이나 그 밖의 사변으로 인하여 공공의 안전을 유지하기 위한 공익사업을 긴급히 시행할 필요가 있을 때에는 사업시행자는 대통령령으로 정하는 바에 따라 특자도지사, 시군구청장의 허가를 받아 즉시 타인의 토지를 사용할 수 있다. 다만 사업시행자가 국가일 때에는 그 사업을 시행할 관계 중앙행정기관의 장이 특자도지사, 시군구청장에게, 사업시행자가 특별시·광역시 또는 도일 때에는 특·광·도지사가 시군구청장에게 각각 통지하고 사용할 수 있으며, 사업시행자가 특자도, 시군구일 때에는 특자도지사, 시군구청장이 허가나 통지 없이 사용할 수 있다(법 제38조 제1항, 영 제18조). 특자도지사, 시군구청장은 허가를 하거나 통지를 받은 경우 또는 특자도지사, 시군구청장이 제1항 단서에 따라 타인의 토지를 사용하려는 경우에는 대통령령으로 정하는 사항을 즉시 토지소유자 및 토지점유자에게 통지하여야 한다(제2항, 영 제18조 제2항).

② 사용기간과 손실보상
- 토지의 사용기간은 6개월을 넘지 못한다(제3항). 사업시행자는 타인의 토지를 사용함으로써 발생하는 손실을 보상하여야 한다(제4항). 이 경우 법 제9조 제5항부터 제7항까지의 규정을 준용한다(제5항).

(3) 시급을 요하는 토지 사용

① 사용 절차
- 법 제28조에 따른 재결신청을 받은 토수위는 그 재결을 기다려서는 재해를 방지하기 곤란하거나 그 밖에 공공의 이익에 현저한 지장을 줄 우려가 있다고 인정할 때에는 사업시행자의 신청을 받아 대통령령으로 정하는 바에 따라 담보를 제공하게 한 후 즉시 해당 토지의 사용을 허가할 수 있다. 다만 국가나 지방자치단체가 사업시행자인 경우에는 담보를 제공하지 아니할 수 있다(법 제39조 제1항, 영 제19조).

② 사용기간과 손실보상
- 이 경우도 토지의 사용기간은 6개월을 넘지 못한다(법 제39조 제2항). 특자도지사, 시군구청장은 허가를 하거나 통지를 받은 경우 또는 특자도지사, 시군구청장이 제1항 단서에 따라 타인의 토지를 사용하려는 경우에는 대통령령으로 정하는 사항을 즉시 토지소유자 및 토지점유자에게 통지하여야 한다(제2항, 영 제18조 제2항).
- 위 규정에 따라 토지를 사용하는 경우 토지수용위원회의 재결이 있기 전에 토지소유자나 관

계인이 청구할 때에는 사업시행자는 자기가 산정한 보상금을 토지소유자나 관계인에게 지급하여야 한다(법 제41조 제1항). 토지소유자나 관계인은 사업시행자가 토수위의 재결에 따른 보상금의 지급시기까지 보상금을 지급하지 아니하면 법 제39조에 따라 제공된 담보의 전부 또는 일부를 취득한다(제2항).

제2절 수용 또는 사용의 효과

1. 개설

- 공용수용의 효과는 사업시행자는 수용의 시기에 수용목적물에 대한 권리를 원시취득하고, 피수용자가 수용목적물의 인도·이전의무를 이행하지 아니 하는 경우에는 대집행청구권을 가지며, 손실보상의무를 진다. 이에 대하여 피수용자는 수용목적물의 인도·이전의무를 지고 손실보상청구권과 환매권을 가진다.

2. 사업시행자의 권리취득

(1) 수용목적물에 대한 권리의 원시취득

① 권리취득의 시기

- 사업시행자는 "수용의 개시일"에 토지나 물건의 소유권을 취득하며, 그 토지나 물건에 관한 다른 권리는 이와 동시에 소멸한다(법 제45조 제1항). 사업시행자는 "사용의 개시일"에 토지나 물건의 사용권을 취득하며, 그 토지나 물건에 관한 다른 권리는 사용기간 중에는 행사하지 못한다(제2항).
- 그러나 사업시행자가 수용 또는 사용의 개시일까지 관할 토수위가 재결한 보상금을 지급하거나 공탁하지 아니하였을 때에는 해당 토수위의 재결은 효력을 상실하므로(법 제42조 제1항), 이때는 권리를 취득할 수 없음은 당연하다. 협의취득의 경우에는 물권변동에 등기를 요하는 경우 그 '등기일'이 취득의 시기이다.

② 원시취득

- 사업시행자의 수용목적물의 소유권 또는 사용권의 취득은 승계취득이 아니라 "원시취득"이다. 따라서 <u>모든 권리에 대하여 '대물적'으로 발생하기 때문에 그 권리가 사법상의 것이든 공법상의 것이든 묻지 않고 모든 권리는 소멸하고, 그 권리자가 피수용자인가의 여부도 불문하며</u>[152], 수용 대상 부동산에 강제경매 신청이 등재되어 있는 것만 가지고는 부동산에 대한

처분이 제한된 것이 아니므로 사업시행자에게 경매 절차까지 알아보아 경락자를 파악하고 그를 상대로 수용 절차를 밟아야 할 의무가 있다고 보여지지 아니하므로, 그러한 확인 절차를 거치지 아니하였다 하여 사업시행자에게 어떠한 과실이 있다고 할 수 없다. 이 점에서 재결에 의한 수용은 협의 성립의 확인이 없는 협의취득이 승계취득인 것과 다르다.153) 다만 토수위의 재결로 인정된 권리는 소멸되거나 그 행사가 정지되지 아니한다(법 제45조 제3항).

- 또한 "원시취득"이므로 사업시행자는 아무런 부담이나 하자가 없는 완전한 권리를 취득하게 된다. 따라서 민법상의 승계취득에 있어서와 같이 권리의 하자담보책임(민법 제570조~제579조) 또는 물건의 하자담보책임(민법 제580조)도 문제되지 않는다. 같은 관점에서 그 효과는 대인적이 아니라 대물적이다. 즉 토지소유자가 부담하는 토지의 인도의무는 수용목적물에 숨은 하자가 있는 경우에도 하자담보책임이 포함되지 아니하여 토지소유자는 수용시기까지 수용대상 토지를 현존 상태 그대로 사업시행자에게 인도할 의무가 있을 뿐이다. 따라서 제3자가 무단으로 폐기물을 매립하여 놓은 상태의 토지를 수용한 경우, 위 폐기물은 토지의 토사와 물리적으로 분리할 수 없을 정도로 혼합되어 있어 독립된 물건이 아니며 토지수용법 제49조 제1항의 이전료를 지급하고 이전시켜야 되는 물건도 아니어서 토지소유자는 폐기물을 이전할 의무가 없다.154)

③ 등기 없이 물권변동의 효력 발생

- 부동산 물권변동의 효력에 관하여 민법 제186조는 "부동산에 관한 법률행위로 인한 물권의 득실변경은 등기하여야 그 효력이 생긴다(형식주의)"고 규정하고 있고, 제187조는 "상속, 공용징수, 판결, 경매 기타 법률의 규정에 의한 부동산에 관한 물권의 취득은 등기를 요하지 아니한다(형식주의 예외). 그러나 등기를 하지 아니하면 이를 처분하지 못한다"고 규정하고 있다. 공용수용에 의한 물권변동은 형식주의의 예외인 민법 제187조의 기타 법률의 규정에 의한 부동산에 관한 물권의 취득으로써 등기없이도 물권변동의 효력이 발생한다. 다만 다른 사람에게 처분을 하기 위해서는 취득의 등기를 먼저 하여야 하고, 부동산등기법에 의하면 수용등기는 사업시행자가 단독으로 신청할 수 있다(동법 제99조 제1항). 따라서 등기권리자

---

152) 대법원 1993. 11. 12. 선고 93다34756 판결 [소유권이전등기등], 대법원 1998. 4. 10. 선고 98다703 판결 [소유권이전등기], 대법원 2012. 4. 26. 선고 2010다15332 판결 [소유권이전등기등] 징발매수결정을 할 당시 임야대장 또는 등기부상 소유자로 되어 있는 자가 이미 사망하였으나 상속등기가 마쳐져 있지 않아 그 상속사실을 몰랐을 뿐만 아니라, 매수대금을 지급할 수 없는 사정이 있어 이를 등기명의자 앞으로 공탁하였다면, 그 등기명의자를 피징발자로 보고 한 징발매수결정은 그 하자가 중대하고 객관적으로 명백한 경우에 해당하지 아니하여 당연무효라고 할 수 없다.
153) 대법원 1996. 2. 13. 선고 95다3510 판결 [소유권이전등기등말소] 공공사업의 시행자가 토지수용법에 의하여 협의에 의한 취득하는 경우 토지수용법 제25조의2의 규정에 의한 협의 성립의 확인이 없는 이상, 그 취득행위는 어디까지나 사경제 주체로서 행하는 사법상의 취득으로서 승계취득한 것으로 보아야 할 것이고, 재결에 의한 취득과 같이 원시취득한 것으로 볼 수는 없다.
154) 대법원 2001. 1. 16. 선고 98다58511 판결 [손해배상(기)]

는 등기명의인이나 상속인, 그 밖의 포괄승계인을 갈음하여 부동산의 표시 또는 등기명의인의 표시 변경, 경정 또는 상속, 그 밖의 포괄승계로 인한 소유권 이전의 등기를 신청할 수 있다(제2항).

④ 수용재결 후 협의취득 가능 여부
- 수용재결 후에 협의취득이 가능한지가 문제된다. 이에 대하여 명문 규정이 없으나, 대법원은 "토수위의 수용재결이 있은 후라고 하더라도 토지소유자 등과 사업시행자가 다시 협의하여 토지 등의 취득이나 사용 및 그에 대한 보상에 관하여 임의로 계약을 체결할 수 있다"고 본다.155)

⑤ 형식상 명의인을 피수용자로 확정한 재결의 효력
- 등기부상의 형식상 명의인을 일응 진실한 권리자로 보고 수용의 절차를 진행한 경우 그 권리취득이 문제된다. 이에 대하여 대법원은 "사업시행자가 과실 없이 진정한 토지소유자를 알지 못하여 형식상의 권리자인 등기부상 소유명의자를 그 피수용자로 확정하더라도 적법하고, 그 수용의 효과로서 수용목적물의 소유자가 누구임을 막론하고 이미 가졌던 소유권이 소멸함과 동시에 사업시행자는 완전하고 확실하게 그 권리를 원시취득한다", 나아가 "징발매수결정을 할 당시 임야대장 또는 등기부상 소유자로 되어 있는 자가 이미 사망하였으나 상속등기가 마쳐져 있지 않아 그 상속 사실을 몰랐을 뿐만 아니라, 매수대금을 지급할 수 없는 사정이 있어 이를 등기명의자 앞으로 공탁하였다면, 그 등기명의자를 피징발자로 보고 한 징발매수결정은 그 하자가 중대하고 객관적으로 명백한 경우에 해당하지 아니하여 당연무효라고 할 수 없다"라고 한다.156) 또한 "국방부장관의 징발매수결정이 있으면, 국가는 징발보상에 관한 징발보상증권의 교부, 현금지급 또는 공탁이 없는 것을 해제조건으로 하여 등기 없이 징발재산에 대한 소유권을 취득하고, 징발재산 매수결정은 행정처분으로서 하자가 중대하고 외관상 명백하여 당연무효라고 볼 수 없는 한 처분이 취소되지 아니하고는 효력을 다툴 수 없으며, 또한 한국은행이 그 결정에 따라 피징발자 앞으로 또는 피징발자를 알 수 없다고 하여 행한 공탁도 적법하다"라고 한다.157)

---

155) 대법원 2017. 4. 13. 선고 2016두64241 판결 [수용재결무효확인] 그 이유는 토지수용위원회가 수용재결을 하였더라도 사업시행자로서는 수용 또는 사용의 개시일까지 토지수용위원회가 재결한 보상금을 지급 또는 공탁하지 아니함으로써 재결의 효력을 상실시킬 수 있는 점, 토지소유자 등은 수용재결에 대하여 이의를 신청하거나 행정소송을 제기하여 보상금의 적정 여부를 다툴 수 있는데, 그 절차에서 사업시행자와 보상금액에 관하여 임의로 합의할 수 있는 점, 공익사업의 효율적인 수행을 통하여 공공복리를 증진시키고, 재산권을 적정하게 보호하려는 토지보상법의 입법 목적(제1조)에 비추어 보더라도 수용재결이 있은 후에 사법상 계약의 실질을 가지는 협의취득 절차를 금지해야 할 별다른 필요성을 찾기 어려운 점 등을 든다.
156) 다만 사망자를 송달받을 자로 하여 행하여진 수용재결서의 송달은 그 상속인들에 대한 송달로서의 효력을 인정할 수 없으므로 수용재결에 대한 이의신청기간은 사망자에 대한 수용재결서정본 송달일로부터 진행된다고 할 수 없고, 그 상속인들을 송달받을 자로 하여 그들에 대하여 별도의 송달이 있은 날로부터 비로소 진행된다(대법원 1994. 4. 26. 선고 93누13360 판결 [토지수용재결처분취소등]).

- 대법원의 견해에 의하면 수용목적물의 소유자가 누구이냐를 묻지 않고 이미 가지고 있던 전 소유자의 소유권은 소멸함과 동시에 사업시행자는 완전한 소유권을 취득하게 된다. 다만 대법원은 보상금의 불법 공탁과 토지수용의 효력에 관하여 "소유자가 등기부상 주소지에 거주하고 있었음에도 불구하고 그에 대한 수용통지서를 임야대장상의 주소지로 송달하였다가 수취인 불명으로 반송되었다 하여 바로 게시장에 게시·공고만을 행하고 일방적으로 그 보상금을 공탁한 경우에는 적법한 공탁으로서의 효력이 발생하지 아니한다"158)고 하면서, 위 각 토지에 관한 그 진정한 소유자를 알지 못함에 과실이 없어야 한다고 한다.159)

⑥ 지급보상금에 대해 부당이득청구 가능 여부
- 재결에 대하여 불복절차를 취하지 아니함으로써 그 재결에 대하여 더 이상 다툴 수 없게 된 경우, 사업시행자가 이미 보상금을 지급받은 자에 대하여 민사소송으로 부당이득의 반환을 구할 수 있는지 여부에 관하여, 대법원은 "재결에 대하여 불복절차를 취하지 아니함으로써 그 재결에 대하여 더 이상 다툴 수 없게 된 경우에는 사업시행자는 그 재결이 당연무효이거나 취소되지 않는 한, 이미 보상금을 지급받은 자에 대하여 민사소송으로 그 보상금을 부당이득이라 하여 반환을 구할 수 없다"고 한다.160)

⑦ 甲에게 보상금 지급 이후 수용개시일 전에 토지 등 소유자가 선의의 제3자 乙에게 소유권을 이전한 경우, 사업시행자의 수용등기 방법
- 이에 관하여 2004.08.23. 법원행정처 부등3402-419 질의회신 내용은 사업시행자는 乙을 등기의무자로 하여 재결서 등본 및 甲이 보상금을 수령하였음을 증명하는 서면을 첨부하여 단독으로 수용을 원인으로 한 소유권이전등기를 신청할 수 있다고 한다.

⑧ 수용재결이 있은 후에 사업시행자가 변경된 경우, 새로운 사업시행자가 수용을 원인으로 한 소유권이전등기를 신청할 수 있는 여부
- 이에 관하여도 2018.03.27. 부동산등기과-731 질의회답에 의하면 일반적인 첨부정보 외에 재결서 등본, 보상금을 지급하였음을 증명하는 정보 및 사업시행자의 변경을 증명하는 정보를 첨부정보로서 제공하여 수용을 원인으로 한 소유권이전등기를 신청할 수 있다고 한다.

(2) 인도·이전의 대행 청구권 및 행정대집행 신청권

---

157) 대법원 1995. 12. 22. 선고 94다40765 판결 [손해배상(기)], 대법원 1998. 4. 10. 선고 98다703 판결 [소유권이전등기], 대법원 2012. 4. 26. 선고 2010다15332 판결 [소유권이전등기등]
158) 대법원 1999. 7. 9. 선고 98다53233 판결 [소유권이전등기말소], 대법원 1997. 11. 11. 선고 95다28489 판결 [소유권이전등기말소]
159) 대법원 1991. 5. 10. 선고 91다8654 판결 [소유권이전등기말소]
160) 대법원 2001. 4. 27. 선고 2000다50237 판결 [부당이득금반환], 대법원 2001. 1. 16. 선고 98다58511 판결 [손해배상(기)]

- 토지소유자 및 관계인과 그 밖에 토지소유자나 관계인에 포함되지 아니하는 자로서 수용하거나 사용할 토지나 그 토지에 있는 물건에 관한 권리를 가진 자는 수용 또는 사용의 개시일까지 그 토지나 물건을 사업시행자에게 인도하거나 이전하여야 할 의무를 진다(법 제43조). 그러나 피수용자 등이 토지나 물건의 인도·이전 의무를 이행하지 못하는 경우를 대비하여 토지보상법은 법 제44조 '대행청구권'과 법 제89조 '대집행청구권'을 규정하고 있다.
- 즉 토지나 물건을 인도하거나 이전하여야 할 자가 고의나 과실 없이 그 의무를 이행할 수 없을 때, 사업시행자가 과실 없이 토지나 물건을 인도하거나 이전하여야 할 의무가 있는 자를 알 수 없을 때에는 사업시행자는 특자도지사·시군구청장에게 물건의 인도·이전의 대행을 청구할 수 있다(법 제44조 제1항). 행정법상 또는 토지보상법상 행정대집행은 공공단체인 사업시행자는 주체가 될 수 없을 뿐만 아니라 '대체적 작위의무, 즉 타인이 대신하여 행할 수 있는 행위'를 대상으로 한다. 그런데 피수용자 등이 사업시행자에 대하여 부담하는 수용대상 토지의 이전·인도 의무는 대체적 작위의무가 아니다. 다시 말해서 행정상 강제집행의 수단으로는 일반적으로 대집행, 이행강제금(집행벌), 직접강제, 행정상 강제징수 등이 있다. 이 중 일반법이 존재하는 대집행과 강제징수만이 행정대집행법과 국세징수법 및 지방세징수법에 따라서 일반적으로 인정된다. 그 외의 것들은 일반법이 없고 개별 단행법에 규정이 있는 경우에만 인정된다. 대집행은 '대체적 작위의무'에 관하여만 인정된다. 그러나 토지·건물 등의 인도 의무는 의무자가 스스로 이행하지 아니할 경우, 의무의 성질상 실력으로 신체에 의한 점유 등을 풀어 이전하여야 하므로 직접적인 실력행사가 필요한 직접강제에 해당함은 별론으로 하고 대체적 작위의무라고 볼 수 없으므로 특별한 사정이 없는 한 행정대집행법에 의한 대집행의 대상이 될 수 없다. 따라서 행정대집행법에 의한 대집행의 대상이 될 수 없기 때문에 토지보상법은 '대행청구권'을 부여한 것이다.[161]
- 토지·건물 등의 인도·퇴거 의무는 '비대체적 작위의무'이다. 따라서 대법원은 대집행의 대상이 될 수 없고, 존치 물건의 반출은 명도 또는 퇴거 의무의 이행에 수반하는 필수적인 행위이고 그것 자체가 독립하여 의무내용을 이루는 것이 아니므로 건물의 명도 또는 퇴거에 대한 대집행이 허용되지 아니하는 이상 그것만이 독립하여 대집행의 대상이 될 수도 없다.

  또한 토지 및 주거용 비닐하우스 철거, 지장물 철거 및 이전, 도로구역 결정이 고시된 후 공작물을 축조하고 물건을 부가한 것을 시정하는 경우와 같은 비대체적 작위의무에 대하여는 토지보상법에 따라 행정대집행을 신청하여 이 사건 지장물의 철거 및 이전에 대한 대집행을 실시하도록 함으로써 이 사건 토지에 관한 점유를 온전히 취득할 수 있으므로, 위와 같은 행정대집행 절차와 별개로 토지의 인도청구소송과 같은 민사소송을 제기할 수 없다고 하였

---

161) 대법원 1998. 10. 23. 선고 97누157 판결 [시설물철거대집행계고처분취소], 대법원 2005. 8. 19. 선고 2004다2809 판결 [가처분이의], 대법원 2006. 10. 13. 선고 2006두7096 판결 [건물철거대집행계고처분취소].

다.162) 또한 행정대집행의 방법으로 건물의 철거 등 대체적 작위의무의 이행을 실현할 수 있는 경우에도 민사소송의 방법으로 그 의무의 이행을 구할 수 없다고 한다. 또한 건물의 점유자가 철거의무자일 때에는 건물철거 의무에 퇴거 의무도 포함되어 있는 것이어서 별도로 퇴거를 명하는 집행권원이 필요하지 않다. 행정청이 행정대집행의 방법으로 건물철거 의무의 이행을 실현할 수 있는 경우에는 건물철거 대집행 과정에서 부수적으로 건물의 점유자들에 대한 퇴거 조치를 할 수 있고, 점유자들이 적법한 행정대집행을 위력을 행사하여 방해하는 경우 형법상 공무집행방해죄가 성립하므로, 필요한 경우에는 '경찰관 직무집행법'에 근거한 위험 발생 방지조치 또는 형법상 공무집행방해죄의 범행 방지 내지 현행범체포의 차원에서 경찰의 도움을 받을 수도 있다.163)

- 그러나 대법원의 견해는 대체적 작위의무의 불이행에 관하여는 행정대집행이 가능하므로 민사소송을 부인한다고 하더라도 비대체적 작위의무의 불이행에까지 민사소송을 제한할 이유는 없어 보인다. 즉 토지 등 명도단행가처분이나 명도청구의 소와 같은 민사소송을 부정할 이유가 없다고 생각한다.

- 그리고 이 법 또는 이 법에 따른 처분으로 인한 의무를 이행하여야 할 자가 그 정하여진 기간 이내에 의무를 이행하지 아니하거나 완료하기 어려운 경우 또는 그로 하여금 그 의무를 이행하게 하는 것이 현저히 공익을 해친다고 인정되는 사유가 있는 경우에는 사업시행자는 시도지사나 시군구청장에게 행정대집행법에서 정하는 바에 따라 대집행을 신청할 수 있다. 이 경우 신청을 받은 시도지사나 시군구청장은 정당한 사유가 없으면 이에 따라야 한다(법 제89조 제1항). 사업시행자가 국가나 지자체인 경우에는 행정대집행법에서 정하는 바에 따라 직접 대집행을 할 수 있다(법 제89조 제1·2항). 특자도지사·시군구청장은 인도·이전 의무자가 그 비용을 내지 아니할 때에는 지방세징수법상 지방세 체납처분의 예에 따라 강제 징수할 수 있다(법 제90조).

3. 사업시행자의 의무

(1) 손실보상금 지급 또는 공탁 의무

- 공용수용의 대물적 효과는 사업시행자가 보상금을 지급하거나 공탁을 조건으로 수용의 개시일에 발생하기 때문에 사업시행자는 천재지변(법 제38조) 또는 시급한 토지 사용(법 제39조)의 경우를 제외하고 수용 또는 사용의 개시일까지 보상금 지급 또는 공탁 의무를 진다(법

---

162) 대법원 2012. 12. 13. 선고 2012다71978 판결 [토지인도등], 대법원 2000. 5. 12. 선고 99다18909 판결 [토지인도등]
163) 대법원 2017. 4. 28. 선고 2016다213916 판결 [건물퇴거]

제40조). 사업시행자가 수용 또는 사용의 개시일까지 관할 토수위가 재결한 보상금을 지급하거나 공탁하지 아니하였을 때에는 해당 토수위의 재결은 효력을 상실한다(법 제42조 제1항). 재결의 효력이 상실되면 재결의 전제가 된 재결신청도 그 효력을 상실하게 된다. 그 결과 사업인정의 고시가 된 날부터 1년 이내에 재결신청을 하지 아니한 경우에는 사업인정고시가 된 날부터 1년이 되는 날의 다음 날에 사업인정도 그 효력을 상실하게 되어 수용절차는 모두 원점으로 환원된다(법 제23조 제1항).

- 사업시행자는 다음 각 호의 어느 하나에 해당할 때에는 수용 또는 사용의 개시일까지 수용하거나 사용하려는 토지 등의 소재지의 공탁소에 보상금을 공탁(供託)할 수 있다(법 제40조 제2항).

1. 보상금을 받을 자가 그 수령을 거부하거나 보상금을 수령할 수 없을 때
2. 사업시행자의 과실 없이 보상금을 받을 자를 알 수 없을 때
3. 관할 토수위가 재결한 보상금에 대하여 사업시행자가 불복할 때
4. 압류나 가압류에 의하여 보상금의 지급이 금지되었을 때

제1호와 관련하여, 대법원도 보상금을 받을 자가 보상금의 수령을 거절할 것이 명백하다고 인정되는 경우에는 사업시행자는 보상금을 현실 제공하지 아니하고 바로 보상금을 공탁할 수 있다고 한다.[164] 또한 제2호는 민법상의 변제공탁의 사유와 요건이 같다. 대법원은 "우리 공탁제도상 채권자가 특정되거나 적어도 채권자가 상대적으로나마 특정되는 '상대적 불확지의 공탁'만이 허용될 수 있는 것이고 채권자가 누구인지 전혀 알 수 없는 '절대적 불확지의 공탁'은 허용되지 아니하는 것이 원칙이지만, 토지보상법 제40조 제2항 제2호는 토지수용의 주체인 사업시행자가 과실 없이 보상금을 받을 자를 알 수 없을 때에는 '절대적 불확지의 공탁이 허용됨'을 규정하여, 사업시행자는 그 공탁에 의하여 보상금 지급의무를 면하고 그 토지에 대한 소유권을 취득하도록 하고 있는바, 이와 같이 절대적 불확지의 공탁을 예외적으로 허용하는 것은 공익을 위하여 신속한 수용이 불가피함에도 사업시행자가 당시로서는 과실 없이 채권자를 알 수 없다는 부득이한 사정으로 인한 임시적 조치로서 편의상 방편일 뿐이므로, 사업시행자는 공탁으로 수용보상금 지급 의무는 면하게 되지만, 이로써 위에 본 공탁제도상 요구되는 채권자 지정의무를 다하였다거나 그 의무가 면제된 것은 아니다"라고 한다.[165] 나아가 토지보상법 제40조 제2항 제1호의 규정에 따라 사업시행자가 보상금을 공탁한 경우, 정당한 공탁금 수령권자이면서도 공탁공무원으로부터 공탁금의 출급을 거부당한 자가 공탁자인 사업시행자를 상대방으로 하여 그 '공탁금출급권의 확인을 구하는 소송'을 제기할 이익이 있다고 한다.[166]

---

164) 대법원 1998. 10. 20. 선고 98다30537 판결 [소유권이전등기말소]
165) 대법원 1997. 10. 16. 선고 96다11747 전원합의체 판결 [공탁금출급청구권확인]

- 사업인정고시가 된 후 권리의 변동이 있을 때에는 그 권리를 승계한 자가 보상금 또는 공탁금을 받는다(법 제40조 제3항). 보상금 또는 공탁금을 받는 자는 보상금을 받을 권리를 승계한 사실을 증명하는 서류를 사업시행자(공탁된 경우에는 공탁공무원)에게 제출하여야 한다(영 제21조).
- 사업시행자는 법 제40조 제2항 제3호의 경우 보상금을 받을 자에게 자기가 산정한 보상금을 지급하고 그 금액과 토수위가 재결한 보상금과의 차액을 공탁하여야 한다. 이 경우 보상금을 받을 자는 그 불복의 절차가 종결될 때까지 공탁된 보상금을 수령할 수 없다(법 제40조 제4항].
- 한편 사업시행자는 소득세 원천징수 의무가 있다. 따라서 국내원천소득으로서 국내사업장과 실질적으로 관련되지 아니하거나 그 국내사업장에 귀속되지 아니한 소득의 금액(국내사업장이 없는 비거주자에게 지급하는 금액을 포함)을 비거주자에게 지급할 때 그 비거주자의 국내원천소득에 대한 소득세로서 원천 징수하여 그 원천 징수한 날이 속하는 달의 다음 달 10일까지 원천징수 관할 세무서, 한국은행 또는 체신관서에 납부하여야 한다(소득세법 제156조 제1항).

(2) 위험부담의 이전

- 토수위의 재결이 있은 후 수용하거나 사용할 토지나 물건이 토지소유자 또는 관계인의 고의나 과실 없이 멸실되거나 훼손된 경우 그로 인한 손실은 '사업시행자가 부담'한다(법 제46조). 즉 재결 후 위험부담은 원칙적으로 사업시행자가 지게 된다. 따라서 재결 후 목적물이 당사자의 책임 없이 멸실된 경우에도 사업시행자는 이를 이유로 손실보상의 면제나 감액을 주장하지 못하고 목적물의 소유자에게 손실을 전액 보상하여야 한다. 다시 말해서 민법상으로는 계약체결 후 목적물이 멸실 또는 훼손된 경우에는 그 위험부담을 채무자인 매도인이 지는 것이 원칙이다. 그러나 토지보상의 경우에는 민법상의 '매도인(채무자)위험부담의 원칙(민법 제537조)'이 재결 후에는 '매수인(채권자)위험부담'으로 전환(위험부담의 이전)된다. 따라서 사업시행자는 이를 이유로 보상약정을 해제할 수도 없다.[167]

(3) 반환 및 원상회복의 의무

---

166) 대법원 2007. 2. 9. 선고 2006다68650,68667 판결 [소유권확인·공탁물수령권자확인], 대법원 2014. 4. 24. 선고 2012다40592 판결 [공탁금출급청구권확인]
167) 대법원 1977. 12. 27. 선고 76다1472 판결 [입목보상금] 댐 건설로 인한 수몰지역 내의 토지를 매수하고 지상 임목에 대하여 적절한 보상을 하기로 특약하였다면 보상금이 지급되기 전에 그 입목이 홍수로 멸실되었다고 하더라도 매수 또는 보상하기로 한 자는 이행불능을 이유로 위 보상약정을 해제할 수 없다.

- 공용사용의 경우, 사업시행자는 토지나 물건의 사용기간이 끝났을 때나 사업의 폐지·변경 또는 그 밖의 사유로 사용할 필요가 없게 되었을 때에는 지체 없이 그 토지나 물건을 그 토지나 물건의 소유자 또는 그 승계인에게 반환하여야 한다. 토지소유자가 원상회복을 청구하면 미리 그 손실을 보상한 경우를 제외하고는 그 토지를 원상으로 회복하여 반환하여야 한다(법 제48조).

4. 피수용자가 취득하는 권리

(1) 손실보상청구권

- 피수용자의 손실보상청구권은 사업시행자의 손실보상의무와 양 당사자 사이의 대향적으로 바라본 권리와 의무이다. 손실보상청구권은 피수용자에게 제일 중요한 권리이다. 따라서 이와 관련한 손실보상의 내용에 관하여는 뒤에서 다시 자세히 본다.

(2) 공용사용 토지의 매수청구권

- 사업인정고시가 된 후 토지를 사용하는 기간이 3년 이상인 경우, 토지의 사용으로 인하여 토지의 형질이 변경되는 경우, 사용하려는 토지에 그 토지소유자의 건축물이 있는 경우에는 해당 토지소유자는 사업시행자에게 해당 토지의 매수를 청구하거나 관할 토수위에 그 토지의 수용을 청구할 수 있다. 이 경우 관계인은 사업시행자나 관할 토수위에 그 권리의 존속(存續)을 청구할 수 있다(법 제72조).

(3) 잔여지 등의 매수 및 수용 청구권

- 동일한 소유자에게 속하는 일단의 토지의 일부가 협의에 의하여 매수되거나 수용됨으로 인하여 잔여지를 종래의 목적에 사용하는 것이 현저히 곤란할 때에는 해당 토지소유자는 사업시행자에게 잔여지 매수를 청구할 수 있으며, 사업인정 이후에는 관할 토수위에 수용을 청구할 수 있다. 이 경우 수용의 청구는 매수에 관한 협의가 성립되지 아니한 경우에만 할 수 있으며, 사업완료일까지 하여야 한다(법 제74조 제1항). 사업인정고시가 된 후 사업시행자가 잔여지를 매수하는 경우 그 잔여지에 대하여는 사업인정 및 사업인정고시가 된 것으로 본다(제3항).
- 토지소유자가 사업시행자 또는 관할 토수위에 잔여지를 매수하거나 수용하여 줄 것을 청구할 수 있는 경우는 잔여지가 다음 각 호의 어느 하나에 해당하는 경우와 같다(영 제39조 제1항).

1. 대지로서 면적이 너무 작거나 부정형(不定形) 등의 사유로 건축물을 건축할 수 없거나 건축물의 건축이 현저히 곤란한 경우
2. 농지로서 농기계의 진입과 회전이 곤란할 정도로 폭이 좁고 길게 남거나 부정형 등의 사유로 영농이 현저히 곤란한 경우
3. 공익사업의 시행으로 교통이 두절되어 사용이나 경작이 불가능하게 된 경우
4. 제1호부터 제3호까지에서 규정한 사항과 유사한 정도로 잔여지를 종래의 목적대로 사용하는 것이 현저히 곤란하다고 인정되는 경우

- 잔여지가 위 제1항 각 호의 어느 하나에 해당하는지를 판단할 때에는 잔여지의 위치·형상·이용상황 및 용도지역, 공익사업 편입토지의 면적 및 잔여지의 면적을 종합적으로 고려하여야 한다(영 제39조 제2항).
- 매수 또는 수용의 청구가 있는 잔여지 및 잔여지에 있는 물건에 관하여 권리를 가진 자는 사업시행자나 관할 토수위에 그 권리의 존속을 청구할 수 있고(법 제74조 제2항), 잔여지 및 잔여지에 있는 물건에 대한 구체적인 보상액 산정 및 평가방법 등에 대하여는 제70조(취득하는 토지의 보상), 제75조(건축물등 물건에 대한 보상), 제76조(권리의 보상), 제77조(영업의 손실 등에 대한 보상), 제78조제4항(이주대책의 내용), 같은 조 제6항 및 제7항을 준용한다(법 제74조 제4항).

(4) 잔여 건축물의 매수 및 수용 청구권

- 동일한 소유자에게 속하는 일단의 건축물의 일부가 협의에 의하여 매수되거나 수용됨으로 인하여 잔여 건축물을 종래의 목적에 사용하는 것이 현저히 곤란할 때에는 그 건축물소유자는 사업시행자에게 잔여 건축물을 매수하여 줄 것을 청구할 수 있으며, 사업인정 이후에는 관할 토수위에 수용을 청구할 수 있다. 이 경우 수용 청구는 매수에 관한 협의가 성립되지 아니한 경우에만 하되, 사업완료일까지 하여야 한다(법 제75조의2 제2항).
- 사업인정고시가 된 후 사업시행자가 잔여지를 매수하는 경우 그 잔여지에 대하여는 사업인정 및 사업인정고시가 된 것으로 본다(법 제75조의2 제4항, 법 제73조 제3항).

(5) 환매권

- 공익사업의 폐지·변경 또는 그 밖의 사유로 취득한 토지의 전부 또는 일부가 필요 없게 된 경우 토지의 협의취득일 또는 수용의 개시일(이하 이 조에서 "취득일"이라 한다) 당시의 토지소유자 또는 그 포괄승계인(이하 "환매권자"라 한다)은 다음 각 호의 구분에 따른 날부터 10년 이내에 그 토지에 대하여 받은 보상금에 상당하는 금액을 사업시행자에게 지급하고 그 토지를 환매할 수 있다(법 제91조 제1항).[168]

1. 사업의 폐지·변경으로 취득한 토지의 전부 또는 일부가 필요 없게 된 경우:
   관계 법률에 따라 사업이 폐지·변경된 날 또는 제24조에 따른 사업의 폐지·변경 고시가 있는 날
2. 그 밖의 사유로 취득한 토지의 전부 또는 일부가 필요 없게 된 경우: 사업완료일

- 취득일부터 5년 이내에 취득한 토지의 전부를 해당 사업에 이용하지 아니하였을 때에도 위와 같다. 이 경우 환매권은 취득일부터 6년 이내에 행사하여야 한다(제2항).
- 제74조(잔여지 등의 매수 및 수용 청구)에 따라 매수하거나 수용한 잔여지는 그 잔여지에 접한 일단의 토지가 필요 없게 된 경우가 아니면 환매할 수 없다(제3항).
- 토지의 가격이 취득일 당시에 비하여 현저히 변동된 경우 사업시행자와 환매권자는 환매금액에 대하여 서로 협의하되, 협의가 성립되지 아니하면 그 금액의 증감을 법원에 청구할 수 있다(제4항).
- 환매권은 부동산등기법에서 정하는 바에 따라 공익사업에 필요한 토지의 협의취득 또는 수용의 등기가 되었을 때에는 제3자에게 대항할 수 있다(제5항).
- 국가, 지방자치단체 또는 공공기관운영법에 따른 공공기관 중 대통령령으로 정하는 공공기관이 사업인정을 받아 공익사업에 필요한 토지를 협의취득하거나 수용한 후 해당 공익사업이 다른 공익사업(별표에 따른 사업이 제4조제1호부터 제5호까지에 규정된 공익사업에 해당하는 경우를 포함)으로 변경된 경우 환매권 행사기간은 관보에 해당 공익사업의 변경을 고시한 날부터 기산한다. 이 경우 국가, 지방자치단체 또는 공공기관 중 대통령령으로 정하는 공공기관은 공익사업이 변경된 사실을 환매권자에게 통지하여야 한다(제6항).

5. 피수용자의 목적물의 인도·이전 의무

(1) 목적물의 인도·이전 의무

- 토지소유자 및 관계인과 그 밖에 토지소유자나 관계인에 포함되지 아니하는 자로서 수용하거나 사용할 토지나 그 토지에 있는 물건에 관한 권리를 가진 자는 수용 또는 사용의 개시일까지 그 토지나 물건을 사업시행자에게 인도하거나 이전하여야 한다(법 제43조). 여기서 사업시행자의 토지소유권 취득은 원시취득으로서 민법상 권리 및 하자담보책임이 적용되지 않으며, 따라서 소유자는 수용시기까지 현존 상태 그대로의 토지를 이전할 의무가 있을 뿐임[169]은 이미 위에서 보았다.
- 토지나 물건을 인도하거나 이전하여야 할 자가 고의나 과실 없이 그 의무를 이행할 수 없을

---

168) 2021. 8. 10. 법률 제18386호에 의하여 2020. 11. 26. 헌법재판소에서 헌법불합치 결정된 이 조 제1항을 개정함.
169) 대법원 2001. 1. 16. 선고 98다58511 판결 [손해배상(기)]

때, 사업시행자가 과실 없이 토지나 물건을 인도하거나 이전하여야 할 의무가 있는 자를 알수 없을 때에는 사업시행자는 특자도지사·시군구청장에게 의무자의 비용부담으로 토지나 물건의 인도 또는 이전 대행을 청구할 수 있음도 이미 보았다(법 제44조).

- 여기서 이전은 물건이 있는 장소를 다른 장소로 옮기는 것이고, 인도는 물건을 소지하고 있는 사람의 점유를 풀고 다른 사람에게 옮기는 것을 말한다. 인도·이전 의무는 원활한 공익사업의 수행을 위하여 토지소유자와 관계인은 물론 그 밖에 토지소유자나 관계인에 포함되지 아니하는 자로서 수용하거나 사용할 토지나 그 토지에 있는 물건에 관한 권리를 가진 제3자에게도 부여된 것이다.

(2) 부당이득금반환 의무

- 한편 대법원은 "타인 소유의 토지 위에 권한 없이 건물이나 공작물 등을 소유하고 있는 자는 그 자체로서 특별한 사정이 없는 한 법률상 원인 없이 타인의 재산으로 토지의 차임에 상당하는 이익을 얻고 이로 인하여 타인에게 동액 상당의 손해를 주고 있다고 보아야 할 것이다"라고 하여 부당이득금반환을 광범위하게 인정하고 있다. 이 부당이득금반환 의무는 사업시행자와 피수용자 상호 간에 모두 인정될 수 있다. 예컨대 甲 지방공사가 토지보상법에 따라 토지를 협의 취득한 후에도 乙이 그 지상에 설치했거나 보관하던 창고 등 지장물을 이전하지 않자, 甲 공사가 乙을 상대로 토지 인도 시까지의 차임 상당 부당이득반환을 구한 사안에서, 乙은 지장물이 철거·이전되어 토지가 인도된 시점까지 토지의 점유·사용에 따른 차임 상당의 부당이득반환 의무가 있다.[170]

- 그러나 피수용자에게도 헌법상 재산권 보호·재판을 받을 권리·정당한 보상을 받을 권리가 있다. 따라서 사업시행자가 공익사업을 이유로 강제적으로 수용재결로 소유권을 취득하였다고 하더라도, 피수용자는 정당한 보상을 받을 권리가 있으므로 수용재결에 대하여 소송을 통한 재판을 받을 권리가 실현될 때까지 또는 사업시행자가 구체적으로 사업시행에 착수할 때까지는 형평의 원칙상 적어도 피수용자에게 부당이득금반환이 인정되어서는 아니될 것이다. 특히 실무적으로 주거 이전비, 영농보상비, 영업보상 등이 지급되지 않은 상태에서 수용재결과 공탁을 이유로 피수용자에게 부당이득반환을 넓게 인정하는 것은 문제가 있다. 같은 법리에서 대법원이 "사업시행자가 보상금 지급이나 토지소유자 및 관계인의 승낙 없이 공익사업을 위한 공사에 착수하여 영농을 계속할 수 없게 한 경우, 2년분의 영농손실보상금 지급과 별도로 공사의 사전 착공으로 토지소유자나 관계인이 영농을 할 수 없게 된 때부터 수용

---

[170] 대법원 2012. 12. 13. 선고 2012다71978 판결 [토지인도등], 대법원 1995. 9. 15. 선고 94다61144 판결, 대법원 1998. 5. 8. 선고 98다2389 판결, 대법원 2007. 8. 23. 선고 2007다21856, 21863 판결 등 참조

개시일까지 입은 손해를 배상할 책임이 있다"171)고 한 판결과도 일맥상통하게 된다.

(3) 수용지의 지하에 폐기물이 매립되어 있는 경우
■ 이에 관하여는 항을 바꾸어서 본다.

6. 수용지의 지하에 폐기물이 매립되어 있는 경우

(1) 서설
■ 사업시행지의 지하에 폐기물이 매립되어 있는 경우가 실무상 종종 있는데, 이 경우 공익사업상 협의취득이냐 재결취득이냐에 따라서 공사법상의 법률효과와 그 대응 방법이 달라진다. 이에 관하여 간략히 본다.

(2) 협의취득의 경우
① 하자담보책임
■ 협의취득은 그 법적 성질이 민법상의 '매매'이다. 따라서 이 경우에는 민법에 따라서 목적물의 하자담보책임을 추궁할 수 있다(민법 제580조~제581조). 이에는 매수인이 그 사실을 안 날로부터 6개월 내에 권리를 행사해야 하는 제척기간이 있다(민법 제582조).
② 채무불이행책임 또는 불법행위책임
■ 하자담보책임을 물을 수 없는 경우에는, 폐기물이 매립되어 있는 경우는 채권법상 불완전이행에 해당하므로 '채무불이행책임'을 물을 수도 있고172), 요건의 충족 여부에 따라서는 불법행위책임을 물을 수도 있다.173)
③ 토양환경보전법상의 책임
■ 토양환경보전법은 토양오염으로 인하여 피해가 발생한 경우, 그 오염을 발생시킨 자는 그 피해를 배상하고 오염된 토양을 정화하는 등의 조치를 하여야 한다. 다만 토양오염이 천재지변이나 전쟁, 그 밖의 불가항력으로 인하여 발생하였을 때에는 그러하지 아니하다. 토양오염을 발생시킨 자가 둘 이상인 경우에 어느 자에 의하여 피해가 발생한 것인지를 알 수 없을 때에는 각자가 연대하여 배상하고 오염된 토양을 정화하는 등의 조치를 하여야 한다(동법

---

171) 대법원 2013. 11. 14. 선고 2011다27103 판결 [손해배상등], 대법원 2021. 11. 11. 선고 2018다204022 판결 [손해배상(기)]
172) 대법원 2015. 6. 24. 선고 2013다522 판결 [구상금등] 〈하자담보책임 및 불완전이행 사건〉
173) 대법원 2016. 5. 19. 선고 2009다66549 전원합의체 판결 [손해배상(기)] 〈자기 소유 토지에 토양오염을 유발하고 폐기물을 매립한 자의 불법행위책임에 관한 사건〉

제10조의3).

- 다음 각 호[174]의 어느 하나에 해당하는 자는 정화책임자로서 토양정밀조사, 오염토양의 정화 또는 오염토양 개선사업의 실시(이하 '토양정화 등'이라 함)를 하여야 한다(동법 제10조의4 제1항). 시도지사 또는 시군구청장은 토양정화 등을 명하여야 하며, 토양정화 등의 명령을 받은 정화책임자가 자신의 비용으로 토양정화 등을 한 경우에는 다른 정화책임자의 부담부분에 관하여 '구상권'을 행사할 수 있다(같은 조 제3·4항).

④ 환경정책기본법상의 무과실책임

- 자기의 행위 또는 사업 활동으로 환경오염 또는 환경훼손의 원인을 발생시킨 자는 그 오염·훼손을 방지하고 오염·훼손된 환경을 회복·복원할 책임을 지며, 환경오염 또는 환경훼손으로 인한 피해의 구제에 드는 비용을 부담함을 원칙으로 한다(원인자 책임의 원칙). 환경오염 또는 환경훼손으로 피해가 발생한 경우에는 해당 환경오염 또는 환경훼손의 원인자는 환경오염 피해에 대하여 무과실의 배상책임을 진다. 환경오염 또는 환경훼손의 원인자가 둘 이상인 경우에 어느 원인자에 의하여 피해가 발생한 것인지를 알 수 없을 때에는 각 원인자가 연대하여 배상한다(환경정책기본법 제44조).

⑤ 폐기물관리법상 폐기물처리에 대한 조치명령 등

- 환경부장관, 시·도지사 또는 시군구청장은 부적정처리폐기물(제13조에 따른 폐기물의 처리기준과 방법 또는 제13조의2에 따른 폐기물의 재활용 원칙 및 준수사항에 맞지 아니하게 처리되거나 제8조제1항 또는 제2항을 위반하여 버려지거나 매립되는 폐기물을 말한다)이 발생하면 다음 각 호[175]의 어느 하나에 해당하는 자(이하 "조치명령대상자"라 한다)에게 기간을 정하여 폐기물의 처리 방법 변경, 폐기물의 처리 또는 반입 정지 등 필요한 조치를 명할 수 있다(폐기물관리법 제48조).

(3) 재결 취득의 경우

- 사업시행자가 수용재결에 의하여 목적물을 취득한 경우에는 그 법적 효과가 '원시취득'이다. 따라서 사법상 계약에 따른 권리행사를 할 수 없다. 또한 수용재결이 있은 후에 수용대상 토지에 숨은 하자가 발견되는 때에는 불복기간이 경과 되지 아니한 경우라면 공평의 견지에서 사업시행자는 그 하자를 이유로 재결에 대한 이의를 거쳐 손실보상금의 감액을 내세워

---

[174]
1. 토양오염물질의 누출·유출·투기(投棄)·방치 또는 그 밖의 행위로 토양오염을 발생시킨 자
2. 토양오염의 발생 당시 토양오염의 원인이 된 토양오염관리대상시설의 소유자·점유자 또는 운영자
3. 합병·상속이나 그 밖의 사유로 제1호 및 제2호에 해당되는 자의 권리·의무를 포괄적으로 승계한 자
4. 토양오염이 발생한 토지를 소유하고 있었거나 현재 소유 또는 점유하고 있는 자

[175]

행정소송을 제기할 수 있다고 보는 것이 상당하다. 그러나 이러한 불복절차를 취하지 않음으로써 그 재결에 대하여 더 이상 다툴 수 없게 된 경우에는 사업시행자는 민사소송으로 토지소유자에게 부당이득의 반환을 구할 수는 없다.176)

- 위와 같이 실무상 매우 난감한 일이 발생할 수 있다. 여기서 위에서 본 토양환경보전법상의 토양정화 등의 조치에 따른 구상권을 행사할 수도 있을 것으로 보이기도 한다. 그러나 수용재결에 의한 취득이 강제로 취득한 이상 구상권 행사는 할 수 없다고 보는 설이 있다.177) 결론적으로 사업시행자는 표본조사를 실시하는 등 폐기물 매립과 관련하여 업무상 고도의 주의의무를 기울일 수밖에 없다. 폐기물이 매립된 토지와 토양오염물질에 오염된 토지의 평가 방법은 토지보상지침 제34조의2,3을 참고하기 바란다.

7. 보상금의 지급 또는 공탁이 없는 경우의 효과

(1) 재결의 실효

- 사업시행자가 수용 또는 사용의 개시일까지 관할 토수위가 재결한 보상금을 지급하거나 공탁하지 않은 때에는 해당 토수위의 재결은 효력을 상실한다(법 제42조 제1항). 따라서 사업인정 고시일로부터 1년이 경과하지 아니한 경우에는 다시 재결신청을 할 수 있으나, 1년이 경과한 경우에는 사업인정의 효력까지도 상실(법 제23조 참조)된다. 결국 다시 사업인정을 받지 않는 한 재결신청을 할 수 없다.

(2) 손실보상

- 사업시행자는 재결의 효력이 상실됨으로 인하여 토지소유자 또는 관계인이 입은 손실을 보상하여야 한다(법 제42조 제2항). 재결의 효력이 상실되면 재결신청 역시 그 효력을 상실하게 되는 것이므로, 그로 인하여 사업인정의 고시가 있은 날로부터 1년 이내에 재결신청을 하지 않는 것으로 되었다면, 사업인정도 역시 효력을 상실하여 결국 그 수용절차 일체가 백지상태로 돌아간다. 따라서 사업시행자는 다시 토지수용위원회에 재결을 신청하여야 한다. 그 신청은 재결 실효 전에 토지소유자 등이 이미 재결신청 청구를 한 바가 있을 때에는 재결 실효일로부터 60일 내에 하여야 하고, 그 기간을 넘겨서 재결신청을 하면 지연된 기간에 대하여도 소송촉진법 제3조에 따른 '지연가산금'을 지급하여야 한다.178)

---

176) 대법원 2001. 4. 27. 선고 2000다50237 판결 [부당이득금반환], 대법원 2001. 1. 16. 선고 98다58511 판결 [손해배상(기)]
177) 김은유 외2, 앞의 책, 309
178) 대법원 2017. 4. 7. 선고 2016두63361 판결 [수용보상금증액등], 헌법재판소 2020. 9. 24. 선고 2018헌바239

8. 담보물권과 보상금의 관계(물상대위)

(1) 의의

- 물상대위(物上代位)란 저당권·질권 등의 담보물권의 목적물이 멸실·훼손·공용징수로 인하여 소멸된 경우에도 보상금 등 그 목적물에 갈음하는(목적물의 가치를 대신하는) 것이 있으면 그 위에 담보물권의 효력이 미치는 것을 말한다(민법 제342조, 제370조 참조).
- 민법은 물론 토지보상법도 담보물권의 목적물이 수용되거나 사용된 경우, 그 담보물권은 그 목적물의 수용 또는 사용으로 인하여 채무자[179]가 받을 보상금에 대하여 행사할 수 있다. 다만 그 보상금이 채무자에게 지급되기 전에 압류하여야 한다(법 제47조)라고 규정하여, 손실보상금에 관한 물상대위성을 명문으로 인정하고 있다.

(2) 토지보상법상 물상대위가 인정되는 권리

- 민법상 담보물권에는 유치권, 질권, 저당권이 있으나, 질권은 동산에 관하여 저당권은 부동산에 관하여 각각 인정되고 물상대위성도 인정된다. 그러나 유치권은 담보물권으로서 경매신청권은 있지만 민법상으로는 우선변제권이 없고, 점유를 본질로 하는 권리이기 때문에 점유를 상실하면 권리 자체가 상실되므로 물상대위를 인정할 여지가 없다. 결국 토지보상법상 물상대위가 문제되는 권리는 "질권과 저당권"이다. 토지는 부동산으로서 질권설정을 할 수 없으니 물상대위성이 문제되는 것은 주로 저당권이 중심이 될 수밖에 없다.
- 용익물권인 전세권에도 물상대위가 인정되느냐에 관하여 의견대립이 있는 것 같다. 전세권의 본질은 형식상 용익물권이지만 전세권의 우선변제권을 근거로 학설과 판례[180]는 대체로 담보물권으로서의 성질도 가진다고 본다. 다만 용익물권성과 담보물권성의 관계에 관하여 대등한 지위를 가진다는 견해와 전세권의 주된 성격을 용익물권으로 이해하여야 한다는 견해가 갈라져 있다.[181] 한편 전세권이 담보물권이 아님은 명백하다고 하면서 법문상 물상대위는 담보물권에 한한다는 견해가 있다.[182]

전원재판부[헌공제288호, 1261]
179) 수용목적물에 관하여는 채무자이지만 보상금에 관하여는 채권자이다. 이하 같다.
180) 대법원 1995. 2. 10. 선고 94다18508 판결 [전세권설정등기말소등기], 대법원 2005. 3. 25. 선고 2003다35659 판결 [사해행위취소], 대법원 2009. 1. 30. 선고 2008다67217 판결 [배당이의], 대법원 2015. 11. 17. 선고 2014다10694 판결 [전세권설정등기말소등기절차이행등], 대법원 2018. 1. 25.자 2017마1093 결정 [법원사무관등의처분에대한이의]
181) 지원림, 민법강의(제9판), 홍문사, 710; 판례는 후자의 견해인 것 같다(대법원 2005. 3. 25. 선고 2003다35659 판결 [사해행위취소]).

- 생각건대 민법(제303조 제1항)·주택 및 상가임대차보호법(주임법 제3조의2 제2항 및 상임법 제5조 제2항)·민사집행법(제91조 제4항) 등 사법 체계 전체를 통하여 실질적 관점에서 담보물권의 성질을 통하여 볼 때, 전세권은 용익물권이지만 담보물권으로서의 성질도 가지고 있으며 우선변제권도 가지고 있음은 부인할 수 없다. 따라서 토지수용으로 목적물에 설정된 전세권이 소멸하면 본래의 용익물권적 권능은 소멸하고 담보물권적 권능만 남게 된다. 그런데 이러한 전세권에 대해서도 그 피담보채권인 전세금반환채권의 반환이 인정되어야 하므로, 토지수용에 따른 전세금반환채권보상금에 대한 물상대위성이 인정되어야 할 것이다.

(3) 인정요건 및 행사 방법

- 물상대위가 인정되기 위해서는 '보상금'이 지급되기 전에 압류를 하여야 한다(법 제47조 단서). 보상금이 공탁된 경우에는 '공탁금출급청구권'을 압류하여야 한다. 따라서 대법원은 "토지의 저당권자가 어떠한 경위로든 보상금이 토지소유자에게 지급되거나 공탁금이 토지소유자에 의하여 출급되어 일반재산에 혼입되기 전에 물상대위권을 행사할 수 있는 충분한 시간적 간격을 두고 토지가 수용된 사실을 알게 되었음에도 불구하고 물상대위권을 행사하여 토지소유자의 '보상금이나 공탁금출급청구권'을 압류하지 않음으로써 우선변제를 받을 수 없게 된 경우에는 저당권자가 보상금으로부터 우선변제를 받지 못한 것이 사업시행자가 협의나 통지를 하지 아니한 데에 원인이 있는 것이라고 할 수 없다"고 한다.[183]
- 압류는 통상 담보권자가 직접 실행한다. 그러나 저당목적물의 변형물인 금전 기타 물건에 대하여 '이미 제3자가 압류하여 그 금전 또는 물건이 특정된 이상' 저당권자가 스스로 이를 압류하지 않고서도 물상대위권을 행사하여 일반 채권자보다 우선변제를 받을 수 있다. 민법 제370조, 제342조 단서가 저당권자는 물상대위권을 행사하기 위하여 저당권설정자가 받을 금전 기타 물건의 지급 또는 인도 전에 압류하여야 한다고 규정한 것은 물상대위의 목적인 채권의 특정성을 유지하여 그 효력을 보전함과 동시에 제3자에게 불측의 손해를 입히지 않으려는 데 있을 뿐이기 때문이다.[184]
- 물상대위권의 행사 방법으로는 민사집행법 제273조에 의하여 담보권의 존재를 증명하는 서류를 집행법원에 제출하여 '채권압류 및 전부명령을 신청'하거나 민사집행법 제247조 제1항에 의하여 '배당요구'를 하는 것이므로, 이러한 물상대위권의 행사에 나아가지 아니한 채 단지 수용대상 토지에 담보물권의 등기가 된 것만으로는 그 보상금으로부터 우선변제를 받을 수 없다.[185)186]

---

182) 김은유 외2, 앞의 책, 300
183) 대법원 2017. 12. 28. 선고 2017다270565 판결 [추심금]
184) 대법원 1998. 9. 22. 선고 98다12812 판결 [손해배상(기)]

(4) 체납처분 및 가압류의 효력과 물상대위

- 국가와 지자체는 국세와 지방세에 관하여 납부 의무자가 세금을 납부하지 않을 경우에는 납세자의 부동산에 체납처분으로써 압류를 할 수 있다(국세징수법 제31조, 지방세징수법 제33조). 압류를 한 경우 체납자는 압류한 재산에 관하여 양도, 제한물권의 설정, 채권의 영수, 그 밖의 처분을 할 수 없다(국세징수법 제43조, 지방세징수법 제57조). 그런데 예컨대 수용 전 토지에 대하여 체납처분청이 체납처분의 압류를 한 후에 토지수용이 이루어진 경우, 체납처분청이 물상대위의 법리에 의하여 다시 수용보상금에 대하여 체납처분에 의한 압류를 하였다면 물상대위의 효력이 발생하여 토지보상금에 대하여 압류의 효력이 미치는지가 문제된다. 결론부터 말하면 체납처분은 담보물권이 아닐 뿐 아니라 사업시행자의 공용수용으로 인한 토지취득의 효력은 원시취득이므로 수용보상금에 대하여 체납처분에 의한 압류를 하였다 하더라도 물상대위의 효력이 발생하지 않기 때문이다.

- 이에 관한 대법원의 견해도 같다. 즉, "사업시행자는 토지를 수용한 날에 그 소유권을 취득하며 그 토지에 관한 다른 권리는 소멸하는 것인바, 수용되는 토지에 대하여 체납처분에 의한 압류가 집행되어 있어도 토지수용으로 사업시행자가 그 소유권을 원시취득함으로써 그 압류의 효력은 소멸되는 것이고, 토지에 대한 압류가 그 수용보상금청구권에 당연히 전이되어 그 효력이 미치게 된다고는 볼 수 없다고 할 것이므로, 수용 전 토지에 대하여 체납처분으로 압류를 한 체납처분청이 다시 수용보상금에 대하여 체납처분에 의한 압류를 하였다고 하여 물상대위의 법리에 의하여 수용 전 토지에 대한 체납처분에 의한 우선권이 수용보상금채권에 대한 배당절차에서 종전 순위대로 유지된다고 볼 수도 없다"고 한다.

- 위와 같은 법리는 수용 전 토지에 대한 가압류채권자가 다시 수용보상금에 대하여 가압류를 하였다하더라도 마찬가지이다. 즉, "토지수용의 경우 사업시행자는 수용의 개시일에 토지의 소유권을 취득하고 그 토지에 관한 다른 권리는 소멸하는 것인바, 수용되는 토지에 대하여 가압류가 집행되어 있더라도 토지수용으로 사업시행자가 그 소유권을 원시취득하게 됨에 따라 그 토지 가압류의 효력은 '절대적으로 소멸'하는 것이고, 이 경우 법률에 특별한 규정이 없는 이상 토지에 대한 가압류가 그 수용보상금채권에 당연히 전이되어 효력이 미치게 된다거나 수용보상금채권에 대하여도 토지 가압류의 처분금지적 효력이 미친다고 볼 수는 없으며, 또 가압류는 담보물권과는 달리 목적물의 교환가치를 지배하는 권리가 아니고, 담보물권의 경우에 인정되는 물상대위의 법리가 여기에 적용된다고 볼 수도 없다.[187] 그러므로 토지

---

185) 대법원 2003. 7. 11. 선고 2001다83777 판결 [배당이의]
186) 대법원 1998. 9. 22. 선고 98다12812 판결 [손해배상(기)], 대법원 2010. 10. 28. 선고 2010다46756 판결 [부당이득금반환]

에 대하여 가압류가 집행된 후에 제3자가 그 토지의 소유권을 취득함으로써 가압류의 처분금지 효력을 받고 있던 중 그 토지가 공익사업법에 따라 수용됨으로 인하여 기존 가압류의 효력이 소멸되는 한편 제3취득자인 토지소유자는 위 가압류의 부담에서 벗어나 토지수용보상금을 온전히 지급받게 되었다고 하더라도, 이는 공익사업법에 따른 '토지수용의 효과일 뿐'이지 이를 두고 법률상 원인 없는 부당이득이라고 할 것은 아니다".[188] 또한 <u>수용 전 토지에 대한 가압류 채권자(원고)가 다시 수용보상금채권에 대하여 가압류를 하였다고 하더라도, 토지의 소유권이 소외인에게 이전등기 된 후에 수용 전 토지에 대하여 가압류 이후 근저당권을 취득하였다가 위 수용보상금채권에 대하여 물상대위에 따른 압류를 한 자에 대하여는, 수용 전 토지에 관하여 주장할 수 있었던 사유를 수용보상금채권에 대한 배당절차에서까지 주장할 수는 없다고 한다.</u>[189] 토지수용으로 사업시행자는 소유권을 원시취득하고 부동산 가압류

---

187) 대법원 2000. 7. 4. 선고 98다62961 판결, 대법원 2003. 7. 11. 선고 2001다83777 판결, 대법원 2004. 4. 16. 선고 2003다64206 판결 등 참조
188) 대법원 2009. 9. 10. 선고 2006다61536,61543 판결 [부당이득금반환·손해배상(기)]
189) 대법원 2004. 4. 16. 선고 2003다64206 판결 [배당이의]
이 사건의 원심은 제1심판결을 인용하여, 주식회사 화정건설의 소유이던 이 사건 토지에 대하여 원고의 1994. 11. 24.자 가압류가 집행된 후 그 토지의 소유권이 1995. 5. 6. 소외인에게 이전등기되고, 이에 터잡아 1996. 8. 7. 피고의 근저당권설정등기가 마쳐지고 나서, 1998. 9. 29. 위 토지가 소외 의정부시에 수용되면서 수용보상금청구권으로 변환되어 원고의 위 부동산 가압류 등 그 토지에 대한 다른 권리는 모두 소멸하였다는 취지의 판시와 같은 사실을 인정한 다음【법집행순위를 사실관계 순위에 따라서 나열하면, ①(주)화정건설 소유 - ②원고 가압류 집행 - ③소외인 소유권 이전 - ④피고 근저당권설정등기 - ⑤의정부시 토지수용 - ⑥원고 수용보상금채권에 대한 가압류 - ⑦피고 수용보상금채권에 대하여 물상대위권 행사 순이다】, 위와 같은 사정 아래에서 토지가 수용되는 경우에도 '제3취득자인 소외인은 여전히 토지 가압류채권자인 원고에 대하여는' 그 소유권 취득의 효과를 주장할 수 없어 완전한 소유권자라고 할 수 없고, 따라서 수용 당시의 토지소유자도 가압류의 처분금지적 효력이 미치는 범위 내에서는 소외인이 아니라 가압류채무자인 위 회사라고 할 것이므로, 수용보상금청구권 역시 가압류의 처분금지적 효력이 미치는 범위 내에서는 가압류채무자인 위 회사에게 귀속되어 가압류채무자의 책임재산으로서 가압류에 기한 강제집행의 대상이 되고, 따라서 소외인에 대한 채권자인 피고는 이 부분의 배당에는 참가할 수 없다고 하면서, 이 사건 수용보상금청구권 중 가압류의 처분금지적 효력이 미치는 범위인 가압류 결정 당시 청구금액의 한도 내에서는 가압류채권자인 원고에게 우선배당되어야 하고, 나머지가 있을 경우에만 제3취득자에 대한 근저당권자인 피고에게 배당되어야 할 것이라는 취지로 판단하여, 원고의 청구를 대부분 받아들였다.
그러나 대법원은 원심과는 달리, "사업시행자는 토지수용일에 그 소유권을 취득하고 그 토지에 관한 다른 권리는 소멸하는 것인바, 수용되는 토지에 대하여 가압류가 집행되어 있더라도 토지수용으로 사업시행자가 그 소유권을 '원시취득'하게 됨에 따라 그 토지 가압류의 효력은 소멸하는 것이고, 이 경우에 그 토지 가압류가 수용보상금채권에 당연히 전이되어 그 효력이 미치게 된다고는 할 수 없다(대법원 2000. 7. 4. 선고 98다62961 판결 참조). 그러므로 수용 전 토지에 대한 가압류채권자가 다시 수용보상금채권에 대하여 가압류를 하였다고 하더라도, 수용 전 토지에 대하여 위 토지 가압류 이후 저당권을 취득하였다가 위 수용보상금채권에 대하여 물상대위에 따른 압류를 한 자에 대하여는, 수용 전 토지에 관하여 주장할 수 있었던 사유를 수용보상금채권에 대한 배당절차에서까지 주장할 수는 없다고 보아야 한다(조세체납압류에 관한 대법원 2003. 7. 11. 선고 2001다83777 판결 참조). 원심이 인정한 사실관계에 비추어 보면, 이 사건 토지의 수용으로 사업시행자가 그 소유권을 원시취득함으로써 당초의 부동산 가압류의 효력은 절대적으로 소멸되는 것이지, 법률에 특별한 규정이 없는 한, 이 사건의 토지 가압류가 그 수용보상금채권에 당연히 전이되어 그 효력이 미치게 된다거나, 수용보상금채권에 대하여도 토지 가압류의 처분금지적 효력이 여전히 미친다고 볼 법률상 근거가 없으므로, 새로이 위 수용보상금채권에 대한 가압류를 한 원고가, 위 근저당권에 터잡아 위 수용보상금채권에 대하여 물상대위권을 행사한 피고보다 우선하여 위 수용보상금을 배당받을 수는 없다"고 한다. 【평석】 한기춘, 토지수용보상금에 대한 물상대위자와 토지의 선가압류권자간의 우선순위, 부산지방변

의 효력은 절대적으로 소멸되기 때문이다.

호사회, 2005, 부산법조22호 10-16; 권영문, 토지수용에 있어 기존 가압류에 기한 처분금지적 효력과 물상대위의 가부, 부산판례연구회, 2005, 판례연구 16집 713-752; 정준영, 토지수용보상금에 대한 물상대위법리의 전면적 재검토, 박영사, 2005, 민사판례연구 27권 84-111

제5장

토지수용위원회

1. 의의 및 성격

(1) 의의

- 토지등의 수용과 사용에 관한 재결을 하기 위하여 국토교통부에 중앙토수위를 두고, 특별시·광역시·도·특별자치도(이하 "시·도"라 한다)에 지방토수위를 둔다(법 제49조).

(2) 성격

- 토지수용위원회는 사업시행자와 토지소유자 또는 관계인과의 사이에서 수용이나 손실보상에 관한 다툼을 전제로 공정하고 중립적인 입장에서 그에 대한 이해관계를 조정하고 판단하는 준사법적인 권한을 갖는 '합의제 행정관청'이다. 직무상은 '독립적이고 준사법적 기능'을 가진다.

2. 조직, 구성 등

(1) 조직과 구성

① 중앙토지수용위원회

- 중앙토지수용위원회(이하 '중앙토수위'라고 줄여 쓴다)는 위원장 1명을 포함한 20명 이내의 위원으로 구성하며, 위원 중 대통령령으로 정하는 수의 위원은 상임(常任)으로 한다(법 제52조 제1항). 중앙토수위의 상임위원은 판사·검사 또는 변호사로 15년 이상 재직하였던 사람, 대학에서 법률학 또는 행정학을 가르치는 부교수 이상으로 5년 이상 재직하였던 사람, 행정기관의 3급 공무원 또는 고위공무원단에 속하는 일반직공무원으로 2년 이상 재직하였던 사

람 중에서 국토교통부 장관의 제청으로 대통령이 임명한다(제2항). 비상임위원은 토지 수용에 관한 학식과 경험이 풍부한 사람 중에서 국토교통부 장관이 위촉한다(제5항).
- 중앙토수위의 위원장은 국토교통부 장관이 되며, 위원장이 부득이한 사유로 직무를 수행할 수 없을 때에는 위원장이 지명하는 위원이 그 직무를 대행한다(제2항). 위원장은 위원회를 대표하며, 위원회의 업무를 총괄한다(제3항). 중앙토수위의 사무를 처리하기 위하여 사무기구를 둔다(제8항). 상임위원의 계급 등과 사무기구의 조직에 관한 사항은 대통령령으로 정한다(제9항).

② 지방토수위
- 지방토지수용위원회(이하 '지방토수위'라고 줄여 쓴다)는 위원장 1명을 포함한 20명 이내의 위원으로 구성한다(법 제53조 제1항). 지방토수위의 위원장은 시·도지사가 되며, 위원장이 부득이한 사유로 직무를 수행할 수 없을 때에는 위원장이 지명하는 위원이 그 직무를 대행한다(제2항). 위원은 시·도지사가 소속 공무원 중에서 임명하는 사람 1명을 포함하여 토지 수용에 관한 학식과 경험이 풍부한 사람 중에서 위촉한다(제3항).
- 위원장은 위원회를 대표하며, 위원회의 업무를 총괄한다(제6항).

(2) 위원의 임기, 결격사유
① 임기
- 토지수용위원회의 상임위원 및 위촉위원의 임기는 각각 3년으로 하며, 연임할 수 있다(법 제55조).

② 결격사유
- 다음 각 호의 어느 하나에 해당하는 사람은 토지수용위원회의 위원이 될 수 없다(법 제54조 제1항). 위원이 제1항 각 호의 어느 하나에 해당하게 되면 당연히 퇴직한다(제2항).

---
1. 피성년후견인, 피한정후견인 또는 파산선고를 받고 복권되지 아니한 사람
2. 금고 이상의 실형을 선고받고 그 집행이 끝나거나(집행이 끝난 것으로 보는 경우를 포함한다) 집행이 면제된 날부터 2년이 지나지 아니한 사람
3. 금고 이상의 형의 집행유예를 선고받고 그 유예기간 중에 있는 사람
4. 벌금형을 선고받고 2년이 지나지 아니한 사람
---

③ 위원의 제척·기피·회피
- 토수위의 위원으로서 다음 각 호의 어느 하나에 해당하는 사람은 그 토수위의 회의에 참석할 수 없다(법 제57조 제1항).

1. 사업시행자, 토지소유자 또는 관계인
2. 사업시행자, 토지소유자 또는 관계인의 배우자·친족 또는 대리인
3. 사업시행자, 토지소유자 및 관계인이 법인인 경우에는 법인의 임원 또는 그 직무를 수행하는 사람

- 사업시행자, 토지소유자 및 관계인은 위원에게 공정한 심리·의결을 기대하기 어려운 사정이 있는 경우에는 그 사유를 적어 '기피(忌避) 신청'을 할 수 있다. 이 경우 토수위의 위원장은 기피 신청에 대하여 위원회의 의결을 거치지 아니하고 기피 여부를 결정한다(제2항).
- 위원이 제1항 또는 제2항의 사유에 해당할 때에는 스스로 그 사건의 심리·의결에서 회피할 수 있다(제3항). 사건의 심리·의결에 관한 사무에 관여하는 위원 아닌 직원에 대하여는 제1항부터 제3항까지의 규정을 준용한다(제4항). 제척은 위원이 위 사유에 해당하면 당연히 참석할 수 없는 경우이고, 기피는 위 사유에 해당하는 경우에 토지수용 관계 당사자의 신청에 의하여 심리·의결에서 물러나는 것이고, 회피는 위 사유에 해당하는 경우 위원이 심리·의결에서 스스로 물러나는 것이다. 즉 위원이 위 사유에 해당하면 '당연 제척', '기피 신청', '스스로 회피'가 되는 것이다.

④ 벌칙 적용에서 공무원 의제
- 토수위의 위원 중 공무원이 아닌 사람은 「형법」이나 그 밖의 법률에 따른 벌칙을 적용할 때에는 공무원으로 본다(법 제57조의2).

⑤ 신분 보장과 급여
- 위촉위원은 해당 토수위의 의결로 신체상 또는 정신상의 장해로 그 직무를 수행할 수 없을 때, 직무상의 의무를 위반하였을 때에 해당하는 사유가 있다고 인정된 경우를 제외하고는 재임 중 그 의사에 반하여 해임되지 아니한다.

3. 토지수용위원회의 권한과 운영

(1) 권한

① 재결권

- 토수위의 재결사항은 다음 각 호와 같다(법 제50조 제1항). 토수위는 사업시행자, 토지소유자 또는 관계인이 신청한 범위에서 재결하여야 한다. 다만 제1항 제2호의 손실보상의 경우에는 증액재결(增額裁決)을 할 수 있다(제2항).

1. 수용하거나 사용할 토지의 구역 및 사용방법
2. 손실보상
3. 수용 또는 사용의 개시일과 기간
4. 그 밖에 이 법 및 다른 법률에서 규정한 사항

② 심리·조사상의 권한
- 토수위는 심리에 필요하다고 인정할 때에는 다음 각 호의 행위를 할 수 있다(법 제58조 제1항). 제1항 제3호에 따라 위원 또는 직원이 실지조사를 하는 경우에는 제13조(증표 등의 휴대)를 준용한다(제2항). 토수위는 제1항에 따른 참고인 또는 감정평가법인등이나 그 밖의 감정인에게는 국토교통부령으로 정하는 바에 따라 사업시행자의 부담으로 일당, 여비 및 감정수수료를 지급할 수 있다(제3항, 규칙 제13조). 출석 또는 자료제출 등의 요구는 영 제4조 제1항 및 제2항에 따른 송달의 방법으로 하여야 한다. 「우편법 시행규칙」 제25조 제1항 제6호의 규정에 의한 특별송달의 방법에 의하여 이를 할 수 있다(영 제23조 규칙 제3조). 영 제24조에 운영 및 심의 방법에 관하여 규정하고 있다.

1. 사업시행자, 토지소유자, 관계인 또는 참고인에게 토지수용위원회에 출석하여 진술하게 하거나 그 의견서 또는 자료의 제출을 요구하는 것
2. 감정평가법인등이나 그 밖의 감정인에게 감정평가를 의뢰하거나 토지수용위원회에 출석하여 진술하게 하는 것
3. 토지수용위원회의 위원 또는 제52조제8항에 따른 사무기구의 직원이나 지방토지수용위원회의 업무를 담당하는 직원으로 하여금 실지조사를 하게 하는 것

③ 공익사업 신설 등에 대한 개선요구권 등
- 중앙토수위는 제4조 제8호에 따른 사업의 신설, 변경 및 폐지, 그 밖에 필요한 사항에 관하여 심의를 거쳐 관계 중앙행정기관의 장에게 개선을 요구하거나 의견을 제출할 수 있다(법 제4조의3 제1항). 개선요구나 의견제출을 받은 관계 중앙행정기관의 장은 정당한 사유가 없으면 이를 반영하여야 한다(제2항). 중앙토수위는 개선요구·의견제출을 위하여 필요한 경우 관계 기관 소속 직원 또는 관계 전문기관이나 전문가로 하여금 위원회에 출석하여 그 의견을 진술하게 하거나 필요한 자료를 제출하게 할 수 있다(제3항).

(2) 회의 및 의사
- 중앙토수위의 회의는 위원장이 소집하며, 위원장 및 상임위원 1명과 위원장이 회의마다 지정하는 위원 7명으로 구성한다. 다만 위원장이 필요하다고 인정하는 경우에는 위원장 및 상임위원을 포함하여 10명 이상 20명 이내로 구성할 수 있다(법 제52조 제6항). 회의는 구성원

과반수의 출석과 출석위원 과반수의 찬성으로 의결한다(제7항).
- 지방토수위의 회의는 위원장이 소집하며, 위원장과 위원장이 회의마다 지정하는 위원 8명으로 구성한다. 다만 위원장이 필요하다고 인정하는 경우에는 위원장을 포함하여 10명 이상 20명 이내로 구성할 수 있다(제4항). 회의는 제4항에 따른 구성원 과반수의 출석과 출석위원 과반수의 찬성으로 의결한다(제5항).

(3) 소위원회의 구성
- 토지수용위원회는 그 재결이 있기 전에는 그 위원 3명으로 구성되는 소위원회로 하여금 사업시행자, 토지소유자 및 관계인에게 화해를 권고하게 할 수 있다. 이 경우 소위원회는 위원장이 지명하거나 위원회에서 선임한 위원으로 구성하며, 소위원회의 위원 중에는 중앙토수위에는 국토교통부, 지방토지수용위원회에는 특별시·광역시·도 또는 특별자치도(이하 "시·도"라 한다) 소속 공무원인 위원이 1명씩 포함되어야 한다(법 제33조 제1항, 영 제16조).

4. 토지수용위원회의 관할

- 중앙토수위는 국가 또는 시·도가 사업시행자인 사업, 수용하거나 사용할 토지가 둘 이상의 시·도에 걸쳐 있는 사업의 재결에 관한 사항을 관장한다(법 제51조 제1항).
- 지방토수위는 제1항 각 호 외의 사업의 재결에 관한 사항을 관장한다(제2항).

제6장

손실보상과 평가

제1절 손실보상의 원칙

1. 사업시행자 보상의 원칙

(1) 규정 내용

- 공익사업에 필요한 토지 등의 취득 또는 사용으로 인하여 토지소유자나 관계인이 입은 손실은 사업시행자가 보상하여야 한다(법 제61조). '사업시행자 수용권설'의 입장을 입법화한 것으로 볼 수 있다.

(2) 유의사항

- 보상업무를 지자체 등 제3자에게 위탁한 경우라도 보상책임은 최종적으로 사업시행자에게 있다. 미지급용지는 종전 사업시행자가 보상을 하면 새로운 사업시행자는 또다시 종전 사업시행자에게 보상하여야 하므로 중복 보상과 보상 절차의 중복을 방지하기 위하여 새로운 사업시행자가 보상한다.[190]

2. 사전 보상의 원칙

(1) 규정 내용

- 사업시행자는 해당 공익사업을 위한 공사에 착수하기 이전에 토지소유자와 관계인에게 보상액 전액을 지급하여야 한다(법 제62조 본문, 시행규칙 제63조 공익사업시행지구 밖의 어업

---

190) [2010. 09. 16. 토지정책과-4606]

의 피해에 대한 보상). 토지보상법은 사업시행자가 수용의 시기까지 보상금을 지급하거나 공탁하지 아니하면 재결의 효력을 상실하도록 함으로써 철저하게 사전 보상을 원칙으로 하고 있다. 대법원의 판결도 같다. "사업시행자가 토지소유자 및 관계인에게 보상금을 지급하지 아니하고 그 승낙도 받지 아니한 채 미리 공사에 착수하여(이른바 기공승낙) 영농을 계속할 수 없게 하였다면 이는 공익사업법상 사전 보상의 원칙을 위반한 것으로서 위법하다 할 것이므로, 이 경우 사업시행자는 2년분의 영농손실보상금을 지급하는 것과 별도로, 공사의 사전 착공으로 인하여 토지소유자나 관계인이 영농을 할 수 없게 된 때부터 수용개시일까지 입은 손해에 대하여 이를 배상할 책임이 있다"고 한다.[191]

(2) 유의사항

- 다만 제38조에 따른 천재지변 시의 토지 사용과 제39조에 따른 시급한 토지 사용의 경우 또는 토지소유자 및 관계인의 승낙이 있는 경우에는 그러하지 아니하다(법 제62조 단서). 단서에서 "토지소유자 및 관계인의 승낙이 있는 경우에는 그러하지 아니하다"라는 규정을 이용하여 실무상 기공승낙(사전 보상 없이 미리 공익사업에 착수한 것)에 의한 공사를 착공하는 경우가 있으나 이는 위법이다. 따라서 이로 인하여 손해가 발생하였다면 사업시행자는 손해배상책임을 져야 한다. 대법원의 견해도 같다.[192]

3. 현금 보상의 원칙

(1) 현금 보상(원칙)

- 손실보상은 다른 법률에 특별한 규정이 있는 경우를 제외하고는 현금으로 지급하여야 한다(법 제63조 제1항). 그러나 위치와 상황에 따라서는 종종 현금보다는 생활 재건을 위한 현물보상이 피수용자에게 도움이 될 수 있다. 따라서 토지보상법은 2005년, 2007년 각 '채권보상과 대토보상'으로 현물보상을 도입하여 시행하고 있다.

(2) 대토보상(예외1)

① 대토보상의 요건

- 토지소유자가 원하는 경우, 사업시행자가 해당 공익사업의 합리적인 토지이용계획과 사업계

---

191) 대법원 2013. 11. 14. 선고 2011다27103 판결 [손해배상등], 대법원 2021. 11. 11. 선고 2018다204022 판결 [손해배상(기)]
192) 대법원 2013. 11. 14. 선고 2011다27103, 대법원 2021. 11. 11. 선고 2018다204022 판결 [손해배상(기)]

획 등을 고려하여 토지로 보상이 가능한 경우에는, 토지소유자가 받을 보상금 중 현금 또는 채권으로 보상받는 금액을 제외한 부분에 대하여 그 공익사업의 시행으로 조성한 토지로 보상할 수 있다(법 제63조 제1항 단서).
- 한편 실무적으로 대토보상은 문제점이 있다. 일반적으로 대토보상은 대토의 토지가격 산정이 매우 중요하다. 왜냐하면 대토의 가격을 너무 높게 책정하면 현금 보상에 비하여 피수용자가 손실을 보게 된다. 그리고 사업시행자는 대토 가격 산정에 관한 정보를 공개하지 않고 일방적으로 공급가격을 산정하므로 더욱 문제점이 크다. 이 점은 대토보상에서 토지소유자의 정당한 보상을 받을 권리를 실질적으로 침해하는 것이 된다. 따라서 토지소유자가 공급가격산정에 참여할 수 있는 방안으로 감정평가사를 추천하도록 하는 것이 바람직하다는 견해도 있다.[193] 경청할 만한 주장이다.

② 대토보상의 기준과 절차
- 토지로 보상받을 수 있는 자: 토지의 보유기간 등 공익사업을 위한 관계 법령에 따른 고시 등이 있은 날의 1년 전부터 계약체결일 또는 수용재결일까지 계속하여 토지를 소유한 자로서 건축법 제57조 제1항에 따른 대지의 분할 제한 면적 이상의 토지를 사업시행자에게 양도한 자(공익사업을 위한 관계 법령에 따른 고시 등이 있은 날 당시 다음 각 목의 어느 하나에 해당하는 기관에 종사하는 자 및 종사하였던 날부터 10년이 경과하지 아니한 자는 제외)가 된다.

가. 국토교통부
나. 사업시행자
다. 법 제21조 제2항에 따라 협의하거나 의견을 들어야 하는 공익사업의 허가·인가·승인 등을 하는 기관
라. 공익사업을 위한 관계 법령에 따른 고시 등이 있기 전에 관계 법령에 따라 실시한 협의, 의견청취 등의 대상인 중앙행정기관, 지방자치단체, 「공공기관의 운영에 관한 법률」 제4조에 따른 공공기관 및 「지방공기업법」에 따른 지방공기업

이 경우 대상자가 경합할 때에는 부재부동산 소유자가 아닌 자 중 해당 공익사업지구 내 거주하는 자로서 토지 보유기간이 오래된 자 순으로 토지로 보상하며, 그 밖의 우선순위 및 대상자 결정방법 등은 사업시행자가 정하여 공고한다.
- 보상하는 토지가격의 산정 기준금액: 다른 법률에 특별한 규정이 있는 경우를 제외하고는 일반 분양가격으로 한다.
- 보상기준 등의 공고: 보상계획을 공고할 때에 토지로 보상하는 기준을 포함하여 공고하거나 토지로 보상하는 기준을 따로 일간신문에 공고할 것이라는 내용을 포함하여 공고한다.

③ 대토보상의 면적

---
193) 김은유 외2, 앞의 책, 341쪽 참조.

- 토지소유자에게 토지로 보상하는 면적은 사업시행자가 그 공익사업의 토지이용계획과 사업계획 등을 고려하여 정하되, 보상면적은 주택용지는 990㎡, 상업용지는 1,100㎡를 초과할 수 없다(법 제63조 제2항).

④ 대토보상 토지의 권리 제한(전매금지)

- 토지로 보상받기로 결정된 권리(현금으로 보상받을 권리 포함)는 그 보상계약의 체결일부터 소유권이전등기를 마칠 때까지 전매(매매, 증여, 그 밖에 권리의 변동을 수반하는 모든 행위를 포함하되, 상속 및 부동산투자회사법에 따른 개발전문 부동산투자회사에 현물출자를 하는 경우는 제외)할 수 없으며, 이를 위반하거나 해당 공익사업과 관련하여 다음 각 호의 어느 하나에 해당하는 경우에 사업시행자는 토지로 보상하기로 한 보상금을 현금으로 보상하여야 한다. 이 경우 현금보상액에 대한 이자율은 제9항 제1호 가목에 따른 이자율의 2분의 1로 한다.

  1. 제93조, 제96조 및 제97조제2호의 어느 하나에 해당하는 위반행위를 한 경우
  2. 「농지법」 제57조부터 제61조까지의 어느 하나에 해당하는 위반행위를 한 경우
  3. 「산지관리법」 제53조, 제54조제1호·제2호·제3호의2·제4호부터 제8호까지 및 제55조제1호·제2호·제4호부터 제10호까지의 어느 하나에 해당하는 위반행위를 한 경우
  4. 「공공주택 특별법」 제57조제1항 및 제58조제1항제1호의 어느 하나에 해당하는 위반행위를 한 경우
  5. 「한국토지주택공사법」 제28조의 위반행위를 한 경우

⑤ 현금 보상으로의 전환

- 토지소유자가 토지로 보상받기로 한 경우 그 보상계약 체결일부터 1년이 지나면 이를 현금으로 전환하여 보상하여 줄 것을 요청할 수 있다(법 제63조 제4항). 사업시행자는 해당 사업계획의 변경으로 보상하기로 한 토지의 전부 또는 일부를 토지로 보상할 수 없는 경우에는 현금으로 보상할 수 있다(법 제63조 제5항). 사업시행자는 토지소유자가 다음 각 호의 어느 하나에 해당하여 토지로 보상받기로 한 보상금에 대하여 현금 보상을 요청한 경우에는 현금으로 보상하여야 한다(법 제63조 제6항). 제4항~제6항의 경우 현금보상액에 대한 이자율은 3년 만기 정기예금 이자율(채권발행일 전달의 이자율로서, 은행법에 따라 설립된 은행 중 전국을 영업구역으로 하는 은행이 적용하는 이자율을 평균한 이자율로 한다)로 한다.

  1. 국세 및 지방세의 체납처분 또는 강제집행을 받는 경우
  2. 세대원 전원이 해외로 이주하거나 2년 이상 해외에 체류하려는 경우
  3. 그 밖에 토지소유자의 채무변제를 위하여 현금보상이 부득이한 경우, 그 밖에 부상이나 질병의 치료 등을 위하여 현금보상이 부득이하다고 명백히 인정되는 경우

(3) 채권보상(예외2)

① 채권보상이 임의적인 경우
- 사업시행자가 국가, 지방자치단체, 그 밖에 대통령령으로 정하는 공공기관 및 공공단체인 경우[194]로서, 토지소유자나 관계인이 원하는 경우, 사업인정을 받은 사업의 경우에는 대통령령으로 정하는 부재부동산 소유자의 토지[195]에 대한 보상금이 1억원을 초과하는 경우로서 그 초과하는 금액에 대하여 보상하는 경우에는 해당 사업시행자가 발행하는 채권으로 지급할 수 있다(법 제63조 제7항, 영 제25조 제26조).
- 사업시행자는 부재부동산 소유자가 사업시행자에게 토지를 양도함으로써 또는 토지가 수용

---

[194] 대통령령으로 정하는 공공기관 및 공공단체란 한국토지주택공사, 한국전력공사, 한국농어촌공사, 한국수자원공사, 한국도로공사, 한국관광공사, 한국전기통신공사, 한국가스공사, 국가철도공단, 인천국제공항공사, 한국환경공단, 지방공사, 항만공사, 한국철도공사, 한국산업단지공단을 말한다(영 제25조).

[195] 영 제26조(부재부동산 소유자의 토지)
① 법 제63조제7항제2호에 따른 부재부동산 소유자의 토지는 사업인정고시일 1년 전부터 다음 각 호의 어느 하나의 지역에 계속하여 주민등록을 하지 아니한 사람이 소유하는 토지로 한다.
  1. 해당 토지의 소재지와 동일한 시(행정시 포함)·구(자치구를 말한다)·읍·면(도농복합형태인 시의 읍·면을 포함)
  2. 제1호의 지역과 연접한 시·구·읍·면
  3. 제1호 및 제2호 외의 지역으로서 "해당 토지의 경계로부터 직선거리로 30km 이내"의 지역
② 제1항 각 호의 어느 하나의 지역에 주민등록을 하였으나 해당 지역에 사실상 거주하고 있지 아니한 사람이 소유하는 토지는 제1항에 따른 부재부동산 소유자의 토지로 본다.
다만 다음 각 호의 어느 하나에 해당하는 사유로 거주하고 있지 아니한 경우에는 그러하지 아니하다.
  1. 질병으로 인한 요양
  2. 징집으로 인한 입영
  3. 공무
  4. 취학
  5. 그 밖에 제1호부터 제4호까지에 준하는 부득이한 사유
③ 제1항에도 불구하고 다음 각 호의 어느 하나에 해당하는 토지는 부재부동산 소유자의 토지로 보지 아니한다.
  1. 상속에 의하여 취득한 경우로서 상속받은 날부터 1년이 지나지 아니한 토지
  2. 사업인정고시일 1년 전부터 계속하여 제1항 각 호의 어느 하나의 지역에 사실상 거주하고 있음을 국토교통부령으로 정하는 바에 따라 증명하는 사람이 소유하는 토지
    1. 주민등록법에 따라 해당 지역의 주민등록에 관한 사무를 관장하는 특자도지사·시군구청장 또는 그 권한을 위임받은 읍면동장 또는 출장소장의 확인을 받아 입증하는 방법
    2. 다음의 어느 하나에 해당하는 자료로 입증하는 방법
      가. 공공요금영수증
      나. 국민연금보험료, 건강보험료 또는 고용보험료 납입증명서
      다. 전화사용료, 케이블텔레비전 수신료 또는 인터넷 사용료 납부확인서
      라. 신용카드 대중교통 이용명세서
      마. 자녀의 재학증명서
      바. 연말정산 등 납세 자료
      사. 그 밖에 실제 거주사실을 증명하는 객관적 자료
  3. 사업인정고시일 1년 전부터 계속하여 제1항 각 호의 어느 하나의 지역에서 사실상 영업하고 있음을 부가가치세법 시행령 제11조에 따른 사업자등록증 및 관계 법령에 따라 허가·면허·신고 등을 필요로 하는 경우에는 허가등을 받았음을 입증하는 서류, 해당 영업에 따른 납세증명서 또는 공공요금영수증 등 객관성이 있는 자료에 따라 증명하는 사람이 해당 영업을 하기 위하여 소유하는 토지

됨으로써 발생하는 소득에 대하여 납부하여야 하는 양도소득세(양도소득세에 부가하여 납부하여야 하는 주민세와 양도소득세를 감면받는 경우 납부하여야 하는 농어촌특별세를 포함) 상당 금액을 세무사의 확인을 받아 현금으로 지급하여 줄 것을 요청할 때에는 양도소득세 상당 금액을 제1항의 금액에 더하여 현금으로 지급하여야 한다(영 제27조 제2항).

② 채권보상이 필수적인 경우
- 토지투기가 우려되는 지역으로서 '토지거래계약 허가구역'이 속한 시군구, 연접한 시군구 지역에서 택지개발사업, 산업단지개발사업, 물류단지개발사업, 관광단지조성사업, 도시개발사업, 공공주택사업, 행정중심복합도시 건설사업의 시행자 중 한국토지주택공사, 한국관광공사, 한국산업단지공단, 지방공사는 부재부동산 소유자의 토지에 대한 보상금 중 1억원을 초과하는 부분에 대하여는 해당 사업시행자가 발행하는 채권으로 지급하여야 한다(법 제63조 제8항, 영 제27조의2).

[**채권보상의 요건 요약**]

구분	임의적 채권보상	필수적 채권보상
채권 대상 금액	1억 초과 금액(세금은 1억 초과해도 현금지급)	좌동
채권 지급 대상	1. 토지소유자나 관계인이 원하는 경우 2. 부재 부동산 소유자의 토지 ① 사업인정고시일 1년 전부터 해당 토지의 소재지와 동일한 시·구·읍·면, 연접한 시·구·읍·면, 해당 토지의 경계로부터 직선거리로 30㎞ 이내의 지역에 계속하여 주민등록을 하지 아니한 사람이 소유하는 토지 ② 위 지역에서 주민등록을 하였으나 해당 지역에 사실상 거주하고 있지 아니한 사람이 소유하는 토지 ③ 위 지역에서 영업을 하지 아니하는 사람이 소유하는 토지	1. 토지투기가 우려되는 지역 2. 부재 부동산 소유자의 토지 (①~③ 조건 동일)
채권 지급 주체	국가, 지방자치단체, 한국토지주택공사, 한국전력공사, 한국농어촌공사, 한국수자원공사, 한국도로공사, 한국관광공사, 한국전기통신공사, 한국가스공사, 국가철도공단, 인천국제공항공사, 한국환경공단, 지방공사, 항만공사, 한국철도공사, 한국산업단지공단	한국토지주택공사, 한국관광공사, 한국산업단지공단, 지방공사
대상 사업	제한 없음	택지개발사업, 산업단지개발사업, 물류단지개발사업, 관광단지조성사업, 도시개발사업, 공공주택사업, 행정중심복합도시건설사업
지역 요건	제한 없음	토지거래계약에 관한 허가구역이 속한 시군구, 연접한 시군구 지역

③ 채권의 상환기간과 이자율
- 채권으로 지급하는 경우 채권의 상환 기한은 5년을 넘지 아니하는 범위에서 정하여야 하며, 그 이자율은 다음 각 호와 같다(법 제63조 제9항). [196]
- 보상채권은 무기명증권(無記名證券)으로 발행한다. 보상채권은 액면금액으로 발행하되, 최소 액면금액은 10만원으로 하며, 보상금 중 10만원 미만인 끝수의 금액은 사업시행자가 보상금을 지급할 때 현금으로 지급한다. 보상채권의 발행일은 보상채권지급결정통지서를 발급한 날이 속하는 달의 말일로 한다. 보상채권은 멸실 또는 도난 등의 사유로 분실한 경우에도 재발행하지 아니한다(영 제31조). 보상채권의 기재사항, 상환, 취급기관, 사무취급절차, 채권교부대장의 비치·송부 등에 관하여는 영 제30조 및 제32조~제36조에 규정하고 있다.

4. 개인별 보상의 원칙

(1) 규정 내용
- 손실보상은 토지소유자나 관계인에게 개인별로 하여야 한다. 다만 개인별로 보상액을 산정할 수 없을 때에는 그러하지 아니하다(법 제64조).

(2) 유의사항
- 소유권 외의 권리에 대하여는 소유자에게 소유권 외의 권리를 말소하게 한 후 보상금을 지급한다. 또한 행정소송의 대상이 된 물건 중 일부 항목에 관한 보상액이 과소하고 다른 항목의 보상액은 과다한 경우, 보상은 수용의 대상이 되는 물건별로 하는 것이 아니라 피보상자의 개인별로 행하여지는 것이므로 그 항목 상호 간의 유용을 허용하여 과다 부분과 과소 부분을 합산하여 보상금의 합계액을 결정하여야 한다.[197]

---

[196]
1. 부재 부동산 소유자에게 채권으로 지급하는 경우
 가. 상환 기한이 3년 이하인 채권: 3년 만기 정기예금 이자율(채권발행일 전달의 이자율로서, 은행법에 따라 설립된 은행 중 전국을 영업구역으로 하는 은행이 적용하는 이자율을 평균한 이자율로 한다)
 나. 상환 기한이 3년 초과 5년 이하인 채권: 5년 만기 국고채 금리(채권발행일 전달의 국고채 평균 유통금리로 한다)
2. 부재 부동산 소유자가 아닌 자가 원하여 채권으로 지급하는 경우
 가. 상환 기한이 3년 이하인 채권: 3년 만기 국고채 금리(채권발행일 전달의 국고채 평균 유통금리로 한다)로 하되, 제1호 가목에 따른 3년 만기 정기예금 이자율이 3년 만기 국고채 금리보다 높은 경우에는 3년 만기 정기예금 이자율을 적용한다.
 나. 상환 기한이 3년 초과 5년 이하인 채권: 5년 만기 국고채 금리(채권발행일 전달의 국고채 평균 유통금리로 한다)

[197] 대법원 2014. 11. 13. 선고 2014두1451 [손실보상금], 대법원 1998. 1. 20. 선고 96누12597 판결 [토지수용이의재결

5. 일괄 보상의 원칙

(1) 규정 내용

- 사업시행자는 '동일한 사업지역'에 보상 시기를 달리하는 '동일인 소유'의 토지 등이 여러 개 있는 경우, 토지소유자나 관계인이 요구할 때에는 한꺼번에 보상금을 지급하도록 하여야 한다(법 제65조). 토지 등에는 건물과 기타 권리도 포함된다.

(2) 유의사항

- 이 원칙은 사업인정을 받은 동일한 공익사업시행지구 내에서 적용된다. 또한 동일인 소유 토지 전체가 도시계획시설로 결정되었으나, 일부에 대하여만 실시계획인가를 받은 경우 잔여 토지에 대해서는 일괄보상할 수 없다는 유권해석이 있다.[198]
- 하급심 판례 중에는 "사업지역 중 일부에 대하여만 먼저 보상절차를 진행하는 것도 토지보상법 제65조에 적법한 정당한 보상절차가 진행됨으로써 토지소유자들의 권익이 보장된다"고 한 판결이 있다.[199] 일괄 보상은 재산권을 박탈당하거나 주거 또는 영업권 등 생활 터전을 잃은 불안정한 지위에 처한 피수용자에게 재산권 취득과 새로운 생활기반을 조성하도록 하는데 그 취지가 있다. 이러한 입법 취지에 미루어 볼 때 위 하급심 판결은 문제가 있다. 또한 실무상으로도 사업시행자는 '지장물 보상과 토지 보상'을 따로 하는 경우가 있는데, 이는 지장물 보상을 먼저 할 경우 피수용자가 생활의 불편으로 인하여 하루 빨리 이사를 할 수 밖에 없으므로, 현실적인 상황을 악용하여 피수용자를 압박하고 일괄 보상을 회피하는 것이라고 하지 않을 수 없다.

6. 시가 보상의 원칙(협의 또는 재결 당시 가격 기준의 원칙)

(1) 규정 내용

처분취소등] : 원심은 이 사건 수용대상 물건 중 수용 건물 부분에 대하여는 그 취득가액과 잔존 건물 부분에 대한 보강수리비 등을 일체로 파악하여 그 합계금액을 기준으로 하여 볼 때 이의재결에서의 합계금액인 금 16,756,200원보다 더 많은 금 17,652,327원을 그 보상액으로 정한 다음, 이 사건 행정소송의 대상이 된 이 사건 토지와 이 사건 건물의 수용 부분 중에서 토지항목에 관한 보상액은 원심의 인정액이 이의재결의 그것보다 과소하나 건물 부분 항목에 관한 보상액은 원심의 인정액이 이의재결의 그것보다 과다하므로 그 유용을 허용하여, 이의재결에서의 보상금합계액인 금39,233,700원보다 금175,070원이 더증액된 금39,408,770원을 원심의 보상금 합계액으로 인정하고 있는 바, 이는 위 법리에 따른 것으로 정당하다.

198) [2013. 07. 05. 토지정책과-1973]
199) 수원지방법원 2009.1.19. 선고 2008구합9158

- 보상액의 산정은 협의에 의한 경우에는 '협의 성립 당시의 가격'을, 재결에 의한 경우에는 수용 또는 사용의 '재결 당시의 가격'을 기준으로 한다(법 제67조 제1항). 따라서 감정평가에 관한 규칙 제9조 제2항에 따른 '대상 물건의 가격조사 완료 시점을 기준'으로 해서는 아니된다.
- 보상액을 산정할 경우에 해당 공익사업으로 인하여 토지 등의 가격이 변동되었을 때에는 이를 고려하지 아니한다(법 제67조 제2항). 이것이 '개발이익배제의 원칙'이다. 이에 관하여는 다시 본다.

(2) 유의사항

- 시가(時價)란 통상적인 시장에서 정상적인 거래가 이루어지는 경우 성립될 가능성이 가장 높다고 인정되는 가격으로서 적정가격을 말한다. 협의취득을 위한 보상액 산정의 기준시점은 '가격조사를 완료한 일자'가 아니라 <u>보상계약이 체결될 것으로 예상되는 시점</u>'이고[2011. 10. 04. 토지정책과-4699], 수용취득을 위한 보상액 산정의 기준시점은 '수용의 개시일'이 아니라 <u>수용재결일</u>'이다.[200]

7. 사업시행 이익과 손실의 상계 금지 원칙

(1) 규정 내용

- 사업시행자는 동일한 소유자에게 속하는 일단의 토지의 '일부'를 취득하거나 사용하는 경우 해당 공익사업의 시행으로 인하여 잔여지의 가격이 증가하거나 그 밖의 '이익'이 발생한 경우에도 그 '이익'을 그 취득 또는 사용으로 인한 '손실'과 상계할 수 없다(법 제66조).
- 대법원도 "잔여지가 토지수용의 목적사업인 도시계획사업에 의하여 설치되는 너비 10m의 도로에 접하게 되는 이익을 누리게 되었더라도 그 이익을 수용 자체의 법률효과에 의한 가격 감소의 손실(이른바 수용손실)과 상계할 수는 없는 것이므로 그와 같은 이익을 참작하여 잔여지 손실보상액을 산정할 것은 아니다"라고 한다.[201]

(2) 유의사항

- 잔여지에서 발생하는 사업시행 이익은 '편입토지의 보상액'에서 공제할 수 없을 뿐만 아니라 '잔여지의 보상액'에서도 이를 공제할 수 없다. 따라서 잔여지의 보상평가에서 해당 공익사

---

200) 대법원 1998. 07. 10. 선고 98두6067 [토지수용이의재결처분취소등]
201) 대법원 2000. 2. 25. 선고 99두6439 판결 [토지수용이의재결처분취소], 대법원 1998. 9. 18. 선고 97누13375 판결 [토지수용이의재결처분취소등], 대법원 2013. 5. 23. 선고 2013두437 [손실보상금]

업으로 인하여 잔여지의 도로 조건 등이 개선된 경우에도 '이를 고려하지 않고 종전 상태를 기준'으로 평가해야 한다. 또한 이 원칙은 '사업시행 이익에 한하여 적용'하므로 잔여지에 사업시행 손실이 발생한 경우에는 이 원칙을 적용할 수 없다. 따라서 잔여지의 도로 조건 등이 악화되어 사업시행 손실이 발생한 경우 '이를 고려하여' 잔여지를 평가하여야 한다.

8. 개발이익 배제의 원칙

(1) 현행법의 규정과 의의

- 토지보상법 제67조 제2항에서 "해당 공익사업으로 인하여 토지 등의 가격이 변동(증감)되었을 때에는 이를 고려하지 아니한다"라고 하고 있는 것과, 같은 법 제70조 제2항에서 "토지에 대한 보상액은 가격시점에서의 '현실적인 이용 상황'과 '일반적인 이용 방법에 의한 객관적 상황'을 고려하여 산정하되, '일시적인 이용 상황'과 토지소유자나 관계인이 갖는 '주관적 가치 및 특별한 용도에 사용할 것을 전제'로 한 경우 등은 고려하지 아니한다"라고 규정하고 있는 것이 바로 개발이익 배제에 관한 것이다. 즉 공익사업의 시행으로 인한 토지 등의 가치의 변동은 사업시행자의 투자 또는 공익사업의 진행 과정에서 발생하는 것으로서 토지소유자의 노력이나 자본의 투자 또는 귀책 사유에 의하여 발생한 것이 아니므로 토지소유자에게 귀속되거나 부담시켜서는 아니 된다는 것이다. 개발이익 배제에 관하여는 대법원과 헌재도 인정하고 있다.[202]

- 고려하지 않는 가치의 변동은 ⅰ)해당 공익사업의 계획 또는 시행이 공고 또는 고시된 것에 따른 가치의 증감분, ⅱ)해당 공익사업의 시행에 따른 절차로서 행한 토지이용계획의 설정·변경·해제 등에 따른 가치의 증감분, ⅲ)그 밖에 해당 공익사업의 착수에서 준공까지 그 시행에 따른 가치의 증감분 등이다.

(2) 구체적인 내용

① 공시지가 기준

- 법 제70조 제1항은 협의나 재결에 의하여 취득하는 토지에 대하여는 <u>공시지가를 기준</u>으로 하여 보상하되, <u>그 토지의 이용계획, 해당 공익사업으로 인한 지가의 영향을 받지 아니하는 지역의 대통령령으로 정하는 지가변동률, 생산자물가 상승률, 그 밖에 그 토지의 위치·형상</u>

---

[202] 1995. 4. 20. 93헌바20·66,94헌바4·9,95헌바6(병합) 전원재판부[구 토지수용법 제46조 제2항 등 위헌소원], 2013. 12. 26. 2011헌바162[구 공익사업을 위한 토지 등의 취득 및 보상에 관한 법률 제70조 제1항 등 위헌소원], 대법원 1993. 7. 27. 선고 92누11084 판결[토지수용재결처분취소], 대법원 1993. 9. 28. 선고 93누5314 판결[토지수용재결처분취소등], 대법원 1998. 1. 23. 선고 97누17711 판결 [토지수용이의재결처분취소등] 등

・환경・이용 상황 등을 고려하여 평가한 적정가격으로 보상하도록 하고 있다. 공시지가를 기준으로 한 보상은 공익사업으로 인한 기대이익, 투기가격, 개발이익을 배제함으로써 그 이익이 국민 모두에게 돌아가도록 하기 위한 것이다.

- 이 경우의 공시지가는 <u>해당 공고일 또는 고시일 전의 시점을 공시기준일로 하는 공시지가</u>로서 그 <u>토지의 가격시점 당시 공시된 공시지가 중 '그 공익사업의 공고일 또는 고시일과 가장 가까운 시점에 공시된 공시지가</u>'로 한다(법 제70조 제5항).
- 사업인정 전 협의에 의한 취득의 경우 공시지가는 해당 토지의 가격시점 당시 공시된 공시지가 중 가격시점과 가장 가까운 시점에 공시된 공시지가로 한다(법 제70조 제3항). 사업인정 후의 취득의 경우 공시지가는 사업인정고시일 전의 시점을 공시기준일로 하는 공시지가로서, 해당 토지에 관한 협의 성립 또는 재결 당시 공시된 공시지가 중 그 사업인정고시일과 가장 가까운 시점에 공시된 공시지가로 한다(법 제70조 제4항).

② 지가변동률 적용

- 공시지가를 기준으로 보상액을 산정하는 경우에는 지가변동률을 참작하여야 하는데(법 제70조 제1항), 여기서 "지가변동률"이란 국토부 장관이 조사・발표하는 지가변동률로서, <u>평가대상 토지와 가치형성요인이 같거나 비슷하여 해당 평가대상 토지와 유사한 이용 가치를 지닌다고 인정되는 "비교표준지"가 '소재하는' 시군구(행정시와 자치구가 아닌 구를 포함한다)의 용도지역별 지가변동률</u>을 말한다. 다만 비교표준지와 같은 용도지역의 지가변동률이 조사・발표되지 아니한 경우에는 비교표준지와 유사한 용도지역의 지가변동률, 비교표준지와 이용 상황이 같은 토지의 지가변동률, 해당 시군구의 평균지가변동률 중 어느 하나의 지가변동률을 말한다(영 제37조 제1항).
- 비교표준지가 '소재하는' 시군구의 지가가 해당 공익사업으로 인하여 변동된 경우에는 <u>해당 공익사업과 "관계없는" 인근 시군구의 지가변동률을 적용한다</u>(영 제37조 제2항 본문). 다만 비교표준지가 소재하는 시군구의 지가변동률이 인근 시군구의 지가변동률보다 '작은' 경우에는 그러하지 아니하다(영 제37조 제2항 단서). 위 제2항 본문에서 해당 공익사업과 '관계없는' 인근 시군구의 지가변동률을 적용하는 비교표준지가 '소재하는' 시군구의 지가가 해당 공익사업으로 인하여 변동된 경우란 도로, 철도, 하천 관련 사업을 제외한 사업으로서 다음 각 호의 요건을 모두 충족하는 경우로 한다(영 제37조 제3항).

1. 해당 공익사업의 면적이 20만 ㎡ 이상일 것
2. 비교표준지가 소재하는 시군구의 사업인정고시일부터 가격시점까지의 지가변동률이 3% 이상일 것. 다만 해당 공익사업의 계획 또는 시행이 공고되거나 고시됨으로 인하여 비교표준지의 가격이 변동되었다고 인정되는 경우에는 그 계획 또는 시행이 공고되거나 고시된 날부터 가격시점까지의 지가변동률이 5% 이상인 경우로 한다.
3. 사업인정고시일부터 가격시점까지 비교표준지가 소재하는 시군구의 지가변동률이 비교표준지가 소재하는 시·도의 지가변동률보다 30% 이상 높거나 낮을 것

③ 공법상 제한을 받는 토지의 평가
- 공법상 제한을 받는 토지에 대하여는 '제한받는 상태대로 평가'한다. 다만 그 공법상 제한이 '당해 공익사업의 시행을 직접 목적'으로 하여 가하여진 경우에는 '제한이 없는 상태를 기준'으로 하여 평가한다(규칙 제23조 제1항). 따라서 '당해 공익사업의 시행을 직접 목적'으로 하여 용도지역 또는 용도지구 등이 변경된 토지에 대하여는 '변경되기 전의 용도지역 또는 용도지구 등을 기준(제한이 없는 상태 기준)'으로 평가한다(동 제2항). 대법원도 "토지수용으로 인한 손실보상액을 산정함에 있어서는 '당해 공공사업의 시행을 직접 목적으로 하는' 계획의 승인·고시로 인한 가격변동은 '이를 고려함이 없이' 수용재결 당시의 가격을 기준으로 하여 정하여야 한다"고 하여 개발이익을 배제하고 있다. 즉 당해 공공사업의 영향을 배제하여 그 제한이 없는 상태를 전제로 하여 평가하여야 한다.[203)]

④ 비교표준지 선정
- 감정평가에 관한 규칙 제14조 제2항 제1호에 의하면, 비교표준지 선정은 인근지역에 있는 표준지 중에서 '대상토지와 용도지역·이용 상황·주변 환경 등이 같거나 비슷한 표준지'를 선정하도록 하고 있다. 다만 인근지역에 적절한 표준지가 없는 경우에는 인근지역과 유사한 지역적 특성을 갖는 동일수급권 안의 유사지역에 있는 표준지를 선정할 수 있다. 즉 특별한 이유가 있는 경우(이 경우에는 공익사업지 밖에 있는 표준지 공시지가를 선정 가능)를 제외하고는 공익사업지 안에 있는 공시지가를 선정하여야 한다.

(3) 배제되지 아니하는 개발이익

① 다른 공익사업 시행으로 인한 개발이익
- 개발이익이 배제되는 경우는 '해당' 공익사업으로 인하여 토지 등의 가격이 변동되었을 때에는 이를 고려하지 '아니' 한다. 그러나 해당 사업과는 관계없는 '다른' 공익사업의 시행으로

---
203) 대법원 2004. 6. 11. 선고 2003두14703 판결 [토지수용이의재결처분취소등], 대법원 1995. 11. 7. 선고 94누13725 판결 [토지수용재결처분취소등] 택지개발계획의 시행을 위하여 용도지역이 경지(耕地)지역에서 도시지역으로 변경된 토지들에 대하여 그 이후 이 사업을 시행하기 위하여 이를 수용하였다면, 표준지의 선정이나 지가변동률의 적용, 품등비교 등 그 보상액 재결을 위한 평가를 함에 있어서는 용도지역의 변경을 고려함이 없이 평가하여야 할 것이다.

인한 개발이익은 이를 '포함한 가격(고려한 가격)'으로 평가하여야 한다. 개발이익이 '해당 공익사업의 사업인정고시일 후'에 발생한 경우에도 마찬가지이다.[204)]

- 해당 공익사업에 의하여 토지가 분할되거나 지목이 '도로' 등으로 변경되거나 형태 등이 열악하게 되어 저가로 평가할 요인이 발생된 경우에도 '해당' 공익사업으로 인한 토지 등의 가치의 변동에 해당하므로 분할로 인하여 발생하게 된 사정을 참작하여 수용대상 토지를 저가로 평가하여서는 '아니' 된다.[205)] 즉 '해당' 공익사업으로 인하여 토지 등의 가격이 변동되었을 경우와 '해당' 공익사업으로 인한 경우에도 토지가 분할되거나 지목이 '도로' 등으로 변경되거나 형태 등이 열악하게 되어 '저가로 평가할 요인이 발생'된 경우에는 이를 고려하지 않고 평가하고, 해당 사업과는 관계없는 '다른' 공익사업의 시행으로 인한 개발이익은 포함하여 평가한다.

② 공법상 제한을 받는 토지 '이외'의 토지의 평가

- 도시계획상 도로 편입 부분이 '아닌' 그 인근 토지에 대한 손실보상액을 평가함에 있어서는, 위와 같이 공익사업인 도로의 설치를 내용으로 하는 도시계획결정이 고시된 결과 당연히 그 영향으로 토지이용의 증진 내지 개발 효과에 대한 기대심리가 작용하여 사실상 토지가격 상승요인이 발생한다. 따라서 당해 토지소유자가 그에 상당하는 이익을 얻게 된 사정까지 고려 대상에서 배제하여야 한다는 취지는 아니다.[206)] 즉 공법상의 제한을 받는 토지의 수용보상액을 산정함에 있어서는 그 공법상의 제한이 당해 공공사업의 시행을 '직접 목적으로' 한 경우에는 그 '제한을 받지 아니하는 상태대로 평가'하여야 하고, 공법상 제한이 당해 공공사업의 시행을 직접 목적으로 한 경우가 '아니라면' 그러한 '제한을 받는 상태대로 평가'하여야 한다. 또한 그와 같은 제한이 당해 공공사업의 시행 이후에 가하여진 경우라고 하여 달리 볼 것은 아니다. 따라서 '문화재보호구역'의 확대 지정이 당해 공공사업인 '택지개발사업'의 시행을 직접 목적으로 하여 가하여진 것이 아님이 명백하므로 토지의 수용보상액은 그러한 '공법상 제한을 받는 상태대로 평가'하여야 한다.[207)]

---

204) 대법원 2014. 2. 27. 선고 2013두21182 판결 [수용보상금증액], 대법원 1992. 2. 11. 선고 91누7774 판결 [토지수용재결처분취소]
205) 대법원 1998. 05. 26. 선고 98두1505 [토지수용이의재결처분취소]
206) 대법원 1993. 11. 12. 선고 93누7570 판결 [토지수용재결처분취소]
207) 대법원 2005. 2. 18. 선고 2003두14222 판결 [토지수용이의재결처분취소] 수용대상 토지의 보상액 평가 시 고려 대상에서 배제하여야 할 당해 공공사업과 다른 목적의 공공사업으로 인한 공법상의 제한의 범위는 그 제한이 구체적인 사업의 시행을 필요로 하는 이른바 개별적 계획제한에 해당하는 것에 한정된다고 할 것이고, 공원용지 지정으로 인한 제한은 이러한 개별적 계획제한에 해당하는 것으로 보았다(대법원 1998. 9. 18. 선고 98두4498 판결 [토지수용이의재결처분취소]). 또한 도시계획변경결정에 의하여 용도지역이 생산녹지지역에서 준주거지역으로 변경된 토지를 택지개발예정지구로 지정하면서 지적승인 고시를 하지 않아 용도지역이 생산녹지지역으로 환원된 경우, 위 환원은 당해 공공사업인 '택지개발사업의 시행'을 직접 목적으로 하여 가하여진 제한에 해당하므로 용도지역을 '준주거지역'으로 하여 수용보상액을 평가하여야 한다고 보았다(대법원 2000. 4. 21. 선고 98두4504 판결 [토지수용이의재결처분취소]).

(4) 개발이익 배제의 문제점

① 평등원칙과의 관계
- 공익사업이 시행되면 도시계획시설과 기반시설의 정비 등으로 인하여 일반적으로 지가 등이 상승하여 개발이익이 발생한다. 그런데 수용대상 지역의 토지의 보상액을 산정함에 있어서는 개발이익을 배제하면서도 수용이 되지 않은 그 인근지역의 토지소유자는 고스란히 개발이익을 보유하게 된다. 그렇다면 그 인근지역의 토지소유자에 대해서는 환수조치를 통한 개발이익을 배제하지 않는다면 헌법상의 평등의 원칙에 반하는 것이 아닌가라는 의문이 든다.
- 이에 대하여 헌재는 "헌법 제23조 제3항에서 규정한 "정당한 보상"이란 원칙적으로 피수용재산의 객관적인 재산 가치를 완전하게 보상하여야 한다는 완전보상을 뜻하는 것이지만, 공익사업의 시행으로 인한 개발이익은 완전보상의 범위에 포함되는 피수용토지의 객관적 가치 내지 피수용자의 손실이라고는 볼 수 없"고, "헌법 제 11조 제1항이 규정하는 평등의 원칙은 결코 일체의 차별적 대우를 부정하는 절대적 평등을 의미하는 것이 아니라, 법의 적용이나 입법에 있어서 불합리한 조건에 의한 차별을 하여서는 안된다는 것을 뜻한다"고 하면서 결론적으로 평등의 원칙에 위반되지 않는다고 한다.

② 개발이익환수제도의 관계
- 그러나 헌재는 "공익사업에 의하여 발생한 개발이익은 성질상 그 비용의 부담자인 사업시행자를 통하여 궁극적으로는 공익에 귀속되어야 할 것으로서 특정의 토지소유자에게 귀속될 성질의 것이 아니지만, 우리의 법제가 모든 경우에 있어 개발이익을 특정의 토지소유자에게 귀속하게 하는 것을 배제하는 방향으로 제도를 개선하여 나가는 것이 바람직한 일이므로 이에 관한 제도의 개선은 개발이익의 합리적인 평가와 공익으로의 완전한 환수를 목표로 하여야 할 것임은 명백하다. 그러나 이러한 제도의 개선을 실현하기 위해서는 전 국토의 지가가 정기적으로 평가되어 있어야 하고, 지가 변동이 발생한 모든 사례에서 개발이익의 발생 여부와 그 범위를 확정할 수 있는 합리적 기준을 설정하여야 하는 등 기술적으로 어려운 제도적 전제조건들이 일시에 강구되어야 하는 것이기 때문에 동시에 모든 개발이익을 대상으로 한 제도의 개선을 도모하는 것은 사실상 불가능한 일이다. 그렇다면 개발이익환수제도의 개선을 위해서는 지가의 공시지역을 확대하는 등 점진적인 개선 방안을 모색하는 수밖에 없다"고 하면서, 개발이익환수제도의 개선을 위한 지가공시 지역을 확대하는 등의 점진적인 개선 방안을 보충적으로 설시하고 있다.

③ 사견
- 무릇 법이란 원칙과 법리도 중요하지만, 현실적인 효과와 같은 구체적 타당성도 중요하다.

종래 개발이익 관련 법과 제도는 현실적으로 사업 완료 후 발생한 개발이익을 환수하기 위하여 토지초과보유부담금, 토지초과이득세, 개발부담금, 농지보전부담금, 대체산림자원조성비 등의 명목으로 개발이익을 환수해 왔다. 물론 택지소유상한에 관한 법률(토지토과보유부담금)과 토지초과이득세법(토지초과이득세)은 폐지 되었지만, 나머지 환수제도는 현재도 존속하고 있다. 예컨대 택지개발 등에서 보듯이 공공사업이 완료되면 경험칙상 분명 개발이익은 발생하고 또 존재한다. 개발이익이 대법원과 헌재의 견해와 같이 피수용토지의 객관적 가치 내지는 피수용자의 손실에 해당하지 않음은 분명하다. 또한 개발이익이 사회에 환원되어야 함도 분명하다. 그런데 현실은 그렇지 못하다. 개발이익이 국민에게 돌아가지 못하고 공익사업 관련자 등 엉뚱한 곳에 돌아가는 것도 부인할 수 없는 사실이고 또한 문제이다. 공익사업시행지구 내의 토지소유자와 공익사업시행지구 밖의 인근지역의 토지소유자 사이에 개발이익에 대한 수익의 형평성에서도 차이가 있다. 그렇다면 그 개발이익 환수를 위하여 어떻게 하는 것이 타당한가?

- 생각건대 토지보상법을 개정하여 개발이익의 '일정 비율'을 토지소유자 등에게 보상(환원)하는 것이 타당하다고 생각한다. 그렇게 하지 않으면 토지소유자는 공시지가로 보상을 받음으로써 인근지역의 토지소유자들에 비하여 공공개발로 인하여 오히려 '상대적'으로 손실을 본다는 결론에 이르게 된다. 따라서 토지보상법을 개정하여 '토지소유자의 사적 영역에서 발생한 개발이익'은 '사회 통념상 과도하지 않은 정도의 범위에서 일정 비율'을 이들에게 보상금으로 지급하고(이른바 개발이익 영역설-사견), 개발이익 환수제도를 개선하여 공익사업구역의 일정한 거리의 인근지역까지 '공익사업 공시지역'으로 지정하여 합리적인 범위 내에서 인근지역 토지소유자들로부터도 매매 또는 개발 등의 행위 시에 일정 비율의 개발이익을 환수하는 등의 방법을 통하여 공익사업시행지구 안의 토지소유자와 인근지역의 토지소유자 간의 형평을 기하는 것이 타당하다. '사회 통념상 과도하지 않은 정도의 범위'를 초과하는 개발이익은 개발이익에서 배제하여 사회에 환원하여 국민에게 돌아가도록 하는 것이 비례의 원칙 또는 형평의 원칙에 부합한다. 개발이익 배제에 실질적이고 구체적인 제도개선이 필요하다.

9. 2인 이상의 감정평가법인 등에 의한 평가의 원칙

(1) 감정평가법인 등에 의한 평가

- 사업시행자는 토지 등에 대한 보상액을 산정하려는 경우에는 감정평가법인 등 3인(시·도지사와 토지소유자가 모두 감정평가법인 등을 추천하지 아니하거나 시·도지사 또는 토지소유

자 어느 한쪽이 감정평가법인 등을 추천하지 아니하는 경우에는 2인)을 선정하여 토지 등의 평가를 의뢰하여야 한다(법 제68조 제1항).

(2) 토지소유자 및 시도지사의 감정평가법인 등의 추천권

- 사업시행자가 감정평가법인 등을 선정할 때 해당 토지를 관할하는 시·도지사와 토지소유자는 대통령령으로 정하는 바에 따라 감정평가법인 등을 각 1인씩 추천할 수 있다. 이 경우 사업시행자는 추천된 감정평가법인 등을 포함하여 선정하여야 한다(법 제68조 제2항). 건물소유자 또는 공유자는 추천권 행사에서 빠졌다. 입법 개선이 필요하다.
- 사업시행자는 보상계획을 공고할 때에는 시·도지사와 토지소유자가 감정평가법인 등을 추천할 수 있다는 내용을 포함하여 공고하고, 보상 대상 토지가 소재하는 시·도의 시·도지사와 토지소유자에게 이를 통지해야 한다(영 제28조 제1항). 시·도지사와 토지소유자는 보상계획의 열람 기간만료일부터 30일 이내에 사업시행자에게 감정평가법인 등을 추천할 수 있다(영 제28조 제2항). 시·도지사가 감정평가법인 등을 추천하는 경우에는 다음 각 호[208]의 사항을 지켜야 한다(제3항).
- 감정평가법인 등을 추천하려는 토지소유자는 보상 대상 토지면적의 2분의 1 이상에 해당하는 토지소유자와 보상 대상 토지의 토지소유자 총수의 과반수의 동의를 받은 사실을 증명하는 서류를 첨부하여 사업시행자에게 감정평가법인 등을 추천해야 한다. 이 경우 토지소유자는 감정평가법인 등 1인에 대해서만 동의할 수 있고(제4항), 해당 시·도지사와 감정평가법에 따른 한국감정평가사협회에 감정평가법인 등을 추천하는 데 필요한 자료를 요청할 수 있다(제5항). 영 제4항 전단에 따라 보상 대상 토지면적과 토지소유자 총수를 계산할 때 제2항에 따라 감정평가법인 등 추천 의사표시를 하지 않은 국유지 또는 공유지는 보상 대상 토지면적과 토지소유자 총수에서 제외한다(제6항). 국토부 장관은 시·도지사의 감정평가법인 등 추천에 관한 사항에 관하여 표준지침을 작성하여 보급할 수 있다(제7항).

10. 보상액 평가의 근거법과 평가 방법

(1) 근거법

[208)
  1. 감정평가 수행능력, 소속 감정평가사의 수, 감정평가 실적, 징계 여부 등을 고려하여 추천대상 집단을 선정할 것
  2. 추천대상 집단 중에서 추첨 등 객관적이고 투명한 절차에 따라 감정평가법인 등을 선정할 것
  3. 제1호의 추천대상 집단 및 추천 과정을 이해당사자에게 공개할 것
  4. 보상 대상 토지가 둘 이상의 시·도에 걸쳐 있는 경우에는 관계 시·도지사가 협의하여 감정평가법인등을 추천할 것

- 감정평가업자가 감정평가에서 근거가 되는 법은 토지보상법과 감정평가법이다. 이에는 각 시행령과 시행규칙이 있다. 그리고 감정평가법 제3조 제3항은 감정평가의 공정성과 합리성을 보장하기 위하여 감정평가법인 등(소속 감정평가사를 포함한다)이 준수하여야 할 원칙과 기준은 국토교통부령으로 정한다고 규정하고, 이에 근거한 국토부령이 '감정평가에 관한 규칙'[시행 2022. 1. 21.] [국토교통부령 제1100호, 2022. 1. 21., 일부개정]이 있다. 감정평가에 관한 규칙 제28조는 다시 이 규칙에서 규정하는 사항 외에 감정평가법인 등이 감정평가를 할 때 지켜야 할 세부적인 기준은 국토부 장관이 정하여 고시한다라고 규정하여 세부적인 감정평가의 기준으로 '감정평가 실무기준'(국토교통부고시 제2019-594호, 2019. 10. 23., 일부개정)이 있다. 또한 한국감정평가사협회가 제정한 '토지보상평가지침'도 있다.
- 대법원은 위 국토부 훈령인 '감정평가 실무기준'과 한국감정평가사협회가 제정한 '토지보상평가지침'은 법규명령이 아니라고 한다.[209] 그러나 실무적으로 감정평가업자는 감정평가 실무기준을 따르고, 이에 없는 것은 토지보상평가지침을 따르고 있다.

(2) 평가 방법

① 현지 조사평가와 특수물건의 평가

- 감정평가법인 등은 사업시행자로부터 평가를 의뢰받은 때에는 '대상 물건 및 그 주변의 상황을 현지 조사하고 평가'를 하여야 한다.[210] 이 경우 고도의 기술을 필요로 하는 등의 사유로 인하여 자기가 직접 평가할 수 없는 대상 물건에 대하여는 사업시행자의 승낙을 얻어 전문기관의 자문 또는 용역을 거쳐 평가할 수 있다(규칙 제16조 3항). 이에는 보상평가 검토 전문기관 지정 고시(국토교통부고시 제2013-422호, 2013. 7. 12., 제정)가 있다.
- 감정평가법인 등이 감정평가를 할 때에는 실지조사를 하여 대상 물건을 확인해야 한다. 감정평가법인 등은 제1항에도 불구하고 천재지변, 전시·사변, 법령에 따른 제한 및 물리적인 접근 곤란 등으로 실지조사가 불가능하거나 매우 곤란한 경우와 유가증권 등 대상 물건의 특성상 실지조사가 불가능하거나 불필요한 경우로서 실지조사를 하지 않고도 객관적이고 신뢰할 수 있는 자료를 충분히 확보할 수 있는 경우에는 실지조사를 하지 않을 수 있다(감정평가에 관한 규칙 제10조).

② 가격 등의 합리성 검토

- 대상 물건의 평가는 이 규칙에서 정하는 방법에 의하되, 그 방법으로 구한 가격 또는 사용료(이하 "가격 등"이라 한다)를 다른 방법으로 구한 가격 등과 비교하여 그 합리성을 검토하여

---

209) 대법원 2014. 6. 12. 선고 2013두4620 판결 [보상금증액]
210) '대상물건 및 그 주변의 상황을 현지조사평가'에 대하여는 '감정평가 실무기준' 300.2.5와 400.④.⑤ 및 '감정평가에 관한 규칙' 제10조 참조

야 한다. 이 규칙에서 정하는 방법으로 평가하는 경우 평가가 크게 부적정하게 될 요인이 있는 경우에는 적정하다고 판단되는 다른 방법으로 평가할 수 있다. 이 경우 보상평가서에 그 사유를 기재하여야 한다. 이 규칙에서 정하지 아니한 대상 물건에 대하여는 이 규칙의 취지와 감정평가의 일반이론에 의하여 객관적으로 판단·평가하여야 한다(규칙 제18조).

- 대법원은 "평가 방법은 원가방식, 수익방식 또는 비교방식 중에서 대상 물건의 성격 및 조건을 감안하여 이 규칙에 의한 적절한 방식을 선택하되 그 선택한 특정 방식(주된 방식)으로 구한 가격을 다른 방식(부수 방식)으로 구한 가격과 비교하여 합리성을 검토함을 원칙으로 한다"라고 하고 있는 바, 원칙적으로 위 규정에 따라 주된 방식으로 평가한 가격을 부수된 방식으로 평가한 가격과 비교하여 보상가액평가의 합리성을 기하도록 하라는 취지이고 대상 물건의 성격이나 조건에 따라서 위와 같은 두 가지 방식에 의한 비교가 부적당한 경우에는 어느 하나의 방식만에 의하여 보상가액을 평가할 수밖에 없다고 한다.[211]

③ 구분평가
- 취득할 토지에 건축물·입목·공작물 그 밖에 토지에 정착한 물건(이하 "건축물 등"이라 한다)이 있는 경우에는 토지와 그 건축물 등을 각각 평가하여야 한다. 다만 건축물 등이 토지와 함께 거래되는 사례나 관행이 있는 경우에는 그 건축물 등과 토지를 일괄하여 평가하여야 하며, 이 경우 보상평가서에 그 내용을 기재하여야 한다. 건축물 등의 면적 또는 규모의 산정은 건축법 등 관계 법령이 정하는 바에 의한다(규칙 제20조).

④ 보상액의 산정
- 보상액의 산정은 각 감정평가법인 등이 평가한 '평가액의 산술평균치를 기준'으로 한다(규칙 제16조 제6항).

⑤ 감정평가서 심사
- 감정평가법인 등은 평가를 한 후 별지 제16호서식의 보상평가서를 작성하여 심사자(감정평가업에 종사하는 감정평가사를 말한다) 1인 이상의 심사를 받고 보상평가서에 당해 심사자의 서명날인을 받은 후 제출기한 내에 사업시행자에게 이를 제출하여야 한다. 심사자는 보상평가서의 위산·오기 여부, 관계 법령에서 정하는 바에 따라 대상 물건이 적정하게 평가되었는지 여부, 비교 대상이 되는 표준지의 적정성 등 대상 물건에 대한 평가액의 타당성을 성실하게 심사하여야 한다(규칙 제16조 제4·5항).

⑥ 대상 물건의 변경에 따른 평가
- 공익사업의 계획이 변경됨에 따라 추가되는 대상 물건이 이미 평가한 물건과 그 실체 및 이용상태 등이 동일하고 가격 등에 변경이 없다고 인정되는 때에는 따로 평가하지 아니하고

---

211) 대법원 1991. 10. 22. 선고 90누6323 판결 [토지수용재결처분취소], 대법원 1991. 10. 11. 선고 90누5443 판결 [토지수용재결처분취소]

이미 평가한 물건의 평가 결과를 기준으로 하여 보상액을 산정할 수 있다. 공익사업의 계획이 변경됨에 따라 대상 물건의 일부가 보상 대상에서 제외되는 경우에는 그 내용을 지체 없이 그 대상 물건의 소유자 등에게 통지하여야 한다. 이 경우 이미 보상계약이 체결된 때에는 지체 없이 그 계약을 해지하거나 변경하고 그에 따른 보상액의 환수 등 필요한 조치를 하여야 한다. 규칙 제17조 제2항 제3호의 규정에 의하여 재평가를 하는 경우로서 재평가시점에서 물건의 수량 또는 내용이 변경된 경우에는 변경된 상태를 기준으로 평가하여야 한다(규칙 제19조).

⑦ 재평가
- 사업시행자는 제출된 보상평가서를 검토한 결과 그 평가가 관계 법령에 위반하여 평가되었거나 합리적 근거 없이 비교 대상이 되는 표준지의 공시지가와 현저하게 차이가 나는 등 부당하게 평가되었다고 인정하는 경우에는 당해 감정평가법인 등에게 그 사유를 명시하여 다시 평가할 것을 요구하여야 한다. 이 경우 사업시행자는 필요하면 국토부 장관이 보상평가에 관한 전문성이 있는 것으로 인정하여 고시하는 기관에 해당 평가가 위법 또는 부당하게 이루어졌는지에 대한 검토를 의뢰할 수 있다(규칙 제17조 제1항). 사업시행자는 다음 각 호[212]의 어느 하나에 해당하는 경우에는 다른 2인 이상의 감정평가법인 등에게 대상 물건의 평가를 다시 의뢰하여야 한다(제2항). 사업시행자는 재평가를 하여야 하는 경우로서 종전의 평가가 영 제28조에 따라 시·도지사와 토지소유자가 추천한 감정평가법인 등을 선정하여 행하여진 경우에는 시·도지사와 토지소유자(보상계약을 체결하지 아니한 토지소유자를 말한다)에게 영 제28조에 따라 다른 감정평가법인등을 추천하여 줄 것을 통지하여야 한다. 이 경우 시·도지사와 토지소유자가 통지를 받은 날부터 30일 이내에 추천하지 아니한 경우에는 추천이 없는 것으로 본다(제3항). 위 제1항 및 제2항의 규정에 의하여 평가를 행한 경우 보상액의 산정은 각 감정평가법인 등이 다시 평가한 '평가액의 산술평균치를 기준'으로 한다(제4항). 위 제2항 제2호에 해당하는 경우에는 사업시행자는 평가 내역 및 당해 감정평가법인 등을 국토부 장관에게 통지하여야 하며, 국토부 장관은 당해 감정평가가 관계 법령이 정하는 바에 따라 적법하게 행하여졌는지 여부를 조사하여야 한다(제5항).

(3) 사업시행자가 직접 보상액을 산정하는 경우

---

[212] 〈개정 2022. 1. 21.〉
1. 제1항 전단의 사유에 해당하는 경우로서 당해 감정평가법인등에게 평가를 요구할 수 없는 특별한 사유가 있는 경우
2. 대상물건의 평가액 중 최고평가액이 최저평가액의 110%를 초과하는 경우. 대상물건이 지장물인 경우 최고평가액과 최저평가액의 비교는 소유자별로 지장물 전체 평가액의 합계액을 기준으로 한다.
3. 평가를 한 후 1년이 경과할 때까지 보상계약이 체결되지 아니한 경우

- 사업시행자는 토지 등에 대한 보상액을 산정하려는 경우에는 감정평가법인 등 3인(시·도지사와 토지소유자가 모두 감정평가법인 등을 추천하지 아니하거나 시·도지사 또는 토지소유자 어느 한쪽이 감정평가법인 등을 추천하지 아니하는 경우에는 2인)을 선정하여 토지 등의 평가를 하여야 하지만, 사업시행자가 국토교통부령으로 정하는 기준에 따라 직접 보상액을 산정할 수 있을 때에는 직접 보상액을 산정하도록 하고 있다(법 제68조 제1항 단서).
- 사업시행자가 보상액을 직접 산정할 수 있는 경우는 국토부령에서 정액 또는 정률로 지급하도록 규정하고 있는 경우이다. 예컨대 영업의 폐지에 대한 손실의 평가에서 영업이익의 기준(규칙 제46조 제3항), 영업의 휴업 등에 대한 손실의 평가에서 영업이익의 기준(규칙 제47조 제5항), 농업의 손실에 대한 보상(규칙 제48조 제1항), 이주정착금, 주거 이전비 보상(규칙 제54조 제3항), 이농비 또는 이어비(離漁費) 보상(규칙 제56조) 등이 이에 해당한다.

제2절 손실보상의 종류와 기준

1. 취득하는 토지의 보상

(1) 의의 및 평가

- 협의나 재결에 의하여 취득하는 토지에 대하여는 '공시지가를 기준'으로 하여 보상하되, 그 토지의 이용계획, 해당 공익사업으로 인한 '지가의 영향을 받지 아니하는 지역'의 대통령령으로 정하는 지가변동률, 생산자물가상승률, 그 밖에 그 토지의 위치·형상·환경·이용 상황 등을 고려하여 평가한 적정가격으로 보상하도록 한다(법 제70조 제1항, 영 제37조).
- 여기서 "지가변동률"이란 국토부 장관이 조사·발표하는 지가변동률로서 평가대상 토지와 가치형성요인이 같거나 비슷하여 해당 평가대상 토지와 유사한 이용 가치를 지닌다고 인정되는 "비교표준지"가 '소재하는' 시군구(행정시와 자치구가 아닌 구를 포함한다)의 용도지역별 지가변동률을 말한다. 다만 비교표준지와 같은 용도지역의 지가변동률이 조사·발표되지 아니한 경우에는 비교표준지와 유사한 용도지역의 지가변동률, 비교표준지와 이용 상황이 같은 토지의 지가변동률, 해당 시군구의 평균지가변동률 중 어느 하나의 지가변동률을 말한다(영 제37조 제1항).
- 비교표준지가 '소재하는' 시군구의 지가가 해당 공익사업으로 인하여 변동된 경우에는 해당 공익사업과 "관계없는" 인근 시군구의 지가변동률을 적용한다(영 제37조 제2항 본문). 다만 비교표준지가 소재하는 시군구의 지가변동률이 인근 시군구의 지가변동률보다 '작은' 경우에는 그러하지 아니하다(단서). 위 제2항 본문에서 해당 공익사업과 '관계없는' 인근 시군구

의 지가변동률을 적용하는 비교표준지가 '소재하는' 시군구의 지가가 해당 공익사업으로 인하여 변동된 경우란 도로, 철도, 하천 관련 사업을 제외한 사업으로서 일정한 요건을 모두 충족하는 경우로 한다(영 제37조 제3항).

(2) 공시지가 기준 평가

① 공시지가 기준 원칙
- 협의나 재결에 의하여 취득하는 토지에 대하여는 부동산가격공시법에 따른 <u>공시지가(표준지공시지가)를 기준</u>으로 하여 보상하되, 그 공시기준일부터 가격시점까지의 관계 법령에 따른 그 토지의 이용계획, 해당 공익사업으로 인한 지가의 영향을 받지 아니하는 지역의 대통령령으로 정하는 지가변동률, 생산자물가상승률과 그 밖에 그 토지의 위치·형상·환경·이용상황 등을 고려하여 평가한 적정가격으로 보상하여야 한다(법 제70조 제1항).
- 공시지가란 국토부장관이 부동산가격공시법에 의하여 토지이용상황이나 주변 환경, 그 밖의 자연적·사회적 조건이 일반적으로 유사하다고 인정되는 일단의 토지 중에서 선정한 표준지에 대하여 매년 공시기준일 현재의 단위면적당 적정가격을 조사·평가한 '<u>표준지공시지가</u>'를 말하고, 관계행정기관이 국토부장관으로부터 제공받은 토지가격비준표를 적용하여 산정하는 이른바 '개별공시지가'를 말하는 것이 아니다.[213] 감정평가법 제3조 제1항도 "감정평가법인 등이 토지를 감정평가하는 경우에는 '표준지공시지가'를 기준으로 하여야 한다고 규정하고 있다.

② (비교) 표준지 선정
- 취득하는 토지를 평가함에 있어서는 평가대상 토지와 유사한 이용 가치를 지닌다고 인정되는 하나 이상의 '표준지'의 공시지가를 기준으로 한다(규칙 제22조 제1항). 표준지공시지가를 기준으로 하므로 실무상 표준지 선정은 매우 중요하다. 규칙 제22조 제3항도 특별한 사유가 있는 경우를 제외하고는 다음 각 호의 기준에 따른 토지를 표준지로 선정하도록 하고 있다.

---

[213] 대법원 1994. 10. 14. 선고 94누2664 판결 [토지수용재결처분취소], 대법원 2002. 03. 29. 선고 2000두10106 [토지수용재결처분취소], 대법원 2003. 7. 25. 선고 2002두5054 판결 [토지수용이의재결처분취소] 관계 법령에 따라 보상액을 산정한 결과 그 보상액이 당해 토지의 개별공시지가를 기준으로 하여 산정한 지가보다 저렴하게 되었다는 사정만으로 그 보상액 산정이 잘못되어 위법한 것이라고 할 수는 없고, 수용대상토지에 대한 보상액을 산정하는 경우에 인근 유사토지의 거래사례나 보상선례를 반드시 조사하여 참작하여야 하는 것은 아니며, 다만 인근 유사토지의 거래사례나 보상선례가 있고 그 가격이 정상적인 것으로서 적정한 보상액 평가에 영향을 미칠 수 있는 것임이 인정된 경우에 한하여 이를 참작할 수 있을 뿐이다.

1. 국토계획법 제36조부터 제38조까지, 제38조의2 및 제39조부터 제42조까지에서 정한 용도지역, 용도지구, 용도구역 등 <u>공법상 제한이 같거나 유사할 것</u>
2. 평가대상 토지와 <u>실제 이용상황이 같거나 유사할 것</u>
3. 평가대상 토지와 <u>주위 환경 등이 같거나 유사할 것</u>
4. 평가대상 토지와 <u>지리적으로 가까울 것</u>

- 감정평가에 관한 규칙 제14조 제2항 제1호 및 감정평가실무기준 800-5.6.2에도 '<u>동일수급권 안의 유사지역</u>' 또는 '특별한 사정이 없는 한 공익사업시행지구 안에 표준지 공시지가'를 선정하도록 하는 비교표준지 선정에 관한 규정을 두고 있다.
- 한 필지의 토지가 둘 이상의 용도로 이용되고 있거나 적절한 보상평가를 위하여 필요하다고 인정되는 경우에는 '둘 이상'의 비교표준지를 선정할 수 있다. 도로·구거 등 특수용도의 토지에 관한 보상으로서 선정기준에 적합한 표준지가 인근지역에 없는 경우에는 인근지역의 표준적인 이용 상황의 표준지를 비교표준지로 선정할 수 있다.
- 위 규칙의 표준지 선정조건에는 공법상 제한은 적시되면서 지목이 빠졌다. 공시지가 제도가 도입된 1989.7.1. 이전의 '기준지가' 시대에는 현재와는 달리 지목이 개발행위의 기준이었고 용도지역지구제는 당시에는 문제되지 않았기 때문이다. 그러나 현재는 지역지구제가 개발이나 공법상 행위제한에 있어서 지목보다 훨씬 중요하고 국토계획법 등의 공법은 모두 지목이 아니라 지역·지구·구역을 중심으로 행위제한을 규정하고 있다. 따라서 실무상 토지보상을 위한 표준지 선정에서 위 규칙 제22조 제3항 제2호의 '실제 이용상황이 같거나 유사할 것'을 공간정보법상의 지목과 동일하게 보면 될 것이다.[214]

---

[214] 대법원도 " 비교표준지와 수용대상토지의 지역요인 및 개별요인 등 품등비교를 함에 있어서 현실적인 이용상황에 따른 비교수치 외에 다시 공부상의 지목에 따른 비교수치를 중복적용할 수 있는지 여부에 관하여, 현실적인 이용상황에 따른 비교수치 외에 다시 공부상의 지목에 따른 비교수치를 중복적용하는 것은 허용되지 아니한다"도 하여, 위 제2호에 지목을 고려하고 있는 것으로 보인다. 나아가 대법원은 "비교표준지는 특별한 사정이 없는 한 '도시계획구역 내에서는 용도지역을 우선'으로 하고, '도시계획구역 외에서는 현실적 이용상황에 따른 실제 지목을 우선'으로 하여 선정하여야 할 것이나, '이러한 토지가 없다면(같은 용도지역이나 지목이 없다면)' 지목, 용도, 주위환경, 위치 등의 제반 특성을 참작하여 그 자연적, 사회적 조건이 수용대상 토지와 동일 또는 가장 유사한 토지를 선정하여야 한다"고 하면서, "당해 토지와 같은 용도지역의 표준지가 있으면 다른 특별한 사정이 없는 한 용도지역이 같은 토지를 당해 토지에 적용할 표준지로 선정함이 상당하고, 표준지와 당해 토지의 이용상황이나 주변환경 등에 상이한 점이 있다 하더라도 이러한 점은 지역요인이나 개별요인의 분석 등 품등비교에서 참작하면 된다"고 한다. 관계 법령에 따라 보상액을 산정한 결과 그 보상액이 당해 토지의 개별공시지가를 기준으로 하여 산정한 지가보다 저렴하게 되었다는 사정만으로 그 보상액 산정이 잘못되어 위법한 것이라고 할 수는 없고, 수용대상토지에 대한 보상액을 산정하는 경우에 인근 유사토지의 거래사례나 보상선례를 반드시 조사하여 참작하여야 하는 것은 아니며, 다만 인근 유사토지의 거래사례나 보상선례가 있고 그 가격이 정상적인 것으로서 적정한 보상액 평가에 영향을 미칠 수 있는 것임이 인정된 경우에 한하여 이를 참작할 수 있을 뿐이다(대법원 2001. 3. 27. 선고 99두7968 판결 [토지수용이의재결처분취소등], 대법원 2011. 9. 8. 선고 2009두4340 판결 [수용보상금증액], 대법원 2004. 5. 14. 선고 2003다38207 판결 [손해배상(기)]). 대법원의 견해는 결국 특히 도시지역 내에서는 용도지역이 같은 토지가 표준지로 우선하고 용도지역이 같으면 지목이 다르더라도 표준지 선정에 위법하지 않다는 것이다. 개발행위 제한에 있어서 용도지역구역제 시대에 지당한 판결이다. 용도지역이 완전히 동일한 표준지가 없을 경우에는 일부라도 용도지역이 같은 표준지를 선정하여 품등

- 표준지는 특정되어야 하고, 선정이유는 감정서를 종합하여 볼 때 드러나야 한다. 그렇지 않은 감정은 위법하다. 도시계획상 용도지역이 같은지 여부는 토지의 자연적·사회적 조건의 동일 또는 유사성 여부를 판단하는 중요한 요소의 하나이므로, 비교표준지는 도시지역 내·외를 불문하고 원칙적으로 용도지역이 동일한 표준지를 선정함이 원칙이다. 그러나 반드시 당해 토지와 용도지역이 같은 토지만을 표준지로 삼아야 한다든가 용도지역이 같은 표준지는 다른 요소를 고려함이 없이 용도지역이 다른 표준지에 우선하여 그 표준지로 선정하여야 하는 것은 아니며, 평가대상 토지 주위에 달리 적절한 표준지가 없는 이상 표준지가 수용대상 토지와 상당히(1.6km) 떨어져 있다는 것만으로는 그 표준지 선정이 위법하다고 할 수 없다.[215] 또한 표준지공시지가 결정이 위법한 경우에는 그 자체를 행정소송의 대상이 되는 행정처분으로 보아 그 위법 여부를 다툴 수 있음은 물론, 수용보상금의 증액을 구하는 소송에서도 선행처분으로서 그 수용대상 토지 가격 산정의 기초가 된 비교표준지 공시지가 결정의 위법을 독립한 사유로 주장할 수 있다.[216]

③ 시간적 기준에 따른 공시지가
- 사업인정 전 협의에 의한 취득의 경우, 공시지가는 해당 토지의 가격시점 당시 공시된 공시지가 중 가격시점과 가장 가까운 시점에 공시된 공시지가로 한다(법 제70조 제3항).
- 사업인정 후 취득의 경우, 공시지가는 사업인정고시일 전의 시점을 공시기준일로 하는 공시지가로서, 해당 토지에 관한 협의의 성립 또는 재결 당시 공시된 공시지가 중 그 사업인정고시일과 가장 가까운 시점에 공시된 공시지가로 한다(법 제70조 제4항).
- 공익사업의 계획 또는 시행이 공고되거나 고시됨으로 인하여 취득하여야 할 토지의 가격이 '변동'되었다고 인정되는 경우의 공시지가는 해당 공고일 또는 고시일 전의 시점을 공시기준일로 하는 공시지가로서 그 토지의 가격시점 당시 공시된 공시지가 중 그 공익사업의 공고일 또는 고시일과 가장 가까운 시점에 공시된 공시지가로 한다(법 제70조 제5항).

④ 공시지가 변동률
- 법 제70조 제5항의 취득하여야 할 토지의 가격이 변동되었다고 인정되는 경우의 공시지가는 도로, 철도 또는 하천 관련 사업을 제외한 사업으로서 다음 각 호를 모두 충족하는 경우로 한다(법 제38조의2 제1항). '비교표준지가 소재하는' 시군구의 지가가 해당 공익사업으로 인하여 변동된 경우는 다음 표의 요건을 모두 충족하여야 한다(영 제37조 제3항).

비교 시 이를 보정하고, 인근지역에 용도지역이 일부라도 같은 표준지가 없다면 실제 이용상황 등 이용가치가 가장 유사한 용도지역의 토지를 표준지로 선정하면 될 것이다.

215) 대법원 2002. 4. 12. 선고 2000두5982 판결 [환지예정지지정처분취소], 대법원 1992. 11. 13. 선고 92누1377 판결 [토지수용재결처분취소], 대법원 2011. 9. 8. 선고 2009두4340 판결 [수용보상금증액]
216) 대법원 2008. 8. 21. 선고 2007두13845 판결 [토지보상금]

1. 해당 공익사업의 면적이 20만 ㎡ 이상일 것
2. 해당 공익사업지구 안에 있는 부동산가격공시법에 따른 '표준지공시지가'(해당 공익사업지구 안에 표준지가 없는 경우에는 '비교표준지의 공시지가'를 말한다)의 평균변동률과 평가대상토지가 소재하는 시군구 전체의 표준지공시지가 평균변동률과의 차이가 3%포인트 이상일 것
3. 해당 공익사업지구 안에 있는 표준지공시지가의 평균변동률이 평가대상토지가 소재하는 시군구 전체의 표준지공시지가 평균변동률보다 30% 이상 높거나 낮을 것

- 위 제1항 제2호 및 제3호에 따른 평균 변동률은 해당 표준지별 변동률의 합을 표준지의 수로 나누어 산정하며, 공익사업지구가 둘 이상의 시·군 또는 구에 걸쳐 있는 경우 평가대상 토지가 소재하는 시군구 전체의 표준지공시지가 평균 변동률은 시군구별로 평균 변동률을 산정한 후 이를 해당 시군구에 속한 공익사업지구 면적 비율로 가중평균(加重平均)하여 산정한다. 이 경우 평균 변동률의 산정 기간은 해당 공익사업의 계획 또는 시행이 공고되거나 고시된 당시 공시된 표준지공시지가 중 그 공고일 또는 고시일에 가장 가까운 시점에 공시된 표준지공시지가의 공시기준일부터 법 제70조 제3항 또는 제4항에 따른 표준지공시지가의 공시기준일까지의 기간으로 한다(법 제38조의2 제2항).

- 평균 변동률은 해당 표준지의 필지별 변동률의 합을 표준지 수로 나누어 산정하며, 공익사업시행지구가 둘 이상의 시군구에 속하는 경우에는 시군구별로 평균 변동률을 산정한 후 이를 해당 시군구에 속한 공익사업시행지구 면적 비율로 가중평균하여 산정한다. 또한 표준지가격 변동률은 면적을 가중하지 않고 단가를 기준으로 산정한다.

- 도로 등과 같은 선형(線形)의 공익사업의 경우에도 해당 사업시행지구 내에 소재한 표준지를 비교표준지로 선정함을 원칙으로 한다. 다만 해당 공익사업으로 인한 제한이 표준지공시지가에 반영되어 있으나 이러한 제한이 없는 상태로 보상 평가하는 경우 등은 해당 공익사업시행지구 밖의 표준지를 비교표준지로 선정할 수 있다.

- 사업인정의 고시가 있은 이후에 공익사업시행지구의 확장이나 변경 등으로 토지의 세목 등이 추가 고시됨에 따라 그 '추가 고시된 토지를 보상평가'하는 경우에는 그 토지의 세목 등이 추가 고시된 날짜를 사업인정고시일로 본다. 다만 공익사업시행지구의 확장이나 변경 등이 없이 지적 분할 등에 의해 토지의 세목 등이 변경 고시된 경우에는 종전의 세목고시일을 사업인정고시일로 본다.[217]

- 그러나 공공주택특별법[218] 제27조 제5항 및 시행령 제20조, 산림복지진흥법 제42조 제5항

---

[217] 사업지구 밖에서 비교표준지를 선정한 경우에 그 비교표준지에 개발이익이 반영되어 있다고 볼 수 없는 경우에도 당해 공익사업의 계획 또는 시행의 공고·고시일에 가장 가까운 시점에 공시된 공시지가를 선정해야 하는지가 문제된다. 이에 관하여 질의회신은 토지보상법 시행령 제38조의2 제1항 제2호에서 비교표준지의 공시지가 평균변동률과 평가대상토지가 소재하는 시군구 전체의 표준지공시지가 평균변동률을 비교하는 것은 해당 공익사업지구 안에 표준지가 없는 경우에 한정되는 것으로 해당 공익사업지구 안에 표준지가 있는 경우에는 이를 기준으로 하여야 할 것이라고 한다('공익사업지구 안에 표준지가 없는 경우'의 의미 [2017. 1. 6. 감정평가기준팀-15])

및 같은 법 시행령 제40조, 역세권법 제17조 제4항 및 같은 법 시행령 제20조의2에서는 적용공시지가의 결정에 대해 별도로 규정하고 있다.

⑤ 시점수정
- 감정평가와 보상 실무는 적정한 토지 보상을 위하여 '지가변동률을 시점수정으로 활용'하고 있다. 시점수정은 부동산거래신고법에 따라 국토부 장관이 월별로 조사·발표한 지가변동률로서 비교표준지가 있는 시군구의 같은 용도지역의 지가변동률을 적용한다.[219] 즉 지가변동률로서 시점수정을 한다. 기타 지가변동률에 관하여 자세한 것은 감정평가실무기준 610.1.5.2.3.1.②항 이하를 참고하기 바란다.

⑥ 생산자물가상승률 적용
- 생산자물가상승률(구, 도매물가상승률)은 한국은행법 제86조에 따라 한국은행이 조사·발표하는 생산자물가지수에 따라 산정된 비율을 말한다(법 제70조 제1항). 조성 비용 등을 기준으로 보상 평가하는 경우 또는 그 밖에 특별한 이유가 있다고 인정되는 경우에는 지가변동률을 적용하는 대신에 한국은행이 조사·발표하는 생산자물가지수에 따라 산정된 생산자물가상승률을 적용하여 시점수정할 수 있다. 생산자물가상승률은 필요적 참작 사유는 아니다.[220] 즉 토지에 관하여는 공시지가를 기준으로 하되, 토지의 이용계획, 지가변동률, 생산자물가상승률 외에 당해 토지의 위치·형상·환경·이용 상황 등을 참작하여 평가한 적정가격으로 보상액을 정하도록 되어 있는바, 위 규정이 지가변동률 외에 생산자물가상승률을 참작하라고 하는 취지는 지가변동률이 지가 추세를 적절히 반영하지 못한 특별한 사정 있는 경우 이를 통하여 보완하기 위한 것일 뿐이므로 지가변동률이 지가 추세를 적절히 반영한 경우에는 이를 필요적으로 참작하여야 하는 것은 아니다. 따라서 생산자물가상승률은 지가변동률을 적용하지 못하는 명백한 사유가 없음에도 임의적으로 생산자물가상승률을 적용하거나 지가변동률과 산술평균하여 시점 수정하는 것은 허용되지 않는다.[221]

⑦ 지역요인과 개별요인의 비교
- 감정평가와 보상 실무는 적정한 보상을 위하여 지역요인과 개별요인의 비교를 하고 있다. 대법원의 견해도 같다.[222] 수용대상 토지의 손실보상액 산정을 위한 과정의 하나로 표준지

---

218) 「공공주택 특별법」은 국민임대주택건설 등에 관한 특별조치법(제정 2003.12.31.) → 보금자리주택건설 등에 관한 특별법(2009.04.21.) → 공공주택건설 등에 관한 특별법(2014.01.17.) → 공공주택 특별법(2015.12.29.)으로 법률명이 변경되어 왔다.
219) 감정평가실무기준 [시행 2019. 10. 23.] [국토교통부고시 제2019-594호, 2019. 10. 23.] 610.1.5.2.3.1.① 참조 이하 '기준'이라고 줄여 쓴다.
220) 대법원 1999. 8. 24. 선고 99두4754 판결 [토지수용재결처분취소], 대법원 1999. 1. 29. 선고 98두4641 판결 [토지수용이의재결처분취소]
221) 2021 국토부 중앙토수위 토지수용 업무편람 211쪽(이하 '편람'이라고 한다) 참조
222) 대법원 1995. 7. 25. 선고 93누4786 판결 [토지수용재결처분취소], 대법원 2007. 7. 12. 선고 2006두11507 판결 [손실보상금증액청구]

와 수용대상 토지의 지역요인 및 개별요인을 대비하여 품등비교를 함에 있어, 개별요인의 경우 대상 토지와 표준지 자체의 토지 특성상의 차이를 비교하는 것과 마찬가지로 지역요인 역시 대상 토지가 속한 지역과 표준지가 속한 지역의 각 지역적 특성을 비교하여야 한다. 비교표준지와 수용대상 토지의 지역요인 및 개별요인 등 품등비교를 함에 있어서도 현실적인 이용상황에 따른 비교 수치 외에 다시 공부상의 지목에 따른 비교 수치를 중복 적용하는 것은 허용되지 아니한다.

- 지역요인의 비교는 수용대상 토지와 표준지가 위치한 지역의 특성을 비교하여 어느 쪽이 우세한지를 결정하기 위한 것이다. 즉 비교표준지가 있는 지역의 표준적인 획지의 최유효이용과 대상 토지가 있는 지역의 표준적인 획지의 최유효이용을 판정·비교하여 산정한 격차율을 적용하되, 비교표준지가 있는 지역과 대상 토지가 있는 지역 모두 '기준시점을 기준'으로 한다(기준 610.1.5.2.4.1.).

- 개별요인의 비교에 관하여 토지보상법 제70조 제1항은 "협의나 재결에 의하여 취득하는 토지에 대하여는 공시지가를 기준으로 하여 보상하되, 그 공시기준일부터 가격시점까지의 관계 법령에 따른 그 토지의 이용계획, 지가변동률, 생산자물가상승률과 그 토지의 위치·형상·환경·이용 상황 등을 고려하여 평가한 적정가격으로 보상하여야 한다"고 토지의 개별요인을 고려하고 있다. 개별요인의 비교는 비교표준지의 최유효이용과 대상 토지의 최유효이용을 판정·비교하여 산정한 격차율을 적용[223]하되, 비교표준지의 개별요인은 공시기준일을 기준으로 하고 대상 토지의 개별요인은 기준시점을 기준으로 한다(기준 610.1.5.2.4.2.). 개별요인의 비교는 어떤 요인을 어떻게 비교하였는지를 소상히 밝혀야 한다. 그렇지 않고 개별요인 품등비교에 관하여 아무런 이유 설시를 하지 아니한 감정평가는 위법하다.[224] 실무상 감정평가가 위법하다는 판단을 받는 경우는 개별요인의 비교 부실이 많다. 이를 이유로 보상액 증액을 주장할 여지는 많다. 이 점은 부동산 경매에서도 마찬가지이다. 적용할 개별요인으로는 통상 토지의 형상과 지세, 가로 또는 도로조건, 환경조건, 획지조건, 접근조건, 행정적 조건, 기타 조건 등으로 분류한다.

⑧ 그 밖의 요인
- 감정평가법인 등은 토지를 감정평가할 때에는 공시지가기준법을 적용해야 하며, 공시지가기준법에 따라 토지를 감정평가할 때에는 i)비교표준지 선정, ii)시점수정, iii)지역요인 비교, iv)개별요인 비교, v)그 밖의 요인 보정의 순서에 따라야 한다. 법 제3조 제1항 단서에 따라 적정한 실거래가를 기준으로 토지를 감정평가할 때에는 '거래사례비교법'을 적용해야 한다

---

223) 격차율의 산정(예컨대 소수점 이하 셋째 자리까지 표시하고 반올림, 용도지대별 비교항목을 증감설정하여 산정 등)에 관하여는 한국감정평가사협회 '토지보상평가지침'(이하 '지침'이라 한다)제15조의2를 참고하기 바란다.
224) 대법원 1996. 5. 28. 선고 95누13173 판결 [토지수용재결처분취소]

(감정평가규칙 제14조). 대법원은 이외에도 인근 유사 토지의 정상 거래사례, 보상선례, 호가 등도 비교요인으로 인정하고 있다.
- 그 밖의 요인 보정을 위한 거래사례 등은 i)용도지역 등 공법상 제한사항이 같거나 비슷할 것, ii)이용상황이 같거나 비슷할 것, iii)주위환경 등이 같거나 비슷할 것, iv)지리적으로 가능한 한 가까이 있을 것 등의 요건을 갖추어야 한다. 다만 iv)는 해당 공익사업의 시행에 따른 가격의 변동이 반영되어 있지 아니하다고 인정되는 사례의 경우에는 적용하지 않는다.
- 그 밖의 요인 보정이 필요한 경우는 i)공시지가가 공시기준일 당시의 적정가격을 반영하고 있으나 시점수정을 위한 지가변동률이 공시지가 고시일 이후의 지가 변동상황을 정확하게 반영하지 못하거나, ii)공시지가 자체가 적정가격을 반영하지 못하는 경우, iii)적용공시지가를 소급함으로 인한 적용공시지가의 공시기준일부터 기준시점까지 해당 공익사업 외의 공익사업으로 인한 지가변동분의 보정이 필요한 경우 등이 있다.
- '인근 유사 토지의 정상거래사례'는 그 토지가 수용대상 토지의 인근지역에 위치하고 용도지역·지목·등급·지적·형태·이용 상황 및 법령상의 제한 등 자연적·사회적 조건이 수용대상 토지와 동일하거나 유사한 토지에 관하여 통상의 거래에서 성립된 가격으로서 개발이익이 포함되지 아니하고, 투기적인 거래에서 형성된 것이 아닌 것을 말한다. 다만 개발이익이 포함된 경우에도 그 개발이익을 배제하여 정상적인 가격으로 보정할 수 있다면 이를 참작할 수 있다.[225]
- 보상사례는 해당 공익사업의 보상 이전에 다른 공익사업에 편입되어 보상금이 지급된 사례로서 인근 유사 토지에 존재하여 대상 토지의 적정한 보상액에 영향을 미칠 수 있는 사례를 의미한다. 따라서 인근 유사 토지가 거래된 사례나 보상이 된 선례가 있고, 그 가격이 정상적인 것으로 적정한 보상액 평가에 영향을 미칠 수 있는 것임이 입증된 경우에는 이를 참작할 수 있는 것이나, 단순한 호가 시세나 담보목적으로 평가한 가격에 불과한 것까지 참작할 것은 아니다.[226] 또한 해당 공익사업의 보상사례는 참작할 수 없다.
- 감정평가실무기준 및 토지보상평가지침은 그 밖의 요인 보정을 규정하고 있다. 이에 관하여는 기준 610.1.5.2.5., 800.5.6.6. 및 지침 제16조 제4항~제17조의2를 참고하기 바란다.

⑨ 손실보상 산정 기준일에 대한 대법원 판례
- 손실보상 기준일과 관련하여 대법원은 "특정한 토지를 구 도시정비법상 사업시행 대상 부지로 삼은 최초의 사업시행인가 고시가 이루어지고 그에 따라 토지보상법에 따른 사업인정이 의제되어 사업시행자에게 수용 권한이 부여된 후 최초 사업시행인가의 주요 내용을 실질

---

[225] 대법원 2004. 08. 30. 선고 2004두5621 [토지수용이의재결처분취소등], 대법원 2010. 04. 29. 선고 2009두17360 손실보상금]
[226] 대법원 2003.02.28 선고 2001두3808, 대법원 2003. 7. 25. 선고 2002두5054 판결 [토지수용이의재결처분취소]

으로 변경하는 인가가 있는 경우에도 손실보상금을 산정하는 기준일은 '<u>최초 사업시행인가 고시일</u>'이라고 한다". 왜냐하면 만일 이렇게 보지 않고 사업 시행 변경인가가 있을 때마다 보상금 산정 기준시점이 변경된다고 보게 되면, 최초의 사업시행인가 고시가 있을 때부터 수용의 필요성이 유지되는 토지도 그와 무관한 사정으로 보상금 산정 기준시점이 매번 바뀌게 되어 부당할 뿐 아니라, 사업시행자가 자의적으로 보상금 산정 기준시점을 바꿀 수도 있게 되어 합리적이라고 볼 수 없기 때문이다.[227] 또한 산업입지법에 따른 산업단지개발사업의 경우에도 토지보상법에 의한 공익사업의 경우와 마찬가지로 토지보상법에 의한 사업인정고시일로 의제되는 '<u>산업단지 지정 고시일</u>'을 토지소유자 및 관계인에 대한 손실보상 여부 판단의 기준시점으로 보아야 한다.[228] 도시정비법에 따라 설립된 정비사업조합에 의하여 수립된 사업시행계획에서 정한 사업시행기간이 도과하였더라도, 유효하게 수립된 사업시행계획 및 그에 기초하여 사업시행기간 내에 이루어진 토지의 매수·수용을 비롯한 사업시행의 법적 효과가 소급하여 효력을 상실하여 무효로 된다고 할 수 없다.[229] 수용대상에 대한 손실보상액 평가 기준 및 수용대상이 사업인가 고시 당시의 토지 또는 권리 세목에 누락되었다가 추가된 경우에는 보상액 산정의 기준이 되는 '사업인정시기'는 '<u>최초 사업인정 고시일</u>'이지만, 최초의 사업인정고시에 따른 사업기간이 경과된 후에 사업기간을 연장하는 사업계획변경고시를 한 경우 추가되는 토지에 대한 '적용공시지가'는 '사업계획변경 고시일'을 기준으로 한다.[230]

⑩ 실거래가 적용 여부에 관한 고찰

■ 토지보상법은 '표준지공시지가를 원칙'으로 하고 있다. 그러나 부동산의 매매계약에 대해서는 2006년 '부동산거래신고제도'를 도입[231]하여 모든 유형의 부동산을 매매계약으로 취득

---

227) 대법원 2018. 7. 26. 선고 2017두33978 판결 [손실보상금증액]
228) 대법원 2019. 12. 12. 선고 2019두47629 판결 [영업휴업보상등] 즉, 손실보상의 대상인지 여부는 토지소유자와 관계인·일반인이 특정한 지역에서 공익사업이 시행되리라는 점을 알았을 때를 기준으로 판단하여야 하는데, 산업입지법에 따른 산업단지개발사업의 경우 "수용·사용할 토지·건축물 또는 그 밖의 물건이나 권리가 있는 경우에는 그 세부 목록"이 포함된 산업단지개발계획을 수립하여 '산업단지를 지정·고시한 때'에 토지소유자와 관계인·일반인이 특정한 지역에서 해당 산업단지개발사업이 시행되리라는 점을 알게 되므로 '산업단지 지정 고시일'을 손실보상 여부 판단의 기준시점으로 보아야 하고, 그 후 실시계획 승인 고시를 하면서 지형도면을 고시한 때를 기준으로 판단하여서는 아니 된다.
229) 대법원 2016. 12. 1. 선고 2016두34905 판결 [사업시행계획무효확인], 대법원 2020. 1. 30. 선고 2018두66067 판결[기타(일반행정)], 대법원 2021. 2. 10. 선고 2020두48031 판결 [총회결의무효] 주택재개발정비사업조합의 조합원이 분양신청절차에서 분양신청을 하지 않으면 분양신청기간 종료일 다음 날에 현금청산대상자가 되고 조합원의 지위를 상실한다(대법원 2011. 7. 28. 선고 2008다91364 판결 등 참조). 그 후 그 분양신청절차의 근거가 된 사업시행계획이 사업시행기간 만료나 폐지 등으로 실효된다고 하더라도 이는 장래에 향하여 효력이 발생할 뿐이므로(대법원 2016. 12. 1. 선고 2016두34905 판결 참조) 그 이전에 발생한 조합관계 탈퇴라는 법적 효과가 소급적으로 소멸하거나 이미 상실된 조합원의 지위가 자동적으로 회복된다고 볼 수는 없다.
230) 대법원 2000. 9. 8. 선고 98두6104 판결 [재결처분취소]
231) 공인중개사의 업무 및 부동산 거래신고에 관한 법률[시행 2006. 1. 30.] [법률 제7638호, 2005. 7. 29., 전부개정]

시 실거래가를 신고하도록 하고 이를 공개해 오고 있다. 부동산거래신고를 시행한 이래 20년에 가까운 세월이 흘렀고, 매년 70~80만 건의 토지거래가격이 신고되고 있다.
- 참고로 감정평가법 제3조 제1항은 "…표준지공시지가를 기준으로 하지만 적정한 '실거래가'가 있는 경우에는 이를 기준으로 할 수 있다"고 규정하고 있고, 감정평가에 관한 규칙 제14조 제3항도 "감정평가법인 등은 법 제3조 제1항 단서에 따라 적정한 '실거래가'를 기준으로 토지를 감정평가할 때에는 거래사례비교법을 적용해야 한다"고 규정하고 있다. 또한 국토부 감정평가실무기준에도 감정평가의 원칙으로 '시장가치기준원칙'을 제시하고 있다(기준 400-2.1).
- 생각건대 우리나라만큼 토지수용을 남발하는 국가도 정말 드물 것이다. 그럼에도 불구하고 아직도 토지보상법은 '표준지공시지가를 기준'으로 하고 있고, 다만 보상평가 실무에서 실거래가는 기타요인으로 반영하고 있을 뿐이다. 따라서 차제에 토지보상법을 실거래가평가주의로 개정하여 실무상의 불필요한 우회를 단순하고 투명하게 할 필요성이 있다. 세수(稅收)를 위하여 실거래가를 신고하도록 하였다면 토지보상 또한 실거래가로 하는 것이 타당하고, 보상을 실거래가로 함으로써 국민적 저항은 물론 부질없는 행정쟁송 또한 줄어들 것이다. 이러한 부질없는 사회적 비용을 줄여서 그 비용을 복지자금으로 전환하는 것이야말로 복지국가로 가는 가장 중요하고도 시급한 첩경이 아니고 무엇이겠는가?

(3) 현황평가와 객관적 상황평가

① 현황평가의 원칙
- 토지에 대한 보상액은 가격시점에서의 '현실적인 이용 상황(현황)'과 '일반적인 이용방법'에 의한 '객관적 상황'을 고려하여 산정하되, '일시적인 이용 상황'과 토지소유자나 관계인이 갖는 '주관적 가치' 및 '특별한 용도에 사용할 것을 전제'로 한 경우 등은 고려하지 아니한다(법 제70조 제2항). 취득하는 토지는 물론 사용하는 토지도 마찬가지이다.

ⓐ 현실적인 이용 상황(현황)을 고려한 평가
- '현실적인 이용 상황'이란 지적공부상의 지목에 불구하고 가격시점에서의 현실적인 이용 상황에 따라 평가되어야 하며, 일시적인 이용상황은 고려하지 아니하며, 주위 환경이나 공법상 규제 등으로 보아 인정 가능한 이용 상황을 말한다(토지보상평가지침 제5조 제2항 참조). 즉, 수용재결 당시의(가격시점에서의) 현실 이용 상황을 기준으로 평가하여야 하고, 그 현실 이용 상황은 법령의 규정이나 토지소유자의 주관적 의도 등에 의하여 평가 또는 의제될 것이 아니라 관계 증거에 의하여 객관적으로 확정되어야 한다. 따라서 토지수용으로 인한 손실보상액 산정 시 당해 공공사업의 시행을 직접 목적으로 하는 계획의 승인·고시로 인한 가격변

제27조 참조

동을 고려해서는 아니 된다.[232)
- 대상 토지에 대한 형질변경 행위가 완료되어 현실적인 이용 상황의 변경이 이루어진 경우에는 비록 준공검사나 지목변경과 같은 공부상 지목변경절차를 마치기 전이라고 하더라도 변경된 실제 현황을 기준으로 판단한다. 즉, 국토계획법상 토지의 형질변경 완료의 의미에는 준공검사나 지목변경은 필요 없다.[233)
- 현실적인 이용 상황의 판단 시점은 보상의 대상이 되는 권리가 소멸할 때인 '기준시점'이다. 즉 현실적인 이용 상황은 '보상평가의 기준시점'에서 판단한다.[234) 또한 현실적인 이용 상황은 주관적 의도가 아니라 관계 증거에 의하여 객관적으로 확정되어야 한다.[235)

ⓑ '객관적 상황'평가와 주관적 가치 및 특별한 용도 배제
- '일반적인 이용 방법'이란 토지의 공간적·시간적 상황에 따라서 일반적인 평균인이 이용할 것으로 기대되는 이용 방법을 말하고, 객관적 상황이란 사물을 판단함에 있어 자기 자신을 기준으로 하지 않고 제3자의 입장에서 판단하는 것을 말한다.[236) 따라서 토지를 특수한 용도에 이용할 것을 전제로 하거나 주위 환경이 특별하게 바뀔 것을 전제하는 경우 등은 객관적 상황을 기준으로 하는 것으로 볼 수 없다. 예컨대 온천으로의 개발가능성이라는 장래의 동향을 지나치게 평가한 것은 객관성과 합리성을 결한 것이다.
- 토지소유자나 관계인이 갖는 '주관적 가치'란 다른 사람에게 일반적이지 않은 토지소유자나 관계인만이 가지는 감정적 가치를 말한다. 예컨대 임야를 명당 묘(墓) 또는 명당 주택지(垈)라고 하여 잡종지 또는 대지 등으로 평가될 수 없듯이, 이와 같은 주관적 가치는 보상에서 고려대상이 아니다.
- 특별한 용도에 사용할 것을 전제로 한 경우란 일반적인 사용이 아닌 예외적이고 특별한 용도를 전제로 하는 사용을 말한다. 임야에 전원주택을 지으려고 하였더라도 임야가 아닌 대지로 평가될 수 없다. 특별한 용도는 고려대상이 아니다. 특별한 용도는 기준시점에서 토지가 소

---

232) 대법원 1998. 9. 18. 선고 97누13375 판결 [토지수용이의재결처분취소등], 대법원 2004. 6. 11. 선고 2003두14703 판결 [토지수용이의재결처분취소등]
233) 대법원 2012. 12. 13. 선고 2011두24033 [수용보상금증액]
234) 대법원 2016. 8. 24. 선고 2014두46966 판결 [손실보상금], 대법원 2016. 8. 24. 선고 2014두15580 판결 [손실보상금] 하천법의 연혁, 그리고 보상액은 보상의 대상이 되는 권리가 소멸한 때의 현황을 기준으로 산정하는 것이 보상에 관한 일반적인 법리에 부합하는 점 등에 비추어 보면, 위 조문은 원칙적으로 '편입 당시의 지목 및 토지이용상황'을 기준으로 평가하되, 편입 당시의 지목 및 토지이용상황을 알 수 없을 때에는 예외적으로 '현재의 토지이용상황'을 고려하여야 한다는 취지로 해석함이 상당하다.
235) 대법원 2004. 06. 11. 선고 2003두14703 대법원 2004. 6. 11. 선고 2003두14703 판결 [토지수용이의재결처분취소등], [2017. 6. 8. 중토위 재결례]
236) 객관적 재산가치는 그 물건의 성질에 정통한 사람들의 자유로운 거래에 의하여 도달할 수 있는 합리적인 매매가능가격, 즉 시장가치에 의하여 산정되고 시장가치는 매도자에서 매수자에게로 이전될 수 있는 가치를 전제로 하므로 매도자로부터 매수자에게로 이전될 수 없는 주관적 가치는 재산권의 객관적 가치에 포함되지 않으므로 보상액에 포함되지 않는다.

재한 지역의 일반적인 이용 상황이 아닌 특정 용도를 의미하며, 특별한 용도에 사용할 것을 전제로 한 가치도 매도자로부터 매수자에게로 이전될 수 있는 재산권의 객관적 가치에 포함된다고 볼 수 없기 때문에 보상액에 포함되지 않는다. 한 필지의 토지가 여러 가지 용도로 사용되는 경우에는 그 각각의 용도에 따라 보상액을 산정한다.

② 현황평가의 예외

ⓐ 일시적 이용 상황 불 고려 원칙

- 현실적인 이용상황 기준의 예외로는 ⅰ)일시적 이용 상황, ⅱ)공익사업용지, ⅲ)미지급용지, ⅳ)무허가건축물 등의 부지, ⅴ)불법으로 형질변경된 토지, ⅵ)건축물 등의 부지 등이 있다.
- '현황평가주의의 원칙'상 '일시적인 이용 상황'은 고려하지 않음이 원칙이다. '일시적인 이용 상황'은 관계 법령에 따른 국가 또는 지방자치단체의 계획이나 명령 등에 따라 해당 토지를 본래의 용도로 이용하는 것이 일시적으로 금지되거나 제한되어 그 본래의 용도와 다른 용도로 이용되고 있거나 해당 토지의 주위 환경의 사정으로 보아 현재의 이용 방법이 임시적인 것을 말한다(영 제38조).
- 일시적 이용 상황에는 본래의 용도로 사용하는 것이 제한된 경우, 즉 공용제한이 있는 경우가 있다. 개별적 계획제한이 가하여진 토지는 그 제한에 따라서 일시적인 이용 상황을 고려하여 평가할 것이 아니라 '원래의 지목'으로 평가하여야 한다(일시적 이용 상황 고려금지의 원칙). 예컨대 개발제한구역 안에서 건축물의 건축이 금지된 관계로 '대지에 농작물을 경작'하고 있는 경우에는 '일반적 제한'으로서 '대지가 아니라 전으로' 평가해야 하지만, 주거지역 안에서 도로계획선 또는 건축선에 저촉되어 '대지에 농작물을 경작'한 경우에는 '개별적 제한'으로서 일시적인 이용 상황을 고려함이 없이 '전이 아니라 대지로' 평가하여야 한다. 판례도 "수용대상 토지는 원래 목욕탕 건물의 부지인데 기존의 목욕탕을 헐고 신축하는 과정에서 수용대상 토지가 도시계획시설인 도로에 저촉되어 건물신축을 할 수 없는 관계로 부득이 인근 토지로 이전하여 신축하고 수용대상 토지는 일시적으로 잡종지로 이용하였다면 수용대상 토지의 현실 이용 상황은 대지로 봄이 상당하다"고 한다.[237]
- 같은 원리로 대지가 다른 용도의 토지보다 고가인데도 불구하고 대지가 다른 용도의 토지로 이용되고 있다면 일시적인 이용 상황으로 보아서 이를 고려함이 없이 '고가의 이용 방법인 대지로 평가'하여야 하고, 또한 도시정비사업이 완료된 토지에 농작물을 재배하고 있다면 일시적인 이용 상황으로서 '전이 아니라 대지로' 평가하여야 할 것이다. 또한 따라서 지적공부상 지목은 대(垈)이나, 현재 토지의 이용 상황과 객관적 상황이 유지(溜池) 또는 답(畓)인 저수지 부지에 대한 보상액을 산정함에 있어서 현실적인 이용 상황 등을 고려하여 '유지 또는

---

[237] 대법원 1994. 5. 27. 선고 93누23121 판결 [토지수용재결처분취소등]

답'으로서 보상액을 산정하는 것이 타당하다.238)
- 같은 원리를 적용한 대법원 판례를 보면, "토지수용재결 당시 채석지의 이용 상황이 잡종지 이지만 가까운 장래에 채석기간이 만료되어 훼손된 채석지에 대한 산림복구가 법령상 예정 되어 있다면 이러한 이용 상황은 일시적인 것에 불과하다고 보아야 하므로 이에 대한 수용보 상액은 그 공부상 지목에 따라 '잡종지가 아니라 임야로서 평가'함이 마땅하다"고 한다.239)
- 공익사업으로 인하여 용도 폐지되는 도로 등과 같은 공익사업용지의 경우, <u>기준시점 당시의 현실적인 이용 상황인 도로 등을 기준으로 하는 것이 아니라, 용도폐지 후의 이용 상황인 인근지역의 표준적인 이용 상황을 기준으로 보상평가함</u>이 타당하다.
ⓑ 불법 형질변경이 된 토지 불 고려 원칙
- 불법으로 형질이 변경된 토지에 관하여 대법원은 '일시적인 이용 상황'으로 보고, 이를 반영 하지 않는다. 이에 관한 판례들을 보자.
- 수용대상 토지가 수용재결 당시 전·답이었지만, 토지의 소유자인 원고들은 그 토지들을 불법 매립하여 임대하거나 전·답 상태인 채로 임대하여 임차인이 이를 불법 매립한 후 그 지상에 천막 등으로 가건물을 지어 소규모 공장 등을 운영하게 한 사실, 위 토지들은 이 사건 수용재 결 당시 잡종지, 도로, 나대지 등으로 사실상 사용되고 있었지만 위와 같은 무단 형질변경이 된 점 등에 비추어 보면, 위와 같은 이용 상황은 일시적인 이용 상황에 불과하다.240) 즉, <u>일시적 이용 상황인 잡종지, 도로, 나대지, 공장용지가 아니라 전답으로 평가함이 옳다</u>고 보 았다.
- 원래 밭으로 이용되던 토지를 불법으로 형질변경하여 토지수용재결 당시 공장부지 등으로 이용한 것이 일시적인 이용 상황에 불과하다.241) 불법으로 형질변경된 토지에 대하여는 특 별히 형질변경될 당시의 이용 상황을 상정하여 평가함으로써 그 '적정가격'을 초과하는 부분 을 배제하려는 것이 법의 취지이다.242)
- 과수원 영농을 계속하면서 과수목 사이의 공간에 탁자 등을 갖추어 날씨가 좋고 과수원 영농 에 장애가 되지 않는 경우에 한하여 무허가 음식점영업을 한 경우, 당해 토지 전체의 현실적 인 이용 상황을 '과수원이라고 봄이 옳고' 당해 토지의 이용 상황이 상업용 잡종지였음을 전 제로 보상액을 평가한 원심은 토지 보상액의 평가 방법에 관한 법리를 오해한 위법이 있 다.243)

---

238) 2006. 2. 17. 법제처-05-0146 법령해석
239) 대법원 2000. 2. 8. 선고 97누15845 판결 [토지수용이의신청재결처분취소등]
240) 대법원 1999. 7. 27. 선고 99두4327 판결 [토지수용이의재결처분취소등]
241) 서울행정법원 1999. 9. 8. 선고 98구7007 판결 : 항소기각·상고 [토지수용이의재결처분취소]
242) 대법원 2002. 2. 8. 선고 2001두7121 판결 [토지수용이의재결처분취소등]
243) 대법원 1998. 5. 15. 선고 98두1062 판결 [토지수용이의재결처분취소]

- 수용대상 토지의 무단 형질변경의 경위와 방법, 관할 구청의 원상회복 명령이 있을 경우 쉽사리 원상회복이 가능한 점 등에 비추어 수용대상 토지의 이용 상황이 '일시적인 이용 상황'에 불과하다.[244]

ⓒ <u>다른 법령에서 현황평가의 예외를 규정한 경우</u>
- 도시정비법 제98조 제6항은 "정비사업을 목적으로 우선하여 매각하는 국·공유지는 '사업시행계획인가의 고시가 있는 날을 기준'으로 평가하며, 주거환경개선사업의 경우 매각가격은 평가금액의 100분의 80으로 한다. 다만 사업시행계획인가 고시가 있는 날부터 3년 이내에 매매계약을 체결하지 아니한 국·공유지는 국유재산법 또는 공유재산 및 물품 관리법에서 정한다"고 규정하고 있다. 이에 의하면 정비사업을 목적으로 매각하는 국·공유지는 계약체결 시의 현황이 아니라 '사업시행계획인가의 고시가 있는 날을 기준'으로 평가하게 된다.

(4) 개별평가, 일괄평가, 구분평가, 부분평가

① 개인별 보상의 원칙
- 법 제64조에는 "손실보상은 토지소유자나 관계인에게 '개인별로' 하여야 한다. 다만 개인별로 보상액을 산정할 수 없을 때에는 그러하지 아니하다"라고 규정한다.

② 개별평가
- 감정평가 규칙 제7조에도 "감정평가는 '대상 물건마다 개별로' 하여야 한다. 둘 이상의 대상 물건이 일체로 거래되거나 대상 물건 상호 간에 용도상 불가분의 관계가 있는 경우에는 '일괄하여' 감정평가할 수 있다"(감칙 제7조 제1항·제2항)고 한다.

③ 소유권 외의 권리의 목적이 되고 있는 토지의 평가(권리마다 개별 평가)
- 감정평가실무기준은 "토지 보상평가를 할 때에는 대상토지 및 소유권 외의 '권리마다 개별로 하는 것을 원칙'으로 한다. 다만 개별로 보상액을 산정할 수 없는 등 특별한 사정이 있는 경우에는 소유권 외의 권리를 대상 토지에 포함하여 감정평가할 수 있다"(기준 810.5.3.①)고 한다.
- 소유권 외의 권리마다 개별로 보상평가함에 있어서 소유권 외의 권리의 목적이 되고 있는 토지에 대하여는 해당 권리가 없는 것으로 하여 보상평가한 금액에서 소유권 외의 권리의 가액을 뺀 금액으로 평가한다(규칙 제29조).

④ 일괄평가와 구분평가
- 다음 각 호의 어느 하나에 해당하는 경우에는 그에 따른다(기준 제②항).

---

[244] 대법원 2000. 12. 8. 선고 99두9957 판결 [토지수용재결처분취소]

1. 두 필지 이상의 토지가 '일단지'를 이루고 있는 경우에는 "일괄감정평가"한다. 다만 이용상황 또는 용도지역등을 달리하여 가치가 명확히 구분되거나 소유자 등이 달라 이를 필지별로 감정평가할 이유나 조건이 있는 경우에는 그러하지 아니하다.
2. 한 필지의 토지가 둘 이상의 이용상황으로 이용되거나 용도지역등을 달리하는 경우에는 이용상황 또는 용도지역등 별로 "구분감정평가"한다. 다만 다른 이용상황으로 이용되거나 용도지역등을 달리하는 부분이 주된 이용상황 또는 용도지역등과 가치가 비슷하거나 면적비율이 뚜렷하게 낮아 주된 이용상황 또는 용도지역등의 가치를 기준으로 거래될 것으로 추정되는 경우에는 주된 이용상황 또는 용도지역등의 가치를 기준으로 감정평가할 수 있다.

- 일단(一團)으로 이용 중인 토지. 즉 '일단지'란 2필지 이상의 토지가 일단으로 이용 중이고 그 이용 상황이 사회적·경제적·행정적 측면에서 합리적이고 대상 토지의 가치형성 측면에서 타당하다고 인정되는 등 용도상 불가분의 관계에 있는 경우를 말하며, 부동산시장에서의 거래 관행에서도 그 전체가 일단으로 거래될 가능성이 높은 경우를 말한다. 이 경우에는 일괄 감정평가를 할 수 있다(기준 610.1.7.6.). 판례도 같다.[245]
- 일단지는 여러 필지의 토지를 '하나의 필지'로 보고 '개별요인 등을 적용'한다는 의미이며, 일단지로 이용되고 있는지의 여부는 주관적 의도가 아니라 관계 증거에 의하여 객관적으로 판단하여야 한다.[246]
- 2개 이상의 토지가 용도상 불가분의 관계에 있는지 여부를 판단하는 데 일시적인 이용 상황 등을 고려해서는 안 된다.[247]

---

[245] 대법원 2018. 1. 25. 선고 2017두61799 판결 [보상금증액], 대법원 2020. 12. 10. 선고 2020다226490 판결 [소유권이전등기등] 2개 이상의 토지 등에 대한 감정평가는 개별평가를 원칙으로 하되, 예외적으로 2개 이상의 토지 등에 거래상 일체성 또는 용도상 불가분의 관계가 인정되는 경우에 일괄평가가 허용된다. 여기에서 '용도상 불가분의 관계'에 있다는 것은 일단의 토지로 이용되고 있는 상황이 사회적·경제적·행정적 측면에서 합리적이고 그 토지의 가치형성적 측면에서도 타당하다고 인정되는 관계에 있는 경우를 뜻한다.
그러나 대법원 2017. 3. 22. 선고 2016두940 판결 [재결처분취소및수용보상금증액]은 "토지에 대한 보상액은 가격시점에서의 현실적인 이용 상황과 일반적인 이용 방법에 의한 객관적 상황을 고려하여 산정하되, 일시적인 이용 상황과 토지소유자나 관계인이 갖는 주관적 가치 및 특별한 용도에 사용할 것을 전제로 한 경우 등은 고려하지 아니한다."라고 하고 있다. 그러므로 2개 이상의 토지가 용도상 불가분의 관계에 있는지 여부를 판단하는 데 일시적인 이용상황 등을 고려해서는 안 된다(대법원 2007. 6. 28. 선고 2006두10849 판결 참조). 따라서 "이 사건 토지는 전부 지목이 '잡종지'이고, 용도지역은 자연녹지지역으로서 개발제한구역으로 지정되어 있는 상태인데, 원고들은 2006년 이전부터 이를 그 지역의 농민들에게 임대하여, 임차인들이 이 사건 토지와 그 일대의 인접 토지에 농업용 비닐하우스 수십여 동을 설치하고 이 사건 수용재결일 무렵까지 화훼농업을 영위하였다. 이러한 사정은 이 사건 토지와 그 일대에서 2006년 무렵부터 이 사건 수용재결일까지 수년간 비닐하우스 농업이 이루어지고 있다는 이유만으로 이 사건 토지를 소유자별로 구획하여 일단지로 평가하는 것은 타당하다고 보기 어렵다고 한다.
[246] 대법원 2017. 3. 22. 선고 2016두940 판결[재결처분취소및수용보상금증액], 대법원 2018. 1. 25. 선고 2017두61799 판결[보상금증액], 대법원 2018. 1. 25. 선고 2017두61799 판결[보상금증액]
[247] 원래 1필지였던 토지가 지하 부분의 구분지상권 설정을 위해 여러 필지로 분할되었다고 하더라도, 지상 부분에서는 그러한 토지분할이나 지하 부분의 구분지상권 설정에 별다른 영향을 받지 않고 토지분할 전과 같이 마치 하나의 필지처럼 계속 관리·이용되었다면, 토지분할 전에는 1필지였으나 여러 필지로 분할된 토지들은 그 1필지 중 일부가 다른 용도로 사용되고 있었다는 등의 특별한 사정이 없는 한 용도상 불가분의 관계에 있다고 보는 것이 사회적·경제적·행정적·가치형성적 측면에서 타당하다(대법원 2017. 3. 22. 선고 2016두940 판결[재결처분취소및수용보상금증

- 기준 제2항 제2호에서 사업시행자가 이용 상황별로 면적을 구분하여 제시하지 아니한 경우에는 주된 이용 상황을 기준으로 감정평가하고 다른 이용 상황 및 단가를 감정평가서에 따로 기재한다(제3항). 제2항에 따라 감정평가할 때에는 감정평가서에 그 이유를 기재하여야 한다(제4항).

③ 구분평가

ⓐ 토지와 건축물 등의 구분평가

- 규칙 제20조는 "취득할 토지에 건축물·입목·공작물 그 밖에 토지에 정착한 물건(이하 "건축물 등"이라 한다)이 있는 경우에는 토지와 그 건축물 등을 '각각 구분평가'하여야 한다. 다만 건축물 등이 토지와 함께 거래되는 사례나 관행이 있는 경우에는 그 건축물 등과 토지를 일괄하여 평가하여야 하며, 이 경우 보상평가서에 그 내용을 기재하여야 한다"고 규정한다.

ⓑ 한 필지의 토지가 둘 이상의 용도로 이용되는 경우

- 이 경우에는 실제 용도별로 '구분평가'하는 것을 원칙으로 한다. 다만 의뢰자가 실제 용도별로 면적을 구분하여 제시하지 아니한 경우에는 주된 용도의 가치를 기준으로 감정평가하고 다른 용도의 지목 및 단가를 토지평가조서의 비고란에 표시할 수 있다(지침 제22조 제1항). 다른 용도로 이용되는 부분이 주된 용도와 가치가 비슷하거나 면적 비율이 뚜렷하게 낮아 주된 용도의 가치를 기준으로 거래되는 관행이 있는 경우에는 주된 용도의 가치를 기준으로 감정평가할 수 있고, 이 경우에는 그 내용을 감정평가서에 기재한다(기준 제②항 제2호).
- 골프코스, 건부지, 주차장 및 도로, 조정지, 조경지, 임야 등으로 구성되는 골프장 용지와 같이 복합적 용도로 구성되는 토지 중 일부가 공익사업에 편입되는 경우는 대상 토지와 유사한 이용 가치를 지니는 비교표준지(골프장 용지)를 기준으로 하되, 해당 편입 부분의 위치·형상·개발 정도·전체 토지에 대한 기여도 등을 감안하여 보상평가 한다.

ⓒ 용도상 불가분의 관계에 있는 일단지라고 하더라도 '소유자가 상이하고 가치를 달리하는 경우'의 평가

- 자동차운전학원 내 기능주행코스 및 주차장 등과 같이 다수의 소유자(공유자)로 구성되어 있음에도 이를 일단지라 하여 동일한 단가를 적용하여 보상한다면 지가가 상대적으로 높은 전면 건부지 소유자와 지가가 낮은 후면의 나지 소유자에게 동일한 보상금을 지급하여야 한다는 문제가 발생하게 되는 바, 물리적으로 용도상 불가분의 관계에 있는 일단지라고 하더라도 소유자가 상이하고 가치를 달리 하는 부분이 있다면 이를 구분하여 평가함이 타당하다.[248]

ⓓ 구분소유적 공유관계에 있는 토지의 보상평가

액]).
[248] 2012. 09. 04. 국토부 공공지원팀-1687 질의회신

- 수인이 각기 한 필지의 특정 부분을 점유하면서도 편의상 공유지분 등기를 한 구분소유적 공유관계에 있는 토지는 내부적으로는 상호명의신탁 관계에 있다고 하여도 대외적으로 수탁자의 소유에 속하는 것이므로, 각 공유지분권자의 실제 점유 부분을 기준으로 구분평가하지 않고, 일반 공유토지와 마찬가지로 한 필지의 토지 전체를 기준으로 보상평가한 다음 이를 공유지분 비율에 따라 안분하여 각 공유지분권자에 대한 보상액을 산정하여야 한다.[249]

ⓒ 개발단계에 있는 토지의 일단지 인정 시기
- 개발단계에 있는 토지의 일단지 인정시기는 개발행위허가시점, 건축허가시점 또는 착공신고시점, 준공시점 등과 같은 특정 행위 시점만을 기준으로 일률적으로 판단할 수는 없으며, 대상 토지의 최유효이용 관점에서 법적 허용성 이외에 물리적 가능성, 경제적 타당성, 최대수익성을 종합적으로 고려하여야 판단하여야 한다.[250]

④ 부분평가
- 한 필지 토지의 일부만이 공익사업시행지구에 편입되는 경우에는 편입 당시 '토지 전체의 상황을 기준'으로 감정평가한다. 다만 편입 부분과 잔여 부분의 가치가 다른 경우에는 '편입 부분의 가치를 기준'으로 부분평가한다. 그 내용을 감정평가서에 기재한다(지침 제21조).

(5) 건축물 등이 있는 경우의 나지 상정 평가

① 주요 내용

- 토지에 건축물 등이 있는 때에는 그 '건축물 등이 없는 상태'를 상정하여 토지를 평가한다(규칙 제22조 제2항). 다만 집합건물법상 구분소유권의 대상이 되는 건물 부분과 그 대지사용권이 일체로 거래되는 경우 또는 건축물 등이 토지와 함께 거래되는 사례나 관행이 있는 경우에는 그 건축물과 토지를 일괄하여 감정평가하고, 개발제한구역 안의 건축물이 있는 토지의 경우 등과 같이 관계 법령에 따른 가치의 증가요인이 있는 경우에는 그 '건축물 등이 있는 상태를 기준'으로 감정평가한다(지침 제6조 제2항 제3항).

② 주의사항

- 건축물 등이 없는 상태를 상정하여 토지를 보상평가하는 경우, 건축물 등이 토지와 동일 소유관계인지 여부는 묻지 않으므로 지상에 타인 소유의 건축물 등이 있는 경우에도 이로 인한 제한정도를 고려하지 않고 '건축물 등이 없는 상태'를 상정하여 평가한다.
- 다만 타인 소유 건축물 등이 '별도의 권리'에 근거하여 소재하고 있는 경우에는 이 소유권 외의 권리는 별도로 평가하고, 토지의 보상액은 소유권 외의 권리가 설정되지 않은 것을 상

---

249) 대법원 1998. 7. 10. 선고 98두6067 판결[토지수용이의재결처분취소등]
250) 2014. 07. 01. 국토부 감정평가기준팀-2316 질의회신

정한 평가금액에서 그 권리에 대한 평가금액을 공제하여 산정한다(규칙 제29조).
- 건축물 등이 없는 나지 상정 평가는 토지의 최유효이용이 건축물 등이 없는 상태라는 것을 전제로 하여 토지소유자에게 유리하게 보상하기 위한 것이므로, 개발제한구역 안의 토지의 경우와 같이 적법한 건축물 등이 있는 것이 오히려 증가요인이 되는 경우에는 건축물 등이 있는 상태를 기준으로 보상평가하여야 한다.

③ 광평수(廣坪數) 평가
- 광평수, 즉 넓은 면적의 토지는 통상 거래의 빈도가 적고 활용도 또한 낮아서 정상가격의 형성이 쉽지 않고 30~40% 할인된 가격에 거래된다. 따라서 보상평가실무에서도 '<u>분할 산정 방식</u>'<u>으로 평가</u>한다. '분할 산정방식'이란 통상적으로 거래가 될만한 표준적인 획지로 분할하는 상황을 가정하여 획지조건 수치를 산정하는 방법이다. 대법원도 이를 허용한다. 즉, "법원 감정인이 채택한, 통상적으로 거래가 될 만한 표준적인 획지로 분할하는 상황을 가정하여 획지조건 수치를 산정하는 방법(이하 '분할 산정방식'이라 한다)은 분할된 상태를 전제로 가격요인 전반을 평가하는 것이 아니라 개별요인 중 획지조건을 평가하면서 비교표준지와 우열의 정도를 수치상으로 객관화시키는 과정에 불과하고, 광평수(廣坪數)의 농지는 정상적인 시장에서 수요와 공급에 따른 적정가격의 형성이 어렵다는 점을 고려할 때 이러한 평가 방법 자체가 위법하다고 볼 수는 없다. 그리고 분할 산정방식에 따라 획지조건을 평가하는 경우에 토지를 표준적인 획지 규모로 분할하기 위해 필요한 '도로나 수로 부지'도 여전히 수용대상이라는 점을 고려하여야 한다"고 한다. 결국 '분할 산정방식'을 취하여 이 사건 토지의 획지조건이 '열세'라고 평가한 것은 적법하다.[251]

④ 토지 분할 등으로 인한 저가 평가
- 판례는 도시계획상 용도지역이 같은지 여부는 토지의 자연적·사회적 조건의 동일 또는 유사성 여부를 판단하는 중요한 요소의 하나이므로, 도시계획구역 내에 있는 이 사건 토지에 대하여 용도지역이 같은 일반주거지역 내에서 비교표준지를 선정함이 상당하나, 반드시 당해 토지와 용도지역이 같은 토지만을 표준지로 삼아야 한다든가 용도지역이 같은 표준지는 다른 요소를 고려함이 없이 용도지역이 다른 표준지에 우선하여 그 표준지로 선정하여야 하는 것은 아니며[252], 평가대상 토지 주위에 달리 적절한 표준지가 없는 이상 표준지가 수용대상 토지와 상당히 떨어져 있다는 것만으로[253], 표준지가 수용대상 토지가 분할되기 전의 토지라고 하여 반드시 다른 표준지보다 더 유사성이 있다고 할 수 없으며[254], 표준지가 수용대상

---
[251] 대법원 2014. 12. 11. 선고 2012두1570 판결 [토지보상금증액]
[252] 대법원 1993. 11. 12. 선고 93누9378 판결
[253] 대법원 2002. 4. 12. 선고 2000두5982 판결 [환지예정지지정처분취소]
[254] 대법원 1996. 5. 14. 선고 95누14350 판결 [토지수용이의재결처분취소등]

토지로부터 상당히 떨어져 있다는 것만으로는[255], 표준지 선정이 위법하다고 할 수 없다고 한다.

(6) 공법상 제한을 받는 토지의 보상평가

① 의의
- 공법상 제한을 받는 토지란 관계 법령에 의하여 토지의 이용 제한을 받는 토지를 말한다. 공법상 제한은 '일반적 계획제한'과 '개별적 계획제한'으로 분류해 볼 수 있다. 전자는 보존적 제한으로써 구체적인 사업 시행이 필요 없는 법률에 의한 제한 자체를 말하고, 후자는 구체적인 사업 시행이 필요한 제한이다. <u>전자는 '제한을 받는 상태를 기준'으로 평가하고, 후자는 '제한을 받지 아니하는 생태를 기준'으로 평가한다.</u>
- '일반적 계획제한'의 예는 국토계획법의 용도지역·지구·구역, 자연공원법에 의한 공원구역(국립공원·도립공원·군립공원·지질공원), 도시공원녹지법에 따른 도시'자연'공원구역, 문화재보호법에 의한 문화재보호구역, 군사기지법에 의한 군사시설보호구역, 도로법상의 접도구역, 수도법상의 상수원보호구역 등의 지정 또는 변경이 있고, 후자의 예로는 국토계획법에 따른 기반시설결정고시, 토지보상법에 의한 사업인정고시, 산업입지법에 따른 산업단지 지정고시, 도시공원녹지법에 따른 도시공원[256]조성계획결정 고시 등이 있다.

② 평가의 원칙
- 토지보상법도 공법상 제한을 받는 토지(일반적 계획제한)에 대하여는 '제한받는 상태'대로 평가한다. 다만 그 공법상 제한이 당해 공익사업의 시행을 직접 목적으로 하여 가하여진 경우(개별적 계획제한)에는 '제한이 없는 상태'를 상정하여 평가한다(규칙 제23조 제1항). 당해 공익사업의 시행을 직접 목적으로 하여 용도지역 또는 용도지구 등이 변경된 토지에 대하여는 '변경되기 전(제한이 없는 상태)'의 용도지역 또는 용도지구 등을 기준으로 평가한다(제2항).
- 대법원도 도시공원용지로 편입된 토지[257], 예술의 전당 건립부지 편입[258]은 개별적 계획제한으로서 '제한이 없는 상태대로 평가'하고, 자연공원법에 의한 '자연공원 지정'은 일반적 계

---

[255] 대법원 1999. 1. 15. 선고 98두8896 판결 [토지수용등재결처분취소]
[256] 도시공원녹지법상 도시공원은 국가도시공원, 생활권공원(소공원·어린이공원·근린공원), 주제공원(역사공원·문화공원·수변공원·묘지공원·체육공원·도시농업공원·방재공원)으로 세분된다. 도시공원녹지법상 도시공원과 도시자연공원은 구별하여야 한다.
[257] 대법원 1987. 7. 7. 선고 87누45 판결 [수용재결처분취소등], 대법원 2007. 7. 12. 선고 2006두11507 판결 [손실보상금증액청구] 공원조성사업의 시행을 직접 목적으로 일반주거지역에서 자연녹지지역으로 변경된 토지에 대한 수용보상액을 산정하는 경우, 그 대상 토지의 용도지역을 일반주거지역으로 하여 평가하여야 한다.
[258] 대법원 1988. 2. 9. 선고 87누270 판결 [토지등수용재결처분취소]

획제한으로서 '제한받는 상태대로 평가'한다.[259] 또한 '개발제한구역 지정'으로 인한 제한은 '그대로 고려 (제한받는 상태로 평가)'하고[260], 도시공원용지 지정으로 인한 제한은 '고려하지 아니한 상태(제한이 없는 상태)'로 수용대상 토지의 보상액을 평가한 것이 정당하다고 하고 있다.[261] 자연공원법에 의한 '자연공원 지정' 및 '공원용도지구계획에 따른 용도지구 지정'은 원칙적으로 토지보상법 시행규칙 제23조 제1항 본문에서 정한 '일반적 계획제한'에 해당한다.

- 도시지역·관리지역·농림지역·자연환경보전지역으로 용도가 지정되지 아니한 지역은 '자연환경보전지역'에 관한 규정을 적용하고, 도시지역 또는 관리지역이 세부 용도지역으로 지정되지 아니한 경우로서 도시지역인 경우에는 '보전녹지지역'에 관한 규정을 적용하고, 관리지역인 경우에는 '보전관리지역'에 관한 규정을 적용한다(국토계획법 제79조). 공유수면(바다만 해당함) 매립구역은 그 매립목적이 인접 지역의 용도지역의 내용과 같으면 '인접 지역 용도지역'에 관한 규정을 적용한다(국토계획법 제41조). 양측 용도지역의 사이에 있는 토지가 용도지역이 지정되지 아니한 경우에는 그 위치·면적·이용 상태 등을 고려하여 양측 용도지역의 평균적인 제한상태를 기준으로 한다.

- 구체적인 사업시행이 필요한 개별적 제한의 경우에 제한을 받지 아니한 상태를 기준으로 평가하는 이유는 개별적 제한의 시설 결정이 있으면 통상 가격이 하락하게 되는데, 하락된 가격으로 보상을 한다면 공공사업을 이유로 사적 재산권을 부당하게 침해하는 결과가 되므로 하락된 가격을 고려하지 아니하고 '결정 이전의 상태로 평가'한다는 것이다. 생각건대 사실 이와 같은 관점에서 보면 일반적 계획제한 역시 현실적으로 가격하락을 초래하는 것은 마찬가지이다. 따라서 양자는 구별 없이 제한이 없는 상태대로 평가하는 것이 헌법상 정당보상의 원칙에 부합한다고 생각한다.

---

259) 대법원 2019. 9. 25. 선고 2019두34982 판결 [손실보상금] 따라서 도시공원녹지법에 따른 도시공원 중 도시·군관리계획으로 결정된 도시공원 안의 토지는 그 '공법상 제한을 받지 아니한 상태'를 기준으로 보상평가하고, 도시자연공원구역 안의 토지는 '제한받는 상태대로' 평가한다.
260) 토지보상평가지침 제31조도 개발제한구역 안 토지의 감정평가에 관하여, 개발제한구역 안의 토지에 대한 감정평가는 개발제한구역의 지정이 일반적인 계획제한으로서 그 공법상 제한을 받는 상태를 기준으로 한다고 한다. 토지보상평가지침은 감정평가사협회의 내부적 기준으로 대국민적 구속력이 없으나(대법원 2014. 6. 12. 선고 2013두4620 판결) 토지보상법이나 감정평가실무기준에 규정이 없는 부분은 실무상 참고하여야 할 것이다.
261) 대법원 1992. 3. 13. 선고 91누4324 판결 [토지수용재결처분취소], 대법원 2007. 7. 12. 선고 2006두11507 판결 [손실보상금증액청구], 대법원 2012. 5. 24. 선고 2012두1020 판결 [수용보상금지급청구], 대법원 2015. 8. 27. 선고 2012두7950 판결 [토지보상금증액], 대법원 2018. 1. 25. 선고 2017두61799 판결 [보상금증액] 국토계획법에 의한 지역, 지구, 구역 등의 지정 또는 변경으로 인한 제한의 경우 그 자체로 제한목적이 완성되는 일반적 계획제한으로 보고 '그러한 제한을 받는 상태 그대로' 재결 당시의 토지의 형태 및 이용상황 등에 따라 평가한 가격을 기준으로 적정한 보상가액을 정하여야 하고, 국토계획법에 의한 시설의 설치, 정비, 개량에 관한 계획결정으로서 도로, 광장, 공원, 녹지 등으로 고시됨으로 인한 제한의 경우 구체적 사업이 수반되는 개별적 계획제한으로 보아 '그러한 제한이 없는 것'으로 평가하여야 한다.

③ 용도지역 등이 변경된 토지
- 용도지역 등이 변경된 토지는 '기준시점에서의 용도지역 등을 기준'으로 보상 평가한다. 다만 ⅰ)용도지역 등의 변경이 해당 공익사업의 시행을 직접 목적으로 하는 경우, ⅱ)용도지역 등의 변경이 해당 공익사업의 시행에 따른 절차로서 이루어진 경우에는 '변경 전 용도지역 등을 기준'으로 평가한다(규칙 제23조 제2항). 특정 공익사업의 시행을 위한 용도지역 등의 지정·변경은 해당 공익사업을 직접 목적으로 하는 제한으로 본다.[262]
- 개발제한구역에서는 ⅰ)도로, 철도 등 개발제한구역을 통과하는 선형(線形)시설 등을 제외한 도시·군계획시설사업, ⅱ)도시개발법에 따른 도시개발사업, ⅲ)도시정비법에 따른 정비사업 등의 공익사업의 시행을 할 수 없도록 규정하고 있으므로 개발제한구역에서 허용되지 않는 공익사업을 시행하기 위하여 개발제한구역을 해제하는 경우는 '해당 공익사업의 시행을 직접 목적으로 하는 변경'에 해당한다(개발제한구역법 제12조). 또한 관련 법령에서 사업시행자가 실시계획 등을 작성하거나 승인을 받았을 때에 국토계획법 제30조에 따른 도시·군관리계획의 결정이 있은 것으로 보도록 규정하고 있는 경우, 이에 따라 변경된 용도지역 등은 '해당 공익사업의 시행에 따른 절차로서 변경된 경우에 해당'된다(택지개발촉진법 제11조제1항 등).
- 「도시·군계획시설의 결정·구조 및 설치기준에 관한 규칙」 등 관련 법령에 따라 일정한 용도지역에서 하여야 하는 공익사업에 해당되지 않음에도 사실상 해당 공익사업의 시행을 위하여 용도지역을 변경한 경우에도 해당 공익사업의 시행을 직접 목적으로 하는 변경으로 본다.
- 용도지역의 변경이 사실상 해당 공익사업의 시행을 직접 목적으로 한 것인지의 여부는 관보 등에 고시되는 변경사유 등을 기준으로 객관적으로 판단하여야 한다. 공원 결정·고시일과 같은 날짜에 용도지역 조정(주거지역 → 자연녹지지역)이 있었던 사정 등의 경우, 공원사업의 시행을 직접 목적으로 하여 용도지역 또는 용도지구 등을 변경한 토지에 해당한다.[263]

④ 한 필지가 둘 이상의 다른 용도지역에 걸쳐 있는 토지의 평가
- 둘 이상의 용도지역에 걸쳐 있는 토지에 대한 감정평가는 각 용도지역 부분의 위치·형상·이용 상황, 그 밖에 다른 용도지역 부분에 미치는 영향 등을 고려하여 '면적 비율에 따른 평균

---

[262] 대법원 2012. 5. 24. 선고 2012두1020 판결 [수용보상금지급청구], 대법원 2018. 1. 25. 선고 2017두61799 판결 [보상금증액] 공법상 제한을 받는 토지에 대한 보상액을 산정할 때에 해당 공법상 제한이 구 도시계획법에 따른 용도지역·지구·구역의 지정 또는 변경과 같이 그 자체로 제한목적이 달성되는 일반적 계획제한으로서 구체적 도시계획사업과 직접 관련되지 아니한 경우에는 그러한 '제한을 받는 상태 그대로 평가'하여야 하지만, 도로·공원 등 특정 도시계획시설의 설치를 위한 계획결정과 같이 구체적 사업이 따르는 개별적 계획제한이거나 일반적 계획제한에 해당하는 용도지역·지구·구역의 지정 또는 변경에 따른 제한이더라도 그 용도지역·지구·구역의 지정 또는 변경이 특정 공익사업의 시행을 위한 것일 때에는 당해 공익사업의 시행을 직접 목적으로 하는 제한으로 보아 위 '제한을 받는 아니하는 상태'를 상정하여 평가하여야 한다.
[263] 2019. 1. 24. 중토위 재결례

가액'으로 한다(지침 제26조 제1항).
- 그러나 용도지역을 달리하는 부분의 면적이 과소하여 가격형성에 미치는 영향이 별로 없는 경우, 관계 법령의 규정에 따라 주된 용도지역을 기준으로 이용할 수 있어 주된 용도지역의 가격으로 거래되는 관행이 있는 경우에는 '주된 용도지역의 가격을 기준'으로 감정평가할 수 있다. 예컨대 1,000㎡의 농지가 200㎡는 농림지역에, 800㎡는 계획관리지역에 걸쳐 있다면 200㎡의 농지는 면적이 과소하여 가격형성에 미치는 영향이 별로 없는 경우에 해당한다고 할 수 있다. 이 경우에는 감정평가서에 그 내용을 기재한다(지침 제26조 제2항).[264]

(7) 무허가건축물 등의 부지 평가

① 의의
- 건축법 등 관계 법령에 의하여 허가 또는 신고를 하고 건축 또는 용도변경을 하여야 하는 건축물을 허가 또는 신고를 하지 아니하고 건축 또는 용도변경을 한 건축물(이하 "무허가건축물 등"이라 한다)의 부지에 대하여는 무허가건축물 등이 '건축 또는 용도변경 될 당시의 이용상황을 상정하여 평가'한다(규칙 제24조). 허가나 신고 없이 '용도변경'한 경우도 무허가 건축물로 본다. 그러나 '허가 또는 신고'에 건축물의 사용승인은 포함되지 않는다.[265] 무허가 건축물 등의 건축 시점은 무허가건물대장의 건축일자를 기준으로 하되, 허가건물대장이 없는 경우에는 지방자치단체에 공문을 시행하여 항공사진 촬영일자 등을 확인 한다.

② 이유와 경과조치
- '건축 또는 용도변경될 당시의 이용 상황을 상정하여 평가'하는 이유는 무허가건축물의 부지를 현실 이용 상황에 따라 대지로 평가하면 위법행위를 양성화하여 불합리한 보상을 하게 되기 때문이다.
- 그러나 '건축 또는 용도변경 될 당시의 이용 상황을 상정한 평가'는 규칙 제24조 신설 전인 '1989. 1. 24. 이전에 건축된 무허가건축물 등'에 관하여는 '가격시점 당시의 현실 이용 상태인 대지로 평가(현황평가)'한다(규칙 부칙 제5조 경과규정, 지침 제33조 제1항 단서 참조). 가설건축물, 그 밖에 이와 비슷한 건축물이 있는 토지는 현황평가를 적용하지 않는다(지침 제33조 제2항).

---

[264] 토지보상은 위와 같이 '면적비율에 따른 평균가액'으로 하나, 국토계획법 제84조(둘 이상의 용도지역·용도지구·용도구역에 걸치는 대지에 대한 적용 기준)에 의하면 건축을 위한 '전체 대지의 건폐율 및 용적률' 적용은 각 용도지역에 걸치는 부분 중 가장 작은 부분의 규모가 330㎡(도로변에 띠 모양으로 지정된 상업지역에 걸쳐 있는 토지의 경우에는 660㎡) 이하인 경우에는 '각 용도지역등별 건폐율 및 용적률을 가중평균한 값'을 적용하고, 그 밖의 '건축제한 등'에 관한 사항은 '가장 넓은 면적이 속하는 용도지역에 관한 규정을 적용'한다. 다만 고도지구·방화지구·녹지지구에 걸쳐 있는 경우에는 각각 달리 규정하고 있음을 주의해야 한다(자세한 설명은 김태건, 부동산중개실무와 투자의 정석(2), 부연사, 64~65쪽 참조).
[265] 대법원 2013. 8. 23. 선고 2012두24900 판결 [이주자택지공급대상제외처분취소]

- 무허가건축물 등의 부지를 가격시점 당시의 현실적인 이용 상황을 기준으로 감정평가하는 경우에는 농지법에 따른 농지보전부담금이나 산지관리법에 따른 대체산림자원조성비 상당액은 따로 고려하지 아니한다(지침 제33조 제3항).[266]
- 무허가건축물관리대장에 건축물로 등재되어 있다고 하여 그 건축물이 적법한 절차를 밟아서 건축된 것이라거나 그 건축물의 부지가 적법하게 형질변경된 것으로 추정되지 않는다.[267] 따라서 무허가건축물 등의 부지 또는 1989. 1. 24. 이후에 건축된 사실에 대한 입증은 보상의 무자인 '사업시행자가 입증'하여야 할 것이다. 무허가건축물 등이 건축될 당시의 이용 상황도 토지보상법에서 정하는 절차에 따라 사업시행자가 확정하여야 한다.

③ 무허가건축물 부지의 의미와 범위

- 규칙 제24조의 '무허가건물 등의 부지'라 함은 당해 무허가건물 등의 용도·규모 등 제반 여건과 현실적인 이용 상황을 감안하여 무허가건물 등의 사용·수익에 필요한 범위 내의 토지와 무허가건물 등의 용도에 따라 불가분적으로 사용되는 범위의 토지를 의미하는 것이라고 해석되고, 무허가건물에 이르는 통로, 야적장, 마당, 비닐하우스·천막 부지, 컨테이너·자재적치장소, 주차장 등은 무허가건물의 부지가 아니라 불법으로 형질변경된 토지이고, 그 형질변경 당시의 이용 상황인 전 또는 임야로 상정하여 평가하여야 한다.[268] 실무상 사업시행자는 통상 '건물의 바닥면적만'을 무허가건물의 부지로 보고 있다.

(8) 불법으로 형질변경된 토지의 평가

① 의의

- 불법 형질변경을 특정하기 위해서는 우선 형질변경의 개념부터 특정하여야 한다. 그런데 형질변경은 토지에 관한 가장 광범위하고 기본적인 규제 형태이다. 즉, 토지의 형질변경은 국토계획법(개발행위허가), 농지법(농지전용허가), 산지법(산지전용허가), 초지법(초지전용허가), 개특법(그린벨트 개발 제한), 수도법(상수원보호구역에서의 행위 제한), 자연공원법(공원구역 행위 제한), 도시공원녹지법(완충녹지 행위 제한) 등에서 행위 제한 형태로 나타난다. 따라서 그 개념을 사용하는 법조마다 약간식 범위가 다르다. 그러나 토지보상법에서 불법형

---

266) 토지보상법 시행규칙 부칙 제5조는 "… 1989. 1. 24 당시의 무허가건축물 등에 대해서는…이 규칙에서 정한 보상을 함에 있어 이를 적법한 건축물로 본다."라고 규정하고 있고, 토지보상법 제70조 제2항에서 토지의 보상액은 기준시점에서의 현실적 이용상황을 기준으로 보상평가하도록 규정하고 있으며, 개별요인을 비교함에 있어서는 현실적인 이용상황의 비교 외에 공부상 지목에 따른 비교를 중복적으로 적용하는 것은 허용되지 않으므로(대법원 2001. 3. 27. 선고 99두7968 판결 [토지수용이의재결처분취소등]), 무허가건축물 등의 부지를 기준시점 당시의 현실적인 이용상황을 기준으로 보상평가하는 경우, 해당 토지의 지목이 전·답 등인 경우 농지법 제38조의 규정에 따른 농지보전부담금, 지목이 임야인 경우 산지관리법 제19조의 규정에 따른 대체산림자원조성비 등은 별도로 고려하지 않는다.
267) 대법원 2002. 9. 6. 선고 2001두11236 판결 [토지수용이의재결처분취소]
268) 대법원 2002. 9. 4. 선고 2000두8325 판결 [토지수용이의재결처분취소]

질변경 토지에 있어서 불법이란 국토계획법 등 관련 법령에 의하여 허가를 받거나 신고를 하고 형질변경하여야 할 토지에 대하여 허가를 받거나 신고를 하지 아니하고 형질변경한 경우를 말하므로, 허가를 받거나 신고를 하지 않고 할 수 있는 ⅰ)경작을 위한 형질변경(국토계획법 제56조 제1항 제2호, 국토계획법 시행령 제51조 제2항), ⅱ)경미한 형질변경(국토계획법 제56조 제4항 제3호, 국토계획법 시행령 제53조 제3호) 등은 불법 형질변경에 해당되지 않는다.

- 그 중에 가장 기본적인 개념은 국토계획법 제56조의 정의이다. 즉 "<u>토지의 형질변경</u>"이란 <u>절토(切土, 땅깎기)·성토(盛土, 흙쌓기)·정지(整地, 고르기)·포장(鋪裝) 등의 방법으로 토지의 형상(形狀, 물건의 모양이나 상태)을 변경하는 행위와 공유수면의 매립을 말한다</u>(국토계획법 제56조 제1항 제2호, 같은 영 제51조 제1항 제3호). 농지의 지력 증진 및 생산성 향상을 위한 객토와 정지작업, 양배수시설 설치를 위한 토지의 형질변경과 같은 경작을 위한 형질변경은 여기의 형질변경에 포함되지 않는다.[269] 토지의 형질을 외형상으로 사실상 변경시키는 것에는 지표뿐 아니라 지중의 형상을 사실상 변경시키는 것도 포함한다.[270] 성토와 비슷한 것으로 복토(覆土, 되메우기)는 원지반을 파내고 파낸 부분을 다른 흙으로 메우는 것으로 흙을 쌓아 돋우는 성토와는 다르다. <u>토석채취, 산림벌채, 개간, 토지분할, 건축물의 건축, 공작물의 설치, 물건의 적치는 형질변경과는 또다른 개발행위의 형태이다.</u> 토지의 형질변경은 지목변경과도 구별해야 한다.[271] 이를 반영하여 대법원도 토지의 형질변경이라 함은 "절토, 성토 또는 정지 등으로 토지의 형상을 변경하는 행위와 공유수면의 매립을 뜻하는 것으로서, 토지의 형질을 외형상으로 사실상 변경시킬 것과 그 변경으로 말미암아 원상회복이 어려운 상태에 있을 것을 요한다"고 한다.[272] 국토계획법에 따른 개발행위허가와 관련한 형질변경 이외에 기타 형질변경으로 중요한 것은 농지법상 '농지전용허가'와 산지관리법상의 '산지전용허가'가 중요하다.[273]

---

269) '경작을 위한 토지의 형질변경'이란 이미 조성이 완료된 농지에서의 농작물 재배행위나 그 농지의 지력 증진을 위한 단순한 객토나 소규모의 정지작업 등 농지의 생산성을 높이기 위하여 농지의 형질을 변경하는 경우를 가리키는 것으로 해석하여야 한다. 따라서 토지소유자 등이 당해 토지를 경작하려는 의도에서 토지를 성토한 것이라고 하더라도 그것이 그 토지의 근본적인 기능을 변경 또는 훼손할 정도에 이르는 것일 때에는 관할 관청으로부터 허가를 받아야 한다. 대법원은 "토지 소유자 등이 당해 토지를 경작하려는 의도에서 토지를 성토한 것이라고 하더라도 그것이 그 토지의 근본적인 기능을 변경 또는 훼손할 정도에 이르는 것일 때에는 관할 관청으로부터 허가를 받아야 한다고 하면서, 경작을 목적으로 약 11,166㎡ 면적의 유지(溜池)를 1m 정도의 높이로 매립·성토하여 농지로 조성한 행위가, 국토계획법 및 그 시행령상 허가 없이 시행할 수 있는 행위인 '경작을 위한 토지의 형질변경'에 해당하지 아니한다고 보았다(대법원 2008. 5. 8. 선고 2007도4598 판결 [국토의계획및이용에관한법률위반]).
270) 대법원 2007. 2. 23. 선고 2006두4875 판결 [개발제한구역훼손부담금부과처분취소]
271) 건축행위 및 개발행위허가와 토지형질변경에 관하여 자세한 설명은 김태건, 부동산중개실무와 투자의 정석(2), 부연사, 84~116쪽을 참조하기 바란다.
272) 대법원 2014. 6. 26. 선고 2013두25894 판결 [토지수용보상금], 대법원 2007. 2. 23. 선고 2006두4875 판결 [개발제한구역훼손부담금부과처분취소]

- 불법이란 국토계획법 등 관계 법령에 의하여 허가를 받거나 신고를 하고 형질변경을 하여야 하는 토지를 허가를 받지 아니하거나 신고를 하지 아니하고 형질변경한 토지를 말한다. 이에 대하여는 토지가 '형질변경될 당시의 이용 상황'을 상정하여 평가한다(규칙 제24조).
  그러나 공부상 지목과 실제 현황이 다른 경우의 평가 기준, 즉 당초 '적법하게' 형질변경을 하였으나 준공검사 및 지목변경을 하지 못한 채 이용하다가 당해 토지가 공익사업에 편입된 경우와 같이 비록 준공검사 및 지목변경은 하지 않았다 하더라도 형질변경은 받은 경우에는 불법으로 형질변경된 토지로 볼 수는 없다. 이와 같은 경우에는 법 제70조 제2항의 원칙으로 돌아가서 '현실적인 이용상황'에 따라서 평가하여야 한다. 대법원 판단도 같다.[274]

② 내용
- 한편 대법원은 구 지적법 제26조 제3항을 위반한 '토지 합병'에 대한 평가에 토지보상법 시행규칙 제24조를 유추적용할 수 없다고 한다. 즉 토지가 형질변경될 당시의 이용 상황이 아니라 '현실적인 이용 상황(현황 중심)을 기준'으로 평가해야 한다고 한다.[275] 그러나 '국가 또는 지자체가 불법 형질변경한 토지'에 관하여는 그 토지에 대한 수용보상금을 산정함에 있어서는 토지보상법이 형질변경의 주체에 대한 제한을 두고 있지 않다는 점을 이유로 규칙 제24

---

273) 이에 관하여는 김태건, 앞의 책, 158~349쪽을 참고하기 바란다.
274) 토지의 형질변경이라 함은 절토, 성토, 정지 또는 포장 등으로 토지의 형상을 변경하는 행위와 공유수면의 매립을 뜻하는 것으로서(국토계획법 시행령 제51조 제3호), 토지의 형질을 외형상으로 사실상 변경시킬 것과 그 변경으로 인하여 원상회복이 어려운 상태에 있을 것을 요하지만(대법원 2007. 2. 23. 선고 2006두4875 판결 등 참조), 형질변경허가에 관한 준공검사를 받거나 토지의 지목까지 변경시킬 필요는 없다(대법원 2013. 6. 13. 선고 2012두300 판결 [수용보상금증액]). 따라서 토지가격의 평가를 함에 있어 공부상 지목과 실제 현황이 다른 경우에는 공부상 지목보다는 '실제 현황을 기준'으로 하여 평가하여야 함이 원칙이며, 평가대상 토지에 형질변경이 행하여지는 경우 형질변경행위가 완료되어 현황의 변경이 이루어졌다고 보여지는 경우에는 비록 공부상 지목변경절차를 마치기 전이라고 하더라도 '변경된 실제 현황을 기준'으로 평가함이 상당하다. 농지가 이미 공장용지로 형질변경이 완료되었고 공장용지의 요건을 충족한 이상 비록 공부상 지목변경절차를 마치지 않았다고 하더라도 그 수용에 따른 보상액을 산정할 때에는 토지보상법 제70조 제2항의 '현실적인 이용상황'을 공장용지로 평가해야 한다(대법원 1994. 4. 12. 선고 93누6904 판결 [개발부담금부과처분취소], 대법원 2013. 6. 13. 선고 판결 [수용보상금증액]). 또한 산지전용기간이 만료될 때까지 목적사업을 완료하지 못한 때에는 사업시행으로 토지의 형상이 변경된 부분은 원칙적으로 그 전체가 산지복구의무의 대상이 되므로, 토지보상법에 의한 보상에서도 불법 형질변경된 토지로서 형질변경될 당시의 토지이용상황이 보상금 산정의 기준이 된다. 그러나 산지전용 허가 대상 토지 일대에 대하여 행정청이 다른 법률에 근거하여 개발행위제한 조치를 하고 산지 외의 다른 용도로 사용하기로 확정한 면적이 있어서 산지전용 목적사업을 완료하지 못한 경우와 같이 산지복구의무가 면제될 사정이 있는 경우에는, 형질변경이 이루어진 현상 상태가 그 토지에 대한 보상기준이 되는 '현실적인 이용상황'이라고 보아야 한다(대법원 2017. 4. 7. 선고 2016두61808 판결 [손실보상금]).
275) 대법원 2012. 7. 26. 선고 2010두19690 판결 [토지수용보상금지급] "도시개발사업 등의 착수 또는 변경신고가 된 토지에 대하여 사업 완료 시까지 사업시행자 외의 자가 토지 이동을 신청할 수 없도록 한 구 지적법 제26조 제3항을 위반한 토지 합병의 효력은 유효하다고 하면서, 토지의 합병은 토지의 물리적 형상의 변경을 수반하지 아니하고, 원칙적으로 소유권의 처분권능에 속하는 사항으로서 관할 행정청의 허가 또는 신고를 요하지 아니하며, 구 지적법 제26조 제3항을 위반한 합병신청에 대한 제재 규정도 마련되어 있지 아니 하는 등 토지의 형질변경과는 그 성질을 달리한다. 그렇다면 불법 형질변경토지에 관한 평가방법을 정하는 구 '토지보상법 시행규칙' 제24조의 규정을 구 지적법(2009. 6. 9. 법률 제9774호 '측량·수로조사 및 지적에 관한 법률' 부칙 제2조로 폐지, 현 공간정보법) 제26조 제3항을 위반하여 합병된 토지에 관한 손실보상액 산정의 경우에 유추적용할 수 없다"고 한다.

조를 적용하여 '형질변경이 이루어질 당시의 이용 상황'을 상정하여 평가하여야 한다고 하였다. 그러나 원심인 서울고등법원은 토지보상법 제70조 제2항의 원칙을 적용하여 '수용재결 당시의 현실적인 이용 상황'에 따라 평가함이 합당하다고 보았다.[276)]

생각건대 국가나 지자체는 건축 또는 형질변경의 주체이지 객체가 아니다. 따라서 현황평가의 예외 규정인 토지보상법 시행규칙 제24조(공공용지특례법 시행규칙 제6조 제6항, 무허가건축물 등의 부지 또는 불법 형질변경된 토지의 평가에 관한 규정)을 적용할 수 없고, 이 경우에는 원칙으로 돌아가 법 제70조 제2항 '현황평가'에 의하여야 한다. 그렇게 하는 것이 피수용자에게 유리함은 물론 헌법상의 정당보상의 원칙에도 부합한다. 결국 원심의 견해가 옳다고 본다.

- '1995년 1월 7일(공공용지특례법 시행규칙 시행일) 당시 공익사업시행지구에 편입된 토지'에서 '공익사업시행지구에 편입된 때'는 공익사업시행계획공고·고시일로 본다. 당해 토지가 공공용지특례법 시행규칙 부칙 제4항에 의하여 규칙 시행일인 '1995. 1. 7. 이전'에 도시계획시설(도로)의 부지로 결정·고시된 불법 형질변경 토지에 대하여는 '형질변경이 될 당시의 토지 이용 상황'을 상정하여 평가하도록 규정한 그 시행규칙 제6조 제6항(현 토지보상법 시행규칙 제24조 무허가건축물 등의 부지 또는 불법 형질변경된 토지의 평가)을 적용할 수 없다. 1995년 1월 7일 당시 공익사업시행지구에 편입된 토지는 형질변경될 당시가 아닌 '기준시점에서의 현실적인 이용 상황'을 기준으로 평가한다.[277)] 허가 또는 신고 없이 형질변경 되었다는 점 및 1995년 1월 7일 이후에 공익사업시행지구에 편입되었다는 점 등은 사업시행자가 입증하여야 한다.

- 1966년 항공사진상 농지로 개간되어 있다면, 사업시행자가 <u>1962. 1. 20.(산림법 제정·시행시기)</u> 이후에 개간된 것으로서 허가 등이 없이 개간된 것이라는 점을 증명해야 한다.[278)]

---

276) 대법원 2003. 6. 13. 선고 2002두3409 판결; 서울고법 2002. 3. 22. 선고 2001누9150 판결 : 상고 [토지수용이의재결처분취소] 원심은 "구 토지보상특례법 시행규칙(2002. 12. 31. 건설교통부령 제344호로 폐지) 제6조 제6항(현 토지보상법 규칙 제24조)은 현황평가원칙의 예외로서 "무허가건물 등의 부지나 불법으로 형질변경된 토지는 무허가 건물 등이 건축될 당시 또는 토지의 형질변경이 이루어질 당시의 이용상황을 상정하여 평가한다."라고 규정하고 있는바, 위 규정의 취지는 토지의 소유자 또는 제3자가 불법 형질변경 등을 통하여 현실적인 이용현황을 왜곡시켜 부당하게 손실보상금의 평가가 이루어지게 함으로 인하여 토지 소유자가 부당한 이익을 얻게 되는 것을 방지함으로써 구 위 특례법(2002. 2. 4. 법률 제6656호 토지보상법 부칙 제2조로 폐지) 제4조 제2항이 규정하고 있는 '적정가격보상의 원칙'을 관철시키기 위한 것이라 할 것이므로, 국가 또는 지방공공단체가 적법한 절차를 거치지 아니하고 개인의 토지를 형질변경하여 그 토지를 장기간 공익에 제공함으로써 그 토지의 가격이 상승된 이후에 스스로 공익사업의 시행자로서 그 토지를 취득하는 경우와 같이 위 규정을 적용한다면 오히려 '적정가격보상의 원칙'에 어긋나는 평가가 이루어질 수 있는 특별한 사정이 있는 때에는 위 규정이 적용되지 아니하고, 수용에 의하여 취득할 토지에 대한 평가의 일반원칙에 의하여 수용재결 당시의 현실적인 이용상황에 따라 평가하는 것이 합당하다"는 점을 이유로 들고 있다.
277) 대법원 2000. 12. 8. 선고 99두9957 판결 [토지수용재결처분취소]
278) "1962. 1. 19.이전에는 보안림에 속하지 아니한 산림이나 경사 20도 미만의 사유 임야에서는 원칙적으로 개간, 화전경작 등의 형질변경행위에 대하여 허가나 신고 등이 불필요하였고, 1966년경 이미 일부가 전으로 사용되고 있는 토지에 대하여 불법형질변경을 이유로 형질변경 이전 상태인 임야로 보상하기 위해서는 산림법 등이 제정·시행된

- 보상액은 '보상의 대상이 되는 권리가 소멸한 때의 현실적인 이용상황을 기준'으로 산정하는 것이 원칙이므로, 불법인지 여부의 판단은 '기준시점을 기준'으로 한다. 따라서 형질변경 당시에는 허가나 신고 등을 하지 않았으나, 기준시점 이전에 허가나 신고를 한 경우에는 불법 형질변경으로 보지 않는다. 사업인정 고시일(사업인정 의제 고시일 포함) 또는 개별 법률에서 규정한 특정 행위제한일 이후에 해당 법령에 의한 허가를 받거나 신고를 하지 않고 형질변경한 경우에는 불법 형질변경이 된다. 개발제한구역법에 따른 개발제한구역, 제주특별법에 따른 절대보전지역, 상대보전지역, 관리보전지역 등에서는 토지의 형질변경이 원칙적으로 금지되므로 이러한 지역에서의 형질변경은 불법 형질변경이 된다.
- 불법 형질변경 될 당시의 이용 상황 및 1995년 1월 7일 당시 공익사업시행지구에 편입된 불법 형질변경 토지에 해당되어 현실적인 이용 상황을 기준으로 보상 평가하는 경우의 면적 사정도 토지보상법에서 정하는 절차에 따라 사업시행자가 확정·입증해야 한다.
- 개별법령에서 행위제한일 이전에 건축허가 등을 받고 착공한 경우에 한하여 행위제한일 이후에 계속 공사를 할 수 있도록 규정하고 있는 경우, 행위제한일 이후에 착공한 경우는 불법 형질변경에 해당한다.[279] 따라서 당해 토지에 대한 보상액을 산정함에 있어서 그 이용현황을 수용재결일 당시의 현황대로 평가할 수는 없고, '공사에 착수하기 전의 이용 상황'을 상정하여 평가하여야 한다.
- 임야의 형질변경 허가는 (구)「임산물단속에 관한 법률」(1961.6.27. 법률 제635호로 제정, 1980.1.4. 법률 제3232호로 전부 개정된 산림법 부칙 제2조에 의하여 폐지되기 전의 것) 제2조에 의하여 최초로 규정되었으므로, 공부상 지목이 '임야'나 '농지'로 이용 중인 토지로서 1961.6.27. (구)「임산물단속에 관한 법률」 이전에 형질변경한 경우는 '농지로 보상'한다.
- <u>공부상 지목이 '임야'나 '농지'로 이용 중인 토지</u>는 2010. 12. 1. 시행「산지관리법」부칙 제2조 및 2017.6.3. 시행「산지관리법」부칙 제3조 "불법전용산지에 관한 임시특례" 규정에서 정한 절차에 따라 <u>불법 전용산지 신고 및 심사를 거쳐 '농지'로 지목변경 된 경우</u>(당해 공익사업을 위한 산지전용허가 의제 협의를 사유로 임시특례규정 적용대상 토지임을 확인하는 경우를 포함)<u>에 한하여 '농지로 보상평가'</u>한다. 지목이 '임야'나 '농지'로 이용 중인 토지에 대한 보상기준 변경은 피보상자 간 보상의 형평성 확보를 위하여, 공익사업을 위한 산지전용허가 의제 협의가 없었다면 산지관리법 임시 특례 규정에 따라 양성화가 가능한 임야의 경우에는 이를 "농지"로 평가한다[2011. 08. 19 국토부 토지정책과-4050 해석]

<u>1962. 1. 20. 이후에 개간된 것으로서 각 법률에 의한 개간허가 등의 대상에 해당함에도 허가 등이 없이 개간된 것이라</u>는 점을 사업시행자가 증명하여야 한다"(대법원 2011. 12. 8. 선고 2011두13385 판결, 대법원 2018. 6. 28. 선고 2015두55769 판결 [농지전용부담금부과처분취소], 대법원 2020. 2. 6. 선고 2019두43474 판결 [조치명령처분취소])
279) 대법원 2007. 4. 12. 선고 2006두18492 판결 [보상금]

- 타법에 따라 산지전용허가를 받은 것으로 의제된 산지에는 「산지관리법」 부칙 제2조에 따른 불법 전용 산지에 관한 임시 특례 규정을 적용할 수 없다[법제처 11-0422, 2011.08.04., 산림청].

(9) 미지급용지(미보상용지) 평가

① 의의 및 규정

- '종전에 시행된' 공익사업의 부지로서 보상금이 지급되지 아니한 토지(이하 "미지급용지"라 한다)에 대하여는 '종전의 공익사업에 편입될 당시의 이용상황'을 상정하여 평가한다. 다만 종전의 공익사업에 편입될 당시의 이용 상황을 알 수 없는 경우에는 편입될 당시의 지목과 인근 토지의 이용 상황 등을 참작하여 평가한다(규칙 제25조 제1항). 공익사업에 편입될 당시의 이용 상황이란 편입될 당시의 지목·지형·지세·면적·도로와의 접근 정도 등 개별요인을 말한다. '이용 상황만' 종전의 공익사업에 '편입될 당시의 이용 상황'을 상정하는 것일 뿐이고, 그 이외의 공법상의 제한, 용도지역, 가격시점은 일반보상과 같이 '평가 시를 기준'으로 한다.

- 미지급용지란 종전에 시행된 공익사업의 부지로서 보상금이 지급되지 아니한 토지를 말한다. 따라서 미지급용지는 같은 토지에 대하여 둘 이상의 공익사업이 시행되고, 새로운 공익사업이 시행되기까지 종전에 시행된 공익사업에 의한 보상금이 지급되지 아니한 토지를 의미한다. 미지급용지에 대하여 '종전의 공익사업에 편입될 당시의 이용 상황'을 상정하여 평가하는 취지는 종전에 공공사업의 시행으로 인하여 정당한 보상금이 지급되지 아니한 채 공공사업의 부지로 편입되어 버린 이른바 미보상용지는 용도가 공공사업의 부지로 제한됨으로 인하여 거래가격이 아예 형성되지 못하거나 상당히 감가되는 것이 보통이어서, 사업시행자가 이와 같은 미보상용지를 뒤늦게 취득하면서 공공용지의취득및손실보상에관한특례법 제4조 제1항 소정의 가격시점에서의 이용 상황인 공공사업의 부지로만 평가하여 손실보상액을 산정한다면, 구 공공용지의취득및손실보상에관한특례법(1991.12.31. 법률 제4484호로 개정되기 전의 것) 제4조 제3항이 규정하고 있는 "적정가격"으로 보상액을 정한 것이라고는 볼 수 없게 되므로, 이와 같은 부당한 결과를 구제하기 위하여 종전에 시행된 공공사업의 부지로 편입됨으로써 거래가격을 평가하기 어렵게 된 미보상용지에 대하여는 특별히 '종전의 공공사업에 편입될 당시의 이용 상황'을 상정하여 평가함으로써 그 "적정가격"으로 손실보상을 하여 주려는 것이다.[280]

- 기준 [810-6.2.3 미지급용지]에 의하면, ① 미지급용지는 '종전의 공익사업에 편입될 당시의

---
280) 대법원 1992. 11. 10. 선고 92누4833 판결 [토지수용재결처분취소]

이용 상황'을 기준으로 감정평가한다. ② 미지급용지의 비교표준지는 '종전 및 해당 공익사업의 시행에 따른 가격의 변동이 포함되지 않은 표준지'를 선정한다. ③ 주위 환경 변동이나 형질변경 등으로 종전의 공익사업에 편입될 당시의 이용 상황과 비슷한 이용 상황의 표준지 공시지가가 인근 지역 등에 없어서 인근지역의 표준적인 이용 상황의 표준지 공시지가를 비교표준지로 선정한 경우에는 그 형질변경 등에 드는 비용 등을 고려하여야 한다.

② 적용요건
- 미지급용지로 인정되기 위한 요건은 토지보상법 시행규칙 제25조 제1항 '종전에 시행된 공익사업의 부지로서 보상금이 지급되지 아니한 토지'이므로, 미지급용지(미불용지)로 인정되려면 종전에 공익사업이 시행된 부지여야 하고, 종전의 공익사업은 적어도 당해 부지에 대하여 보상금이 지급될 필요가 있는 것이어야 한다.[281] 또한 미지급용지의 판단은 토지보상법에서 규정한 일정한 절차에 의해서 사업시행자가 판단하므로, 사업시행자는 미지급용지의 보상평가를 의뢰하는 때에는 감정평가의뢰서에 미지급용지임을 표시하여야 한다.
- 종전의 공익사업에 편입될 당시의 이용 상황을 알 수 없는 경우에는 편입될 당시의 지목과 인근 토지의 이용 상황 등을 참작하여 판단한다. 종전 공익사업의 편입 시점과 새로운 공익사업의 기준시점 사이에 인근지역의 표준적인 이용 상황이 변경되었고, 대상 토지도 공익사업에 편입되지 않았다면 현실적인 이용 상황이 변경되었을 것이 객관적으로 명백한 경우의 미지급용지의 이용 상황은 '기준시점에서의 인근 토지의 표준적인 이용 상황을 기준'으로 판단한다.[282]
- 미지급용지에 대한 보상 규정은 토지소유자를 보호하기 위한 것이므로 미지급용지라고 하여도 현실적인 이용 상황을 기준으로 보상 평가하는 것이 토지소유자에게 유리한 경우에는 '현실적인 이용 상황을 기준으로 평가'한다. 즉, 종전 공익사업의 시행으로 현실적 이용 상황이 변경됨으로써 토지가격이 하락한 경우에만 미지급용지의 평가를 적용하고, 상승한 경우에는 미지급용지의 평가 규정을 적용하지 않고 현황을 기준으로 보상 평가한다(제한적 적용설). 따라서 과거에 도로법이나 도시계획법상 도로였다 하더라도 그 용도가 폐지되어 대지가 된 경우에는 '종전의 공익사업에 편입될 당시의 이용상황'인 도로가 아니라 '현황을 기준으로 대지로 평가'해야 한다. 판례도 같다. [283]

---

281) 대법원 2009. 3. 26. 선고 2008두22129 판결 [재결처분취소], 대법원 2000. 7. 28. 선고 98두6081 판결 [토지수용이의재결처분취소] 일제시대에 국도로 편입되어 그 지목이 도로로 변경된 토지가 개인의 소유로 남아 있다가 1994년경 수용이 이루어진 경우, 위 토지는 미보상용지로서 이에 대한 보상액은 '종전에 도로로 편입될 당시의 이용상황'을 상정하여 평가하여야 한다. 그러나 "위 도로포장 등은 보상금이 지급될 필요가 있는 위 시행규칙 제25조 제1항의 공익사업에 의한 것이라기보다는 토지들의 소유자를 포함한 주민들의 필요에 따라 주민자조사업의 지원 등으로 행하여진 것으로 보일 뿐이다"라고 하여, 새마을 도로 또는 새마을 농로 확장공사는 미지급용지로 보지 않았다. 이에 따라서 2009.10.28. 토지보상지침이 이에 관한 보상규정이 삭제되었다.
282) 대법원 2002. 10. 25. 선고 2002다31483 판결 [토지인도]

③ 내용
- 미지급용지는 종전 및 해당 공익사업으로 인한 가치변동 모두를 배제하고 보상 평가한다. 따라서 미지급용지의 비교표준지는 '종전 및 해당 공익사업의 시행에 따른 가격의 변동이 포함되지 않은' 표준지를 선정한다. 주위 환경변동이나 형질변경 등으로 종전의 공익사업에 편입될 당시의 이용 상황과 비슷한 이용 상황의 표준지 공시지가가 인근지역 등에 없어서 인근지역의 표준적인 이용 상황의 표준지 공시지가를 비교표준지로 선정한 경우에는 그 형질변경 등에 드는 비용 등을 고려하여야 한다.
- 국가 또는 지방자치단체가 종전 공익사업을 하면서 토지소유자에게 보상을 하거나 기부채납을 받고도 소유권이전등기를 하지 않아 개인 소유로 등기되어 있는 토지가 있을 수 있으므로 ⅰ)취득시기가 비슷한 토지 중 일부 필지만 개인 소유로 남아 있는 경우, ⅱ)종전 공익사업시행 당시 소유자의 거소가 분명했던 경우, ⅲ)등기명의인이 사망하여 상속인이 소유권 변동에 대해 잘 모르는 경우(조상 땅 찾기 운동 등으로 우연히 발견한 재산 등), ⅳ)종전 공익사업을 위해 지적 분할을 한 경우, ⅴ)기타 보상금을 지급하였을 개연성이 많은 경우 등과 같이 현재 관련 서류를 찾지 못할 뿐 과거에 보상금이 지급되었을 것으로 보여지는 경우에는 미지급용지가 아닐 개연성이 크므로 이러한 경우는 미지급용지의 판단에 유의하여야 한다.

④ 보상의무자
- 미지급용지의 보상의무자는 '새로운 사업시행자'이며[284], 보상대상자에는 종전의 공익사업에 편입된 후에 소유권을 취득한 사람도 포함된다. 사업시행자는 미지급용지의 평가를 의뢰하는 때에는 보상평가의뢰서에 미지급용지임을 표시하여야 한다(규칙 제25조 제2항).

⑤ 취득시효
- 미지급용지에 대하여서는 국가나 지방자치단체가 20년 이상 공익사업 부지로서 점유를 하고 있다고 하여도 점유를 시작할 당시 그 토지가 타인의 소유라는 사실을 잘 알고 있었다고 보아(타주점유) 시효취득이 인정되지 않는다.[285]

(10) 도로부지 평가

① 연혁
- 종전의 특례법 시행규칙 제6조의2는 사도법에 의한 사도 외의 도로부지는 인근 토지가격의 1/3 이내로 평가하도록 규정하고 있었다. 이후 대법원은 "도로의 개설 경위, 목적, 주위 환

---

[283] 대법원 1992. 11. 10. 선고 92누4833 판결 [토지수용재결처분취소]
[284] 1992.1.9. 토정 01254-38
[285] 대법원 1997. 8. 21. 선고 95다28625 전원합의체 판결 [소유권이전등기], 대법원 2017. 9. 7. 선고 2017다228342 판결 [토지인도]

경, 인접 토지의 획지 면적, 소유관계, 이용 상태 등의 제반 사정에 비추어 당해 토지소유자가 자기 토지의 편익을 위하여 스스로 공중의 통행에 제공하는 등 인근 토지에 비하여 낮은 가격으로 보상하여 주어도 될 만한 객관적인 사유가 인정되는 경우에만 인근 토지의 3분의 1 이내에서 평가하고, 그러한 사유가 인정되지 아니하는 경우에는 위 규정의 적용에서 제외한다는 것으로 봄이 상당하다"[286]라고 판시한 바 있다.

- 그 후 토지보상법 시행규칙 제26조 제1항 도로부지에 대한 평가는 i)사도법에 의한 사도의 부지는 인근 토지에 대한 평가액의 5분의 1 이내, ii)사실상의 사도의 부지는 인근 토지에 대한 평가액의 3분의 1 이내, iii) 제1호 또는 제2호 외의 도로부지는 제22조(취득하는 토지의 평가)의 규정에서 정하는 방법에 따라서 구분하여 평가하도록 하였다.

② 법정도로 또는 법률상 도로의 의의와 종류

- 법정도로 또는 법률상 도로는 도로법상의 도로[287]·국토계획법상의 도로[288]·농어촌도로 정비법상의 도로[289]·건축법상의 도로[290]·사도법에 의한 도로[291] 등을 말한다.
- 도로의 평가에서 결론부터 말하면, <u>토지보상법상 보상이 인정되는 도로는 '사도법상의 사도(사도법 제2조)'와 '사실상의 사도(토지보상법 시행규칙 제26조)'</u>이다. 이점 염두에 두고 다음을 보도록 하자.

③ 사도법상의 사도와 사실상의 사도의 구분

- 한편 <u>"사도법상의 사도"란 i)도로법에 따른 도로, ii)도로법의 준용을 받는 도로[292], iii)농어촌도로 정비법에 따른 농어촌도로, iv)농어촌정비법에 따라 설치된 도로 등이 아닌 것으로서 그 도로에 연결되는 도로</u>를 말한다. 사도를 개설·개축·증축 또는 변경하려는 자는 시군구청장의 허가를 받아야 하고, 시군구청장은 허가를 하였을 때에는 그 내용을 공보에 고시하고, 사도관리대장에 그 내용을 기록하고 보관하여야 한다(사도법 제4조).

---

[286] 대법원 1997. 4. 25. 선고 96누13651 판결 [토지수용이의재결처분취소]
[287] 고속국도(고속국도의 지선 포함), 일반국도(일반국도의 지선 포함), 특별시도·광역시도, 지방도, 시도, 군도, 구도(도로법 제10조)
[288] 일반도로, 자동차전용도로, 보행자전용도로, 자전거전용도로, 고가도로, 지하도 등으로 구분(국토계획법 제2조 제6호 가목, 시행령 제2조 제2항 제1호)
[289] 군수가 지정·고시한 면도, 이도, 농도(농어촌도로정비법 제4조)
[290] '보행과 자동차 통행'이 가능한 '너비 4미터 이상'의 도로'나 '그 예정도로'로서 관계 법령에 따라 고시가 된 도로, 건축허가권자가 위치를 지정하여 공고한 도로(건축법 제2조 제1항 제11호 본문)
[291] 사도법 제2조
[292] 도로법 준용 도로란 도로법 제108조(도시·군계획시설 도로 등에 대한 준용) 제10조 각 호에 열거된 도로 외에 국토계획법 제2조 제10호에 따른 도시·군계획시설사업으로 설치된 도로 등으로서 도시·군계획시설사업으로 설치된 도로, 해당 도로의 소재지를 관할하는 시·도지사나 시군구청장이 국토교통부령으로 정하는 바에 따라 공고한 도로를 말한다.

- 또한 "사실상의 사도"는 사도법상의 사도에 해당하지 않고, ⅰ)도로개설 당시의 토지소유자가 자기 토지의 편익을 위하여 스스로 설치한 도로293), ⅱ)토지소유자가 그 의사에 의하여 타인의 통행을 제한할 수 없는 도로294), ⅲ)건축법 제45조에 따라 건축허가권자가 그 위치를 지정·공고한 도로, ⅳ)도로개설 당시의 토지소유자가 대지 또는 공장용지 등을 조성하기 위하여 개인이 설치한 도로의 경우로 제한하고 있다(규칙 제26조 제2항).295) 국토계획법에 의한 도시·군관리계획에 의하여 도로로 결정(도시계획시설 결정)된 후부터 도로로 사용되고 있는 토지는 사실상의 사도가 아니다(규칙 제26조 제2항 본문 괄호 부분).

④ 사실상의 사도에 해당하는지 여부에 대한 판단 기준과 제2호의 해당 여부
- 어떤 토지가 사실상의 사도에 해당하는지에 관하여는 명확한 규정이 없다. 그러나 실무적으로 '형법상 일반교통방해죄의 해당 여부'와 '토지소유자의 사용수익권의 포기 여부'를 기준으로 검토할 수 있다. 대법원은 "어느 사유지가 종전부터 자연발생적으로 또는 도로예정지로 편입되어 사실상 일반 공중의 교통에 공용되는 도로로 사용되고 있는 경우, 그 토지의 소유

---

293) 사실상의 사도로서 '도로개설 당시의 토지소유자가 자기 토지의 편익을 위하여 스스로 설치한 도로'인지 여부는 인접 토지의 획지 면적, 소유관계, 이용 상태 등이나 개설 경위, 목적, 주위 환경 등에 의하여 객관적으로 판단하여야 하고, 적어도 도로로의 이용상황이 고착화되어 당해 토지의 표준적 이용상황으로 원상회복하는 것이 용이하지 않은 상태에 이르러야 할 것이어서 단순히 당해 토지가 불특정 다수인의 통행에 장기간 제공되어 왔고 이를 소유자가 용인하여 왔다는 사정만으로는 사실상의 도로에 해당한다고 할 수 없다(대법원 2007. 4. 12. 선고 2006두18492 판결 [보상금]).
294) '토지소유자가 그 의사에 의하여 타인의 통행을 제한할 수 없는 도로'는 사유지가 종전부터 자연발생적으로 또는 도로예정지로 편입되어 있는 등으로 일반 공중의 교통에 공용되고 있고 그 이용상황이 고착되어 있어, 도로부지로 이용되지 아니하였을 경우에 예상되는 표준적인 이용상태로 원상회복하는 것이 법률상 허용되지 아니하거나 사실상 현저히 곤란한 정도에 이른 경우를 의미한다. 이 사건 도로가 개설된 것은 원고가 미관지구 등 행정적 규제에 따라 폐기물 집하장의 운영을 위한 허가요건을 갖추기 위하여 건축선으로부터 이격 거리를 두고 펜스를 설치한 데 따른 것이므로 원고 스스로 개설한 경우에는 해당한다 할 것이지만, 그 도로가 개설됨으로써 펜스 안쪽 나머지 토지의 편익이 증진되어 그 가치를 증가시켰다고 보기는 어렵다 할 것이므로, 위 규칙 제1호가 규정한 '사실상의 사도'에 해당한다고 볼 수 없다. 또한 이 사건 도로 부분이 도로로 사용된 기간이 비교적 단기간이고 일반의 통행에 제공되었다고 볼 수 없으므로 도로로의 이용상황이 고착화되어 원래 지목에 따른 이용상태로 원상회복하는 것이 현저히 곤란한 경우에는 해당하지 아니한다 할 것이어서 규칙 제2호 소정의 사실상의 도로에도 해당한다고 볼 수 없다(대법원 2013. 6. 13. 선고 2011두7007 판결 [토지수용보상금증액]).
295) 사실상의 사도는 그 토지가 도로법에 의한 일반도로 등에 연결되어 일반의 통행에 제공되는 등으로 사도법에 의한 사도에 준하는 실질을 갖추고 있어야 하고, 나아가 시행규칙 제26조 제2항 제1호 내지 제4호 중 어느 하나에 해당하여야 하지만(대법원 2013. 6. 13. 선고 2011두7007 판결 참조), 해당 토지가 도로법에 의한 도로에 연결되었다면 특별한 사정이 없는 한 사도법에 의한 사도에 준하는 실질을 갖추었다고 볼 것이고, 반드시 그 도로가 불특정 다수인의 통행에 제공될 필요까지는 없다. 또한 어느 토지가 시행규칙 제26조 제2항 제1호에 규정된 '도로개설 당시의 토지소유자가 자기 토지의 편익을 위하여 스스로 설치한 도로'에 해당하려면, 토지소유자가 자기 소유 토지 중 일부에 도로를 설치한 결과 도로 부지로 제공된 부분으로 인하여 나머지 부분 토지의 편익이 증진되는 등으로 그 부분의 가치가 상승됨으로써 도로부지로 제공된 부분의 가치를 낮게 평가하여 보상하더라도 전체적으로 정당보상의 원칙에 어긋나지 않는다고 볼 만한 객관적인 사유가 있다고 인정되어야 하고, 이는 도로개설 경위와 목적, 주위 환경, 인접 토지의 획지 면적, 소유관계 및 이용 상태 등 제반 사정을 종합적으로 고려하여 판단할 것이다(대법원 2014. 6. 26. 선고 2013두21687 판결 [손실보상금청구], 대법원 2014. 11. 27. 선고 2013두20219 판결 [토지수용재결처분취소]).

자가 스스로 그 토지를 도로로 제공하여 인근 주민이나 일반 공중에게 무상으로 통행할 수 있는 권리를 부여하였거나 그 토지에 대한 독점적이고 배타적인 사용수익권을 포기한 것으로 의사해석을 함에 있어서는, 그가 당해 토지를 소유하게 된 경위나 보유기간, 나머지 토지들을 분할하여 매도한 경위와 그 규모, 도로로 사용되는 당해 토지의 위치나 성상, 인근의 다른 토지들과의 관계, 주위 환경 등 여러 가지 사정과 아울러 분할·매도된 나머지 토지들의 효과적인 사용·수익을 위하여 당해 토지가 기여하고 있는 정도 등을 종합적으로 고찰하여 판단하여야 한다"고 한다.[296]

- 위 사실상의 사도의 유형으로서 제 ii)호의 "<u>토지소유자가 그 의사에 의하여 타인의 통행을 제한할 수 없는 도로</u>"란 '<u>사용수익권을 포기한 도로</u>'를 말하고, 사용수익권을 포기한 도로는 곧 '사실상의 사도'가 된다. 이에는 다양한 유형이 있으나 주로 문제되는 도로는 <u>i)자연발생적으로 형성된 도로</u>와 <u>ii)새마을도로</u>이다.

- 자연발생적으로 형성된 도로를 '토지소유자가 그 의사에 의하여 타인의 통행을 제한할 수 없는 도로'로 보기 위해서는 사유지가 일반 공중의 교통에 공용되고 있고, 그 이용 상황이 고착되어 있어, 원상회복하는 것이 법률상 허용되지 아니하거나 사실상 현저히 곤란한 정도에 이른 경우에 해당되어야 한다. 새마을도로는 다른 사도에 비해서는 공공적 측면이 강하고, 도로개설의 자의성은 인정되나 동일 소유자 간의 가치이전이라는 요건을 충족한다고 보기 어렵다. 따라서 '토지소유자가 그 의사에 의하여 타인의 통행을 제한할 수 없는 도로'에 해당하는 '사실상의 사도'로 본다.[297] 또한 토지의 원소유자가 토지의 일부를 도로부지로 무

---

[296] 대법원 2007. 1. 11. 선고 2006다34206 판결 [양수금], 대법원 2006. 5. 12. 선고 2005다31736 판결 [토지인도등], 대법원 2009. 12. 10. 선고 2006다11708 판결 [소유권보존등기말소등], 대법원 2013. 5. 9. 선고 2013다7943 판결 [부당이득금반환]

[297] 어느 사유지가 종전부터 자연발생적으로 또는 도로예정지로 편입되어 사실상 일반 공중의 교통에 공용되는 도로로 사용되고 있는 경우, 그 토지의 소유자가 스스로 그 토지를 도로로 제공하여 인근 주민이나 일반 공중에게 무상으로 통행할 수 있는 권리를 부여하였거나 그 토지에 대한 독점적이고 배타적인 사용수익권을 포기한 것으로 의사해석을 함에 있어서는, 그가 당해 토지를 소유하게 된 경위나 보유기간, 나머지 토지들을 분할하여 매도한 경위와 그 규모, 도로로 사용되는 당해 토지의 위치나 성상, 인근의 다른 토지들과의 관계, 주위 환경 등 여러 가지 사정과 아울러 분할·매도된 나머지 토지들의 효과적인 사용·수익을 위하여 당해 토지가 기여하고 있는 정도 등을 종합적으로 고찰하여 판단하여야 한다. 새마을 농로 확장공사로 인하여 자신의 소유 토지 중 도로에 편입되는 부분을 도로로 점유함을 허용함에 있어 손실보상금이 지급되지 않았으나 이의를 제기하지 않았고 도로에 편입된 부분을 제외한 나머지 토지만을 처분한 점 등의 제반 사정에 비추어 보면, 토지소유자가 토지 중 도로로 제공한 부분에 대한 독점적이고 배타적인 사용수익권을 포기한 것으로 봄이 상당하다(대법원 2006. 5. 12. 선고 2005다31736 판결 [토지인도등]). 소유자가 그 토지에 대한 독점적·배타적인 사용·수익권을 포기한 것으로 볼 수 있다면, 타인[사인(私人)뿐만 아니라 국가, 지방자치단체도 이에 해당할 수 있다]이 그 토지를 점유·사용하고 있다 하더라도 특별한 사정이 없는 한 그로 인해 토지 소유자에게 어떤 손해가 생긴다고 볼 수 없으므로 토지 소유자는 그 타인을 상대로 부당이득반환을 청구할 수 없고, 토지의 인도 등을 구할 수도 없다. 다만 소유권의 핵심적 권능에 속하는 사용·수익 권능의 대세적·영구적인 포기는 물권법정주의에 반하여 허용할 수 없으므로, 토지 소유자의 독점적·배타적인 사용·수익권의 행사가 제한되는 것으로 보는 경우에도, 일반 공중의 무상 이용이라는 토지이용현황과 양립 또는 병존하기 어려운 토지 소유자의 독점적이고 배타적인 사용·수익만이 제한될 뿐이고, 토지 소유자는 일반 공중의 통행 등 이용을 방해하지 않는 범위 내에서는

상 제공함으로써 이에 대한 독점적이고 배타적인 사용수익권을 포기하고 이에 따라 주민들이 그 토지를 무상으로 통행하게 된 이후에 그 토지의 소유권을 경매에 의해 특정승계한 자는, 그와 같은 사용수익의 제한이라는 부담이 있다는 사정을 용인하거나 적어도 그러한 사정이 있음을 알고서 그 토지의 소유권을 취득하였다고 봄이 상당하므로 도로로 제공된 토지 부분에 대하여 독점적이고 배타적인 사용수익권을 행사할 수 없고(포기하였고)[298], 토지소유자들이 도로 확장사업에 자발적으로 참가하여 소유 토지의 도로 사용에 대한 동의서를 제출한 점 등에 비추어 그 토지에 대한 사용·수익권을 포기한 것으로 볼 수 있고[299], 토지의 원소유자가 토지의 일부를 도로부지로 무상 제공함으로써 이에 대한 독점적이고 배타적인 사용수익권을 포기하고 이에 따라 주민들이 그 토지를 무상으로 통행하게 된 이후에 그 토지의 소유권을 경매, 매매, 대물변제 등에 의하여 특정 승계한 자는 그와 같은 사용·수익의 제한이라는 부담이 있다는 사정을 용인하거나 적어도 그러한 사정이 있음을 알고서 그 토지의 소유권을 취득하였다고 봄이 상당하므로 도로로 제공된 토지 부분에 대하여 독점적이고 배타적인 사용수익권을 행사할 수 없고[300], 전 소유자가 지자체에 도로부지로 매도하여 사용수익권이 없다는 사실을 알면서 토지를 이중 매수한 자가 그 토지를 도로부지로 사용하는 지자체에 대하여 부당이득반환청구를 할 수 없으며[301], 다만 토지소유자의 독점적이고 배타적인 사용·수익권 행사의 제한 여부를 판단하기 위해서는 토지소유자의 소유권 보장과 공공의 이익 사이의 비교형량을 하여야 하고, 원소유자의 독점적·배타적인 사용·수익권 행사가 제한되는 경우에도 특별한 사정이 있다면 특정승계인의 독점적·배타적인 사용·수익권 행사가 허용될 수 있다. 또한 토지소유자의 독점적·배타적인 사용·수익권 행사가 제한되는 경우에도 일정한 요건을 갖춘 때에는 사정변경의 원칙이 적용되어 소유자가 다시 독점적·배타적인 사용·수익권을 행사할 수 있다고 보아야 한다.[302] 따라서 소유자가 그 토지에 대한 독점적·배타적인 사용·수익권을 포기한 것으로 볼 수 있다면, 타인[사인(私人)뿐만 아니라 국가, 지자체도 이에 해당할 수 있다]이 그 토지를 점유·사용하고 있다 하더라도 특별한 사정이 없는 한 그로 인해 토지소유자에게 어떤 손해가 생긴다고 볼 수 없으므로 토지소유자는 그 타인을 상대로 부당이득반환을 청구할 수 없고, 토지의 인도 등을 구할 수도 없다.

- 반면에 도로로 사용되고 있는 토지의 소유자가 도로의 존재를 전제로 그 도로 앞 주택의 증·

    그 토지를 처분하거나 사용·수익할 권능을 상실하지 않는다(대법원 2019. 1. 24. 선고 2016다264556 전원합의체 판결 [시설물철거및토지인도청구의소], 대법원 2021. 1. 14. 선고 2020다246630 판결 [도로철거및토지인도등청구], 대법원 2017. 6. 19. 선고 2017다211528, 211535 판결 [부당이득금소유권이전등기])

298) 대법원 1996. 11. 29. 선고 96다36852 판결 [부당이득금]
299) 대법원 1997. 1. 24. 선고 96다42529 판결 [부당이득금반환]
300) 대법원 1998. 5. 8. 선고 97다52844 판결 [토지사용료]
301) 대법원 1999. 5. 11. 선고 99다11557 판결 [부당이득금반환]
302) 대법원 2019. 1. 24. 선고 2016다264556 전원합의체 판결 [시설물철거및토지인도청구의소]

개축허가를 받았다고 하더라도 그러한 사정만으로는 도로에 대한 소유자로서의 배타적 사용수익권을 포기한 것이라고 쉽게 단정할 수 없고[303], 이 사건 토지는 도로개설사업(도시계획사업)을 위한 도시계획시설 결정에 의하여 도로부지로 결정·고시된 후에 소유자들이 대지 1,833평을 그 도시계획선에 따라 분할하는 바람에 도로의 형태로 분할되었고, 그 후 함께 분할되었던 토지들에 주택이 들어서면서 자연스럽게 주민의 통행에 제공되고 새마을사업의 시행으로 하수구 등이 설치된 것이므로 사실상의 사도에 해당하지 아니한다.[304]

- 토지소유자가 대지 또는 공장용지 등을 조성하기 위하여 설치한 도로는 토지소유자가 넓은 토지를 개발하면서 자기 토지의 다른 부분의 효용증진을 위하여 개설하는 단지분할형 도로로서, 토지소유자가 자기 토지의 편익을 위해 스스로 개설한 전형적인 '사실상의 사도'에 해당한다. 일단의 대규모 공장용지 또는 학교용지 내의 도로 등은 사실상의 사도로 보지 않고 공장용지 또는 학교용지로 본다. 사실상 사도인지 여부는 「토지보상법」에서 정하는 절차에 따라 사업시행자가 결정·입증하여야 한다.

⑤ 기타 사항

- 그 외 도로는 주택법에 따른 도로, 유료도로법상의 도로, 민법상의 통로 또는 통행로, 형법상 육로 등 그 외에도 도로의 종류는 엄청 많다. 위 '법정도로', 사도법상의 사도, 사실상의 사도의 구별은 건축·개발과 관련하여서는 매우 중요하다.[305]

⑥ 건축법상의 건축을 위한 도로 중에서 사실상의 사도에 관한 제3호의 해당 여부

ⓐ <u>건축법과 토지보상법 시행규칙의 규정 내용</u>

- 건축법 제2조 제1항 제11호 나목 및 토지보상법 시행규칙 제26조 제2항 제3호는 '사실상의 사도'의 종류로 '건축법 제45조[306]에 따라 건축허가권자가 그 위치를 지정·공고한 도로'를

---

303) 대법원 2009. 12. 10. 선고 2006다11708 판결 [소유권보존등기말소등]
304) 대법원 1998. 9. 18. 선고 97누13375 판결 [토지수용이의재결처분취소등]
305) 건축·개발과 관련하여 도로에 관한 자세한 내용은 김태건, "부동산중개실무", 제3권 제3편을 참고하기 바란다.
306) (1) 건축법 제45조(도로의 지정·폐지 또는 변경)
① 허가권자는 제2조 제1항 제11호 나목에 따라 도로의 위치를 지정·공고하려면 그 도로에 대한 이해관계인의 동의를 받아야 한다. 다만 다음 각 호의 어느 하나에 해당하면 이해관계인의 동의를 받지 아니하고 건축위원회의 심의를 거쳐 도로를 지정할 수 있다.
 1. 허가권자가 이해관계인이 해외에 거주하는 등의 사유로 이해관계인의 동의를 받기가 곤란하다고 인정하는 경우
 2. 주민이 오랫동안 통행로로 이용하고 있는 사실상의 통로로서 해당 지방자치단체의 조례로 정하는 것인 경우
② 허가권자가 지정한 도로를 폐지·변경하거나 그 도로에 편입된 토지의 소유자, 건축주 등이 허가권자에게 지정된 도로의 폐지나 변경을 신청하는 경우에도 그 도로에 대한 이해관계인의 동의를 받아야 한다.
(2) 건축법 제2조 제1항 제11호 "도로"란 보행과 자동차 통행이 가능한 너비 4미터 이상의 도로(지형적으로 자동차 통행이 불가능한 경우와 막다른 도로의 경우에는 대통령령으로 정하는 구조와 너비의 도로)로서 다음 각 목의 어느 하나에 해당하는 도로나 그 예정도로를 말한다.
가. 국토계획법, 도로법, 사도법, 그 밖의 관계 법령에 따라 신설 또는 변경에 관한 고시가 된 도로
나. 건축허가 또는 신고 시에 특·광·특자시장·도지사·특자도지사(이하 "시·도지사"라 한다) 또는 시군구청장이

규정하고 있다. 사실상의 사도는 토지보상법상 보상평가의 대상이다.
ⓑ 건축법 제45조 도로의 지정 절차
㉠ 이해관계인의 동의 필요
- 허가권자는 "건축법 제2조 제1항 제11호 나목"에 따라 도로의 위치를 지정·공고하려면 국토부령으로 정하는 바에 따라 그 도로에 대한 이해관계인의 동의를 받아야 한다(제45조 1항).

㉡ 건축위원회의 심의로 지정 가능한 경우
- 다음 각 호의 어느 하나에 해당하면 "이해관계인의 동의를 받지 아니하고" "건축위원회의 심의"를 거쳐 도로를 지정할 수 있다(제45조 1항 단서).

1. 허가권자가 이해관계인이 해외에 거주하는 등의 사유로 이해관계인의 동의를 받기가 곤란하다고 인정하는 경우
2. 주민이 오랫동안 통행로로 이용하고 있는 '사실상의 통로'로서 해당 "지자체의 조례"로 정하는 경우

평택시 건축 조례 [시행 2018.12.18.] [경기도평택시조례 제1611호, 2018.12.18., 일부개정]를 예를들면, 제32조(도로의 지정) 법 제45조 제1항 제2호에 따라 "장기간 통행로로 이용하고 있는 사실상 통로"란 다음 각 호의 어느 하나와 같다. 다만 사유지인 경우에는 '포장'되어 사용 중인 통로에 한정한다. 307)
1. 현재 주민이 사용하고 있는 통로를 이용하여 건축허가(신고) 처리된 사실이 있는 경우
2. 현재 통로를 2가구 이상 주민이 사용하는 경우(별도의 진입통로가 없는 경우에 한정한다)
3. 현재 통로로 사용되는 복개하천·구거·제방·공원 내 도로 등 그 밖의 모든 통로(별도의 진입 통로가 없는 경우에 한정한다)
4. 공공사업에 의하여 개설되어 주민들이 장기간 이용하고 있는 사실상의 도로

ⓒ 건축법 제2조 제1항 제11호의 "(건축을 위한) 도로"란
㉠ '보행과 자동차 통행'이 가능한 '너비 4미터 이상'의 국토계획법, 도로법, 사도법, 그 밖의 관계 법령에 따라 신설 또는 변경에 관한 고시가 된 도로, 건축허가나 신고 시에 허가권자가 위치를 지정하여 공고한 도로(건축법 제45조 도로의 지정 참조)'나 '그 예정도로'(제2조 1항 11호 본문)와 ㉡ '지형적으로 자동차 통행이 불가능한 경우'와 '막다른 도로'로서 영 제3조의3의 구조와 너비의 도로를 말한다(건축법 제2조 1항 11호 본문 괄호)
- 예정도로란 도시계획에 의하여 도시계획시설로 예정된 도로를 말한다. 예정도로는 토지이용규제확인서상에 붉은 줄로 표시된다. 예정도로에 물린 토지는 "도로저촉" 308)이라고 표시되

위치를 지정하여 공고한 도로
③ 허가권자는 제1항과 제2항에 따라 도로를 지정하거나 변경하면 국토교통부령으로 정하는 바에 따라 도로관리대장에 이를 적어서 관리하여야 한다.
307) 여기서 조례는 편의상 경기도 평택시의 조례를 인용하였다. 독자께서는 본인 거주하고 있는 지자체의 조례를 참고하기 바란다.
308) 【도로저촉과 도로접함의 구분】 도로저촉이란 토지의 전부 또는 일부가 "도시계획선에 침범당해" 장래에 도로로 수용되는 등 토지이용의 제한을 받는 것을 말한다. 고속국도, 일반국도, 지방도에 설치하는 접도구역이 도로저촉의

며, 집을 지을 수 없는 것이 원칙이다. 그러나 예정도로도 엄연히 건축법상의 도로이기 때문에 진입도로의 요건을 갖추면 예정도로를 이용하여 건축행위를 할 수 있다.

- 지형적 조건 등에 따른 도로의 구조와 너비(영 제3조의3)

1. 허가권자가 "지형적 조건"으로 인하여 "차량 통행을 위한 도로의 설치가 곤란"하다고 인정하여 그 위치를 지정·공고하는 구간의 너비 3미터 이상 [길이가 10미터 미만인 막다른 도로인 경우에는 너비 2미터 이상] 인 도로
2. "막다른 도로"로서 그 도로의 너비가 그 길이에 따라 각각 다음 표 이상인 도로

막다른 골목의 길이	도로의 너비
10미터 미만	2미터
10미터 이상 35미터 미만	3미터
35미터 이상	6미터(도시지역이 아닌 읍·면지역은 4미터)

- 막다른 도로의 길이가 35미터 이상인 경우에는 너비 6미터 이상의 도로가 확보되어야 한다. 그러나 위 영 제3의3조 제1호에 의하여 자동차 통행이 불가능하여 허가권자가 그 위치를 지정하여 공고할 때에는 너비 3미터만 확보하면 건축행위가 가능하다.

ⓓ 해설
- 위 ⓐⓑⓒ에서 건축법상 건축을 위한 도로의 요건을 보았듯이, 건축법상의 건축을 위한 '도로'에는, 첫째 '보행과 자동차 통행'이 가능한 '너비 4미터 이상'의 국토계획법·도로법·사도법·그 밖의 관계 법령에 따라 신설 또는 변경에 관한 고시가 된 도로, 둘째 건축허가나 신고 시에 허가권자가 위치를 지정하여 공고한 도로, 셋째 첫째와 둘째 도로의 예정도로, 넷째 '지형적으로 자동차 통행이 불가능한 경우'와 '막다른 도로'로서 영 제3조의3의 구조와 너비의 조건을 갖춘 도로가 있다.
- 이 중에서 '둘째의 건축허가나 신고 시에 허가권자가 위치를 지정하여 공고한 도로'가 바로 토지보상법 시행규칙 제26조 제2항 제3호의 '사실상의 도로'에 해당한다. 허가권자가 이러한 도로를 지정·공고하기 위해서는 이해관계인의 동의를 받아야 하는 것이 원칙이다. 그러나 이해관계인이 해외에 거주하는 등으로 동의를 받기가 곤란하거나 주민이 오랫동안 통행로로 이용하고 있는 사실상의 통로로서 해당 지방자치단체의 조례로 정하는 경우에는 '이해관계인의 동의를 받지 아니하고 건축위원회의 심의'를 거쳐 도로를 지정할 수 있다(건축법 제45조 제1항 단서).
- 위와 같이 건축허가나 신고 시에 허가권자가 위치를 지정하여 공고한 도로는 실무상 이른바

전형적인 예이다. 접도구역 지정은 고속국도(10m), 일반국도(5m), 지방도(5m)에 할 수 있고, "특별시도·광역시도·시도·군도·구도"는 접도구역 지정대상이 아니다. 도시지역의 도로변에 지정하는 완충녹지도 길을 낼 수 없고 통행도 제한을 받으므로 건축물 신축이 어렵다는 점에서 사실상 도로저촉과 비슷한 역할을 한다. 도로접합이란 이러한 침범 없이 토지가 도시계획선과 경계를 이루는 상태를 말한다.

현황도로인 경우가 대부분이다. 현황도로는 건축법 제45조에 따른 허가권자의 지정·고시가 되지 않은 경우에는 건축법상의 도로가 될 수 없으며, 이 도로를 이용하여 건축허가를 받을 수는 없는 것이 원칙이다. 그러나 조례 등에 의하여 허가권자가 한번 도로로 지정하면 이후 제3자도 그 도로를 이용한 건축허가 시 별도의 도로의 지정이나 이해관계인의 동의(토지사용승낙서를 말한다)가 필요 없이 건축허가를 받을 수 있다. 현황도로를 이용하여 건축행위를 할 수 있는 가의 여부는 실제 구체적인 도로의 이용현황과 토지와 도로 등의 여건에 따라서 지자체별 판단이 다를 수 있으므로 사전에 시군구청에 확인하는 것이 좋다.

ⓔ <u>1976. 2. 1. '이전'에 개설된 '폭 4m 이상'의 현황도로</u>

- 폭 4m 이상으로서 법률 제2852호로 개정된 건축법 시행일인 1976. 2. 1. 이전에 이미 주민들의 통행로로 이용되고 있던 도로의 경우에는 폭 4m 미만의 도로와는 달리 <u>시장·군수가 도로로 지정하지 않았더라도 '건축법상의 도로'에 해당한다.</u>[309]

ⓕ <u>1976. 2. 1. '이후' '폭 4m 미만'의 현황도로가 도로에 해당하기 위한 요건</u>

- 법률 제2852호로 개정(시행일 1976. 2. 1.) 되기 전의 구 건축법(1967. 3. 30. 법률 제1942호) 제2조 제15호는 "도로라 함은 폭 4m 이상의 도로와 다음에 게기하는 것의 하나에 해당하는

---

[309] <u>1975. 12. 31. 법률 제2852호로 개정된 건축법 제2조 제15호</u>는, '도로'라 함은 '보행 및 자동차 통행이 가능한 폭 4m 이상의 도로'로서 '도시계획법·도로법·사도법 기타 관계 법령의 규정에 의하여 신설 또는 변경에 관한 고시가 된 것' 또는 '건축허가 시 시장·군수가 그 위치를 지정한 도로' 중 하나에 해당하는 도로를 말한다고 규정하고, <u>그 부칙 제2항(이하 '종전 부칙 제2항'이라고 한다)은, "이 법 시행 당시 종전의 규정에 의한 도로로서 제2조 제15호의 규정에 적합하지 아니한 것은 동 규정에 불구하고 이를 도로로 본다."라고 규정하고 있다.</u> 그리고 1967. 3. 30. 법률 제1942호로 개정된 건축법 제2조 제15호는, "도로라 함은 폭 4m 이상의 도로와 다음에 게기하는 것의 하나에 해당하는 예정도로로서 폭 4m 이상의 것을 말한다. 폭 4m 미만의 도로로서 시장·군수가 지정한 도로도 또한 같다."라고 규정하고 있다. 따라서 폭 4m 이상으로서 위 <u>법률 제2852호로 개정된 건축법 시행일인 1976. 2. 1. 이전에 이미 주민들의 통행로로 이용되고 있던 도로의 경우에는 폭 4m 미만의 도로와는 달리 시장·군수가 도로로 지정하지 않았더라도 '건축법상의 도로'에 해당하였다.</u>
그런데 <u>건축법이 1991. 5. 31. 법률 제4381호로 전부 개정이 되면서 '건축법상의 도로'를 보행 및 자동차 통행이 가능한 너비 4m 이상의 도로로서 도시계획법 등의 관계 법령에 의하여 신설 또는 변경에 관한 고시가 되었거나 건축허가 또는 신고 시 시장·군수 등이 그 위치를 지정한 도로 또는 그 예정도로라고 정의하면서도, 종전 부칙 제2항과 같은 조항을 두지는 아니하였다.</u> 개정 법률이 전부 개정인 경우에는 기존 법률을 폐지하고 새로운 법률을 제정하는 것과 마찬가지여서 원칙적으로 종전 법률의 본문 규정은 물론 부칙 규정도 모두 효력이 소멸되는 것으로 보아야 하므로 종전 법률 부칙의 경과규정도 실효되지만, 특별한 사정이 있는 경우에는 그 효력이 상실되지 않는다고 보아야 한다. 위 법리를 토대로 앞서 본 건축법의 도로에 관한 규정을 살펴보면, 건축법이 1991. 5. 31. 법률 제4381호로 전부 개정되면서 종전 부칙 제2항과 같은 경과규정을 두지 않은 것은 당시 대부분의 도로가 시장·군수 등의 도로 지정을 받게 됨으로써 종전 부칙 제2항과 같은 경과규정을 존치시킬 필요성이 줄어든 상황을 반영한 것일 뿐, 이미 건축법상의 도로가 된 사실상의 도로를 다시 건축법상의 도로가 아닌 것으로 변경하려고 한 취지는 아니라고 보이는 점, 종전 부칙 제2항이 효력을 상실한다고 보면 같은 규정에 의하여 이미 확정적으로 건축법상의 도로가 된 사실상의 도로들에 관하여 법률상 공백상태가 발생하게 되고 그 도로의 이해관계인들, 특히 그 도로를 통행로로 이용하는 인근 토지 및 건축물 소유자의 신뢰보호 및 법적 안정성 측면에도 문제가 생기는 점 등의 제반 사정을 종합해 볼 때, <u>종전 부칙 제2항은 1991. 5. 31. 법률 제4381호로 전부 개정된 건축법의 시행에도 불구하고, 여전히 실효되지 않았다고 볼 '특별한 사정'이 있다고 보아야 한다</u>(대법원 2012. 3. 15. 선고 2011두27322 판결 [건축신고철회처분취소], 대법원 2019. 10. 31. 선고 2018두45954 판결 [건축허가신청반려처분취소]).

예정도로로서 폭 4m 이상의 것을 말한다. 폭 4m 미만의 도로로서 시장·군수가 지정한 도로도 또한 같다."고 규정하고 있으므로, 위 토지구획정리사업 고시 당시에 있어 폭 4m 미만의 도로는 시장·군수가 도로로 지정하여야만 건축법상의 도로가 되는 것이고, 한편 도로지정이 있게 되면 그 도로부지 소유자들은 건축법에 따른 토지사용상의 제한을 받게 되므로 도로지정은 도로의 구간·연장·폭 및 위치 등을 특정하여 명시적으로 행하여져야 한다. 따라서 계쟁 도로가 시유지로서 토지대장상 지목이 도로이고 도시계획확인도면의 대로부지와 연결된 동일 지번의 토지라고 하더라도 그 사실만으로는 시장·군수의 도로지정이 있었다고 볼 수 없고(대법원 1991. 11. 26. 선고 90누9070 판결 참조), 또한 행정관청이 건축허가 시 도로의 폭에 관하여 행정지도를 하였다고 하여 시장·군수의 도로지정이 있었던 것으로 볼 수도 없다(대법원 1991. 12. 13. 선고 91누1776 판결 참조). 이 사건에서 보면, 원심이 인정한 바와 같이 1968. 7. 19. 토지구획정리사업고시가 되고, 그 사업에 의하여 이 사건 도로를 포함한 전주시 덕진구 (주소 생략) 도로가 개설된 후 합병과 환지를 거쳐 1973. 7. 14. 이후 하나의 필지로 등록되었고, 그 소유자가 전주시이며 피고가 이 사건 건물 건축 시 위와 같은 경위로 건축선을 지정하였다고 하더라도 그러한 사실만으로는 위 토지구획정리사업고시 당시 폭이 4m 미만이었던 이 사건 도로에 관하여 시장 등의 도로지정이 있었다고 볼 수 없다. 그럼에도 불구하고 원심은 이 사건 도로는 원래부터 관계 법령에 의하여 도로로 고시된 전주시 덕진구 (주소 생략) 도로의 일부로서 구 건축법 제2조 제15호 소정의 도로에 해당한다고 판단하였으니, 원심판결에는 건축법상의 도로에 관한 법리를 오해하여 판결에 영향을 미친 위법이 있다.[310] 또한 건축선에 의한 건축제한이 적용되는 도로는 같은 법 제2조 제11호에서 정의한 건축법상의 도로를 의미하는 것으로 관계 법령에 의하여 도로로 고시되거나 시장·군수 등이 도로로 지정한 도로이어야 한다.[311][312]

⑦ 사도법상의 사도와 사실상의 사도의 평가와 주의사항

- 토지보상을 위한 평가에서 ⅰ)'사도법에 의한 사도의 부지'는 '인근 토지에 대한 평가액의 5분의 1 이내', ⅱ)'사실상의 사도의 부지'는 '인근 토지에 대한 평가액의 3분의 1 이내'에서 평가한다(규칙 제26조 제1항).
- 여기서 '인근 토지'란 그 사도부지가 도로로 이용되지 아니하였을 경우에 예상되는 인근지역에 있는 표준적인 이용 상황의 토지를 말한다(규칙 제26조 제4항). '인근 토지에 대한 평가액'은 해당 '사도가 개설된 상태'에서의 평가액을 의미한다.
- 다만 재산권의 보장에 관한 헌법 제23조의 규정과 토지보상법의 규정 등에 비추어 볼 때,

---

310) 대법원 1999. 8. 24. 선고 99두592 판결 [건축물철거계고처분취소]
311) 대법원 1999. 5. 14. 선고 99두2215 판결 [토지수용이의재결처분취소]
312) 대법원 1999. 7. 27. 선고 99도697 판결 [건축법위반]

사실상 도로에 관한 위 규정의 취지는 사실상 불특정 다수인의 통행에 제공되고 있는 토지이기만 하면 그 모두를 인근 토지의 3분의 1 이내로 평가한다는 것이 아니라, 그 도로의 개설 경위, 목적, 주위 환경, 인접 토지의 획지 면적, 소유관계, 이용 상태 등의 제반 사정에 비추어 <u>당해 토지 소유자가 자기 토지의 편익을 위하여 스스로 공중의 통행에 제공하는 등 인근 토지에 비하여 낮은 가격으로 보상하여 주어도 될 만한 객관적인 사유가 인정되는 경우에만 인근 토지의 3분의 1 이내에서 평가하고 그러한 사유가 인정되지 아니하는 경우에는 인근 토지에 대한 평가금액의 1/3 이내로 평가하여서는 아니 된다.</u>[313] 따라서 지적공부상으로 도로로 구분되어 있으나 가격시점 현재 도로로 이용되고 있지 아니하거나 사실상 용도 폐지된 상태에 있는 것(지침 제35조의2 제2항 제1호), 지적공부상으로 도로로 구분되어 있지 아니한 상태에서 가격시점 현재 사실상 통행에 이용되고 있으나 소유자의 의사에 따라 법률적·사실적으로 통행을 제한 할 수 있는 것(지침 제35조의2 제2항 제2호)은 '인근 토지에 대한 평가액의 3분의 1 이내'에서 평가해서는 아니 될 것이다.

⑧ 공도(公道)부지

- 다만 공도부지는 <u>도로로 이용되지 아니하였을 경우에 예상되는 '인근 지역의 표준적인 이용상황을 기준'</u>으로 정상적으로 보상평가한다(규칙 제26조 제1항 제3호, 지침 제36조 제37조). <u>공도예정부지도 사용수익권 포기와 상관없이 같다. 즉, 정상평가한다</u>(기준 810.3.6.)

- 공도는 공물로서 직접적으로 일반공중의 공동사용을 위하여 제공된 공공용물 및 인공공물에 해당하며, 「국유재산법」 및 「공유재산법」상의 행정재산 중 공공용 재산에 해당되어 그 성격상 융통성이 제한되므로, 공도는 도로인 상태로는 거래의 대상이 될 수 없다. 따라서 공도가 공익사업에 편입되어 취득의 대상이 되기 위해서는 '공용폐지'가 되어야 한다.[314] 공용폐지가 있은 경우 공도의 보상평가는 <u>'도로로 이용되지 아니하였을 경우에 예상되는 인근 지역의 표준적인 이용상황을 기준'</u>으로 한다. 또한 사업시행자가 도시·군 계획시설도로 선에 맞추어 토지를 분할하면서 지목을 도로로 변경한 경우에는(공간정보법 제87조) 지목이 '도로'라는

---

313) 대법원 2002. 12. 24. 선고 2001두3822 판결 [토지수용이의재결처분취소], 대법원 1999. 5. 14. 선고 99두2215 판결 [토지수용이의재결처분취소]
314) 행정재산이 기능을 상실하여 본래의 용도에 제공되지 않는 상태에 있다 하더라도 관계 법령에 의하여 용도폐지가 되지 아니한 이상 당연히 취득시효의 대상이 되는 잡종재산이 되는 것은 아니고, 공용폐지의 의사표시는 묵시적인 방법으로도 가능하나 행정재산이 본래의 용도에 제공되지 않는 상태에 있다는 사정만으로는 묵시적인 공용폐지의 의사표시가 있다고 볼 수 없다. 일제강점하 토지조사사업 당시의 관계 법령에 따르면, 토지조사사업 당시 지목이 도로, 하천, 구거 등으로 조사되었으나 지번이 부여되지 않았을 뿐만 아니라 소유권을 조사하여 토지조사부에 등재되거나 토지대장에 등록되지도 않았던 토지는 당시의 현황에 따라 도로, 하천, 구거 등으로 이용되고 있던 국유의 공공용 재산이었다고 보아야 하고, 1945. 8. 9. 이전에 조선총독부 소관으로 있던 국유재산은 대한민국 정부수립과 동시에 국가 고유의 권원에 의하여 당연히 국유가 된다. 행정재산이 공용폐지 되었다는 부분은 이를 주장하는 자가 증명할 책임이 있다(대법원 2009. 12. 10. 선고 2006다11708 판결 [소유권보존등기말소등], 대법원 2019. 4. 11. 선고 2017다223156 판결 [부당이득금]).

점이나 분할 후의 형태 등은 '해당 공익사업으로 인한 가치의 변동에 해당'하므로 이를 고려하지 않고 '현실적인 이용상황'에 따라 보상평가한다. 한편 농어촌도로정비법에 따른 '농도'는 사도가 아니라 공로(公路)에 해당하므로 '공도부지의 보상평가방법을 준용'한다. 또한 국가나 지자체가 설치하는 공도(公道)와 달리 개인이 사도법에 따라 허가를 받아 개설하는 사도(私道)도 개인 소유의 토지이지만 '법률상의 도로'가 될 수 있다. 다만 도로로서 기능하는 데 장애가 되는 한도에서는 사권이 제한될 뿐이다. 따라서 손해배상청구 또는 부당이득청구와 같은 금전적 청구권을 행사하는 것은 물론 시군구청장의 허가를 받고 사용료 징수도 할 수 있고, 일정한 조건하에 설치비와 관리비를 보조받을 수도 있으며, 계약이나 상속·합병에 의하여 권리·의무의 승계도 가능하다. 반대로 토지대장상 지목이 도로로 되어 있다고 하더라도 반드시 법정도로라고 단정할 수 없다는 점도 유의해야 한다. 도로법의 적용을 받는 도로는 적어도 도로법에 의한 노선인정과 도로구역 결정 또는 이에 준하는 도시계획법 소정의 절차를 거친 도로를 말하므로, 이러한 절차를 거친 바 없는 도로에 대하여는 도로법 제5조를 적용할 여지가 없다.[315]

(11) 구거 및 도수로 부지 평가

① 의의
- 토지보상법 시행규칙 제26조 제3항은 구거(溝渠)부지와 도수로(導水路)부지의 보상을 달리하고 있다. 따라서 그 구분이 중요해진다.
- 구거는 공간정보법의 지목임에 반하여 도수로는 지목이 아니다. 공간정보법 시행령 제58조 제18호는 구거를 "용수(用水) 또는 배수(排水)를 위하여 일정한 형태를 갖춘 인공적인 수로·둑 및 그 부속시설물의 부지와 자연의 유수(流水)가 있거나 있을 것으로 예상되는 소규모 수로부지"라고 정의한다. 도수로는 일반적으로 '관행 용수권과 관련'하여 용수·배수를 목적으로 일정한 형태를 갖춘 인공적인 수로·둑 및 그 부속시설물의 부지를 의미한다. 자연적 유수지는 구거로, 인공적인 유수지는 도수로로 볼 수도 있다. 관행 용수권이란 하천으로부터 농업용수나 생활용수를 취수 또는 인수하는 관행상의 권리를 말한다. 서울고등법원 2014.9.19. 선고 2013누30843은 도수로에서 '인공적인 수로'의 의미에 관하여 "이러한 '인공적 수로'는 자연발생적이 아닌 인위적 방법에 따르기만 하면 단순히 흙쌓기와 땅파기 공사 등을 통하여도 설치될 수 있으며, 땅을 판 후 반드시 그 위에 어떠한 시설물을 설치하여야만 '인공적 수로'가 되는 것은 아니다"라고 한다.

② 구거 부지와 도수로 부지의 구분기준

---

[315] 대법원 1999. 12. 28. 선고 99다39227, 39234 판결 [소유권이전등기·토지인도등]

- 이에 관하여 대법원은 "이와 같이 구거 부지와 도수로 부지의 평가 방법을 달리하는 이유는 그 가치에 차이가 있다고 보기 때문이므로, 일반토지의 가격으로 평가하도록 되어 있는 도수로 부지를 그보다 낮은 가격으로 평가하는 구거 부지로 보기 위하여는 그 도수로의 개설 경위, 목적, 주위 환경, 소유관계, 이용 상태 등의 제반 사정에 비추어 구거 부지로 평가하여도 될만한 객관적인 사유가 있어야 한다. 따라서 관행 용수를 위한 도수로 부지에 그 소유자의 의사에 의하지 아니한 채 생활 오폐수가 흐르고 있다는 사정은 원래 일반토지의 평가 방법에 의한 가격으로 평가하도록 되어 있는 도수로 부지를 그보다 낮은 가격으로 평가하는 구거 부지로 보아도 될만한 객관적인 사유가 될 수 없다"고 한다.[316] 보다 사실적 구분을 위하여 구체적인 사실관계를 중심으로 상황에 대한 종합적인 검토에 의하여 판단하여야 할 것으로 보인다.[317]

③ 규정 내용과 평가

- 규칙 제26조 제3항은 구거 부지에 대하여는 인근 토지에 대한 평가액의 3분의 1 이내로 평가하지만, 용수를 위한 도수로 부지(개설 당시의 토지소유자가 자기 토지의 편익을 위하여 스스로 설치한 도수로부지 제외)는 제22조의 규정에 의하여 '정상 평가'하도록 하고 있다. 도수로는 관행 용수권이 부착된 몽리(蒙利)농지의 토지이므로 구거와 달리 평가한다. 그러나 개설 당시의 토지소유자가 '자기 토지의 편익을 위하여' 스스로 설치한 도수로부지의 경우에는 동일한 소유자 간의 가치 화체(化體)가 인정되므로 구거의 보상평가방법을 준용한다.
- 한편 기준시점 이전에 도수로로서의 기능이 사실상 상실되었거나 용도 폐지된 도수로부지는 다른 용도로의 전환 가능성, 전환 후의 용도, 용도 전환에 통상 필요한 비용 상당액 등을 고려하여 보상 평가하여야 하고, 수로 범람이나 일시적으로 물을 인수하기 위하여 물이 흐르는 토지는 구거로 보아서는 아니 될 것이다.

(12) 하천부지 평가

① 의의, 하천구역과 하천 보상의 변천사

- 공간정보법 시행령 제58조 제17호는 지목으로서의 하천을 "자연의 유수(流水)가 있거나 있을 것으로 예상되는 토지"라고 규정한다. 한편 하천법 제2조 제1호는 "하천이라 함은 지표면에 내린 빗물 등이 모여 흐르는 물길로서 공공의 이해와 밀접한 관계가 있어 국가하천 또는 지방하천으로 지정된 것을 말하며, 하천구역과 하천시설을 포함한다"라고 규정한다. 소하천정비법 제2조 제1호는 "소하천이란 하천법의 적용 또는 준용을 받지 아니하는 하천으로서 특자

---

316) 대법원 2001. 4. 24. 선고 99두5085 판결 [토지수용이의재결처분취소]
317) 1996. 1. 17. 토정 58307-69 유권해석

시장·시장(제주특별별법에 따른 행정시의 시장을 포함한다)·군수 또는 구청장에 의하여 그 명칭과 구간이 지정·고시된 하천을 말한다"라고 한다.
- 2007.4.6. 개정 법률 제8338호[시행 2008. 4. 7.] 이 전의 하천법 제3조(하천의 귀속)는 "하천은 이를 국유로 한다. 다만 지방 2급 하천에 있어서는 하천공사 등으로 하천에 편입되는 토지에 대한 보상을 하고 이를 국유로 하는 경우를 제외하고는 그러하지 아니 하다"라고 규정하고 있었다.
- 그러나 2007.4.6. 개정 법률 제8338호[시행 2008. 4. 7.] 하천법은 '하천의 국유제를 폐지'하는 대신 하천을 구성하는 사유의 토지 등에 대하여는 소유권 이전 및 저당권 설정 등의 일부 사권(私權) 행사를 제외하고는 사권을 행사할 수 없도록 하고, 국가하천으로 지정된 사유 토지에 대하여는 매수청구제를 도입하되, 지방 2급 하천은 사유를 인정하고 보상대상에서 제외하고 있기 때문에 지방재정 등을 고려하여 지방하천을 매수청구대상에서 제외하였다. 그리고 하천구역의 결정 또는 변경으로 그 지역 안의 토지를 종래의 용도로 사용할 수 없어 그 효용이 현저하게 감소한 토지 또는 그 토지의 사용 및 수익이 사실상 불가능한 토지(매수대상 토지)의 소유자 또는 상속자는 하천관리청에 그 토지의 매수를 청구할 수 있도록 하였다. 그리고 하천을 국가하천과 지방1급하천·지방2급하천으로 구분하던 것을 국가하천과 지방하천으로 변경하고, 국가하천은 국토보전상 중요한 하천으로서 하천의 유역면적 등을 고려하여 법률에 규정된 기준에 따라 국토부 장관이 그 명칭과 구간을 지정하는 것으로, 지방하천은 지방의 공공 이해에 밀접한 관계가 있는 하천으로서 특별시장·광역시장·도지사가 그 명칭과 구간을 지정하는 것으로 규정하였다.
- 또한 종전에는 법률의 규정에 따라 직접 정해지는 구역과 하천관리청이 지정하는 구역을 합하여 '하천구역'으로 운영해 왔으나, 하천은 고정된 것이 아니라 계속하여 변모하는 것이므로 일일이 관리청이 하천구역을 결정·고시하도록 하는 것은 어렵고 비효율적이므로 하천구역결정고시제도 대신에 하천구역의 요건을 미리 정해놓고 그 요건에 해당하면 별도의 결정·고시 없이 당연히 하천구역이 되도록 하는 법정제도를 채택하였다. 따라서 하천관리청이 수립한 하천기본계획에 제방이 포함되어 있는 곳은 그 제방의 부지 및 그 제방으로부터 하천의 중심 쪽의 토지 등을 하천구역으로 결정하도록 하고, 하천구역을 결정·변경 또는 폐지하는 때에는 지형도면과 함께 고시하도록 하였다. 이에 따라서 대법원도 2007. 4. 6. 법률 제8338호로 전문 개정되어 2008. 4. 7.부터 시행된 현행 하천법에 의하면 국가하천 및 지방하천의 명칭과 구간이 지정, 고시된 때에 별도로 관리청이 하천법 제10조에 따라 하천구역을 결정·변경 또는 폐지와 함께 지형도면을 작성하여 고시함으로써 하천구역이 정하여진다. 따라서 토지가 그 공부상 하천이라는 지목으로 등재되어 있다는 사정만으로는 그 토지를 하천

구역이라고 단정할 수 없다고 한다. 318)

- 하천구역과 하천보상의 변천사는 아래와 같다.319)320)

---

318) 대법원 2010. 3. 25. 선고 2009다97062 판결 [부당이득금반환]
319)

법률제개정시기	하천구역	보상
1961. 12. 30. 법률 제892호 하천법 제정	• 하천구역 결정고시제도 • 도면미비 : 1963.12.5. 법률 제1475호 제12조로 도면정비시까지 관리청 인정제 • 1964.6.1. 건설부고시 제8978호: 유수지, 하천부속물의 토지, 제외지(등기된 사유지 제외) 및 관리청이 지정하는 이와 유사한 토지	• 법 제62조 -제12조, 제13조, 제34조 및 제35조의 규정에 의한 처분이나 제한으로 인한 손실보상 -제방에 의하여 보호되었던 토지가 하천에 관한 공사로 인하여 제방 내에 들어가거나 이에 준하는 손실보상
1971. 1. 19. 법률 제2292호 전부개정	• 하천구역 법정제도 채택, 단 일부 관리청이 지정하는 토지도 있음 • 하천구역: 유수지, 하천부속물의 토지, 제외지 및 관리청이 지정 고시한 하천 • 등기된 사유지를 제외지에서 삭제, 제외지도 보상없이 국유	• 법 제74조: -제2조제1항제2호 다목의 규정에 의한 하천구역의 지정 및 제43조의 규정에 의한 처분이나 제한으로 인한 손실보상 -관리청이 시행하는 하천공사로 인한 손실보상 • 유수지, 하천부속물, 제외지는 보상 제외
1984. 12. 31. 법률 제3782호 개정	• 하천구역: 유수지, 하천부속물의 토지, 제외지 및 관리청이 지정고시한 하천 • 직할하천, 지방하천, 준용하천	• 법 제74조: -제2조제1항제2호 다목의 규정에 의한 하천구역의 지정, 제9조의2에 의한 하천예정지의 지정 또는 제43조의 규정에 의한 처분이나 제한으로 인한 손실보상, 공사편입보상 -토지가 제2조제1항제2호 가목에 해당되어 새로이 하천구역으로 된 경우의 보상 -이 법 시행전에 토지가 제2조제1항제2호 가목에 해당되어 하천구역으로 되었거나, 1961년 12월 30일 공포된 법률 제892호 하천법 또는 1971년 1월 19일 공포된 법률 제2292호 하천법개정법률의 시행으로 제외지안에 있던 토지가 국유로 된 경우의 보상(부칙 제2조)
1999. 2. 8. 법률 제5893호 개정	• 직할하천, 지방하천, 준용하천이 국가하천, 지방1급하천, 지방2급하천으로 변경	• 법 제74조: 제2조제1항제2호 가목에 해당되어 새로이 하천구역(지방2급하천의 하천구역 제외)으로 되었거나 제2조제1항제2호 라목의 규정에 의하여 하천구역으로 지정된 토지
2007. 4. 6. 법률 제8338호 전부개정	• 하천 국유제 폐지, 사권행사 제한, 매수청구제 도입(지방하천 제외) • 국가하천, 지방 1,2급하천이 국가하천, 지방하천으로 변경 • 하천구역은 물이 흐르는 곳에서 하천기본계획에 의하여 결정·지형도면 고시	• 법 제76조: -제75조(타인의 토지에의 출입 등)에 따른 처분이나 제한으로 인한 손실보상 -하천공사로 인한 손실보상

320) 하천법 [시행 2008. 4. 7.] [법률 제8338호, 2007. 4. 6., 전부개정]
◇개정이유
 하천으로 편입되는 토지의 국유화에 따라 발생하는 사유재산권 침해의 논란을 해소하고 국가의 재정부담을 완화하기 위하여 '하천의 국유제를 폐지'하되, 국가하천으로 편입되는 토지에 대하여는 '매수청구제를 도입'하고, '국가하천의 지정기준을 법률에 명시'함으로써 다양한 이해관계에 따른 등급조정의 차질을 방지하며, 하천유지유량을 고시하는 경우 생활·공업·농업·환경개선·발전·주운(舟運) 등의 유수사용을 고려하도록 하고, 하천구역 및 하천 주변지역의 관리를 강화하여 홍수를 예방함과 동시에 그간의 하천환경 및 사회여건의 변화를 반영하는 등 현행 제도의 운영상 나타난 미비점을 전반적으로 개선·보완하려는 것임.
◇주요내용

② 하천법상의 보상
- 하천법에 따른 보상에는 ⅰ)하천공사에 따른 보상, ⅱ)1971. 1. 19. 개정 하천법(법률 제2292호)부터 2007. 4. 6. 개정 하천법(법률 제8338호) 이전의 (구)하천법 제3조에 따라 국유화된 하천에 대한 보상으로 구분된다. 그 이후 2007. 4. 6. 하천법이 전부개정 되어 하천의 국유제가 폐지되고 국가하천으로 편입되는 토지는 매수청구제가 도입되어 현재에 이르고 있다. '국가하천의 지정기준을 법률에 명시'함으로써 다양한 이해관계에 따른 등급조정의 차질을 방지하고 있다.
- 하천법에 의한 하천구역 및 소하천정비법에 의한 소하천구역안의 토지는 하천 또는 소하천으로 이용되지 아니하였을 경우에 예상되는 '인근지역의 표준적인 이용 상황을 기준'으로 보상 평가한다. 다만 이 경우 인근지역의 표준적인 이용 상황으로 전용하는데 소요되는 비용 상당액을 고려할 수 있다.
- 소하천정비법에 의한 소하천 외의 것으로서 자연의 유수 등이 있는 소규모 하천부지 및 지적공부상 지목이 하천으로 되어 있으나 그 규모·기능 등이 구거와 사실상 비슷한 것은 '구거부지의 보상평가방법을 준용'한다. 소하천정비법에 의한 소하천 외의 소규모하천 등으로서 기능이 사실상 상실되거나 용도 폐지된 경우에는 다른 용도로의 전환 가능성, 전환 후의 용도, 용도 전환에 통상 필요한 비용 상당액 등을 고려하여 보상 평가할 수 있다.
- 하천법상의 하천예정지는 하천예정지에서의 '행위제한이 없는 상태를 기준'으로 보상 평가한다. 하천법상의 홍수관리구역 안의 토지는 홍수관리구역의 행위제한을 받는 상태를 기준으로 보상 평가한다. 즉 보상청구절차를 통지 또는 공고한 날의 가격을 기준으로 하되, 편입 당시의 지목 및 토지이용 상황, 해당 토지에 대한 공법상의 제한, 현재의 토지이용 상황 및 유사한 인근 토지의 정상가격 등을 고려하여야 한다(하천편입토지보상법 제7조, 제2조, 제5

가. 하천의 국유제 폐지 및 토지의 매수청구제의 일부 도입(법 제4조 및 제79조 내지 제81조)
　하천의 국유제를 폐지하는 대신 하천을 구성하는 사유의 토지 등에 대하여는 소유권 이전 및 저당권 설정 등의 일부 사권(私權) 행사를 제외하고는 사권을 행사할 수 없도록 하고, 국가하천으로 지정된 사유 토지에 대하여는 매수청구제를 도입하되, 현재 지방2급하천은 사유를 인정하고 보상대상에서 제외하고 있기 때문에 지방재정 등을 고려하여 지방하천을 매수청구대상에서 제외함.
나. 하천의 구분 및 지정(법 제7조)
　하천을 국가하천과 지방1급하천·지방2급하천으로 구분하던 것을 "국가하천과 지방하천"으로 구분하는 것으로 변경하고, 국가하천은 국토보전상 중요한 하천으로서 하천의 유역면적 등을 고려하여 법률에 규정된 기준에 따라 건설교통부장관이 그 명칭과 구간을 지정하는 것으로, 지방하천은 지방의 공공 이해에 밀접한 관계가 있는 하천으로서 특별시장·광역시장·도지사가 그 명칭과 구간을 지정하는 것으로 규정함.
다. 하천구역의 결정 및 고시(법 제10조)
　종전에는 법률의 규정에 따라 직접 정해지는 구역과 하천관리청이 지정하는 구역을 합하여 하천구역으로 운영하여 왔으나, 앞으로는 하천관리청이 수립한 하천기본계획에 제방이 포함되어 있는 곳은 그 제방의 부지 및 그 제방으로부터 하천의 중심쪽의 토지 등을 하천구역으로 결정하도록 하고, 하천구역을 결정·변경 또는 폐지하는 때에는 지형도면과 함께 고시하도록 함.

조 각 참조).

③ 하천편입토지보상법에 따른 보상

ⓐ 보상 대상 토지

- 이 법은 보상청구권의 소멸시효 만료로 인하여 보상을 받지 못한 하천 편입토지의 소유자에 대한 보상과 공익사업을 시행하는 경우의 보상 특례 등에 필요한 사항을 규정함을 목적으로 한다(하천편입토지보상법 제1조).
- 다음 각 호[321]의 어느 하나에 해당하는 경우 중 「하천구역 편입토지 보상에 관한 특별조치법」 제3조에 따른 소멸시효의 만료로 보상청구권이 소멸되어 보상을 받지 못한 때에는 특별시장·광역시장 또는 도지사가 그 손실을 보상하여야 한다(동법 제2조). 토지보상평가지침 제39조~제39조의5에도 자세한 규정이 있다.

ⓑ 보상청구권의 소멸시효

- (구)하천법 제3조에 따라 국유화된 하천에 대한 보상의 근거 법률인 하천편입토지보상법 제3조에서는 보상청구권의 소멸시효를 2023년 12월 31일로 규정하고 있다(동법 제3조).

ⓒ 보상권리자와 보상의무자

- 보상권리자는 하천구역으로 편입된 당시의 편입토지 소유자 또는 그 승계인이고,[322] 보상의무자는 특별시·광역시·도이다(동법 제2조)

ⓓ 보상의 가격시점

- 하천편입토지보상법의 적용대상인 토지가 ⅰ)국가 및 지방자치단체, ⅱ)공공기관운영법에 따른 공공기관, ⅲ)지방공기업법에 따른 지방공기업인 사업시행자가 시행하는 공익사업에 편입되는 경우에는 같은 '법 제6조의 규정을 준용하여 평가'한다. 즉 시·도지사는 보상 대상 토지 중 보상을 청구하지 아니한 토지에 대해서는 하천별로 작성된 편입토지조서에 등재된 토지소유자 및 이해관계인에게 매년 3월 말까지 대통령령으로 정하는 바에 따라 보상청구절차를 문서로 통지하거나 통지받을 자가 분명하지 아니하거나 통지받을 자의 주소·거소, 그

---

[321]
1. 법률 제2292호 하천법개정법률의 시행일([시행 1971.7.20.]) 전에 토지가 같은 법 제2조 제1항 제2호 가목에 해당되어 하천구역으로 된 경우
2. 법률 제2292호 하천법개정법률의 시행일([시행 1971.7.20.])부터 법률 제3782호 하천법 중 개정법률의 시행일([시행 1984.12.31.]) 전에 토지가 법률 제3782호 하천법 중 개정법률 제2조 제1항 제2호 가목에 해당되어 하천구역으로 된 경우
3. 법률 제2292호 하천법개정법률의 시행([시행 1971.7.20.])으로 제방으로부터 하천 측에 있던 토지가 국유로 된 경우
4. 법률 제892호 하천법의 시행일([시행 1962.1.1.]) 부터 법률 제2292호 하천법 개정법률의 시행일([시행 1971.7.20.]) 전에 제방으로부터 하천 측에 있던 토지 또는 제방부지가 국유로 된 경우

[322] 대법원 2016. 8. 24. 선고 2014두15580 판결 [손실보상금]

밖에 통지할 장소를 알 수 없는 때에는 주요 일간신문에 이를 공고하여야 하는데(동법 제5조), 보상에 대한 평가는 '보상 청구 절차를 통지 또는 공고한 날의 가격을 기준'으로 하되, 편입 당시의 지목 및 토지이용상황, 해당 토지에 대한 공법상의 제한, 현재의 토지이용상황 및 유사한 인근 토지의 정상가격 등을 고려하여야 한다(동법 제6조).

ⓔ 보상청구권의 법적 성질
- 보상청구권의 소멸시효가 만료된 하천구역 편입토지 보상에 관한 특별조치법 제2조 제1항에서 정하고 있는 손실보상청구권의 법적 성질과 그 쟁송 절차는 '행정소송'이다.[323]

ⓕ 보상 절차
- 보상 절차는 특별조치법 시행령에서 규정하고 있다. 특별조치법에 따라서 소멸시효 만료로 인하여 보상을 받지 못한 하천 편입토지에 대한 보상이므로, 수용재결 절차 없이 바로 보상 또는 공탁 후 국가 또는 지자체 명의로 등기하여 소유권을 취득한다(동법 제2조, 제8조, 제9조). 기타 사항은 토지보상평가지침 제39조~제39조의5를 참고하기 바란다.

(13) 저수지·양어장 부지 평가

① 의의
- 저수지란 농어촌용수를 확보할 목적으로 하천, 하천구역 또는 연안 구역 등에 물을 가두어 두거나 관리하기 위한 시설과 홍수위(洪水位: 하천의 최고 수위) 이하의 수면 및 토지를 말한다(농어촌정비법 제2조 제5호 마목). 저수지는 '농업생산기반시설'의 일종이다. 양어장은 농경지 등을 농지법 등 관련 법령에 따라 전용하여 물고기를 인공적으로 기르는 곳을 말한다.

② 평가
- 농어촌정비법에 따른 농업생산기반시설인 저수지(제방 등 부대시설 포함)의 부지에 대한 감정평가는 '토지보상법 시행규칙 제22조'에 따르되, 위치·면적·지형·지세, 저수지의 규모·기능·유용성, 용도지역 등 공법상 제한, 저수지 조성 당시 편입토지의 주된 이용 상황, 전답 등 인근 토지의 이용 상황, 그 밖에 가치형성에 영향을 미치는 요인 등을 고려하여 감정평가한다. 다만 저수지 부지의 일부가 공익사업시행지구에 편입되는 경우에는 그 편입 부분의 가치를 기준으로 감정평가할 수 있으며, 그 저수지 부지가 미지급용지인 경우에는 제32조에 따른다.
- 양어장 평가는 그 수익성 등에 비추어 양어장으로서의 기능이 계속 유지될 것으로 일반적으로 예상되는 경우에는 가격시점을 기준으로 한 조성 전 토지의 적정가격에 양어장으로 조성하는데 통상 필요한 비용 상당액(공작물 등 시설물의 가액은 제외)등을 고려한 가액으로 감

---

323) 대법원 2006. 5. 18. 선고 2004다6207 전원합의체 판결 [보상청구권확인]

정평가할 수 있다. 이 경우에는 양어장으로 조성되기 전의 이용 상황과 비슷한 토지의 표준지공시지가를 기준으로 감정평가하되, 양어장으로 조성하는데 통상 필요한 비용 상당액 및 성숙도 등을 개별요인의 비교 시에 고려한다. 다만 양어장 시설로서의 기능이 사실상 상실되었거나 용도 폐지된 양어장시설 부지의 경우에는 그 양어장시설 부지의 다른 용도의 전환 가능성, 전환 후의 용도, 용도 전환에 통상 필요한 비용 상당액 등을 고려한 가액으로 감정평가할 수 있다. 이 경우에는 인근지역에 있는 것으로서 일반적으로 전환 가능한 용도와 비슷한 토지의 표준지공시지가를 기준으로 감정평가한다. 그 외 구체적인 평가 방법에 관하여는 지침 제40조 및 제40조의2를 참조하기 바란다.

(14) 염전·잡종지·목장용지·종교용지·묘지·선하지 등의 평가

① 염전 평가
- 염전이란 소금산업진흥법에 따른 소금을 생산·제조하기 위하여 바닷물을 저장하는 저수지, 바닷물을 농축하는 자연증발지, 소금을 결정(結晶)시키는 결정지 등을 지닌 지면을 말하며, 해주·소금창고, 용수로 및 배수로를 말한다(동법 제2조 제3호). 염전 부지에 대한 평가 방법은 기준 600.610.6과 지침 제41조를 참조하기 바란다.

② 잡종지 평가
- 잡종지란 갈대밭, 실외에 물건을 쌓아두는 곳, 돌을 캐내는 곳, 흙을 파내는 곳, 야외시장 및 공동우물, 변전소·송신소·수신소·송유시설 등의 부지, 여객자동차터미널·자동차운전학원 및 폐차장 등 자동차와 관련된 독립적인 시설물을 갖춘 부지, 공항시설 및 항만시설 부지, 도축장·쓰레기처리장·오물처리장 등의 부지, 그 밖에 다른 지목에 속하지 않는 토지를 말한다(공간정보법 시행령 제58조 제28호). 다만 원상회복을 조건으로 돌을 캐내는 곳 또는 흙을 파내는 곳으로 허가된 토지는 제외한다.
- 잡종지 평가는 토지보상법 시행규칙 제22조(표준지의 공시지가를 기준)에 따르되, 대상 토지와 이용 상황이 비슷한 토지의 표준지공시지가가 인근지역에 없는 경우에는 인근지역에 있는 표준적인 이용 상황과 비슷한 토지의 표준지공시지가를 기준으로 감정평가할 수 있다. 인근지역에 있는 표준적인 이용 상황과 비슷한 토지의 표준지공시지가를 기준으로 감정 평가하는 경우에는 용도 전환의 가능성, 전환 후의 용도, 용도 전환에 통상 필요한 비용 상당액 등을 개별요인 비교 시에 고려한다.
- 대법원은 "지적법상 대(垈)가 아닌 잡종지인 경우에도 지적법상 대(垈)인 토지와 현실적 이용 상황이 비슷하거나 동일한 경우에는 이를 달리 평가할 것은 아니다"[324]라고 하여 현황을 반

---
324) 대법원 2001. 3. 27. 선고 99두7968 판결 [토지수용이의재결처분취소등]

영하거나, "토지수용재결 당시 채석지의 이용 상황이 잡종지이기는 하지만 가까운 장래에 채석허가 기간이 만료되어 훼손된 채석지에 대한 산림복구가 예정되어 있는 경우에는 그 공부상 지목에 따라 임야로서 평가하여야 한다"[325]고 하거나, "수용대상 토지는 원래 목욕탕 건물의 부지인데 기존의 목욕탕을 헐고 신축하는 과정에서 수용대상 토지가 도시계획시설인 도로에 저촉되어 건물신축을 할 수 없는 관계로 부득이 인근 토지로 이전하여 신축하고 수용대상 토지는 일시적으로 잡종지로 이용하였다면 수용대상 토지의 현실 이용 상황은 대지로 봄이 상당하다"[326]고 판시하여, 일시적 이용 상황을 배제하고 공부상의 지목을 따르고 있다.

③ 목장용지 평가

- 초지법에 따른 허가를 받아 조성된 목장용지에 대한 감정평가는 토지보상법 시행규칙 제22조(표준지의 공시지가를 기준)에 따르되, 대상 토지와 이용 상황이 비슷한 토지의 표준지 공시지가가 인근지역에 없는 경우에는 다음 각 호[327]와 같이 감정평가할 수 있다(지침 제42조 제1항). 초지법에 따라 조성된 초지가 아닌 기존 전·답에 사료작물을 재배하는 경우에는 '농경지'로 감정평가한다(지침 제42조 제2항).

④ 종교용지 평가

- 종교용지 또는 사적지(이하 "종교용지 등"이라 한다)에 대한 감정평가는 지침 제43조를 준용하되, 관계 법령에 따라 용도적 제한이나 거래제한 등이 있는 경우에는 개별요인의 비교 시에 고려한다. 다만 그 제한이 해당 공익사업의 시행을 직접 목적으로 한 개별적인 계획제한에 해당하는 경우에는 그러하지 아니하다(지침 제44조 제1항).

- 종교용지 등이나 전통사찰법에 따른 전통사찰보존지(개발제한구역법 시행령에 따라 설치된 진입로 포함) 등 관계 법령에 따라 지정·관리 등을 하는 종교용지가 임야지대 또는 농경지대 등에 소재하여 해당 토지의 가치가 인근지역에 있는 표준적인 이용 상황과 비슷한 토지의 가치에 비하여 일반적으로 높은 것으로 인정되는 경우에는 조성 전 토지의 적정가격에 그 종교용지 등의 조성에 통상 필요한 비용 상당액(공작물 등 시설물의 가격은 제외) 등을 고려한 가액 또는 현실적인 이용 상황을 기준으로 감정 평가한다(지침 제44조 제2항 제3항).

⑤ 묘지 평가

---

[325] 대법원 2000. 2. 8. 선고 97누15845 판결 [토지수용이의신청재결처분취소등]
[326] 대법원 1994. 5. 27. 선고 93누23121 판결 [토지수용재결처분취소등]
[327]
1. 초지는 조성 전 토지와 이용상황이 비슷한 토지의 표준지공시지가를 기준으로 한 적정가격에 해당 초지의 조성에 통상 소요되는 비용(개량비를 포함한다) 상당액을 더한 가액으로 감정평가한다.
2. 주거용건물의 부지는 "대"를 기준으로 감정평가하되, 면적의 사정은 제18조에 따른다.
3. 축사 및 부대시설의 부지는 조성 전 토지의 적정가격에 조성비용 상당액을 더한 가액으로 감정평가한다. 다만 그 가액이 적정하지 아니한 경우에는 제43조를 준용할 수 있다.

- 묘지는 인근지역에 있는 표준적인 이용 상황이 전인지 임야인지에 따라서 이와 비슷한 토지의 적정가격을 기준으로 하되, '해당 분묘가 없는 상태'를 상정하여 감정평가한다. 지적공부상 묘지로 등재되어 있는 소규모의 토지나 장사법에 따라 설치된 묘지를 인근지역에 있는 표준적인 이용 상황과 비슷한 토지의 표준지공시지가를 기준으로 감정 평가하는 경우에는 조성 전 토지의 적정가격에 묘지의 조성에 통상 필요한 비용 상당액(석물 등 분묘시설의 설치비용은 제외)등을 개별요인의 비교 시에 고려한 가액으로 평가한다(지침 제45조).

⑥ 선하지, 전주·철탑 등의 설치를 위한 토지 평가

- 선하지(線下地)란 토지의 지상 공간에 고압선이 통과하고 있는 토지를 말한다. 토지 지하에 송유관·가스관 등이 매설된 토지도 '선하지 평가 기준을 준용'한다. 선하지 평가는 '그 제한을 받지 아니한 상태를 기준'으로 평가해야 한다(지침 제46조의2 제1항).[328] 그러나 현실에서는 '감액평가' 하는 경우가 있다. 이 경우 소유자는 쟁송이나 부당이득반환을 통하여 바로잡아야 할 것이다. 대법원도 "한국토지주택공사가 협의취득을 위한 보상액을 산정하면서 철탑 및 고압송전선의 제한을 받는 상태로 평가한 사안에서,…공사가 협의취득을 위한 보상액을 산정하면서 대외적 구속력을 갖는 토지보상법 시행규칙 제22조에 따라 토지에 건축물 등이 있는 때에는 '건축물 등이 없는 상태'를 상정하여 토지를 평가하여야 함에도…건축물 등에 해당하는 철탑 및 고압송전선의 '제한을 받는 상태'로 평가한 것은 정당한 토지 평가라고 할 수 없다"고 한다.
- 선하지에 해당 고압선의 설치를 목적으로 또는 토지의 지하공간에 도시철도법에 따른 도시철도와 송유관안전관리법에 따른 송유관 등 공익시설의 설치를 목적으로 민법에 따른 구분지상권이 설정되어 있는 경우에는 지침 제47조(소유권 외의 권리의 목적이 되고 있는 토지의 감정평가, 제5항 제외)를 준용한다(지침 제46조의2 제2항 제3항).
- 전주·철탑 등의 설치를 위한 토지는 그 설치 부분(선하지 부분은 제외)의 위치·지형·지세·면적·이용상황 등을 고려하여 한다(지침 제46조 제1항).

⑦ 소유권 외의 권리의 평가

- 취득하는 토지에 설정된 소유권 외의 권리에 대하여는 당해 권리의 종류, 존속기간 및 기대이익 등을 종합적으로 고려하여 평가한다. 이 경우 '점유'는 권리로 보지 아니한다(규칙 제28조 제1항, 기준 제810.6.3.2. 제1항 참조). 한편 '농업용, 공업용 등의 관행 용수권'에 대한 명문 규정은 없으나 이를 토지에 관한 소유권 외의 권리로 봄이 옳다.
- 토지에 관한 소유권 외의 권리에 대하여는 '거래사례비교법'에 의하여 평가함을 원칙으로 하되, 일반적으로 양도성이 없는 경우에는 당해 권리의 유무에 따른 토지의 가격차액 또는 권

---

[328] 대법원 2012. 3. 29. 선고 2011다104253 판결 [손해배상(기)등]

리설정계약을 기준으로 평가한다(규칙 제28조 제2항, 기준 제810.6.3.2. 제2항 참조). 거래사례비교법은 대상 물건과 동일성 또는 유사성이 있는 다른 물건의 거래사례와 비교(거래된 사정 및 시기 등에 따른 적정한 보완을 하여 비교하는 것을 말한다)하여 대상 물건에 대한 '가격시점 현재의 가격'을 구하는 방법을 말한다. 여기서 '가격시점'이란 '보상액 산정의 기준이 되는 시점', 즉 협의의 경우에는 '협의 성립 당시', 재결의 경우에는 '수용재결 당시'가 된다(법 제67조 제1항, 규칙 제2조 제5호 제6호).

⑧ 소유권 외의 권리의 목적이 되고 있는 토지의 평가
- 취득하는 토지에 설정된 소유권 외의 권리의 목적이 되고 있는 <u>토지에 대하여는 당해 권리가 없는 것으로 하여 제22조 내지 제27조의 규정에 의하여 평가한 금액에서 제28조의 규정에 의하여 평가한 소유권 외의 권리의 가액을 뺀 금액으로 평가한다(규칙 제29조).</u> 즉 감정평가액=해당 토지의 소유권 외의 권리가 없는 상태의 감정평가액－해당 토지의 소유권 외의 권리에 대한 감정평가액으로 평가한다(지침 제47조 참조).

(15) 공동소유인 토지의 평가

① 의의와 형태
- 공동소유에는 ⅰ)물건을 지분에 의한 수인의 소유 형태인 공유, ⅱ)수인이 조합체로서 물건을 소유하는 형태인 합유, ⅲ)법인 아닌 사단이 물건을 소유하는 형태인 총유 등 3가지가 있다.

② 지분과 분할 청구
- 공유에 있어서 공유자는 언제든지 공유물의 분할을 청구할 수 있고, 다른 공유자의 동의 등을 받을 필요 없이 그 지분을 자유로이 처분(양도·담보제공·포기)할 수 있고, 합유에 있어서도 합유자는 지분을 가지나 합유물의 처분·변경은 물론 합유 지분의 처분도 합유자 전원의 동의를 요한다. 따라서 합유인 토지 등을 사업시행자가 취득하기 위하여서는 합유자 전원의 동의를 받아야 한다. 총유의 주체는 종중·어촌계·교회·주민공동체 등 법인이 아닌 사단 등 법인격 없는 인적 결합체이며, 총유물의 처분·관리는 사원총회의 결의로써 한다. 따라서 총유인 토지 등을 사업시행자가 취득하기 위하여서는 사원총회의 결의가 있어야 한다.

③ 구분 소유적 공유관계
- 수인이 내부적으로는 한 동의 건축물 또는 한 필지의 토지의 '특정 부분을 각각 소유'하면서도 대외적으로는 '수인의 공유로 공유지분등기를 한 경우'를 '구분 소유적 공유관계'라고 하며, 이러한 토지 등을 사업시행자가 취득하거나 사용하기 위한 협의는 구분소유하고 있는 위치에 불구하고 <u>'한 동 또는 한 필지의 전체를 기준'</u>으로 보상평가하여 이를 '그 지분비율에

따라 안분하여 보상'한다.

(16) 대지권의 목적인 토지의 평가

① 의의
- 집합건물법에 따라 구분소유자가 전유부분을 소유하기 위하여 건물의 대지에 대하여 가지는 권리(지상권 등 용익권 외의 대지사용권을 포함)를 대지사용권이라 하며, 등기되어있는 권리를 특히 대지권이라 한다.

② 전유부분과 대지사용권의 분리 처분금지
- 구분소유자의 대지사용권은 그가 가지는 전유부분의 처분에 따르고, 구분소유자는 그가 가지는 전유부분과 분리하여 대지사용권을 처분할 수 없다. 그러나 규약으로써 전유부분과 분리하여 처분할 수 있다. 대지권의 목적인 토지만에 대하여서는 그 토지를 전유부분과 분리하여 처분할 수 있는 규약 또는 공정증서가 있거나 건물의 대지가 아닌 토지로 분리하는 등기를 먼저 한 후 그 소유자(공유자)와 협의하여야 하며, 이를 위반한 처분행위는 무효이다.
- 전유부분과 대지사용권의 일체성에 반하는 대지의 처분행위는 그 효력이 없다.[329][330]

③ 분리 처분의 효과 및 사업자의 소유권취득 방법
- 대지권의 목적인 토지를 전유부분과 분리하여 처분할 수 있는 규약이 제정되거나 건물의 대지가 아닌 토지로 분리한 후에 사업시행자가 그 토지를 취득 또는 사용하고자 하는 경우에는 단순 공유의 토지를 취득 또는 사용하는 방법과 같다.
- 소유자들이 규약 또는 공정증서로써 처분을 규정하지 않는다면 사업시행자는 공간정보법 제87조에 따라 대위에 의해 편입 부분을 분할하고 수용에 의하여 소유권을 취득할 수 있다. 이 경우 사업시행자는 소유권의 등기명의인을 대위하여 대지권이 대지권이 아닌 권리가 됨으로 인한 건물의 표시변경등기(대지권 말소)를 신청하여 대지권등기를 말소한 후, 편입 토지를 토지등기부상의 토지로 전환하여 사업시행자 명의로 취득할 수 있다.

④ 대지수용의 실체법적 효과
- 토지의 소유권이 대지권의 목적이 된 경우에 대지권인 취지의 등기를 한 때에는 그 토지의

---

[329] 대법원 2013. 1. 17. 선고 2010다71578 전원합의체 판결 [대지권지분이전등기등], 대법원 2013. 7. 25. 선고 2012다18038 판결 [근저당권설정등기말소]
[330] 법원행정처 2004.11.29. 부동3402-606(대지권의 목적인 토지의 취득 방법) : 1동의 건물이 소재하는 토지(법정대지)를 수필지로 분할하여 그 중 1동의 건물이 소재하는 토지가 아닌 것으로 분할된 토지(간주규약대지)를 사업시행자가 토지보상법에 의하여 협의취득을 한 경우에는, 먼저 위 간주규약대지에 관하여 간주규약이 폐지되거나 새로 분리처분가능규약이 제정되고 그에 따른 건물 표시변경(대지권 말소)등기가 경료되어 위 간주규약대지에 대한 대지권등기가 말소된 연후에 사업시행자 명의로의 소유권이전등기를 할 수 있으며, 위 법률에 의한 사업시행자가 관공서인 경우에는 구분소유자를 대위하여 건물표시변경(대지권말소)등기를 촉탁할 수 있다.

등기용지에는 소유권이전등기를 할 수 없지만, 대지에 관하여 수용이 이루어진 경우에는 실체법상 대지만에 관하여 소유권이전등기 없이도 소유권이 변동되고 대지권은 대지권이 아닌 것으로 된다.[331] 따라서 대지권의 목적이 된 토지의 일부를 분할하여 1동의 건물이 소재하는 토지가 아닌 그 분할된 부분을 수용하고 수용으로 인한 소유권이전등기를 신청하기 위하여는, 우선 대지권이 대지권이 아닌 권리가 됨으로 인한 건물의 표시변경등기(대지권 말소)를 신청하여야 하며, 수용에 의하여 소유권을 취득한 자는 소유권의 등기명의인을 대위하여 이러한 표시변경등기를 신청할 수 있다. 이 경우 그 분할된 토지에 관한 간주규약을 폐지하거나 분리 처분 가능 규약을 작성할 필요는 없다.[332]

(17) 등록사항 정정대상 토지(이른바 지적불부합지)의 평가

① 얼개
- 국가 공간정보체계의 효율적인 구축과 종합적 활용 및 관리에 관한 사항을 규정함으로써 국토 및 자원을 합리적으로 이용하기 위하여 2009년 '국가공간정보기본법'이 제정되어 지상·지하·수상·수중 등 공간정보 데이터베이스와 국가 공간정보체계를 구축·활용하고 있으며, 국토의 효율적 관리 및 국민의 소유권을 보호하고 측량의 기준 및 절차와 지적공부·부동산종합공부의 작성 및 관리 등에 관한 사항을 규정하기 위하여 '측량법, 지적법, 수로업무법'이 '측량·수로 조사 및 지적에 관한 법률'을 거쳐 '공간정보의 구축 및 관리 등에 관한 법률'로 변천하였다.
- 여기서 "지적공부"란 토지대장, 임야대장, 공유지연명부, 대지권 등록부, 지적도, 임야도 및 경계점좌표등록부 등 지적측량 등을 통하여 조사된 토지의 표시와 해당 토지의 소유자 등을 기록한 대장 및 도면(정보처리시스템을 통하여 기록·저장된 것을 포함)을 말한다(공간정보법 제2조 제19호).
- 현실에는 지적공부와 실제가 일치하지 않는 경우가 많다. 과거 지적법에서는 '지적불부합지'라고 하였고, 현재의 공간정보법은 '등록사항 정정대상 토지'이라고 칭하고 있다. 지적불부합 토지란 지적공부에 등록된 그 토지의 면적·경계·좌표 등이 실제와 일치하지 아니하는 토지를 말한다(공간정보법 제84조). 지적공부의 등록사항 중 경계나 면적 등 측량을 수반하는 토지의 표시가 잘못된 경우에는 지적소관청은 그 정정이 완료될 때까지 지적측량을 정지시킬 수 있다(공간정보법 시행령 제82조 제3항). 공간정보법 제87조에는 사업시행자는 지적분할 등 토지소유자가 하여야 하는 신청을 대신할 수 있으나 '등록사항 정정대상 토지는 제외'

---
331) 법원행정처 질의회답 1999. 3. 5. 등기 3402-219
332) 대지권의 목적인 토지의 일부분에 대하여 수용에 의한 소유권이전등기를 하는 방법 [1999. 3. 5. 등기선례 제6-254호]

하도록 규정하고 있으므로, 지적 불부합 토지는 사업시행자가 토지 분할 신청을 대위할 수도 없다(공간정보법 제87조).

② 발생원인
- 등록사항 정정대상 토지가 발생하는 원인은 측량원점의 통일성 결여, 도면 축척의 다양성, 측량기술의 부정확성, 종이 도면의 정보보관의 한계성, 지적복구의 오류 등이다. 지적불부합지 발생의 가장 근본 원인은 1910년 일제가 조선의 지적공부를 "도쿄 원점을 기준"으로 지적측량을 한 것 때문이며, 아직도 지적불부합지의 면적이 전 국토의 6.2% 정도에 달한다.[333]

③ 지적불부합지 해결의 문제점
- 지적불부합지는 사업시행자가 재결신청 전에 지적 불부합 상태를 정리한 후 재결 신청하여야 하며, 지적 불부합 상태를 정리하지 않고 신청이 된 경우는 불부합 상태를 정리한 후 처리한다. 결국 지적 불부합으로 인하여 위치와 경계가 특정되지 아니한 토지의 일부분을 임의로 지분을 정하여 수용한 재결은 위법하다.[334] 따라서 지적불부합지를 해소하는 것이 무엇보다 중요하다.
- 그러나 중토위는 보상액 산정의 기준이 되는 면적은 '실제 취득면적'이므로 지적 불부합 토지도 '실제 면적'으로 보상금을 산정하며, 공탁에 대비하여 재결서상의 보상금내역서에 '공부상 면적과 실제 면적을 기재하여' 재결을 하고 있다.[335] 그리고 그 이론적 근거로 아래와 같이 적시하고 있다.[336]
- 한편 공간정보법은 등록사항 정정으로 인접 토지의 경계가 변경되는 경우에는 인접 토지소유자의 승낙서, 인접 토지소유자가 승낙하지 아니하는 경우에는 이에 대항할 수 있는 확정판결서 정본(正本)을 지적소관청에 제출하도록 하고 있다(공간정보법 제84조 제3항). 그러나 인접 토지소유자의 승낙을 얻는다는 것은 현실적으로 매우 어려운 일이다. 이해관계가 대립되고 있는 인접 토지소유자가 순순히 승낙을 해 줄 리가 없기 때문이다. 그러면 하는 수 없이

---

[333] 지적불부합지의 지적정리와 지적재조사사업에 관하여는 김태건, 앞의 책, 158쪽을 참고하기 바란다.
[334] 서울고등법원 2007. 12. 18. 선고 2007누12769 판결 [수용재결취소등]
[335] 등록사항정정대상 토지(지적불부합토지)에 대한 수용재결신청을 인용한 사례 [중토위 2019. 4. 11.]
관계자료(등록사항정정측량 성과도, 토지대장, 현황 사진, 사업시행자 의견 등)를 검토한 결과 공부상 면적과 실제 면적이 일치하지 않는 등록사항 정정대상 토지로 확인되나, ○○시장이 발급한 (면적)등록사항 정정측량 성과도(등록사항 정정측량 결과도)상에 편입 전 토지의 면적, 위치와 경계가 표시되어 있고, 토지소유자들로부터 기공승낙을 받은 후 철도노반공사를 완료한 현황 사진을 바탕으로 한 ㈜○○○토지정보의 철도계획선 면적 산출 현황도 상의 면적이 사업인정고시된 면적과 일치하는 점 등으로 볼 때 편입토지의 면적, 위치와 경계가 특정되었다고 보여지므로 사업시행자가 신청한 면적을 보상하기로 하고 소유자의 주장은 받아들일 수 없다.
[336] 예컨대 실제 면적 100㎡, 공부면적 110㎡, 위치와 경계는 확정된 경우로서, 실제 편입면적이 100㎡ 중 40㎡ 인 경우, 보상은 실제 편입면적인 40㎡에 대해 실시하되, 공부상 취득은 110㎡의 면적 중 100분의 40(44㎡)에 해당하는 지분을 취득한다. 이 경우 사업시행자는 협의 → 재결 → 소유권 지분취득 → 공유지분에 따른 분할 및 지적공부정정 신청승낙 소송 → 판결을 통한 지적정리(종전에 지분으로 되어 있던 것을 확정 면적으로 정정) 등의 절차를 거쳐 최종 정리하게 된다고 하고 있다(2021년 중토위 토지수용 업무편람 293쪽).

인접 토지소유자에 대항할 수 있는 확정판결을 받아야 한다. 이와 같은 확정판결에는 경계확정판결, 공유물분할판결, 지상물 철거 및 토지인도판결, 소유권확인판결, 경계변경 정정신청에 대한 승낙의사의 진술을 명하는 판결 등이 있다. 그러나 이러한 대항력 있는 확정판결을 받는 것 또한 매우 힘든 일이다. 왜냐하면 지적불부합지 발생의 가장 근본 원인은 1910년 일제가 조선의 지적공부를 "도쿄 원점을 기준"으로 지적측량을 한 것 때문인데, 지적불부합지의 확정에서 '현황측량의 원칙'상 정정 측량을 하여도 정확한 측량 결과를 얻기가 쉽지 않아서 승소 판결을 얻기란 쉽지 않기 때문이다. 다시 말해서 지적공부에 등록된 토지는 등록으로써 특정이 되고, 그 소유권의 범위는 현실의 경계와 관계없이 '공부상의 경계로 확정'되는 것이 원칙이지만, 지적불부합지의 경계는 '실제의 경계'에 의하여야 한다. 이때 지적불부합지 측량은 공부가 아닌 현황측량이므로 측량 시마다 위치와 경계가 달라질 수 있다.[337] 결국 인접 토지소유자 등 이해관계인 전원의 합의를 도출해 내지 못하는 한, 협의에 따라서 보상금을 확정하지 않는 한 지적불부합지 해결은 쉽지 않다. 이와 같은 문제 때문에 토지의 실제 현황과 일치하지 아니하는 지적공부(地籍公簿)의 등록사항을 바로 잡고 종이에 구현된 지적(地籍)을 디지털 지적으로 전환하기 위하여 2011. 9. 16. 지적재조사에 관한 특별법이 제정되어 지적소관청(시도지사, 시군구청장)이 폴대식 또는 사행식 측량이 아닌 디지털 방식에 의한 지적재조사사업을 진행하고 있다.

④ 지적불부합지 해소 관련 판결
- 어떤 토지가 지적공부에 1필지의 토지로 등록되면 토지의 소재, 지번, 지목, 지적 및 경계는 다른 특별한 사정이 없는 한 이 등록으로써 특정되고 소유권의 범위는 현실의 경계와 관계없이 '공부의 경계에 의하여 확정되는 것이 원칙'이지만, 지적도를 작성하면서 기점을 잘못 선택하는 등 기술적인 착오로 말미암아 지적도의 경계선이 진실한 경계선과 다르게 작성되었다는 등과 같은 특별한 사정이 있는 경우에는 토지의 경계는 '실제의 경계'에 의하여야 한다. 이러한 특별한 사정이 있는 경우에, 실제의 경계에 따른 토지 부분의 소유권이 자신에게 있어 지적공부에 등록된 경계에 잘못이 있음을 주장하는 사람은, 구 측량·수로조사 및 지적에 관한 법률(현 공간정보법) 제84조 제1항, 제3항에 따라 지적소관청에 인접 토지소유자의 승낙서 또는 이에 대항할 수 있는 확정판결서 정본을 제출하여 지적공부의 경계에 대한 정정을 신청할 수 있다.[338]
- 물권의 객체인 토지 1필지의 공간적 범위를 특정하는 것은 '지적도나 임야도의 경계'이지 등기부의 표제부나 임야대장·토지대장에 등재된 면적이 아니므로, 부동산등기부의 표제부에

---
337) 같은 취지의 견해로 김은유 외2, 앞의 책, 577~579쪽 참조
338) 대법원 2016. 5. 24. 선고 2012다87898 판결 [소유권확인], 대법원 2017. 2. 21. 선고 2016다225353 판결 [공유물분할등]

토지의 면적이 실제와 다르게 등재되어 있어도 이러한 등기는 해당 토지를 표상하는 등기로서 유효하다. 또한 부동산등기부의 표시에 따라 지번과 지적을 표시하고 1필지의 토지를 양도하였으나 양도된 토지의 실측상 지적이 등기부에 표시된 것보다 넓은 경우 등기부상 지적을 넘는 토지 부분은 양도된 지번과 일체를 이루는 것으로서 양수인의 소유에 속한다.[339]

⑤ 지적불부합지의 평가와 현실적인 문제점
- 취득하는 토지의 보상은 토지보상법 제70조에 따라서 '공시지가를 기준'으로 하여 보상하되, 그 공시기준일부터 가격시점까지의 관계 법령에 따른 그 토지의 이용계획, 해당 공익사업으로 인한 지가의 영향을 받지 아니하는 지역의 지가변동률, 생산자물가상승률, 그 밖에 그 토지의 위치·형상·환경·이용 상황 등을 고려하여(시점수정·지역요인·개별요인·기타요인 등을 감안하여) 적정가격으로 보상하도록 평가한다.
- 그러나 지적불부합지는 경계와 위치 등이 확정되지 않음으로써 비교표준지, 개별요인 비교 등을 할 수가 없으므로 지적불부합지 문제해결이 선행되지 않으면 평가가 사실상 불가능하다. 결국 등록사항 정정 이후에 수용재결을 신청하여야 한다.[340]

(18) 국공유지의 개간(매립·간척)비 평가

① 개념
- 개간(開墾)이란 일반적으로 임야 또는 황무지를 개척하여 논밭 등으로 만드는 것을 말한다. 그러나 개간비 보상에서 개간이란 '국공유지에 대한 개간'이 문제되므로, 토지보상법 시행규칙 제27조는 협의의 개간에 '매립 및 간척을 포함'시키고 있다.
- 매립이란 공유수면, 즉 바다[341], 바닷가[342], 하천·호소(湖沼)·구거 등[343] 움푹 파이거나

---

339) 대법원 2016. 6. 28. 선고 2016다1793 판결 [지적도경정동의청구]
340) 2010. 11. 2. 토지정책과 5180 유권해석; 서울고등법원 2007. 12. 18. 선고 2007누12769 판결 [수용재결취소등] 임야도상 위 분할 전의 토지만 표시되어 있을 뿐 거기로부터 분할된 이 사건 토지가 표시되어 있지 아니하고, 또한 위 분할 전의 토지가 같은 동 (이하 지번 생략) 등의 토지와 사이에 지적불부합 관계에 있다면, 위 토지들의 위치와 상호간의 경계를 전혀 확인할 방법이 없어, 수용되는 토지 부분이 물리적으로 특정이 가능하다고 하더라도, 과연 어느 토지가 얼마만큼 수용의 목적물이 되는지는 알 길이 없으므로 먼저 적법한 절차를 거쳐서 위치와 경계가 확정되지 아니하는 이상 이를 수용할 수는 없다고 할 것이다(사업시행자가 여러 정황을 토대로 하여 이 사건 토지의 위치와 경계를 상세도면 및 용지도에 특정하여 이를 근거로 수용대상 토지와 그 지분을 선정한 것으로 보이나, 그 신빙성을 확인할 방법이 없을 뿐만 아니라 그 절차에 지적정정에 갈음하는 효력을 부여할 수는 없다고 할 것이므로 위와 같은 도면을 근거로 하여 수용의 목적물을 특정할 수는 없다). 따라서 위치와 경계가 특정되지 아니한 토지의 일부분을 임의로 지분을 정하여 수용한 이 사건 재결은 위법하다.
341) 해양조사정보법에 따른 해안선으로부터 배타적경제수역법에 따른 배타적 경제수역 외측 한계까지의 사이
342) 해양조사정보법에 따른 해안선으로부터 지적공부에 등록된 지역까지의 사이
343) 구거는 물이 시작되는 수원지부터 소하천이라는 작은 냇물까지를 구거라고 하는데, 도랑 또는 개골창이라고도 하며, 개발에서 인허가나 점용문제에서 자주 대두된다. 공유수면인 구거를 점용·사용하기 위해서는 "하천법, 소하천정비법, 농어촌정비법상의 구거점용 또는 사용허가(농업기반시설의 목적외 사용)"를 받아야 하고, 농업생산기반시설로 등록된 구거를 개발하기 위해서는 공용폐지의 일종인 농업기반시설의 폐지신청을 하여야 한다. 또한 사유지인

물이 고인 땅에 흙·모래·돌·그 밖의 물건을 채워 넣어 토지를 만드는 것을 말하며(공유수면법 제2조 제1호), 간척(干拓)이란 공유수면 또는 간석지(干潟地)344)를 매우거나 물을 빼서 새로운 토지를 만드는 것을 말한다(간척지법 제2조 제1호).
- 공유수면(바다, 하천, 호소, 구거)의 매립은 형질변경의 일종이다. 따라서 개발행위허가(형질변경허가)를 받아야 한다. 공유수면매립으로 토지가 새로 생기면 지목이 창설된다. 공유수면매립의 절차 및 점용 등 개발행위허가와 관련해서는 '공유수면법'에서 일반적인 규정을 두고 있지만, 하천법(하천), 소하천정비법(자연구거), 농어촌정비법(농업생산기반시설인 구거), 항만법과 어촌·어항법(항만시설과 어항시설이 있는 바닷가)이 규정하고 있는 범위 내에서의 공유수면에 관하여는 공유수면법보다 이 법들이 먼저 적용된다(공유수면법 제3조). 그러나 국공유지 개간비 보상에서 문제되는 공유수면은 하천법(하천), 소하천정비법(자연 구거), 농어촌정비법(농업생산기반시설인 구거), 항만법과 어촌·어항법(항만시설과 어항시설이 있는 바닷가)상의 공유수면과 공유수면법상의 공유수면 모두에 대한 개간비 보상이 문제된다.

② 보상평가
- 국유지 또는 공유지를 관계 법령에 의하여 적법하게 개간·매립·간척한 자가 개간·매립·간척 당시부터 보상 당시까지 계속하여 적법하게 당해 토지를 점유하고 있는 경우(개간한 자가 사망한 경우에는 그 상속인이 개간한 자가 사망한 때부터 계속하여 적법하게 당해 토지를 점유하고 있는 경우를 포함한다) 개간·매립·간척에 소요된 비용(이하 개간비)은 이를 평가하여 보상하여야 한다. 이 경우 보상액은 개간 후의 토지가격에서 개간 전의 토지가격을 뺀 금액을 초과하지 못한다(규칙 제27조 제1항).
- 개간비를 평가함에 있어서는 개간 전과 개간 후의 토지의 지세·지질·비옥도·이용 상황 및 개간의 난이도 등을 종합적으로 고려하여야 한다(제2항). 개간비 보상은 취득하는 토지의 보상액은 개간 후의 토지가격에서 개간비를 뺀 금액으로 한다(제3항). 이와 같은 내용은 토지보상평가지침 제52조 제4항에도 규정되어 있다.
- 대법원은 하천부지 점용허가를 하면서 '점용기간 만료 또는 점용을 폐지하였을 때에는 즉시 원상복구할 것'이라는 부관을 붙인 사안에서, 위 부관의 의미는 하천부지에 대한 점용기간 만료 시 그에 관한 개간비보상청구권을 포기하는 것을 조건으로 한 것으로 본다.345)

구거를 점용·사용하기 위해서는 국토계획법에 따른 "개발행위허가"를 받아야 한다. 이에 관하여 자세한 것은 김태건, 실전 부동산중개실무(Ⅲ), 제3편 제2장을 참고하기 바란다.
344) 밀물과 썰물이 드나드는 갯벌로서 만조수위선(滿潮水位線)과 간조수위선(干潮水位線) 사이를 말한다(간척지법 제2조 제1항, 공유수면법 제2조 제3호).
345) 대법원 2008. 7. 24. 선고 2007두25930,25947,25954 판결 [보상금]

③ 개간비 감정평가의 자격
- 법원의 토지수용에 대한 이의재결의 취소를 청구하는 행정소송 사건의 심리절차에서 수용 대상 토지의 개간비에 관하여 감정을 명할 경우 그 감정인으로 반드시 감정평가사나 감정평가법인을 지정하여야 하는 것은 아니므로(대법원 1994. 4. 26. 선고 93누13360 판결, 1991. 10. 11. 선고 90누10087 판결 등 참조), 원심이 국립 ○○○○대학교 원예학과 부교수 겸 같은 대학교 부설 산업과학기술연구소 연구원인 소외 3을 감정인으로 지정한 것이 위법이라는 취지의 상고이유도 받아들일 수 없다고 하였다.346)

(19) 토지에 매장된 토석 평가

① 개념
- 토석이란 일반적으로 흙·모래·자갈·바위(암석)를 포괄하여 칭하나, 산지관리법에서 토석이라 함은 "석재와 토사"를 말한다. "석재"는 토석 중 건축용, 조경용, 공예용, 토목용, 쇄골재용(碎骨材用)으로 사용하기 위한 암석을 말하고, "토사"란 토석 중 석재를 제외한 흙과 모래 등을 말한다.
- 건설 현장에서는 토석을 골재(骨材)라고도 하나, 산지관리법의 "토석"은 '골재채취법'에서 정의하고 있는 골재와는 다른 것으로 보다 좁은 개념이다. 골재채취법에서 "골재"란 하천, 산림, 공유수면이나 그 밖의 지상·지하 등 자연 상태에 존재하는 쇄석용(碎石用) 암석, 모래, 자갈로서 콘크리트 및 아스팔트콘크리트의 재료 또는 그 밖에 건설공사의 기초재료로 쓰이는 것을 말한다.
- 토석 채취는 국토계획법상으로도 "개발행위허가의 대상"이며(국토계획법 제56조 제1항 제3호), 산지관리법에서도 채취허가와 신고대상이다(산지관리법 제25조). 한편 영리 목적으로 골재채취·선별·파쇄(破碎)하는 사업을 하려면 "골재채취업 허가"를 받아야 한다.347)

② 평가
- 산지관리법에 따른 토석채취허가를 받거나 채석단지의 지정을 받은 토지, 국토계획법에 따른 토석채취 개발행위허가를 받은 토지 또는 골재채취법에 따른 골재채취허가(육상골재에 한함)를 받은 토지(이하 "석산"이라 한다)를 감정평가할 때에는 '수익환원법'을 적용하여야 한다. 다만 수익환원법으로 감정평가하는 것이 곤란하거나 적절하지 아니한 경우에는 토석

---

346) 대법원 2002. 6. 14. 선고 2000두3450 판결 [재결처분취소등], 대법원 2021. 10. 14. 선고 2017도10634 판결 [부동산가격공시및감정평가에관한법률위반] 〈감정평가업자가 아닌 피고인들이 법원 행정재판부로부터 수용 대상 토지상에 재배되고 있는 산양삼의 손실보상액 평가를 의뢰받고 감정서를 작성하여 제출한 사건〉
347) 골재를 채취하려는 자는 관할 시장·군수 또는 구청장의 허가를, 배타적 경제수역법에 따른 배타적 경제수역에서의 골재채취의 경우에는 국토교통부장관의 허가를, 골재채취단지(배타적 경제수역에서 지정된 골재채취단지는 제외한다)에서의 골재채취의 경우에는 시·도지사의 허가를 각 받아야 한다(골재채취법 제22조 제1항).

의 시장성, 유사 석산의 거래사례, 평가사례 등을 고려하여 공시지가기준법 또는 거래사례비교법으로 감정평가할 수 있다(감정평가실무기준 610-1.7.15. 제①항). 수익환원법을 적용할 때에는 허가기간 동안의 순수익을 환원한 금액에서 장래 소요될 기업비를 현가화한 총액과 현존 시설의 가액을 공제하고 토석채취 완료시점의 토지가액을 현가화한 금액을 더하여 감정평가한다(제②항).

- 제2항에서의 토석채취 완료시점의 토지가액을 현가화한 금액은 허가기간 말의 토지현황(관련 법령 또는 허가의 내용에 원상회복·원상복구 등이 포함되어 있는 경우는 그 내용을 고려한 것을 말한다)을 상정한 기준시점 당시의 토지 감정평가액으로 한다(제③항). 이 경우 기준 610-1.5.1.을 따른다. 석산의 감정평가액은 합리적인 배분 기준에 따라 토석(석재와 골재)의 가액과 토지가액으로 구분하여 표시할 수 있다(제④항).

③ 대법원의 견해

- 대법원은 "기준지가가 고시된 지역 내의 토지를 수용하는 경우의 손실보상은 원칙적으로 고시된 기준지가를 기준으로 하되,...매장물의 사적인 이용계획 등의 사정은 참작 사유가 될 수 없다"[348]고 한 것이 있고,

- "수용대상 토지에 속한 토석 또는 사력은 적어도 토지의 형질변경 또는 채석·채취를 적법하게 할 수 있는 행정적 조치가 있거나 그것이 가능하고, '구체적으로 토지의 가격에 영향을 미치고 있음이 객관적으로 인정되어 경제적 가치가 있다고 평가되는 등 특별한 사정이 있는 경우에 한하여' 토지보상금을 산정함에 있어서 참작할 수 있다"고 한 것이 있고,[349] 또한 "이 사건 토지에 함유된 점토가 토지와 독립하여 별개의 보상 원인이 되는 것은 아니라 하더라도 위와 같은 점토의 존재와 원고들의 이용계획 등에 비추어 수용재결 당시 이 사건 토지의 가격이 인근 일반토지의 가격에 비하여 상승되어 있었을 것이라는 점을 추측하기

---

[348] 대법원 1989. 3. 14. 선고 88누2168 판결 [토지수용재결처분취소] 토지에 점토가 존재하고 있고, 이에 대하여 토지소유자가 이용계획을 가지고 있어 이 때문에 당해 토지의 가격이 인근의 일반토지가격에 비하여 상승되어 있을 것이라고 추측하기 어렵지 아니하는 경우라면 위와 같은 사정은 보상액산정에 참작되어야 한다는 당원 1985. 8. 20. 선고 83누581 판결이 이 사건과 같이 기준지가가 고시된 지역내의 토지를 수용하는 경우에도 그대로 적용이 있다고 하면서 다만 이 사건에서는 토지에 제방축조용 석재 및 자갈이 다소 매장되어 있는 사실은 인정이 되나 그 매장량이나 품질의 정도를 알 수 없을 뿐만 아니라 설령 이 사건 토지에 양질의 석재와 자갈이 매장되어 있다 하더라도 원고가 이에 대한 특별한 이용계획을 가지고 있었다고 보이지는 아니하므로 결국 위와 같은 사정은 보상액산정에 있어서 참작사유로 될 수가 없다고 한다.

[349] 대법원 2003. 4. 8. 선고 2002두4518 판결 [토지수용이의재결처분취소등] 이 사건 토지에 대한 수용재결 당시 원고가 이 사건 토지에 관하여 구체적인 이용계획을 가지고 그 계획에 터잡아 토석채취허가를 받거나 나아가 토석채취에 필요한 어떠한 준비나 실행행위를 하였음을 인정할 아무런 증거가 없는 이상, 오로지 이 사건 토지가 피고 한국도로공사에 의하여 수용됨으로써 우연한 기회에 그 도로개설에 필요한 골재를 일시적으로 이 사건 토지에서 채취할 수 있게 되어 피고 한국도로공사가 공사비를 일부 절감하였다는 사정만으로는 이 사건 토지의 보상액을 산정함에 있어서 이 사건 토지에 토석 또는 사력이 매장되어 있다는 사실을 특별히 참작할 사유로 삼을 수 없다고 판단한 조치는 정당하다고 한다.

어렵지 아니하다 할 것인데, 피고가 이 사건 이의재결을 함에 있어 위 사정들을 참작한 이 사건 토지의 수용재결 당시의 시가를 평가함이 없이 지목이 같은 인근의 일반토지 가격을 비준한 유추가격을 토대로 손실보상액을 결정하였음은 위법하다"고 한 것이 있다.350)

- 생각건대 원칙적으로 토지에 대한 보상액 산정에 있어서 토지소유자의 주관적인 이용계획은 고려할 수 없을 것이나, 적어도 토지소유자가 객관적으로 토지의 형질변경 또는 채석·채취를 적법하게 할 수 있는 행정적 조치가 있거나, 사업시행자가 이를 활용하여 구체적인 이득을 얻거나 얻을 가능성이 있거나, 구체적으로 토지의 가격에 영향을 미치고 있음이 객관적으로 인정되어 경제적 가치가 있다고 평가되는 등 특별한 사정이 있는 경우에는 토지에 매장된 토석에 대하여 평가하여 보상함이 타당하다. 토지에 온천이 있다는 것이 확인된 경우도 토지에 매장된 토석에 대한 평가와 마찬가지로 보아야 할 것이다. 법원도 같은 견해이다.351)

2. 잔여지의 손실과 공사비 보상

(1) 잔여지의 가격감소 보상

① 규정 내용

- 사업시행자는 동일한 소유자에게 속하는 '일단의 토지의 일부'가 취득되거나 사용됨으로 인하여 '잔여지'의 가격이 감소하거나 그 밖의 손실이 있을 때 또는 '잔여지에 통로·도랑·담장 등의 신설이나 그 밖의 공사가 필요할 때'에는 '그 손실이나 공사의 비용을 보상'하여야 한다. 다만 잔여지의 가격감소분과 공사비용을 합한 금액이 잔여지의 가격보다 큰 경우에는 잔여지를 매수할 수 있다(법 제73조 제1항).

② 잔여지의 요건과 잔여지 여부의 판단 기준

- 잔여지는 i) '동일한 토지소유자'에 속하여야 하며, ii) '일단의 토지 중 일부만'이 공익사업에 편입되고 남은 토지이다. 즉 '매수보상의 대상이 되는 잔여지'는 보상 대상인 잔여지 중에서 '종래의 목적에 사용하는 것이 현저히 곤란한 때'에 해당되어야 하나, '가치하락 등에 따른 보상대상인 잔여지'는 이러한 요건은 요구되지 않는다. 가격감소 보상으로서의 잔여지와 매

---

350) 대법원 1985. 8. 20. 선고 83누581 판결 [토지수용재결처분취소]
351) 대법원 2000. 10. 6. 선고 98두19414 판결 [토지수용재결처분취소등] 온천개발자가 비용과 노력을 들여 온천개발을 한 끝에 수용대상 토지에 대한 온천발견신고를 하고 온천으로 적합하다는 한국자원연구소의 중간보고까지 제출된 경우, 당해 토지에 온천이 있다는 것이 어느 정도 확인된 셈이어서 지가형성에 영향을 미치는 객관적인 요인이 생겼다고 보는 것이 타당하므로, 이러한 토지를 평가함에 있어 장래 온천으로의 개발가능성 자체를 기타 요인으로 보정하거나 개별요인의 평가에서 당해 토지의 장래의 동향 등의 기타조건으로 참작하는 등 어떠한 형태로든 이를 반영하여야 한다.

수 및 수용 청구의 대상으로서의 잔여지는 이 점에서 구체적인 차이가 있다.

③ 잔여지의 개념과 잔여지 등의 보상방법

- 잔여지란 동일한 토지소유자의 소유에 속하는 일단(一團)의 토지 중 일부만이 공익사업에 수용되고 남은 토지를 말한다. 여기서 일단이란 '한 덩어리'를 말하지만, 반드시 1필지의 토지만을 가리키는 것이 아니며, '일단의 토지'에는 일반적인 이용 방법에 따른 객관적으로 상황이 동일한 여러 필지의 토지도 포함되며, 연접하여 같은 목적으로 사용 중이거나 사용 가능한 토지는 지목이 다르더라도 일단의 토지로 본다. '현실적인 이용 상황'을 기준으로 판단하여야 하므로 해당 공익사업에 편입되는 토지만이 아니라 해당 공익사업에 편입되지 않는 토지도 일단의 토지에 포함될 수 있다. 또한 (매수 대상으로서의 잔여지와는 달리)사업시행자가 동일한 토지소유자에 속하는 일단의 토지 일부를 취득함으로 인하여 잔여지의 가격이 감소하거나 그 밖의 손실이 있을 때의 잔여지는 '종래의 목적으로 사용하는 것이 가능한 경우라도 손실보상의 대상이 되며', 잔여지를 종래의 목적에 사용하는 것이 불가능하거나 현저히 곤란한 경우이어야만 잔여지 손실보상청구를 할 수 있는 것이 아니다.[352]

- 그러나 잔여지는 동일한 소유자에게 속하는 일단의 토지 중 일부를 사업시행자가 그 '공익사업을 위하여 취득하거나 사용함으로 인하여' 잔여지가 발생할 것을 전제로 한다. 따라서 이러한 잔여지에 대하여 현실적 이용 상황 변경·사용가치·교환가치의 하락 등이 발생하였더라도, '그 손실이 토지의 일부가 공익사업에 취득되거나 사용됨으로 인하여 발생하는 것이 아니라면' 잔여지 손실보상 대상에 해당한다고 볼 수 없다. 예컨대 고속도로 건설에 따른 도로법상의 접도구역 지정으로 인한 가치하락은 국토부 장관의 접도구역 지정이라는 별도의 행정행위에 따라 발생한 손실에 해당하므로, 토지보상법에서 정한 잔여지 가격감소 손실에 해당하지 않는다.[353]

---

352) 대법원 2018. 7. 20. 선고 2015두4044 판결 [토지수용보상금등증액], 대법원 2020. 4. 9. 선고 2017두275 판결 [손실보상금등청구], 대법원 1999. 5. 14. 선고 97누4623 판결 [토지수용재결처분취소] 나아가 대법원은 '사도법에 의한 사도 외의 도로'가 사실상 도로인 경우, 공공용지특례법 시행규칙 제6조의2 제1항 제2호의 규정 취지는 사실상 불특정 다수인의 통행에 제공되고 있는 토지이기만 하면 그 모두를 인근 토지의 3분의 1 이내로 평가한다는 것이 아니라 그 도로의 개설 경위, 목적, 주위 환경, 인접 토지의 획지면적, 소유관계, 이용 상태 등의 제반 사정에 비추어 당해 토지 소유자가 자기 토지의 편익을 위하여 스스로 공중의 통행에 제공하는 등 인근 토지에 비하여 낮은 가격으로 보상하여 주어도 될 만한 객관적인 사유가 인정되는 경우에만 인근 토지의 3분의 1 이내에서 평가하고 그러한 사유가 인정되지 아니하는 경우에는 위 규정의 적용에서 제외한다는 것으로 봄이 상당하다. 즉 미지급용지 규정(토지보상법 시행규칙 제25조 제1항)을 유추적용한다는 것이다(대법원 1997. 4. 25. 선고 96누13651 판결 [토지수용이의재결처분취소]).

353) 대법원 2017. 7. 11. 선고 2017두40860 판결 [잔여지가치하락손실보상금청구]; 이상덕, 고속도로 건설공사를 위해 일단의 토지 중 일부만 수용된 후, 그 잔여지의 일부가 고속도로 접도구역으로 지정된 것이 토지보상법 제73조 제1항의 잔여지 손실보상의 대상인지 여부, 법원도서관, 2018, 대법원판례해설 제113호 477-465; 이남길, 접도구역 지정에 따른 토지보상법상 잔여지 가치하락 손실보상 여부 대법원 2017. 7. 11. 선고 2017두40860 판결, 부산지방변호사회, 2018, 부산법조 35호 114-119

- 잔여지의 보상방법에는 ⅰ)잔여지의 가격감소에 대한 차액 보상방법, ⅱ)잔여지에 공사가 필요한 경우의 공사비 보상, ⅲ)잔여지 매수 및 수용 보상방법이 있다.

④ 잔여지 가격감소의 평가 방법

- 동일한 토지소유자에 속하는 일단의 토지의 일부가 취득됨으로 인하여 잔여지의 가격이 하락된 경우의 잔여지의 손실은 "공익사업시행지구에 편입되기 전의 잔여지의 가격"에서 "공익사업시행지구에 편입된 후의 잔여지의 가격"을 뺀 금액으로 평가한다. 당해 토지가 공익사업시행지구에 편입됨으로 인하여 잔여지의 가격이 '변동'된 경우에는 '변동되기 전의 가격'을 말한다(규칙 제32조 제1항). '공익사업시행지구에 편입되기 전의 잔여지 가액'은 '일단의 토지의 전체가액'에서 편입토지의 가액을 뺀 금액으로 평가한다. 잔여지의 공법상의 제한사항 및 이용 상황 등은 '편입토지의 보상 당시를 기준'으로 한다.

- 잔여지에 통로·구거·담장 등의 신설 그 밖의 공사가 필요하게 된 경우의 손실은 '그 시설의 설치나 공사에 필요한 비용'으로 평가한다(규칙 제32조 제2항). 잔여지에 대한 시설의 설치 또는 공사로 인한 손실액은 그 시설의 설치나 공사에 '통상 필요한 비용 상당액을 기준'으로 산정한다.

- "일단의 토지 '전부'가 공공사업용지로 편입되는 경우를 상정한 잔여지 부분의 평가액에서 잔여지만이 남게 되는 상태에서의 잔여지의 평가액을 차감한 금액이 잔여지의 가격감소로 인한 손실보상액이 된다. 즉 잔여지의 가격감소분을 산정함에 있어서 기초가 되는 잔여지의 수용재결 당시의 가격은 이 사건 '전체' 토지가 수용되는 경우를 상정하여 평가되어야 하고, 구체적으로는 이 사건 '전체' 토지의 수용재결 당시의 면적당 단가에 이 사건 잔여지의 면적을 곱하여 산출되어야 한다".354) 잔여지의 가치하락에 대한 보상은 '일단의 토지 전체를 기준'으로 하여 산정하는 것이 원칙이므로, 일단의 토지 전체가액의 적용단가와 편입토지의 적용단가는 같은 것이 원칙이다. 그러나 일단으로 이용 중인 토지의 일부가 공익사업에 편입되는 경우 '손실'은 편입 부분에 한정되지 않고 '전체 토지'에 미치게 되므로 사업시행자가 취득하는 가치와 토지소유자가 상실하는 가치가 다르게 된다. 또한 정당 보상은 취득하는 토지의 공익사업에 대한 '기여'로부터 파악하는 것이 아니라 토지소유자의 '손실'로부터 파악하는 것이므로 정당 보상의 원칙을 위해서도 잔여지 보상을 통하여 손실을 보전함이 필요하다.

⑤ 가치하락에 관한 대법원 판례

- 이 경우 보상하여야 할 손실에는 토지 일부의 취득 또는 사용으로 인하여 그 획지조건이나 접근조건 등의 가격형성요인이 변동됨에 따라 발생하는 '손실'뿐만 아니라 그 취득 또는 사용 목적사업의 시행으로 설치되는 시설의 형태·구조·사용 등에 기인하여 발생하는 '손실'과 수용

---

354) 대법원 2002. 3. 15. 선고 2000두1362 판결 [토지수용재결처분취소등]

재결 당시의 현실적 이용 상황의 변경 외 장래의 이용가능성이나 거래의 용이성 등에 의한 사용가치 및 교환가치의 하락 모두가 포함된다. 따라서 수용으로 인하여 맹지가 된 잔여지는 교통의 편리성이나 장래의 이용가능성 등에 있어 종전보다 열세에 처해져 잔여지의 가치가 '하락'되었다고 볼 수 있다.355) 따라서 "위 산 101-5, 6 임야가 타인 소유라는 이유만으로 이 사건 토지 및 잔여지가 피고의 도시계획시설사업 전부터 42번 국도 등 공로에의 통행이 전혀 불가능한 토지라고 단정하기는 어려운 반면, 피고의 도시계획시설사업으로 인하여 이 사건 잔여지는 42번 국도 등 공로에의 통행이 대단히 힘들어졌다고 할 수 있으므로, 이 사건 잔여지는 교통의 편리성이나 장래의 이용가능성 등에 있어 종전보다 열세에 처해져 있다고 할 수 있고, 위와 같은 열세가 인정되는 이상 이 사건 잔여지의 가격감소를 인정하는 취지의 제1심법원 감정인소외인의 감정결과를 쉽사리 배척할 것은 아니다"라고 한다.356)

⑥ 가치 '증가'나 '이익' 발생은 불 고려

■ 잔여지의 '가치하락'에 따른 손실액은 해당 공익사업의 시행으로 인하여 잔여지의 가치가 '증가'하거나 그 밖의 '이익이 발생'한 경우에는 이를 고려하지 않는다. 또한 토지수용으로 인한 손실보상액을 산정함에 있어서는 '당해 공공사업의 시행을 직접 목적으로 하는 계획의 승인·고시로 인한 가격변동은 고려함이 없이' '수용재결 당시의 가격을 기준'으로 하여 정하여야 한다. 따라서 동일한 소유자의 소유에 속하던 일단의 토지 중 일부 토지가 수용됨으로 인하여 좁고 긴 형태로 남게 된 잔여 토지가 수용의 목적사업인 도시계획사업에 의하여 설치된 너비 8m의 도로에 접하게 되는 '이익'을 누리게 되었더라도 그 이익을 수용 자체의 법률효과에 의한 가격감소의 손실(이른바 수용손실)과 상계할 수는 없는 것이므로, 그와 같은 이익을 참작하여 잔여지 손실보상액을 산정할 것은 아니다.357) 한편 타인 소유의 토지 일부를 전선로 지지(支持) 철탑의 부지로 수용함과 아울러 그 잔여지의 지상 공간에 전선을 가설(架設)함은 잔여지 보상의 대상이 된다. 즉 선하지에 대해서도 잔여지 가치하락 보상이 인정된다.358)

⑦ 협의 불성립 시 재결신청

■ 손실의 보상은 사업시행자와 손실을 입은 자가 협의하여 결정한다. 협의가 성립되지 아니하면 사업시행자나 손실을 입은 자는 관할 토수위에 재결을 신청할 수 있다(법 제73조 제4항, 법 제9조 제6항 제7항).

---

355) 대법원 1998. 9. 8. 선고 97누10680 판결 [토지수용재결처분취소], 대법원 2011. 2. 24. 선고 2010두23149 판결 [토지보상금증액], 대법원 2000. 12. 22. 선고 99두10315 판결 [토지수용재결처분취소]
356) 대법원 2011. 2. 24. 선고 2010두23149 판결 [토지보상금증액]
357) 대법원 2004. 6. 11. 선고 2003두14703 판결 [토지수용이의재결처분취소등], 대법원 1998. 9. 18. 선고 97누13375 판결 [토지수용이의재결처분취소등]
358) 대법원 2000. 12. 22. 선고 99두10315 판결 [토지수용재결처분취소]

⑧ 잔여지 보상의 가격 기준시점
- 잔여지의 매수보상 평가 시 일단의 토지 전체가액, 편입되는 토지 가액의 기준시점, 공익사업시행지구에 편입되기 전·후 잔여지 평가의 기준시점은 모두 잔여지 매수보상의 '협의 성립 당시 또는 재결 당시'가 된다.

⑨ 행사 방법과 청구 기간
- 잔여지의 가격감소에 따른 손실보상 청구의 행사 방법에도 토지보상법상의 수용재결 등의 절차가 적용된다. 잔여지 손실 또는 비용의 보상은 관계 법률에 따라 사업이 완료된 날 또는 법 제24조의2에 따른 사업 완료의 고시가 있는 날(사업완료일)부터 1년이 지난 후에는 청구할 수 없다(법 제73조 제2항). 사업인정고시가 된 후 사업시행자가 잔여지를 매수하는 경우 그 잔여지에 대하여는 사업인정 및 사업인정고시가 된 것으로 본다(법 제73조 제3항).

⑩ 잔여지 손실보상금에 대한 지연손해금 지급 의무의 발생 시기
- 토지보상법은 잔여지 손실보상금 지급의무의 이행기를 정하지 않고 있으므로, 손실보상금 지급 의무는 '이행기의 정함이 없는 채무'로 보는 것이 타당하다. 따라서 잔여지의 손실이 현실적으로 발생한 이후 잔여지 소유자가 사업시행자에게 '이행청구를 한 다음 날'부터 그 지연손해금 지급 의무가 발생한다(민법 제387조 제2항 참조).[359]

⑪ 가치하락 등에 대한 입증 책임
- 잔여지 가치하락 등에 따른 보상은 토지소유자의 청구를 전제로 하므로 잔여지 가치하락을 주장하는 토지소유자가 잔여지의 가치가 하락하였다는 것을 입증하여야 한다.

⑫ 준용 규정
- 제1항 단서에 따라 '매수'하는 잔여지 및 잔여지에 있는 물건에 대한 구체적인 보상액 산정 및 평가 방법 등에 대하여는 법 제70조(취득하는 토지의 보상), 제75조(건축물 등 물건에 대한 보상), 제76조(권리의 보상), 제77조(영업의 손실 등에 대한 보상), 제78조 제4항(이주대책의 수립내용), 같은 조 제6항(농어업의 지속 불능으로 인한 보상) 및 제7항(기초생활 수급권자 및 차상위계층의 우선고용)을 준용한다(법 제73조 제5항).

⑬ 구분건물의 토지공유지분 보상 청구
- 집합건물의 일부분이 수용되고 편입 건물의 구분소유자가 건물보상 이외에 토지 공유지분에 대하여 보상을 청구할 경우 이를 수용할 수 있으며 이 경우 다른 공유자의 동의가 필요 없다.

⑭ 사용하는 토지의 잔여지의 매수보상은 허용되지 않음이 원칙이다.
- 그러나 i)토지사용기간이 3년 이상인 경우, ii)토지사용으로 인하여 토지의 형질이 변경되는 경우, iii)사용하려는 토지에 그 토지소유자의 건축물이 있는 경우 등에 해당되어 사용하

---

359) 대법원 2018. 3. 13. 선고 2017두68370 판결 [잔여지가치하락손실보상금청구]

는 토지를 매수 청구하는 경우는 그 잔여지도 매수보상의 대상이 된다(토지보상법 제72조)

(2) 잔여지의 매수 및 수용 청구

① 잔여지의 매수 및 수용 청구의 요건
- 동일한 소유자에게 속하는 일단의 토지의 일부가 협의에 의하여 매수되거나 수용됨으로 인하여 '잔여지를 종래의 목적에 사용하는 것이 현저히 곤란할 때'에는 해당 토지소유자는 사업시행자에게 '잔여지 매수청구'를 할 수 있으며, 사업인정 이후에는 관할 토수위에 수용을 청구할 수 있다. '잔여지 수용의 청구'는 매수에 관한 협의가 성립되지 아니한 경우에만 할 수 있으며, 사업완료일까지 하여야 한다(법 제74조 제1항).
- 동일한 소유자에게 속하는 일단의 건축물의 일부가 협의에 의하여 매수되거나 수용됨으로 인하여 '잔여 건축물을 종래의 목적에 사용하는 것이 현저히 곤란할 때'에는 그 건축물소유자는 사업시행자에게 '잔여 건축물 매수청구'를 할 수 있으며, 사업인정 이후에는 관할 토수위에 수용을 청구할 수 있다. '잔여 건축물의 수용 청구'는 매수에 관한 협의가 성립되지 아니한 경우에만 하되, 사업완료일까지 하여야 한다(법 제75조의2 제2항).
- 여기서의 사업완료일은 실질적인 공사완료일과 법상 준공검사일 중 늦은 날로 보아야 할 것이다. 한편 사업인정 후에도 협의취득이 가능하므로 사업인정 후라도 수용재결신청 전까지는 협의가 가능하고 사업완료일까지 잔여지 매수청구가 가능하다고 본다.

② 매수 또는 수용청구를 위한 잔여지 등의 요건과 판단 기준
- 잔여지를 판단할 때에는 잔여지의 위치·형상·이용 상황 및 용도지역, 공익사업 편입토지의 면적 및 잔여지의 면적 등을 종합적으로 고려하여야 한다(영 제39조 제1항 제2항). 다음 각 호의 어느 하나에 해당하는 경우에는 잔여지로 본다.

---
1. 대지로서 면적이 너무 작거나 부정형(不定形) 등의 사유로 건축물을 건축할 수 없거나 건축물의 건축이 현저히 곤란한 경우
2. 농지로서 농기계의 진입과 회전이 곤란할 정도로 폭이 좁고 길게 남거나 부정형 등의 사유로 영농이 현저히 곤란한 경우
3. 공익사업의 시행으로 교통이 두절되어 사용이나 경작이 불가능하게 된 경우
4. 제1호부터 제3호까지에서 규정한 사항과 유사한 정도로 잔여지를 종래의 목적대로 사용하는 것이 현저히 곤란하다고 인정되는 경우

---

③ 잔여지수용청구권의 법적 성격과 재결전치주의
- 잔여지수용청구권은 그 요건을 구비한 때에는 토수위의 특별한 조치를 기다릴 것 없이 청구에 의하여 수용의 효과가 발생하는 '형성권적 성질'을 가진다.[360] 즉 행사 기간은 제척기간으로서 토지소유자가 그 행사 기간 내에 권리를 행사하지 않으면 그 권리는 소멸한다. 따라

서 잔여지수용청구를 받아들이지 않은 토수위의 재결에 대하여 토지소유자가 불복하여 제기하는 소송은 법 제85조 제2항에 규정된 '보상금의 증감에 관한 소송'에 해당하여 잔여지수용청구를 토수위에 하는 것과는 달리 '사업시행자를 피고'로 '행정소송을 제기'하여야 한다(법 제85조 제2항). 따라서 사업시행자에게 한 잔여지 매수청구의 의사표시를 관할 토수위에 한 잔여지수용청구의 의사표시로 볼 수는 없다.361)

■ 건축물 소유자가 사업시행자로부터 토지보상법 제75조의2 제1항에 따른 '잔여 건축물' 가격 감소 등으로 인한 손실보상을 받기 위해서는 토지보상법 제34조, 제50조 등에 규정된 재결 절차를 거친 다음 그 재결에 대하여 불복이 있는 때에 비로소 토지보상법 제83조 내지 제85조에 따라 권리구제를 받을 수 있을 뿐, 이러한 재결 절차를 거치지 않은 채 곧바로 사업시행자를 상대로 손실보상을 청구하는 것은 허용되지 않고, 이는 '수용대상 건축물'에 대하여 재결 절차를 거친 경우에도 마찬가지이다.362)

④ '종래의 목적에 사용하는 것이 현저히 곤란할 때'의 구체적인 의미

■ 여기에서 '종래의 목적'이라 함은 수용재결 당시에 당해 잔여지가 현실적으로 사용되고 있는 구체적인 용도를 의미하고, '사용하는 것이 현저히 곤란한 때'라고 함은 물리적으로 사용하는 것이 곤란하게 된 경우는 물론 사회적, 경제적으로 사용하는 것이 곤란하게 된 경우, 즉 절대적으로 이용 불가능한 경우만이 아니라 이용은 가능하나 많은 비용이 소요되는 경우를 포함한다.363) 또한 '종래의 목적'이라 함은 취득 당시에 해당 잔여지가 현실적으로 사용되고 있는 구체적인 목적을 의미하고 장래 이용할 것으로 예정된 목적은 이에 포함되지 않는다.

■ '종래의 목적'을 판단하기 위한 수용재결 당시에 당해 잔여지가 현실적으로 사용되고 있는 구체적인 용도의 의미는 결국 구체적인 사례를 통하여 개별적으로 판단할 수밖에 없을 것이다. 구체적인 사례를 아래 주석에서 본다.364)

---

360) 대법원 2001. 9. 4. 선고 99두11080 판결 [토지수용이의재결처분취소]
361) 대법원 2010. 8. 19. 선고 2008두822 판결 [토지수용이의재결처분취소등]
362) 대법원 2015. 11. 12. 선고 2015두2963 판결 [손실보상금등], 대법원 2012. 11. 29. 선고 2011두22587 판결 [토지수용보상금증액등]
363) 대법원 2012. 9. 13. 선고 2010두29277 판결, 대법원 2017. 9. 21. 선고 2017두30252 판결 [손실보상금], 대법원 2005. 1. 28. 선고 2002두4679 판결 [토지수용이의재결처분취소등]
364) (1) 잔여지를 수용한 경우
① 잔여지(전, 354㎡) 수용, 중토위 홈페이지 재결사례 51번 : 대지 354㎡(전체 666㎡, 편입 312㎡) 수용재결 신청에 대하여, 잔여지의 길이가 길고 폭이 긴 띠모양으로 도로 아래 위치하고 있으며, 잔여지 배후지가 바다를 접한 절벽으로서 위치 및 이용상황을 종합적으로 고려하여 볼 때 종래의 목적인 "대지"로 이용이 곤란하여 수용하기로 함"
② 잔여지(전, 853㎡) 수용, 중토위 홈페이지 재결사례 52번 : "전 853㎡(전체: 3,074㎡, 편입:2,221㎡)를 매수해 달라는 수용재결신청에 대하여, 이 건 잔여지는 동 사업에 편입되기 전에는 기존의 진출입로를 통해 농기계를 사용하여 경작이 가능하였으나, 이 건 사업으로 인하여 진출입로가 없어져 맹지가 되어 종래 목적대로 사용이 불가한 것으로 판단되어 수용하기로 함
③ 잔여지 및 잔여건물(주유소, 휴게소) 수용, 중토위 홈페이지 재결사례 57번 : "주유소와 그 잔여지는 주유소 출구가 당초대로 존치되어 사용이 가능하고, 시공측량결과 지하주유탱크 2개는 편입되지 않으며, 철도운행 시 진동으로

⑤ 잔여지의 평가

인한 폭발사고 위험은 위험정도에 대한 판단이 어려우며 철도운행 관련 주유소 유류탱크 폭발사고 사례는 없어 불수용하기로 하고, 휴게소 건물과 그 잔여지는 동 사업으로 인하여 진출입구가 없는 맹지가 되어 장래 철도용지 사용허가를 받을 수 있다 하더라도 종래와 같은 여건은 될 수 없으며, 철도경계선으로부터 30m이내 지역은 행위제한이 되어 활용이 어렵고, 출구쪽 교각의 설치로 출구가 없어지므로 인하여 진출입에 종래보다 현저한 지장이 초래될 것으로 예상되며, 철도교량과 교각으로 인해 휴게소가 잘 보이지 않게 되어 사실상 종래와 같은 정상적인 영업이 어렵다고 판단되어 수용하기로 의결함

④ 잔여건축물 수용 및 영업손실 보상 의결, 중토위 홈페이지 재결사례 129번 : 개설 도로에 2층 일부가 편입되는 이 건 건물은 공사완료 이후에도 본래의 기능(카센터, 주거)을 유지하기 곤란하다고 판단되므로 건물 전체를 수용하기로 하고, 카센터 운영에 필수적인 주정차 공간이 편입되어 카센터의 계속적인 영업도 불가하다고 판단되어 영업손실을 보상하기로 의결

⑤ 대법원 2005. 1. 28. 선고 2002두4679 판결 [토지수용이의재결처분취소등] : 원고 소유의 위 토지 중 3,621㎡가 사업시행구역에 편입됨에 따라 위 토지는 사업시행구역에 편입된 임야 3,621㎡(제1토지)와 그렇지 않은 임야 248㎡(제2토지)로 분할된 사실, 이 사건 제2토지는 이 사건 제1토지의 우측 남단에 위치한 토지로서 도로와 접해 있으며 폭이 가장 넓은 부분이 3m 정도에 불과하고 피고 동대문구가 공원조성공사과정에서 훼손하여 평지화된 후 콘크리트로 일부 포장되어 도로 및 인근 주민들의 주차도 등으로 사용되고 있어 사회적, 경제적인 관점에서 보아 임야로서의 사용은 물론 지목을 대지로 변경하더라도 건축을 하기 어려운 형편인 사실, 원래 원고의 소유인 임야 3,869㎡ 중 일부인 이 사건 제1토지가 수용됨으로 인하여 잔여지인 이 사건 제2토지를 종래의 목적에 사용하는 것이 현저히 곤란하게 되었다.

⑥ [중토위 2017. 8. 10. 재결사례] 같은 리 산15-17, 같은 리 산15-35, 같은 리 산15-36은 각각 면적이 크나 이 건 공익사업으로 인하여 진출입로가 단절되어 맹지가 된다는 점, 사업시행자가 대체진출입로 설치비용이 잔여지 매수 비용보다 많이 소요되어 대체진출입로 설치가 곤란하다고 하는 점 등으로 볼 때 종래의 목적대로 사용하는 것이 현저히 곤란하다고 판단되므로 금회 이를 반영하여 수용하기로 한다.

⑦ [중토위 2017. 8. 10 재결사례] 잔여지 수용을 청구하고 있는 00리 470 답 463㎡(전체 1,831㎡, 편입 849㎡, 미청구 519㎡ 생산관리)는 이건 공익사업으로 인하여 3필지로 분할되고 잔여지는 양분되어 맹지가 됨에 따라 신설도로 개설시 진출입을 위해서는 신설도로를 횡단하여야 하며 기존 농로를 이용한 진출입도 어려워 농기계의 진입과 회전이 곤란하므로 기계화 영농이 어려우며, 농지로써 효용성이 떨어지는 등 종래의 목적으로 사용하는 것이 현저히 곤란하다고 판단되므로 이 건 잔여지를 수용하기로 한다.

⑧ [중토위 2018. 3. 8., 3. 22.재결사례] 주유소 진출입로가 사업구역에 편입되어 차량 진입이 어려운 경우에는 종래의 목적대로 사용하는 것이 현저히 곤란한 경우에 포함된다. 평지 부분이 사업구역에 편입되어 경사지만 남은 잔여지는 종래의 목적대로 사용하는 것이 현저히 곤란한 경우에 포함된다.

⑨ [중토위 2019. 6. 4. 재결사례] 잔여지(주유소용지 및 창고용지)는 입체교차로를 진입하는 감속차로 부분에 위치하여 도로점용(연결)허가가 금지되는 구간에 해당됨에 따라 차량 진출입이 어렵게 됨에 따라 종래의 목적대로 사용하는 것이 현저히 곤란하다고 판단되므로 금회 이를 수용하기로 한다.

(2) 잔여지를 수용하지 않은 경우

① 잔여지 불수용(제2종 일반주거지역, 134㎡), 중토위 홈페이지 재결사례 47번 : 00광역시장이 시행하는 00중학교 일원 도로개설공사에 편입된 000의 잔여지 134평방미터(00광역시 00군 00면 00리 000-0번지(제2종일반주거지역, 전체 : 198㎡, 편입 : 64㎡)를 수용하여 달라는 수용재결 신청에 대하여, 제2종 일반주거지역으로 편입 비율이(32%)이 작고, 이 건 도로개설 사업으로 인해 잔여지로 진출입이 더 용이해지며, 향후 건축물을 지을 수 있는 등 종래 목적대로 사용하는 것이 현저히 곤란하다고 판단되지 않으므로 수용하지 아니하기로 함

② 잔여지 불수용, 중토위 홈페이지 재결사례 136번 : 잔여지인 전 389㎡(전체 400㎡, 편입 11㎡, 계획관리, 편입비율 3%), 같은 리 전 483㎡(전체 1,002㎡, 편입 519㎡, 계획관리, 편입비율 52%)는 잔여 면적이 크고 공사 시행후 진출입로를 설치할 계획으로 종래의 목적대로 사용하는 것이 가능다고 판단되므로 수용하지 않기로 한다.

③ [중토위 2017. 10. 19. 재결례] 잔여지 00동 610-2 묘 166㎡(전체 196㎡, 편입 30㎡, 자연녹지)는 편입 비율(15.3%)이 높지 않고, 토지의 형상이 사각형(폭 11~15m)으로 부정형이 아닌 점, 종래의 방법으로 진출입이 가능한 점, 공부상 지목은 '묘'이나 현재 이용상황은 '임'으로 종래의 목적대로 사용하는 것이 현저히 곤란하다고 볼 수 없다.

④ [중토위 2018. 7. 6. 재결례] 주택의 대문, 담장, 마당이 사업구역에 편입되어 교통사고 등의 위험이 높다는 사정만으로 잔여지를 수용할 수 없다.

- 동일한 토지소유자에 속하는 일단의 토지의 일부가 취득됨으로 인하여 종래의 목적에 사용하는 것이 현저히 곤란하게 된 잔여지는 <u>그 일단의 토지의 전체가격에서 공익사업시행지구에 편입되는 토지의 가격을 뺀 금액으로 평가한다</u>(규칙 제32조 제3항). 매수대상 잔여지의 손실은 공익사업시행지구에 '편입되는 시점'에서 발생한다고 보아야 하므로, 일단의 토지 전체가액 및 편입되는 토지 가액을 평가할 때 공법상의 제한사항 및 이용 상황 등은 '편입토지의 보상 당시를 기준'으로 한다.
- 잔여지 매수보상은 '잔여지를 포함한 일단의 토지 전체'가 공익사업에 편입되는 것으로 보는 것이므로, <u>기준시점 당시에 해당 공익사업의 시행으로 인하여 '가치의 변동이 발생'한 경우에도 '이는 고려하지 않고'</u> 보상평가한다. 즉 기준시점에서 해당 공익사업의 시행으로 인하여 잔여지가 종래의 목적에 이용될 수 없어 그 가치가 하락하더라도 '하락되지 아니한 가격'으로 평가하여야 하고, 편입토지 또는 잔여지의 용도지역 등이 변경되었거나 형질이 변경된 경우에도 '이를 고려하지 않고' 평가하여야 한다.

⑥ 권리의 존속 청구
- 매수 또는 수용의 청구가 있는 잔여지 및 잔여지에 있는 물건에 관하여 권리를 가진 자는 사업시행자나 관할 토수위에 그 권리의 존속을 청구할 수 있다(법 제74조 제2항).

⑦ 사업인정 및 사업인정 고시 의제
- 토지의 취득에 관하여는 사업인정고시가 된 후 사업시행자가 잔여지를 매수하는 경우는 그 잔여지에 대하여 사업인정 및 사업인정고시가 된 것으로 본다(법 제74조 제3항).

⑧ 공유토지의 매수 대상 여부 판단
- 공유토지인 잔여지의 매수대상 여부는 '잔여지 전체를 기준'으로 판단한다. 다만 매수청구는 각 공유지분자 별로 할 수 있다.

⑨ 구체적인 보상액 산정 및 평가 방법
- 잔여지 및 잔여지에 있는 물건에 대한 구체적인 보상액 산정 및 평가 방법 등에 대하여는 법 제70조(취득하는 토지의 보상), 제75조(건축물 등 물건에 대한 보상), 제76조(권리의 보상), 제77조(영업의 손실 등에 대한 보상), 제78조 제4항(이주대책의 수립내용), 같은 조 제6항(농어업의 지속 불능으로 인한 보상) 및 제7항(기초생활 수급권자 및 차상위계층의 우선고용)을 준용한다(제4항).

⑩ 잔여지의 환매권과 상계 금지
- 잔여지 등의 매수 또는 수용한 잔여지는 그 잔여지에 접한 일단의 토지가 필요 없게 된 경우가 아니면 환매할 수 없다(법 제91조 제3항).
- 사업시행자는 동일한 소유자에게 속하는 일단(一團)의 토지의 일부를 취득하거나 사용하는

경우 해당 공익사업의 시행으로 인하여 잔여지의 가격이 증가하거나 그 밖의 이익이 발생한 경우에도 그 이익을 그 취득 또는 사용으로 인한 손실과 상계(相計)할 수 없다(법 제66조).365)

⑪ 잔여지의 수용 청구와 가치감소로 인한 손실보상 청구의 동시 청구 방법

- 잔여지의 수용 청구와 잔여지의 가격감소로 인한 손실보상 청구는 서로 양립할 수 없는 관계에 있어 선택적 병합이 허용되지 아니한다. 따라서 이들은 잔여지 매수청구를 주위적으로, 잔여지 가치감소를 예비적으로 청구하여야 한다.366)

(3) 공사비 보상

① 주요 내용

- 공사비 보상에는 두 가지가 있다. 하나는 '잔여지에 대한 공사비 보상'이고(법 제73조 제1항), 다른 하나는 '잔여지 외의 인근 토지에 대한 공사비 보상'이다(법 제79조 제1항).
- 전자는 사업시행자가 동일한 소유자에게 속하는 일단의 토지의 일부가 취득되거나 사용됨으로 인하여 '잔여지에' 통로·도랑·담장 등의 신설이나 그 밖의 공사가 필요할 때에 그 손실이나 공사의 비용을 보상하는 것이다(법 제73조 제1항).
- 후자는 "사업시행자가 공익사업의 시행으로 인하여 취득하거나 사용하는 <u>토지 및 잔여지 '이외'의 토지</u>"에 통로·도랑·담장 등의 신설이나 그 밖의 공사가 필요할 때에 그 비용의 전부 또는 일부를 보상하는 것이다(법 제79조 제1항). 즉 공익사업의 시행으로 인하여 취득하거나 사용하는 토지나 잔여지 '이외'의 토지에 공사가 필요한 때와 동일한 토지소유자의 소유에 속하는 일단(一團)의 토지 중 일부만이 공익사업에 수용되고 남은 토지(일단의 토지의 잔여지)에 공사가 필요한 경우의 보상이 있다.
- 또한 후자는 공익사업이 시행되는 지역 밖에 있는 토지 등이 '공익사업의 시행으로 인하여 본래의 기능을 다할 수 없게 되는 경우'에도 규칙 제59조에서 제65조에 따라367) 그 손실을

---

365) 대법원 2000. 2. 25. 선고 99두6439 판결 [토지수용이의재결처분취소]
366) 대법원 2014. 4. 24. 선고 2012두6773 판결 [수용보상금증액청구]
367) 공익사업시행지구 밖의 대지(조성된 대지를 말한다)·건축물·분묘 또는 농지(계획적으로 조성된 유실수단지 및 죽림단지를 포함한다)가 공익사업의 시행으로 인하여 산지나 하천 등에 둘러싸여 교통이 두절되거나 경작이 불가능하게 된 경우(규칙 제59조), 소유농지의 대부분이 공익사업시행지구에 편입됨으로써 건축물(건축물의 대지 및 잔여농지를 포함한다)만이 공익사업시행지구 밖에 남게 되는 경우로서 그 건축물의 매매가 불가능하고 이주가 부득이한 경우(규칙 제60조), 공익사업의 시행으로 인하여 1개 마을의 주거용 건축물이 대부분 공익사업시행지구에 편입됨으로써 잔여 주거용 건축물 거주자의 생활환경이 현저히 불편하게 되어 이주가 부득이한 경우(규칙 제61조), 공익사업시행지구 밖에 있는 공작물 등이 공익사업의 시행으로 인하여 그 본래의 기능을 다할 수 없게 되는 경우(규칙 제62조), 공익사업의 시행으로 인하여 해당 공익사업시행지구 인근에 있는 어업에 피해가 발생한 경우(규칙 제63조), 공익사업시행지구 밖에서 규칙 제45조에 따른 영업손실의 보상대상이 되는 영업을 하고 있는 자가 공익사업의 시행으로 인하여 배후지의 3분의 2 이상이 상실되어 그 장소에서 영업을 계속할 수 없는 경우, 진출입로의 단절·그 밖의 부득이한

보상하여야 한다(법 제79조 제2항). 또한 후자는 이른바 '사업손실'에 대한 보상이다. 보상청구권자가 피수용자 외의 제3자(토지소유자, 임차권자, 건물소유자, 건물임차권자 등)라는 점에서 전자(법 제73조 제1항)의 공사비 보상과 다르다.

- 한편 토지보상법은 "공익사업의 시행으로 인하여"라고 하여 통로·도랑·담장 등의 신설이나 그 밖의 공사가 필요할 때 '직접적인' 공사비 보상만 인정하고, 소음·진동·분진 등 이른바 기술적 사업손실과 도로의 고저차 발생·통로 상실·전파방해·햇빛 차단 등에 대하여는 보상규정을 두고 있지 않다(법 제73조 제1항, 제79조 제1항 참조). 이들은 입법적 불비이다.

② 사업시행자의 토지 매수청구, 공사비 청구 기간

- 그 토지에 대한 공사비용이 그 토지의 가액보다 큰 경우에는 사업시행자는 그 토지를 매수할 수 있으며, 사업인정고시가 된 후에 매수하는 경우 그 토지에 대하여는 사업인정 및 사업인정고시가 된 것으로 본다. 공사비용의 보상은 해당 사업의 공사완료일부터 1년이 지난 후에는 청구할 수 없다(법 제79조 제1항 단서, 제5항. 제6항, 법 제73조 제2항 제3항).
- 사업시행자는 법 제79조 제2항에 따른 보상이 필요하다고 인정하는 경우에는 보상계획을 공고할 때에 보상을 청구할 수 있다는 내용을 포함하여 공고하거나 전국을 보급지역으로 하는 일간신문에 에 따라 보상에 관한 계획을 공고하여야 한다(법 제79조 제3항, 영 제41조의4).

③ 준용 규정

- 제1항 단서에 따라 '매수'하는 토지에 대한 구체적인 보상액 산정 및 평가 방법 등에 대하여는 법 제70조(취득하는 토지의 보상), 제75조(건축물 등 물건에 대한 보상), 제76조(권리의 보상), 제77조(영업의 손실 등에 대한 보상), 제78조 제4항(이주대책의 수립내용), 같은 조 제6항(농어업의 지속 불능으로 인한 보상) 및 제7항(기초생활 수급권자 및 차상위 계층의 우선 고용)을 준용한다(법 제79조 제7항).

④ 협의·재결신청

- 공사비 보상 또는 매수보상은 사업시행자와 손실을 입은 자가 협의하여 결정하되, 협의가 성립되지 아니하였을 때에는 사업시행자 또는 손실을 입은 자는 관할 토수위에 재결을 신청할 수 있다(법 제80조). 공사비 보상은 반드시 토지소유자 등의 청구를 요건으로 하지 않으며 공사 등이 필요하다고 사업시행자가 판단하면 공사비를 보상할 수 있고, 보상의 성격상 반드시 공사비(현금)로 보상하여야 하는 것은 아니며 사업시행자가 직접 공사를 하는 것도 허용된다.

사유로 인하여 일정한 기간 동안 휴업하는 것이 불가피한 경우에는 그 영업자의 청구에 의하여 당해 영업을 공익사업시행지구에 편입되는 것으로 보아 보상하여야 한다.

3. 공용사용으로 인한 토지의 보상

(1) 사용하는 토지에 대한 보상

- 협의 또는 재결에 의하여 공용사용하는 토지에 대하여는 그 토지와 인근 유사 토지의 지료, 임대료, 사용 방법, 사용기간 및 그 토지의 가격 등을 고려하여 평가한 적정가격으로 보상한다(법 제71조 제1항). 여기서의 사용은 이른바 공용사용을 말한다.[368]
- 토지의 사용료는 '임대사례비교법'으로 평가한다. 다만 적정한 임대사례가 없거나 대상 토지의 특성으로 보아 임대사례비교법으로 평가하는 것이 적정하지 아니한 경우, 미지급용지에 대하여는 '적산법'으로 평가할 수 있다(법 제71조 제2항, 규칙 제30조, 감정평가실무기준 820,5.1. 토지사용 보상평가). "임대사례비교법"이란 대상 물건과 동일성 또는 유사성이 있는 다른 물건의 임대사례와 비교하여 대상 물건의 사용료를 구하는 방법을 말한다(규칙 제2조 제7호). 즉 대상 물건과 가치형성요인이 같거나 비슷한 물건의 임대사례와 비교하여 대상 물건의 현황에 맞도록 사정보정, 시점수정, 가치형성요인 비교 등의 과정을 거쳐 대상 물건의 임대료를 산정하는 감정평가방법을 말한다(감정평가실무기준 400,3.3.2.1.① 참조). 그리고 적산법(積算法)이란 가격시점에서 대상 물건의 가격에 '기대이율을 곱한 금액'에 대상 물건을 계속 사용하는데 필요한 '제경비를 더하여' 대상 물건의 사용료를 구하는 방법을 말한다(규칙 제2조 제8호 및 감정평가실무기준 400,3.2.2.1.① 참조).

(2) 토지의 지하 또는 지상 공간의 사용에 대한 평가

- 토지의 지하 또는 지상 공간을 사실상 영구적으로 사용하는 경우의 당해 공간에 대한 사용료는 규칙 제22조의 규정(표준지의 공시지가를 기준)에 의하여 산정한 당해 토지의 가격에 당해 공간을 사용함으로 인하여 토지의 이용이 저해되는 정도에 따른 적정한 비율(이하 "입체이용저해율"[369]이라 한다)을 곱하여 산정한 금액으로 평가한다(법 제71조 제2항, 규칙 제31조 제1항). 대법원은 "지하철 건설로 인하여 건축 예정 건물의 설계변경과 추가공사가 필요하게 된 경우, 신축계획 건물에 대한 변경설계비와 추가공사비는 계획 단계의 건물 신축과 관

---

[368] 공용사용이란 특정한 공익사업의 수행을 위하여 또는 수행하는 과정에서 그 사업시행자가 타인의 소유에 속하는 토지 기타 물건 등의 재산권에 대하여 공법상의 사용권을 설정하고, 그 사용기간 중에 그를 방해하는 권리행사를 금지하는 것을 말한다. 공용사용은 그 내용에 따라 일시적 사용과 계속적 사용으로 나눌 수 있다. 일시적 사용은 「토지보상법」 제9조에 따른 공익사업의 준비를 위한 측량·조사·장해물 제거 등을 위하여 타인의 토지에 출입하여 사용하는 경우가 그 예이다. 「토지보상법」 외에도 「국토계획법」·「도시철도법」·「철도의 건설 및 철도시설 유지관리에 관한 법률」·「도로법」·「전원개발촉진법」·「전기사업법」 등 개별 법령에서도 공용사용에 대하여 규정하고 있다. 다만, 「전기사업법」은 협의에 의한 사용만을 규정하고 있다.

[369] "입체이용저해율"이란 송전선로를 설치함으로써 토지의 이용이 저해되는 정도에 따른 적정한 비율을 말한다.

련하여 예상되는 변경설계비나 추가공사비가 지하 부분의 사용에 따른 통상의 보상 범위에 속한다거나 위와 같은 입체이용저해율에 의한 손실보상 외에 별도로 보상대상이 된다고 볼 수 없다"고 한다.[370]

■ 토지의 지하 또는 지상 공간을 일정한 기간 사용하는 경우의 당해 공간에 대한 사용료는 <u>규칙 제30조의 규정(임대사례비교법으로 평가)에 의하여 산정한 당해 토지의 사용료에 입체이용저해율을 곱하여 산정한 금액으로 평가한다</u>(법 제71조 제2항, 규칙 제31조 제2항, 감정평가실무기준 820, 5.2.1.,5.2.2.1~3. 참조). 지하공간의 사용에 따른 보상의 범위는 지하 시설물의 점유면적 및 유지관리 등과 관련된 최소한의 범위로 하되, i)평면적 범위는 지하 시설물 폭에 최소여유폭(양측 0.5m)을 합한 폭과 시설물 연장에 수직으로 대응하는 면적으로 하며, ii)입체적 범위는 평면적 범위로부터 지하 시설물 상·하단 높이에 보호층을 포함한 범위까지로 정하되, 보호층은 터널구조물인 경우 각 6m, 개착구조물인 경우 각 0.5m를 원칙으로 한다. 지상 공간의 사용에 따른 선하지(線下地) 면적은 송전선로의 양측 최외선으로부터 수평으로 3m를 더한 범위 안의 직하 토지의 면적으로 함을 원칙으로 한다. 입체이용저해율은 i)건축물 등 이용저해율, ii)지하 부분 이용저해율, iii)기타 이용저해율을 더하여 산정한다. 건축물 등 이용저해율은 건축물 등 이용률에 최유효건축물의 층별효용비율 합계 대비 저해층의 층별효용비율 합계의 율을 곱하여 산정하고, 지하 부분 이용저해율은 지하이용률에 심도별지하이용효율을 곱하여 산정하며, 기타 이용저해율은 입체이용률배분표에 의한다. 전기사업자가 토지의 지상 또는 지하공간에 송전선로를 설치하기 위한 보상은 전기사업법 제90조의2「전기사업법 시행령」제50조 및 [별표 5]에 규정하고 있다. 송전선로를 설치하기 위한 보상에는 입체이용저해율 외에 추가보정률이 적용된다. 추가보정률은 송전선로를 설치함으로써 해당 토지의 경제적 가치가 감소되는 정도를 나타내는 비율을 말하고, 추가보정률 산정기준은 i)송전선로 요인, ii)개별요인, iii)기타요인으로 구성된다. "추가보정률"이란 송전선로를 설치함으로써 해당 토지의 경제적 가치가 감소되는 정도를 나타내는 비율을 말한다.[371]

---

370) 대법원 2000. 11. 28. 선고 98두18473 판결 [토지수용이의재결처분취소]
371) 철도건설을 위한 지하부분 토지사용 보상기준[시행 2017. 3. 7.] [국토교통부고시 제2017-161호, 2017. 3. 7., 일부개정] 참조

손실보상의 산정기준(제50조 관련) 전기사업법 시행령 [별표 5] 〈신설 2011.9.30〉

구분	사용기간	보상금액 산정기준
지상 공간의 사용	송전선로가 존속하는 기간까지 사용	보상금액= 토지의 단위면적당 적정가격 × 지상 공간의 사용면적 × (입체이용저해율 + 추가보정률)
	한시적 사용	보상금액= 토지의 단위면적당 사용료 평가가액 × 지상 공간의 사용면적 × (입체이용저해율 + 추가보정률)

(3) 사용하는 토지의 매수청구

- 법 제20조의 사용에 대한 '사업인정고시'가 된 후 토지를 사용하는 기간이 3년 이상인 경우, 토지의 사용으로 인하여 토지의 형질이 변경되는 경우, 사용하려는 토지에 그 토지소유자의 건축물이 있는 경우에는 해당 토지소유자는 사업시행자에게 해당 토지의 매수를 청구하거나 관할 토수위에 그 토지의 수용을 청구할 수 있다. 이 경우 관계인은 사업시행자나 관할 토수위에 그 권리의 존속을 청구할 수 있다(법 제72조).

4. 지상 건축물 등 물건에 대한 보상

(1) 건축물 등의 이전비 보상과 평가

① 건축물 등의 이전비 보상원칙

- 건축물·입목·공작물과 그 밖에 토지에 정착한 물건(이하 "건축물 등 또는 지장물"이라 한다)에 대하여는 "이전비[372]"를 보상하여야 한다. 다만 건축물 등을 이전하기 어렵거나 그 이전으로 인하여 건축물 등을 종래의 목적대로 사용할 수 없게 된 경우, 건축물 등의 이전비가 그 물건의 가격을 넘는 경우, 사업시행자가 공익사업에 직접 사용할 목적으로 취득하는 경우에는 해당 물건의 '취득가격으로 보상'하여야 한다(법 제75조 제1항). 즉 사업시행자는 원칙적으로 '이전비용'으로 보상하되, 예외적으로 '취득가액'으로 보상할 수 있다. 따라서 지장물을 이전할 토지와 장소가 없다는 사유로 물건의 가액으로 보상할 수는 없다.[373] 대법원도 "물건의 수용에 있어서는 그 물건의 이전이 현저하게 곤란하거나 이전으로 인하여 종래의 목적에 사용할 수 없게 되는지의 여부를 먼저 가려보고 그에 따라 이전비용 또는 취득가액 중 어느 것으로 보상할 것인지를 정하여야 한다"고 하고,[374] 나아가 "중앙 토수위가 그 지상 건물 등의 보상가액을 평가함에 있어서 그 이전 가능 여부, 이전 비용이 취득가격을 초과하는지의 여부, 취득가격과 그 평가액의 구체적인 산출 내역 등에 관하여는 밝히지 아니한 채 곧바로 단가와 평가액만을 산정하고 있어 평가액 산정의 구체적인 근거를 알아볼 수 없으므

| 지하 공간의 사용 | 송전선로가 존속하는 기간까지 사용 | 보상금액= 토지의 단위면적당 적정가격 × 지하 공간의 사용면적 × 입체이용저해율 |

---

372) "이전비"라 함은 대상물건의 유용성을 동일하게 유지하면서 이를 당해 공익사업시행지구 밖의 지역으로 이전·이설 또는 이식하는데 소요되는 비용(물건의 해체비, 건축허가에 일반적으로 소요되는 경비를 포함한 건축비와 적정거리까지의 운반비를 포함하며, 건축법 등 관계 법령에 의하여 요구되는 시설의 개선에 필요한 비용을 제외한다)을 말한다(규칙 제2조 제4호).
373) 중토위 2017. 10. 19. 재결례
374) 대법원 1994. 4. 26. 선고 93누13360 판결 [토지수용재결처분취소등]

로 적법하게 된 것이라고 할 수 없다"375)고 하여, 산정된 보상비가 이전비인지 취득비인지376)를 명확하게 하지 않은 경우는 위법한 평가라고 한다.

② 이전 가능성의 판단

- 건축물 등의 이전 가능성 여부는 ⅰ)기술적인 문제가 아니라 '경제적인 관점'에서 판단하여야 하며, ⅱ)주관적 의사가 아닌 '객관적 타당성'을 기준으로 판단하여야 한다. 사인 간의 계약서상 내용(로열티 등의 문제로 이전·매매·증식을 일체 금하도록 하는 조항)은 이전 가능 여부를 판단할 때 고려의 대상이 아니다.377) 비닐하우스와 균상은 그 구성재료에 비추어 볼 때 기술적으로는 이를 분리 이전하여 재사용할 수 있을런지 모르나 경제적으로는 이것이 불가능하거나 현저히 곤란한 것으로 보이므로, 이에 대하여 취득가격을 기준으로 하여 평가한 감정평가는 정당하다고 한다.378)

③ 이전 후 종래의 목적대로 사용할 수 있는지 여부

- 건축물 등이 이전 후 종래의 목적대로 사용할 수 있는지 여부는 건축물 등의 효용성을 동일하게 유지하면서 사용하는 것이 가능한지 여부를 기준으로 판단한다. 실무상 건축물 등 지상물건(즉, 지장물379))의 보상비와 관련한 분쟁에서 주의할 점이 있다. 건물 등이 철거 등으로 훼손되면 가액산정에 어려움이 따르므로 증거보전을 신청하는 것이 좋다.

④ 지장물인 건축물 등을 가액으로 보상한 경우 소유권취득 여부

- 이전이 가능한 건축물 등에 대하여 이전비보다 적은 가액으로 협의 보상한 경우는 사업시행자가 건축물 등의 소유권을 취득한다고 볼 수 없다. 다만, 지장물 소유자도 사업시행자의 지장물 제거를 수인해야 한다. 대법원의 견해도 같다.380)

- 사업시행자는 사업예정지에 있는 ⅰ)건축물 등이 이전하기 어렵거나 그 이전으로 인하여 건축물 등을 종래의 목적대로 사용할 수 없게 된 경우, ⅱ)건축물 등의 이전비가 그 물건의 가

---

375) 대법원 1992. 2. 14. 선고 91누2724 판결 [토지수용재결처분취소]
376) 현행법상 대체시설비는 평가기준으로 채택되지 않았음에 실무상 참고하기 바란다.
377) 대법원 1994. 1. 25. 선고 93누18655 판결 [토지수용재결처분취소], 대법원 1991. 1. 29. 선고 90누3775 판결 [토지수용재결처분취소], 대법원 1991. 10. 22. 선고 90누10117 판결 [물건등수용재결처분취소], [질의회신 2012. 05. 18. 공공지원팀-1007]
378) 대법원 1991. 10. 22. 선고 90누10117 판결 [물건등수용재결처분취소]
379) "지장물"이란 공익사업시행지구 내의 토지에 정착한 건축물·공작물·시설·입목·죽목 및 농작물 그 밖의 물건 중에서 당해 공익사업의 수행을 위하여 직접 필요하지 아니한 물건을 말한다(규칙 제2조 제3호).
380) 대법원 2021. 5. 7. 선고 2018다256313 판결 [손해배상(기)], 대법원 2012. 4. 13. 선고 2010다94960 판결 [손해배상] ; 사업시행자가 사업시행에 방해가 되는 지장물에 관하여 토지보상법 제75조 제1항 단서 제2호에 따라 이전에 드는 실제 비용에 못 미치는 물건의 가격으로 보상한 경우, 사업시행자가 해당 물건을 취득하는 제3호와 달리 수용의 절차를 거치지 않은 이상 사업시행자가 그 보상만으로 해당 물건의 소유권까지 취득한다고 보기는 어렵다. 또한 사업시행자는 지장물의 소유자가 토지보상법 시행규칙 제33조 제4항 단서에 따라 스스로의 비용으로 철거하겠다고 하는 등의 특별한 사정이 없는 한 지장물의 소유자에 대하여 그 철거 등을 요구할 수 없고 자신의 비용으로 직접 이를 제거할 수 있을 뿐이다.

격을 넘는 경우에는 관할 토수위에 그 물건의 수용재결을 신청할 수 있다(법 제75조 제5항). 또한 관할 토수위에 그 물건의 수용재결을 신청한 경우(법 제75조 제5항)에는 사업시행자가 건축물 등의 소유권을 취득한 것으로 보므로 이러한 경우는 사업시행자가 임의로 건축물 등을 철거하거나 사용할 수 있다. 즉, 사업시행자가 공익사업에 직접 사용할 목적으로 취득하는 경우 또는 같은 법 제75조 제5항에 따라 수용재결을 신청하여 토수위가 수용재결을 한 경우라면 사업시행자가 건축물 등의 소유권을 취득한 것으로 볼 수 있을 것이다.[381] 이 규정에 의하여 '이전 재결'도 허용함이 옳다. 그러나 토수위에서 건축물 등에 대해 '이전 재결'을 한 경우에는 사업시행자가 건축물 등의 소유권까지 취득한다고 볼 수 없으므로 사업시행자가 건축물 등을 임의로 철거하거나 사용할 수 없다.[382]

⑤ 보상 대상
- 「토지보상법」에서 건축물 등에 대해서는 건축허가 등을 보상의 요건으로 규정하고 있지 않으므로 건축물 등은 적법한 허가 등을 받고 건축 또는 설치된 것인지 여부에 관계없이 사업인정 고시일 이전에 건축되거나 설치된 건축물 등은 원칙적으로 손실보상의 대상이 된다. 즉 무허가건축물이라 하더라도 사업인정고시일 이전에 건축되었다면 보상 대상이 된다. 그러나 예외적으로 토지수용법상의 수용보상 대상이 되지 아니한다고 본 사례도 있다.
- 사업인정고시일 이후에 설치된 지장물에 해당되는 경우에도 ⅰ)통상적인 이용 방법에 의한 공작물, ⅱ)해당 사업인정이 실효된 경우 등은 보상대상이 된다. 즉 사업인정고시일 이후에 통상적인 방법에 따라 영농하기 위해 설치한 비닐하우스는 보상 대상이다.[383] 실효된 종전 사업인정고시 이후 허가를 받지 않고 설치된 지장물도 보상 대상이다.[384]
- 건축물 등은 토지사용권의 유무에 따라 보상 대상 여부가 결정되는 것이 아니므로 토지사용권이 없는 경우에도 보상 대상이 된다. 대법원도 지장물은 토지사용권 유무를 보상 대상의 요건으로 하지 않는다.[385]

⑥ 무허가건축물의 보상평가
- 「토지보상법」에서는 무허가 주거용 건축물에 대하여 거래사례비교법의 적용을 배제한다는 명문의 규정이 없으므로 무허가 주거용 건축물도 "거래사례비교법"으로 보상 평가할 수 있다.

---

381) 2014. 02. 18. 토지정책과-1085 유권해석
382) 2011. 01. 05. 토지정책과-49 유권해석
383) 2010. 03. 04. 토지정책과-1258 유권해석
384) 2014. 04. 16. 토지정책과-2544 유권해석
385) 대법원 2004. 10. 15. 선고 2003다14355 판결 [보상금] 다목적 댐 건설사업에 관한 실시계획의 승인 및 고시가 있기 전에 토지를 임차하여 수목을 식재하였다가 그 후 토지의 임대차계약이 해지되어 토지 소유자에게 토지를 인도할 의무를 부담하게 되었다고 하더라도, 그러한 사정만으로 위 수목이 지장물보상의 대상에서 제외된다고 볼 수는 없다.

⑦ 보상 대상이 아닌 경우

- 그러나 대법원은 "위법건축물의 경우에는 그 위법의 정도가 관계 법령의 규정이나 사회통념상 용인할 수 없을 정도로 크고 객관적으로도 합법화될 가능성이 거의 없어 거래의 객체가 되지 아니하는 경우에는 사업인정고시일 이전에 건축된 경우에도 보상 대상이 되지 않는다"고 한다.386) 또한 "..사업시행자의 보상계획공고 등으로 공익사업의 시행과 보상 대상 토지의 범위 등이 객관적으로 확정된 후 해당 토지에 지장물을 설치하는 경우에 그 공익사업의 내용, 해당 토지의 성질, 규모 및 보상계획공고 등 이전의 이용실태, 설치되는 지장물의 종류, 용도, 규모 및 그 설치시기 등에 비추어 그 지장물이 해당 토지의 통상의 이용과 관계없거나 이용 범위를 벗어나는 것으로 손실보상만을 목적으로 설치되었음이 명백하다면, 그 지장물은 예외적으로 손실보상의 대상에 해당하지 아니 한다"고 한다.387)

- 위 대법원 판례와 같은 맥락에서, 사업인정고시일 이전에 건축되거나 설치된 건축물 등에 해당되는 경우에도 i)손실보상만을 목적으로 설치된 건축물, ii)관계 법령에서 보상에 관하여 제한을 둔 경우, iii)공익사업과 관련 없이 이전·철거 등의 조치가 진행되고 있는 경우 등은 보상 대상에 해당하지 않는다. 즉 사업인정고시일 전에 설치된 지장물이라도 보상만을 목적으로 한 경우에는 보상 대상이 아니다.388)

- 「국토계획법」 제64조 제2항에 의거 시장 등의 허가를 받아 도시·군계획시설의 부지에서 건축되거나 설치된 '가설건축물 또는 공작물'은 같은 조 제3항 및 제4항에 의거 도시·군계획시설사업의 시행예정일 3개월 전까지 가설건축물이나 공작물 소유자의 부담으로 그 가설건축물이나 공작물의 철거 등 원상회복에 필요한 조치를 하여야 한다. 따라서 이러한 가설건축물이나 공작물은 사업인정고시일 이전에 건축되거나 설치되었다고 하여도 보상 대상이 아니다. 나아가 토지소유자가 보상을 청구할 수 없는 손실에는 가설건축물 자체의 철거에 따른 손실뿐만 아니라 '가설건축물의 철거에 따른 영업손실'도 포함된다고 할 것이며, 소유자가 그 손실보상을 청구할 수 없는 이상 그의 가설건축물의 이용 권능에 터 잡은 임차인 역시 그 가설건축물의 철거에 따른 영업손실의 보상을 청구할 수는 없다고 한다.389) 헌재도 가설

---

386) 대법원 2000. 3. 10. 선고 99두10896 판결 [무허가건물재결처분취소], 대법원 2001. 4. 13. 선고 2000두6411 판결 [토지수용이의재결처분취소]; 사업인정고시일 이전부터 무단으로 국공유지를 점유하여 설치한 지장물도 보상대상이다(2015. 05. 13. 토지정책과-3878 질의회신). 하천점용허가 없이 설치된 지장물 및 원상회복 명령을 하였으나 철거되지 않은 지장물도 원칙적으로 보상대상이다(2011. 10. 27. 법제처 11-0519 법령해석). 사업설명회 개최 이후 사업인정고시일 이전에 설치된 무허가 지장물도 보상대상이다(2014. 06. 27. 토지정책과-4116 유권해석).
387) 대법원 2013. 2. 15. 선고 2012두22096 판결 [보상금증액]: 하천부지인 이 사건 각 토지에 점용허가를 받아 비닐하우스 1개동, 관정 3개 등을 설치하고 수십 년간 농사를 지어 오다가, 청원군수가 2009. 7. 20. 이 사건 공익사업의 시행에 관한 보상계획을 공고하자, 원고는 이 사건 각 토지에 비닐하우스 23개동, 관정 123개 등을 새로 설치하고 보상을 청구한 사건이다.
388) 2015. 07. 27. 토지정책과-5451 유권해석
389) 대법원 2001. 8. 24. 선고 2001다7209 판결 [영업보상금]

건축물을 보상 없이 원상회복시키는 것은 위헌이 아니라고 하고 있다.[390]
- 또한 「건축법」 제20조 제3항에 의하여 축조되거나 설치된 재해복구·흥행·전람회·공사용 가설건축물 등의 존치 기간은 원칙적으로 3년 이내로 규정(영 제15조 제1항 제2호, 공사용 가설건축물 및 공작물의 경우에는 해당 공사의 완료일까지의 기간) 하고 있다. 따라서 존치 기간이 경과한 가설건축물 등으로 용도가 폐지되었거나 기능이 상실되어 경제적 가치가 없는 경우에는 보상 대상이 아니다.
- 건축물 등의 건축 또는 설치 허가를 하면서 '해당 공익사업을 특정하여' 보상 제한의 부관을 붙인 경우는 보상 대상에서 제외된다고 보아야 하나, 그렇지 않고 '특정되지 않은 공익사업을 전제로' 보상 제한의 부관이 있는 경우는 보상 대상에서 제외할 수는 없다.[391]

(2) 건축물의 보상평가

① 개설
- 건물은 주건물, 부속건물(우사·돈사·계사 등 축사, 창고, 변소, 헛간 등), 부대시설(담장, 대문, 장독대, 물탱크, 수도, 우물 등), 공작물(지상이나 지하에 축조되는 인공구조물로서 대지를 조성하기 위한 옹벽, 굴뚝, 광고탑, 고가수조, 지하 대피호, 관정, 용수 설비, 제방, 집수암거, 교량, 선착장 그 밖에 이와 유사한 것을 말함 등), 건축설비(난방장치, 소화전, 수도설비, 전기설비, 전화설비 등)이 있다. <u>일반거래에서는 이들은 모두 주건물의 부속으로써 일체로서 일괄 평가하여 거래된다. 그러나 손실보상 실무에서는 건축설비를 제외하고는 대부분 물건별로 구분하여 평가한다.</u> 또한 건축물은 구조(목조[392], 조적조[393], 철골조[394], 콘크리트조[395]), 지붕(슬라브지붕, 기와지붕, 초가지붕, 스레트지붕, 함석지붕 등), 용도(주거용, 상업용, 공업용, 기타 용도), 건축면적(대지면적, 건축면적, 바닥면적, 연면적[396] 참조), 건축연도에 따라서 다양하게 분류되며, 이들의 유형에 따라서 그 가치가 달라진다. 토지보상규칙 제20조 제2항도 건축물 등의 면적 또는 규모의 산정은 건축법 등 관계 법령이 정하는 바에 의한다고 하고 있다. 따라서 손실보상 실무에서는 1동의 건물이라도 구조·용도·면적

---

390) 헌법재판소 1999. 09. 16 선고 98헌바82 결정
391) 2010. 10. 15. 법제처 11-0597 법령해석
392) 통나무조, 중목조, 기둥보조, 경량목조 등
393) 벽돌조(흙벽돌조, 황토조), 연와조, 블록조(시멘트블록조, 시멘트벽돌조), 석조 등
394) 일반철골조(H빔, I빔 등), 경량철골조(LEB철골, 각파이프 등) 등
395) 철근콘크리트조, 철골콘크리트조, 철골철근콘크리트조(SRC조), 프리케스트콘크리트조
396) 건축물의 '건축면적'은 건축물의 외벽(외벽이 없는 경우에는 외곽 부분의 기둥을 말함)의 중심선으로 둘러싸인 부분의 수평투영면적으로 하고, '바닥면적'은 건축물의 각 층 또는 그 일부로서 벽·기둥 그 밖에 이와 비슷한 구획의 중심선으로 둘러싸인 부분의 수평투영면적으로 하며, '연면적'은 하나의 건축물 각 층의 바닥면적의 합계로 한다(건축

등이 다른 경우에는 각각 따로 조사하여 평가한다. 또한 취득할 토지에 건축물・입목・공작물 그 밖에 토지에 정착한 물건이 있는 경우에는 토지와 그 건축물 등을 별도로 구분하여 보상평가하여야 한다. 다만 건축물 등이 토지와 함께 거래되는 사례나 관행이 있는 경우에는 건축물 등과 그 토지를 일괄하여 평가하여야 하며, 이 경우 보상평가서에 그 내용을 기재하여야 한다(규칙 제20조 제1항).397)

- 건축물 등을 이전할 경우 이전 거리는 30㎞ 이내로 한다. 다만 지역적 여건 및 해당 공익사업의 특성 등을 고려할 때 30㎞ 이상의 이전이 불가피한 경우에는 이를 초과할 수 있다.

② 평가 방법

- 감정평가방식에는 다음과 같이 3방식이 있다.

> 1. 원가방식: 원가법, 적산법 등 "비용성의 원리"에 기초한 감정평가방식
> 2. 비교방식: 거래사례비교법, 임대사례비교법 등 "시장성의 원리"에 기초한 감정평가방식 및 법 제3조 제1항 본문에 따른 공시지가기준법
> 3. 수익방식: 수익환원법, 수익분석법 등 "수익성의 원리"에 기초한 감정평가방식

- 건축물(담장 및 우물 등의 부대시설 포함)에 대하여는 그 구조・이용 상태・면적・내구연한・유용성 및 이전 가능성 그 밖에 가격형성에 관련되는 제 요인을 종합적으로 고려하여 평가한다(규칙 제33조 제1항). 건축물의 가격은 '원가법'398)으로 평가한다. 다만 주거용 건축물

---

397) 건축시설 중에 가추와 차양이라는 것이 있다. 모두 처마에 이어서 햇살과 비를 피하기 위해 설치한 구조물인데, 이들은 통상 본체와 건축 재질이 다르고(재질이 같으면 증축이 될 것이다), 차양은 지지대는 있으나 외벽과 출입문이 없다는 점이 가추와 다르다. 따라서 가추와 차양은 구분하여 조사한다.

398) ① 원가법이란 대상 물건의 재조달원가에 감가수정을 하여 대상 물건의 가액을 산정하는 감정평가방법을 말한다. 재조달원가란 대상 물건을 기준시점에 재생산하거나 재취득하는 데 필요한 적정 원가의 총액을 말한다. 재조달원가는 대상 물건을 일반적인 방법으로 생산하거나 취득하는 데 드는 비용으로 하되, 제세공과금 등과 같은 일반적인 부대비용을 포함한다. 감가수정은 대상 물건에 대한 재조달원가를 감액하여야 할 요인이 있는 경우에 다음 각 호의 가치 하락요인 등(이하 "감가요인"이라 한다)을 고려하여 그에 해당하는 금액을 재조달원가에서 공제하여 기준시점에 대상물건의 가액을 적정화하는 작업을 말한다.

1. 물리적 감가 요인: 대상 물건의 물리적 상태 변화에 따른 감가 요인
2. 기능적 감가 요인: 대상 물건의 기능적 효용 변화에 따른 감가 요인
3. 경제적 감가 요인: 인근지역의 경제적 상태, 주위 환경, 시장 상황 등 대상 물건의 가치에 영향을 미치는 경제적 요소들의 변화에 따른 감가 요인

감가수정을 할 때에는 경제적 내용 연수를 기준으로 한 정액법, 정률법 또는 상환기금법 중에서 대상 물건에 가장 적합한 방법을 적용하여야 한다. 감가수정이 적절하지 아니한 경우에는 물리적・기능적・경제적 감가 요인을 고려하여 관찰감가 등으로 조정하거나 다른 방법에 따라 감가 수정할 수 있다(감정평가실무기준 400.3.2.1.).

② 적산법(積算法)이란 대상 물건의 기초가액에 기대이율을 곱하여 산정된 '기대수익'에 대상 물건을 계속하여 임대하는 데 필요한 경비를 더하여 대상 물건의 임대료[사용료를 포함한다]를 산정하는 감정평가방법을 말한다. 적산법에 따라 산정한 임대료를 적산임료라고 한다. 기초가액이란 적산법으로 감정평가하는 데 기초가 되는 대상 물건의 가치를 말한다. 기초가액은 비교방식이나 원가방식으로 감정평가한다. 이 경우 사용 조건・방법・범위 등을 고려할 수 있다. 기대이율이란 기초가액에 대하여 기대되는 임대수익률을 말한다. 기대이율은 시장추출법, 요소구성법, 투자결합법, CAPM을 활용한 방법, 그 밖의 대체・경쟁 자산의 수익률 등을 고려한 방법 등으로 산정한다. 기초가액을 시장가치로 감정평가할 경우에는 해당 지역 및 대상 물건의 특성을 반영하는 이율로 정하되, 한국감정평가사협회에서 발표한

에 있어서는 '거래사례비교법'에 의하여 평가한 금액[399]이 원가법에 의하여 평가한 금액보다 큰 경우와 집합건물법에 의한 구분소유권의 대상이 되는 건물의 가격은 '거래사례비교법'[400]으로 평가한다(규칙 제33조 제2항). 건축물의 가액을 원가법으로 보상평가하는 경우 전기·난방·위생설비 등 건축물의 부대설비는 이를 별도로 구분하여 평가하지 않는다. 다만 건축물의 소유자와 부대설비의 소유자가 다른 경우 등 구분하여 평가할 필요가 있는 경우에는 이를 구분하여 평가할 수 있다. 주거용 건축물을 거래사례비교법으로 보상평가할 경우에는 이주대책을 수립·실시하거나 주택입주권 등을 해당 건축물의 소유자에게 줌으로 인한 가격상승분 또는 개발제한구역 안에서 이전이 허용됨으로 인한 가격상승분은 제외하고 평가하여야 한다. 가액으로 보상한 건축물의 철거비용은 사업시행자가 부담한다. 다만 건축물의 소유자가 당해 건축물의 구성부분을 사용 또는 처분할 목적으로 철거하는 경우에는 건축물의 소유자가 부담한다. 주거용 건축물을 거래사례비교법으로 보상평가할 것인지의 여부는 주거용 건축물의 소유자가 토지의 소유권 또는 사용권을 가지고 있는지 여부와 무관하므로 국·공유지상의 주거용 건축물 또는 타인 토지상의 주거용 건축물도 거래사례비교법으로 평가할 수 있다.

- 건축물의 사용료는 '임대사례비교법'[401]으로 평가한다. 다만 임대사례비교법으로 평가하는

율(대부료율) 등을 참고하여 실현 가능한 율로 정할 수 있다. 필요제경비란 임차인이 사용·수익할 수 있도록 임대인이 대상 물건을 적절하게 유지·관리하는 데에 필요한 비용을 말한다. 필요제경비에는 감가상각비, 유지관리비, 조세공과금, 손해보험료, 대손준비금, 공실손실상당액, 정상운영자금이자 등이 포함된다.

399) 공익사업의 시행에 따라 이주대책을 수립·실시하거나 주택입주권 등을 당해 건축물의 소유자에게 주는 경우 또는 개발제한구역 안에서 이전이 허용되는 경우에 있어서 당해 사유로 인한 가격상승분은 제외하고 평가한 금액을 말한다.

400) 거래사례비교법이란 대상 물건과 가치형성요인이 같거나 비슷한 물건의 거래사례와 비교하여 대상 물건의 현황에 맞게 사정보정, 시점수정, 가치형성요인 비교 등의 과정을 거쳐 대상 물건의 가액을 산정하는 감정평가방법을 말한다. 거래사례비교법에 따라 산정된 가액을 '비준가액'이라고 한다. 거래사례비교법으로 감정평가할 때에는 거래사례를 수집하여 적정성 여부를 검토한 후 다음 각 호의 요건을 모두 갖춘 하나 또는 둘 이상의 적절한 사례를 선택하여야 한다.

1. 거래 사정이 정상이라고 인정되는 사례나 정상적인 것으로 보정이 가능한 사례
2. 기준시점으로 시점수정이 가능한 사례
3. 대상 물건과 위치적 유사성이나 물적 유사성이 있어 지역요인·개별요인 등 가치형성요인의 비교가 가능한 사례

거래사례에 특수한 사정이나 개별적 동기가 반영되어 있거나 거래 당사자가 시장에 정통하지 않은 등 수집된 거래사례의 가격이 적절하지 못한 경우에는 사정보정을 통해 그러한 사정이 없었을 경우의 적절한 가격수준으로 정상화하여야 한다. 거래사례의 거래 시점과 대상 물건의 기준시점이 불일치하여 가격수준의 변동이 있을 경우에는 거래사례의 가격을 기준시점의 가격수준으로 시점수정하여야 한다. 시점수정은 사례물건의 가격 변동률로 한다. 다만 사례물건의 가격 변동률을 구할 수 없거나 사례물건의 가격 변동률로 시점수정하는 것이 적절하지 않은 경우에는 지가변동률·건축비지수·임대료지수·생산자물가지수·주택가격동향지수 등을 고려하여 가격 변동률을 구할 수 있다. 거래사례와 대상 물건 간에 종별·유형별 특성에 따라 지역요인이나 개별요인 등 가치형성요인에 차이가 있는 경우에는 이를 각각 비교하여 대상 물건의 가치를 개별화·구체화하여야 한다.

것이 적정하지 아니한 경우에는 '적산법'으로 평가할 수 있다(규칙 제33조 제3항). 물건의 가격으로 보상한 건축물의 철거비용은 사업시행자가 부담한다. 다만 건축물의 소유자가 당해 건축물의 구성 부분을 사용 또는 처분할 목적으로 철거하는 경우에는 건축물의 소유자가 부담한다(규칙 제33조 제4항).

- 건축물 등의 이전이 물리적으로 불가능하거나, 설사 가능하다고 하여도 이전하여 종래의 목적대로 사용할 수 없는 경우에는 이전비를 별도로 검토함이 없이 '가액으로 보상평가' 한다. 건축물 등은 가액이나 이전비가 아닌 매각손실액으로 보상할 수 없다. 즉 영업 시설 이전비가 물건의 가액을 넘는 경우에는 '물건의 가액으로 보상'하여야 하고 매각손실액으로 보상할 수 없다.[402] 또한 건축물 등의 이전비는 유용성을 동일하게 유지하면서 이전하는 비용이므로 '이전에 따른 감손 상당액'을 추가로 적용할 수 없다.

③ 건축물에 관한 소유권 외의 권리 등의 평가

- 규칙 제28조(토지에 관한 소유권 외의 권리의 평가) 및 제29조(소유권 외의 권리의 목적이 되고 있는 토지의 평가)의 규정은 법 제75조 제1항 단서의 규정에 의하여 물건의 가격으로 보상하여야 하는 건축물에 관한 소유권 외의 권리의 평가 및 소유권 외의 권리의 목적이 되고 있는 건축물의 평가에 관하여 각각 이를 준용한다. 이 경우 제29조 중 "제22조 내지 제27조"는 "제33조제1항·제2항 및 제4항"으로 본다(규칙 제34조).

(3) 잔여 건축물의 손실보상

① 잔여 건축물의 가치하락 또는 손실보상

맞게 사정보정, 시점수정, 가치형성요인 비교 등의 과정을 거쳐 대상 물건의 임대료를 산정하는 감정평가 방법을 말한다. 임대사례비교법에 따라 산정된 임대료를 '비준임료'라고 한다. 임대사례비교법으로 감정평가할 때에는 임대사례를 수집하여 적정성 여부를 검토한 후 다음 각 호의 요건을 모두 갖춘 하나 또는 둘 이상의 적절한 임대사례를 선택하여야 한다.
1. 임대차 등의 계약 내용이 같거나 비슷한 사례
2. 임대차 사정이 정상이라고 인정되는 사례나 정상적인 것으로 보정이 가능한 사례
3. 기준시점으로 시점수정이 가능한 사례
4. 대상 물건과 위치적 유사성이나 물적 유사성이 있어 지역요인·개별요인 등 가치형성요인의 비교가 가능한 사례

임대사례에 특수한 사정이나 개별적 동기가 반영되어 있거나 임대차 당사자가 시장에 정통하지 않은 등 수집된 임대사례의 임대료가 적절하지 못한 경우에는 사정보정을 통해 그러한 사정이 없었을 경우의 적절한 임대료 수준으로 정상화하여야 한다. 임대사례의 임대 시점과 대상 물건의 기준시점이 불일치하여 임대료 수준의 변동이 있을 경우에는 임대사례의 임대료를 기준시점의 임대료 수준으로 시점수정하여야 한다. 시점수정은 사례물건의 임대료 변동률로 한다. 다만 사례물건의 임대료 변동률을 구할 수 없거나 사례물건의 임대료 변동률로 시점 수정하는 것이 적절하지 않은 경우에는 사례물건의 가격 변동률·임대료지수·생산자물가지수 등을 고려하여 임대료 변동률을 구할 수 있다. 임대사례와 대상 물건 간에 종별·유형별 특성에 따라 지역요인이나 개별요인 등 임대료의 형성에 영향을 미치는 여러 요인에 차이가 있는 경우에는 이를 각각 비교하여 대상 물건의 임대료를 개별화·구체화하여야 한다.

- 사업시행자는 동일한 소유자에게 속하는 일단의 건축물의 '일부'가 취득되거나 사용됨으로 인하여 잔여 건축물의 가격이 감소하거나 그 밖의 손실이 있을 때에는 국토부령으로 정하는 바에 따라 그 손실을 보상하여야 한다(법 제75조의2 제1항 본문). 여기서 '일단의 건축물'이란 반드시 1동의 건축물만을 가리키는 것이 아니라 일반적인 이용 방법에 의한 객관적인 상황이 동일한 여러 동의 건축물까지 포함된다. 이 경우 일단의 건축물로 판단하기 위해서는 일단으로 이용되고 있는 상황이 사회적·경제적·행정적 측면에서 합리적이고 해당 건축물의 가치형성 측면에서도 타당하여 상호 불가분성이 인정되는 관계에 해당되어야 하며, 또한 부동산시장에서의 거래 관행에서도 그 전체가 일단으로 거래될 가능성이 높은 경우이어야 한다.

② '사업시행자'의 잔여 건축물 매수청구
- 잔여 건축물의 가격 감소분과 보수비(건축물의 나머지 부분을 종래의 목적대로 사용할 수 있도록 그 유용성을 동일하게 유지하는 데에 일반적으로 필요하다고 볼 수 있는 공사에 사용되는 비용을 말한다. 다만 건축법 등 관계 법령에 따라 요구되는 시설 개선에 필요한 비용은 포함하지 아니한다)를 합한 금액이 잔여 건축물의 가격보다 큰 경우에는 '사업시행자'가 그 잔여 건축물을 매수할 수 있다(법 제75조의2 제1항 단서). 여기서 보수비는 건축물의 나머지 부분을 종래의 목적대로 사용할 수 있도록 그 유용성을 동일하게 유지하는 데에 일반적으로 필요하다고 볼 수 있는 공사에 사용되는 비용을 말한다. 다만 건축법 등 관계 법령에 따라 요구되는 시설 개선에 필요한 비용은 포함하지 아니한다.

③ '건축물 소유자'의 잔여 건축물 매수청구
- 동일한 소유자에게 속하는 일단의 건축물의 '일부'가 협의에 의하여 매수되거나 수용됨으로 인하여 잔여 건축물을 종래의 목적에 사용하는 것이 현저히 곤란할 때에는 그 '건축물 소유자'가 사업시행자에게 잔여 건축물을 '매수청구' 할 수 있다. 사업인정 이후에는 관할 토수위에 '수용을 청구'할 수 있다. 이 경우 수용 청구는 '매수 협의가 성립되지 아니한 경우에만' 하되, '사업완료일까지' 하여야 한다(법 제75조의2 제2항). 소유자의 청구 없이는 잔여 건축물을 매수하거나 수용할 수 없다는 점도 주의해야 한다.[403] 다만 잔여 건축물의 가치감소액과 보수비를 합한 가액이 잔여 건축물의 가액보다 큰 경우의 취득 여부는 소유자의 청구에 상관없이 사업시행자가 결정한다.
- 위 매수보상의 요건으로서 '종래의 목적'이라 함은 취득 당시에 잔여 건축물이 현실적으로 사용되고 있는 구체적인 목적을 의미하며, '사용하는 것이 현저히 곤란하게 되었는지 여부'의 판단은 물리적으로 사용하는 것이 곤란하게 된 경우는 물론 사회적·경제적으로 사용하는

것이 곤란하게 된 경우, 즉 절대적으로 이용 불가능한 경우만이 아니라 이용은 가능하나 많은 비용이 소요되는 경우를 포함한다.

- 제1항에 따른 손실의 보상은 사업시행자와 손실을 입은 자가 '협의하여 결정'한다. 협의가 성립되지 아니하면 사업시행자나 손실을 입은 자는 대통령령으로 정하는 바에 따라 관할 토수위에 '재결을 신청'할 수 있다(법 제75조의2 제3항, 법 제9조 제6·7항). 이때의 보상은 관계 법률에 따라 '사업이 완료된 날 또는 사업 완료 고시가 있는 날부터 1년 내'에 하여야 한다. 1년이 지난 후에는 청구할 수 없다(법 제75조의2 제4항, 제73조 제2항). 1년의 법적 성질은 제척기간이다.
- 제1항 단서 및 제2항에 따른 잔여 건축물의 취득에 관하여는 사업인정고시가 된 후 사업시행자가 잔여지 건축물을 매수하는 경우, 그 잔여 건축물에 대하여 '사업인정 및 사업인정고시'가 된 것으로 본다(법 제75조의2 제4항, 법 제73조 제3항). 제1항 단서 및 제2항에 따라 취득하는 잔여 건축물에 대한 구체적인 보상액 산정 및 평가 방법 등에 대하여는 제70조(취득하는 토지의 보상), 제75조(건축물등 물건에 대한 보상), 제76조(권리의 보상), 제77조(영업의 손실 등에 대한 보상), 제78조(이주대책의 수립 등) 제4항, 같은 조 제6항 및 제7항을 준용한다(법 제75조의2 제5항).

④ 잔여 건축물의 가치하락 보상평가

- 동일한 건축물 소유자에 속하는 일단의 건축물의 일부가 취득 또는 사용됨으로 인하여 잔여 건축물의 '가격이 감소(가치 하락)'된 경우의 잔여 건축물의 손실은 공익사업시행지구에 편입되기 전의 잔여 건축물의 가격(해당 건축물이 공익사업시행지구에 편입됨으로 인하여 잔여 건축물의 가격이 변동된 경우에는 변동되기 전의 가격을 말한다)에서 공익사업시행지구에 편입된 후의 잔여 건축물의 가격을 뺀 금액으로 평가한다(규칙 제35조 제1항).

⑤ 잔여 건축물 보수비 보상평가

- 동일한 건축물 소유자에 속하는 일단의 건축물의 일부가 취득 또는 사용됨으로 인하여 잔여 건축물에 보수가 필요한 경우의 보수비는 건축물의 잔여 부분을 종래의 목적대로 사용할 수 있도록 그 유용성을 동일하게 유지하는데 통상 필요하다고 볼 수 있는 공사에 사용되는 비용(건축법 등 관계 법령에 의하여 요구되는 시설의 개선에 필요한 비용은 포함하지 아니한다)으로 평가한다(규칙 제35조 제2항).
- 보수비로 평가하기 위해서는 잔여 건축물을 보수하여 종래의 목적대로 사용할 수 있고 사용이 현저히 곤란하지 아니한 경우여야 하며, 종래의 목적대로 사용할 수 없거나 현저히 곤란한 경우는 매수보상의 대상이 된다.[404]

- 잔여 건축물의 보수비는 그 성질상 잔여 건축물에 대한 보상이 아니라 '건물의 일부분이 공공사업지구에 편입된 데에 따른 보상'이므로, 반드시 '편입건축물의 가액에 포함하여 평가'해야 한다.[405]

⑥ 재결전치주의(裁決前置主義)
- 토지소유자가 사업시행자로부터 토지보상법 제73조, 제75조의2에 따른 잔여지 또는 잔여 건축물 가격감소 등으로 인한 손실보상을 받기 위해서는 토지보상법 제34조, 제50조 등에 규정된 재결 절차를 거친 다음 그 재결에 대하여 불복할 때 비로소 토지보상법 제83조 내지 제85조에 따라 권리구제를 받을 수 있을 뿐이며, 특별한 사정이 없는 한 이러한 재결 절차를 거치지 않은 채 곧바로 사업시행자를 상대로 손실보상을 청구하는 것은 허용되지 않고, 이는 잔여지 또는 잔여 건축물 수용 청구에 대한 재결 절차를 거친 경우라고 하여 달리 볼 것은 아니다.[406]

⑦ 청구권의 성질 및 불복방법
- 잔여 토지의 수용과 같이 잔여 건축물의 가치하락 등에 대한 보상청구의 법적 성질은 공법상의 권리이다. 따라서 공법상 당사자소송에 의하여야 한다.

⑧ 건축물의 보상금과 부가세
- 부가가치세법 시행령은 "도시정비법, 토지보상법 등에 따른 수용 절차에서 수용대상 재화의 소유자가 수용된 재화에 대한 대가를 받는 경우 재화의 공급으로 보지 않는다"고 규정하고 있다(영 제18조 제3항 제3호). 즉 건축물 등의 보상금에 대한 부가세는 면세대상이다. 따라서 피수용자가 부가세법상의 납세의무자인 사업자로서 손실보상금으로 수용된 건축물 등을 다시 신축하는 것이 자기의 사업을 위하여 사용될 재화 또는 용역을 공급받는 경우에 해당하는 경우에도 사업시행자에게 건축비 등에 포함된 부가가치세 상당을 손실보상으로 요구할 수는 없다. 왜냐하면 건축비 등에 포함된 부가세는 부가가치세법 제38조 제1항 제1호에서 정한 매입세액에 해당하여 피수용자가 자기의 매출세액에서 공제받거나 환급받을 수 있기 때문이다.[407]

(4) 주거용 건축물의 보상 특례
- 주거용 건축물로서 보상평가한 금액이 6백만 원 미만인 경우 그 보상액은 6백만 원으로 한다. 다만 무허가건축물 등은 평가금액으로 보상한다(규칙 제58조 제1항). 주거용 건축물에 대한 최저보상액은 철거대상자의 생계대책 및 공익사업의 원활한 수행을 위한 사회정책적인

---
405) 대법원 2002. 7. 9. 선고 2001두10684 판결 [토지수용이의재결처분취소]
406) 대법원 2014. 9. 25. 선고 2012두24092 판결 [손실보상금]
407) 대법원 2015. 11. 12. 선고 2015두2963 판결 [손실보상금등]

차원의 보상 규정이다. 따라서 무허가건축물은 이러한 특례를 인정하지 않고 평가금액으로 보상한다.

- 공익사업의 시행으로 인하여 주거용 건축물에 대한 보상을 받은 자가 그 후 당해 공익사업시행지구 밖의 지역에서 매입하거나 건축하여 소유하고 있는 주거용 건축물이 그 보상일부터 20년 이내에 다시 다른 공익사업시행지구에 편입되는 경우, 그 주거용 건축물 및 그 대지(보상을 받기 이전부터 소유하고 있던 대지 또는 다른 사람 소유의 대지 위에 건축한 경우에는 주거용 건축물에 한함)에 대하여는 '당해 평가액의 30%를 가산하여 보상'한다. 다만 ⅰ)무허가건축물 등을 매입 또는 건축한 경우, ⅱ)다른 공익사업의 사업인정고시일 등 또는 다른 공익사업을 위한 관계 법령에 의한 고시 등이 있은 날 이후에 매입 또는 건축한 경우에는 평가금액으로 보상한다(규칙 제58조 제2항).
- 주거용 건축물의 재편입 가산 보상은 피보상자가 실제로 거주하던 주택이 편입되어 보상받고 다른 지역에서 주택을 구입·신축하여 이주하여 거주하던 중에 다시 공익사업에 편입되어 이주하게 됨에 따른 추가 보상의 성격을 갖는 것이므로, 당해 주거용 건축물에 거주하지 않는 경우에는 가산 보상의 대상이 되지 않으며, 당초 보상받은 명의자와 다시 보상받는 명의자가 달라도 대상이 되지 않는다. 따라서 당초 보상받은 자가 사망하였으면 주거용 건축물의 가산 보상의 대상은 되지 않는다.[408] 위 제2항의 가산금이 1천만 원을 초과하는 경우에는 1천만 원으로 한다(규칙 제58조 제3항).

(5) 공작물 등의 보상평가

① 개설

- 공작물 그 밖의 시설(이하 "공작물 등"이라 한다)의 보상평가에서의 공작물에는 공작물의 부대시설과 기타 시설로 분류해 볼 수 있다. 이에 관하여는 제목 중심으로 간략히 본다.

② 건축물부대시설

- 건축물부대시설에는 담장[409], 대문[410], 장독대[411], 세면장 또는 급수대[412], 화단[413], 마

---

[408] 2001.09.06 토관 58342-1391 유권해석, 2005.12.15. 토지정책팀-1631 유권해석
[409] 토담, 블록담, 벽돌담, 조립식담장, 콘크리트담장 등. 다만 말목·고사목·함석·판자·철조망·그물 등을 이용한 울타리나 쥐똥나무·미선나무·작살나무·분꽃나무·개나리·앵두나무·떨기나무 등의 관목형(灌木型) 수목을 이용한 울타리는 담장과 구분한다.
[410] 목재·벽돌조·석조·철근콘크리트조·철판조기둥대문 등. 대문 양측 기둥과 그 위에 슬라브 또는 아치형 구조물 등을 설치한 경우에는 그 구조물의 형태를 조사하여 평가한다.
[411] 지상 건축물 또는 지하실 구조로 된 건축물 형태의 슬라브 위를 장독대로 사용하고 있는 경우는 겸용의 용도를 표시하고 건축물의 조사방법에 따른다.
[412] 세면대 또는 급수대 위에 공작물이 설치되어 있는 경우에는 그 공작물에 포함된 것으로 평가한다.
[413] 화단 둘레에 구획물이 설치되어 있거나 경계석·조경석·석축·적벽돌 등의 단(壇)이 축조되어 있을 경우에는 그 구조물의 높이와 외관 둘레의 길이 등을 조사하여 화단과 별개의 지장물로 평가함이 옳고, 조경수·조경석 등도

당[414], 정원의 조경용 잔디[415], 자가 수도·우물·취수펌프 또는 관정[416], 연못[417], 정자 또는 파고라[418], 간판 등 옥외 광고물[419], 석축 또는 제방[420] 등이 있다. 이들 시설은 구조물의 형태, 수량 또는 개수, 길이, 높이, 구조 등을 조사·평가한다.

- 기타 시설에는 공작 내부의 기계설비 및 상품, 주유소[421], 종교시설, 주민 공동재산[422], 전주[423], 유선방송 선로[424], 화훼시설[425], 소규모 점포시설[426] 등이 있다.
- 기계설비는 종류 또는 품명, 제작연월일, 제작자, 규격, 출력수 등을 조사한다. 건축물과 일

별도로 조사·평가하여야 한다.

414) 마당의 포장 등은 토지에 포함된 것으로 보나 토지에 포함된 것으로 보기 어려운 경우에는 포장면적, 주자재, 타자재의 혼용 여부 등을 조사하여 평가한다.
415) 별도의 물건으로 평가함이 옳으나 토지에 포함되느냐 여부는 마당과 같이 보면 된다.
416) 관정은 지하수에 수도관을 박아 수동 또는 모터를 이용하여 물을 끌어 올리는 시설이다. 관정의 수량과 모터의 출력수 등을 조사한다. 우물은 구조, 직경, 깊이 등을 조사하고, 간이상수도는 수원, 사용자재, 규격, 길이 등을 조사한다. 취수원으로부터 급수전(給水栓) 또는 수도꼭지까지의 일반적인 급수관로는 취수시설에 포함된 것으로 조사한다. 급배수관은 일반적으로 건축물 또는 자가수도에 포함된 것으로 보나 취수원에서 송수관을 통하여 급수되는 경우에는 지하매설관을 별도로 조사하는 것이 좋다.
417) 수면 외곽의 구획물과 바닥면의 재질·깊이·면적 등을 조사한다. 연못 주위에 설치한 분수대·인조석·조경용 물레방아·인공폭포·인공다리 등의 구조물은 따로 조사·보상함이 옳다.
418) 마당이나 평평한 지붕 위에 나무를 가로와 세로로 얽어 세워서 장미, 등나무, 포도나무 같은 덩굴성 식물을 올리도록 만든 시설로서, 정확한 외래어 표기는 '퍼걸러'이다.
419) 간판은 건축물에의 정착 형식과 재질에 따라 매우 다양하다. 현수막, 애드벌룬, 창문이용간판, 벽간판, 돌출간판, 입간판, 지주형간판, 기둥식간판, 매달기식간판, 옥상간판, 광고탑, 선전탑, 아치형간판, 입체문자형간판, 도안형간판, 공연간판, TV·PC·모바일·디지털광고물 등이 있다. 정착 형식과 재질에 따라 적절히 표현하면 된다. 옥외광고물에 관하여 자세한 것은 김태건 저, 상가창업과 상가중개실무(각론), 제2편 제3장 제3절 참고하기 바란다.
420) 석축·제방 등의 공작물은 그 가치가 보상이 되는 다른 토지 등의 가치에 충분히 반영되어 토지 등의 가치가 증가한 경우에는 원칙적으로 이로 인해 보호되는 토지의 가치에 포함된 것으로 본다. 따라서 별도의 손실이 없는 것으로 보아 보상하지 않는다(규칙 제36조 제2항 제2호).
421) 중앙토수위의 수용에 따른 기존 주유소 보수공사비, 매출감소액 보상(불수용), 잔여지 가치하락 보상사례 참조
【00공사가 시행하는 도시계획시설사업(000도로사업)에 편입되는 토지의 수용재결 신청 내용 중에서 기존 주유소 시설물 재배치 보수 공사비 보상에 대하여는 관계 자료(주유소 횡단면도, 주유소 설계 도면, 사업시행자 의견서, 현장사진) 및 현장확인 결과, 00주유소 바닥과 도로와의 높이차 0.55m~1.12m, 경사도 약 8.6%~17.4%이고 주유차량 진출입로와 보행자도로 및 자전거도로가 교차하여 사고 발생이 우려되고 고정 주유설비의 중심선을 기점으로 한 도로경계선까지의 이격거리가 3.15m로서「위험물안전관리법」시행규칙의 기준에 미달하는 바, 보행자 통행에 지장이 없도록 하고 주유소시설이 설치기준을 충족하는 범위 내에서 시설 구조변경 및 재배치 공사가 필요하다고 판단되므로 '공사비를 보상'하기로 한다.】
422) 공유, 합유, 총유의 자세한 내용과 상호 간의 차이점 등 자세한 것은 김태건 저, 실전 부동산중개실무(1), 제3편 제2장 제3절 이하를 참고하기 바란다.
423) 사업구역 내에 편입된 지장 전주는 한전주, 통신주, 군부대경비전주 등 그 종류별로 수량을 조사하고 위치 도면을 작성한 후 소관청별로 현황을 조회하여 현지확인하는 방식으로 조회한다.
424) 유선방송 선로는 이전 보상을 하여야 하므로 유선방송사업자로부터 주선로에 대한 목록과 도면을 제출받아 현지확인하는 방식으로 조사하면 될 것이다.
425) 비닐하우스 등을 구비한 화훼시설은 공작물 등에 대한 실측조사와는 별도로 영업보상 또는 농업보상 여부 등의 보상의 종류를 파악하여야 할 뿐만 아니라 화분, 분재 등을 진열하고 판매를 주목적으로 하는 화훼업소는 영업 및 이전보상의 대상도 될 수 있으므로 업주로부터 이들에 대한 자료를 제출받아 확인하는 방법으로 조사를 하면 된다.
426) 슈퍼, 편의점, 구멍가게 등 소규모 점포시설과 창고, 음식점 등의 경우 이전비 보상을 할 수 있도록 주요 집기류에 대한 종류, 연식, 수량 등을 조사한다.

체를 이루고 있는 경우(건축설비는 제외)에는 그 이전 가능성을 조사해야 하며, 이를 해체와 이전하게 됨으로써 애초의 목적대로 재사용이 불가능한 것이 명백한 경우에는 목록에 부기하여 적정한 평가가 이루어지도록 해야 한다. 상품·제품·반제품·원자재 등의 재고품은 품목별 규격과 수량 등을 조사한다. 작업대·진열대·금고 등 이동이 용이하지 아니한 비품은 이전비를 보상할 수 있도록 목록에 작성한다. 전력 인입(引入) 시설은 한전에 용량 등을 확인한 후 작성 기재한다(예: 전력인입시설-산업용-200㎾).

- 교회·성당·사찰·무속신앙 등은 건축물에 대한 실측 조사는 물론 시설물의 소유관계, 소속 교단 또는 대표자의 종교적 직함, 거주 형태, 개설 시기, 신도의 수, 교회와 성당의 벽체 등의 조각물, 예배 관련 조형물과 도구, 모자이크식의 공예품, 사찰과 무속인 등의 불상과 좌대, 석물 등 예술용품과 집기류 등에 관한 물건 조서를 작성하는 등 이전비 보상과 영업보상 대상 여부 등을 조사하여 이주비 보상에 만전을 기해야 한다.

- 주유소는 건물과 캐노피, 주유 관련 설비로 구분된다. 캐노피는 건축물대장에 등재되므로 건물에 준하여 조사하면 된다. 주유소 관련 설비는 주유기·기름탱크·지하 콘크리트 설비·배관설비·차량탑재용 기름탱크 등이 있다. 실무상 이들은 "주유설비 1식" 등으로 묶음으로 조사하는 경향이 있으나, 현장 조사를 통하여 정확하게 조사하여 목록에 기재하여야 한다. 세차장의 경우 지상 또는 지하구조물인 집수조(集水槽, 물탱크), 정화조, 침전조 등의 재질과 용량을 조사하고, 정비소 또는 카센타와 같이 독크시설이나 카리프트기 등이 있을 때에는 그 면적과 깊이 등을 조사하여 목록에 정확하게 기재하여야 한다.

- 주민 공동재산에는 마을회관, 노인정, 성황당, 정자, 장승, 당상 나무, 공동우물, 공동집수암거, 상수도, 지하수 관, 선착장, 세척장, 공동 빨래터 등이 있다. 종중, 교회, 사찰, 마을, 동창회 등과 같은 공동소유는 민법상 총유라고 한다.

- 마을, 즉 리·동은 행정구역으로서 그 자체가 법률적인 인격을 갖는 것은 아니다. 하지만 마을 공동재산은 민법상 주민 전체의 공동소유의 형태(총유)로서 특별한 의미를 가지고 있다. 총유란 법인 아닌 사단(이른바 권리능력 없는 사단)이 결합체로서 물건을 소유하는 방식이다(민법 제275조). 총유물에 관한 사원의 권리·의무의 취득과 상실은 사원의 지위를 취득·상실함으로써 득실한다(민법 제277조). 권리능력 없는 사단은 대표자가 있으면 사단의 이름으로 소송당사자가 될 수 있다(민소법 제48조). 총유물의 사용·수익은 "정관 기타 규약"에 따른다(민법 제276조 2항). 총유물의 관리·처분은『사단의 정관 기타 규약(계약)』에 달리 정함이 없으면(민법 제275조 2항)『사원총회의 결의』에 의한다. 따라서 사원총회의 결의가 없는 종중대표자나 교회의 관리자(목사 등)가 한 처분은 무효이다(276조 1항). 실무에서 이점 특히 주의해야 한다. 마을 주민의 공동재산과 같은 총유재산은 감정평가상 '~리 ~회'

또는 '~리 주민 공동재산'과 같이 기록한다.
- 그리고 종원의 자격을 성년 남자로만 제한하고 여성에게는 종원의 자격을 부여하지 않는 종래의 관습은 무효이다. 공동선조와 성과 본을 같이 하는 후손은 성별의 구별 없이 성년이 되면 당연히 종중의 구성원이 된다.[427] 남자 종원의 경우는 혼인 여부에 관계없이 주민등록표상 세대주이면 1인 세대주라도 비세대주 종원에 비하여 많은 금액을 분배받을 수 있도록 하면서도 여자 종원의 경우에는 세대주 종원이 아닌 비세대주 종원으로서만 분배받을 수 있도록 한 것은 남녀 종원 사이의 성별에 따라 차별을 둔 것에 불과하여 위 종중이사회결의는 그 내용이 현저하게 불공정하여 무효이다. 또한 총유물인 종중 토지에 대한 수용보상금의 분배는 정관 기타 규약에 달리 정함이 없는 한 종중총회의 결의에 의하여만 처분할 수 있고 이러한 분배결의가 없으면 종원이 종중에 대하여 직접 분배청구를 할 수 없다(대법원 1994. 4. 26. 선고 93다32446 판결 등 참조). 따라서 종중 토지에 대한 수용보상금의 분배에 관한 종중총회의 결의가 무효인 경우, 종원은 그 결의의 무효확인 등을 소구하여 승소판결을 받은 후 새로운 종중총회에서 공정한 내용으로 다시 결의하도록 함으로써 그 권리를 구제받을 수 있을 뿐이고, 새로운 종중총회의 결의도 거치지 아니한 채 종전 총회결의가 무효라는 사정만으로 곧바로 종중을 상대로 하여 스스로 공정하다고 주장하는 분배금의 지급을 구할 수는 없다.[428]
- 민법 제276조 제1항은 "총유물의 관리 및 처분은 사원총회의 결의에 의한다.", 같은 조 제2항은 "각 사원은 정관 기타의 규약에 좇아 총유물을 사용·수익할 수 있다."고 규정하고 있을 뿐 공유나 합유의 경우처럼 보존행위는 그 '구성원 각자가 할 수 있다'는 민법 제265조 단서 또는 민법 제272조 단서와 같은 규정을 두고 있지 아니하는바, 이는 법인 아닌 사단의 소유형태인 총유가 공유나 합유에 비하여 단체성이 강하고 구성원 개인들의 총유재산에 대한 지분권이 인정되지 아니하는 데에서 나온 당연한 귀결이다. 따라서 총유재산에 관한 소송은 '법인 아닌 사단'이 그 명의로 사원총회의 결의를 거쳐서 하거나 또는 그 구성원 전원이 당사자가 되어 '필요적 공동소송'의 형태로 할 수 있을 뿐 그 사단의 구성원은 설령 그가 사단의 대표자라거나 사원총회의 결의를 거쳤다 하더라도 그 소송의 당사자가 될 수 없고, 이러한 법리는 총유재산의 보존행위로서 소를 제기하는 경우에도 마찬가지이다. 따라서 종중대표가 종중재산을 임의로 타인에게 매각하였다고 하여 종중원 1인이 말소등기소송을 제기할 수 없다.

③ 평가 방법
- 공작물 등은 건축물의 보상평가규정(토지보상법 시행규칙 제33조 내지 제35조)을 준용하여

---

427) 대법원 2005. 7. 21. 선고 2002다13850 전원합의체 판결 [종중회원확인등]
428) 대법원 2010. 9. 30. 선고 2007다74775 판결 [분배금]

보상평가한다(규칙 제36조 제1항).
- 공작물 등이 ⅰ)그 용도가 폐지되었거나 기능이 상실되어 경제적 가치가 없는 경우, ⅱ)그 가치가 보상이 되는 다른 토지 등의 가치에 충분히 반영되어 토지 등의 가치가 증가한 경우, ⅲ)사업시행자가 대체시설을 하는 경우 등에 해당하는 경우에는 별도의 손실이 없는 것으로 보아 보상하지 않는다(규칙 제36조 제2항). 대체시설을 하는 경우 별도의 손실보상을 하지 않도록 규정한 것은 그러한 대체시설로서 공작물 소유자에게 실질적으로 손실이 보상된 것으로 볼 수 있기 때문이므로, 대체시설로 인정되기 위해서는 기존 공작물과 기능적인 측면에서 대체가 가능한 시설이어야 할 뿐만 아니라, 특별한 사정이 없는 한 기존 공작물 소유자가 대체시설의 소유권을 취득하거나 소유권자에 준하는 관리처분권을 가지고 있어야 한다.[429]
- 보상은 경제적 가치를 전제로 하므로 보상이 제한되는 공작물 등의 규정은 다른 물건의 보상대상 여부를 판단하는 데에도 유추적용 할 수 있다. 예컨대 뽕나무 및 자작나무가 관리되지 않아 경제적 가치가 없는 것이라면 보상 대상으로 보기 어렵다.[430]

(6) 농작물의 보상평가

① 농작물의 보상원칙
- 농작물에 대한 손실은 그 종류와 성장의 정도 등을 종합적으로 고려하여 보상하여야 한다(법 제75조 제2항). 농작물에는 일반의 곡식과 채소는 물론 인삼·장뇌삼·버섯·지황·산약 등 다년생식물, 약용작물도 포함된다.

② 농작물의 보상평가
- 농작물을 수확하기 전에 토지를 사용하는 경우의 농작물의 손실은 농작물의 종류 및 성숙도 등을 종합적으로 고려하여 다음 각호의 구분에 따라 평가한다(규칙 제41조 제1항).

---
1. 파종중 또는 발아기에 있거나 묘포에 있는 농작물 : 가격시점까지 소요된 비용의 현가액
2. 그 외의 농작물 : 예상 총수입의 현가액에서 장래 투하 비용의 현가액을 뺀 금액.
   이 경우 보상 당시에 상품화가 가능한 풋고추·들깻잎 또는 호박 등의 농작물이 있는 경우에는 그 금액을 뺀다.

- 제1항 제2호에서 "예상 총수입"은 당해 농작물의 최근 3년간(풍흉작이 현저한 연도를 제외)의 평균 총수입을 기준으로 산정하며(규칙 제41조 제2항), 장래의 투하 비용은 직접생산비·간접생산비 및 기타의 경비 등으로 산정한다.
- 농작물은 원칙적으로 이전이 불가능한 것으로 본다. 따라서 농작물이 지장물인 경우에도 이

---
[429] 대법원 2012. 9. 13. 선고 2011다83929 판결 [부당이득금반환]
[430] 2015. 04. 27. 토지정책과-2968 유권해석

전 가능성 및 이전비가 가액을 초과하는지 여부 등에 대해서는 별도로 검토할 필요 없다.
- 농작물 보상과 농업손실 보상은 별도의 보상이므로 수확기 이전에 토지를 사용하는 경우는 농업손실 보상과 별도로 농작물 보상을 하여야 한다.[431]

③ 농업용 자산의 보상
- 농업용 자산에는 농기구, 영업 시설 및 그 부속시설을 말한다. 농기구는 경운기, 탈곡기, 제초기 등은 포함되나 호미, 낫, 삽, 괭이 등 단기성 소비재는 제외된다.

(7) 수목의 보상평가

① 일반적 사항
- 수목의 이전비는 대상 수목을 공익사업시행지구 밖의 지역으로 이전하는데 소요되는 비용으로서 굴취비(뿌리돌림을 포함함), 상·하차비, 운반비, 식재비, 재료비 및 기타 부대비용을 포함한다. 수목의 이전비는 표준품셈에 의하여 평가함을 원칙으로 하되, 수량·식재 상황 및 식재장소 등에 따라 적정하게 가감·조정할 수 있다.
- 수목의 이전 후에 고손(枯損)·감수(減收) 등의 손실이 발생하는 경우는 그 손실액을 이전비에 더하여 보상 평가할 수 있으며, 이 경우의 평가액을 이식비라 한다. 수목의 이전비 또는 이식비는 <u>그루별로 보상평가함을 원칙</u>으로 한다. 다만 수종 및 식재 상황 등을 고려할 때 수종·수령·규격별로 평가하는 것이 합리적일 경우에는 수종·수령·규격별로 일괄하여 보상평가할 수 있으며, 이 경우 이전비 또는 이식비와 수목 가액과의 비교는 일괄하여 평가한 수목 전체를 기준으로 할 수 있다. 즉 수목의 수량은 평가의 대상이 되는 수목을 그루별로 조사하여 산정한다. 다만 그루별로 조사할 수 없는 특별한 사유가 있는 경우에는 '<u>단위면적을 기준으로 하는 표본추출방식</u>'에 의한다(규칙 제40조 제1항).
- 수목의 손실에 대한 보상액은 '정상식을 기준'으로 한 금액을 초과하지 못한다. 정상식이란 경제적으로 식재 목적에 부합되고 정상적인 생육이 가능한 수목의 식재 상태를 말한다(규칙 제40조 제2항). 수목의 수량은 '그루별로' 조사하여 산정하되, 그루별로 조사할 수 없는 특별한 사유가 있는 경우에는 '단위면적을 기준'으로 하는 표본추출방식에 의할 수 있다.

② 유의사항
- 수목의 이전비를 표준품셈에 의할 경우, 그 산정기준은 수목 1주당 가액을 기준으로 한 것이므로, 소량의 수목을 이전할 때에는 비용이 증가하고(표준품셈에서는 차량 1대에 5주를 옮기는 것을 기준으로 작성되어 있으나 실제 보상대상 수량은 5주 미만인 경우 등), 대량의 수목을 이전하는 경우에는 특별한 사정이 없는 한 규모의 경제 원리가 작용하여 그 이전비가 감

---
431) 2008. 07. 04. 토지정책과-1827 유권해석

액될 가능성이 있으므로 수목의 이전비는 표준품셈에 의하여 보상평가 하되, 수량에 따라 적정하게 가감·조정하여야 한다. 수목의 이전비는 수목이 자연 상태로 식재되어 있는지 또는 농장에 식재되어 있는지 등과 같은 식재 상황이나 차량의 진입 가능성 여부, 경사도 등의 식재 장소에 따라 크게 차이가 날 수 있으므로 식재 상황 및 식재 장소 등에 따라 적정하게 가감·조정하여야 한다.

- 고손액은 수목 가액에 고손율을 곱하여 산정하며, 이 경우 수목 가액은 기준시점 당시의 가액으로 한다. 대법원도 "수목의 이식 비용을 산정할 때에, 그 산정기준이 수목 1주당 가액을 기준으로 한 것이라면 대량의 수목이 이식되는 경우에는 특별한 사정이 없는 한 규모의 경제 원리가 작용하여 그 이식비용이 감액될 가능성이 있지만, 고손액은 이식 과정에서 고사 또는 훼손되는 수목의 손실을 보상하기 위한 항목으로서, '수목의 가격'에 수목이 이식 후 정상적으로 성장하지 못하고 고사할 가능성을 비율로 표시한 수치인 '고손율'을 곱하는 방법으로 산정되므로, 수목을 대량으로 이식하는 경우가 낱개로 이식하는 경우에 비하여 수목이 고사할 가능성인 '고손율(枯損率)'이 더 낮다고 인정할 만한 특별한 사정이 없는 한, 고손액이 이식 비용과 마찬가지로 규모의 경제의 원리에 따라 감액되어야 한다고 단정할 수 없다"고 한다.[432]

- 감수(減收)는 수익수(과수 그 밖에 수익이 나는 나무)가 이식으로 인하여 결실 등이 감소 되는 것을 말하며, 감수액(減收額)은 예상 수익에 감수율을 곱하여 산정한다. 수목의 이전비 또는 이식비와 수목 가액과의 비교는 '그루별로' 함을 원칙으로 한다. 다만 수목의 수량이 다수이고 수종·수령·규격 등의 식재 상황이 동질적이어서 이전비 또는 이식비를 가감·조정한 경우에 해당하거나, 식재 상황 또는 이전 장소 등에 따라 이전비 또는 이식비를 가감·조정한 경우에는 그루별로 이전비 또는 이식비와 수목 가액을 비교하는 것보다 일괄하여 평가한 수목 전체를 기준으로 하는 것이 합리적이므로 예외적으로 이런 경우에 한하여 수목 전체를 기준으로 이전비 또는 이식비와 수목 가액을 비교할 수 있다.

- 수목 가액은 수목의 주수(株數)가 정상식에 의한 주수에 미달하는 경우에는 식재 주수를 기준으로 평가하며, 정상식에 의한 주수를 초과하는 경우에는 정상식을 기준으로 한 금액을 초과하지 못한다. 여기서 '정상식을 기준으로 한 금액을 초과하지 못한다'라는 의미는 수목의 수량을 정상식에 의한 주수로 사정한다는 의미가 아니라, 평가액이 정상식을 기준으로 한 금액을 초과하지 못한다는 의미이므로 수목의 수량은 실제 주수로 하되 평가액은 정상식에 의한 주수를 기준으로 한다는 의미이다.

---

[432] 대법원 2015. 10. 29. 선고 2015두2444 판결 [손실보상금]

(8) 과수 등(수익수, 관상수)의 보상평가

① 일반적 기준

- 과수 그 밖에 수익수 또는 관상수(묘목 제외)에 대하여는 수종·규격·수령·수량·식수면적·관리 상태·수익성·이식 가능성 및 이식의 난이도 그 밖에 가격형성에 관련되는 여러 요인을 종합적으로 고려하여 평가한다(규칙 제37조 제1항).
- 지장물인 과수에 대하여는 다음 각 호의 구분에 따라 평가한다. 이 경우 이식 가능성·이식 적기·고손율(枯損率) 및 감수율(減收率)에 관하여는 [별표 2]의 기준을 참작해야 한다(규칙 제37조 제2항).

---

1. 이식이 가능한 과수
 가. 결실기에 있는 과수
  (1) 계절적으로 이식적기인 경우 : 이전비와 이식함으로써 예상되는 고손율·감수율을 고려하여 정한 고손액 및 감수액의 합계액
  (2) 계절적으로 이식적기가 아닌 경우 : 이전비와 (1)의 고손액의 2배 이내의 금액 및 감수액의 합계액
 나. 결실기에 이르지 아니한 과수
  (1) 계절적으로 이식적기인 경우 : 이전비와 가목(1)의 고손액의 합계액
  (2) 계절적으로 이식적기가 아닌 경우 : 이전비와 가목(1)의 고손액의 2배 이내의 금액의 합계액
2. 이식이 불가능한 과수
 가. 거래사례가 있는 경우 : 거래사례비교법에 의하여 평가한 금액
 나. 거래사례가 없는 경우
  (1) 결실기에 있는 과수 : 식재상황·수세(樹勢)·잔존수확가능연수·수익성 등을 고려하여 평가한 금액
  (2) 결실기에 이르지 아니한 과수 : 가격시점까지 소요된 비용을 현재의 가격으로 평가한 금액(이하 "현가액"이라 한다)

토지보상법 시행규칙 [별표 2]
수종별 이식 가능 수령·이식 적기·고손율·감수율 기준(규칙 제37조 제2항 관련)

구분 수종	이식가능수령	이식 적기	고손율	감수율	비고
일반사과	5년 이하	2월 하순~3월 하순	15% 이하	이식 1차년 : 100% 이식 2차년 : 80% 이식 3차년 : 40%	그 밖의 수종은 유사수종 에 준하여 적용한다.
왜성사과	3년 이하	2월 하순~3월 하순, 11월	20% 이하		
배	7년 이하	2월 하순~3월 하순, 11월	10% 이하		
복숭아	5년 이하	2월 하순~3월 하순, 11월	15% 이하		
포도	4년 이하	2월 하순~3월 하순, 11월	10% 이하		
감귤	8년 이하	6월장마기, 11월, 12월~3월 하순	10% 이하		
감	6년 이하	2월 하순~3월 하순, 11월	20% 이하		
밤	6년 이하	11월 상순~12월 상순	20% 이하		
자두	5년 이하	2월 하순~3월 하순, 11월	10% 이하		
호두	8년 이하	2월 하순~3월 하순, 11월	10% 이하		
살구	5년 이하	2월 하순~3월 하순, 11월	10% 이하		

② 지장물인 '이식이 가능한 과수'
- 결실기에 있는 과수 중 ⅰ)계절적으로 이식 적기인 경우는 이전비와 이식함으로써 예상되는 고손율·감수율을 감안하여 정한 고손액 및 감수액의 합계액으로 보상평가하고, ⅱ)계절적으로 이식 적기가 아닌 경우는 이전비와 ⅰ)의 고손액의 2배 이내의 금액 및 감수액의 합계액으로 평가한다.
- 결실기에 이르지 아니한 과수 중 ⅰ)계절적으로 이식 적기인 경우는 이전비와 위 ⅰ)의 고손액의 합계액으로 보상평가하고, ⅱ) 계절적으로 이식 적기가 아닌 경우는 이전비와 위 ⅰ)의 고손액의 2배 이내의 금액의 합계액으로 평가한다.
- 위의 경우 이식 가능성·이식 적기·고손율(枯損率) 및 감수율(減收率)에 관하여는 「토지보상법 시행규칙」 [별표 2]의 기준을 참작한다.

③ 지장물인 '이식이 불가능한 과수'
- 거래사례가 있는 경우는 거래사례비교법에 의하여 보상평가한다. 거래사례가 없는 경우로서 ⅰ)결실기에 있는 과수는 식재 상황·수세·잔존 수확 가능 연수·수익성 등을 감안하여 보상평가하고, ⅱ)결실기에 이르지 아니한 과수는 기준시점까지 소요된 비용을 현재의 가액(이하 '현가액'이라 함)으로 평가한다.

④ 물건의 가격으로 보상하는 과수
- 법 제75조 제1항 단서의 규정에 의하여 '물건의 가격으로 보상하는 과수'에 대하여는 제2항 제2호 가목 및 나목의 '이식이 불가능한 과수의 예'에 따라 평가한다(규칙 제37조 제3항). 과수 외의 수익수 및 관상수는 위 ②③항의 '지장물인 과수' 및 '물건의 가액으로 보상하는 과수'를 준용하여 보상평가 하되, 관상수의 경우에는 감수액을 고려하지 아니하며, 고손율은 당해 수익수 및 관상수 총수의 10% 이하의 범위 안에서 정하되, 이식 적기가 아닌 경우에는 20%까지로 할 수 있다(규칙 제37조 제4항).
- 이식이 불가능한 수익수 또는 관상수의 벌채 비용은 사업시행자가 부담한다. 다만 수목의 소유자가 당해 수목을 처분할 목적으로 벌채하는 경우에는 수목의 소유자가 부담한다(규칙 제37조 제5항).

⑤ 유의사항
- 「토지보상법 시행규칙」 [별표 2]에서 과수의 이식 가능 여부는 수령을 기준으로 판단하도록 규정하고 있고, 과수의 수확량 및 수익성은 결실기 이후 일정한 기간은 증가하나 최대 수확기를 도과하면 수확량 및 수익성이 하락하므로 과수의 경우 물건조서에는 반드시 수령이 기재되어야 한다.
- 과수의 고손율은 이식 적기 여부에 따라 달라지고 이식시기는 해당 공익사업의 시행 경과

등에 따라 달라질 수 있으므로 기준시점 당시에 이전하는 것으로 일률적으로 판단해서는 안 된다. 즉 기준시점 당시는 이식 부적기라고 하여도 공익사업의 진행 상황에 따라 사업시행자가 이식 적기에 이식하도록 허용할 수도 있으므로 이식시기는 사업시행자가 결정하여야 한다.
- 판매를 목적으로 가식 상태에 있는 관상수를 이식비로 보상평가하는 경우 식재 상태 등을 고려하여 굴취비 등의 일부 비용을 제외하거나 감액할 수 있다. 정원 등에 식재되어 판매를 목적으로 하지 않는 관상수의 가액은 식재비 등을 고려하여 평가할 수 있다.
- 이식비가 취득비를 초과하는지의 여부는 각 과수별로 이식비와 취득비를 상호비교하여 결정하여야 하는 것이지, 수용대상이 된 당해 토지 전체의 과수에 대한 총 이식비와 총 취득비를 상호비교하여 결정할 것이 아니다.433)

(9) 묘목의 보상평가

① 주요 내용
- 묘목은 상품화 가능 여부, 이식에 따른 고손율(枯損率), 성장 정도 및 관리 상태 등을 종합적으로 고려하여 평가한다(규칙 제38조 제1항). 상품화할 수 있는 묘목은 손실이 없는 것으로 본다. 다만 일시에 매각함으로 인하여 가격이 하락함에 따른 매각손실액이 있는 경우에는 그 손실을 평가하여 보상하되, 이 경우 보상액은 제3항의 규정에 따라 평가한 이식비를 초과하지 못한다(규칙 제38조 제2항).
- 시기적으로 상품화가 곤란하거나 상품화를 할 수 있는 시기에 이르지 않은 묘목에 대하여는 이전비와 고손율을 고려한 고손액의 합계액으로 평가한다. 이 경우 이전비는 임시로 옮겨 심는데 필요한 비용으로 평가하며, 고손율은 1% 이하의 범위 안에서 정하되, 주위의 환경 또는 계절적 사정 등 특별한 사유가 있는 경우에는 2%까지로 할 수 있다(규칙 제38조 제3항).
- 파종 또는 발아 중에 있는 묘목에 대하여는 가격시점까지 소요된 비용의 현가액으로 평가한다(규칙 제38조 제4항). 물건의 가격으로 보상하는 묘목에 대하여는 거래사례가 있는 경우에는 거래사례비교법에 의하여 평가하고, 거래사례가 없는 경우에는 가격시점(기준시점)까지 소요된 비용의 현가액으로 평가한다(규칙 제38조 제5항).

② 유의사항
- '임시로 옮겨 심는데 필요한 비용'은 굴취 등 정상적인 이식 과정의 일부가 제외되거나 축소된 비용을 의미한다. 수목 이전비 산정방식과 가식비(假植費) 산정방식의 차이점은 가식비는 정상적인 식재 과정의 여러 조치 중 일부가 제외된 비용을 의미한다.434)

---

433) 대법원 2002. 6. 14. 선고 2000두3450 판결 [재결처분취소등]

■ 묘목의 가액을 비용의 현가액으로 평가하는 경우는 묘목이 파종 또는 발아 중에 있거나, 상품화할 수 있는 정도까지 생육하지 않아 상품화할 수 없는 묘목으로서 사실상 이식이 불가능하고 거래사례도 없는 경우에 한하므로, 묘목으로서 상품화할 수 있는 정도까지 생육하였으나 해당 묘목에 대한 시장 수요가 없거나, 생육상태가 불량하여 거래사례가 없는 묘목은 비용의 현가액으로 평가할 수 없고, 정상적인 묘목의 거래가격을 기준으로 적정하게 감가하여 거래사례비교법으로 평가하여야 한다.

(10) 입목 등의 보상평가

① 주요 내용

■ 입목(수목, 죽목 포함)에 대하여는 벌기령((伐期齡, 산림자원법 시행규칙 [별표 3]에 따른 기준 벌기령을 말한다)·수종·주수·면적·수익성 그 밖에 가격형성에 관련되는 제 요인을 종합적으로 고려하여 평가한다(규칙 제39조 제1항).

산림자원법 시행규칙 [별표 3] <개정 2019. 9. 24.>

기준벌기령, 벌채·굴취기준 및 임도 등의 시설기준(제7조제2항 및 제48조의5 관련)

1. 기준 벌기령(伐期齡)

구 분	국유림	공·사유림 (기업경영림)
가. 일반기준벌기령		
소나무	60년	40년(30년)
(춘양목보호림단지)	(100년)	(100년)
잣나무	60년	50년(40년)
리기다소나무	30년	25년(20년)
낙엽송	50년	30년(20년)
삼나무	50년	30년(30년)
편백	60년	40년(30년)
기타 침엽수	60년	40년(30년)
참나무류	60년	25년(20년)
포플러류	3년	3년
기타 활엽수	60년	40년(20년)

나. 특수용도 기준벌기령
 펄프, 갱목, 표고·영지·천마 재배, 목공예, 숯, 목초액, 섬유판(fiber board), 산림바이오매스에너지의 용도로 사용하고자 할 경우에는 일반기준벌기령중 기업경영림의 기준벌기령을 적용한다. 다만, 소나무의 경우에는 특수용도기준벌기령을 적용하지 않는다.

---

434) 2012. 10. 09. 공공지원팀-1903 질의회신

- 지장물인 조림된 용재림(用材林: 재목을 이용할 목적으로 가꾸는 나무숲) 중 '벌기령에 달한 용재림'은 손실이 없는 것으로 본다. 다만 용재림을 일시에 벌채하게 되어 벌채 및 반출에 통상 소요되는 비용이 증가하거나 목재의 가격이 하락하는 경우에는 그 손실을 평가하여 보상해야 한다(규칙 제39조 제2항).
- 지장물인 조림된 용재림 중 '벌기령에 달하지 아니한 용재림'에 대하여는 다음 각호에 구분에 따라 평가한다(규칙 제39조 제3항).

1. 당해 용재림의 목재가 인근 시장에서 거래되는 경우
   : 거래가격에서 벌채 비용과 운반비를 뺀 금액. 이 경우 벌기령에 달하지 아니한 상태에서의 매각에 따른 손실액이 있는 경우에는 이를 포함한다.
2. 당해 용재림의 목재가 인근 시장에서 거래되지 않는 경우
   : 가격시점까지 소요된 비용의 현가액. 이 경우 보상액은 당해 용재림의 예상 총수입의 현가액에서 장래 투하 비용의 현가액을 뺀 금액을 초과하지 못한다

- 위 제2항 및 제3항에서 "조림된 용재림"이라 함은 산림자원법 제13조에 따른 산림경영계획인가를 받아 시업(施業)하였거나 산림의 생산요소를 기업적으로 경영·관리하는 산림으로서 입목법 제8조에 따라 등록된 입목의 집단 또는 이에 준하는 산림을 말한다(규칙 제39조 제4항). 입목등록원부 또는 입목등기부등본 발급받아 식재시기와 수량등을 파악할 수 있다.
- 위 제2항 및 제3항의 규정을 적용함에 있어서 벌기령의 10분의 9 이상을 경과하였거나 그 입목의 성장 및 관리상태가 양호하여 벌기령에 달한 입목과 유사한 입목의 경우에는 벌기령에 달한 것으로 본다(규칙 제39조 제5항). 위 제2항·제3항 및 제6항의 규정은 자연림으로서 수종·수령·면적·주수·입목도·관리상태·성장 정도·수익성 등이 조림된 용재림과 유사한 자연림은 '조림된 용재림의 보상평가방법을 준용'한다(규칙 제39조 제7항).
- 위 제3항 및 제6항의 규정(벌기령에 달하지 아니한 용재림의 보상평가 규정)은 '사업시행자가 취득하는 입목의 평가'에 관하여 이를 준용한다(규칙 제39조 제8항). 즉 사업시행자가 취득하는 입목은 지장물인 조림된 용재림 중 '벌기령에 달하지 아니한 용재림의 보상평가방법'을 준용하며, 입목의 벌채비용은 사업시행자가 부담한다(규칙 제39조 제6항).

② 유의사항

- 입목이란 토지에 부착된 수목의 집단으로서 그 소유자가 입목법에 따라 소유권보존의 등기를 받은 것으로 정의하고 있으나(입목에 관한 법률 제2조 제1호), 대법원에서는 입목법에 의한 등기를 하지 않은 입목도 명인방법(明認方法)에 의해서도 토지와 별도의 소유권을 인정하고 있으며, 입목법에 따라 소유권보존의 등기를 받거나 명인방법에 의해 공시되고 있지 않아도 토지와는 별도의 경제적 가치를 지니는 수목 또는 수목의 집단도 입목에 포함된다.[435]

---

435) 대법원 1989. 10. 13. 선고 89다카9064 판결 [입목소유권확인]: 명인방법의 실시는 법률행위가 아니며, 목적물인

- 조림된 용재림과 유사하지 않은 자연림은 원칙적으로 입목의 보상평가방법을 적용할 수 없다. 다만 이러한 자연림이 별도의 보상대상으로 제시된 경우에는 지장물인 조림된 용재림 중 벌기령에 달하지 아니한 용재림의 보상평가방법을 준용할 수 있으나, 벌채비용과 운반비의 합계액이 목재의 거래가격을 초과하는 경우에는 별도의 경제적 가치가 없어 손실이 있다고 볼 수 없으므로 평가하지 않는다. 임야상에 자연적으로 성장하고 있는 잡목과 관리되지 않는 뽕나무 및 자작나무는 보상대상이 아니다.[436]
- 「소나무재선충방제법」 제9조에 의한 반출금지구역에서는 같은 법 제10조에 의해 소나무류의 반출이 제한되므로 반출금지구역 안의 소나무류를 이식비로 보상평가하는 경우는 반출 가능 여부를 조사하여야 한다. 법령에 따라 굴취 후 이동행위가 금지되는 수목의 경우는 법 제75조 제1항에 따른 이전하기 어려운 경우에 해당하는 것으로 봄이 타당하다. 따라서 이전이 아니라 가액으로 보상한다.[437]
- 실무상 대규모 수목 및 그 재배시설에 대한 보상평가는 수목에 대한 전문적인 지식과 경험이 요구된다. 따라서 일반 감정평가법에 따른 감정평가사가 전문 보조인의 조력 없이 감정평가를 수행하는 것은 부적절하다. 따라서 국립산림과학원, 각 시도 산하 산림환경연구원, 산림청 산하 임업연구원 등의 조력을 받아서 평가하는 것도 한 방법일 것이다. 최종 평가는 감정평가사가 하되, 전문 보조인의 용역에 의한 결과를 토대로 최종 감정을 하는 것이 바람직하다. 이와 같은 맥락에서 토지보상법 시행규칙 제16조 제3항은 "감정평가법인 등은 제1항의 규정에 의하여 평가를 의뢰받은 때에는 대상 물건 및 그 주변의 상황을 현지 조사하고 평가를 하여야 하며, 고도의 기술을 필요로 하는 등의 사유로 인하여 자기가 직접 평가할 수 없는 대상 물건에 대하여는 사업시행자의 승낙을 얻어 전문기관의 자문 또는 용역을 거쳐 평가할 수 있다."라고 규정하고 있다. 나아가 대법원 역시 "법원의 토지수용에 대한 이의재결의 취소를 청구하는 행정소송 사건의 심리절차에서 수용대상 토지의 개간비에 관하여 감정을 명할 경우, 그 감정인으로 반드시 감정평가사나 감정평가법인을 지정하여야 하는 것은 아니므로(대법원 1994. 4. 26. 선고 93누13360 판결, 1991. 10. 11. 선고 90누10087 판결 등 참조), 원심이 국립 ○○○○대학교 원예학과 부교수 겸 같은 대학교 부설 산업과학기술연구소 연구원인 소외 3을 감정인으로 지정한 것이 위법이라는 취지의 상고이유도 받아들일 수 없다."고

입목이 특정인의 소유라는 사실을 공시하는 팻말의 설치로 다른 사람이 그것을 식별할 수 있으면 명인방법으로서는 충분한 것이니, 甲이 제3자를 상대로 입목소유권확인판결을 받아 확정된 후 법원으로부터 집행문을 부여받아 집행관에게 의뢰하여 그 집행으로 집행관이 임야의 입구 부근에 그 지상 입목들이 甲의 소유에 속한다는 공시문을 붙인 팻말을 세웠다면, 비록 확인판결이 강제집행의 대상이 될 수 없어서 위 확인판결에 대한 집행문의 부여나 집행관의 집행행위가 적법 시 될 수 없더라도 집행관의 위 조치만으로써 명인방법이 실시되었다고 할 것이니 그 이후 임야의 소유권을 취득한 자는 甲의 임목 소유권을 다툴 수 없다.

436) 2015. 04. 27. 토지정책과-2968 유권해석
437) 중토위 2017. 5. 25. 재결례

판시하고 있다.438) 어업 보상과 광업 보상평가도 마찬가지라고 생각한다.

(11) 토지에 속한 흙·돌·모래·자갈 등 보상

- 토지에 속한 흙·돌·모래 또는 자갈(흙·돌·모래 또는 자갈이 해당 토지와 별도로 취득 또는 사용의 대상이 되는 경우만 해당한다)에 대하여는 거래가격 등을 고려하여 평가한 적정가격으로 보상하여야 한다(법 제75조 제3항). 대법원 판단도 같다.439)
- 보상대상이 되기 위해서는 공익사업에 필요할 뿐만 아니라, 다른 수단으로는 그 공익사업의 수행을 할 수 없는 비대체성이 인정되어야 하나, 토지에서 분리된 흙·돌·모래 또는 자갈은 비대체성이 있다고 보기 어려우므로 원칙적으로 '취득 또는 사용의 보상 대상'이 아니며, 지장물로서 '이전 보상의 대상'이 된다.
- 토지에 속한 흙·돌·모래 또는 자갈 등이 '당해 토지와 별도로 취득 또는 사용의 대상이 되는 경우'란 ⅰ)토지에 속한 흙·돌·모래 또는 자갈이 공익사업에 직접 필요한 경우, ⅱ)토지에 속한 흙·돌·모래 또는 자갈이 '토지와는 별도의 경제적 가치가 있어야' 한다. 대법원의 견해도 같다.440)
- '흙·돌·모래 또는 자갈이 당해 토지와 별도로 취득 또는 사용의 대상이 되는 경우'가 아니라고 한 사례441)가 있다.
- 토지에 속한 흙·돌·모래 또는 자갈 등이 '당해 토지와 별도로 취득 또는 사용의 대상이 되는 경우'에 해당되지 않는 경우에는 별도의 보상대상으로 되지 않고, 토지의 구성부분으로서 토

---

438) 대법원 2002. 6. 14. 선고 2000두3450 판결 [재결처분취소등].
439) 대법원 2014. 4. 24. 선고 2012두16534 판결 [토지보상금증액] 甲이 자신의 토지에서 토석채취허가를 받아 채석장을 운영하면서 건축용 석재를 생산해 왔는데, 고속철도건설사업의 시행으로 토석채취기간의 연장허가가 거부된 이후 사업시행지구에 편입된 위 토지에 대하여 매장된 돌의 경제적 가치를 고려하지 않은 채 보상액을 산정하여 수용재결한 사안에서, 수용대상 토지에 속한 돌 등에 대한 손실보상을 인정하기 위한 전제로서 그 경제적 가치를 평가할 때에는 비록 위 수용재결 당시에는 위 채석장에 관한 토석채취기간의 연장허가가 거부된 상태였으나 이는 호남고속철도건설사업으로 말미암은 것으로서 토지수용의 목적이 된 당해 공익사업의 시행으로 토지에 관한 토석채취허가나 토석채취기간의 연장허가를 받지 못하게 된 경우까지 행정적 조치의 가능성을 부정하여 행정적 조치가 없거나 불가능한 것으로 보아서는 아니 됨에도, 위 토지에 매장된 돌을 적법하게 채취할 수 있는 행정적 조치의 가능성을 부정하여 위 토지와 별도로 구 토지보상법(2011. 8. 4. 법률 제11017호로 개정되기 전의 것) 제75조 제3항에 따른 보상의 대상이 될 수 없다고 본 원심판결에는 법리 오해의 위법이 있다.
440) 대법원 2014. 4. 24. 선고 2012두16534 판결 [토지보상금증액]: '흙·돌·모래 또는 자갈이 당해 토지와 별도로 취득 또는 사용의 대상이 되는 경우'란 흙·돌·모래 또는 자갈이 속한 수용대상 토지에 관하여 토지의 형질변경 또는 채석·채취를 적법하게 할 수 있는 행정적 조치가 가능하고, 구체적으로 토지의 가격에 영향을 미치고 있음이 객관적으로 인정되어 토지와는 별도의 경제적 가치가 있다고 평가되는 경우 등을 의미한다.
441) 중토위 2017. 3. 23. 재결례 : 이건 사업의 경우 사업시행자는 이의신청인의 토지가 필요하여 수용을 통하여 취득하려는 것으로 토지와 별개로 토지에 속한 토량을 수용목적물로 하는 것이 아니며, 아울러 이의신청인이 수용되는 토지에 속한 토량에 대한 채취허가를 득하고 토사채취납품실적 등에 의하여 객관적으로 경제적 가치를 입증하는 경우로도 볼 수 없어 토지와 함께 일체로 보상하는 것은 적정하므로 이의신청인의 주장은 받아들일 수 없다.

지의 가치형성에 영향을 미치는 개별요인 중의 하나로 참작할 수 있을 뿐이다. 따라서 양질의 점토가 함유된 토지라는 사정은 '개별요인으로 참작'하여야 한다.[442]

(12) 분묘의 보상평가

① 보상원칙
- 분묘에 대하여는 이장에 드는 비용 등을 산정하여 보상하여야 한다(법 제75조 제4항).

② 유연 분묘에 대한 보상액의 산정
- 장사법에 따른 '연고자가 있는 분묘(유연 분묘)'에 대한 보상액은 다음 각 호의 합계액으로 산정한다. 다만 사업시행자가 직접 산정하기 어려운 경우에는 감정평가법인 등에게 평가를 의뢰할 수 있다(규칙 제42조 제1항).

---

1. 분묘 이전비 : 4분판(粉板) 1매·마포(麻布) 24미터 및 전지(全紙) 5권의 가격, 제례비, 임금 5인분(합장인 경우에는 사체 1구당 각각의 비용의 50%를 가산한다) 및 운구차량비
2. 석물 이전비 : 상석 및 비석 등의 이전 실비(좌향이 표시되어 있거나 그 밖의 사유로 이전사용이 불가능한 경우에는 제작·운반비를 말한다)
3. 잡비 : 분묘 이전비와 석물 이전비의 합계금액의 30%에 해당하는 금액
4. 이전 보조비 : 100만원

- 제1항 제1호의 규정에 의한 운구차량비는 여객자동차운수사업법 시행령 제3조 제2호 나목의 특수여객자동차운송사업에 적용되는 운임·요금 중 당해 지역에 적용되는 운임·요금을 기준으로 산정한다(규칙 제42조 제2항).
- 연고자가 없는 분묘(무연고 분묘)에 대한 보상액은 제1항 제1호 내지 제3호의 규정에 의하여 산정한 금액의 50% 이하의 범위 안에서 산정한다(규칙 제42조 제3항).
- 묘지구입비나 분묘위치 측량비는 사업시행자가 보상하여야 할 분묘 이장비에 포함될 수 없다.[443]

③ 유의사항
- 장사법에는 분묘 외에도 봉안시설·자연장지 등의 다양한 장사의 유형을 규정하고 있으나, 위 내용(토지보상법 시행규칙 제42조)은 분묘의 보상평가에 한하여 적용한다.

---

[442] 대법원 1985. 8. 20. 선고 83누581 판결 [토지수용재결처분취소], 대법원 1989. 3. 14. 선고 88누2168 판결 [토지수용재결처분취소]: 양질의 점토가 다량 함유되어 있는 토지를 매수하여 적벽돌 공장을 신축하고자 하는 자로부터 동 토지를 수용한 경우, 위 토지에 함유된 점토가 토지와 독립하여 별개의 보상원인이 되는 것은 아니라 하더라도 위와 같은 점토의 존재와 토지소유자들의 이용계획등에 비추어 수용재결 당시 위 토지의 가격이 인근 일반토지의 가격에 비하여 상승되어 있었을 것이라는 점을 추측하기 어렵지 아니하므로 위 수용에 대한 이의재결을 함에 있어 이러한 사정들을 참작한 토지의 수용재결 당시의 시가를 평가함이 없이 단순히 지목이 같은 인근의 일반토지가격을 비교한 유추가격을 토대로 손실보상액을 결정하였음은 위법하다.
[443] 대법원 1994. 10. 11. 선고 94누1746 판결 [분묘이전재결처분취소]

- 분묘란 시신이나 유골을 매장하는 시설을 말하며, 매장이란 시신이나 유골을 땅에 묻어 장사(葬事)하는 것을 말하므로(장사법 제2조 제1호), 시신이나 유골을 땅에 묻지 않는 '봉안시설'과 '가묘(假墓)'는 분묘에 해당되지 않으므로 보상할 수 없다.[444] 그러나 매장 기간이 오래되어 유골이 없고 산화된 경우라도 유연 분묘는 물론 보상하여야 한다.[445] 또한 무단으로 설치한 분묘라도 관계 법령에서 보상에 관하여 제한을 둔 경우 또는 공익사업과 관련 없이 관계 법령에 위반되어 이전·철거 등의 조치가 진행되는 경우가 아니라면 보상 대상이 된다. 즉 국립묘지 조성사업에 편입된 국·공유지상에 실시계획인가 고시 이전에 무단으로 설치한 분묘가 있는 경우에도 보상을 하여야 한다.[446]

④ 연고자란
- 연고자란 사망한 자의 i)배우자, ii)자녀, iii)부모, iv)자녀 외의 직계비속, v)부모 외의 직계존속, vi)형제·자매, vii)사망하기 전에 치료·보호 또는 관리하고 있었던 행정기관 또는 치료·보호기관의 장 등, viii)위에 해당하지 아니하는 자로서 시신이나 유골을 사실상 관리하는 자를 말한다(장사법 제2조 제16호).

⑤ 분묘 이전비 청구권자
- 분묘 이전비 청구권자는 과거 호주제도가 있을 당시에는 호주 상속인에게 전속하였다. 그러나 현재는 호주제도가 없어졌으므로 대법원이 견해를 바꾸었다. 즉 "사람의 유체·유골은 매장·관리·제사·공양의 대상이 될 수 있는 유체물로서, 분묘에 안치되어 있는 선조의 유체·유골은 민법 제1008조의3 소정의 제사용 재산인 분묘와 함께 그 '제사 주재자에게 승계'되고, 피상속인 자신의 유체·유골 역시 위 제사용 재산에 준하여 그 제사 주재자에게 승계된다. 제사 주재자는 우선적으로 망인의 공동상속인들 사이의 협의에 의해 정하되, 협의가 이루어지지 않는 경우에는 제사 주재자의 지위를 유지할 수 없는 특별한 사정이 있지 않은 한 망인의 장남(장남이 이미 사망한 경우에는 장남의 아들, 즉 장손자)이 제사 주재자가 되고, 공동상속인들 중 아들이 없는 경우에는 망인의 장녀가 제사 주재자가 된다".[447]

⑥ 분묘 이전 의무자
- 분묘 이전 의무자는 누구인가? 대법원은 "임야의 소유권에 터잡아 분묘의 철거를 청구하려면 분묘의 설치를 누가 하였건 그 '분묘의 관리처분권을 가진 자'를 상대로 하여야 할 것이고(대법원 1967. 12. 26. 선고 67다2073 판결 참조), 구 관습법상 종손이 있는 경우라면 그가 제사를 주재하는 자의 지위를 유지할 수 없는 특별한 사정이 있는 경우를 제외하고는 일반적

---

444) 2001. 7. 14. 토관 58342-1076 유권해석
445) 2011. 2. 15. 토지정책과-734 질의회신
446) 법제처 10-0399, 2010.12.3. 해석례; 2018.5.29. 토지정책과-3495 유권해석
447) 대법원 2008. 11. 20. 선고 2007다27670 전원합의체 판결 [유체인도등]

으로 선조의 분묘를 수호·관리하는 권리는 그 '종손'에게 있다고 봄이 타당하고[448], 제사 주재자는 우선적으로 망인의 공동상속인들 사이의 협의에 의해 정하여야 한다는 대법원 2008. 11. 20. 선고 2007다27670 전원합의체 판결은 위 판결 선고일 이전에 제사용 재산의 승계가 이루어진 이 사건에는 적용되지 않으며, 종가의 종손이 사망하여 절가가 된 경우에는 그 차종손이 종가의 제사상속을 하고 차종손도 절후가 된 경우에는 순차 차종손에 의하여 종가 및 조상의 제사와 분묘수호권이 상속된다(대법원 1980. 7. 22. 선고 80다649 판결 참조).[449]

⑦ 행정대집행 가능 여부
- 유연 분묘를 이전 의무자가 이전하지 않을 경우에 행정대집행이 가능하다는 설도 있다.[450] 그러나 분묘의 이전은 분묘를 수호·관리하는 자 또는 제사 주재자의 가풍·문화·전통 등의 감정(感情)상의 문제와 유체·유골을 이전할 장소 등의 문제가 간단하지 않다. 따라서 분묘이전은 '비대체적 작위의무'로 보아야 한다. 따라서 행정대집행을 할 수 없다고 본다. 따라서 수용재결을 거친 후 분묘굴이(掘移)소송을 진행하여 판결에 따라서 집행하는 것이 옳다.[451]

⑧ 분묘기지권 문제
- 분묘기지권은 그 존속기간을 분묘의 존속기간으로 하고, 지료의 지급의무가 없는 관습법상의 지상권으로서, 점유권과 유사한 성격을 가지며, 이를 양도할 수 없고 분묘를 이전할 경우 그 권리가 소멸되므로, 별도의 보상 대상이 되는 소유권 외의 권리에 해당되지 않는다. 따라서 <u>타인의 토지상에 분묘가 있고 기준시점 당시에 분묘기지권이 있다고 하여도 분묘의 보상평가에서는 이를 별도로 고려하지 않고 평가한다.</u>[452]

5. 사업의 폐지·변경으로 인한 보상

(1) '사업시행자'의 사업 폐지·변경으로 인한 보상

---

448) 대법원 1959. 4. 30. 선고 4291민상182 판결, 대법원 1997. 9. 5. 선고 95다51182 판결, 대법원 2000. 9. 26. 선고 99다14006 판결 등 참조
449) 대법원 2009. 5. 14. 선고 2009다1092 판결 [분묘철거등]
450) 2004. 10. 1. 토관 4419 유권해석
451) 같은 견해로 김은유 외2, 앞의 책, 651
452) 대법원 2013. 1. 16. 선고 2011다38592,38608 판결 [묘지철거및토지인도·묘지철거및토지인도] : 타인 소유의 토지에 분묘를 설치한 경우에 20년간 평온, 공연하게 분묘의 기지를 점유하면 지상권과 유사한 관습상의 물권인 분묘기지권을 시효로 취득한다는 법적 규범이 2000. 1. 12. 법률 제6158호로 전부 개정된 '장사 등에 관한 법률'의 시행일인 2001. 1. 13. 이전에 설치된 분묘에 관하여 현재까지 유지되고 있다(대법원 2017. 1. 19. 선고 2013다17292 전원합의체 판결 [분묘철거등] 〈분묘기지권의 취득시효에 관한 사건〉) : 구 장사 등에 관한 법률의 시행일인 2001. 1. 13. 이전에 타인의 토지에 분묘를 설치하여 20년간 평온·공연하게 분묘의 기지를 점유함으로써 분묘기지권을 시효로 취득한 경우, 분묘기지권자는 토지소유자가 지료를 청구하면 그 청구한 날부터의 지료를 지급할 의무가 있다(대법원 2021. 4. 29. 선고 2017다228007 전원합의체 판결 [지료청구]).

- 이에 관하여는 제4장 사업인정 부분에서 설명하였다.

(2) '토지소유자'의 사업 폐지 등에 대한 보상

① 근거
- 토지보상법 제79조 제4항 및 동 시행규칙 제57조 "공익사업의 시행으로 인하여 (토지소유자의) 건축물의 건축을 위한 건축허가 등 관계 법령에 의한 절차를 진행 중이던 사업 등이 폐지·변경 또는 중지되는 경우 (사업시행자는) 그 사업 등에 소요된 법정수수료 그 밖의 비용 등의 손실에 대하여 이를 보상하여야 한다"는 것이 그 근거 규정이다.

② 청구 방법
- 토지소유자의 사업 폐지로 인한 손실보상청구권도 공법상의 권리이므로 재결청구를 먼저 하고 민사소송이 아닌 행정소송을 하여야 한다. 대법원의 견해도 같다.[453]

③ 인정 범위
- 토지보상법은 그 사업 등에 소요된 법정수수료 그 밖의 비용 등의 손실이라고만 규정하고 있고 구체적인 인정 범위는 개별적으로 검토하도록 하고 있다. 어느 단계까지 나아갔을 때 손실보상이 인정될 것인가와 관련하여 대법원은 " 택지개발사업을 위한 토지의 수용에 따른 보상금액의 산정이 문제 된 사안에서, 농지를 공장부지로 조성하기 위하여 농지전용허가를 받아 농지조성비 등을 납부한 후 공장설립 및 변경신고를 하고, 실제로 일부 공장건물을 증축하기까지 하여 토지의 형질이 원상회복이 어려울 정도로 사실상 변경됨으로써 이미 공장용지로 형질변경이 완료되었다면,…구 지적법 시행령(2002. 1. 26. 대통령령 제17497호로 개정되기 전의 것)에서 정한 '공장부지 조성을 목적으로 하는 공사가 준공된 토지'의 요건을 모두 충족하였다고 보아야 하고, 수용대상 토지가 이미 공장용지의 요건을 충족한 이상 비록 공부상 지목변경절차를 마치지 않았다고 하더라도 그 토지의 수용에 따른 보상액을 산정할 때에는 토지보상법 제70조 제2항의 '현실적인 이용상황'을 공장용지로 평가해야 한다고 한다.[454]
- 생각건대 비록 토지소유자의 행위가 단지 준비단계에 불과하더라도 토지소유자의 사업이 공익사업의 시행으로 인하여 폐지·변경 또는 중지되는 경우에는 소유권이전 부대비용, 금융비용, 공사 관련 부대비용은 물론 부지확보 용역비도 규칙 제57조의 적용대상이라고 봄이 정당한 보상의 원칙에 부합한다고 본다.

---

453) 대법원 2012. 10. 11. 선고 2010다23210 판결 [손실보상금]
454) 대법원 2013. 6. 13. 선고 판결 [수용보상금증액]

6. 권리의 보상

(1) 광업권 보상

① 용어의 정의

- 광업이란 광물의 탐사·채굴과 이에 따르는 선광·제련이나 그 밖의 사업을 말한다(광업법 제3조 제2호). 즉 광물을 탐광·채굴(채광)하고 유용광물과 폐석을 선별하여 정광을 제련하는 산업 및 기타 사업을 말한다. 광업권이란 탐사권과 채굴권으로 구분(광업법 제3조 제3호)한다.
- "탐사권"이란 등록을 한 일정한 토지의 구역(광구)에서 등록을 한 광물과 이와 같은 광상(鑛床)에 묻혀 있는 다른 광물을 탐사하는 권리를 말한다(광업법 제3조 제3의2호). 탐사권은 상속, 양도, 체납처분 또는 강제집행의 경우 외에는 권리의 목적으로 하거나 타인이 행사하게 할 수 없다(광업법 제11조 제1항). 탐사권의 존속기간은 7년을 넘을 수 없으며, 존속기간은 연장이 허용되지 않는다(광업법 제12조 제1항). 탐사권자는 탐사권 설정의 등록이 된 날부터 1년 이내에 산업통상자원부 장관에게 탐사계획을 신고하여야 하며(광업법 제40조), 탐사계획을 신고한 날부터 3년 이내에 산업통상자원부 장관에게 탐사실적을 제출하여야 한다. 이 경우 탐사실적의 제출은 채굴권설정의 출원으로 본다(광업법 제41조 제1항). 탐사권과 채굴권의 허가의 법적 성격은 특허이다.
- "채굴권"이란 광구에서 등록을 한 광물과 이와 같은 광상에 묻혀 있는 다른 광물을 채굴하고 취득하는 권리를 말한다(광업법 제3조 제3의3호). 채굴되지 아니한 광물은 채굴권의 설정 없이는 채굴할 수 없으며(광업법 제4조), 산업통상자원부 장관은 제출받은 탐사실적이 기준에 적합하여 탐사실적을 인정한 때에 채굴권설정의 허가를 하여야 한다(광업법 제41조 제3항). 채굴권자는 채굴을 시작하기 전에 산업통상자원부 장관의 '채굴계획인가'를 받아야 하며, 채굴계획의 인가를 받지 아니하면 광물을 채굴하거나 취득할 수 없다(광업법 제42조 제1항 및 제4항). 채굴권은 상속, 양도, 조광권·저당권의 설정, 체납처분 또는 강제집행의 경우 외에는 권리의 목적으로 하거나 타인이 행사하게 할 수 없으며(광업법 제11조 제2항), 채굴권의 존속기간은 20년을 넘을 수 없으나 채굴권의 존속기간이 끝나기 전에 산업통상자원부 장관의 허가를 받아 채굴권의 존속기간을 연장할 수 있고 연장할 때마다 그 연장 기간은 20년을 넘을 수 없다(광업법 제12조 제2항 및 제3항).
- 광업권은 물권으로 하고「광업법」에서 따로 정한 경우 외에는 부동산에 관하여「민법」과 그 밖의 법령에서 정하는 사항을 준용하며, 광업권은 광업의 합리적 개발이나 다른 공익과의 조절을 위하여「광업법」이 규정하는 바에 따라 제한할 수 있다(광업법 제10조).

- "조광권"(租鑛權)이란 설정행위에 의하여 '타인의 광구'에서 채굴권의 목적이 되어 있는 광물을 채굴하고 취득하는 권리를 말한다(광업법 제3조 제4호). 조광권의 설정은 채굴권자와 조광권자가 되려는 자 사이의 서면에 의한 조광권 설정계약에 의한다. 동일한 채굴권에는 2개 이상의 조광권을 설정할 수 없다(광업법 제51조). 조광권은 '물권(物權)'으로 하고, 이 법에서 따로 정한 경우 외에는 부동산에 관한 「민법」과 그 밖의 법령의 규정을 준용한다. 조광권은 상속이나 일반승계의 경우 외에는 권리의 목적으로 하거나 타인이 행사하게 할 수 없다(광업법 제47조). 조광권을 설정하려는 때에는 조광권자가 되려는 자와 채굴권자는 '산업통상자원부 장관의 인가'를 받아야 한다. 조광권자가 되려는 자는 조광권설정의 인가통지서를 받으면 인가통지서를 받은 날부터 60일 이내에 등록세를 내고 산업통상자원부 장관에게 '등록'을 하여야 한다. 등록을 하지 아니하면 인가는 효력을 상실한다(광업법 제52조). 조광권의 존속기간은 그 채굴권의 존속기간과 같다. 다만 채굴권자와 조광권자가 되려는 자 사이의 협의에 따른 경우에는 그러하지 아니하다. 채굴권자 또는 조광권자는 조광기간의 연장이 필요한 경우 조광권의 존속기간이 끝나기 전에 산업통상자원부 장관의 인가를 받아 그 기간을 연장할 수 있다(광업법 제49조).

② 평가 근거
- 「토지보상법 시행규칙」 제43조 제1항에서 광업권에 대한 손실의 평가는 「광업법 시행규칙」 제19조에 따르도록 규정하고 있으나, 「광업법 시행규칙」 제19조는 2016. 7. 7.자로 개정되어 현재 손실의 산정기준 등은 「광업법 시행령」 제30조에서 규정하고 있다.

③ 평가 기준
ⓐ 광업법 제34조 공익상 이유에 따른 취소처분 등
- 산업통상자원부 장관은 광업이 공익을 해친다고 인정할 때에는 광업권의 취소 또는 광구의 감소처분을 한다(광업법 제34조 제1항). 또한 국가중요건설사업지 또는 그 인접 지역의 광업권이나 광물의 채굴이 국가중요건설사업에 지장을 준다고 인정할 때에는 광업권의 취소 또는 그 지역에 있는 광구의 감소처분을 할 수 있다(제2항). 국가는 광업권의 취소처분 또는 광구의 감소처분으로 발생한 손실을 해당 광업권자(취소처분에 따른 광업권의 광구 부분 또는 감소처분에 따른 광구 부분에 조광권이 설정되어 있는 경우에는 그 조광권자를 포함)에게 보상하여야 한다(제3항). 보상할 손실의 범위는 제1항과 제2항에 따른 광업권의 취소처분 또는 광구의 감소처분에 따라 '통상 발생하는 손실'로 한다. 이 경우 통상 발생하는 손실은 다음 각 호의 사항 등을 고려하여 산정한다(제4항).

1. 산업통상자원부령으로 정하는 자가 광업권의 취소처분 또는 광구의 감소처분 당시를 기준으로 평가한 광산·광구·시설의 가치
2. 광업권의 취소처분 또는 광구의 감소처분 시까지 해당 광산개발에 투자된 비용
3. 광업권의 취소처분 또는 광구의 감소처분 당시의 탐사, 개발 및 채굴상황

산업통상자원부 장관은 광업권의 취소처분 또는 광구의 감소처분에 따라 이익을 받은 자가 있을 경우에는 그 자에게 그 이익을 받은 한도에서 제3항에 따른 보상금액의 전부나 일부를 부담하게 할 수 있다(제5항). 제2항에 따른 처분에 관하여는 행정소송법 제23조 제2항의 집행정지 규정을 적용하지 아니한다(제6항).

- 국가중요건설사업지 또는 그 인접 지역, 제4항에 따른 '통상 발생하는 손실'의 구체적인 산정 기준 및 절차에 관한 사항은 대통령령으로 정한다(제7항). 광업법 제34조 제7항에 따른 국가중요건설사업지 또는 그 인접 지역의 구역은 국가나 지방자치단체가 건설하는 철도(지하철도 포함)·산업단지·고속국도 및 댐 지역과 그 인접 지역으로서 관계 기관의 장이 지정·고시하는 구역으로 한다(광업법 시행령 제31조).

- 위 대통령령에 따른 '통상 발생하는 손실'은 다음 각 호의 구분에 따라 산정한다(광업법 제34조 제4항, 동 영 제30조 제1항).

1. 광업권자나 조광권자 조업 중이거나 정상적으로 생산 중에 휴업한 광산으로서 광물의 생산실적이 있는 경우 : 법 제34조 제4항 제1호에 따라 산업통상자원부령으로 정하는 자가 광산의 장래 수익성을 고려하여 산정한 광산평가액에서 이전이나 전용이 가능한 시설의 잔존가치를 뺀 금액에 이전비를 합산한 금액. 이 경우 평가된 지역 외의 지역에 해당 광산개발을 목적으로 취득한 토지·건물 등 부동산이 있는 경우에는 그 부동산에 대하여 토지보상법에서 정하는 보상기준을 준용하여 산정한 금액을 더한 금액으로 한다.
2. 탐사권자가 탐사를 시작하였거나 탐사실적을 인정받은 경우와 채굴권자가 채굴계획 인가를 받은 후 광물의 생산실적이 없는 광산인 경우 : 해당 광산개발에 투자된 비용과 현재 시설의 평가액에서 이전이나 전용이 가능한 시설의 잔존가치를 뺀 금액에 이전비를 합산한 금액
3. 탐사권자가 등록을 한 후 탐사를 시작하지 아니하였거나 채굴권자가 채굴계획 인가를 받지 아니한 경우 : 등록에 든 비용

- 제1항 제1호의 광산평가액과 같은 항 제2호의 현재 시설의 평가액은 광업법 제34조 제4항 제1호에 따라 '산업통상자원부령으로 정하는 둘 이상의 자가 산정한 평가액을 산술평균'한다(영 제30조 제2항). '산업통상자원부령으로 정하는 둘 이상의 자'란 다음의 자[455]를 말한다(광업법 시행규칙 제19조).

ⓑ 휴업의 보상평가

- 조업 중인 광산이 토지 등의 사용으로 인하여 휴업하는 경우의 손실은 '휴업 기간에 해당하는

---

455)

영업이익을 기준'으로 평가한다. 이 경우 영업이익은 '최근 3년간의 연평균 영업이익을 기준'
으로 한다(규칙 제43조 제2항). 탐사권자가 등록을 한 후 탐사를 시작하지 아니하거나 채굴
권자가 채굴계획 인가를 받지 아니한 경우에는 '등록에 든 비용'으로 보상평가한다.

ⓒ 매장량 부재로 휴업 중인 광산의 평가
- 광물매장량의 부재로 인하여 휴업중인 광산, 채광으로 채산이 맞지 아니하는 정도로 매장량이 소량인 경우, 앞의 2가지 경우에 준하는 상태인 경우 등은 손실이 없는 것으로 본다(규칙 제43조 제3항).

④ 보상원칙
- 광업권에 대하여는 투자 비용, 예상 수익, 거래가격 등을 고려하여 평가한 적정가액으로 보상한다(법 제76조 제1항). 광업권자가 조업 중이거나 정상적으로 생산 중에 휴업한 광산으로서 광물의 생산실적이 있는 경우에는 장래 수익성을 고려한 광산의 감정평가액을 기준으로 이전이나 전용이 가능한 시설물의 잔존가치를 뺀 금액에서 그 이전비를 더하여 보상평가한다. 이 경우 해당 공익사업시행지구 외의 지역에서 해당 광산개발을 목적으로 취득한 토지 등은 해당 공익사업시행지구에 편입된 것으로 보아 보상평가한다.
- 탐사권자가 탐사를 시작한 경우, 탐사권자가 탐사실적을 인정받은 경우, 채굴권자가 채굴계획의 인가를 받은 후 광물생산실적이 없는 경우 등은 해당 광산개발에 투자된 비용과 현재 시설의 평가액에서 이전이나 전용이 가능한 시설의 잔존가치를 뺀 금액에 이전비를 더하여 보상평가한다. 그 외의 광업권에 대한 평가는 '감정평가실무기준 650 권리' 이하를 참고하기 바란다.

⑤ 보상 대상 및 보상 제한
- 「광업법」은 광산을 보상 대상으로 보고 이에 대한 보상을 규정하고 있는 반면, 「토지보상법」은 광산을 구성하는 시설물들은 지장물로서 별도의 보상대상으로 규정하고 있다. 광업권자나 조광권자는 광구·조광구 또는 그 부근에서 타인의 토지를 사용하거나 수용하려면 산업통상자원부장관의 인정을 받아야 하는데(광업법 제70조~제72조), 산업통상자원부장관의 인정은 토지보상법 제20조 제1항에 따른 사업인정으로 본다. 토지의 사용 또는 수용에 관하여 이 법에 규정된 것 외에는 토지보상법을 적용한다(광업법 제73조).
- 광업권자는 ⅰ)철도·궤도(軌道)·도로·수도·운하·항만·하천·호(湖)·소지(沼地)·관

---

1. 감정평가법 제2조 제4호에 따른 감정평가업자
2. 영 제9조 제3항 제1호에 따른 기관
3. 엔지니어링산업 진흥법 제2조 제4호에 따른 엔지니어링사업자
4. 기술사법 제6조에 따라 기술사사무소를 개설한 기술사로서 같은 법 시행령 별표 2의2에 따른 건설(직무 범위가 지질 및 지반인 경우만 해당) 또는 광업자원을 직무 분야로 하는 기술사

개(灌漑)시설·배수시설·묘우(廟宇)·교회·사찰의 경내지(境內地)·고적지(古蹟地)·건축물, 그 밖의 영조물(營造物)의 지표 지하 50미터 이내의 장소, ii)묘지의 지표 지하 30미터 이내의 장소에서는 관할 관청의 허가나 소유자 또는 이해관계인의 승낙이 없으면 광물을 채굴할 수 없으므로(광업법 제44조 제1항), 이러한 지역은 광업권 보상 대상에서 제외된다.[456] 이러한 채굴 제한은 광업권이 설정된 이후에 설치한 시설물에도 적용된다. 특정 시설물에 따른 채굴 제한은 공공복리를 위하여 광업권에 당연히 따르는 최소한도의 제한으로써 특별한 재산상의 희생을 강요하는 것이라고는 할 수 없다.[457] 채굴제한구역의 광업권은 보상대상이 아니다.

⑥ 일부 필지에만 채광계획인가 또는 생산실적이 있는 경우
- 일단의 광구 중 일부 필지에만 채광계획인가 또는 생산실적이 있는 경우에는 광구 전체를 보상하지 않고 '실제 채광계획인가 또는 생산실적이 있는 면적만' 보상한다.[458]

⑦ 광구의 입체적 특정 부분을 제한하는 경우
- 조업 중인 광산이 토지 등의 사용으로 인하여 광구의 입체적 특정 부분에 한하여 채굴이 불가능하게 되는 경우, 광업권의 평가액에서 제한내용 등을 고려한 적정한 비율을 곱하여 보상평가한다.

(2) 어업권 등의 보상

① 용어의 정의
- 어업권이란 「수산업법」 제8조 및 「내수면어업법」 제6조에 따른 면허를 받아 어업을 경영할 수 있는 권리를 말하며, 어업면허를 받은 자와 어업권을 이전받거나 분할받은 자는 '어업권원부에 등록'을 함으로써 어업권을 취득한다.
- 수산업법 및 내수면어업법상의 어업권은 '물권'으로 하고, 수산업법과 내수면어업법에서 정한 것 외에는 「민법」 중 토지에 관한 규정을 준용하되, 어업권과 이를 목적으로 하는 권리에 관하여는 민법 중 질권(質權)에 관한 규정을 적용하지 아니하고, 법인이 아닌 어촌계가 취득한 어업권은 그 어촌계의 총유(總有)로 한다(수산업법 제16조, 내수면어업법 제7조). 총유에 관하여 자세한 설명은 졸저 "부동산중개실무(1)" 민법실무 편을 참고하기 바란다.

② 어업의 종류
- 허가어업이란 「수산업법」 제41조 및 「내수면어업법」 제9조에 따른 허가를 얻은 어업을 말한다.

---
456) 중토위 2017. 9. 7. 재결례, 중토위 2017. 5. 25. 재결례
457) 대법원 2014. 12. 11. 선고 2012다70760 판결 [손해배상(기)]
458) 토관 58342-965. 1998. 6. 19. 유권해석

- 신고어업이란 「수산업법」 제47조 및 「내수면어업법」 제11조에 따라 신고를 한 어업을 말한다. 내수면어업의 '사유(私有)수면'에서 정치망어업(定置網漁業), 공동어업 등의 면허어업(제6조 제1항 각 호), 허가어업(제9조 제1항 각 호 또는 제1항에 따른 어업)을 하려는 자는 대통령령으로 정하는 바에 따라 특자시장·특자도지사·시군구청장에게 신고하여야 한다(내수면어업법 제11조 제2항).
- 면허어업은 시장·군수·구청장의 면허를 받아 정치망어업(定置網漁業)[459]과 마을어업[460]을 하는 것을 말한다(수산업법 제8조 제1항). 내수면에서 특자시장·특자도지사·시군구청장의 면허를 받아 정치망어업과 공동어업[461]을 하는 것을 말한다(내수면어업법 제6조 제1항). 여기서의 면허는 강학상 권리(물권)를 설정해 주는 행정행위, 즉 '특허'를 말한다.
- 수산업 어업면허의 유효기간은 10년이고(수산업법 제14조 제1항), 어업허가의 유효기간은 5년이며(수산업법 제46조 제1항), 신고어업의 유효기간은 신고를 수리(신고를 수리한 것으로 보는 경우 포함)한 날부터 5년으로 한다(수산업법 제47조 제4항). 내수면어업은 어업면허·허가어업·신고어업이 모두 유효기간이 5년이다(내수면어업법 제13조 제2항).
- 내수면어업법은 폭발물, 유독물 또는 전류를 사용하여 내수면에서 수산동식물을 포획·채취하는 것을 금지하고 있다. 다만 특자시장·특자도지사·시군구청장의 사용허가를 받았을 때에는 그러하지 아니하다(내수면어업법 제19조).

③ 보상의 원칙
- 어업권에 대하여는 투자비용, 예상 수익, 거래가격 등을 고려하여 평가한 적정가액으로 보상하여야 한다(법 제76조 제1항)
- 공익사업의 시행으로 인하여 어업권이 제한·정지 또는 취소되거나 「수산업법」 제14조 또는 「내수면어업법」 제13조에 따른 어업면허의 유효기간의 연장이 허가되지 아니하는 경우, 해당 어업권 및 어선·어구 또는 시설물에 대한 손실의 평가는 「수산업법 시행령」 [별표 4]에 따른다(규칙 제44조 제1항).[462]
- 공익사업의 시행으로 인하여 어업권이 취소되거나 「수산업법」 제14조 또는 「내수면어업법」 제13조에 따른 어업면허의 유효기간의 연장이 허가되지 아니하는 경우로서 다른 어장에 시설을 이전하여 어업이 가능한 경우, 해당 어업권에 대한 손실의 평가는 「수산업법 시행령」

---

[459] 일정한 수면을 구획하여 대통령령으로 정하는 어구(漁具)를 일정한 장소에 설치하여 수산동물을 포획하는 어업
[460] 일정한 지역에 거주하는 어업인이 해안에 연접한 일정한 수심(水深) 이내의 수면을 구획하여 패류·해조류 또는 정착성(定着性) 수산동물을 관리·조성하여 포획·채취하는 어업
[461] 지역주민의 공동이익을 증진하기 위하여 일정한 수면을 전용(專用)하여 수산자원을 조성·관리하여 수산동식물을 포획·채취하는 어업
[462] 수산업법 시행령 [별표4]에는 용어의 정의와 보상의 산출기준이 상세히 규정되어 있다. 여기에서는 [별표4]를 생략한다.

[별표 4] 중 '어업권이 정지된 경우의 손실액 산출방법 및 기준'에 의한다(규칙 제44조 제2항).

- 어업권 등의 보상에 있어서 수산업법의 적용범위는 원칙적으로 바다에 한정하고(수산업법 제3조), 내수면어업법에서는 면허·허가·신고한 어업에 대하여 공익을 위한 제한·정지·취소의 처분 등을 하는 경우에는 보상을 하도록 규정하고 있다(내수면어업법 제21조 제1항). 이 경우 보상에 관하여는 수산업법 제88조 제2항부터 제4항까지의 규정이 적용된다(내수면어업법 제21조 제2항, 수산업법 시행령 제69조 [별표4]).

- 보상계획의 공고(법 제15조 제1항 단서의 규정에 의하는 경우에는 토지소유자 및 관계인에 대한 보상계획의 통지를 말한다) 또는 사업인정의 고시가 있는 날(이하 "사업인정고시일등"이라 한다) 이후에 어업권의 면허를 받은 자에 대하여는 규칙 제44조 제1항 및 제2항의 규정을 적용하지 아니한다(법 제44조 제3항).

- 법 제44조 제1항 내지 제3항은 허가어업 및 신고어업에 대한 손실의 평가에 관하여 이를 준용한다. 다만「내수면어업법」제11조 제2항에 따른 '사유수면'에서의 신고어업은 어업권보상에서 제외하고 '영업보상'으로 처리한다(법 제44조 제4항).[463]

④ 무면허·무허가·무신고 어업에 대한 보상

- 허가 등을 받지 아니한 영업의 손실보상에 관한 특례(규칙 제52조) 규정이 어업에 대한 보상에 관하여 준용된다. 따라서 공익사업에 관한 계획의 고시 등이 있기 이전부터 허가·면허·신고를 하여야 행할 수 있는 어업을 허가·면허·신고 없이 행하거나 어업권원부에 등록하지 않고 어업을 하는 관행어업권자가 공익사업의 시행으로 인하여 폐업을 하는 경우에는, 통계법 제3조 제3호에 따른 통계작성기관이 조사·발표하는 가계조사 통계의 도시 근로자가구 월평균 가계지출비를 기준으로 산정한 3인 가구 3개월분 가계지출비에 해당하는 금액을 영업손실에 대한 보상금으로 지급하되, 영업 시설·원재료·제품 및 상품의 이전에 소요되는 비용 및 그 이전에 따른 감손 상당액(영업 시설등의 이전비용)은 별도로 보상한다. 다만 본인 또는 생계를 같이 하는 동일 세대 안의 직계존속·비속 및 배우자가 해당 공익사업으로 다른 영업에 대한 보상을 받은 경우에는 '영업 시설 등의 이전비용만을 보상'하여야 한다(규칙 제44조 제5항, 규칙 제52조).

⑤ 유의사항

- 시장 등이 i)수산자원의 증식·보호를 위하여 필요한 경우, ii)군사훈련 또는 주요 군사기지의 보위를 위하여 필요한 경우, iii)국방을 위하여 필요하다고 인정되어 국방부장관이 요청한 경우 등에 해당되어 허가어업 또는 신고어업을 제한한 경우에는 보상대상이 아니다(수산업

---

463) 중토위 2017. 7. 13. 재결례

법 제81조 제1항 제1호 단서)

- 수산업법은 허가, 신고, 면허를 받지 않고 관행적으로 어업을 하는 것을 금지하고 처벌을 하고 있다(수산업법 제97조 제1항 제1호). 그런데 한편으로 수산업법 개정에 따라서 새로이 어업권을 설정하기 전부터 자유로이 관행적으로 어업을 해 온 사람들이 있다. 이들의 어업행위가 신법과의 법적 충돌이 발생하게 되었다. 따라서 수산업법은 수선업법의 개정으로 관행에 의한 입어자(入漁者)는 1993. 2. 1. 전에 어업권원부에 등록을 한 경우에 한하여 새로이 설정된 어업권에도 불구하고 관행에 의한 어업이 인정되는 것으로 경과조치를 설정하였다(1990. 8. 1. 개정 수산업법 부칙 제11조 제2항 참조).[464]
- 내수면어업법 제11조 제2항의 규정에 의한 '<u>사유(私有)수면의 신고어업</u>'은 어업보상의 방법에 의하지 아니하고(규칙 제44조 제4항 괄호부분) '<u>영업보상'의 방법</u>에 의한다.[465]
- 어업권의 면허·허가 또는 신고 시에 공익사업의 시행 등으로 인하여 필요한 경우 어업권 면허 등은 취소되며, 이에 대하여 별도로 보상을 청구하지 않는다는 취지의 부관이 붙은 경우에는 보상대상에서 제외되며, 부관의 효력은 어업권의 양수인에게도 미친다.[466]
- 어업에 관한 허가 또는 신고의 경우에는 어업면허와 달리 유효기간 연장제도가 마련되어 있지 아니하므로 그 유효기간이 경과되면 그 허가나 신고의 효력이 당연히 소멸하며, 재차 허가를 받거나 신고를 하더라도 허가나 신고의 기간만 갱신되어 종전의 어업허가나 신고의 효력 또는 성질이 계속된다고 볼 수 없고 새로운 허가 내지 신고로서의 효력이 발생한다.[467]
- 어업이 제한된 구역이나 어업면허가 취소된 수면에서 따로 면허기간 등을 정하여 부여하는 '한정어업면허'는 보상대상이 아니다(수산업법 제15조).
- 2013. 12. 19.자로 「수산업법」 제46조 제2항이 신설되어 어업허가 유효기간의 연장제도를 도입하였고, 그에 따라 사업인정고시일 등 이후에 허가 또는 신고어업의 기간을 연장한 어업권은 보상대상이 된다.

---

464) 「수산업법」은 면허어업·허가어업 및 신고어업을 규정하고, 누구든지 이러한 어업 외의 방법으로 수산동식물을 포획·채취 또는 양식하지 못하도록 하고 있으므로, 면허·허가받거나 신고하지 아니한 어업은 보상대상이 아니다(수산업법 제66조). 1991. 2. 2. 「수산업법」을 개정하여 입어 및 입어자를 신설하고 "입어"란 입어자가 공동어업(1995. 12. 30.자로 '마을어업'으로 개정)의 어장에서 수산동식물을 포획·채취하는 것을, "입어자"란 어업의 신고를 한 자로서 공동어업권(1995. 12. 30.자로 '마을어업권'으로 개정)이 설정되기 전부터 해당 수면에서 계속적으로 수산동식물을 포획·채취하여 온 사실이 대다수 사람들에게 인정되는 자 중 어업권원부에 등록된 자로 한정하고(수산업법 제2조 제10호 및 제11호), 이 법 시행 당시 공동어업의 어장 안에서 입어관행이 있는 것으로 인정되는 자로서 종전의 규정에 의하여 어업권원부에 입어자로 등록하지 아니한 자는 이 법 시행일부터 2년 이내(1993. 2. 1.까지)에 어업권원부에 등록을 한 경우에 한하여 입어자로 보도록 규정하고 있으므로(부칙 제11조 제2항), 현재는 어업권원부에 등록하지 않은 관행어업은 보상대상이 아니다.
465) 2011. 10. 5. 토지정책과-4734 질의회신
466) 대법원 2019. 4. 11. 선고 2018다284400 판결 [보상금청구의소], 대법원 2014. 5. 29. 선고 2011다57692 판결 [손해배상(기)], 대법원 1993. 6. 22. 선고 93다17010 판결 [손해배상(기)]
467) 대법원 2011. 7. 28. 선고 2011두5728 판결 [손실보상금]

⑥ 어업권 손실보상청구권의 법적 성질과 보상금 분배 문제
- 대법원은 한때 어업권 손실보상청구권의 법적 성질을 사권으로 보고 손실보상금 청구를 민사소송으로 하도록 하였다.468) 그러나 구 하천법 부칙 제2조 제1항, 하천 편입토지 보상 등에 관한 특별조치법 제2조 제2호에 의한 손실보상청구권의 법적 성질과 관련하여 전합 판결로 공법상의 권리로 변경하였다. 따라서 이제는 어업권 손실보상청구권의 법적 성질도 행정소송법 제3조 제2호 소정의 행정소송으로서 당사자소송을 하여야 한다.469)

⑦ 어업권 등에 대한 간접피해의 보상
- 토지보상법은 공익사업지구 인근에 있는 어업에 피해가 발생한 경우에 실제 피해액을 확인할 수 있는 때에는 그 피해에 대하여 보상하도록 하였다(규칙 제63조).

7. 영업의 손실 등에 대한 보상

(1) 영업손실의 보상

① 영업손실 보상
- 영업을 폐업하거나 휴업함에 따른 영업손실에 대하여는 영업이익과 시설의 이전 비용 등을 고려하여 보상하여야 한다(법 제77조 제1항). 영업보상의 요건은 영업자가 공익사업으로 인하여 영업을 폐업하거나 휴업함으로써 영업상의 손실을 입게 되었을 것이다(폐업보상, 휴업보상). 보상액의 구체적인 산정 및 평가 방법과 보상기준에 관한 사항은 국토교통부령에 위임하고 있다(법 제77조 제4항).

② 영업손실의 보상 대상인 영업

ⓐ 영업의 일반적 요건
- '영업자'는 영업을 목적으로 하는 사업을 하는 자를 말하고, 비영리를 목적으로 하는 경우는 포함되지 않는다. 영업손실 보상에는 '잔여 영업 시설의 손실보상'이 포함된다. 판례도 같다.470)

---

468) 대법원 1996. 7. 26. 선고 94누13848 판결 [손실보상금지급거부처분취소]
469) 대법원 2006. 5. 18. 선고 2004다6207 전원합의체 판결 [보상청구권확인], 대법원 2016. 8. 24. 선고 2014두46966 판결 [손실보상금]
470) 대법원 2018. 7. 20. 선고 2015두4044 판결 [토지수용보상금등증액], 대법원 2019. 11. 28. 선고 2018두227 판결 [보상금], 대법원 2020. 4. 9. 선고 2017두275 판결 손실보상금등청구] 잔여 영업 시설 손실보상의 요건인 "공익사업에 영업 시설의 일부가 편입됨으로 인하여 잔여시설에 그 시설을 새로이 설치하거나 잔여시설을 보수하지 아니하고는 그 영업을 계속할 수 없는 경우"란 잔여 영업 시설에 시설을 새로이 설치하거나 잔여 영업 시설을 보수하지 아니하고는 그 영업이 전부 불가능하거나 곤란하게 되는 경우만을 의미하는 것이 아니라, <u>공익사업에 영업 시설 일부가 편입됨으로써 잔여 영업 시설의 운영에 일정한 지장이 초래되고, 이에 따라 종전처럼 정상적인 영업을 계속하기 위해서는 잔여 영업 시설에 시설을 새로 설치하거나 잔여 영업 시설을 보수할 필요가 있는 경우도 포함된다.</u> 공익사업에 영업 시설 일부가 편입됨으로써 잔여 영업 시설에 손실을 입은 사람이 사업시행자로부터 토지보상법 시행규칙 제47조

- 영업손실을 보상하여야 하는 '영업'은 "다음 각 호 모두에 해당하는 것을 영업"으로 한다(법 제77조 제1항, 규칙 제45조).

  1. 사업인정 고시일 등 전부터 적법한 장소(무허가건축물등, 불법형질변경토지, 그 밖에 다른 법령에서 물건을 쌓아놓는 행위가 금지되는 장소가 아닌 곳)에서 인적·물적시설을 갖추고 계속적으로 행하고 있는 영업.
  다만 무허가건축물 등에서 '임차인'이 영업하는 경우에는 그 임차인이 '사업인정고시일 등 1년 이전부터' 부가가치세법에 따른 사업자등록을 하고 하는 영업을 말한다.
  2. 영업을 행함에 있어서 관계 법령에 의한 허가 등을 필요로 하는 경우에는 '사업인정고시일 등 전'에 허가 등을 받아 그 내용대로 행하고 있는 영업

- 영업손실을 보상하여야 하는 영업은 ⅰ)사업인정고시일 등 전부터 적법한 장소(무허가건축물등, 불법형질변경토지, 그 밖에 다른 법령에서 물건을 쌓아놓는 행위가 금지되는 장소가 아닌 곳, 다만 무허가건축물 등에서 '임차인'이 영업하는 경우에는 그 임차인이 사업인정고시일 등 1년 이전부터 사업자등록을 하고 행하고 있는 영업은 보상대상 영업에 포함된다.)에서 인적·물적시설을 갖추고 계속적으로 행하고 있는 영업, ⅱ)영업을 행함에 있어서 관계법령에 의한 허가 등을 필요로 하는 경우에는 사업인정고시일 등 전에 허가 등을 받아 그 내용대로 행하고 있는 영업 등의 2가지 요건을 모두 갖춘 영업으로 한다.

- 공익사업에 의하여 영업을 폐지하거나 휴업하는 경우 보상하도록 규정하고 있는 토지보상법 제77조 제1항이 '영업'의 의미에 관하여는 구체적으로 정의하지 않는 대신, 같은 조 제4항에서 영업손실 보상액의 구체적인 산정 및 평가 방법과 보상기준에 관한 사항을 국토교통부령으로 정하도록 위임하고 있고, 이에 따라 규칙 제45조가 무허가건축물, 불법형질변경, 불법개발행위를 보상대상에서 제외하고 있고, 판례도 생태하천조성사업에 편입되는 토지상의 무허가건축물에서 축산업을 영위하는 자에 대하여 토지보상법 및 동 규칙 제45조 제1호에 따라 영업손실을 인정하지 않음은 정당하다고 한다.[471]

- 그러나 이에 대하여는 일응 설득력이 있는 학설이 있다. 적법하지 아니한 장소에서 영업을 하는 경우를 보상에서 제외하는 것은 헌법상 정당보상의 원칙에 반하며, 영업허가 등을 받았는지 여부에 상관없이 손실보상을 하는 것이 헌법상의 정당보상에 부합하고, 무허가건축물에서 영업한 임차인에게만 보상을 허용하면서 불법형질변경토지나 물건을 쌓아두는 행위가

제3항에 따라 잔여 영업 시설의 손실에 대한 보상을 받기 위해서는 토지보상법 제34조, 제50조 등에 규정된 재결절차를 밟은 다음 그 재결에 대하여 불복이 있는 때에 비로소 토지보상법 제83조부터 제85조까지 규정된 절차에 따라 권리구제를 받을 수 있다. 이러한 재결절차를 밟지 않은 채 곧바로 사업시행자를 상대로 손실보상을 청구할 수 없다. 재결절차를 거쳤는지는 보상항목별로 판단하여야 한다. 피보상자별로 어떤 토지, 물건, 권리 또는 영업이 손실보상대상에 해당하는지, 나아가 그 보상금액이 얼마인지를 심리·판단하는 기초 단위를 보상항목이라고 한다(대법원 2018. 5. 15. 선고 2017두41221 판결 참조).
471) 대법원 2014. 3. 27. 선고 2013두25863 판결 [수용보상금증액], 대법원 2010. 9. 9. 선고 2010두11641 판결 [영업손실보상거부처분취소], 대법원 2001. 4. 27. 선고 2000다50237 판결 [부당이득금반환]

금지되는 장소가 보상에서 제외되는 것은 입법적 불비라는 견해가 있다.[472]

생각건대 위 견해는 '원론적이고 법리적인 면'에서는 지극히 타당하다. 즉 무허가건축물, 불법형질변경, 불법개발행위를 막기 위해서 손실보상을 금지하는 것은 서로 다른 목적과 취지를 가진 제도를 부당하게 원용하는 '부당결부금지의 원칙'에도 반한다. 무허가, 불법형질변경, 불법개발행위는 별도의 규제와 처벌 등의 법적 효과를 부여하면 그만이고 직접 관계없는 제도를 손실보상에 바로 원용하는 것은 바람직하지 않다는 관점에서 보면 일면 타당성이 있다. 그러나 구체적·현실적으로 보상을 수령하기 위한 꼼수가 난무하는 것을 막을 수 없다는 점이 문제이다. 즉 만약 위 견해와 같이 무허가건축물, 불법형질변경, 불법개발행위를 손실보상에서 전면적으로 허용하게 되면 구체적·현실적으로 손실보상을 받기 위한 꼼수가 난무하게 된다. 또한 실무상으로는 이와 유사한 꼼수가 매우 빈발하고 있다. 따라서 ①무허가건축물을 사업장으로 이용하는 경우 영업과 관련하여 해당 사업장에 부과되는 행정규제의 탈피 또는 영업을 통하여 얻는 이익에 대한 조세 회피 등 여러 가지 불법행위를 저지를 가능성이 큰 점, ②건축법상의 허가절차를 밟을 경우 관계 법령에 따라 불허되거나 규모가 축소되었을 건물에서 건축허가를 받지 않은 채 법적 제한 초과 규모의 영업을 하고도 그로 인한 영업손실로 보상받는 것은 불합리한 점 등에 비추어 보면, 위 규칙 조항이 '영업'의 개념에 '적법한 장소에서 운영될 것'이라는 요소를 포함하고 있다고 하여 토지보상법의 위임 범위를 벗어났다거나 정당한 보상의 원칙에 위배된다고 하기는 어렵다고 생각된다.

ⓑ 시간적 요건

- 영업이 보상대상이 되기 위해서는 '사업인정고시일 등' 전부터 행하여야 하며 '사업인정고시일 등'이란 보상계획의 공고·통지 또는 사업인정고시일 중 빠른 날을 의미한다. 개별법이 정한 행위제한일이 사업인정고시일 등 이전인 경우에는 이 날을 기준으로 영업보상대상 여부를 결정한다. 다만 대부분의 개별법에서 별도의 행위제한일을 규정하면서도 그 제한되는 행위에 영업을 규정하고 있지는 않으나, 이런 경우에도 공익사업의 시행으로 이전이 예정되어 있다는 것을 알고 영업을 한 경우에 해당되므로 영업보상 대상에서 제외된다.

ⓒ 장소적 요건

- 영업이 보상대상이 되기 위해서는 '적법한 장소'에서 행하여야 한다. 따라서 무허가건축물 등이나 불법형질변경 토지, 그 밖에 다른 법령에서 물건을 쌓아놓는 행위가 금지되는 장소에서 하는 자유영업도 보상대상에서 제외된다.[473] 개발제한구역 내 비닐하우스에서 '소유자'가 사업자등록을 하고 생화, 분화 소매업을 한 경우, 영업보상 대상이 아니라고 한 사례가

---

[472] 전극수, 공익사업에서의 영업손실보상에 관한 연구, 토지공법연구 제81집(2018. 2. 25.), pp.29~32
[473] 중토위 2017. 8. 24. 재결례, 중토위 2017. 4. 27. 재결례(불법형질토지에서 행하는 영업은 영업보상 대상이 아니다),

있다.[474][475]

- 다른 법령에서 물건을 쌓아놓는 행위와 관련된 장소에는 ⅰ)절대적으로 금지되는 장소, ⅱ)허가를 요하는 장소가 있다. 절대적으로 금지되는 장소로는 개발제한구역과 도시자연공원구역 등에서는 물건을 쌓아놓는 행위 자체가 금지된다(개발제한구역법 제12조 제1항, 공원녹지법 제27조 제1항). 허가를 요하는 장소로는 ⅰ)녹지지역 또는 지구단위계획구역에서 물건을 쌓아놓는 면적이 25㎡ 이하인 토지에 전체 무게 50톤 이상, 전체 부피 50㎥ 이상으로 물건을 쌓아놓는 행위, ⅱ)관리지역(지구단위계획구역으로 지정된 지역을 제외함)에서 물건을 쌓아놓는 면적이 250㎡ 이하인 토지에 전체 무게 500톤 이상, 전체 부피 500㎥ 이상으로 물건을 쌓아놓는 행위는 허가를 받도록 규정하고 있으므로(국토계획법 시행령 제51조 제1항 제6호 및 제53조 제6호), 이런 경우 허가를 받지 않고 물건을 적치한 경우에는 영업보상의 대상이 아니다.
- '가설건축물에서의 영업'은 적법한 장소라고 하여도 「건축법」 제20조 제1항에 따른 가설건축물 안에서 행하던 영업은 도시·군계획시설사업이 시행되는 경우 그 시행예정일 3개월 전까지 가설건축물 소유자의 부담으로 그 가설건축물을 철거하여야 하기 때문에 보상대상이 아니다(국토계획법 제64조 제3항).[476]

ⓓ 시설적 요건

- 영업이 보상대상이 되기 위해서는 일정한 정도의 인적·물적시설을 갖추어야 하며, 어느 정도의 인적·물적시설을 갖추어야 하는지에 대해서는 해당 영업의 성격 등을 종합적으로 고려하여 객관적으로 결정하여야 한다. 특히 최근에는 영업의 형태가 다양하게 변화함으로 인해

---

[474] 중토위 2017. 1. 19. 재결사례(이 건 비닐하우스는 농업용이 아닌 판매전용 시설을 갖추고 있는 점, 비닐하우스는 벽체가 존재하고 33㎡를 초과하여 허가 또는 신고없이 할 수 있는 경미한 행위가 아닌 점, 비닐하우스의 소유자인 점 등을 볼 때 이 건 영업은 적법한 장소에서의 영업으로 볼 수 없다고 이의신청을 기각하였다). 그러나 만약 소유자가 아니라 임차인이 사업자등록을 하고 생화, 분화 소매업을 하였다면 보상대상이라고 보아야 할 것이다. 이런 관점에서 보면 무허가건물등에서 임차인이 영업을 하는 경우에 보상을 인정하는 규칙 제45조 제1호 단서와 분명 모순점을 가지고 있다고 볼 수 있다.
[475] 그러나 중토위는 주택에서 하는 과외교습(중토위 2018. 5. 28. 재결례), 포장마차 보관소(중토위 2019. 8. 22. 재결례), 굿과 점을 치는 무속영업(중토위 2019. 4. 25. 재결례), 태양광발전시설의 일부편입(중토위 2020.12. 10. 재결례)은 영업손실의 보상대상이라고 한다.
[476] 한편 1989. 1. 24 당시 무허가건축물 등에서의 영업의 경우에는 주의할 점이 있다. 2007.4.12 개정 「토지보상법 시행규칙」 부칙 제3조는 무허가건축물 등에 관한 경과조치로 1989.1.24. 당시의 무허가건축물 등에 대하여는 「토지보상법 시행규칙」 제45조 제1호(보상대상인 영업), 제46조 제5항(무허가건축물 등에서 임차인 영업의 폐지보상), 제47조 제6항(무허가건축물 등에서 임차인 영업의 휴업보상), 제52조(허가등을 받지 아니한 영업의 손실보상에 관한 특례), 제54조 제2항(세입자의 주거이전비) 단서의 개정규정에 불구하고 이 규칙에서 정한 보상을 함에 있어 이를 적법한 건축물로 보도록 규정하고 있으므로, <u>1989.1.24. 당시 무허가건축물 등에서의 영업은 세입자가 하는 영업은 물론 소유자가 하는 영업도 보상대상이며, 세입자의 영업보상의 경우에도 보상의 요건으로서 ⅰ)사업인정고시일 등 1년 이전부터 행하여 온 영업, ⅱ)「부가가치세법」 제8조에 따른 사업자등록을 하고 행하고 있는 영업, ⅲ)보상금의 상한 등은 적용되지 않는다.</u>

인적·물적시설을 갖추고 있다고 보기 어려운 영업이 늘어나고 있으므로, 시설적 요건은 단순히 영업에 종사하는 사람의 수나 물적 시설의 수량으로 판단하여서는 안 되며, 실제로 공익사업의 시행으로 인하여 손실이 발생하였고 그 손실이 특별한 희생에 해당하는지를 기준으로 판단한다. 대법원은 "원고들이 1990년경 이 사건 장터가 개설된 이래 소외인으로부터 각 해당 점유 부분을 전차하여 앵글과 천막 구조의 가설물을 축조하고 그 내부에 냉장고·주방용품·가스통·탁자·의자 등을 구비한 후, 영업신고를 하지 않은 채 모란장날인 매달 4일, 9일, 14일, 19일, 24일, 29일에 정기적으로 국수와 순대국·생고기·생선회 등을 판매하는 음식점 영업을 하여온 사실, 장날의 전날에는 음식을 준비하고 장날 당일에는 종일 장사를 하며 그 다음날에는 뒷정리를 하는 등 5일 중 3일 정도는 이 사건 영업에 전력을 다하였다고 보이는 점 등에 비추어 볼 때, 비록 원고들이 영업을 5일에 한 번씩 하였고 그 장소도 철거가 용이한 가설물이었다고 하더라도 원고들의 상행위의 지속성, 시설물 등의 고정성을 충분히 인정할 수 있으므로, 원고들은 이 사건 장소에서 인적·물적 시설을 갖추고 계속적으로 영리를 목적으로 영업을 하였다고 봄이 상당하다"고 판단하였다.[477]

ⓔ 계속성 요건

- 영업이 보상대상이 되기 위해서는 계속적으로 영업을 행하여야 하나, 어느 정도까지 영업을 계속하여야 하는지에 대해서는 해당 영업의 성격 등을 종합적으로 고려하여 객관적으로 결정하여야 한다. 여기에는 매년 일정한 계절이나 일정한 기간 동안에만 인적·물적시설을 갖추어 영리를 목적으로 영업을 하는 경우도 포함된다고 보는 것이 타당하다.

ⓕ 허가 등의 요건

- 허가 등을 받아 그 내용대로 행하고 있어야 하므로, 허가 등을 받지 않고 행한 경우는 물론 허가 등을 받은 경우에도 허가 등의 내용을 벗어났거나 다른 사람이 행하는 영업 또는 다른 장소에서 행하는 영업은 보상대상이 되지 않는다.
- 허가 등은 '사업인정고시일 등 이전'에 받아야 하도록 규정하고 있으므로, 사업인정고시일 등 이후에 허가 등을 받고 영업을 개시한 경우는 물론이고, 사업인정고시일 등 이전에 허가 등을 받지 않고 영업하다가 사업인정고시일 등 이후에 허가 등을 받은 영업도 보상대상이 아니다.
- 사업자등록 여부는 영업 손실보상 대상의 요건이 아니다. 그러나 토지보상법 규칙은 무허가 건축물 등에서 보상계획의 공고·통지 또는 사업인정의 고시가 있기 1년 이전부터 '임차인'이 영업하는 경우로서 그 '임차인'에게 영업보상을 하는 경우에는 그 임차인이 '사업자등록을 하여야' 영업보상의 대상이 된다고 규정하고 있다. 그러나 「부가가치세법」 제8조에 따른 사

---

[477] 대법원 2012. 3. 15. 선고 2010두26513 판결 [토지수용재결처분취소]

업자등록은 조세 행정의 편의를 위한 것일 뿐 영업의 적법성과는 관련이 없다. 따라서 규칙이 임차인에게 영업보상을 하는 경우에는 사업자등록을 요건으로 하고 있는 것은 재고의 여지가 있다.

③ 손실보상의 기준시기
- '적법한 장소(무허가건축물 등, 불법형질변경토지, 불법개발행위가 금지되는 장소가 아닌 곳)에서 인적·물적시설을 갖추고 계속적으로 행하고 있는 영업'에 해당하는지는 '협의성립, 수용재결 또는 사용재결(사업인정고시) 당시를 기준'으로 판단하여야 한다.[478] 따라서 사업인정고시 전 또는 당시에 영업을 유지하고 있었다면 그 후에 폐지 또는 이전을 하였더라도 손실보상의 대상이 된다. 예컨대 도로구역 결정 고시 전에 공장을 운영하다가 고시 후에 시(市)로부터 3년 내에 공장을 이전할 것을 조건으로 공장설립허가를 받았더라도 그 공장부지가 수용되었다면 휴업보상의 대상이 된다.[479] 또한 일반지방산업단지 조성사업의 사업인정고시일 당시 사업지구 내에서 제재목과 합판 등 제조·판매업을 영위해 오다가 사업인정고시일 이후 사업지구 내 다른 곳으로 영업장소를 이전하여 영업을 하던 甲이 영업보상 등을 요구하면서 수용재결을 청구하였는데, 관할 토수위가 甲의 영업장은 임대기간이 종료되어 이전한 것이지 공익사업의 시행으로 손실이 발생한 것이 아니라는 이유로 甲의 청구를 기각한 사안에서, '사업인정고시일 당시' 보상대상에 해당한다면 그 후 사업지구 내 다른 토지로 영업장소가 이전되었더라도 손실보상의 대상이 된다고 하였다.[480][481]

④ 영업의 폐지와 휴업의 구별
- 영업 손실보상에서 토지보상법 시행규칙 제46조에 따른 폐업보상의 대상인지 아니면 제47조에 따른 휴업보상의 대상인지는 제46조 제2항 각호(영업의 폐지 사유)에 해당하는지에 따라 결정된다. 즉 영업의 폐지 및 휴업의 구분은 「토지보상법」에서 정한 일정한 절차에 따라 사업시행자가 정하며, 구분의 기준은 '해당 영업의 이전 가능성 여부'에 의하고, 제46조 제2항 각호는 해당 영업을 그 영업소 소재지나 인접 시군구 지역 안의 다른 장소로 이전하는 것이 불가능한 경우를 규정한 것으로서, 이러한 이전 가능성 여부는 '법령상의 이전 장애사유 유무'와 당해 영업의 종류와 특성, 영업 시설의 규모, 인접 지역의 현황과 특성, 그 이전을

---

478) 대법원 2010. 9. 9. 선고 2010두11641 판결 [영업손실보상거부처분취소]
479) 대법원 2001. 4. 27. 선고 2000다50237 판결 [부당이득금반환]
480) 대법원 2012. 12. 27. 선고 2011두27827 판결 [손실보상금청구]
481) 영업의 폐지나 휴업에 대한 손실보상의 대상이 되는 영업의 범위에는, 관계 법령에 의하여 당해 공익사업에 관한 계획의 고시 등이 있은 '후'에 당해 법률에 의하여 금지된 행위를 하거나 허가를 받아야 할 행위를 허가 없이 행한 경우 또는 관계 법령에 의하여 허가면허 또는 신고 등이나 일정한 자격이 있어야 행할 수 있는 영업이나 행위를 당해 허가면허 또는 신고 등이나 자격 없이 행하고 있는 경우만 제외되므로, 공익사업에 관한 계획의 고시 등이 있기 이전은 물론이고 그 이후라도 계약체결, 협의성립 또는 수용재결 이전에 영업이나 행위에 필요한 허가면허·신고나 자격을 정하고 있는 관계 법령에 의하여 그 허가 등의 요건을 갖춘 영업이나 행위는 손실보상의 대상이 된다.

위하여 당사자가 들인 노력 등과 인근 주민들의 이전 반대 등과 같은 '사실상의 이전 장애사유 유무' 등을 종합하여 판단하여야 하며, 「토지보상법 시행규칙」 제46조에서 규정한 영업폐지의 요건에 해당하면 영업 폐지로 보고, 그 외의 영업은 휴업으로 본다.482)

(2) 영업 폐지의 손실보상

① 영업 폐지의 요건

- 영업 폐지에 있어서의 영업손실은 '2년간의 영업이익'(개인영업인 경우에는 소득)에 '영업용 고정자산·원재료·제품·상품 등의 매각손실액'을 더한 금액으로 평가한다(규칙 제46조 제1항). '영업이익'이란 기업의 영업활동에 따라 발생된 이익으로서 매출총액에서 매출원가와 판매비 및 일반관리비를 뺀 것을 말한다. 그리고 영업이익에는 이윤이 이미 포함되어 있는 점 등에 비추어 보면 매각손실액 산정의 기초가 되는 재고자산의 가격에 당해 재고자산을 판매할 경우 거둘 수 있는 이윤은 포함되지 않는다.483)

- 또한 제품·상품 등 '재고자산의 매각손실액'이란 영업의 폐지로 인하여 제품이나 상품 등을 정상적인 영업을 통하여 판매하지 못하고 일시에 매각해야 하거나 필요 없게 된 원재료 등을 매각해야 함으로써 발생하는 손실을 말한다. '영업용 고정자산의 매각손실액'이라 함은 영업의 폐지로 인하여 필요 없게 된 영업용 고정자산을 매각함으로써 발생하는 손실(매각손실액)을 말하는 것으로서, '토지에서 분리매각이 가능한 경우'에는 영업용 고정자산의 재조달가격에서 감가상각 상당액을 공제한 현재의 시장 가격에서 현실적으로 매각할 수 있는 가격을 뺀 나머지 금액이 되지만, '토지에서 분리매각이 불가능하거나 현저히 곤란한 경우'에는 재조달가격에서 감가상각 상당액을 공제한 현재의 시장 가격이 보상대상인 매각손실액이 된다.484) 영업의 폐지는 다음 각 호의 어느 하나에 해당하는 경우이다(규칙 제46조 제2항).

  1. 영업장소 또는 배후지(당해 영업의 고객이 소재하는 지역을 말한다)의 특수성으로 인하여 당해 영업소가 소재하고 있는 시·군·구 또는 인접하고 있는 시·군·구의 지역 안의 <u>다른 장소에 이전하여서는 당해 영업을 할 수 없는 경우</u>
  2. 당해 영업소가 소재하고 있는 시·군·구 또는 인접하고 있는 시·군·구의 지역 안의 다른 장소에서는 당해 <u>영업의 허가 등을 받을 수 없는 경우</u>
  3. 도축장 등 악취 등이 심하여 인근 주민에게 혐오감을 주는 영업 시설로서 해당 영업소가 소재하고 있는 시·군·구 또는 인접하고 있는 시·군·구의 지역 안의 <u>다른 장소로 이전하는 것이 현저히 곤란하다고</u> 특자도지사·시군구청장이 객관적인 사실에 근거하여 인정하는 경우

---

482) 대법원 2005. 9. 15. 선고 2004두14649 판결 [토지수용이의재결처분취소등], 대법원 2006. 9. 8. 선고 2004두7672 판결 [토지수용이의재결처분취소등], 대법원 2020. 9. 24. 선고 2018두54507 판결 [보상금증액등]
483) 대법원 2014. 6. 26. 선고 2013두13457 판결 [수용보상금증액]
484) 대법원 2004. 10. 28. 선고 2002다3662, 3679 판결 [손해배상(기)]

- 규칙 제46조 제1항에 따른 영업이익은 <u>해당 영업의 최근 3년간</u>(특별한 사정으로 인하여 정상적인 영업이 이루어지지 않은 연도 제외)<u>의 평균 영업이익을 기준</u>으로 하여 이를 평가하되, 공익사업의 계획 또는 시행이 공고 또는 고시됨으로 인하여 <u>영업이익이 감소된 경우</u>에는 <u>해당 공고 또는 고시일 전 3년간의 평균 영업이익을 기준</u>으로 평가한다. 이 경우 개인영업으로서 최근 3년간의 평균 영업이익이 다음 산식에 의하여 산정한 '연간 영업이익'[485])에 '미달'하는 경우에는 그 연간 영업이익을 '최근 3년간의 평균 영업이익'으로 본다(규칙 제46조 제3항).[486])
- 제2항에 불구하고 사업시행자는 영업자가 영업의 폐지 후 2년 이내에 해당 영업소가 소재하고 있는 시·군·구 또는 인접하고 있는 시·군·구의 지역 안에서 동일한 영업을 하는 경우에는 영업의 폐지에 대한 보상금을 환수하고 규칙 제47조에 따른 영업의 휴업 등에 대한 손실을 보상하여야 한다(규칙 제46조 제4항).
- 규칙 제45조 제1호 단서에 따른 '임차인'의 영업에 대한 보상액 중 영업용 고정자산·원재료·제품·상품 등의 매각손실액을 제외한 금액은 제1항에 불구하고 1천만 원을 초과하지 못한다(규칙 제46조 제5항).

② 영업 폐지의 요건에 관한 구체적인 해석

ⓐ 배후지 상실의 경우(토지보상법 시행규칙 제46조 제2항 제1호)

- 배후지 상실은 댐 사업 등과 같은 대규모 공익사업으로 인하여 배후지 자체가 상실되어 인근 지역으로 이전한다고 하여도 종전과 같은 영업을 할 수 없는 경우가 해당된다. 인접하고 있는 시·군·구란 해당 영업소가 소재하고 있는 시·군·구와 접하고 있는 모든 시·군·구를 말한다.[487])

ⓑ 법적으로 이전이 불가능한 경우(토지보상법 시행규칙 제46조 제2항 제2호)

---

485) 연간 영업이익=통계법에 따른 통계작성기관이 승인을 받아 작성·공표한 제조부문 보통인부의 임금단가×25(일)×12(월)
486) 대법원 2004. 10. 28. 선고 2002다3662, 3679 판결 [손해배상(기)] : '관계 법령에 의하여 영업대상구역이 한정되어 있는 영업'이 폐업된 경우, 다른 영업이 폐업된 경우와 달리 3년간의 영업이익에 상당한 영업손실보상금을 지급하도록 규정한 것은, 관계 법령에 의하여 영업대상구역이 한정되어 있는 관계로 영업장소를 영업대상구역 외의 장소로 이전할 경우 같은 영업을 계속할 수 없도록 법적 제한을 받게 되는 영업에 대하여는 영업 여건 등 사실상의 이유로 같은 영업을 계속할 수 없게 되는 경우와는 달리, 사업자가 상실하게 된 종전 영업구역 내에서의 영업에 관한 지위 내지는 이익을 보상하여 주려는 데에 그 취지가 있다. 따라서 골재채취허가에 따른 채취구역이 일정한 지역에 한정되어 있다고 하여 관계 법령에 의하여 영업대상구역이 한정되어 있는 영업이라고 볼 수 없고, 골재채취구역과 광업권의 구역이 일정 지역에 있다거나 골재채취업을 위한 하양장의 설치가 용이하지 아니하여 영업대상구역이 사실상 한정될 수밖에 없다는 사유는 영업 여건 등 사실상의 이유로 같은 영업을 계속할 수 없게 되는 경우에 불과하여 골재채취업이 관계 법령에 의하여 영업대상구역이 한정되어 있는 영업에 해당한다고 볼 수 없다. 그럼에도 불구하고 원심이 이 사건 골재채취업이 '관계 법령에 의하여 영업대상구역이 한정된 영업'에 해당한다고 판단하였으니, 거기에는 법리를 오해하여 판결 결과에 영향을 미친 위법이 있다.
487) 대법원 1999. 10. 26. 선고 97누3972 판결 [토지수용이의재결처분취소등]

- 법적으로 이전이 불가능한 경우에는 ⅰ)해당 영업소가 소재하고 있는 시 등 또는 인접하고 있는 시 등의 지역에서 관련 법령의 제한으로 해당 영업의 허가 또는 면허를 받을 수 없거나 신고가 수리되지 않는 경우, ⅱ)「국토계획법」등 관련 법령에 따른 용도지역 등의 제한으로 해당 영업의 허가·신고 자체가 불가능한 경우가 모두가 해당된다.

ⓒ 사실상 이전이 불가능한 경우(토지보상법 시행규칙 제46조 제2항 제3호)

- 사실상 이전 불가능의 요건 중 '다른 장소로 이전하는 것이 현저히 곤란하다'는 것은 이전하여 영업을 계속하는 것이 사실상 불가능한 정도에 이르러야 한다는 의미이며, '객관적인 사실에 근거하여 인정하는 경우'란 단순히 이전이 불가능하다는 공문만으로는 부족하고, 실제적으로 해당 시 등에서 동종 영업의 허가 등이 이루어지지 않고 있는 등의 사실의 적시가 필요하다는 의미이다. 대법원은 영업손실에 관한 보상에 있어서 영업의 폐지와 휴업의 구별 기준은 영업의 이전 가능성이라고 하며, 이러한 이전 가능 여부는 '법령상의 이전 장애 사유' 유무와 당해 영업의 종류와 특성, 영업 시설의 규모, 인접 지역의 현황과 특성, 그 이전을 위하여 당사자가 들인 노력 등과 인근 주민들의 이전 반대 등과 같은 '사실상의 이전 장애 사유' 유무 등을 종합하여 판단하여야 한다(대법원 2001. 11. 13. 선고 2000두1003 판결, 2002. 10. 8. 선고 2002두5498 판결 등 참조)고 하면서, 양돈장이 이전·신축될 경우 악취, 해충 발생, 농경지 오염 등 환경공해를 우려한 주민들의 반대가 있을 가능성이 있다는 가정적인 사정만으로 양돈장을 인접 지역으로 이전하는 것이 현저히 곤란하다고 단정하기는 어렵다고 한다.[488]

ⓓ 영업 폐지의 요건에 해당하지 않는 경우

- 인근지역에 이전 장소가 없다거나 이전 소요 비용이 기존 토지나 시설 등에 대한 보상액의 합계액을 초과함으로써 다른 장소로 이전하여서는 사실상 해당 영업을 계속하기 곤란하다 등의 사유 등은 영업 폐지의 요건에 해당하지 않는다. 영업 시설의 일부가 편입되는 경우 폐업보상의 대상은 아니나 휴업보상의 대상은 될 수 있다는 재결 사례와 부대시설 편입에 따른 폐업보상은 불가하다는 재결 사례가 있다.[489]

③ 보상평가 방법

- 영업 폐지 보상에서 '2년 간 영업이익'은 평균수익률보다 더 많은 초과수익을 낼 경우 그 초과수익이 장래에도 계속된다는 가망성이 아니라 '전업에 소요되는 기간 동안 실현할 수 없는 영업이익'을 손실로 본다는 의미이므로, 영업이익의 산정에서 기준시점 이후의 장래 발생할 이익을 추정하거나 영업을 위한 투자 비용을 기준으로 영업이익을 산정하여서는 안 되며,

---

488) 대법원 2002. 10. 8. 선고 2002두5498 판결 [토지수용이의재결처분취소], 대법원 2006. 9. 8. 선고 2004두7672 판결 [토지수용이의재결처분취소등], 폐업보상 요청을 기각한 사례(중토위 2017. 1. 5. 재결례)
489) 중토위 2013. 5. 23. 재결사례, 중토위 2017. 1. 5. 재결사례

만일 기준시점 이전에 영업이익이 발생하지 않았다면 영업이익에 대한 보상액은 없는 것으로 보아야 한다. 대법원도 '영업상의 손실'이란 수용의 대상이 된 토지·건물 등을 이용하여 영업을 하다가 그 토지·건물 등이 수용됨으로 인하여 영업을 할 수 없거나 제한을 받게 됨으로 인하여 생기는 직접적인 손실을 말하는 것이므로, 위 규정은 영업을 하기 위하여 투자한 비용이나 그 영업을 통하여 얻을 것으로 기대되는 이익에 대한 손실보상의 근거 규정이 될 수 없고, 이러한 손실은 그 보상의 대상이 된다고 할 수 없다고 한다.[490]
- 영업이익의 산정에서 영업활동과 직접 관계없이 발생되는 영업 외 손익 또는 특별손익과 해당 영업장소에서 발생하지 아니한 것도 제외한다.
- 폐지하는 영업의 손실액 산정의 기초가 되는 영업이익은 당해 영업의 최근 3년간의 영업이익의 산술평균치를 기준으로 산정하도록 하고 있는바, 여기에서의 영업이익의 산정은 실제의 영업이익을 반영할 수 있는 합리적인 방법에 의하면 된다. 영업이익의 산정에서 최근 3년 중 1년이 정상적인 영업이 이루어지지 않은 경우에는 '2년간 평균 영업이익을 기준'으로 한다. 즉 폐지하는 영업의 영업이익은 '당해 영업의 최근 3년간의 영업이익의 산술평균치를 기준'으로 하여 산정하여야 하고, 그 3년의 기간 중 영업실적이 없거나 실적이 현저하게 감소된 시기가 있다고 하여 '그 기간을 제외한' 나머지 기간의 영업실적만을 기초로 하거나, 최근 3년 이전 기간의 영업실적을 기초로 하여 연평균 영업이익을 산정할 수는 없다.[491]
- '소득'이란 개인영업인 경우 영업활동에 따라 발생된 이익으로서 자가노력비 상당액이 포함된 것을 말한다. 자가노력비 상당액에는 생계를 함께 하는 같은 세대 안의 직계존속·비속 및 배우자의 것을 포함한다. 소득은 총 수입금액에서 필요 제 경비를 공제하여 산정한다. 자가노력비 상당액에는 생계를 함께 하는 같은 세대 안의 직계존속·비속 및 배우자의 것이 포함되므로 필요 제 경비에는 이들에 대한 자가노력비가 포함되지 않는다. 또한 총수입금액에서 필요 제 경비를 공제한 금액에는 자가노력비가 이미 포함 되어 있으므로, 보상액 산정 시 이를 다시 추가하여서는 안 된다. 영업이익 및 소득의 산정은 실제의 영업이익 또는 소득을 파악할 수 있는 합리적인 방법에 의하면 되므로 방법상의 제한은 없다.
- 영업용 고정자산은 '분리하여 매각이 가능한 자산의 매각손실액'은 원가법으로 산정한 가액에서 매각가능가격을 뺀 금액으로 하며, '분리하여 매각이 불가능하거나 현저히 곤란한 자산의 매각손실액'은 원가법에 의하여 산정한 가액에서 해체처분가격을 뺀 금액으로 한다. 대법원도 "영업 폐지에 대한 영업의 손실액은 영업이익에 영업용 고정자산 등의 매각손실액을 더한 금액으로 보상하도록 되어 있는바, 여기에서 '영업용 고정자산의 매각손실액'이라 함은 영업의 폐지로 인하여 필요 없게 된 영업용 고정자산을 매각함으로써 발생하는 손실을 말하

---

490) 대법원 2006. 1. 27. 선고 2003두13106 판결 [토지수용재결처분취소]
491) 대법원 2002. 3. 12. 선고 2000다73612 판결 [손해배상(기)]

는 것으로서, 토지에서 분리하여 매각하는 것이 가능한 경우에는 '영업용 고정자산의 재조달가격에서(원가법으로 산정한 가액에서) 감가상각 상당액을 공제한 현재 시장에서의 가격에서 현실적으로 매각할 수 있는 가격을 뺀 금액(매각가능가격을 뺀 금액)'이 되지만, 토지에서 분리하여 매각하는 것이 불가능하거나 현저히 곤란한 경우에는 '재조달가격에서(원가법에 의하여 산정한 가액에서) 감가상각 상당액을 공제한 현재 시장에서의 가격이 보상의 대상이 되는 매각손실액'이 된다"고 판시한다.[492]

(3) 영업 휴업의 손실보상

① 휴업보상

ⓐ 휴업보상의 의의

- 휴업보상은 폐업은 아니나 공익사업으로 인하여 일정 기간 영업을 할 수 없거나 영업장소의 이전으로 인하여 종전의 통상적인 수익에 손실이 예상되는 경우에 행하는 보상이다.

ⓑ 보상금액

- 공익사업의 시행으로 인하여 영업장소를 이전하여야 하는 경우의 영업손실은 휴업 기간에 해당하는 영업이익과 영업장소 이전 후 발생하는 영업이익 감소액에 다음 각호의 비용을 합한 금액으로 평가한다(규칙 제47조 제1항).

---
1. 휴업 기간 중의 영업용 자산에 대한 감가상각비·유지관리비·휴업 기간 중에도 정상적으로 근무하여야 하는 최소인원에 대한 인건비 등 고정적 비용
2. 영업 시설·원재료·제품·상품의 이전에 소요되는 비용 및 그 이전에 따른 감손 상당액
3. 이전광고비·개업비 등 영업장소를 이전함으로 인하여 소요되는 부대비용

- '영업장소 이전 후 발생하는 영업이익 감소액'은 휴업 기간에 해당하는 영업이익(개인영업의 경우에는 가계지출비)의 100분의 20으로 하되, 그 금액은 1,000만 원을 초과하지 못한다(규칙 제47조 제7항).
- 영업이익의 산정에서 외주영업 등 휴업 기간 중에도 일부 영업이 가능한 경우에는 이로 인한 영업이익을 공제한다.
- 인건비 등 고정적 비용은 영업장소의 이전 등으로 휴업 기간 중에도 해당 영업활동을 계속하기 위하여 지출이 예상되는 i)인건비, ii)제세공과금, iii)임차료, iv)감가상각비, v)보험료, vi)광고선전비, vii)그 밖의 비용 등의 비용을 더한 금액으로 산정한다.
- 인건비 등 고정적 비용 중 i)인건비는 휴업·보수기간 중에도 휴직하지 아니하고 정상적으로 근무하여야 할 최소인원(일반관리직 근로자 및 영업 시설 등의 이전·설치 계획 등을 위하여

---
[492] 대법원 2004. 10. 28. 선고 2002다3662, 3679 판결 [손해배상(기)]

정상적인 근무가 필요한 근로자 등으로서 보상계획의 공고가 있은 날 현재 3개월 이상 근무한 자로 한정함)에 대한 실제 지출이 예상되는 인건비 상당액으로, ii)제세공과금은 해당 영업과 직접 관련된 제세 및 공과금으로, iii)임차료는 임대차계약에 따라 휴업 중에도 계속 지출되는 임차료로, iv)감가상각비 등은 고정자산(이전이 사실상 곤란하거나 이전비가 취득비를 초과하여 취득하는 자산은 제외함)의 감가상각비 상당액으로, v)보험료는 계약에 따라 휴업 중에도 계속 지출되는 화재보험료 등으로, vi)광고선전비는 계약 등에 따라 휴업 중에도 계속 지출되는 광고비 등으로, vii)그 밖의 비용은 비용항목 중 휴업 기간 중에도 계속 지출하게 되는 위 각호와 비슷한 성질의 것으로 한다.
- 영업 시설 등의 이전비는 해체·운반·재설치 및 시험가동 등에 드는 일체의 비용으로 하되, 개량 또는 개선 비용은 포함하지 않으며, 이전비가 그 물건의 취득가액을 초과하는 경우에는 그 취득가액으로 산정한다. 이 경우 이전 전에 가격에 영향을 받지 아니하고 현 영업장소에서 매각할 수 있는 것에 대한 이전비는 제외한다.
- 영업 시설 등의 이전 거리는 동일 또는 인근 시 등에 이전 장소가 정하여져 있거나 해당 영업의 성격이나 특수성 기타 행정적 규제 등으로 인하여 이전 가능한 지역이 한정되어 있는 경우에는 그 거리를 기준으로 하고, 이전 장소가 정하여져 있지 아니한 경우에는 30km 이내로 한다. 영업 시설 등의 이전에 따른 감손 상당액은 현재 가액에서 이전 후의 가액을 뺀 금액으로 한다.

ⓒ 보상대상 휴업 기간
- 제1항의 규정에 의한 휴업 기간은 '<u>4개월 이내</u>'로 한다. 다만 다음 각 호의 어느 하나에 해당하는 경우에는 '실제 휴업 기간'으로 하되, 그 휴업 기간은 '2년을 초과할 수 없다'(규칙 제47조 제2항).

---

1. 당해 공익사업을 위한 영업의 금지 또는 제한으로 인하여 4개월 이상의 기간 동안 영업을 할 수 없는 경우
2. 영업 시설의 규모가 크거나 이전에 고도의 정밀성을 요구하는 등 당해 영업의 고유한 특수성으로 인하여 4개월 이내에 다른 장소로 이전하는 것이 어렵다고 객관적으로 인정되는 경우

- 공익사업 중 보상금 지급 후 즉시 건축물 등의 철거가 이루어지는 경우에는 휴업 기간과 이전에 소요되는 기간이 일치하나, 댐 사업 등과 같이 보상금 지급 후 실제 이전이 이루어지는 시점 사이에 상당한 기간이 허용되는 경우에는 휴업 기간과 실제 이전에 소요되는 기간이 다를 수 있다. 휴업 기간을 특별한 경우를 제외하고는 4개월로 정했다고 하여 이것이 정당한 보상의 원칙에 위배되는 것은 아니다.[493]

---

493) 대법원 2005. 9. 15. 선고 2004두14649 판결 [토지수용이의재결처분취소등] ; 3월(현재는 4월)의 기준을 정하여 통상의 경우에는 이 기준에서 정한 3월(현재는 4월)의 기간 내에서 휴업 기간을 정하도록 하되, 3월(현재는 4월)

ⓓ 영업이익의 평가
- 이 조에 따른 영업이익의 평가에서 영업이익은 <u>해당 영업의 최근 3년간</u>(특별한 사정으로 인하여 정상적인 영업이 이루어지지 않은 연도를 제외한다)<u>의 평균 영업이익을 기준으로 하여</u> 이를 평가하되, 공익사업의 계획 또는 시행이 공고 또는 고시됨으로 인하여 <u>영업이익이 감소된 경우에는 해당 공고 또는 고시일 전 3년간의 평균 영업이익을 기준으로 평가한다</u>(규칙 제47조 제5항, 규칙 제46조 제3항).
- 이 경우 개인영업으로서 휴업 기간에 해당하는 영업이익이 통계법에 따른 통계작성기관이 조사·발표하는 가계조사 통계의 도시 근로자가구 월평균 가계지출비를 기준으로 산정한 3인 가구의 휴업 기간 동안의 가계지출비(휴업 기간이 4개월을 초과하는 경우에는 4개월분의 가계지출비를 기준으로 한다)에 미달하는 경우에는 그 가계지출비를 휴업 기간에 해당하는 영업이익으로 본다(규칙 제47조 제5항).

② 영업 시설의 설치·보수에 따른 영업손실
- 공익사업에 영업 시설의 '일부'가 편입됨으로 인하여 '잔여 시설'에 그 시설을 새로이 설치하거나 잔여 시설을 보수하지 아니하고는 그 영업을 계속할 수 없는 경우의 영업손실 및 영업 규모의 축소에 따른 영업손실은 <u>다음 각 호에 해당하는 금액을 더한 금액으로 평가</u>한다. 이 경우 보상액은 <u>휴업에 따른 평가액을 초과하지 못한다</u>(규칙 제47조 제3항).

---
1. 해당 시설의 설치 등에 소요되는 기간의 영업이익
2. 해당 시설의 설치 등에 통상 소요되는 비용
3. 영업 규모의 축소에 따른 영업용 고정자산·원재료·제품 및 상품 등의 매각손실액

- 건축물의 일부가 공익사업에 편입되는 경우로서 그 건축물의 잔여 부분에서 해당 영업을 계속할 수 없는 경우에는 휴업보상으로 평가할 수 있다.
- 영업 규모의 축소에 따른 영업용 고정자산 등의 매각손실액의 산정 방법은 영업 폐지 보상에서의 영업용 고정자산 등의 매각손실액의 산정 방법을 따른다. 해당 시설의 설치 등에 소요되는 기간인 보수기간 등에 대해서는 별도의 기간을 규정하고 있지 않으므로 보수기간 등은 실제 소요되는 기간으로 한다.

③ 임시영업소를 설치한 경우의 영업손실
- 영업을 휴업하지 아니하고 임시영업소를 설치하여 영업을 계속하는 경우의 영업손실은 '임시영업소의 설치비용'으로 평가한다. 이 경우 보상액은 제1항의 규정에 의한 평가액을 초과하지 못한다(규칙 제47조 제4항).

이상이 소요될 것으로 누구든지 수긍할 수 있는 특별한 경우임이 입증된 경우에는 그 입증된 기간을 휴업 기간으로 정할 수 있도록 하는 취지라 할 것이다.

- 임시영업소를 '임차하는' 경우의 설치비용은 ⅰ)임시영업 기간 중의 임차료 상당액과 설정비용 등 임차에 필요하다고 인정되는 기타 부대비용을 더한 금액, ⅱ)영업 시설 등의 이전에 드는 비용 및 영업 시설 등의 이전에 따른 감손 상당액, ⅲ)그 밖의 부대비용 등의 비용을 더한 금액으로 보상 평가한다.
- 임시영업소를 '가설하는' 경우의 설치비용은 ⅰ)임시영업소의 지료 상당액과 설정비용 등 임차에 필요하다고 인정되는 그 밖의 부대비용을 더한 금액, ⅱ)임시영업소 신축 비용 및 해체·철거비를 더한 금액(해체·철거 시에 발생 자재가 있을 때에는 그 가액을 뺀 금액), ⅲ)영업 시설 등의 이전에 드는 비용 및 영업 시설 등의 이전에 따른 감손 상당액, ⅳ)그 밖의 부대비용 등의 비용을 더한 금액으로 평가한다.
- 영업 시설 등의 이전에 드는 비용 및 영업 시설 등의 이전에 따른 감손 상당액 및 그 밖의 부대비용은 휴업보상을 준용한다.

④ 무허가건축물 등에서의 임차인에 대한 영업 휴업

- 무허가건축물 등의 임차인의 영업은 공익사업으로 인하여 생계에 지장을 받을 수 있는 영세서민을 보호하기 위하여 무허가건축물 등의 임차인이 '사업인정고시일 등 1년 이전부터' 「부가가치세법」 제8조에 따른 '사업자등록을 하고 행하고 있는' 영업은 영업보상 대상으로 본다. 임차인이 식당을 운영하다가 사업인정고시 이후 영업자가 건물소유자로 변경한 경우에 원칙적으로 영업손실 보상에 해당한다.[494] 그러나 불법형질변경토지, 그 밖에 다른 법령에서 물건을 쌓아놓는 행위가 금지되는 장소에서 임차인이 사업인정고시일 등 1년 이전부터 사업자등록을 하고 영업을 하고 있는 경우에는 영업보상 대상이 아니다.
- 사업인정고시일 등 이전부터 허가 등을 받아야 행할 수 있는 영업을 '허가 등이 없이' 행하여 온 자가 공익사업의 시행으로 인하여 적법한 장소에서 영업을 계속할 수 없게 된 경우에는 「통계법」 제3조 제3호에 따른 통계작성기관이 조사·발표하는 가계조사 통계의 도시 근로자 가구 월평균 가계 지출비를 기준으로 산정한 3인 가구 3개월분 가계 지출비에 해당하는 금액을 영업손실에 대한 보상금으로 지급한다. 이 경우 영업 시설·원재료·제품 및 상품의 이전에 소요되는 비용 및 그 이전에 따른 감손 상당액(영업 시설 등의 이전비용)은 별도로 보상한다. 다만 본인 또는 생계를 같이 하는 동일 세대 안의 직계존·비속 및 배우자가 해당 공익사업으로 다른 영업에 대한 보상을 받은 경우에는 영업 시설 등의 이전 비용만을 보상하여야 한다.
- 무허가영업 등의 보상 특례는 해당 영업이 사업인정고시일 등 전부터 적법한 장소에서 인적·물적 시설을 갖추고 계속적으로 행하고 있는 영업에 해당되어야 적용할 수 있다.
- 무허가영업 등의 보상 특례는 어업권에 대해서도 적용된다.

---

[494] 2018.10.22. 토지정책과-6686 질의회신

■ 규칙 제45조 제1호 단서에 따른 무허가건축물 등에서 임차인이 영업하는 경우 '임차인의 영업'에 대한 보상액 중 영업 시설·원재료·제품 및 상품의 이전에 소요되는 비용 및 그 이전에 따른 감손 상당액을 '제외'한 금액은 1,000만 원을 초과하지 못한다(규칙 제47조 제6항).

토지보상법상 영업손실 보상

보상유형		보상내용
1. 폐업보상 (규칙 제46조)		2년간의 영업이익 + 영업 시설 등 이전 비용(영업용 고정자산·원재료·제품 및 상품 등의 매각손실액)
2. 휴업보상 (규칙 제47조)	영업장소 이전	4월 이내의 영업이익 + 영업장소 이전 후 영업이익 감소액 + 휴업 기간의 고정비용 + 영업 시설 등 이전비 + 이전 부대비용
	영업 시설 일부 편입	영업 시설 보수기간의 영업이익 + 시설 설치보수비용 + 영업 시설 등 매각손실액
	임시영업소 설치	임시영업소 설치비용
3. 무허가건축물 등에 관한 특례 (규칙 제52조)		3인 가구 3개월분 가계지출비 + 영업 시설 등 이전 비용(영업용 고정자산·원재료·제품 및 상품 등의 매각손실액)
4. 간접손실 보상 (규칙 제64조)		요건충족 시 당해 영업이 공익사업시행지구에 편입되는 것으로 보아 보상

(4) 상가권리금 보상평가에 관하여 495)

① 권리금의 연혁, 의의, 종류

ⓐ 권리금의 연혁

■ 권리금의 연혁은 일제 강점기 일본인들이 종로 등 우리의 상권을 장악하였던 시기에 싹트기 시작한 것으로 추정되고, 그 후 귀속재산과 국유재산 임대차 등과 관련하여 명맥을 이어오다가 6·25동란 당시 도심 상가건물의 파괴와 인구의 도시집중으로 인하여 상가건물의 희귀성과 함께 권리금이 보편화된 것으로 추정된다.496)

ⓑ 상임법 규정 전 대법원 판례의 태도

■ 권리금의 이러한 규정이 신설되기 전에도 대법원은 이미 권리금에 대하여 "영업용 건물의 임대차에 수반되어 행하여지는 권리금의 지급은 임대차계약의 내용을 이루는 것은 아니고(권리금계약과 임대차계약의 개별성), 권리금 자체는 영업 시설·비품 등 유형물(시설권리금)이나 거래처, 신용, 영업상의 노하우(영업권리금) 혹은 점포 위치에 따른 영업상 이점(위치권리금) 등 무형의 재산적 가치의 양도 또는 '일정 기간 동안의 이용대가'(기회비용에 대한 대가성)"라고 판시하고 있었다.497) 한편 2015. 3. 13. 개정된 상임법의 규정도 위 대법원 판

---

495) 이에 관하여 자세한 내용은 김태건·오세준, "권리금 보상 법제의 문제점과 입법과제", 건국대학교 법학연구소 일감부동산법학 제25호(2022.11.), pp.99-138 ; 김태건·오세준, "권리금 회수기회보호 규정의 개선방안", 한국부동산원 제7권 제3호(2021.11.), pp. 299-328 참조.
496) 김영일, "임대차에 있어서 권리금을 둘러싼 제 문제", 재판자료집 제32집, 2004.9, 322-323쪽; 배병일, "상가건물 임대차의 권리금", 민사법학 제26호, 2004, 144쪽 참조

례의 권리금에 대한 정의를 그대로 수용하고 있다(상임법 제10조의3 제1항).
ⓒ 상임법의 규정
- 일반적으로 건물주는 권리금을 인정하지 않으려고 하고, 임차인은 권리금과 창업비용으로 전 재산의 상당 부분을 투여하였기 때문에 권리금은 포기할 수 없는 것으로서, 권리금은 임대인과 임차인 간에는 매우 첨예한 문제이다. 그럼에도 불구하고 구체적인 법적 규율의 미비와 불완전으로 인하여 '권리 보호의 공백'이 발생하고, 임대인에 의한 임차인의 권리금 침해라는 불합리한 상황이 지속되어 오던 중[498] 2015. 5. 13. 상가건물임대차보호법(이하 '상임법')에 권리금에 대한 5개 조항이 신설되었다.

ⓓ 권리금 지급 명목과 형성요인
- 권리금 지급 명목과 형성요인은 아래의 KDI 정책보고서에 의하면, ①영업 시설·비품(시설권리금) 38.6%, ②거래처·단골손님·신용·명성·영업상의 노하우(영업권리금) 29.3%, ③좋은 입지 조건(위치 또는 바닥권리금)이 25.1% 등이다. 또한 '권리금 수수관행의 필요성'에 관하여는 서울지역의 임차인들은 전체 응답자의 72.5%, 지방 6대 광역시 임차인들은 전체 응답자의 70.8%가 긍정적으로 답변한 것으로 나타났다. 나아가 '권리금 수수관행이 사회경제적 측면에서 긍정적인지 여부'에 대하여는 서울지역은 긍정적 답변이 52.3%, 부정적 반응이 25.5%, 지방 6대 광역시의 경우는 긍정 50.6%, 부정 27.8%로 나타났다. 그리고 '권리금 수수관행이 사회경제적으로 끼치는 영향'은 권리금의 수수로 인해 투자금의 회수가 쉬워지고 영업권 이전이 수월하다는 점, 시설 투자를 촉진한다는 점이 권리금의 긍정적인 효과로 나타났고, '권리금 회수를 위한 보장장치의 필요성'에 대해서는 서울은 68.7%, 지방 6대 광역시는 67%로 긍정적인 공감대가 형성된 것으로 나타났다. 위 설문에서 괄목(刮目)할만한 사실은 권리금의 수수로 인해 투자금 회수가 용이하며, 시설 투자를 촉진시키는 효과를 기대하는 반면, 오히려 권리금의 회수가 보장되지 않음에 대한 우려도 제시되고 있다는 점이다.[499] 이러한 설문 결과는 일견 상충되는 것으로 생각, "즉 권리금이 있음으로서 투자금 회수를 어렵게 하고 투자를 억제하는 것이 아닌가"라고 생각될 수도 있으나, 경제적 관점에서 볼 때 권리금의 존재는 결코 모순 또는 상충되는 것이 아니며, 권리금 회수보장은 '상권의 안정'을 나타냄으로써 임차인들의 투자유인에 청신호로 작용하여 사회·경제적 효율성에 기여하고 있다는 시사점을 제시하고 있다.

---

497) 대판 2000.9.22. 2000다26326, 대판 2001.4.10. 2000다59050, 대판 2002.7.26. 2002다25013, 대판 2008.4.10. 2007다76986,76993, 대판2011.1.27. 2010다85164, 대판 2012.10.25. 2012다58593, 대판 2013.5.9. 2012다115120, 대판 2013.12. 26. 2013다63257 등
498) 이무선, "상가권리금 규정의 문제점과 개선방안", 법학논총 제35집 제1호, 2018, 253쪽
499) 김정욱, 앞의 KDI 정책보고서, 22-26쪽

권리금 지급 명목	서울특별시 응답자 비율	6대 광역시 응답자 비율	전체
거래처·신용·영업상의 노하우 등 영업상 이익 등에 대한 대가	28.7	29.9	29.3
상가건물의 시설이나 설비의 대가	38.3	38.9	38.6
대리점 운영권·주류판매 등의 허가권에 대한 대가	3.9	4.8	4.3
상가건물의 위치에 따른 장소적 이익의 대가	26.6	23.5	25.1
상가건물 자체에 대한 대가 (임대료의 대체)	1.7	2.4	2.1
잘 모르겠음	0.7	0.4	0.55
기타	0.1	-	

출처 : 김정욱, "권리금에 대한 법경제학적 접근", KDI 정책연구시리즈, 2011.4, 23쪽

- 한편 이외에도 '권리금 수수 관행의 필요성' 또는 '권리금 형성요인'에 대하여는 세금탈루목적[500], 임차인이 지급한 권리금의 회수, 대리점(프랜차이즈)계약자의 지위, 행정기관의 인·허가의 대가[501]를 적시하고 있는 분도 있다.[502] 그러나 세금탈루는 권리금 수수의 결과이지 세금탈루를 위하여 권리금을 수수하는 것은 아니므로 세금탈루를 권리금 형성요인으로 보는 것은 본말이 전도된 감이 없지 않다. 대리점(프랜차이즈)계약자의 지위, 행정기관의 인허가 요건충족 또한 같은 맥락에서 권리금 형성요인으로 보기에는 무리가 없지 않다.[503]

ⓔ 권리금의 의의

- 대법원의 판례와 상임법에 의하면 권리금은 '재산권'으로서 '기회비용에 대한 대가(보전적 성격의 보상금)'이다. 즉, 권리금이란 임대차 목적물인 상가건물에서 영업을 하는 자 또는 영업을 하려는 자가 영업 시설·비품, 거래처, 신용, 영업상의 노하우, 상가건물의 위치에 따른 영업상의 이점 등 유형·무형의 재산적 가치의 양도 또는 이용대가로서 임대인, 임차인에게 보증금과 차임 이외에 지급하는 금전 등의 대가를 말한다(상임법 제10조의3 제1항).

ⓕ 권리금의 종류

- 권리금의 종류에는 시설권리금, 영업권리금, 위치(바닥)권리금이 있다.[504] 시설권리금은 기존 임차인이 창업시에 투자했던 시설비로써, 기존임차인이 시설사용의 기회를 포기함에 대한 보전적 보상이다. 내외 인테리어, 간판 기자재 등이 포함되고, 감가상각을 기준으로 시설권리금을 산정한다. 영업권리금은 기존의 임차인이 단골고객 확보, 마케팅과 영업력 등을 발

---

500) 김종국, 상가권리금 받는 법과 상권분석, 매일경제신문사, 2016, 48-50쪽
501) 민일영, 곽윤직 편집대표 민법주해(XV) 채권(8), 박영사, 1997, 194쪽; 김영일, "임대차에 있어서 권리금을 둘러싼 제문제", 재판자료 제32집, 1986, 327쪽
502) 김수영·노은영·배상규·최민준, "권리금 법리의 재구성-정비사업 과정에서의 권리금 보장 가능성을 모색하며", 공익과 인권 통권 제8호, 2010, 134-136쪽
503) 김정욱, 앞의 KDI 정책보고서, 3쪽
504) 상임법 제10조의3 제1항 및 대판 2000.9.22. 2000다26326, 대판 2001.4.10. 2000다59050, 대판 2002.7. 26. 2002다25013, 대판 2008. 4.10. 2007다76986,76993, 대판2011.1.27. 2010다85164, 대판 2012.10.25. 2012다58593, 대판 2013.5.9. 2012다115120, 대판 2013.12. 26. 2013다63257 등 참조

휘하여 꾸준한 매출을 올린 경우에, 향후 발생될 수 있는 순수익 부분을 포기함으로써 신규임차인이 그 점포를 인수하여 영업을 하는 경우 어느 정도의 매출을 보장 받을 수 있으므로, 기존임차인이 신규임차인에게 그에 대한 대가를 요구하는 보전적 성격의 보상금이다. 즉, 당해 사업의 지속성으로 인하여 예상되는 순수익에 대한 보상이다.[505] 한편 좋은 상권 또는 좋은 입지에 위치하고 있는 상가(점포)의 경우 '위치에 대한 프리미엄'이 위치권리금 또는 바닥권리금이다. 신축상가에 있어서 상가 입점 전에 향후 상가의 활성화 정도를 감안해서 임대인이 받는 '이른바 자릿세'도 위치권리금의 일종이다. 잘 발달된 상권에서 분양하는 분양상가에서 독점업종의 경우에는 최초의 계약자가 받는 권리금도 위치권리금의 일종이다. 이처럼 위치권리금은 목 좋은 자리를 선점해서 양도하는 조건에 대한 보상금이다.[506] 향후 발생될 수 있는 순수익을 근거로 형성되는 영업권리금과는 다른 성격의 권리금이다.

⑧ 권리금계약의 당사자

- 권리금계약은 기존의 임차인과 새로운 임차인 사이에 이루어지는 것이 원칙이다(상임법 제10조의3 제1항). 예외적으로 임대인과 임차인 사이와 전대인과 전차인 사이에도 권리금계약이 인정된다. 여기서 상임법 제10조의3 제1항에서 『권리금 '지급'의 상대방』은 "임대인과 임차인"으로 규정하고 있음에 반하여, 제2항에서는 『권리금'계약'의 당사자』로 "임차인과 신규임차인"으로 서로 다르게 규정하고 있다.[507]

- 상임법 제10조의3 제2항에 의하면 '임대인'은 '권리금계약의 당사자'는 아니다(상임법 제10조의3 제2항 참조). 그러나 실무상은 특수한 경우에 임대인과 임차인 사이에 권리금이 수수되기도 한다(상임법 제10조의3 제1항 참조). 즉, 임대인은 권리금계약의 당사자는 아니지만 권리금 지급의 상대방으로서 권리금 명목의 금전을 수령할 수 있다(법 제10조의3 제1,2항 비교 참조).

---

505) 김태건, 앞의 주택상가임대차실무, 251쪽; 김태건, 앞의 상가창업과 상가중개실무 총론, 204쪽; 김태건, 앞의 부동산중개실무(Ⅰ), 465쪽
506) 김태건, 주택상가임대차실무(제2판), 251쪽; 김태건, 상가창업과 상가중개실무 총론(제2판), 부연사, 2019, 204쪽; 김태건, 부동산중개실무(Ⅰ), 2023, 465쪽
507) 이에 대하여는 상임법 제10조의3 제2항 권리금계약의 당사자로 임대인을 추가하여 양 규정을 일치시켜야 한다고 주장하는 견해도 있다(이근영·김상진, 2016, "개정 상가건물임대차보호법상 권리금 규정의 해석론과 문제점의 개선방안에 관한 소고", 법학연구 제24권 제4호, 경상대학교 법학연구소, 174쪽; 노한장, 2015, "상가권리금 법제화의 문제점과 개선방안 연구", 한국콘텐츠학회 제15권 제11호, 한국콘텐츠학회, 416쪽). 문리적으로는 타당하다. 그러나 '권리금 '지급'의 상대방'과 '권리금'계약'의 당사자'는 서로 다를 뿐만 아니라 '임대인'이 권리금을 수령한다고 하여도 '위치권리금'에 한정되고 임차인에 의하여 형성된 영업권리금과 시설권리금은 성질상 임대인이 받을 수 없으며, 또한 '임대인'이 임차인으로부터 권리금 명목으로 금전을 받은 경우에는 이를 반영하여 임대료 또는 보증금을 감액하는 것이 통상적이고, 임대인이 권리금을 받은 경우에는 '기존 임차인'이 권리금을 수령하는 경우와는 달리 '권리금 회수기회 방해의 문제'도 발생되지 않으므로 굳이 통일을 위하여 임대인을 '권리금계약의 당사자'로 규정할 필요는 없어 보인다(김태건·오세준, "권리금 회수기회보호 규정의 개선방안", 한국부동산원, 제7권 제3호, 2021, 308 ; 박동규, "상가건물임대차보호법상 권리금 회수방해에 의한 손해배상에 관한 소고" 법조 통권 제725호, 법조협회, 2017, 97 ; 박건령, "상가권리금 회수기회 방해금지 의무의 제 문제점과 입법론", 인권과 정의, 2020.12, 179).

- 상임법이 전대차를 인정하는 이상(상임법 제13조 제1항 참조) 임차인은 전대차 계약과 권리금계약을 통하여 투하자금을 회수할 수 있어야 한다. 현재의 상가임대차 실무상으로도 전대차가 빈번하게 일어나고 있으며, 임차인(전대인)은 전대차를 통하여 전차인으로부터 권리금은 물론 투하자금을 회수하기도 한다. 그럼에도 불구하고 현행법이 권리금 규정을 전차인에게는 제외하고 있어서(상임법 제13조 참조) 임대인들이 동 규정을 악용하여 임차인의 전대차에 의한 권리금 수수를 부정하는 일이 발생하고 있다.[508] 따라서 현 상임법 제10조의3 제2항에 전차인을 규정하지 않은 것과 상임법 제13조 제1항에 상임법 제10조의3 내지 제10조의7을 적용하지 않은 것은 매우 유감스럽다. 필드에서의 실무를 이해하지 못하고 성급하게 이루어진 이른바 사시입법(邪視立法)[509]이라고 생각된다.

② 권리금의 재산권성

ⓐ 상관례와 대법원 판례 및 상임법의 규정

- 대법원의 판례와 상임법에 의하면 권리금은 '재산권'으로서 '기회비용에 대한 대가(보전적 성격의 보상금)'이다. 즉, 권리금은 '관행적으로 자생'해 왔고 '개념의 모호성'과 '투기적 이익취득의 수단'으로서의 성격도 있으며[510], 임대인 소유의 건물에서 임차인끼리 전전 수수되다가 권리금을 회수하지 못하고 쫓겨나야 하는 임차인에게는 용산참사, 궁중족발 사건 등에서 보듯이 시한폭탄으로 작용하기도 한다. 그래서 권리금에 관하여 회의적인 시각도 없지 않다.[511]

- 그러나 권리금의 의의와 관련하여 저자는 권리금은 기존의 영업터전을 닦아 놓은 매도자의 '기회비용에 대한 대가(보전적 성격의 보상금)'로서 본질적으로 '권리매매'라고 본다.[512] 따라서 시설권리금은 시설사용의 기회, 영업권리금은 영업상의 노하우에 따른 향후 발생할 순수익 부분의 포기, 위치권리금은 선점한 목 좋은 자리를 양도하는 대가에 대한 각각의 "보전적 성격의 보상금, 즉 기회비용"으로써 매매가 본질이다. 따라서 판례[513]와 같이 단순히 '일

---

[508] 전장헌, "상가권리금에 대한 임대인의 방해금지의무와 개선방안에 대한 연구", 법학논총, 39(3), 116쪽
[509] 외관상의 指向 을 내세우고 실질적인 志向 을 은닉한 점에서 가장입법 또는 상징입법(symbolic legislation)이라고 한다. 상징입법에 대한 평가로 홍준형, 상징입법, 2020, 79면 이하(지원림, "저간의 부동산임대차 법제에 관하여; 능력의 한계 아니면 의도된 오조준?", 한국부동산법학회 부동산법학 제24집 제3호, 2020. 9, 12쪽 재인용)
[510] 허 승, "상가건물임대차보호법상 권리금 보호 규정에 관한 고찰-손해배상의 범위를 중심으로-", 한국법학원 저스티스 통권 162호, 2017, 81-82쪽
[511] 백경일, "비용부당이득 반환청구권을 통한 상가권리금보호의 가능성", 민사법학 제88호, 2019. 9, 43-246쪽; 김판기, "상가건물임대차에 있어 권리금에 대한 비판적 고찰", 부동산법학 제22집 제1호, 2018, 29쪽 및 38쪽 이하는 권리금 수수관행은 제거 내지 규제가 옳다고 한다.
[512] 김태건, 앞의 주택상가임대차실무(제2판), 251쪽; 김태건, 앞의 상가창업과 상가중개실무 총론(제2판), 204쪽; 김태건, 앞의 부동산중개실무(Ⅰ), 465쪽; 김수영·노은영·배상규·최민준, "권리금 법리의 재구성-정비사업 과정에서의 권리금 보장 가능성을 모색하며", 공익과 인권 통권 제8호, 2010, 139쪽
[513] 판례는 "영업용 건물의 임대차에 수반되어 행하여지는 권리금의 지급은 임대차계약의 내용을 이루는 것은 아니고 권리금 자체는 거기의 영업 시설·비품 등 유형물이나 거래처, 신용, 영업상의 노우하우(know-how) 또는 점포 위치

정 기간 동안의 이용대가'는 아니다.514)

- 한편 권리금이 재산권인가에 관하여는 재산권으로 인정하지 않으려는 견해도 있지만515) 권리금은 오랜 세월 동안 자생해 온 유무형의 권리이고 516), 상인들 사이에서는 관습법으로 인식되어 있으며, 권리금 수수 관행은 민법 제정 이전으로 거슬러 올라간다.517) 따라서 이 견해는 권리에 대한 근시안적 시각으로서 타당하지 않다.

ⓑ 소득세법상의 규정

- 또한 소득세법은 오래전부터 권리금을 '기타 소득'으로서 과세 대상으로 해오고 있고518), 주택과는 달리 상가권리금은 이미 오래전부터 임차권과 영업권이 일체로 결합되어 소유권과는 또 다른 '재산권'으로서 자리매김하면서 거래되어왔으며,519) 대법원 판례에 의하여 인정되어 오다가 상임법에 성문화되었다. 결국 권리금은 재산권으로 봄이 옳으며, 더이상 계약자유의 원칙을 이유로, 거래가 음성적으로 또는 은밀하게 이루어지고 있다는 이유로520), 권리금을 재산권이 아닌 은혜적인 것521)으로 바라보아서는 아니 된다. 522)523) 따라서 임차인이 영업이익을 회수하지 못하고 퇴거한 경우에도 임차인이 구축한 영업이익이 부당하게 임대인에게 귀속되거나 임대인이 그 영업이익으로 권리금을 수수하는 것도 정당하지 못하다.524)

에 따른 영업상의 이점 등 무형의 재산적 가치의 양도 또는 일정 기간 동안의 이용대가라고 볼 것인바,.....)라고 하고 있다(대법원 2000. 9. 22. 선고 2000다26326 판결; 대법원 2001. 4. 10. 선고 2000다59050 판결; 대법원 2002. 7. 26. 선고 2002다25013 판결 등)
514) 김수영·노은영·배상규·최민준, 앞의 논문, 138-141쪽
515) 정수경, "상가건물임대차보호법의 문제점과 개선방안에 관한 연구", 부산대학교 대학원 박사학위논문, 2009, 123쪽; 김판기, "상가건물임대차에 있어 권리금에 대한 비판적 고찰", 부동산법학 제22집 제1호, 2018, 38-42쪽.
516) 하양명, "임차권의 승계에 따른 권리금의 지급실태-상가의 실태조사를 중심으로-", 재판자료 제7집, 1980.8., 10쪽; 이경준, "상가권리금 법제화의 문제점과 개선방향에 관한 실무상의 쟁점", 법이론실무연구 제7권 제1호, 2019, 407쪽
517) 김수영·노은영·배상규·최민준, 앞의 논문, 154쪽
518) 소득세법 제4조 1항 1호, 동법 제21조 1항 7호 및 영제 41조 1항 4호는 임차권과 함께 영업권, 즉 권리금을 기타 소득으로서 과세대상으로 분명히 하고 있다. 따라서 권리금이 음성적으로 거래된다고 하여 은혜적인 것으로 보는 것은 권리에 대한 시야가 매우 좁고 시대착오적이라고 하지 않을 수 없다.
519) 하양명, 앞의 재판자료집, 10쪽
520) 정수경, 앞의 박사학위논문, 2009, 123쪽
521) 서울지법 북부지원 1985.9.26. 선고, 85가단787 판결; 서울고법 1974.3.8. 선고, 72나2048 판결; 대법원 2000. 4. 11. 선고 2000다4517 판결 등
522) 권오승, "상가건물의 권리금에 관한 연구", 비교사법 제17권 4호, 비교사법학회, 2010, 112-113쪽; 김인유, "상가건물 재개발·재건축과 권리금의 보호", 한국토지법학회 토지법학 제35-2호, 2019, 86쪽
523) 하양명, 앞의 재판자료집 제7집, 21-29쪽 부산지역 일원에서 506명을 대상으로 한 권리금 실태조사에 의하면, 전체의 86.5%는 임대인이 계약갱신을 거절할 경우에는 권리금을 전면 포기하거나 최소한 유형적 영업설비만은 임대인이 양수할 의무를 부담하는 것이 거래관행이라고 믿고 있으며, 임대인의 67.3%는 임차인에게 임대차계약을 갱신하거나 영업양도의 기회를 부여하는 것이 거래관행이라고 하고 있고, 종국적으로 건물을 명도 하여야 할 임차인에게 시설비 상당의 최소한의 보상을 지급하는 것이 관행이라는 임대인이 76.2%로 나타났다고 한다. 또한 '권리금 수수 관행의 필요성'에 관하여는 서울지역의 임차인들은 전체 응답자의 72.5%, 지방 6대 광역시 임차인들은 전체 응답자의 70.8%가 긍정적으로 답변한 것으로 나타난 것만 보아도 권리금은 재산권으로서 정착되었고 은혜적인 것이라고는 볼 수 없다.

ⓒ 헌법 및 토지보상법상의 해석
- 또한 우리 헌법은 "공공필요에 의한 재산권의 수용·사용·제한 및 그 보상은 법률로써 하되, 정당한 보상을 지급하도록" 규정(헌법 제23조 3항)하고 있음에도 불구하고 입법적 불비로 인하여 권리금에 대하여 '정당한 보상'이 인정되지 않음으로써 용산사태와 같은 가슴 아픈 참사가 발생하였다. 따라서 다시는 이와 같은 불행이 반복되지 않도록 하기 위해서는 권리금이 재산권이라는 사실을 분명히 할 필요가 있다. 나아가 권리금에 대한 보상은 '영업보상'만으로는 부족하고, 이와는 별도로 토지보상법 제76조 또는 제77조를 개정하여525) 권리금에 대한 헌법상의 '정당한 보상'이 이루어지도록 하여야 한다.526)

ⓓ 권리금 회수기회 박탈로 인한 특별한 희생
- 한편 헌법 제23조 제2항에 의하면 재산권은 사회적 공공성을 가진다. 따라서 재산권에 대한 손실이 재산권에 내재하는 사회적 제약에 불과한 경우에는 재산권자가 수인하여야 하지만, 손실이 특별한 희생에 해당할 경우에는 손실보상의 대상이다. 여기에서 특별한 희생이란 재산권의 '사회적 기속 또는 사회적 제약'을 넘어서는 손실을 의미한다. 그런데 현실적으로 공익사업의 시행이 고시되면 멀지 않은 장래에 철거가 예정된 상황에서 기존 임차인에게 권리금까지 지급하고 공익사업지역 내로 들어오려는 신규임차인은 없을 것이다. 더욱이 임차인은 정비사업의 조합원이 아니므로 사업지역을 떠나야만 하는 임차인들은 권리금, 임대료 등이 유사한 수준의 임차조건을 찾기 어려운 것이 현실이며, 오히려 종전보다 더 열악한 영업환경에 놓이게 되는 것을 고려하면 토지보상법에서 규정하고 있는 영업보상금만으로는 헌법상 임차인에 대한 정당한 보상이라고는 보기 어렵다.527)
- 결국 공익사업지역에서는 통상적으로 상가임차인에게 존재하는 신규임차인을 통한 권리금 수수의 연속성이라는 순환적 관계가 차단되고, 자신이 지급하였거나 그 당시 거래시장에 형성되어 있는 권리금을 회수할 기회를 자신의 의사와는 관계없이 상실할 수밖에 없다. 따라서 공익사업 시행지역에 편입된 상가임차인에게만 이와 같은 희생이 가하여지는 것은 개별적이고 이례적인 것으로서 특별한 희생에 해당한다고 보아야 한다. 또한 재산권 침해의 본질과 강도를 기준으로 보아도 상가임차인의 권리금에 대한 침해는 곧 헌법상의 생존권 침해에 이르게 되므로528), 재산권의 사회적 제약 내지 공공성을 벗어난 '특별한 희생'이라고 보지 않을 수 없다.529) 또한 재산권은 물론 생명·신체·생활이익

---

524) 김민주, "상가권리금 법제화 및 공법상 영업손실보상에 관한 검토, 아주법학 제8권 제4호, 2015, 356쪽
525) 헌법 제23조 3항과 토지보상법 제77조 1항의 '영업상 손실 등의 보상' 규정에 미루어 볼 때, 토지보상법 제76조 또는 제77조에 '임차권을 포함한 영업권 등 권리금'에 관한 내용이 추가되어야 한다.
526) 김인유, 앞의 논문, 84·86쪽
527) 허강무, "재개발사업 권리금 보상의 공법적 검토", 토지공법연구 제46집, 한국토지공법학회, 2009, 170쪽.
528) 성중탁, 앞의 논문, 120쪽.
529) 심종진, 앞의 논문, 91쪽.

등 비재산권적 법익에 대한 보상까지 인정하는 이른바 '공적 특별부담 앞의 평등 법리'의 관점에서도 임차인의 권리금 회수 기회 박탈로 인한 특별한 희생에 대한 손실보상을 인정함이 타당하다.530) 따라서 권리금 회수 기회의 박탈은 이른바 '특별한 희생'으로서 권리금에 대한 손실보상은 헌법적 정당성이 있으며, 이렇게 해석하는 것이 '헌법 제23조의 재산권이 헌법 제34조상의 생활권을 기초로 한 재산권이라고 보는' 생활보상의 헌법적 근거에 관한 다수설(헌법 제34조와 제23조 통일설)531)과도 상통하게 된다.

ⓔ 권리금의 재산권성과 손실보상의 정당성

■ 헌법이 보장하는 재산권은 사법상의 재산권보다 포괄적인 개념으로, 현존하는 것이면 민법상의 소유권·물권·채권·임차권, 저작권·의장권·특허권 등의 무체재산권, 어업권·광업권 등의 특별법상 권리 등이 포함된 사법상·공법상의 재산적 가치를 가진 모든 권리를 포함한다.532) 헌법재판소의 견해도 같다.533) 결국 단순한 기대이익이나 반사적 이익 또는 경제적인 기회나 재화 획득의 기회 등의 구체적인 권리가 아닌 것을 제외534)하고는 경제생활의 기초가 되는 소유권은 물론 재산적 가치가 있는 모든 권리가 헌법 제23조의 재산권에 포함된다고 보아야 한다. 따라서 이제 권리금은 상가건물의 임대차 관계에서 유무형의 재산적 가치에 대한 양도 또는 이용의 금전적 대가로 당사자들 간에 지급되는 것이므로 사적 유용성과 처분권이 있어서 헌법 제23조 제1항에 의해 보호되는 재산권에 해당함이 틀림없다.535) 또한 비록 권리금과 임차권은 별개의 권리이지만 이들 계약은 상호불가분의 관계에 있는 계약으로써536), 그동안 상임법상의 임차권은 민법상의 임차권에 비해 대항력과 우선변제권 등 제3자에 대한 효력이 상당히 강화(임차권의 물권화)됨으로써 임차권에 부수(부종)하는 권리금계약의 실효성이 높아졌으며, 또한 상임법에 권리금의 법제화로 인하여 명실상부하게 재산권으로 평가되고 있음에도 불구하고,537) 유독 손실보상에서만 아직도 사각지대에 놓여 있다. 따라서 현행 상가권리금 보상 문제는 권리금에 대한 '보상 규정 유무의 문제'가 아니라(권리금의 제도화 문제가 아니

---

530) 최승원, 앞의 논문, 99쪽; 전병준, 앞의 논문, 38쪽; 박평준, 앞의 논문, 171쪽.
531) 석종현, 신토지공법론 제12판, 서울:박영사, 2019, 164쪽.
532) 석종현, 앞의 책, 128쪽; 허강무, "재개발사업 권리금 보상의 공법적 검토", 166쪽.
533) 헌법재판소 2000. 6. 1. 선고 98헌바34 결정; 헌법재판소 1999. 4. 29. 선고 96헌바55 결정.
534) 헌법재판소 1999. 4. 29. 선고 96헌바55 결정; 헌법재판소 1997. 11. 27. 선고 97헌바10 결정; 헌법재판소 2000. 7. 20. 선고 99헌마452 결정; 헌법재판소 2002. 07. 18. 선고 99헌마57 결정; 헌법재판소 2005. 2. 3. 선고 2003헌마544·603 결정; 헌법재판소 2005. 7. 21. 선고 2004헌바57 결정.
535) 이장희, 앞의 연구보고서, 87-91쪽.
536) 김태건, 주택상가임대차실무 제2판, 255-258쪽; 김태건, 상가창업과 상가중개실무 총론 제2판, 208-209쪽; 김태건, 부동산중개실무(Ⅰ), 468-472쪽; 대법원 2012. 10. 25. 선고 2012다58593 판결; 대법원 2013. 5. 9. 선고 2012다115120 판결; 대법원 2013. 12. 26. 선고 2013다63257 판결 등 다수.
537) 헌법재판소 2014. 3. 27. 선고 2013헌바19 결정; 이장희, 앞의 연구보고서, 48쪽; 김태건, 주택상가임대차실무 제2판, 251-263쪽; 김태건, 상가창업과 상가중개실무 총론 제2판, 189-228쪽; 김태건, 부동산중개실무(Ⅰ), 451-488쪽.

라) 보상을 당연한 전제로 한 '헌법상 정당보상의 문제', 다시 말해서 '권리금 보상의 현실화 문제'임을 인식할 필요가 있다.538) 비록 '회기 만료로' 무산되기는 하였지만, 제18대·제19대 국회에서 권리금에 관한 토지보상법 개정안이 발의되었던 것도 바로 이와 같은 맥락에서 이해할 수 있다.539) 그러나 회기 만료로 제18대·제19대 국회가 무산된 후에도 권리금 보상 규정이 명시적으로 입법화되지 못한 관계로, 시행규칙 제정권밖에 없는 국토교통부로서는 2014. 10. 22. 토지보상법 시행규칙의 일부개정을 통하여 영업 이전 시의 영업이익감소액을 영업손실 보상에 추가하고, 휴업 기간을 3개월에서 4개월로 확대하는 등 '권리금 보상을 현실화'하기보다는 '영업보상의 미비점을 개선·보완'하는 선에서 마무리 짓고 말았음은 주지의 사실이다(토지보상법 시행규칙 제47조 및 동 제58조 참조). 결국 권리금 보상 문제는 미봉책인 상태에서 현재에 이르고 있다.540) 한발 더 나아가 오늘날 코로나19와 같은 팬데믹 상황으로 인한 자영업자의 상대적 빈곤 문제와 개발용지 부족으로 인하여 도시개발보다 재개발 중심으로 부동산 개발사업정책을 급선회할 필요성 등을 고려해 볼 때, 재산권성과 특별희생성을 구비한 상가임차인의 이주대책을 포함한 권리금 보상 문제에 대한 입법적 정당성은 충분하다고 본다.

③ 결론

■ 현행의 토지보상법에는 상가임차인의 권리금은 물론 생활 대책에 대하여도 근거 규정이 없다. 다만 기업도시개발특별법, 미군이전평택지원법 등의 개별법 등의 개별법에서 생활 대책에 관한 단편적 규정을 두고 있고, 대국민 구속력이 없는 행정규칙으로서의 「감정평가실무기준(국토부 고시)」, 「이주대책의 수립 및 시행에 관한 예규, 상업용지 등 우선공급에 관한 지침(한국토지주택공사 예규)」, 「서울특별시 철거민 등에 대한 국민주택 특별공급규칙」에 의존하고 있는 실정이다. 권리금을 명실상부하게 재산권으로서 보호되도록 상임법의 규정과 동일하게 이를 실효성 있게 하기 위해서는 토지보상법 제76조(권리의 보상) 또는 제77조(영업의 손실 등에 대한 보상)를 전면 개편하여 권리금 회수불능541)의 경우 임차인에 대하여 분쟁조정위원회를 통한 '권리금 상당의 손실보상제도'를 신설·보완거나 토수위에 재결신청을 허용할 필요가 있다. 결론적으로 도시정비법 등의 손실보상에 관한 개별법이나 손실보상에 관한 사실상의 일반법인 토지보상법에 상가임차인의 생활 대책을 포함한 권리금 보상에 관한 직접적인 규정을 두지 않고 현재의 토지보상법 제76조(권리의 보상) 또는 제77조(영업의 손실 등에 대한 보상)의 '영업손실보상'의 형태로 보상을 하는 것은 헌법

---

538) 허강무, "상가권리금 보상의 법제화 방안", 초록 및 103쪽.
539) 허강무, 위의 논문, 105쪽 이하.
540) 허강무, "상가권리금 보상의 법제화 방안", 105-111쪽.
541) 특히 실무상으로는 상임법 제10조 1항 단서 제7호 나목 재개발·재건축을 위한 매매 시에 권리금 회수불능이 많이 발생하고 있다.

제23조 제3항 정당보상의 원칙에 배치된다. 왜냐하면 권리금 보상에 비하여 영업손실보상은 그 등가성(等價性)이 다를 뿐만 아니라 현실적으로 영업손실보상에는 권리금 보상이 사실상 제외되고 있기 때문이다.

(5) 농업의 손실에 대한 보상

① 농지

■ 보상대상은 농지법의 정의 중 제2조 제1호 가목의 농지만이다. 나목의 농지는 제외된다. 농업손실의 보상대상인 농지는 「농지법」 제2조 제1호 가목 및 같은 법 시행령 제2조 제3항 제2호 가목에 해당하는 토지를 말한다. 「농지법」 제2조 제1호 가목에서는 전·답, 과수원, 그 밖에 법적 지목(地目)을 불문하고[542] 실제로 농작물 경작지 또는 다년생식물 재배지로 이용되는 토지를 농지로 본다. 「농지법」 제2조 제1호 가목의 토지에 설치하는 농축산물 생산시설로서 고정식 온실·버섯재배사 및 비닐하우스와 그 부속시설로서 ⅰ)보일러, 양액탱크, 종균배양설비, 농자재 및 농산물보관실, 작업장 등 해당 고정식온실·버섯재배사 및 비닐하우스에서 농작물 또는 다년생식물을 재배하는 데 직접 필요한 시설, ⅱ)해당 고정식온실·버섯재배사 및 비닐하우스에서 생산된 농작물 또는 다년생식물을 판매하기 위한 간이진열시설(연면적이 33㎡ 이하인 경우로 한정한다), ⅲ)시설 면적이 6천㎡ 이하에서 농림축산식품부 장관이 정하여 공고하는 면적 이상인 고정식온실·버섯재배사 및 비닐하우스에서 재배하는 농작물 또는 다년생식물의 관리를 위하여 설치하는 시설(연면적 33㎡ 이하이고, 주거 목적이 아닌 경우로 한정함) 등 「농지법 시행령」 제2조 제3항 제2호 가목에 해당하는 농축산물 생산시설의 부지는 농지로 본다. 다만 ⅰ)「공간정보법」에 따른 지목이 전·답, 과수원이 아닌 토지(지목이 임야인 토지는 제외함)로서 농작물 경작지 또는 다년생식물 재배지로 계속하여 이용되는 기간이 3년 미만인 토지, ⅱ)「공간정보법」에 따른 지목이 임야인 토지로서 「산지관리법」에 따른 산지전용허가(다른 법률에 따라 산지전용허가가 의제되는 인가·허가·승인 등을 포함함)를 거치지 아니하고 농작물의 경작 또는 다년생식물의 재배에 이용되는 토지,[543] ⅲ)「초지법」에 따라 조성된 초지 등은 농지로 보지 않는다.[544] 또한 ⅰ)사업인정고시일 등 이후부터 농지로

---

[542] 지목 상 농경지인 전·답·과수원인 토지라 하여도 실제로 농작물 경작지 또는 다년생식물 재배지로 이용되지 않는 토지는 영농손실보상 대상이 아니다.
[543] 다만 농지법 시행령 제2조 제2항 제2호가 개정(2016. 1. 21.시행)되어 '산지전용허가'를 거치지 아니하고 농작물을 경작하는 경우에는 이를 농지로 보지 아니하도록 규정하고 있으나, 개정된 시행령 부칙 제2조 제2호에 '이 영 시행 당시 지목이 임야인 토지로서 토지형질을 변경하고 농작물을 경작 또는 다년생식물의 재배에 이용하고 있는 토지에 대하여는 종전 규정에 따른다'고 정하고 있으므로 종전에 지목이 임야인 토지에 대하여는 「산지관리법」에 따른 산지전용허가를 받지 아니하더라도 3년 이상 농작물을 경작하는 경우에는 농지로 인정된다.
[544] 농지, 농민, 농업인, 농업법인 등에 관하여 자세한 것은 졸저 "부동산공법실무(가칭)"를 참고하기 바란다.

이용되고 있는 토지, ii)토지이용계획·주위 환경 등으로 보아 일시적으로 농지로 이용되고 있는 토지, iii)타인 소유의 토지를 불법으로 점유하여 경작하고 있는 토지, iv)농민이 아닌 자가 경작하고 있는 토지, v)토지의 취득에 대한 보상 이후에 사업시행자가 2년 이상 계속하여 경작하도록 허용하는 토지 등은 농지로 보지 않는다.

- 농민이란 「농지법」 제2조 제3호의 규정에 의한 농업법인 또는 「농지법 시행령」 제3조 제1호 및 같은 조 제2호의 규정에 의한 농업인을 말한다.
- 대법원은 "농지인지의 여부는 공부상의 지목 여하에 불구하고 당해 토지의 사실상의 현상에 따라 가려져야 할 것이고, 농지의 현상이 변경되었다고 하더라도 그 변경 상태가 일시적인 것에 불과하고 농지로서의 원상회복이 용이하게 이루어질 수 있다면 그 토지는 여전히 농지법에서 말하는 농지에 해당"하며,545) "농지법상 '농지'였던 토지가 현실적으로 다른 용도로 이용되고 있더라도 그 토지가 농지전용허가 등을 받지 않고 불법 전용된 것이어서 농지로 원상회복되어야 하는 것이라면 그 변경 상태는 일시적인 것이고 여전히 '농지'에 해당한다", 또한 "농지법상 '농지'였던 토지가 불법 전용된 것이어서 농지로 원상회복되어야 하는지 여부를 판단하기 위하여는 단순히 농지였던 토지가 현재 다른 용도로 이용되고 있다는 점만으로는 부족하고, 농지의 전용 당시 관계 법령에 의하여 농지전용허가 등 의무가 존재하였고 그럼에도 그 허가 등을 받지 아니하고 전용이 이루어졌음이 인정되어야 한다"고 한다.546)
- 공익사업으로 인하여 농업의 손실을 입게 된 자가 사업시행자로부터 토지보상법 제77조 제2항에 따라 농업손실에 대한 보상을 받기 위해서는 토지보상법 제34조, 제50조 등에 규정된 재결절차를 거친 다음 그 재결에 대하여 불복이 있는 때에 비로소 토지보상법 제83조 내지 제85조에 따라 권리구제를 받을 수 있을 뿐, 이러한 재결절차를 거치지 않은 채 곧바로 사업시행자를 상대로 손실보상을 청구하는 것은 허용되지 않는다.547)
- 또한 사업시행자가 토지소유자 및 관계인에게 보상금을 지급하지 아니하고 그 승낙도 받지 아니한 채 미리 공사에 착수하여 영농을 계속할 수 없게 하였다면 이는 공익사업법상 사전보상의 원칙을 위반한 것으로서 위법하다 할 것이므로, 이 경우 사업시행자는 2년분의 영농손

---

545) 대법원 2007. 5. 31. 선고 2006두8235 판결 [농지조성비부과결정등취소] 벼 경작지로 이용되어 오다가 건물부지, 주차장, 잔디밭 등으로 불법형질변경된 토지에 대하여, 전체 토지면적 중 건물부지가 차지하는 부분이 극히 일부이고 주차장이나 잔디밭에 깔린 자갈, 잔디 등은 비교적 쉽게 걷어낼 수 있는 점 등에 비추어 농지의 성격을 완전히 상실하여 농지로 회복이 불가능한 상태에 있는 것이 아니라 농지의 성격을 일시적으로 상실하여 그 원상회복이 비교적 용이한 상태에 있다고 보아 구 농지법상 농지에 해당한다고 한다.
546) 대법원 2018. 10. 25. 선고 2018두43095 판결 [농지보전부담금부과처분취소], 대법원 2019. 4. 11. 선고 2018두42955 판결 [기타이행강제금부과처분취소], 대법원 2021. 8. 19. 선고 2020두30665 판결 [농지취득자격증명서반려처분취소신청]
547) 대법원 2019. 8. 29. 선고 2018두57865 판결 [수용재결신청청구거부처분취소], 대법원 2011. 10. 13. 선고 2009다43461 판결 [농업손실보상금]

실 보상금을 지급하는 것과 별도로, 공사의 사전 착공으로 인하여 토지소유자나 관계인이 영농을 할 수 없게 된 때부터 수용개시일까지 입은 손해에 대하여 이를 배상할 책임이 있다.548) 과거 집과 토지에 대한 보상만 하고 이사비나 농업손실보상금 등을 지급하지 않은 채 공사가 급하다는 이유로 인도단행가처분을 받는 경우가 있었다. 이를 금하는 판결이다. 그러나 토지보상법이 영농손실보상금의 양도 및 압류 등을 금지하는 등 영농손실보상금의 구체적 사용을 제한하는 규정을 두고 있지 아니하므로, 실제 경작자는 그 영농손실보상금을 자유롭게 처분할 수 있다.549)

② 보상대상자

- 농업 보상은 농작물에 대한 보상, 농기구에 대한 보상, 농업손실에 대한 보상으로 나눌 수 있다. 농작물에 대한 보상은 앞에서 보았다. 농업손실 보상은 농업에 대한 '일종의 영업보상'이다. 농업의 손실에 대하여는 농지의 단위면적당 소득 등을 고려하여 '실제 경작자에게 보상'하여야 한다(실제 경작자 지급원칙). 그래서 과거에는 실농보상, 영농보상이라고도 하였다. 다만 농지소유자가 해당 지역에 거주하는 농민인 경우에는 농지소유자와 실제 경작자가 협의하는 바에 따라 보상할 수 있다(법 제77조 제2항).

- 자경농지는 실제 경작자에게 보상한다. "실제 경작자"란 다음 각 호의 자료550)에 따라 사업인정고시일 등 당시 타인 소유의 농지를 임대차 등 적법한 원인으로 점유하고 자기 소유의 농작물을 경작하는 것으로 인정된 자를 말한다. 이 경우 실제 경작자로 인정받으려는 자가 제5호의 자료만 제출한 경우 사업시행자는 해당 농지의 소유자에게 그 사실을 서면으로 통지할 수 있으며, 농지소유자가 통지받은 날부터 30일 이내에 이의를 제기하지 않는 경우에는 제2호의 자료가 제출된 것으로 본다(규칙 제48조 제7항). 농지는 경자유전의 원칙에 따라 자기의 농업경영에 이용하거나 이용할 자가 아니면 소유하지 못하도록 규정하고 있으나(농지법 제6조 제1항), 예외적으로 ⅰ)「농지법」제20조 제1항에서 대리경작자의 지정 등을, ⅱ)「농지법」제23조에서는 농지를 임대차 또는 사용대차할 수 있는 경우를 8가지로 제한하여 규정하고 있으므로, 「농지법」상 적법한 원인은 이에 한한다. 실제 경작자가 해당 지역에 거주할

---

548) 대법원 2021. 11. 11. 선고 2018다204022 판결 [손해배상(기)], 대법원 2013. 11. 14. 선고 2011다27103 판결 [손해배상등]
549) 대법원 2014. 12. 24. 선고 2012다107600,107617 판결 [약정금·부당이득금반환]
550)
1. 농지의 임대차계약서
2. 농지소유자가 확인하는 경작사실확인서
3. 농업농촌공익직불법에 따른 직접지불금의 수령 확인자료
4. 농어업경영체법 제4조에 따른 농어업경영체 등록 확인서
5. 해당 공익사업시행지구의 이장·통장이 확인하는 경작사실확인서
6. 그 밖에 실제 경작자임을 증명하는 객관적 자료

것을 요건으로 하지 않으므로 해당 지역에 거주하지 않는다고 하여 실제 경작자에서 제외되지 않는다.

- **자경농지가 아닌 농지**에 대한 영농손실액은 다음 각 호[551]의 구분에 따라 보상한다(규칙 제48조 제4항).
- 실제 경작자가 자의로 이농하는 등의 사유로 보상협의일 또는 수용재결일 당시에 경작을 하고 있지 않는 경우의 영농손실액은 제4항에도 불구하고 '농지의 소유자가 해당 지역에 거주하는 농민인 경우'에 한정하여 농지의 소유자에게 보상한다(규칙 제48조 제5항).

---

[551]
1. 농지의 소유자가 해당 지역(영 제26조 제1항 각 호의 어느 하나의 지역을 말한다)에 거주하는 농민인 경우 (*)부재부동산 소유자의 토지 (**)판례 참조
   가. 농지의 소유자와 제7항에 따른 실제 경작자 간에 협의가 성립된 경우 : 협의내용에 따라 보상
   나. 농지의 소유자와 실제 경작자 간에 협의가 성립되지 아니하는 경우에는 다음의 구분에 따라 보상
    1) 규칙 제48조 제1항의 통계에 의하여 영농손실액이 결정된 경우: 농지의 소유자와 실제 경작자에게 각각 영농손실액의 50%에 해당하는 금액을 보상
    2) 규칙 제48조 제2항의 실제소득에 의하여 영농손실액이 결정된 경우: 농지의 소유자에게는 제1항의 기준에 따라 결정된 영농손실액의 50%에 해당하는 금액을 보상하고, 실제 경작자에게는 제2항에 따라 결정된 영농손실액 중 농지의 소유자에게 지급한 금액을 제외한 나머지에 해당하는 금액을 보상
2. 농지의 소유자가 해당 지역에 거주하는 농민이 아닌 경우 : 실제 경작자에게 보상

(*) 영 제26조(부재부동산 소유자의 토지)
① 법 제63조 제7항 제2호에 따른 부재부동산 소유자의 토지는 사업인정고시일 1년 전부터 다음 각 호의 어느 하나의 지역에 계속하여 주민등록을 하지 아니한 사람이 소유하는 토지로 한다. 1. 해당 토지의 소재지와 동일한 시(행정시를 포함한다)·구(자치구를 말한다)·읍·면(도농복합형태인 시의 읍·면을 포함한다)
2. 제1호의 지역과 연접한 시·구·읍·면
3. 제1호 및 제2호 외의 지역으로서 해당 토지의 경계로부터 직선거리로 30킬로미터 이내의 지역
② 제1항 각 호의 어느 하나의 지역에 주민등록을 하였으나 해당 지역에 사실상 거주하고 있지 아니한 사람이 소유하는 토지는 제1항에 따른 부재부동산 소유자의 토지로 본다. 다만 질병으로 인한 요양, 징집으로 인한 입영, 공무, 취학, 그 밖에 제1호부터 제4호까지에 준하는 부득이한 사유로 거주하고 있지 아니한 경우에는 그러하지 아니하다.
③ 제1항에도 불구하고 다음 각 호의 어느 하나에 해당하는 토지는 부재부동산 소유자의 토지로 보지 아니한다.
1. 상속에 의하여 취득한 경우로서 상속받은 날부터 1년이 지나지 아니한 토지
2. 사업인정고시일 1년 전부터 계속하여 제1항 각 호의 어느 하나의 지역에 사실상 거주하고 있음을 국토교통부령으로 정하는 바에 따라 증명하는 사람이 소유하는 토지
3. 사업인정고시일 1년 전부터 계속하여 제1항 각 호의 어느 하나의 지역에서 사실상 영업하고 있음을 국토교통부령으로 정하는 바에 따라 증명하는 사람이 해당 영업을 하기 위하여 소유하는 토지
(**) 대법원 2000. 2. 25. 선고 99다57812 판결 [영농보상금등]
비자경농지의 소유자가 당해 지역에 거주하는 농민인 경우에는 소유자와 실제의 경작자가 협의하는 바에 따라 그 소유자 또는 경작자에게 보상하도록 규정하고 있는 것이므로, 위 규정에 해당하는 경우에는 실제의 경작자라도 당연히 영농보상의 수령권자가 되는 것이 아니라, 먼저 소유자와 경작자가 협의하는 바에 따라야 하고, 그 협의가 이루어지지 아니하는 경우에는 그 경작자가 당해 공공사업이 시행되지 아니하였더라면 장래에 당해 농지를 계속하여 경작할 것으로 인정되는 경우에 한하여 공공사업의 시행으로 인하여 특별한 희생이 생긴 것으로 보아 영농보상의 수령권자가 된다.

비자경농지에 대한 영농보상금 수령권자		
경작자	소유자가 당해지역의 농민인 경우	소유자가 당해지역의 농민이 아닌 경우
임차인 甲	임차인 甲과 소유자 협의	임차인 甲
사업인정시 임차인 甲 협의수용시 임차인 乙	임차인 甲과 소유자 협의 (예외적으로 소유자)	임차인 甲 (예외적으로 대상자가 없는 경우 발생)
사업인정시 임차인 甲 협의수용시 소유자	임차인 甲과 소유자 협의 (예외적으로 소유자)	보상하지 않음(규칙 제48조 제5항)
사업인정시 소유자 협의수용시 임차인 乙	소유자	대상자 없음

[비 고]
1. 원칙적으로 보상대상자는 사업인정고시 당시의 경작자이나, 농지소유자가 당해 지역의 농민인 경우 또는 경작자에게 보상하는 것이 적정하지 않은 경우의 처리방안을 구체적으로 규정함.
2. 사업인정 또는 보상계획공고 당시 경작자가 아닌 임차인 乙은 어느 경우에도 농업 보상대상자가 되지 못한다.
3. 소유자가 당해 지역에 거주하는 농민인가의 판단시점은 '보상협의 또는 수용재결 당시를 기준'으로 한다.

③ 농업손실 보상내용
■ 농업손실 보상은 기대이익 또는 일실 손실에 대한 보전과 '생활보상'의 성격을 가진다. 농작물을 수확하기 전에 토지를 사용하는 경우라면 해당 농작물은 보상대상이다[2018. 9. 18. 토지정책과-5926 질의응답]. 농업손실보상은 ⅰ)공익사업의 시행으로 인하여 영농을 할 수 없게 된 농지에 대해서 단위면적당 소득 등을 고려하여 보상하는 영농 손실보상, ⅱ)이러한 영농에 사용되었으나 더 이상 필요 없게 된 농기구에 대한 보상으로 구분된다.

ⓐ 통계에 의한 영농손실액의 산정
■ 공익사업시행지구에 편입되는 농지에 대하여는 그 면적에 통계법에 따른 통계작성기관[552]이 매년 조사·발표하는 농가경제조사통계의 도별 농업총수입 중 농작물 수입을 도별 표본농가현황 중 경지면적으로 나누어 산정한 도별 연간 농가평균 단위경작면적당 농작물총수입[553]의 '직전 3년간 평균의 2년분을 곱하여 산정'한 금액을 영농손실액으로 보상한다(규칙 제48조 제1항). 영농손실액을 통계자료에 의하는 경우는 ⅰ)영농손실 보상대상자가 실제소득을 입증하지 않는 경우, ⅱ)실제 소득을 입증하였으나 실제 소득에 의한 영농손실액이 통계자료에 의한 영농손실액보다 적은 경우이다. 통계자료에 의하여 영농 손실을 보상 평가하는 경우 농작물 총수입은 직전 3년간 평균 금액을 적용한다. 여기서 '직전'이란 보상평가의 기준시점의 직전을 의미하므로 협의의 경우는 협의성립일, 재결의 경우는 재결 당시의 직전

---

[552] 「통계법」 제3조 제3호에 따른 통계작성기관이란 농촌진흥청을 말하며, 통계자료는 통계청 국가통계포탈 (http://www.kosis.kr)에서 검색할 수 있다.
[553] 서울특별시·인천광역시는 경기도, 대전광역시는 충청남도, 광주광역시는 전라남도, 대구광역시는 경상북도, 부산광역시·울산광역시는 경상남도의 통계를 각각 적용한다.

3년간이 된다.

- 통계에 의한 영농손실액을 산정하는 이유는 종전의 실농보상의 경우 농업진흥청의 농축산물 표준소득에 의하여 산정한 금액을 보상하였는데, 재배작물 간의 표준편차가 심할 뿐만 아니라 공청회 등에서 사업계획이 노출되어 보상예정자들이 탈법적으로 고소득작물로 변경하는 등의 보상 투기가 심하여 토지보상법을 개정하여 일반 영업보상과의 형평을 유지하기 위하여 재배작물에 구분 없이 농가 평균 단위 경작 면적당 농작물 수입을 기준(통계)으로 보상하도록 변경한 것이다.

ⓑ 실제 소득에 의한 영농손실액의 산정

- 국토부 장관이 농축식품부 장관과의 협의를 거쳐 관보에 고시하는 '농작물 실제 소득인정기준'554)에서 정하는 바에 따라 '실제 소득을 입증'하는 자가 경작하는 편입농지에 대해서는 위 제1항에도 불구하고 <u>그 면적에 단위 경작 면적당 3년간 실제 소득 평균의 2년분을 곱하여 산정한 금액을 영농손실액으로 보상</u>한다(규칙 제48조 제2항 본문).555)

- 다음 각 호의 어느 하나에 해당하는 경우에는 각 호의 구분에 따라 산정한 금액을 영농손실액으로 보상한다(규칙 제48조 제2항 단서).

  생산량을 확인할 수 없는 경우에는 평균 소득의 2배로 한다. 농작물 실제 소득 인정기준 [별지 1]에서 규정하는 단위면적당 평균 생산량의 2배를 초과하는 작물과 재배방식에 해당하는 경우에는 위 내용에도 불구하고 최대 생산량 및 평균 생산량을 적용하여 산정한다.

---

554) 농작물실제소득인정기준(국토교통부고시 제2021-212호, 2021. 3. 3., 일부개정) 참조
555) 실제소득의 입증은 반드시 대상농지 전체에 대한 실제소득을 입증하여야 하는 것은 아니며, 실제소득을 입증할 수 있는 일부 면적에 한하여 실제소득을 입증할 수도 있다. 연간 단위경작면적당 실제소득은 "농작물 총수입÷경작농지 전체면적×소득률"로 산정한다(농작물실제소득인정기준 제3조). '농작물 총수입'은 전체 편입농지 중 영농손실의 보상대상자가 실제소득을 입증하고자 하는 편입농지에서 실제로 재배한 농작물과 같은 종류의 농작물을 재배한 경작농지의 총수입으로서, 사업인정고시일 등 이전 2년간의 연간평균 총수입으로 산정한다. 다만 해당 농작물의 경작자가 경작을 한 기간이 2년 미만인 경우에는 그 경작 기간에 한하여 실제소득을 기준으로 산정한다. 농작물 총수입의 입증 자료 상의 거래실적에 위탁수수료 등 판매경비가 포함된 경우에는 이를 제외한 실제수입액을 기준으로 한다(농작물실제소득인정기준 제4조). '경작농지 전체면적'은 농작물 총수입의 산정대상이 되는 경작농지의 면적을 말하므로, 농작물 총수입에 공익사업시행지구 밖의 농지가 포함된 경우에는 해당 면적으로 포함한 전체 면적이 된다(농작물실제소득인정기준 제2조제2호). 소득률은 ⅰ) 농촌진흥청장이 매년 조사·발표하는 농축산물소득자료집의 도별 작물별 소득률, ⅱ) 도별 작물별 소득률에 포함되어 있지 아니한 농작물에 대하여는 유사작목군의 평균소득률의 순서로 적용함(농작물실제소득인정기준 제5조). 이 경우 유사작목군은 식량작물·노지채소·시설채소·노지과수·시설과수·특용약용작물·화훼·통계청조사작목 등으로 구분한다. 농축산물소득자료집은 사업인정고시일 등이 속한 연도에 발간된 소득자료집을 적용하되, 사업인정고시일 등이 속한 연도에 소득자료집이 발간되지 않은 경우에는 사업인정고시일 등의 전년도에 발간된 소득자료집을 적용한다. 농작물 총수입의 입증자료는 「농작물실제소득인정기준」 제4조에 규정한 9가지 서류 외에도 객관성과 합리성이 있는 서류에 의해서도 실제소득의 입증이 가능하다. 농작물실제소득인정기준에서 규정한 서류 이외의 증명방법으로도 농작물 총수입을 인정할 수 있다(대법원 2012. 6. 14. 선고 2011두26794 판결 [손실보상금]).

1. 단위 경작 면적당 실제 소득이 통계법에 따른 통계작성기관이 매년 조사·발표하는 농축산물소득자료집의 작목별 평균소득의 2배를 초과하는 경우 : 해당 작목별 단위경작면적당 평균생산량의 2배(단위경작면적당 실제소득이 현저히 높다고 농작물실제소득인정기준에서 따로 배수를 정하고 있는 경우에는 그에 따른다)를 판매한 금액을 단위경작면적당 실제소득으로 보아 이에 2년분을 곱하여 산정한 금액
2. 농작물실제소득인정기준에서 직접 해당 농지의 지력(地力)을 이용하지 아니하고 재배 중인 작물을 이전하여 해당 영농을 계속하는 것이 가능하다고 인정하는 경우 : 단위경작면적당 실제소득(제1호의 요건에 해당하는 경우에는 제1호에 따라 결정된 단위경작면적당 실제소득을 말한다)의 4개월분을 곱하여 산정한 금액 556)

④ 농업손실 보상대상에서 제외되는 토지

- 다음 각호의 어느 하나에 해당하는 토지는 이를 제1항 및 제2항의 규정에 의한 농지로 보지 아니한다(규칙 제48조 제3항). 보상대상에서 제외된다.

1. 사업인정고시일등 이후부터 농지로 이용되고 있는 토지
2. 토지이용계획·주위 환경 등으로 보아 일시적으로 농지로 이용되고 있는 토지
3. 타인 소유의 토지를 불법으로 점유하여 경작하고 있는 토지
4. 농민(농지법 제2조 제3호의 규정에 의한 농업법인 또는 농지법 시행령 제3조 제1호 및 동조 제2호의 규정에 의한 농업인을 말한다)이 아닌 자가 경작하고 있는 토지
5. 토지의 취득에 대한 보상 이후에 사업시행자가 2년 이상 계속하여 경작하도록 허용하는 토지

- 그러나 불법형질변경된 토지로서 농지로 이용되고 있는 토지는 농업 손실보상의 농지에서 제외되지 않는다. 이점 주의를 요한다. 즉 생육기간이 2년 이상인 과수, 유실수의 재배에 이용되는 법적 지목이 임야인 토지는 과수, 유실수의 재배지로 적합하게 형질이 변경된 경우에는 지목이 임야임에도 불구하고 농지법 제2조 제1호 (가)목이 정하는 농지에 해당되게 된다.557)

⑤ 농기구 보상

- 당해 지역에서 경작하고 있는 농지의 3분의 2 이상에 해당하는 면적이 공익사업시행지구에 편입됨으로 인하여 농기구를 이용하여 해당 지역에서 영농을 계속할 수 없게 된 경우558) '해

---

556) 「농작물실제소득인정기준」 [별지 2]에서 직접 해당 농지의 지력(地力)을 이용 하지 아니하고 재배 중인 작물을 이전하여 해당 영농을 계속하는 것이 가능 하다고 인정하는 경우는 ⅰ)원목에 버섯종균 파종하여 재배하는 버섯, ⅱ)화분에 재배하는 화훼작물, ⅲ) 용기(트레이)에 재배하는 어린 묘 등이다. 버섯재배사 부지[2011. 3. 24. 법제처 11-0074 질의회답]와 화분에 난을 재배하는 경우는 농경지의 지력을 이용한 재배가 아니므로 농업손실보상 대상이 아니다(대법원 2004. 4. 27. 선고 2002두8909 판결 [수용재결취소및손실보상금청구]). 직접 해당 농지의 지력을 이용하지 않고 작물을 재배하는 경우에는 4개월분의 실제소득으로 영농손실을 보상하는 것이 원칙이나, 화훼재배·판매 등과 같이 영업의 성격이 강한 경우에는 '영업의 휴업보상'으로 처리할 수도 있을 것이다.
557) 대법원 2014. 6. 26. 선고 2013두25894 판결 [토지수용보상금]

당 농기구에 대해서는 매각손실액을 평가하여 보상'하여야 한다. 다만 매각손실액의 평가가 현실적으로 곤란한 경우에는 원가법에 의하여 산정한 가격의 60% 이내에서 매각손실액을 정할 수 있다(규칙 제48조 제6항).
- '농기구'란 농업을 능률적·효율적으로 하기 위한 기계 및 기구 등을 말한다. 다만 호미·낫 등 인력을 사용하는 소농구는 농기구 보상의 대상이 되는 농기구로 보지 않는다. '경작하고 있는 농지'에는 소유경작 농지는 물론 임차경작 농지도 포함된다. '영농을 계속할 수 없게 된 경우'란 농업을 폐지하는 경우뿐만 아니라 잔여 농지의 규모 및 대상 농기구의 규격 등으로 고려할 때 종전의 농업 형태를 계속하기 어려운 경우도 포함된다. 즉 농업은 계속할 수 있으나 잔여 농지의 규모 등을 고려할 때 농업 형태의 변경이 불가피한 경우에는 종전의 농업 형태를 위해서 필요하였으나 변경된 농업 형태에서는 불필요하게 된 농기구도 보상대상이다. 매각손실액은 원가법에 의하여 산정한 가액에서 기준시점에서 현실적으로 매각할 수 있는 가액을 뺀 금액으로 한다.

(6) 축산업(잠업 포함)의 손실에 대한 평가

① 축산업 관련 용어 정의
- '가축'이란 사육하는 소·말·면양·염소(유산양 포함)·돼지·사슴·닭·오리·거위·칠면조·메추리·타조·꿩, 기러기·노새·당나귀·토끼 및 개, 꿀벌, 그 밖에 사육이 가능하며 농가의 소득증대에 기여할 수 있는 동물로서 농림축산식품부 장관이 정하여 고시하는 동물 등을 말한다(축산법 제2조 제1호, 영 제2조, [농림축산식품부고시 제2019-36호, 2019. 7. 25., 일부개정, 시행] 가축으로 정하는 기타 동물). 따라서 가축이 아닌 동물을 사육하는 것은 가축사육업이 아니므로 축산업에도 해당되지 않는다.
- '가축사육업'이란 가축을 사육하여 판매하거나 젖·알·꿀을 생산하는 업으로서 ⅰ)허가 가축사육업, ⅱ)등록 가축사육업, ⅲ)등록에서 제외되는 가축사육업 등으로 구분된다. '허가 가축사육업'은 가축 종류 및 사육시설 면적이 「축산법 시행령」 제13조에서 정하는 기준에 해당하는 가축사육업으로서 「축산법 시행령」 [별표 1]에서 정하는 시설·장비 및 단위면적당 적정사육 두수와 위치에 관한 사항을 갖추어 시장 등에게 허가를 받아야 하고, '등록 가축사육업'은 「축산법 시행령」 제13조에서 정하는 기준에 해당하지 않는 가축사육업으로서 「축산법 시행령」 [별표 1]에서 정하는 시설·장비 등을 갖추어 시장 등에게 등록하여야 하며, '등록에서 제외되는 가축사육업'은 ⅰ)가축 사육시설의 면적이 10㎡ 미만인 닭·오리·거위·칠면조·메추리·

---

558) 과수 등 특정한 작목의 영농에만 사용되는 특정한 농기구의 경우에는 공익사업시행지구에 편입되는 면적에 관계없이 '해당 지역에서 해당 영농을 계속할 수 없게 된 경우'를 말한다

타조 또는 꿩 사육업, ii)말·노새·당나귀·토끼·개·꿀벌 등의 가축사육업이다. 「축산법」 제22조에 의해 허가 또는 등록을 하여야 하는 가축사육업으로서 허가 또는 등록을 하지 않은 경우는 기준 마리 수 이상의 가축을 사육하는 경우에도 축산업 손실 보상대상이 아니다.[559]
- "축산업"이란 종축업 · 부화업 · 정액 등 처리업 및 가축사육업을 말한다.

② 손실보상의 대상이 되는 축산업
- 손실보상의 대상이 되는 축산업은 다음 각 호의 어느 하나에 해당하는 경우로 한다(규칙 제49조 제2항).

---

1. 축산법 제22조에 따라 허가를 받았거나 등록한 종축업 · 부화업 · 정액 등 처리업 또는 가축사육업
2. [별표 3]에 규정된 가축별 기준 마리 수 이상의 가축을 기르는 경우
3. [별표 3]에 규정된 가축별 기준 마리 수 미만의 가축을 기르는 경우로서 그 가축별 기준 마리 수에 대한 실제 사육 마리 수의 비율의 합계가 1 이상인 경우

- 위 3호에서 축산업에 해당 여부를 예를 들어보면, 예컨대 소 7마리, 사슴 10마리를 함께 기르는 경우에는 2.07이 되어(7/5+10/15=2.07) 1 이상이므로 축산업에 해당하지만, 닭 60마리, 토기 40마리, 오리 60마리를 함께 기르는 경우에는 0.97이 되어(60/200+40/150+60/150=0.97) 1에 미달하여 축산업에 해당하지 않는다.
- [별표 3]에 규정된 가축 외에 이와 유사한 가축에 대하여는 제2항 제2호 또는 제3호의 예에 따라 평가할 수 있다(규칙 제49조 제3항).

토지보상법 시행규칙 [별표 3] 축산업의 가축별 기준 마리수 (규칙 제49조 제2항 관련)

가축	기준마리수
닭	200마리
토끼	150마리
오리	150마리
돼지(개[560])	20마리
소	5마리
사슴	15마리
염소양	20마리
꿀벌	20군

- 위 기준 마리 수의 사육 시점에 대하여 국토부는 기본조사 당시, 평가 당시, 계약체결 당시 어느 경우이든 기준 마리 수 이상을 사육하고 있어야 한다고 한다.[561] 다만 손실보상은 대상물건 조사 시점에서 확정되는 바, 축산의 대상 물건의 확정은 공공사업 시행이 예견된 상태에서 자연적 감소가 아닌 이전에 공공사업에 대비한 처분으로 인하여 감정평가 시에 위 규정에 의한 축산 규모에 미달된 사실 등 제반 사실관계를 사업시행자가 인정하는 경우라면 가축

---

559) 대법원 2009. 12. 10. 선고 2007두10686 판결 [지장물및영업권수용이의재결처분취소]
560) 2009.10.9. 토지정책과-4714 질의회신: 개는 돼지구 기준두수에 준한다.
561) 1993. 2. 17. 토정 58307-243 질의회신

의 기준 마리 수가 부족하여도 보상대상에 해당한다.562) 평가 당시 전에 가축을 처분하는 경우에는 축산 관련 시설의 규모, 사료 구입 자료, 출하 자료 등을 구비하여 마리 수 입증에 대비하여야 할 것이다.

③ 축산업의 손실 평가

- 영업의 폐지와 휴업에 대한 손실보상 규정은 축산업의 손실 평가에 준용하다. 즉 규칙 제45조(영업손실의 보상대상인 영업), 동 제46조(영업의 폐지에 대한 손실의 평가 등), 동 제47조(영업의 휴업 등에 대한 손실의 평가)까지의 규정은 축산업에 대한 손실의 평가에 관하여 이를 준용한다. 다만 규칙 제46조 제3항 후단, 동 제47조 제1항 각 호 외의 부분(영업장소 이전 후 발생하는 영업이익감소액의 경우만 해당한다) 및 제7항, 동 제47조 제5항 후단의 규정은 준용하지 않는다(규칙 제49조 제1항, 규칙 제50조). 즉 i) 폐업보상에서 개인영업의 영업이익 하한, ii) 휴업보상에서 영업장소 이전 후 발생하는 영업이익감소액, iii) 휴업보상에서 개인영업의 영업이익 하한 등은 준용하지 않는다.

- 손실보상 대상인 축산업이 되기 위해서는 보상대상인 영업의 요건을 갖추고 다시 위의 요건을 구비하여야 한다. 즉 「토지보상법 시행규칙」 제45조 내지 제47조 규정에 해당하고 「토지보상법 시행규칙」 제49조제2항 각 호의 어느 하나에 해당하는 경우가 축산 보상 대상이 된다.563)

- 규칙 제49조 제2항 및 제3항의 규정에 의한 손실보상의 대상이 되지 아니하는 가축에 대하여는 '이전비'로 평가하되, 이전으로 인하여 체중감소・산란율 저하 및 유산 그 밖의 손실이 예상되는 경우에는 이를 포함하여 평가한다(규칙 제49조 제4항). 가축의 이전비가 가축의 가액을 초과하는 경우에는 손실보상의 일반원칙에 따라 가액으로 평가한다.564)

- 축산업 폐지(폐업)의 요건 중 '인근 주민에게 혐오감을 주어 다른 장소로 이전하는 것이 현저히 곤란하다는 것'은 객관적인 사실에 근거하여 인정되어야 하므로, 인근 주민의 반대가 예견된다거나, 대체 부지 확보가 곤란하다 등의 개인적・주관적 판단 또는 해당 지역에 유사 축산업을 허가한 사례가 있음에도 이전이 불가능하다는 시장 등의 자의적 판단 등은 객관적인 사실에 근거하였다고 보기 어려우므로 이를 근거로 축산업을 폐지(폐업)하는 것으로 보아서는 아니 된다.

- 판례는 "농민이 영위하는 축산에서 발생한 소득이 전업이든 부업이든 묻지 않고 구 소득세법 시행령 제9조 제1항 각 호가 정한 범위 내에서는 비과세소득으로 취급하여야 하고, 농민이 축산업을 영위하다가 그 사업장이 수용됨으로 인하여 지급받는 휴・폐업보상금이 위 시행령

---

562) 1995. 11. 2. 토정 58307-1527 질의회신
563) 2009. 11. 23. 토지정책과-5533 질의회신
564) 2014. 10. 02. 감정평가기준팀-3434 질의회신

이 정한 범위 내에서는 농가부업소득인 비과세소득이 된다고 한다.565)

(7) 휴직 또는 실직 보상

■ 사업인정고시일 등 당시 공익사업시행지구 안의 사업장에서 3월 이상 근무한 근로자(소득세법에 의한 소득세가 원천징수된 자에 한한다566))에 대하여는 다음 각호의 구분에 따라 보상하여야 한다(규칙 제51조). 실직 보상은 보상계획의 공고일 현재 3월 이상 근무한 자로서 당해 영업의 폐업 시까지 근무한 경우에만 가능하므로, 보상계획의 공고일 이후에 입사한 근로자는 실직 보상의 대상이 되지 않는다.567) 보상 산정 시기는 당해 영업장이 휴업하는 때가 기준이다.

1. 근로 장소의 이전으로 인하여 일정 기간 휴직을 하게 된 경우 : 휴직 일수(휴직 일수가 120일을 넘는 경우에는 120일로 본다)에 근로기준법에 의한 평균임금의 70%에 해당하는 금액을 곱한 금액. 다만 평균임금의 70%에 해당하는 금액이 근로기준법에 의한 통상임금을 초과하는 경우에는 통상임금을 기준으로 한다.
2. 근로 장소의 폐지 등으로 인하여 직업을 상실하게 된 경우 : 근로기준법에 의한 '평균임금의 120일분'에 해당하는 금액

■ 휴직하거나 실직하는 근로자의 임금손실에 대하여는 「근로기준법」에 따른 평균임금 등을 고려하여 보상한다. 평균임금이란 이를 산정하여야 할 사유가 발생한 날 이전 3개월 동안에 그 근로자에게 지급된 임금의 총액을 그 기간의 총 일 수로 나눈 금액을 말하며(근로기준법 제2조 제1항 제6호), 통상임금이란 근로자에게 정기적이고 일률적으로 소정(所定) 근로 또는 총 근로에 대하여 지급하기로 정한 시간급 금액, 일급 금액, 주급 금액, 월급 금액 또는 도급 금액을 말함(근로기준법 시행령 제6조 제1항).

■ 보상대상 근로자는 사업인정고시일 등 당시 3월 이상 「소득세법」에 의한 소득세가 원천징수된 자로서 휴업 기간 또는 실직 기간 동안에는 소득세가 원천징수된 사실이 없어야 한다. 다만 소득금액이 산정표준액에 미달하여 원천징수되지 않은 경우라 하더라도 관할 세무서에 제출된 소득세원천징수액집계표에 포함된 자는 소득자별 근로소득원천징수부상에 3월분의 임금내역을 제출받아 이를 근거로 휴직보상액을 산정할 수 있다.568)

■ 영업보상과 휴직 및 실직보상은 보상대상 및 보상대상자를 달리하므로 휴직 및 실직보상금을 영업보상에 포함하여 영업자에게 지급하여서는 안된다. 사업장이 영업보상대상이 아니어

---
565) 대법원 2013. 5. 24. 선고 2012두29172 판결 [종합소득세부과처분취소]
566) 공익사업에 따른 휴직 등 보상은 소득세가 원천징수된 자에 한하여 보상한다(2018. 9. 12. 토지정책과-5846 질의회신).
567) 1993 4. 14. 토정 58307-5591 질의회신
568) 1993. 1. 11. 토정 58307-38 질의회신

도 휴직 또는 실직 보상이 가능하다.569) 휴직 및 실직 보상은 세무서에 제출된 소득세 징수액 내역표에 의한 임금 내역을 확인받아서 청구하여야 한다.
- 영업장이 적법한 장소가 아니거나 무허가영업 등에 해당되어 영업보상 대상이 아닌 경우에도 원천징수 세금을 납부하고 있는 경우 휴직 보상 또는 실직 보상의 대상자가 된다. 그러나 휴업보상을 받은 영업주의 자진 폐업으로 피고용인들이 실직을 한 경우에 피고용인들은 휴직 보상을 받을 수 없다.570)

8. 이주대책과 이주정착금 등의 보상

(1) 이주대책 실시

① 생활보상으로서의 이주대책
- 과거의 공공사업은 도로·공공청사 건설 등의 소규모의 개발이 대부분이었기 때문에 손실보상이론에 있어서도 주로 '재산권 보상'과 이에 대한 '교환적 가치의 보상'이 문제 되었고, 생활권 침해로 인한 '생활보상'은 문제되지 않았다. 그러나 오늘날의 공공사업은 집단적 택지개발·공장개발·신도시개발, 기업도시, 혁신도시 등의 대규모 개발이 많고, 댐 건설 등과 같이 주민 전체가 집단적으로 다른 곳으로 이주하여야 하는 것과 같이 생활 터전 자체가 상실되는 경우가 발생하고 있다. 따라서 대규모의 개발로 인하여 재산권 보상은 물론 생활보상 나아가 공공사업지 외에 미치는 이른바 사업손실(간접손실)도 손실보상에서 고려하지 않을 수 없게 되었다. 생활보상의 이론적 근거는 사회국가적 관념을 반영한 복리국가주의의 표방이라고 할 수 있고, 생활보상의 헌법적 근거는 헌법 제23조 재3항 '정당한 보상' 규정과 헌법 제34조 '인간다운 생활을 할 권리' 규정이다. 이와 관련하여 대법원은 헌법 제23조설을 취하고 있다. 또한 같은 맥락에서 "공익사업의 시행자가 이주대책 대상자와 체결한 이주자 택지에 관한 특별공급계약에서 구 공익사업법 제78조 제4항에 규정된 생활 기본 시설 설치비용을 분양대금에 포함시킨 경우, 그 부분이 강행법규에 위배되어 무효"라고 한다.571) 나아가 법률적 근거로는 토지보상법 제78조 이주대책의 수립 등과 같은 법 제78조의2 공장의 이주대책의 수립 등 단편적 규정이 있고, 그 외 산업입지법, 댐건설관리법, 전원개발촉진법, 발전소주변지역법, 폐기물시설촉진법 등의 법률에서 이주대책, 이주정착지원금, 생활안정지원금, 주민우선고용 등에 관하여 규정하고 있다. 자세한 것은 손실보상 일반론을 참고하기 바

---

569) 2010. 3. 15. 토지정책과-1460 질의회신
570) 중토위 2018. 9. 20. 재결
571) 대법원 2011. 6. 23. 선고 2007다63089,63096 전원합의체 판결 [채무부존재확인·채무부존재확인], 대법원 2019. 4. 11. 선고 2014다209579 판결 [채무부존재확인], 대법원 2019. 3. 28. 선고 2015다49804 판결 [부당이득금]

란다.
- 이주대책과 생활 대책은 모두 공익사업으로 인한 토지 등 재산권을 박탈당한 자들의 생활 재건을 돕기 위한 조치로서 '생활보상'이라는 공통점을 가지고 있다. 그러나 이주대책은 토지보상법 제78조 제1항과 같은 일반규정이 존재함에 반하여, 생활 대책은 일반규정이 없이 댐건설관리법, 기업도시개발특별법, 미군이전평택지원법 등의 개별 법령에 규정을 두고 있을 뿐이고, 개별 규정이 없는 경우 한국토지주택공사 등 주로 사업시행자의 내부규정을 근거로 보상을 하고 있는 실정이다. 한편 이주대책은 주거 기반 상실에 대응하여 대체 이주자 택지 또는 아파트 등을 공급하는 반면에, 생활 대책은 생업 기반(영업, 영농 등) 상실에 대응하여 생계유지용 점포나 상가용지 등을 공급한다. 즉 전통적인 이주대책과 생활 대책의 개념은 대체 주거형 이주대책이었다. 그러나 기업도시, 혁신도시, 행복도시, 산업단지건설, 신도시건설, 댐건설 등 대규모 공익사업으로 인하여 이주자들은 영업과 생활기반은 물론 전통과 문화적 기반까지 상실하고 새로운 환경에서 생활을 시작해야 한다. 따라서 생계배려형 이주대책, 즉 현대적 의미의 생활보상은 공공사업의 시행으로 인한 재산권 침해에 대하여 단순히 소극적으로 공공사업의 시행이 없었던 것과 같은 재산 상태를 유지해 주는 '재산권의 가치보장'에 그치는 것이 아니라 적극적으로 공공사업의 시행이 없었던 것과 같은 '생활상태를 재건'해 주는 원상회복적 성격을 가져야 하며, 공공사업으로 인하여 생활 터전을 상실한 사람에게 종전과 같은 생활 터전의 재건에 필요한 생활재건조치와 생계보장 수단까지 뒤따라야 할 것이다. 결국 향후 이주대책은 토지보상법의 개념을 넘어서서 이주자의 생존과 생활 배려를 포함한 생활 재건으로서의 개념으로 받아들여야 한다.

② 이주대책의 의의, 성질, 수립 절차
- 이주대책은 이주대책대상자들에 대하여 종전의 생활상태를 원상으로 회복시키면서 동시에 인간다운 생활을 보장하여 주기 위한 '생활보상의 일환'으로 국가의 적극적이고 정책적인 배려에 의하여 마련된 제도이다. 따라서 사업시행자는 이주대책의 수립·실시에 있어 재량권을 가진다. 이주대책은 공익사업의 시행으로 인하여 이주대책대상자를 위한 생활보상의 성격을 지닌 것으로서, 사업시행자가 생활시설이 포함된 택지를 조성하거나 주택을 건설하여 이주자들에게 우선적으로 공급하는 것이다.
- 사업시행자는 이주대책을 수립하려는 경우에는 미리 그 내용을 이주대책대상자에게 통지하여야 하며(영 제40조 제1항), 미리 관할 지방자치단체의 장과 협의하여야 한다(법 제78조 제2항). 국가나 지방자치단체는 이주대책의 실시에 따른 주택지의 조성 및 주택의 건설에 대하여는 주택도시기금법에 따른 주택도시기금을 우선적으로 지원하여야 한다(법 제78조 제3항).

③ 이주대책의 수립기관, 요건
- 이주대책은 '사업시행자'가 수립한다. 사업시행자는 공익사업의 시행으로 인하여 주거용 건축물을 제공함에 따라 생활의 근거를 상실하게 되는 자(이주대책대상자)를 위하여 이주대책대상자 중 이주정착지에 이주를 희망하는 자의 가구 수가 10호 이상인 경우에 수립·실시한다. 다만 i)공익사업시행지구 인근에 택지 조성에 적합한 토지가 없는 경우, ii)이주대책에 필요한 비용이 당해 공익사업의 본래의 목적을 위한 소요비용을 초과하는 등 이주대책의 수립·실시로 인하여 당해 공익사업의 시행이 사실상 곤란하게 되는 경우 등의 경우에는 이주대책을 수립·실시하지 않을 수 있다.[572] 한편 사업시행자가 택지개발촉진법 또는 주택법 등 관계 법령에 따라 이주대책대상자에게 택지 또는 주택을 공급한 경우(사업시행자의 알선에 의하여 공급한 경우 포함)에는 이주대책을 수립·실시한 것으로 본다(법 제78조 제1항, 영 제40조 제2항, 규칙 제53조 제1항).

④ 이주대책의 종류
- 토지보상법이 제시하는 이주대책에는, 첫째 이주정착지를 조성·공급(법 제78조 제4항, 영 제40조 제2항 본문), 둘째 이주자택지 또는 주택(아파트)을 공급(영 제40조 제2항 단서), 셋째 이주정착금을 지급(법 제78조 제1항, 영 제41조, 규칙 제53조) 방법으로 구성되어 있다.

⑤ 이주대책의 내용과 생활기본시설의 범위
- 이주대책의 내용 중 "이주정착지 조성·공급 방법"에는 이주정착지(이주대책의 실시로 건설하는 주택단지 포함)에 대한 도로, 급수시설, 배수시설, 그 밖의 공공시설 등 통상적인 수준의 '생활기본시설'이 포함되어야 하며, 이에 필요한 비용은 '사업시행자'가 부담한다. 다만 행정청이 아닌 사업시행자가 이주대책을 수립·실시하는 경우에 지방자치단체는 비용의 일부를 보조할 수 있다(법 제78조 제4항). 통상적인 수준의 '생활기본시설'은 도로(가로등·교통신호기 포함), 상수도 및 하수처리시설, 전기시설, 통신시설, 가스시설로 한다(영 제41조의2 제1항). 사업시행자가 부담하는 생활기본시설에 필요한 비용은 다음 각 호의 계산식[573]에 따라 산정한다(영 제41조의2 제2항). 해당 공익사업지역 안에 설치하는 생활기본시설의 설치비용은 해당 생활기본시설을 설치하는 데 드는 공사비, 용지비, 해당 생활기본시설의 설

---

[572] 2018.8.8. 토지정책과-5092 질의회신
[573]
1. 택지를 공급하는 경우 사업시행자가 부담하는 비용 = 해당 공익사업지구 안에 설치하는 제1항에 따른 생활기본시설의 설치비용 × (해당 이주대책대상자에게 유상으로 공급하는 택지면적 ÷ 해당 공익사업지구에서 유상으로 공급하는 용지의 총면적)
2. 주택을 공급하는 경우 사업시행자가 부담하는 비용 = 해당 공익사업지구 안에 설치하는 제1항에 따른 생활기본시설의 설치비용 × (해당 이주대책대상자에게 유상으로 공급하는 주택의 대지면적 ÷ 해당 공익사업지구에서 유상으로 공급하는 용지의 총면적)

치와 관련하여 법령에 따라 부담하는 각종 부담금으로 한다(영 제41조의2 제3항).[574] 생활기본시설 설치비용에는 사업지역 밖에 설치하는 도로에 관한 부담금 등 비용은 포함되지 않는다.[575] 생활기본시설로서의 도로에는 주택단지 안의 도로를 당해 주택단지 밖에 있는 동종의 도로에 연결시키는 도로 모두가 포함된다.[576] 택지조성비에는 공공시설용지가 아닌 택지의 조성비와 농지보전부담금 또는 대체산림자원조성비 등 부대비용이 포함된다.

- 법 제78조 제4항에서 정한 '도로·급수시설·배수시설 그 밖의 공공시설 등 당해 지역조건에 따른 생활기본시설'의 의미와 이주대책 대상자들과 사업시행자 등이 체결한 택지 또는 주택에 관한 특별공급계약에서 위 조항에 규정된 생활기본시설 설치비용을 분양대금에 포함시킴으로써 이주대책 대상자들이 그 비용까지 사업시행자 등에게 지급하게 된 경우, 사업시행자가 그 비용 상당액을 부당이득으로 이주대책 대상자들에게 반환하여야 하는지 여부에 관한 대법원의 전합 판결을 각주에서 소개한다.[577]

- 택지분양권이나 아파트 입주권 등 수분양권이 생활기본시설에 포함되느냐가 문제된다. 그러나 대법원은 "토지보상법이 사업시행자에게 이주대책의 수립·실시의무를 부과하고 있다고 하더라도 그 규정 자체만에 의하여 이주자에게 사업시행자가 수립한 '이주대책상의 택지분양권이나 아파트 입주권 등을 받을 수 있는 구체적인 권리(수분양권)'가 직접 발생하는 것이라고는 볼 수 없고, 사업시행자가 이주대책에 관한 구체적인 계획을 수립하여 이를 해당자에게 통지 내지 공고한 후, 이주자가 수분양권을 취득하기를 희망하여 이주대책에 정한 절차에 따라 사업시행자에게 이주대책 대상자 선정신청을 하고 사업시행자가 이를 받아들여 이주대

---

574) 대법원 2011. 6. 23. 선고 2007다63089,63096 전원합의체 판결 [채무부존재확인·채무부존재확인], 대법원 2019. 4. 11. 선고 2014다209579 판결 [채무부존재확인]
575) 대법원 2014. 3. 13. 선고 2012다89382 판결 [부당이득금]
576) 대법원 2014. 1. 16. 선고 2012다37374,37381 판결 [채무부존재확인등·채무부존재확인], 대법원 2017. 12. 5. 선고 2015다1277 판결 [부당이득금반환]
577) 대법원 2011. 6. 23. 선고 2007다63089,63096 전원합의체 판결 [채무부존재확인·채무부존재확인]
구 공익사업법 제78조 제4항의 취지는 이주대책대상자들에게 생활의 근거를 마련해 주고자 하는 데 그 목적이 있으므로, 위 규정의 '도로·급수시설·배수시설 그 밖의 공공시설 등 당해 지역조건에 따른 생활기본시설'이라 함은 주택법 제23조 등 관계 법령에 의하여 주택건설사업이나 대지조성사업을 시행하는 사업주체가 설치하도록 되어 있는 도로 및 상하수도시설, 전기시설·통신시설·가스시설 또는 지역난방시설 등 간선시설을 의미한다고 보아야 한다. 따라서 만일 이주대책대상자들과 사업시행자 또는 그의 알선에 의한 공급자와 사이에 체결된 택지 또는 주택에 관한 특별공급계약에서 구 공익사업법 제78조 제4항에 규정된 생활기본시설 설치비용을 분양대금에 포함시킴으로써 이주대책대상자들이 생활기본시설 설치비용까지 사업시행자 등에게 지급하게 되었다면, 사업시행자가 직접 택지 또는 주택을 특별공급한 경우에는 특별공급계약 중 분양대금에 생활기본시설 설치비용을 포함시킨 부분이 강행법규인 구 공익사업법 제78조 제4항에 위배되어 무효이고, 사업시행자의 알선에 의하여 다른 공급자가 택지 또는 주택을 공급한 경우에는 사업시행자가 위 규정에 따라 부담하여야 할 생활기본시설 설치비용에 해당하는 금액의 지출을 면하게 되어, 결국 사업시행자는 법률상 원인 없이 생활기본시설 설치비용 상당의 이익을 얻고 그로 인하여 이주대책대상자들이 같은 금액 상당의 손해를 입게 된 것이므로, 사업시행자는 그 금액을 부당이득으로 이주대책대상자들에게 반환할 의무가 있다 할 것이다. 다만 구 공익사업법 제78조 제4항에 따라 사업시행자의 부담으로 이주대책대상자들에게 제공하여야 하는 것은 위 조항에서 정한 생활기본시설에 국한된다.

책 대상자로 확인·결정하여야만 비로소 구체적인 수분양권이 발생하게 된다"고 판시한다. 또한 공익사업시행자가 하는 이주대책 대상자 확인·결정은 수분양권을 부여하는 행정작용으로서의 재량적 처분이다. 이에 대한 쟁송방법은 항고소송으로 하여야 한다.578) 사업시행자가 이주대책 대상자에서 제외시키는 거부조치를 한 경우에도 항고소송으로 다투어야 한다. 따라서 사업시행자가 이주대책 기준을 정하여 이주대책 대상자 중에서 공급할 택지 또는 주택의 내용이나 수량을 정하는 처분은 재량권이 인정되는 것으로 특별한 사정이 없는 한 존중되어야 한다.579)

⑥ 이주대책 대상자 및 대상자에서 제외되는 경우

- 이주대책 대상자는 공익사업의 시행으로 인하여 '주거용 건축물'을 제공함에 따라 '생활의 근거를 상실'하게 되는 자(이하 "이주대책 대상자"라 한다)이다. 사업시행자는 이들을 위하여 대통령령으로 정하는 바에 따라 이주대책을 수립·실시하거나 이주정착금을 지급하여야 한다(법 제78조 제1항). 주거용 건축물을 제공함에 따라 생활의 근거를 상실하게 되는 자라 함은 '공익사업시행지구 안'에서 '주거용 건축물을 소유'하고 '그 건축물에서 거주하는 자'를 말한다. 현행법은 주거용 건축물이라고 규정하고 있기 때문에 과거와 같이 사업시행자들이 토지보상과 연계하여 이주대책을 강제할 수 없게 되었다. 또한 이주대책을 수립·실시하여야 하므로 과거와 같이 협의에 의하여 손실을 보상하고 취득할 수가 없게 되었다. 주거용 건축물이라 함은「건축법」상의 단독 주택 및 공동 주택에 한하지 않고 당해 건축물이 주거용으로 용도변경이 가능한 건축물로서 실제 허가 또는 신고를 하고 용도변경을 한 경우에는 주거용 건축물에 해당된다. 허가나 신고를 하지 않고 주거용을 용도 변경한 건축물의 소유자는 이주대책 대상자에 포함되지 않는다.580) 사업시행자는 이주대책 대상자의 범위를 확대할 수 있으나, 확대된 이주대책 대상자에게 생활기본시설을 설치하여 줄 의무는 없다.581)

- 다음 각 호에 해당하는 자는 이주대책 대상자에서 제외한다(영 제40조 제5항).582) 여기에는 거주요건에서 세입자는 이주대책 대상자가 아니다. 그러나 타인이 소유하고 있는 건축물에 거주하는 세입자이더라도 해당 공익사업지역에 주거용 건축물을 소유한 자는 이주대책 대상자에 포함한다. 거주 사실은 주민등록이 기준이 될 것이나, 주민등록이 되어 있지 않는 경우

---

578) 대법원 2014. 2. 27. 선고 2013두10885 판결 [일반분양이주택지결정무효확인]
579) 대법원 1995. 10. 12. 선고 94누11279 판결 [단독주택용지공급신청에대한거부처분취소등], 대법원 2010. 3. 25. 선고 2009두23709 판결, 대법원 2013. 12. 26. 선고 2013두17701 판결 [아파트특별공급거부(제외)처분취소], 대법원 2016. 8. 24. 선고 2016두37218 판결 [이주대책대상자제외처분취소]
580) 대법원 2013. 10. 24. 선고 2011두26893 판결 [보상금증액]
581) 대법원 2015. 10. 29. 선고 2014다14641 판결 [부당이득금], 대법원 2014. 9. 4. 선고 2012다109811 판결 [채무부존재확인]
582) 대법원 1999. 5. 14. 선고 98다8059 판결 [손해배상(공)], 대법원 1998. 2. 10. 선고 96누12665 판결 [토지수용이의재결처분취소] 공공사업시행지구 밖에서 영업을 하다가 공공사업 시행으로 인하여 간접적인 영향을 받아 영업을 폐지하게 되어 손실보상을 받은 자는 이주대책대상자에 해당하지 않는다.

실재 거주 여부는 이를 주장하는 자가 입증하여야 한다.[583] 이주대책의 기준일은 '관계 법령에 의한 고시 등이 있는 날'이다. 이에는 '사업인정고시일'은 물론 '공람공고일', '보상계획공고일'도 포함된다.[584]

---
1. 허가를 받거나 신고를 하고 건축 또는 용도변경을 하여야 하는 건축물을 허가를 받지 아니하거나 신고를 하지 아니하고 건축 또는 용도변경을 한 건축물의 소유자
2. 해당 건축물에 공익사업을 위한 관계 법령에 따른 고시 등이 있은 날부터 계약체결일 또는 수용재결일까지 계속하여 거주하고 있지 아니한 건축물의 소유자. [585]
   다만 다음 각 목의 어느 하나에 해당하는 사유로 거주하고 있지 아니한 경우에는 그러하지 아니하다.
   가. 질병으로 인한 요양   나. 징집으로 인한 입영   다. 공무   라. 취학
   마. 해당 공익사업지구 내 타인이 소유하고 있는 건축물에의 거주
   바. 그 밖에 가목부터 라목까지에 준하는 부득이한 사유
3. 타인이 소유하고 있는 건축물에 거주하는 세입자.
   다만 해당 공익사업지구에 주거용 건축물을 소유한 자로서 타인이 소유하고 있는 건축물에 거주하는 세입자는 제외한다.

■ 토지보상법의 이주대책에는 주거용 건축물[586]과 소유자 중심이고, 세입자 등은 주택 특별공급은 물론 이주대책에서도 제외되어 있다. 주택소유자보다 상대적으로 약자인 주택임차인과 상가임차인들에 대한 대책이 빠져 있다는 점에서 매우 미흡하고 아쉽다.[587] 헌법재판소는 임차인을 이주대책 대상자에서 제외했다고 하여 세입자의 재산권이나, 평등권을 침해한 것은 아니라고 한다.[588] 주거용이고 소유자라 하더라도 무허가·미등기 건물은 대상에서 제외된다. 다만 1989. 1. 24. 이전에 건축된 무허가 주거용 건축물은 이주대책대상에 포함된다(시행령 부칙 제6조). 한편 사용승인을 받지 않은 주거용 건축물이라 하여 이주대책 대상에서

---
583) 1999. 7. 8. 토관 58342-609 질의회신
584) 대법원 2009. 2. 26. 선고 2007두13340 판결 [이주대책대상자제외처분취소], 대법원 2015. 7. 23. 선고 2012두22911 판결 [특별공급적격처분취소]
585) 대법원 1998. 2. 10. 선고 96누12665 판결 [토지수용이의재결처분취소]
   벽돌제조업자들이 당해 지장물 소재지에서 거주해 오고 있지 아니한 경우에는 공공용지의취득및손실보상에관한특례법이 정하는 이주대책의 대상이 되는 생활근거를 상실하게 되는 이주자에 해당하지 아니한다.
586) 대법원 2009. 11. 12. 선고 2009두10291 판결 [국민주택특별공급대상자제외처분취소], 대법원 2010. 3. 25. 선고 2009두23709 판결 [이주및생활 대책자선정제외통보처분취소] 대법원은 " 도시계획 사업시행자가 사업부지 내 철거 건축물의 건축물대장상 용도가 '주거용'이 아닌 '근린생활시설'이라는 이유로 그 건물을 국민주택 특별공급의 대상에서 배제한 사안에서, 그 처분이 위법하지 않다"고 한다. 또한 "사업시행자가 이주 및 생활 대책 준칙에서 기준일 이전부터 사업지구 내에 사용승인을 받은 주택을 소유하고 있으면서 그 주택에 계속 거주하여 온 자를 이주대책 대상자로 정한 후, 타인 명의로 근린생활시설 증축신고를 하고 사용승인을 받은 건물부분에서 거주해오다가 기준일이 지난 다음에야 자신의 명의로 소유권이전등기를 경료한 사람을 이주대책 대상자에서 제외한 것이 합리적 재량권 행사의 범위를 넘는 위법한 것으로 볼 수 없다"고 한다. 또한 창고시설(농업용)도 이주대책의 대상이 아니라고 하여 (대법원 2011. 6. 10. 선고 2010두26216 판결 [이주대책대상자및이주대책보상등의거부처분취소])공부상의 용도가 주거용건출물이어야 함을 명백히 하고 있다.
587) 이헌석, 공익사업에 따른 이주자주택특별공급의 법적 쟁점 및 개선방안, 토지공법연구 제79집(2017.8.), 439
588) 헌법재판소 2006.2.23. 선고 2004헌마19

제외되지 않는다.[589] 사업시행지구에 모친이 혼자 거주하다가 사망하여도 이주대책상의 '권한'을 자식들이 상속받을 수는 없다.[590] 사망 당시 생활의 근거를 상실한 것이 아니기 때문이다. 그러나 이주대책 대상자로 확정된 후에 사망한 경우에는 상속이 인정된다.[591]

- 택지개발예정지구 내의 이주자 택지 공급대상자가 사망하여 공동상속인들이 이주자 택지에 관한 공급계약을 체결할 수 있는 청약권을 공동 상속한 경우, 공동상속인들이 그 상속 지분 비율에 따라 피상속인의 청약권을 준공유하게 되며, 공동상속인들은 단독으로 청약권 전부는 물론 그 상속 지분에 관하여도 이를 행사할 수 없고, 그 청약권을 준공유하고 있는 공동상속인들 전원이 공동으로만 이를 행사할 수 있는 것이므로 위 청약권에 기하여 청약의 의사표시를 하고, 그에 대한 승낙의 의사표시를 구하는 소송은 청약권의 준공유자 전원이 원고가 되어야 하는 '고유필수적 공동소송'이다. 매매계약의 일방 당사자가 사망하였고 그에게 여러 명의 상속인이 있는 경우에 그 상속인들이 위 계약을 해제하려면, 상대방과 사이에 다른 내용의 특약이 있다는 등의 특별한 사정이 없는 한, 민법 제547조 제1항(해지, 해제권의 불가분성)에 따라서 상속인들 전원이 해제의 의사표시를 하여야 한다.[592]
- 1주택에 여러 세대가 거주하고 있는 경우 또는 주민등록이 별도로 되어 있다 하더라도 실제로 생계를 같이하고 있으면 공익사업의 시행으로 생활의 근거가 상실되는 것은 1세대에 불과하므로 동일세대로 보아야 한다(1세대 1택지 공급의 원칙). 주거용 컨테이너도 규모, 정착 기간, 이용 상황 등을 고려하여 주거용 건축물로 봄이 옳을 것이다.

⑦ '주된 사업'의 이주대책에 '부수 사업'의 이주대책을 포함하여 수립·실시 요청

- 법 제4조 제6호 및 제7호에 따른 "부수 사업"의 사업시행자는 법 제78조 제1항 및 영 제40조 제2항 본문에 따라 이주대책을 수립·실시하여야 하는 경우에 해당하지 아니하고, 법 제4조 제1호부터 제5호까지의 규정에 따른 "주된 사업"의 이주대책 수립이 완료되지 아니하였을 경우, "주된 사업"의 이주대책에 "부수 사업"의 이주대책을 포함하여 수립·실시하여 줄 것을 주된 사업의 사업시행자에게 요청할 수 있다. 이 경우 부수 사업 이주대책 대상자의 이주대책을 위한 비용은 부수 사업의 사업시행자가 부담한다(영 제40조 제3항).
- 이주대책의 수립·실시 요청을 받은 주된 사업의 사업시행자는 법 제78조 제1항 및 영 제40조 제2항 본문에 따라 이주대책을 수립·실시하여야 하는 경우에 해당하지 아니하는 등 부득이한 사유가 없으면 이에 협조하여야 한다(영 제40조 제4항).

---

589) 대법원 2013. 8. 23. 선고 2012두24900 판결 [이주자택지공급대상제외처분취소]
590) 1997. 5. 21. 토정 58342-686 질의회신
591) 대법원 2003. 12. 26. 선고 2003다11738 판결 [소유권이전등기]
592) 대법원 2003. 12. 26. 선고 2003다11738 판결 [소유권이전등기], 대법원 2013. 11. 28. 선고 2013다22812 판결 [계약금및중도금반환], 대법원 2022. 7. 14. 선고 2021다294674 판결 [예금반환] 〈망인의 공동상속인 중 1인인 원고가 은행인 피고를 상대로 망인의 청약저축예금 반환을 구하는 사안〉

⑧ 주택지 또는 주택 분양권의 법적 성질 및 전매금지 등
- 수분양권은 사업시행자가 수립한 이주대책 계획에 의하여 바로 취득되는가 아니면 사업시행자가 이주대책대상자로 확인·결정하여야 비로소 수분양권이 발생하는가가 문제된다(수분양권 법적 성질 또는 이주자의 법적 지위 문제). 어떻게 보느냐에 따라서 이주자대책대상자에서 제외된 자가 어떠한 형태의 소송을 제기하여 구제받을 수 있느냐와 관련된다. 전자로 보면 당사자소송을 할 수 있고, 후자로 보면 이주대상자에서 제외된 자는 거부 또는 제외처분을 이유로 사업시행자를 상대로 항고소송을 제기하여 그 제외 또는 거부처분의 취소를 구할 수 있게 된다. 대법원은 후자의 입장이다.593) 대법원은 수익적 행정행위 신청에 대한 거부처분이 있은 후 당사자가 다시 신청하고 행정청이 이를 다시 거절한 경우, 새로운 거부처분이 있는 것으로 볼 수 있다고 하면서, 토지개발공사의 이주대책대상자 선정신청자에 대한 이주택지의 공급대상 적격자에 해당하지 아니한다는 통지가 독립한 새로운 거부처분으로서 취소소송의 대상이 된다고 하여 위 통지가 행정처분에 해당하지 않는다고 본 원심판결을 파기한 바 있다.594) 따라서 사업시행자는 행정처분이라는 점을 고려하여 소 제기 기간 등을 자세히 고지하고 행정소송을 제기할 수 있음을 알려야 할 것이다. 택지 또는 주택의 공급계약에 대한 사업시행자의 해제 통지의 법적 성질도 마찬가지이다.595) 그러나 위와는 달리 택지 또는 주택의 분양계약에 따라 이주대책 대상자가 부담하는 금전지급의무에 대한 다툼은 민사소송의 대상이다.596)
- 이주대책에 관한 항고소송은 필요적 행정심판전치주의가 아니다. 그러나 행정심판을 제기하는 경우, 사업시행자가 공공기관 또는 공기업인 경우에는 부패방지권익위법에 따른 국민권익위원회에 두는 중앙행정심판위원회에서 심리·재결한다(행정심판법 제6조 제2항).
- 한편 실무상, 특히 현장의 중개 실무에서 이주자 택지와 관련하여 주의할 점이 있다. 택지개발촉진법에 따라 조성된 택지에 대한 공급계약을 체결한 자(이하 "공급받은 자"라 한다)는 소유권이전등기를 하기 전까지는 그 택지를 공급받은 용도대로 사용하지 아니한 채 그대로 전매(轉賣)(명의변경, 매매 또는 그 밖에 권리의 변동을 수반하는 모든 행위를 포함하되, 상속의 경우는 제외)할 수 없고, 누구든지 그 택지를 전매 받아서도 아니 된다. 공급받은 자가 택지를 전매한 경우 해당 법률행위는 무효로 하며, 택지개발사업의 시행자(당초의 택지공급

---

593) 대법원 2014. 2. 27. 선고 2013두10885 판결 [일반분양이주택지결정무효확인], 대법원 1994. 5. 24. 선고 92다35783 전원합의체 판결 [지장물세목조서명의변경], 대법원 1999. 8. 20. 선고 98두17043 판결 [단독주택용지조성원가공급거부처분취소]
594) 대법원 1998. 3. 13. 선고 96누15251 판결 [이주대책대상자제외처분취소], 대법원 2002. 3. 29. 선고 2000두6084 판결 [부작위법확인의소], 대법원 2019. 4. 3. 선고 2017두52764 판결 [예방접종피해보상거부처분취소]
595) 대법원 1996. 5. 10. 선고 96누2118 판결 [이주자택지매매계약해제처분취소]
596) 대법원 2000. 9. 8. 선고 99두1113 판결 [이주단지택지공급조건중분양가에공공시설비포함결정처분무효확인등]

자를 말한다)는 이미 체결된 택지의 공급계약을 취소한다. 다만 이주대책용으로 공급하는 주택 건설 용지 등은 예외적으로 "시행자의 동의를 받은 경우"에만 전매가 가능하다(법 제19조의2, 영 제13조의3). 즉 대법원도 "이주자가 수분양권을 취득하기를 희망하여 이주대책에 정한 절차에 따라 사업시행자에게 이주대책 대상자 선정신청을 하고 사업시행자가 이를 받아들여 이주대책 대상자로 확인·결정하여야만 비로소 구체적인 수분양권이 발생하게 된다"고 하면서,597) "택지공급계약을 체결하기 전에 장차 공급받을 택지를 그대로 전매하기로 하는 내용의 택지분양권 매매계약의 효력은 무효이며, 매도인이 장차 공급받을 택지에 관하여 '시행자의 동의' 절차에 협력할 의무를 지지 않는다"고 한다.598) 나아가 대법원은 상가용지 등을 공급하기로 하는 등의 생활 대책을 수립·실시하는 경우에도 비록 토지보상법과 개별법에 명문 규정이 없는 경우에도 동일하게 보고 있다. 즉 "공익사업을 위한 토지 등의 취득 및 보상에 관한 법률(이하 '공익사업법'이라 한다)은 제78조 제1항에서 "사업시행자는 공익사업의 시행으로 인하여 주거용 건축물을 제공함에 따라 생활의 근거를 상실하게 되는 자(이주대책 대상자)를 위하여 대통령령으로 정하는 바에 따라 '이주대책'을 수립·실시하거나 '이주정착금'을 지급하여야 한다."고 규정하고 있을 뿐, 생활 대책용지의 공급과 같이 공익사업 시행 이전과 같은 경제 수준을 유지할 수 있도록 하는 내용의 생활 대책에 관한 분명한 근거 규정을 두고 있지는 않으나, 사업시행자 스스로 공익사업의 원활한 시행을 위하여 필요하다고 인정함으로써 생활 대책을 수립·실시할 수 있도록 하는 내부규정을 두고 있고 그 내부규정에 따라 생활 대책대상자 선정기준을 마련하여 생활 대책을 수립·실시하는 경우에는, 이러한 생활 대책 역시 "공공필요에 의한 재산권의 수용·사용 또는 제한 및 그에 대한 보상은 법률로써 하되, 정당한 보상을 지급하여야 한다."고 규정하고 있는 헌법 제23조 제3항에 따른 정당한 보상에 포함되는 것으로 보아야 한다. 따라서 이러한 생활 대책대상자 선정기준에 해당하는 자는 사업시행자에 대하여 생활 대책대상자 선정 여부의 확인·결정을 신청할 수 있는 권리를 가진다고 할 것이어서, 만일 사업시행자가 그러한 자를 생활 대책대상자에서 제외하거나 그 선정을 거부하면, 이러한 생활 대책대상자 선정기준에 해당하는 자는 사업시행자를 상대로 항고소송을 제기할 수 있다고 봄이 타당하다."고 하고 있다.599)

- 이주대책의 실시에 따른 주택지 또는 주택을 공급받기로 결정된 권리는 소유권이전등기를 마칠 때까지 전매(매매, 증여, 그 밖에 권리의 변동을 수반하는 모든 행위를 포함하되, 상속은 제외)할 수 없으며, 이를 위반하거나 해당 공익사업과 관련하여 제93조, 제96조 및 제97조제2호의 어느 하나에 해당하는 위반행위를 한 경우, 공공주택 특별법 제57조 제1항 및 제

---

597) 대법원 1994. 5. 24. 선고 92다35783 전원합의체 판결 [지장물세목조서명의변경]
598) 대법원 2017. 10. 12. 선고 2017다230277 판결 [이주택지분양권매매계약무효확인]
599) 대법원 2011. 10. 13. 선고 2008두17905 판결 [상가용지공급대상자적격처분취소등]

58조 제1항 제1호의 어느 하나에 해당하는 위반행위를 한 경우, 한국토지주택공사법 제28조의 위반행위를 한 경우에 사업시행자는 이주대책의 실시가 아닌 '이주정착금'으로 지급하여야 한다(법 제78조 제5항).〈신설 2022. 2. 3.〉

⑨ 택지 또는 주택 취득비용과 보상금의 상계 가능

- 이주정착지 안의 택지 또는 주택을 취득하거나 택지 또는 주택을 취득하는 데 드는 비용은 이주대책대상자의 희망에 따라 그가 지급받을 보상금과 상계할 수 있다(영 제40조 제6항).

⑩ 이주대책의 지원 등

- 국가나 지방자치단체는 이주대책의 실시에 따른 주택지의 조성 및 주택의 건설에 대하여는 「주택도시기금법」에 따른 '주택도시기금을 우선적으로 지원'하여야 한다(법 제78조 제3항). 그러나 현재 주택도시기금의 지원이 이루어지지 않고 있다.
- 행정청이 아닌 사업시행자가 이주대책을 수립·실시하는 경우에 지방자치단체는 비용의 일부를 보조할 수 있다(법 제78조 제4항 단서). 택지 조성은 손실보상의 생활재건조치임과 동시에 국가 또는 지자체의 지역개발사업이기 때문이다.
- 「토지보상법」, 「국토계획법」, 「도시개발법」, 「관광진흥법」, 「농어촌정비법」에 따라 토지 등을 수용할 수 있는 사업인정, 토지조성계획, 농어촌정비사업 승인을 받은 자로부터 부동산 등【선박·어업권·광업권 포함. 이 조에서 '부동산 등'이라 한다】을 매수, 수용 또는 철거된 자[600]가 계약일 또는 해당 사업인정고시일, 「관광진흥법」에 따른 조성계획 고시일, 「농어촌정비법」에 따른 개발계획 고시일 이후에 대체 취득할 부동산 등에 관한 계약을 체결하거나 건축허가를 받고, 그 보상금을 마지막으로 받은 날[601]부터 1년 이내(농지의 경우는 2년 이내)에 '다음 각 호의 구분에 따른 지역'[602]에서 종전의 부동산 등을 대체할 부동산등을 취득하였을 때【건축 중인 주택을 분양받는 경우에는 분양계약을 체결한 때를 말한다】에는 그

---

[600] 「토지보상법」이 적용되는 공공사업에 필요한 부동산 등을 해당 공공사업의 시행자에게 매도한 자 및 같은 법 제78조 제1항부터 제4항까지 및 제81조에 따른 이주대책의 대상이 되는 자를 포함한다.
[601] 사업인정을 받은 자의 사정으로 대체 취득이 불가능한 경우에는 취득이 가능한 날을 말하고, 「토지보상법」 제63조 제1항에 따라 토지로 보상을 받는 경우에는 해당 토지에 대한 취득이 가능한 날을 말하며, 같은 법 제63조 제6항 및 제7항에 따라 보상금을 채권으로 받는 경우에는 채권상환기간 만료일을 말한다.
[602]

1. 농지 외의 부동산 등
  가. 매수·수용·철거된 부동산 등이 있는 특·광·특자시·도·특자도 내의 지역
  나. 가목 외의 지역으로서 매수·수용·철거된 부동산 등이 있는 특자시·시군구와 잇닿아 있는 특자시·시군구 내의 지역
  다. 매수·수용·철거된 부동산 등이 있는 특·광·특자시·도와 잇닿아 있는 특·광·특자시·도 내의 지역. 다만, 「소득세법」 제104조의2 제1항에 따른 지정지역은 제외한다.
2. 농지(자경농민이 농지 경작을 위하여 총 보상금액의 100분의 50 미만의 가액으로 취득하는 주택을 포함)
  가. 제1호에 따른 지역
  나. 가목 외의 지역으로서 「소득세법」 제104조의2 제1항에 따른 지정지역을 제외한 지역

취득에 대한 취득세를 면제한다(지방세특례제한법 제73조 제1항). 새로 취득한 부동산 등의 가액 합계액이 종전의 부동산 등의 가액 합계액을 초과하는 경우에 그 '초과액에 대해서는 취득세를 부과'한다. 초과액의 산정기준과 방법 등은 대통령령으로 정한다. 「토지보상법」에 따른 환매권을 행사하여 매수하는 부동산도 취득세를 면제한다(법 제73조 3항). 다음에서 보는 바와 같이[603] 과밀억제권 안에서의 부동산 등의 과세 대상을 취득하는 경우와 부재 부동산 소유자가 부동산을 대체 취득하는 경우에는 취득세를 부과한다(법 제73조 2항). 이에 관하여 자세한 것은 졸저 "부동산중개실무(Ⅲ)" 304쪽 이하를 참고하기 바란다.

- 토지보상법 제78조에 따른 이주대책 대상자를 위한 주택지조성사업 및 주택건설사업은 개발부담금 부담에서 제외된다. 이에 관하여 자세한 것은 졸저 "부동산중개실무(Ⅲ)" 121쪽 이하 개발이익환수제도를 참조하기 바란다.

(2) 이주정착금 지급

- 사업시행자는 공익사업의 시행으로 인하여 주거용 건축물을 제공함에 따라 이주정착지에 이주를 희망하는 자의 가구 수가 10호(戶) 이상인 경우에는 생활의 근거를 상실하는 이주대책 대상자에게 이주대책을 수립·실시하여야 한다. 그러나 다음 각 호[604]의 어느 하나에 해당하는 경우, 공익사업시행지구의 인근에 택지 조성에 적합한 토지가 없는 경우, 이주대책에 필요한 비용이 당해 공익사업 본래의 목적을 위한 소요 비용을 초과하는 등 이주대책의 수립·실시로 인하여 당해 공익사업의 시행이 사실상 곤란하게 되는 경우에는 이주대책 대상자

---

[603]
지방세법 제13조(과밀억제권역 안 취득 등 중과) ⑤ 다음 각 호의 어느 하나에 해당하는 부동산 등을 취득하는 경우【별장·골프장·고급주택·고급오락장 또는 고급선박을 2명 이상이 구분하여 취득하거나 1명 또는 여러 명이 시차를 두고 구분하여 취득하는 경우를 포함】의 취득세는 <u>제11조의 세율(기본세율)과 중과기준세율의 100분의 400을 합한 세율을 적용하여 계산한 금액을 그 세액으로 한다.</u>

[604] 이주정착금을 지급해야 하는 경우
1. 이주대책을 수립·실시하지 아니하는 경우
2. 이주대책 대상자가 이주정착지가 아닌 다른 지역으로 이주하려는 경우
3. 이주대책 대상자가 공익사업을 위한 관계 법령에 따른 고시 등이 있은 날의 1년 전부터 계약체결일 또는 수용재결일까지 계속하여 해당 건축물에 거주하지 않은 경우
4. 이주대책 대상자가 공익사업을 위한 관계 법령에 따른 고시 등이 있은 날 당시 다음 각 목의 어느 하나에 해당하는 기관·업체에 소속(다른 기관·업체에 소속된 사람이 파견 등으로 각 목의 기관·업체에서 근무하는 경우 포함)되어 있거나 퇴직한 날부터 3년이 경과하지 않은 경우
   가. 국토교통부
   나. 사업시행자
   다. 법 제21조 제2항에 따라 협의하거나 의견을 들어야 하는 공익사업의 허가·인가·승인 등 기관
   라. 공익사업을 위한 관계 법령에 따른 고시 등이 있기 전에 관계 법령에 따라 실시한 협의, 의견청취 등의 대상자였던 중앙행정기관, 지방자치단체, 공공기관운영법에 따른 공공기관 및 지방공기업법에 따른 지방공기업

에게 '이주정착금을 지급'해야 한다(법 제78조 제1항, 영 제40조 제2항 본문, 영 제41조, 규칙 제53조 제1항). 이주정착금 지급대상자도 이주대책 대상자의 요건을 구비하여야 한다.605)606) 이주대책 대상자가 개발제한구역 내에서 이축허가를 받아 이전하는 경우에도 이주정착금을 지급하여야 한다.
- 이주정착금은 보상대상인 주거용 건축물에 대한 평가액의 30%에 해당하는 금액으로 하되, 그 금액이 1천 2백만 원 미만인 경우에는 1천 2백만 원으로 하고, 2천 4백만 원을 초과하는 경우에는 2천 4백만 원으로 한다(규칙 제53조 제2항).

(3) 주거 이전비와 동산 이전비 보상

① 의의
- 주거용 건물의 거주자에 대하여는 주거 이전에 필요한 비용과 가재도구 등 동산의 운반에 필요한 비용을 산정하여 보상하여야 한다(법 제78조 제6항, 제10항). 주거 이전비는 주거용 건축물의 거주자에 대한 주거 이전에 필요한 비용의 보상이므로 원칙적으로 실비변상적 보상의 성격을 가진다. 즉 우리나라의 부동산 거래 및 임대차에서 매매대금 또는 전세금의 수수 관행은 계약금·중도금·잔금으로 나누어 순차적으로 지급되므로 실제적으로 계약일로부터 입주일까지는 상당한 기간이 소요되나, 보상금은 일시불로 지급되고 보상금 수령과 동시에 이주하여야 하므로, 주거 이전비는 보상금수령 후 새로운 주택을 취득하거나 임차하는 기간 동안의 임시거주에 소요되는 비용을 보상하는 것이다. 다만 세입자에 대한 주거이전비는 이러한 실비변상적 성격 외에도 사회보장적인 차원의 생활보상으로서의 성격도 있다.607) 주거 이전비도 재결사항이다.608)

② 주거용 건축물의 '소유자'에 대한 주거 이전비 보상
- 보상대상자는 주거용 건축물의 소유자로서 거주하고 있어야 하나, 언제부터 거주하였는지에 관계 없이 보상 당시 해당 공익사업시행지구 내에 거주하기만 하면 된다. 이는 주거 이전비가 실제 소요되는 비용에 대한 보상이기 때문이다. 다만 「도시정비법」 상 소유자인 주거 이

---

605) 2015. 05. 14. 토지정책과-3428 질의회신
606) 대법원 2016. 12. 15. 선고 2016두49754 판결 [손실보상금]
   甲은 조합원으로서 정비사업의 원활한 진행을 위하여 정비구역 밖으로 이주하였다가 자신의 선택으로 분양계약 체결 신청을 철회하고 현금청산대상자가 된 것에 불과하므로, 도시 및 주거환경정비법 시행령 제44조의2 제1항에서 정한 '질병으로 인한 요양, 징집으로 인한 입영, 공무, 취학 그 밖에 이에 준하는 부득이한 사유로 인하여 거주하지 아니한 경우'에 해당한다고 보기 어려워 甲이 도시 및 주거환경정비법상 이주정착금 지급자로서의 요건을 갖추지 않았음에도, 이와 달리 본 원심판단에 법리를 오해한 잘못이 있다.
607) 대법원 2012. 9. 27. 선고 2010두13890 판결 [주거이전비등], 대법원 2017. 10. 26. 선고 2015두46673 판결 [주거이전비등], 대법원 2020. 1. 30. 선고 2018두66067 판결 [기타(일반행정)], 대법원 2010. 11. 11. 선고 2010두5332 판결 [주거이전비등]
608) 행정심판 재결 사건 04-15959

전비 보상대상자가 되기 위해서는 정비계획에 관한 공람공고일부터 해당 건축물에 대한 보상을 하는 때까지 계속하여 소유 및 거주하여야 한다.[609] 무허가건축물 등의 소유자는 보상 대상에서 제외되나 1989. 1. 24. 당시 무허가건축물의 소유자로서 보상 당시 거주하면 보상 대상자에 포함된다.

- 주거용 건축물의 '소유자'에 대하여는 가구원 수에 따라 2개월분의 주거 이전비를 보상하여야 한다. 다만 건축물의 소유자가 해당 건축물 또는 공익사업시행지구 내 타인의 건축물에 실제 거주하고 있지 아니하거나 해당 건축물이 무허가건축물 등인 경우에는 그러하지 아니하다(규칙 제54조 제1항). 부친의 소유의 집에 자녀가 거주할 경우, 해당 자녀가 주거용 건축물의 세입자로 볼 근거가 없다면 건축물 소유자의 가구원으로 보상이 가능하다.[610] 질병으로 인한 요양 등의 경우 계속 거주하지 않았으나 예외적으로 대상자에 포함하는 것이고, 실제 거주하지 아니한 자는 주거 이전비 보상대상에 해당하지 아니한다.[611]

③ 주거용 건축물의 '세입자'에 대한 주거 이전비 보상

- 주거용 건축물의 '세입자'(무상으로 사용하는 거주자를 포함하되, 법 제78조 제1항에 따른 이주대책 대상자인 세입자는 제외)로서 사업인정고시일 등 당시 또는 공익사업을 위한 관계 법령에 따른 고시 등이 있은 당시 해당 공익사업시행지구 안에서 '3개월 이상' 거주한 자에 대해서는 가구원 수에 따라 4개월분의 주거 이전비를 보상해야 한다. 다만 무허가건축물 등에 입주한 세입자로서 사업인정고시일 등 당시 또는 공익사업을 위한 관계 법령에 따른 고시 등이 있은 당시 그 공익사업지구 안에서 '1년 이상 거주한 세입자'에 대해서는 본문에 따라 주거 이전비를 보상해야 한다(규칙 제54조 제2항).[612] 자기 소유 주택을 매도 후 세입자로 계속 거주해 온 경우에는 실비변상적 보상으로서 주거 이전비를 지급함이 타당하다.[613] 이주대책 대상자인 세입자는 주거 이전비 보상대상에서 제외된다.

- '관계 법령에 의한 고시 등'에는 '사업지역 지정 고시일'뿐만 아니라 고시를 하기 전에 관계 법령에 의해 공람공고 절차를 거친 경우에는 그 '공람공고일도 포함'한다. 세입자에 대해서는 거주 개시 시점은 규정하고 있으나 거주 종료 시점은 규정하고 있지 않으므로 보상 당시

---

609) 대법원 2016. 12. 15. 선고 2016두49754 판결 [손실보상금]
610) 2018. 7. 30. 토지정책과-4857 질의회신
611) 2018. 8. 20. 토지정책과-5288 질의회신
612) 대법원 2011. 7. 14. 선고 2011두3685 판결 [주거이전비등]
도시정비법에 따라 사업시행자에게서 임시수용시설을 제공받는 세입자가 토지보상법 및 동 시행규칙에서 정한 주거이전비를 별도로 청구할 수 있고, 사업시행자의 세입자에 대한 주거이전비 지급의무를 정하고 있는 토지보상법 시행규칙 제54조 제2항은 강행규정이다. 따라서 주택재개발사업 정비구역 안에 있는 주거용 건축물에 거주하던 세입자 甲이 주거이전비를 받을 수 있는 권리를 포기한다는 취지의 주거이전비 포기각서를 제출하고 사업시행자가 제공한 임대아파트에 입주한 다음 별도로 주거이전비를 청구한 사안에서, 위 포기각서의 내용은 강행규정에 반하여 무효라고 한다.
613) 중토위 2019. 6. 13. 재결례

까지 거주하지 않아도 보상대상자로 본다. 즉 계속 거주를 요건으로 하지 않는다.[614] 공부상 주거용 용도가 아닌 건축물을 임차한 후 세입자가 임의로 주거용으로 용도를 변경하여 거주한 경우는 사업인정고시일 등 당시 또는 공익사업을 위한 관계 법령에 의한 고시 등이 있은 당시 그 공익사업지구 안에서 1년 이상 거주한 경우에도 주거 이전비 보상대상자가 아니다.[615]

④ 산정기준
- 주거 이전비는 통계법에 따른 통계작성기관이 조사·발표하는 가계조사통계의 "도시 근로자가구의 가구원수별 월평균 명목 가계 지출비(월평균 가계 지출비)를 기준"으로 산정한다. 이 경우 가구원 수가 5인인 경우에는 5인 이상 기준의 월평균 가계 지출비를 적용하며, 가구원 수가 6인 이상인 경우에는 5인 이상 기준의 월평균 가계지출비에 5인을 초과하는 가구원 수에 다음의 산식[616]에 의하여 산정한 1인당 평균비용을 곱한 금액을 더한 금액으로 산정한다(규칙 제54조 제4항). 사업시행자가 보상금을 확정하여 협의 통지한 경우 통지일부터 1년 안에 산정기준(통계)이 낮게 변경된 경우에는 당초 통지 금액으로 보상한다.[617]

⑤ 거주 사실의 입증 방법
- 거주 사실의 입증은 해당 지역의 주민등록에 관한 사무를 관장하는 특자도지사·시군구청장 또는 그 권한을 위임받은 읍면동장 또는 출장소장의 확인을 받아 입증하는 방법, 공공요금영수증, 국민연금보험료, 건강보험료 또는 고용보험료 납입증명서, 전화사용료, 케이블텔레비전 수신료 또는 인터넷 사용료 납부확인서, 신용카드 대중교통 이용명세서, 자녀의 재학증명서, 연말정산 등 납세 자료, 그 밖에 실제 거주 사실을 증명하는 객관적 자료를 제출하는 방법으로 할 수 있다(규칙 제54조 제3항, 규칙 제15조 제1항).

⑥ 동산 이전 비용 보상
- 토지등의 취득 또는 사용에 따라 이전하여야 하는 동산(제2항에 따른 이사비의 보상대상인 동산은 제외)에 대하여는 이전에 소요되는 비용 및 그 이전에 따른 감손 상당액을 보상하여야 한다(법 제78조 제6항, 규칙 제55조 제1항). 동산 이전비는 공익사업시행지구 내의 토지 또는 건축물 등에 소재하는 동산을 대상으로 하되, 이사비 보상의 대상이 되는 주거용 건축물 내의 가재도구 등의 동산 및 영업보상의 대상인 영업 시설 등은 제외된다. 건축물의 인테리어는 동산의 이전비로 보상할 수 없고 건축물에 포함하여 보상 평가하여야 한다.[618]

---

614) 대법원 2012. 2. 23. 선고 2011두23603 판결 [주거이전비등]
615) 대법원 2013. 5. 23. 선고 2012두11072 판결 [주거이전비등], 중토위 2017. 8. 10. 재결례
616) 1인당 평균비용 = (5인 이상 기준의 도시근로자가구 월평균 가계지출비 − 2인 기준의 도시근로자가구 월평균 가계지출비) ÷ 3
617) 2011.09.25. 토지정책과-4593 「통계에 의한 손실보상금 산정기준 적용지침」 유권해석
618) 2013. 04. 18. 공공지원팀-1280 질의회신

⑦ 이사비 보상

- 공익사업시행지구에 편입되는 주거용 건축물의 거주자가 해당 공익사업시행지구 밖으로 이사를 하는 경우에는 [별표 4][619]의 기준에 의하여 산정한 이사비(가재도구 등 동산의 운반에 필요한 비용을 말한다)를 보상하여야 한다(규칙 제55조 제2항).[620]
- 이사비는 주거용 건축물의 거주자에 대해 실제 소요되는 비용을 보상하는 것이므로, 거주자가 소유자인지 세입자인지 또는 언제부터 거주하였는지, 무허가건축물 등인지에 관계 없이 보상 당시 주거용 건축물에 거주하기만 하면 보상대상자가 된다. 이사비의 보상을 받은 자가 당해 공익사업시행지구 안의 지역으로 이사하는 경우에는 이사비를 보상하지 아니한다(제3항). 영업과 주거를 다른 건축물에서 하는 경우 중복되지 않는 범위에서 주거 이전비, 이사비, 영업보상, 동산 이전비 등을 보상할 수 있다.[621] 이사비는 가구별로 지급되어야 하므로 건축물의 면적이 33㎡ 미만으로서 2가구 이상이 거주하고 있는 경우에도 각 세대당 기준은 최저치인 33㎡로 산정한다.

---

[619] 익사업시행지구 밖으로 이사를 하는 경우의 이사비 보상기준

토지보상법 시행규칙[별표 4] 이사비 기준(제55조 제2항 관련) 〈개정 2021. 8. 27.〉

주택 연면적 기준	이사비			비고
	임금	차량운임	포장비	
1. 33㎡ 미만	3명분	1대분	(임금 + 차량운임) × 0.15	1. 임금은 통계법 제3조제3호에 따른 통계작성기관이 같은 법 제18조에 따른 승인을 받아 작성·공표한 공사부문 보통인부의 임금을 기준으로 한다. 2. 차량운임은 한국교통연구원이 발표하는 최대적재량이 5톤인 화물자동차의 1일 8시간 운임을 기준으로 한다. 3. 한 주택에서 여러 세대가 거주하는 경우 주택연면적기준은 세대별 점유면적에 따라 각 세대별로 계산·적용한다.
2. 33㎡ 이상 49.5㎡ 미만	4명분	2대분	(임금 + 차량운임) × 0.15	
3. 49.5㎡ 이상 66㎡ 미만	5명분	2.5대분	(임금 + 차량운임) × 0.15	
4. 66㎡ 이상 99㎡ 미만	6명분	3대분	(임금 + 차량운임) × 0.15	
5. 99㎡ 이상	8명분	4대분	(임금 + 차량운임) × 0.15	

[620] 대법원 2016. 12. 15. 선고 2016두49754 판결 [손실보상금] 판례는 도시 및 주거환경정비법상 주거용 건축물의 소유자에 대한 주거이전비의 보상은 주거용 건축물에 대하여 정비계획에 관한 공람공고일부터 해당 건축물에 대한 보상을 하는 때까지 계속하여 소유 및 거주한 주거용 건축물의 소유자를 대상으로 하고, 주택재개발정비사업구역 지정을 위한 공람공고 당시 사업구역에 위치한 자신 소유의 주거용 건축물에 거주하던 중 분양신청을 하고 그에 따른 이주의무를 이행하기 위해 정비구역 밖으로 이주한 후 乙 주택재개발정비사업조합과의 분양계약 체결을 거부함으로써 현금청산대상자가 된 甲이 乙 조합을 상대로 이주정착금의 지급을 청구한 사안에서, 甲이 도시 및 주거환경정비법상 이주정착금 지급자로서의 요건을 갖추지 않았다고 한다. 한편 토지보상법 제78조 제5항 등에 따른 이사비 보상대상자가 공익사업시행지구에 편입되는 주거용 건축물의 거주자로서 공익사업의 시행으로 인하여 이주하게 되는 자이며, 이는 도시 및 주거환경정비법에 따른 정비사업의 경우에도 마찬가지이므로 원고 甲은 이사비 보상대상자에 해당한다고 한다.

[621] 2015. 07. 22 토지정책과-5270 질의회신

(4) 이농비(離農費)·이어비(離漁費) 보상

- 공익사업의 시행으로 인하여 영위하던 농업·어업을 계속할 수 없게 되어 다른 지역으로 이주하는 농민·어민이 받을 보상금이 없거나 그 총액이 국토교통부령으로 정하는 금액에 미치지 못하는 경우에는 그 금액 또는 그 차액을 보상하여야 한다(법 제78조 제7항).
- 국토교통부령으로 정하는 금액이란 통계법에 따른 통계작성기관이 조사·발표하는 농가경제조사통계의 연간 전국평균 가계지출비 및 농업기본통계조사의 가구당 전국평균 농가인구를 기준으로 다음의 산식[622]에 의하여 산정한 가구원 수에 따른 1년분의 평균 생계비를 말한다(규칙 제56조 제1항).
- 이농비 또는 이어비는 공익사업의 시행으로 인하여 영위하던 농·어업을 계속할 수 없게 되어 공익사업에 편입되는 농지의 소재지(어민의 주소지)와 동일한 시군구, 그 지역과 인접한 시군구의 어느 하나 외의 지역으로 이주하는 농민[623] 또는 어민[624]에게 보상한다(규칙 제56조 제2항).
- 다음에서 보는 우선 고용 및 취업 알선과 소규모 상가용지 또는 근린생활시설 용지의 공급과 함께 이농비 또는 이어비는 '생활 대책'의 일종이다. 그러나 소규모 상가용지 또는 근린생활시설 용지의 공급에 관하여는 토지보상법에 명문 규정이 없고, 미군이전평택지원법 또는 행복도시법 등의 개별법 또는 사업시행자의 내부 규정에 의존하고 있는 실정이다. 기존의 이주대책과 생활 대책은 매우 문제가 많아 원주민은 재정착을 하지 못하고 실질적인 이주대책이나 생활 대책이 되지 못하였고,[625] 최근에는 새로운 생활 대책으로 주민단체의 소득창출사업지원, 사업시행자와 원주민의 합의에 의한 사업시행 등의 방식도 등장하고 있다(예컨대 행복도시 개발, 아산 탕정 제2지방산업단지 개발사업). 평택 주한미군기지 이전사업은 정부가 사업시행자였는데, 특별법에 의하고 특히 세입자도 이주대책 대상자에 포함되었다는 점이 특이하다. 그러나 아직도 생활 대책은 미흡하고 실질적인 보장이 되지 못하고 있는 실정이다.

(5) 우선 고용 및 취업 알선

- 사업시행자는 해당 공익사업이 시행되는 지역에 거주하고 있는 국민기초생활 보장법 제2조 제1호·제11호에 따른 수급권자 및 차상위계층이 취업을 희망하는 경우에는 그 공익사업과

---

622) 가구원수에 따른 1년분의 평균생계비 = 연간 전국평균 가계지출비 ÷ 가구당 전국평균 농가인구 × 이주가구원수
623) 농지법 시행령 제3조제1호에 따른 농업인으로서 농작물의 경작 또는 다년생식물의 재배에 상시 종사하거나 농작업의 2분의 1 이상을 자기의 노동력에 의하여 경작 또는 재배하는 자를 말한다
624) 연간 200일 이상 어업에 종사하는 자를 말한다
625) 이에 관하여 자세한 것은 김은유 외2, 앞의 책, 802쪽 이하를 참조하기 바란다.

관련된 업무에 우선적으로 고용할 수 있으며, 이들의 취업 알선을 위하여 노력하여야 한다(법 제78조 제8항).

(6) 사업 폐지 등에 대한 보상

- 공익사업의 시행으로 인하여 건축물의 건축을 위한 건축허가 등 관계 법령에 의한 절차를 진행 중이던 사업 등이 폐지·변경 또는 중지되는 경우, 그 사업 등에 소요된 법정수수료 그 밖의 비용 등의 손실에 대하여는 이를 보상하여야 한다(규칙 제57조).

(7) 공장의 이주대책 수립 등

- 사업시행자는 택지개발사업, 산업단지개발사업, 물류단지개발사업, 관광단지조성사업, 도시개발사업, 공공주택사업 등의 공익사업의 시행으로 인하여 공장부지가 협의 양도되거나 수용됨에 따라 더 이상 해당 지역에서 산업집적활성화법에 의한 공장을 가동할 수 없게 된 자가 희망하는 경우 산업입지법에 따라 지정·개발된 인근 산업단지에 입주하게 하는 등 대통령령으로 정하는 이주대책에 관한 계획을 수립하여야 한다(법 제78조의2, 영 제41조의3 제1항).
- 공장의 이주대책에 관한 계획에는 해당 공익사업 지역의 여건을 고려하여 다음 각 호[626)의 내용이 포함되어야 한다(영 제41조의3 제2항).

9. 공익사업시행지구 '밖'의 토지의 공사비용 보상

(1) 의의, 취지, 성질

- 공익사업구역에 포함되지 않음에도 불구하고 공익사업으로 인하여 대상물의 본래의 기능을 다할 수 없는 경우에 보상하는 것이므로 이주대책과 더불어 생활보상에 해당한다.
- 공익사업시행지구 밖의 손실에 대한 보상이므로 소유자의 청구가 있어야 보상이 이루어질 수 있다. 청구 기간은 관계 법률에 따라 사업이 완료된 날 또는 사업완료의 고시가 있는 날

---

626)
  1. 해당 공익사업 지역 인근 지역에 산업입지법에 따라 지정·개발된 산업단지가 있는 경우 해당 산업단지의 우선 분양 알선
  2. 해당 공익사업 지역 인근 지역에 해당 사업시행자가 공장이주대책을 위한 별도의 산업단지를 조성하는 경우 그 산업단지의 조성 및 입주계획
  3. 해당 공익사업 지역에 조성되는 공장용지의 우선 분양
  4. 그 밖에 원활한 공장 이주대책을 위한 행정적 지원방안

(사업완료일)부터 1년이라는 제척기간이 있다. 이 경우의 보상액은 사업시행자와 손실을 입은 자가 협의하여 결정하되, 협의가 성립되지 않을 때에는 사업시행자 또는 손실을 입은 자는 「토지보상법」 제80조 제2항에 따라 관할 토지수용위원회에 재결을 신청할 수 있다.
- 공익사업시행지구 밖의 보상조항은 열거조항이 아니라 예시조항이라고 보고 있으므로 「토지보상법 시행규칙」 제59조 내지 제65조에서 규정하고 있지 않은 경우에도 관련 조항을 유추 적용하여 보상할 수 있다고 본다.[627] 다만 그 적용에서는 손실의 발생을 쉽게 예견할 수 있고, 손실의 범위를 구체적으로 특정할 수 있는 경우에 한하여 제한적으로 적용하여야 할 것이다.

(2) 수용 또는 사용 토지 외의 토지에 대한 공사비용 보상
- 사업시행자는 공익사업의 시행으로 인하여 취득하거나 사용하는 토지(잔여지 포함) 외의 토지에 통로·도랑·담장 등의 신설이나 그 밖의 공사가 필요할 때에는 그 비용의 전부 또는 일부를 보상하여야 한다(법 제79조 제1항 본문). 그러나 손실 또는 비용의 보상은 관계 법률에 따라 사업이 완료된 날 또는 사업완료의 고시가 있는 날(사업완료일)부터 1년이 지난 후에는 청구할 수 없다(법 제79조 제5항, 법 제73조 제2항).

(3) 공익사업이 시행되는 지역 밖에 있는 토지 등이 본래의 기능을 다할 수 없게 되는 경우
- 공익사업이 시행되는 지역 밖에 있는 토지 등이 공익사업의 시행으로 인하여 본래의 기능을 다할 수 없게 되는 경우에는 국토교통부령으로 정하는 바에 따라 그 손실을 보상하여야 한다(법 제79조 제2항).
- 사업시행자는 보상이 필요하다고 인정하는 경우에는 보상계획을 공고할 때에 보상을 청구할 수 있다는 내용을 포함하여 공고하거나 전국을 보급지역으로 하는 일간신문에 공고하는 방법으로 보상에 관한 계획을 공고하여야 한다. 한다(법 제79조 제3항, 영 제41조의4).
- 위 법 제79조 제1항 및 제2항에 따른 비용 또는 손실이나 토지의 취득에 대한 보상은 사업시행자와 손실을 입은 자가 협의하여 결정한다(법 제80조 제1항). 협의가 성립되지 아니하였을 때에는 사업시행자나 손실을 입은 자는 별지 제20호 손실보상재결신청서에 영 제42조 제1항의 사항을 적어서 관할 토수위에 재결을 신청할 수 있다(법 제80조 제2항, 영 제42조, 규칙 제66조). 재결의 신청에 대하여 토수위는 심리에 필요하다고 인정하는 때에는 사업시행자·토지소유자 및 관계인을 출석시켜서 의견을 진술하게 할 수 있고, 이 경우 미리 그 심리의 일시 및 장소를 통지하여야 한다(법 제32조 제2항 제3항, 영 제42조 제2항)

---

627) 중토위 2021 토지수용업무편람 488 ; 대법원 2002. 3. 12. 선고 2000다73612 판결 [손해배상(기)]

- 위 (1)(2)(규칙 제59조~제65조 포함)의 손실 또는 비용의 보상은 관계 법률에 따라 사업이 완료된 날 또는 사업완료의 고시가 있는 날(사업완료일)부터 1년이 지난 후에는 청구할 수 없다(법 제79조 제5항, 법 제73조 제2항).

① 공익사업시행지구 밖의 대지 등에 대한 보상

- 공익사업시행지구 밖의 대지(조성된 대지를 말한다)·건축물·분묘 또는 농지(계획적으로 조성된 유실수단지 및 죽림단지 포함)가 공익사업의 시행으로 인하여 산지나 하천 등에 둘러싸여 교통이 두절되거나 경작이 불가능하게 된 경우에는 그 소유자의 청구에 의하여 이를 공익사업시행지구에 편입되는 것으로 보아 보상하여야 한다(규칙 제59조).
- 대지 또는 농지가 공익사업의 시행으로 인하여 산지나 하천 등에 둘러싸여 교통이 두절되거나 경작이 불가능하게 된 경우에는 그 소유자의 청구에 의하여 이를 공익사업시행지구에 편입되는 것으로 보아 보상한다. 대지는 조성된 대지에 한하며 농지는 계획적으로 조성된 유실수단지 및 죽림단지를 포함한다. 다만 그 보상비가 도로 또는 도선시설의 설치비용을 초과하는 경우에는 도로 또는 도선시설을 설치함으로써 보상에 갈음할 수 있다. 경작의 불가능 여부의 판단은 소유자의 주관적인 의사를 기준으로 하는 것이 아니고, 해당지역의 입지조건·잔여농지의 면적·교통의 수단 등을 종합적으로 고려하여 객관적으로 판단한다.

② 공익사업시행지구 밖의 건축물에 대한 보상

- 소유 농지의 대부분이 공익사업시행지구에 편입됨으로써 건축물(건축물의 대지 및 잔여 농지를 포함)만이 공익사업시행지구 밖에 남게 되는 경우로서 그 건축물의 매매가 불가능하고 이주가 부득이한 경우에는 그 소유자의 청구에 의하여 이를 공익사업시행지구에 편입되는 것으로 보아 보상하여야 한다(규칙 제60조).
- 소유 농지의 대부분이 공익사업시행지구에 편입되었다는 것은 종전 영농규모나 상황으로 보아 공익사업시행지구 밖에 남은 농지로는 영농이 불가능 하여야 한다. 매매가 불가능하다 함은 사실상 매매가 불가능한 경우는 물론이고 공익사업이 시행되지 않았다면 받을 수 있는 가격으로 매매가 불가능한 경우도 포함한다.

③ 소수 잔존자에 대한 보상

- 공익사업의 시행으로 인하여 1개 마을의 주거용 건축물이 대부분 공익사업시행지구에 편입됨으로써 잔여 주거용 건축물 거주자의 생활환경이 현저히 불편하게 되어 이주가 부득이한 경우에는 당해 건축물 소유자의 청구에 의하여 그 소유자의 토지 등을 공익사업시행지구에 편입되는 것으로 보아 보상하여야 한다(규칙 제61조).
- 공익사업의 시행으로 인하여 1개 마을의 주거용 건축물이 대부분 공익사업시행 지구에 편입되어야 하며, 소수의 잔존자로는 마을을 구성하여 더 이상 생활을 계속하는 것이 경제적·사

회적으로도 곤란하여 이주가 불가피하다고 사회 통념상 판단되는 경우여야 한다. 소수 잔존자 보상의 경우는 보상대상과 관련된 제한은 없으므로 토지 및 그 토지상의 건축물 등이 보상대상이다. 소수 잔존자의 소유 토지나 생활체가 반드시 공익사업시행지구에 편입되었는지의 여부를 묻지 않는다. 소수 잔존자 보상은 이주를 전제로 하므로, 보상액과 도로나 도선시설 설치 비용을 비교할 필요는 없다.[628]

④ 공익사업시행지구 밖의 공작물 등에 대한 보상

- 공익사업시행지구 밖에 있는 공작물 등이 공익사업의 시행으로 인하여 그 본래의 기능을 다 할 수 없게 되는 경우에는 그 소유자의 청구에 의하여 이를 공익사업시행지구에 편입되는 것으로 보아 보상하여야 한다(규칙 제62조). 대법원은 "건물 신축 허가를 받아 공사도급계약을 체결한 후 신축 부지에 공사를 위한 가시설물 등을 설치하였으나 이후 행정청의 개발계획 변경결정과 공공사업의 시행으로 신축 부지의 일부가 도로로 협의취득된 사안에서, 가시설물 설치비용과 건축설계변경비용에 대하여 손실보상을 인정하지 않는다".[629]

- '본래의 기능을 다 할 수 없게 되는 경우'란 공작물 등이 건축물과 일체로 사용되어 효용을 발휘하였으나 건축물의 이전으로 공작물 등만 사업시행지구 밖에 남게 되어 해당 공작물 본래의 효용을 발휘할 수 없게 되는 경우 등을 의미한다. 예컨대 축사는 사업구역에 포함되었으나 부대시설(퇴비사, 톱밥발효장, 분뇨처리시설)은 포함되지 않은 경우 부대시설에 대한 보상이 그것이다.[630] 관계 서류(이의신청서, 현황 도면 등)를 검토한 결과, 이 건 사업에 자동세차시설 출구에 위치한 토지가 편입되어 자동세차시설 출구에서 도시계획도로(소로1류 383호선, 폭10~12m)와의 여유공간이 약 2미터에 불과하여 최소한의 차량 회전반경이 확보되지 않아 정상적인 자동세차시설의 운영이 불가한 것으로 판단되므로 보상하기로 한다.[631]

⑤ 공익사업시행지구 밖의 어업의 피해에 대한 보상

- 공익사업의 시행으로 인하여 해당 공익사업시행지구 인근에 있는 어업에 피해가 발생한 경우 사업시행자는 '실제 피해액을 확인할 수 있는 때'에 그 피해에 대하여 보상하여야 한다. 이 경우 실제 피해액은 감소된 어획량 및 수산업법 시행령 [별표 4]의 평년 수익액 등을 참작하여 평가한다(규칙 제63조 제1항). 보상액은 수산업법 시행령 [별표 4]에 따른 어업권·허가어업 또는 신고어업이 취소되거나 어업면허의 유효기간이 연장되지 아니하는 경우의 보상액을 초과하지 못한다(제2항). 사업인정고시일등 이후에 어업권의 면허를 받은 자 또는 어업의 허가를 받거나 신고를 한 자에 대하여는 제1항 및 제2항을 적용하지 아니한다(제3항).[632]

---

628) 중토위 2021 토지수용업무편람 493 참조
629) 대법원 2004. 9. 23. 선고 2004다25581 판결 [손해배상(기)]
630) 중토위 2018. 9. 20. 재결례
631) 중토위 2019. 1. 24. 사업지구 밖에 위치하고 있는 영업 시설(세차기 및 셀프세차장비)에 대한 보상 인정 사례
632) 대법원 2014. 5. 29. 선고 2013두12478 판결 [어업손실보상금]

- '공익사업의 시행으로 인하여 해당 공익사업시행지구 인근에 있는 어업에 피해가 발생한 경우'는 공익사업의 시행과 피해 발생의 연관성, 공익사업의 시행으로 인한 피해 발생의 예견성, 피해의 특정성, 공익사업시행지구 밖의 인근 어업의 피해에 대한 보상규정의 취지 등을 종합적으로 고려하여야 하며, 공익사업의 시행으로 건설된 발전기에서 배출되는 온배수로 인하여 해당 공익사업시행지구 인근에 있는 어업에 피해가 발생한 경우도 해당된다.
- 공익사업시행지구 밖의 어업의 피해에 대한 보상은 ⅰ)어업에 피해가 발생 하고, ⅱ)사업시행자가 실제 피해액을 확인할 수 있는 때에 보상하므로「토지보상법」제62조 사전보상의 원칙의 예외로서 사후 보상에 해당된다.

⑥ 공익사업시행지구 밖의 영업손실에 대한 보상

- 공익사업시행지구 밖에서 제45조에 따른 영업손실의 보상대상이 되는 영업을 하고 있는 자가 공익사업의 시행으로 인하여 '배후지의 3분의 2 이상이 상실'되어 그 장소에서 영업을 계속할 수 없는 경우, 진출입로의 단절 그 밖의 부득이한 사유로 인하여 '일정한 기간 동안 휴업하는 것이 불가피한 경우'에는 그 영업자의 청구에 의하여 당해 영업을 공익사업시행지구에 편입되는 것으로 보아 보상하여야 한다(규칙 제64조 제1항).
- 공익사업시행지구 밖에서 행하는 영업은「토지보상법 시행규칙」제45조에 따른 영업손실의 보상대상이 되는 영업이어야 하므로 사업인정고시일 등 이전부터 일정한 장소에서 인적·물적시설을 갖추고 계속적으로 행하고 있는 영업으로서 영업을 행함에 있어 관계 법령에 의하여 허가·면허·신고 등을 필요로 하는 경우에는 당해 허가 등을 받아 그 허가 등을 받은 내용대로 행하고 있는 영업이면 되므로 허가·면허·신고 등을 필요로 하지 아니하는 자유 영업도 대상이 된다.
- 대법원은 "여기서 '배후지'란 '당해 영업의 고객이 소재하는 지역'을 의미하고, 공공사업 시행지구 밖에서 영업을 영위하여 오던 사업자에게 공공사업의 시행 후에도 당해 영업의 고객이 소재하는 지역이 그대로 남아 있는 상태에서 '그 고객이 공공사업의 시행으로 설치된 시설 등을 이용하고 사업자가 제공하는 시설이나 용역 등은 이용하지 않게 되었다는 사정'은 여기서 말하는 '배후지의 상실'에 해당한다고 볼 수 없다"고 한다.[633] 배후지의 3분의 2 이상이 상실되면 폐업으로 봄이 옳다.
- 사업시행자는 영업자가 보상을 받은 이후에 그 영업장소에서 영업이익을 보상받은 기간 이내에 동일한 영업을 하는 경우에는 실제 휴업 기간에 대한 보상금을 제외한 영업손실에 대한 보상금을 환수하여야 한다(제2항). 사업시행자는 영업자가 보상을 받은 이후에 그 영업장소에서 영업이익을 보상 받은 기간 이내에 동일한 영업을 하는 경우에 환수하여야 하는 보상금

---

[633] 대법원 2013. 6. 14. 선고 2010다9658 판결 [손실보상금등]

은 실제 휴업 기간만을 고려하고 영업기간 동안의 영업이익 감소 여부 등은 고려하지 않는다.
⑦ 공익사업시행지구 밖의 농업의 손실에 대한 보상
- 경작하고 있는 농지의 3분의 2 이상에 해당하는 면적이 공익사업시행지구에 편입됨으로 인하여 당해 지역(영 제26조 제1항 각호의 1의 부재부동산 소유자의 토지지역을 말한다)에서 영농을 계속할 수 없게 된 농민에 대하여는 공익사업시행지구 밖에서 그가 경작하고 있는 농지에 대하여도 규칙 제48조 제1항 내지 제3항 및 제4항 제2호의 규정에 의한 영농손실액을 보상하여야 한다(규칙 제65조).

(4) 매수청구

- 다만 그 토지에 대한 공사의 비용이 그 토지의 가격보다 큰 경우에는 사업시행자는 그 토지를 매수할 수 있다(법 제79조 제1항 단서). 사업인정고시가 된 후 사업시행자가 잔여지를 매수하는 경우 그 잔여지에 대하여는 사업인정 및 사업인정고시가 된 것으로 본다(법 제79조 제6항, 법 제73조 제3항).
- 취득하는 토지에 대한 구체적인 보상액 산정 및 평가 방법 등에 대하여는 제70조(취득하는 토지의 보상), 제75조(건축물 등 물건에 대한 보상), 제76조(권리의 보상), 제77조(영업의 손실 등에 대한 보상), 제78조 제4항(이주대책의 수립 등), 같은 조 제6항 및 제7항을 준용한다(법 제79조 제7항).

제7장

이의신청과 행정소송

1. 이의신청

(1) 이의신청의 의의 및 성질

- 「토지보상법」에서는 재결의 취소 또는 변경을 청구하는 불복절차로서 '이의신청과 행정소송'을 규정하고 있다(법 제83조, 제85조). 이의신청 및 행정소송에 대하여 「토지보상법」에서 「행정심판법」 및 「행정소송법」의 특례를 규정하고 있는 경우를 제외하고는 「토지보상법」상의 이의 신청 및 행정소송에서도 「행정심판법」 및 「행정소송법」이 적용된다.
- 중앙토 수위의 제34조에 따른 재결에 이의가 있는 자는 중앙 토수위에 이의를 신청할 수 있고, 지방 토수위의 제34조에 따른 재결에 이의가 있는 자는 해당 지방 토수위를 거쳐 중앙 토수위에 이의를 신청할 수 있다(법 제83조 제1항 제2항).
- 재결은 형성행위로서 기속적 행정행위이다. 이의신청은 행정심판법의 행정심판의 성질을 가진다. 따라서 토지보상법이 규정한 사항 이외에는 행정심판법의 규정이 적용된다(행정심판법 제4조 제2항).

(2) 이의재결 전치주의 불채택

- 토지보상법은 수용재결에 대한 이의재결 전치주의를 폐지하였다. 따라서 토지소유자는 이의신청이나 행정소송 중 선택적으로 청구할 수 있다.

(3) 관할 및 당사자

- 이의신청의 관할은 중앙 토수위이다(법 제83조).
- 이의신청 청구인은 '재결에 이의가 있는 자'이고, 피청구인은 관할 토수위이다. 주의할 점은

재결신청은 '사업시행자만'이 할 수 있다. 그러나 재결에 불복하는 절차인 이의신청이나 행정소송은 사업시행자 또는 토지소유자 등 누구나 제기할 수 있다. 다만 이의 유보 없이 토지수용위원회에서 재결한 보상금을 지급받거나 그 공탁된 보상금을 수령한 토지소유자 등은 그 재결에 대하여 승복한 것으로 보므로 재결에 대하여 불복할 수 없다. 재결에 불복하여 이의신청이나 행정소송을 제기한 후에 의의 유보 없이 보상금을 수령한 경우에도 이의신청이나 행정소송을 취하한 것으로 보게 된다.[634]

(4) 이의신청의 대상

- 이의신청의 대상은 위법·부당한 재결이다. 위법·부당한 재결은 재결을 전제로 하므로 부작위는 이의신청의 대상이 되지 않는다.

(5) 요건 및 절차

① 제기 기간
- 이의의 신청은 재결서의 정본을 받은 날부터 30일 이내에 하여야 한다(법 제83조 제3항). 이 규정은 행정심판법의 특례에 해당한다. 대법원은 "수용재결에 대한 이의신청기간을 재결서 정본 송달일로부터 1월로 규정한 것 외에는 다른 내용의 특례를 규정하고 있지 않으므로, 재결서 정본을 송달함에 있어서 상대방에게 이의신청기간을 알리지 않았다면 행정심판법 제27조 제6항의 규정에 의하여 같은 조 제3항의 기간 내(처분이 있었던 날부터 180일 이내)에 이의신청을 할 수 있다"고 한다. 수용재결서가 수용시기 이전에 피수용자에게 적법하게 송달되지 아니하였다고 하여 수용 절차가 당연 무효가 된다고 할 수는 없고, 다만 그 수용재결서의 정본이 적법하게 송달된 날로부터 수용재결에 대한 이의신청기간이 진행된다.[635]

② 처분청 경유
- 이의신청 기관은 중앙 토수위이다. 그러나 지방 토수위의 재결에 이의가 있는 자는 '해당 지방 토수위를 거쳐' 중앙 토수위에 이의를 신청할 수 있다(법 제83조 제1항 제2항). 처분청 경유주의를 취하고 있다. 토지수용법은 행정심판법의 처분청 경유 임의주의에 대하여 특례를 규정하고 있다.

③ 형식 및 절차
- 법 제83조에 따라 이의신청을 하려는 자는 국토부령으로 정하는 이의신청서(규칙 제67조 별지 제21호 서식)에 당사자의 성명 또는 명칭 및 주소, 신청의 요지 및 이유를 적고, 재결서

---

634) 대법원 2001. 11. 13. 선고 2000두1003 판결 [토지수용이의재결취소]
635) 대법원 1995. 6. 13. 선고 94누9085 판결 [토지수용재결처분취소]

정본의 사본을 첨부하여 해당 토수위에 제출하여야 한다(영 제45조 제1항, 규칙 제67조).
- 지방 토수위가 이의신청서를 접수하였을 때에는 그 이의신청서에 신청인이 재결서의 정본을 받은 날짜 등이 적힌 우편송달통지서 사본, 지방 토수위가 의뢰하여 행한 감정평가서 및 심의안건 사본, 그 밖에 이의신청의 재결에 필요한 자료를 첨부하여 지체 없이 중앙 토수위에 송부하여야 한다(영 제45조 제2항).

(6) 이의신청의 효과

- 제83조에 따른 이의의 신청이나 제85조에 따른 행정소송의 제기는 사업의 진행 및 토지의 수용 또는 사용을 정지시키지 아니한다(법 제88조). 사업의 진행 및 토지의 수용 또는 사용에 대한 '처분효력의 집행부정지 원칙'을 채택하고 있다.
- 공유물에 대한 이의신청은 공유물의 보존행위에 해당하지 않으므로 이의신청의 효력은 이의신청한 공유자에 한정된다.

(7) 이의신청에 대한 심리·재결(裁決)

① 재결 절차
- 중앙 토수위가 법 제83조에 따라 이의신청서를 접수하였을 때에는 신청인의 상대방에게 그 신청의 요지를 통지하여야 한다. 다만 통지받을 자를 알 수 없거나 그 주소·거소 또는 그 밖에 통지할 장소를 알 수 없을 때에는 그러하지 아니하다(영 제45조 제3항).
- 중앙 토수위는 법 제84조에 따라 이의신청에 대한 재결을 한 경우에는 재결서의 정본을 사업시행자·토지소유자 및 관계인에게 송달하여야 한다(영 제46조).

② 재결 유형
- 중앙 토수위는 법 제83조에 따른 이의신청을 받은 경우 법 제34조에 따른 재결이 위법하거나 부당하다고 인정할 때에는 그 재결의 전부 또는 일부를 취소(취소 재결)하거나 보상액을 변경(변경 재결)할 수 있다(법 제84조 제1항). 이외에도 인용재결, 형식적 요건을 불비한 경우의 각하재결, 실질적 이유불비의 경우의 기각재결, 사정변경에 따른 사정재결 등이 인정된다.

③ 재결의 원칙(불고불리의 원칙, 불이익변경금지의 원칙)
- 토수위는 사업시행자, 토지소유자 또는 관계인이 신청한 범위에서 재결하여야 한다(법 제50조 제2항). 이를 불고불리(不告不理)의 원칙이라고 한다. 다만 손실보상의 경우에는 '증액재결'을 할 수 있다(법 제50조 제2항 단서).
- 재결청(중앙 토수위)은 심판청구의 대상이 되는 처분보다 청구인에게 불리한 재결을 하지

못한다(행정심판법 제47조 제2항). 이를 불이익변경금지의 원칙이라고 한다.
- 그러나 애초의 수용재결 절차에 관한 출석 및 의견 진술 기회 부여, 심리기일 및 장소 통지 등에 관한 법 제32조의 규정은 적용되지 않는다. 이 규정은 이의재결 절차가 아닌 수용재결 절차에 관한 것이기 때문이다.[636]

(8) 이의신청에 대한 재결의 효력

① 증액된 보상금의 지급 또는 공탁 등

- 보상금이 증액된 경우, 사업시행자는 재결의 취소 또는 변경의 재결서 정본을 받은 날부터 30일 이내에 보상금을 받을 자에게 그 늘어난 보상금을 지급하여야 한다(법 제84조 제2항). 다만 제40조 제2항 제1호(수령거부, 수령불능)·제2호(보상금 수령자 부지) 또는 제4호(보상금에 대한 압류·가압류)에 해당할 때에는 그 금액을 공탁할 수 있다.
- 이의재결에서 증액된 보상금을 지급하거나 공탁하지 않는 경우에도 이의재결이 실효되지 않으나, 사업시행자가 증액된 보상금에 불복하여 행정소송을 제기하는 경우에는 사실심 변론종결 당시까지 증액된 보상금을 공탁하여야 한다.[637] 사업시행자가 재결에 불복하여 이의신청을 거쳐 행정소송을 제기하는 경우에는 원칙적으로 행정소송 제기 전에 이의재결에서 증액된 보상금을 공탁하여야 하지만, 제소 당시 그와 같은 요건을 구비하지 못하였다 하여도 사실심 변론종결 당시까지 그 요건을 갖추었다면 그 흠결의 하자는 치유되었다고 본다.[638]
- 이의재결과 행정소송을 동시에 진행한 결과 이의재결 금액이 행정소송의 판결 금액보다 높을 경우에는 이의재결 금액을 지급하여야 한다.[639]

② 행정소송의 제기

- 사업시행자, 토지소유자 또는 관계인은 제34조에 따른 재결에 불복할 때에는 재결서를 받은 날부터 90일 이내에, 이의신청을 거쳤을 때에는 이의신청에 대한 재결서를 받은 날부터 60일 이내에 각각 행정소송을 제기할 수 있다. 이 경우 사업시행자는 행정소송을 제기하기 전에 제84조에 따라 늘어난 보상금을 공탁하여야 하며, 보상금을 받을 자는 공탁된 보상금을 소송이 종결될 때까지 수령할 수 없다(법 제85조 제1항). 행정소송이 보상금의 증감에 관한 소송인 경우 그 소송을 제기하는 자가 토지소유자 또는 관계인일 때에는 사업시행자를, 사업시행자일 때에는 토지소유자 또는 관계인을 각각 피고로 한다(법 제85조 제2항).
- 수용재결의 피고적격은 수용재결에 불복하여 취소소송을 제기하는 때에는 이의신청을 거친

---

636) 대법원 1991. 10. 22. 선고 90누6323 판결 [토지수용재결처분취소]
637) 대법원 1992. 3. 10. 선고 91누8081 판결 [토지수용재결처분취소]
638) 대법원 2008. 2. 15. 선고 2006두9832 판결 [토지수용이의재결보상금감액청구]
639) 2005. 11. 04. 토지정책팀-1061 질의회신

경우에도 수용재결을 한 중앙 토수위 또는 지방 토수위를 피고로 하여 수용재결의 취소를 구하여야 하고, 다만 이의신청에 대한 재결 자체에 고유한 위법이 있음을 이유로 하는 경우에는 그 이의재결을 한 중앙 토수위를 피고로 하여 이의재결의 취소를 구할 수 있다. 즉 수용재결에 불복하여 이의신청을 거친 후 취소소송을 제기하는 경우 피고적격은 수용재결을 한 토수위이고, 소송대상은 수용재결이다.640)

③ 재결서 정본의 효력

- 법 제85조 제1항에 따른 행정소송의 제기 기간 이내(수용재결에 불복할 때에는 재결서를 받은 날부터 90일 이내에, 이의신청을 거쳤을 때에는 이의신청에 대한 재결서를 받은 날부터 60일 이내)에 소송이 제기되지 아니하거나 그 밖의 사유로 이의신청에 대한 재결이 확정된 때에는 「민사소송법」상의 확정판결이 있은 것으로 보며, 재결서 정본은 '집행력 있는 판결의 정본'과 동일한 효력을 가진다(법 제86조 제1항). 재결의 확정과 관련하여, 대법원은 "토지소유자가 사업시행자로부터 토수위의 수용재결 또는 이의재결에서 정한 보상금을 별다른 의사표시 없이 수령하였다면 이로써 위 수용재결 또는 이의재결에 승복하여 보상금을 수령한 취지로 봄이 상당하다 할 것이고, 토지소유자가 수용재결에서 정한 손실보상금을 수령할 당시 이의 유보의 뜻을 표시하였다 하더라도 이의재결에서 증액된 손실보상금을 수령하면서 이의 유보의 뜻을 표시하지 않은 이상 특별한 사정이 없는 한 이는 이의재결의 결과에 승복하여 수령한 것으로 보아야 하고, 위 증액된 손실보상금을 수령할 당시 이의재결을 다투는 행정소송이 계속 중이라는 사실만으로는 추가보상금의 수령에 관하여 이의 유보의 의사표시가 있는 것과 같이 볼 수는 없다"고 한다.641) 이점 실무에서 주의할 일이다.

- 사업시행자, 토지소유자 또는 관계인은 이의신청에 대한 재결이 확정되었을 때에는 관할 토지수용위원회에 대통령령으로 정하는 바에 따라 재결확정증명서의 발급을 청구할 수 있다(법 제86조 제2항, 영 제47조). 재결확정증명청구서는 별지 제22호서식에 의한다(규칙 제68조). 재결확정증명서를 발급하려는 경우에는 「토지보상법」 제85조 제1항에 따른 행정소송의 제기 여부를 관할 법원에 조회하여야 한다.

- 사업시행자는 제85조 제1항에 따라 사업시행자가 제기한 행정소송이 각하·기각 또는 취하된 경우 재결이 있은 후 소송을 제기하였을 때에는 재결서 정본을 받은 날 또는 이의신청에 대한 재결이 있은 후 소송을 제기하였을 때에는 그 재결서 정본을 받은 날부터 판결일 또는 취하일까지의 기간에 대하여 「소송촉진 등에 관한 특례법」 제3조에 따른 법정이율을 적용하여 산정한 금액을 보상금에 가산하여 지급하여야 한다(법 제87조).

---

640) 대법원 2010. 1. 28. 선고 2008두1504 판결 [수용재결취소등]
641) 대법원 2001. 11. 13. 선고 2000두1003 판결 [토지수용이의재결취소], 대법원 1992. 10. 13. 선고 91누13342 판결 [토지수용재결처분취소등]

- 「도시정비법」에 따른 이전고시의 효력이 발생하였다면 대지 또는 건축물을 분양받을 자는 고시가 있은 날의 다음 날에 그 대지 또는 건축물에 대한 소유권을 취득하고, 더 이상 수용재결이나 이의재결의 취소 또는 무효확인을 구할 법률상 이익이 없다.[642]

2. 행정소송

(1) 개설

① 토지보상법상 행정소송의 유형
- 사업시행자 및 토지소유자 등이 재결에 불복하여 제기할 수 있는 행정소송에는 토지보상법 제85조 제1항에 의한 '취소소송', 법 제85조 제2항에 의한 '형식적 당사자 소송(보상금증감소송)', 행정소송법에서 인정하고 있는 '무효등확인소송'이 있다.
- 취소소송, 형식적당사자소송은 재결서를 받은 날부터 90일 이내에, 이의신청을 거쳤을 때에는 이의신청에 대한 재결서를 받은 날부터 60일 이내에 제기하여야 하나, 무효등확인소송은 제소기간에 제한이 없다. 「토지보상법」 제85조 제1항에서 「행정소송법」보다 제소기간을 짧게 규정(60일의 제소기간)하고 있는 것이 헌법에 위반되지 않는다.[643] 재결에 대한 이의신청기간 또는 제소기간이 도과하여 그 재결이 확정되면 민사소송으로 보상금을 다툴 수 없다.[644]
- 사업시행자가 토수위의 수용재결에 불복하여 소송을 제기하는 경우에는 수용의 개시일까지 보상금을 공탁하여야 하고, 중앙 토수위의 이의재결에 불복하여 소송을 제기하는 경우에는 그 전에 이의신청에 대한 재결에서 증액된 보상금을 공탁하여야 한다. 이 경우 토지소유자 등은 그 공탁된 보상금을 소송 종결 시까지 수령할 수 없다(법 제85조 제1항). 제기하려는 행정소송이 보상금의 증감(增減)에 관한 소송인 경우 그 소송을 제기하는 자가 토지소유자 등일 때에는 사업시행자를, 사업시행자일 때에는 토지소유자 등을 각각 피고로 한다(법 제85조 제2항, 형식적당사자소송). 행정소송의 제기는 사업의 진행 및 토지의 수용 또는 사용을 정지시키지 아니한다(법 제88조). 행정소송의 제기는 사업의 진행 및 토지의 수용 또는 사용을 정지시키지 아니하므로(집행부정지) 보상금 증액에 관한 행정소송이 진행되고 있는 경우에도 사업시행자는 행정대집행을 신청할 수 있다(법 제89조 참조).[645]

② 재결전치주의

---
642) 대법원 2019. 4. 23. 선고 2018두55326 판결 [토지수용재결처분취소등], 대법원 2017. 3. 30. 선고 2013두840 판결 [토지수용재결무효]
643) 헌법재판소 2016. 07. 28. 선고 2014헌바206
644) 대법원 2001. 4. 27. 선고 2000다50237 판결 [부당이득금반환]
645) 2011. 02. 23. 토지정책과-906 질의회신

- 토지보상법상의 "손실보상청구"에 대하여는 '재결을 먼저 거친 후'에 행정소송을 제기하여야 한다. 즉 손실보상청구는 재결전치주의를 취하고 있다(법 제85조 제1항 참조). 대법원의 견해도 같다.646) 이와 같이 재결전치주의를 취한 이유는 행정청인 재결기관으로 하여금 재심사를 하도록 함으로써 행정청의 전문성과 기술성을 최대한 살려서 상급행정청의 감독과 자기 통제를 도모하고 이로 인한 신속한 권리구제를 하기 위한 것이다.

③ 재결전치주의 대상

- 토지, 지장물, 권리 등 직접 "손실보상의 대상"이 되는 것은 재결전치주의에 따라서 재결을 거쳐야 한다. 토지보상법은 손실보상을 재결의 대상으로 하는 경우에는 반드시 재결을 거치도록 하고 있다(법 제50조 제1항 제2호 및 제2항). 따라서 토지보상법이 재결의 대상으로 하고 있는 손실보상은 아래와 같다.

---

① 사업 준비를 위한 출입의 허가 등으로 인한 손실보상(법 제9조 제7항), ② 장해물 제거등으로 인한 손실보상(법 제12조 제4,5항), ③ 사업인정의 실효로 인한 손실보상(법 제23조 제3항), ④ 사업의 폐지 및 변경으로 인한 손실보상(법 제24조 제7,8항), ⑤ 사업인정 후 토지에 출입하여 측량·조사함으로써 발생하는 손실보상(법 제27조 제4항), ⑥ 천재지변 시의 토지의 사용으로 인한 손실보상(법 제38조 제4,5항), ⑦ 재결의 실효로 인한 손실보상(법 제42조 제2,3항), ⑧ 잔여지의 손실과 공사비 보상(법 제73조 제4항), ⑨ 잔여 건축물의 손실에 대한 보상(법 제75조의2 제3항), ⑩ 수용할 토지 또는 잔여지 이외의 토지에 통로·도랑·담장 등의 신설이나 그 밖의 공사가 필요한 경우의 공사비용 보상(법 제79조 제1항, 제80조 제2항), ⑪ 공익사업이 시행되는 지역 밖에 있는 토지등이 공익사업의 시행으로 인하여 본래의 기능을 다할 수 없게 되는 경우의 손실보상(법 제79조 제2항, 제80조 제2항) 등

- 대법원은 "잔여지 가치감소(잔여 건축물 가치감소의 경우에도 같다) 등으로 인한 손실보상의 경우에도 재결절차를 거쳐 행정소송을 제기하여야 한다. 수용대상토지(수용대상건축물)에 대하여 재결절차를 거친 경우에도 마찬가지이다"라고 한다.647)

(2) 취소소송

① 의의 및 성질

- 취소소송이란 행정청의 위법한 처분 등의 취소 또는 변경을 구하는 소송을 말한다. 토지보상법상으로는 관할 토수위의 재결(원재결 또는 수용재결) 또는 중앙 토수위의 이의신청에 대한 재결(이의재결)이 위법(부당은 행정심판의 대상은 되나 행종소송의 대상은 아니다)함을 이유

---

646) 대법원 2011. 10. 13. 선고 2009다43461 판결 [농업손실보상금], 대법원 2012. 10. 11. 선고 2010다23210 판결 [손실보상금], 대법원 2015. 11. 12. 선고 2015두2963 판결 [손실보상금등], 대법원 2019. 8. 29. 선고 2018두57865 판결 [수용재결신청청구거부처분취소], 대법원 2018. 7. 20. 선고 2015두4044 판결 [토지수용보상금등증액], 대법원 2020. 4. 9. 선고 2017두275 판결 [손실보상금등청구] 등
647) 대법원 2012. 11. 29. 선고 판결 [토지수용보상금증액등], 대법원 2015. 11. 12. 선고 2015두2963 판결 [손실보상금등], 대법원 2014. 9. 25. 선고 2012두24092 판결 [손실보상금]

로 하여 그 재결의 취소 또는 변경을 하는 소송이다. 취소소송의 법적 성질은 형성소송설, 확인소송설, 구제소송설 등이 있으나, 형성소송설이 타당하며 통설이다.
- 「토지보상법」상 취소소송은 관할 토수위의 재결 또는 중앙 토수위의 이의신청에 대한 재결이 위법함을 전제로 하여 그 재결의 취소 또는 변경을 청구하는 소송으로, 이의신청에 대한 재결을 다투는 경우에도 이의재결 자체의 고유한 위법사유 뿐만 아니라, 이의신청의 사유로 삼지 아니한 관할 토수위의 재결의 위법도 주장할 수 있다. 즉 수용재결에 불복하여 취소소송을 제기하는 때에는 이의신청을 거친 경우에도 수용재결을 한 중앙 토수위 또는 지방 토수위를 피고로 하여 수용재결의 취소를 구하여야 하고, 다만 이의신청에 대한 재결 자체에 고유한 위법이 있음을 이유로 하는 경우에는 그 이의재결을 한 중앙 토수위를 피고로 하여 이의재결의 취소를 구할 수 있다.[648] 사업인정과 재결은 동일한 행정목적을 달성하기 위하여 일련의 절차가 연속하여 행하여지는 것이지만 각각 독립하여 별개의 법률효과를 발생하기 때문에 하자의 승계가 인정되지 않으므로, 사업인정의 위법 부당함을 원인으로 하여 재결의 취소를 구할 수는 없다.[649]

② 재판관할과 당사자
- 취소소송의 제1심 관할 법원은 피고의 소재지를 관할하는 행정법원이다(행정소송법 제9조 제1항, 이하 이 항에서는 단순히 '법'이라 한다). 다만 중앙행정기관, 중앙행정기관의 부속기관과 합의제행정기관 또는 그 장이 피고인 경우의 관할 법원은 대법원 소재지 행정법원에 제기할 수 있다(법 제9조 제2항). 행정법원이 설치되지 아니한 지역은 지방법원 본원이 제1심 관할 법원이 된다(법원조직법 법률 제4765 부칙 제2조). 토지의 수용 기타 부동산 또는 특정의 장소에 관계되는 처분등에 대한 취소소송은 그 부동산 또는 장소의 소재지를 관할하는 행정법원에 소를 제기할 수 있다(법 제9조 제3항).
- 행정소송에 관하여 행정소송에 대하여는 다른 법률에 특별한 규정이 있는 경우를 제외하고는 이 법이 정하는 바에 의한다(법 제8조 제1항). 행정소송에 관하여 이 법에 특별한 규정이 없는 사항에 대하여는 법원조직법과 민사소송법 및 민사집행법의 규정을 준용한다(제2항). 따라서 사건의 관할 법원에의 이송, 관련청구소송의 병합·이송 등은 민사소송법과 행정소송법에 의한다(민사소송법 제34조, 제253조, 행정소송법 제10조).
- 취소소송의 원고는 처분등의 취소를 구할 법률상 이익이 있는 자이다. 처분등의 효과가 기간의 경과, 처분등의 집행 그 밖의 사유로 인하여 소멸된 뒤에도 그 처분등의 취소로 인하여 회복되는 법률상 이익이 있는 자의 경우에는 또한 같다(법 제12조). 토수위의 재결에 대하여 불복하는 취소소송의 경우에는 '사업시행자, 토지소유자 또는 관계인'이 원고가 된다(토지보

---
648) 대법원 2010. 1. 28. 선고 2008두1504 판결 [수용재결취소등]
649) 대법원 1987. 9. 8. 선고 87누395 판결 [토지수용재결처분취소]

상법 제85조 제1항)
- 피고적격에 대하여는 토지보상법에 아무런 규정이 없어서 행정소송법이 적용된다(법 제8조 제1항). 행정소송법은 "취소소송은 다른 법률에 특별한 규정이 없는 한 그 처분 등을 행한 행정청을 피고로 한다"라고 규정하고 있으므로(법 제13조 제1항), 관할 토수위의 재결에 불복하는 소송의 경우 피고는 관할 토수위가 되며, 중앙 토수위의 재결에 불복하는 경우에는 중앙 토수위가 피고가 된다. 물론 이때 취소소송은 행정청의 위법한 처분 등을 취소 또는 변경을 구하는 소송이므로(법 제4조 제1호) 이의신청에 대한 중앙 토수위의 재결 자체에 고유한 위법이 있어야 한다. 만약 이의신청에서 토수위가 청구를 기각하는 경우에는 원처분주의와의 관계상 관할 토수위의 재결이 소송의 대상이 되고 관할 토수위가 피고가 된다.

③ 소송대상(소송요건)과 제소기간
- 입법정책적으로 취소소송의 대상은 '원처분주의'와 '재결주의'가 있다. 전자는 원처분과 재결 중에서 원처분에 대한 소송제기만 인정하고 재결에 대하여는 재결에 고유한 위법이 있는 경우에만 소송을 인정하는 것이다. 따라서 재결에 불복하는 소송을 제기하는 때에는 원처분의 위법을 문제 삼을 수 없고 재결에 위법에 있음을 주장할 수밖에 없다. 후자는 원처분에 대한 소송제기는 허용하지 않고 재결에 대하여만 소송을 인정하는 원칙이다. 토지보상법은 제85조 제1항에서 "재결에 불복할 때에는 재결서를 받은 날부터 90일 이내에, 이의신청을 거쳤을 때에는 이의신청에 대한 재결서를 받은 날부터 60일 이내에 각각 행정소송을 제기할 수 있다"라고 하여 원처분주의를 취하고 있다. 즉 원처분에 대한 소송제기만 원칙적으로 인정하고(제85조 제1항 전단), 이의신청에 따른 재결에 대하여는 재결에 고유한 위법이 있는 경우에만 소송을 인정한다(제85조 제1항 후단, 행정소송법 제19조). 대법원도 견해가 같다.[650]
- 취소소송의 제소기간은 과거에는 60일, 30일이였는데, 2018. 12. 31. 개정되면서 재결서를 받은 날부터 90일, 이의신청을 거쳤을 때에는 이의신청에 대한 재결서를 받은 날부터 60일 이내로 연장되었다. 그리고 설사 이의신청의 재결 사실과 그 내용을 알고 있다고 하더라도 이의재결서를 송달받지 못한 이상 소 제기 기간이 지나는 것은 아니다.[651] 또한 대법원은 "중앙 토수위를 상대로 이의재결의 취소를 청구하는 소송을 제기, 그 소가 진행되던 도중에 기업자를 피고로 추가하여 이의재결 취소청구의 소를 잔여지의 가격감소로 인한 손실보상청구의 소로 변경하였다면, 이의재결 취소청구의 소가 당초에 제소기간을 준수하여 적법하게 제기된 이상, 뒤의 소변경은 제소기간이 경과된 후에 이루어졌어도 부적법하지 아니하다"라

---

650) 대법원 2010. 1. 28. 선고 2008두1504 판결 [수용재결취소등] 수용재결에 불복하여 취소소송을 제기하는 때에는 이의신청을 거친 경우에도 수용재결을 한 중앙토수용위 또는 지방토지수용위원회를 피고로 하여 수용재결의 취소를 구하여야 하고, 다만 이의신청에 대한 재결 자체에 고유한 위법이 있음을 이유로 하는 경우에는 그 이의재결을 한 중앙토수위를 피고로 하여 이의재결의 취소를 구할 수 있다고 보아야 한다.
651) 대법원 1992. 7. 28. 선고 91누12905 판결 [토지수용재결처분취소]

고 한다.652)

④ 사업인정 하자의 재결에의 승계 문제
- 판례는 사업인정과 그 후의 재결은 단계적인 일련의 절차이나 사업인정의 하자는 명백하고 중대한 하자가 있어 당연 무효로 볼만한 특단의 사정이 없는 한 사업인정 처분 자체의 위법을 이유로 재결의 취소를 구할 수 없다는 입장이다.653) 같은 맥락에서 "택지개발예정지구의 지정과 택지개발계획의 승인은 후자가 전자의 처분을 전제로 한 것이기는 하나 각각 단계적으로 별개의 법률효과를 발생하는 독립한 행정처분이어서 선행처분에 불가쟁력이 생겨 그 효력을 다툴 수 없게 된 경우에는 선행처분에 위법사유가 있다고 할지라도 그것이 당연 무효 사유가 아닌 한 선행처분의 하자가 후행 처분에 승계되는 것은 아니다"라고 한다.654) 또한 "하자 있는 행정처분이 당연 무효가 되기 위해서는 그 하자가 법규의 중요한 부분을 위반한 중대한 것으로서 객관적으로 명백한 것이어야 한다. 나아가 하자가 중대하고 명백한지 여부를 판별할 때에는 그 법규의 목적, 의미, 기능 등을 목적론적으로 고찰함과 동시에 구체적 사안 자체의 특수성에 관하여도 합리적으로 고찰하여야 한다. 행정청이 어느 법률관계나 사실관계에 대하여 어느 법률의 규정을 적용하여 행정처분을 한 경우에 그 법률관계나 사실관계에 대하여는 그 법률의 규정을 적용할 수 없다는 법리가 명백히 밝혀져 그 해석에 다툼의 여지가 없음에도 불구하고 행정청이 위 규정을 적용하여 처분을 한 때에는 그 하자가 중대하고도 명백하다고 할 것이나, 그 법률관계나 사실관계에 대하여 그 법률의 규정을 적용할 수 없다는 법리가 명백히 밝혀지지 아니하여 그 해석에 다툼의 여지가 있는 때에는 행정청이 이를 잘못 해석하여 행정처분을 하였더라도 이는 그 처분 요건사실을 오인한 것에 불과하여 그 하자가 명백하다고 할 수 없다"고 한다.655)
- 한편 판례는 "도시계획사업허가의 공고 시에 토지세목의 고시를 누락하거나 사업인정을 함에 있어 수용 또는 사용할 토지의 세목을 공시하는 절차를 누락한 경우, 이는 절차상의 위법으로서 수용재결 단계 전의 사업인정 단계에서 다툴 수 있는 취소사유에 해당하기는 하나 더 나아가 그 사업인정 자체를 무효로 할 중대하고 명백한 하자라고 보기는 어렵고, 따라서 이러한 위법을 들어 수용재결처분의 취소를 구하거나 무효확인을 구할 수는 없다"고 하고 있다.656) 그러나 토지의 세목의 공고는 사업인정에 의하여 지정된 범위내에서 구체적으로

---

652) 대법원 1999. 10. 12. 선고 99두7517 판결 [토지수용이의재결처분취소]
653) 대법원 1992. 3. 13. 선고 91누4324 판결 [토지수용재결처분취소], 대법원 1993. 3. 9. 선고 92누16287 판결 [토지수용재결처분취소등]
654) 대법원 1996. 3. 22. 선고 95누10075 판결 [택지개발계획승인처분취소]
655) 대법원 2020. 11. 26. 선고 2018두34084 판결 [수용재결취소]
656) 법원 2009. 11. 26. 선고 2009두11607 판결 [재결취소처분], 대법원 2000. 10. 13. 선고 2000두5142 판결 [토지수용재결무효확인], 대법원 1988. 12. 27. 선고 87누1141 판결 [토지등수용재결처분취소]

수용할 수 있는 목적물을 결정하는 행위이며, 이로써 목적물에 대하여 막연한 효력밖에 없었던 사업인정이 현실화하고 구체화 된다. 그런데 이러한 세목고시를 누락한 것을 사업인정 자체를 무효로 할 중대하고 명백한 하자라고 보기는 어렵다는 것은 매우 의문스럽다. 토지세목고시에서 누락되면 토지소유자는 수용대상에 빠진 것으로 생각하고 사업인정단계 또는 수용재결 단계에서 다툴 수 없기 때문이다. 판례는 행정처분의 하자 승계 문제를 지나치게 엄격하게 해석하는 있다. 사업인정의 하자는 수용재결에서도 다툴 수 있다고 해석해야 옳다. 한편 판례는 이와 같은 차원에서 "표준지 공시지가 결정이 위법한 경우에는 그 자체를 행정소송의 대상이 되는 행정처분으로 보아 그 위법 여부를 다툴 수 있음은 물론, 수용보상금의 증액을 구하는 소송에서도 선행처분으로서 그 수용대상 토지 가격 산정의 기초가 된 비교표준지공시지가결정의 위법을 독립한 사유로 주장할 수 있다"고 하고 있다.[657]

⑤ 심리와 판결

- 심리란 판결의 기초가 되는 소송자료와 증거자료를 수집하는 절차를 말하는데, 심리는 민사소송법이 준용되므로 변론주의가 기본이 된다. 따라서 불고불리의 원칙 또는 처분권주의, 공개심리 및 구술심리주의가 적용됨은 당연하다. 다만 예외적으로 행정소송은 법원이 직권으로 증거조사를 할 수 있고, 당사자가 주장하지 아니한 사실에 대하여도 판단할 수 있는 직권심리주의 또는 직권탐지주의가 적용된다(행정소송법 제26조).

- 판결에는 소송판결과 본안판결, 종국판결과 중간판결이 있다. 소송판결은 행정심판전치주의·당사자적격·관할 등의 소송요건에 대한 판결을 말한다. 소송요건을 갖추지 못한 경우에는 소송판결로써 각하판결을 하게 된다. 중요한 것은 본안판결인데, 본안판결이란 당사자의 소송을 통한 청구의 전부 또는 일부의 당부(當否)에 대한 판결을 말한다. 본안판결은 다시 청구기각판결과 청구인용판결로 구별된다. 전자는 청구가 이유 없다고 하여 배척하는 판결이고, 후자는 청구가 이유 있다고 인용하는 판결이다. 이러한 청구인용판결에는 확인판결·이행판결·형성판결이 있다. 종국판결은 당해 심급을 완결하는 판결을 말하는데, 이에는 소송요건 불비를 이유로 하는 소각하판결, 청구를 이유 있거나 이유 없다고 하는 청구인용판결과 청구기각판결이 있다.

⑥ 법정 가산금 지급

- 사업시행자가 제기한 행정소송이 '각하·기각 또는 취하'된 경우, 재결이 있은 후 소송을 제기하였을 때에는 재결서 정본을 받은 날 또는 이의신청에 대한 재결이 있은 후 소송을 제기하였을 때에는 그 재결서 정본을 받은 날부터 판결일 또는 취하일까지의 기간에 대하여 「소송촉진 등에 관한 특례법」 제3조에 따른 법정이율을 적용하여 산정한 금액을 보상금에 가산

---

657) 대법원 2008. 8. 21. 선고 2007두13845 판결 [토지보상금]

하여 지급하여야 한다(토지보상법 제87조).

(3) 형식적 당사자소송(보상금증감소송)

① 의의 및 성질

- 형식적 당사자소송이란 행정청의 처분 등을 원인으로 하는 법률관계에 대한 소송으로서 처분청을 피고로 하는 것이 아니라 그 법률관계의 한쪽 당사자를 피고로 하는 소송을 말한다.
- 법적 성질은 처분의 효력을 다툰다는 점에서는 실질적인 항고소송에 해당하지만, 행정청을 피고로 하지 않고 당해 법률관계의 한쪽 당사자를 소송당사자로 한다는 점에서 항고소송이 아니라 당사자소송에 해당한다. 그래서 실질적으로는 항고소송이지만 형식적으로는 당사자소송이라고 하는 것이다.
- 형식적 당사자소송을 인정하는 이유는 항고소송과의 관계에서 복잡한 소송절차를 생략하고 당사자소송을 통하여 당사자의 권리구제를 직접적으로 할 수 있어서 소송경제에 적합하기 때문이다. 형식적 당사자소송의 필요성과 인정 여부에 관하여는 긍부정설의 대립이 있다. 그러나 토지보상법은 "행정소송이 보상금의 증감에 관한 소송인 경우 그 소송을 제기하는 자가 토지소유자 또는 관계인일 때에는 사업시행자를, 사업시행자일 때에는 토지소유자 또는 관계인을 각각 피고로 한다"라고 하여 형식적 당사자소송을 인정한다(법 제85조 제2항).

② 소송대상과 입증책임

- 「토지보상법」상 당사자소송의 대상은 관할 토지수용위원회 또는 중앙토지 수용위원회가 행한 재결로 형성된 법률관계인 보상금의 증감에 관한 것 뿐이므로 재결의 취소·변경은 물론, 토지수용위원회의 재결사항 중 보상금의 증감에 관한 사항 외에는 당사자소송의 대상이 될 수 없다.
- 보상금의 증감에 관한 소송에서 이의재결에서 정한 손실보상금액보다 정당한 손실보상 금액이 더 많거나 적다는 점은 원고가 입증하여야 하고,[658] 행정소송의 대상이 된 물건 중 일부 항목에 관한 보상액이 과소하고 다른 항목의 보상액은 과다한 경우에는 그 항목 상호 간의 유용을 허용하여 과다 부분과 과소 부분을 합산하여 보상금의 합계액을 결정하여야 한다.[659]

③ 재판관할, 소송요건, 당사자

- 재판관할은 항고소송인 취소소송과 같다(행정소송법 제40조).

---

[658] 대법원 2004. 10. 15. 선고 2003두12226 판결 [토지수용재결처분취소등]
[659] 대법원 2014. 11. 13. 선고 2014두1451 판결 [손실보상금], 대법원 2018. 5. 15. 선고 2017두41221 판결 [손실보상금증액등]

- 원고적격에 관하여는 토지보상법과 행정소송법에 취소소송과 같은 제한이 없으므로, 민사소송법이 준용된다(행정소송법 제8조 제2항). 따라서 보상금증액청구소송은 토지소유자 또는 관계인이 원고가 되고, 보상금감액청구소송은 사업시행자가 원고가 된다. 피고는 보상금증액청구소송은 사업시행자가, 보상금감액청구소송은 토지소유자 또는 관계인이 된다.
- 권리주체가 서울지방국토관리청 또는 서울특별시장과 같이 사업시행자가 권리주체가 아니라 권리주체의 기관인 경우에는, 손실보상금의 증감에 관한 행정소송은 그 행정청이 속하는 권리의무의 주체인 국가나 지방공공단체를 상대로 제기하여야 하는 것이지, 국가나 지방공공단체의 기관에 불과한 행정청을 상대로 제기할 수는 없다.[660]

④ 제소기간
- 제소기간은 취소소송의 규정이 적용된다고 보아야 할 것이다. 따라서 수용재결서를 받은 날부터 90일, 이의재결서를 받은 날부터 60일이다. 그리고 이 기간은 불변기간이라고 보아야 한다(행정소송법 제41조 참조). 관련청구의 이송과 병합도 취소소송이 준용된다(행정소송법 제44조 제2항).

⑤ 심리와 판결
- 취소소송의 경우와 같다. 변론주의가 기본이고, 직권심리주의 또는 직권탐지주의가 적용된다(행정소송법 제26조). 취소소송과 당사자소송은 기판력과 구속력을 가진다. 행정소송법은 국가를 상대로 하는 당사자소송의 경우에는 가집행선고를 할 수 없다고 규정하여 가집행선고를 제한하고 있었으나, 합리적 이유 없이 소송당사자를 차별하고 국가를 우대하는 것은 평등원칙에 위반된다고 하여 위헌판결을 받았다.[661] 사경제 주체로서는 국가도 개인과 다를 바 없으므로 너무도 타당한 판결이다.

(4) 무효 등 확인소송

① 의의
- 「토지보상법」상 무효등확인소송은 관할 토수위의 재결 또는 중앙 토수위의 이의신청에 대한 재결에 중대하고 명백한 하자가 있거나 재결이 존재하지 않는다는 것을 전제로 하여 재결의 무효확인 또는 부존재 확인을 청구하는 소송이다. 즉 행정청의 처분등의 효력 유무 또는 존재 여부를 확인하는 소송이다(행정소송법 제4조 제2호).

② 소송요건과 제소기간
- 무효등확인소송은 제소기간을 제외하고는 취소소송과 동일하다. 이의신청전치주의는 성질

---

660) 대법원 1993. 5. 25. 선고 92누15772 판결 [토지수용재결처분취소등].
661) 헌법재판소 1989. 1. 25. 88헌가7

상 인정되지 않는다.
- 무효등확인소송에서는 제소기간의 제한이 적용되지 않으므로 재결의 위법 사유가 중대·명백한 것인 때에는 관할 토수위의 재결에 대하여 그 재결서를 받은 날로부터 90일, 중앙 토수위의 이의신청 재결에 대하여 그 재결서를 받은 날로부터 60일이 초과하더라도 소송을 제기할 수 있다.

제8장

환매권

1. 개설

(1) 의의 및 근거

- 공익사업의 폐지·변경 또는 그 밖의 사유로 취득한 토지의 전부 또는 일부가 필요 없게 되거나 수용 후 오랫동안 수용의 전제가 된 공익사업에 이용되지 아니한 경우 피수용자가 수용의 목적물을 다시 취득할 수 있는 권리를 말한다.
- 환매권을 인정하는 취지는 토지 등의 원소유자가 사업시행자로부터 토지 등의 대가로 정당한 손실보상을 받았다고 하더라도 원래 자신의 자발적인 의사에 기하여 그 토지 등의 소유권을 상실하는 것이 아니어서 그 토지 등을 더 이상 당해 공공사업에 이용할 필요가 없게 된 때, 즉 공익상의 필요가 소멸한 때에는 원소유자의 의사에 따라 그 토지 등의 소유권을 회복시켜 주는 것이 공평의 원칙에 부합한다는 데에 있다.[662]
- 환매권 인정의 헌법적 근거는 재산권 보장에 있다. 법률적 근거는 토지보상법 제91조 제92조이다.

(2) 환매권의 성질

- 환매권의 성질이 공권이냐 사권이냐에 따라서 소송방식이 달라진다. 사권이라면 민사소송으로, 공권이라면 행정소송(공법상 당사자소송)으로 소를 제기하여야 한다. 대법원과 헌법재판소는 사법상의 매매로 보아서 사권설을 취하고 있다.[663]

---

662) 대법원 1993. 12. 28. 선고 93다34701 판결 [토지소유권이전등기]
663) 대법원 1992. 4. 24. 선고 92다4673 판결 [소유권이전등기], 대법원 2013. 2. 28. 선고 2010두22368 판결 [환매대금증감], 헌법재판소 1994. 2. 24. 92헌마283 [환매거부위헌확인등]

2. 환매권의 행사요건

(1) 사업시행자의 통지의무

- 사업시행자는 제91조제1항 및 제2항에 따라 환매할 토지가 생겼을 때에는 지체 없이 그 사실을 환매권자에게 통지하여야 한다. 다만 사업시행자가 과실 없이 환매권자를 알 수 없을 때에는 대통령령으로 정하는 바에 따라 공고하여야 한다(법 제92조 제1항). 공고는 전국을 보급지역으로 하는 일간신문에 공고하거나 해당 토지가 소재하는 시(행정시를 포함한다)·군 또는 구(자치구가 아닌 구를 포함한다)의 게시판에 7일 이상 게시하는 방법으로 한다(영 제50조).
- 사업시행자의 통지의무는 훈시규정이 아니라 의무규정이다. 그러나 통지의무는 환매의 조건이 아니라 환매의 최고에 불과하다. 따라서 통지가 없어도 환매권자는 환매를 할 수 있다. 환매는 환매권자의 일방적 의사표시로 성립한다.

(2) 환매권자

- 환매권자는 협의취득일 또는 수용개시일 당시의 토지소유자 또는 그 포괄승계인(이하 "환매권자"라 한다)에 한한다(토지보상법 제91조 제1항). 포괄승계인은 상속인 또는 합병 후의 법인이다. 따라서 특정승계인은 환매권자가 될 수 없고 환매권은 매매나 양도의 대상이 아니다.[664]

(3) 환매권의 대항력

- 환매권은 「부동산등기법」에서 정하는 바에 따라 공익사업에 필요한 토지의 협의취득 또는 수용의 등기가 되었을 때에는 제3자에게 대항할 수 있다(법 제91조 제5항). 제3자에게 대항할 수 있다는 것은 부동산등기법에 따라서 협의취득 또는 수용의 등기가 되어 있으면 협의취득 또는 수용의 목적물이 제3자에게 이전되더라도 환매권자는 제3자에게 대항할 수 있어서 환매권을 행사할 수 있다는 의미이다.[665]

(4) 환매권의 행사요건과 판단 기준

① 취득한 토지의 전부 또는 일부가 필요 없게 된 경우
- 공익사업의 폐지·변경 또는 그 밖의 사유로 취득한 토지의 전부 또는 일부가 필요 없게 된

---

[664] 대법원 2001. 5. 29. 선고 2001다11567 판결 [소유권이전등기]
[665] 대법원 2017. 3. 15. 선고 2015다238963 판결 [손해배상(기)]

경우 토지의 협의취득일 또는 수용개시일(이하 "취득일"이라 한다) 당시의 토지소유자 또는 그 포괄승계인은 사업의 폐지·변경으로 취득한 토지의 전부 또는 일부가 필요 없게 된 경우에는 관계 법률에 따라 사업이 폐지·변경된 날 또는 사업의 폐지·변경 고시가 있는 날 또는 그 밖의 사유로 취득한 토지의 전부 또는 일부가 필요 없게 된 경우에는 사업완료일부터 10년 이내에 그 토지에 대하여 받은 보상금에 상당하는 금액을 사업시행자에게 지급하고 그 토지를 환매할 수 있다(법 제91조 제1항). 그러나 매수하거나 수용한 잔여지는 그 잔여지에 접한 일단의 토지가 필요 없게 된 경우가 아니면 환매할 수 없다(법 제91조 제3항).

- 당해 사업의 '폐지·변경'이란 당해 사업을 아예 그만두거나 다른 사업으로 바꾸는 것을 말하고, '당해 사업'이란 협의취득 또는 수용의 목적이 된 구체적인 특정의 공익사업을 말하고, '취득한 토지가 필요 없게 된 때'라 함은 협의취득 또는 수용의 목적이 된 구체적인 특정의 공익사업이 폐지되거나 변경되는 등의 사유로 인하여 당해 토지가 더 이상 그 공익사업에 직접 이용될 필요가 없어졌다고 볼만한 객관적인 사정이 발생한 때를 말한다. 취득한 토지가 필요 없게 되었는지의 여부는 당해 사업의 목적과 내용, 취득의 경위와 범위, 당해 토지와 사업의 관계, 용도 등 제반 사정에 비추어 객관적 사정에 따라 합리적으로 판단하여야 한다.[666]

② 취득한 토지의 전부를 해당 사업에 이용하지 아니한 경우

- 취득일로부터 5년 이내에 '취득한 토지의 전부'를 해당 사업에 이용하지 아니하였을 때에도 토지를 환매할 수 있다. 이 경우 환매권은 취득일로부터 6년 이내에 행사하여야 한다(법 제91조 제2항).

③ 공익사업의 변환의 경우

- 공익사업의 변환이란 국가, 지자체, 「공공기관운영법」 제4조에 따른 공공기관(공기업)이 사업인정을 받아 토지를 협의취득 또는 수용한 후 해당 공익사업이 <u>토지보상법 제4조 제1호부터 제5호까지에 규정된 다른 공익사업(별표에 따른 사업이 제4조제1호부터 제5호까지에 규정된 공익사업에 해당하는 경우를 포함한다)</u>으로 변경되는 것을 말한다(법 제91조 제6항, 영 제49조 제1항). 이를 인정하는 이유는 협의취득 또는 수용의 목적이 된 공익사업이 그 후 사정변경에 따라 폐지 또는 변경되었을 경우 원칙적으로 환매를 인정한 다음 다시 협의취득이나 수용의 방법으로 다시 그 토지를 취득하는 번거로운 절차를 되풀이 하지 않기 위하여 인정하는 것으로 환매권 행사를 제한하는 것이다. 따라서 환매를 인정하지 않고 다른 공익사업에 사용하는 것이 가능한가라는 문제가 있다. 판례는 "당초의 공익사업이 공익성의 정도가

---

[666] 대법원 2021. 9. 30. 선고 2018다272988 판결 [손해배상(기)], 대법원 2016. 1. 28. 선고 2013다60401 판결 [환매권의통지절차이행등], 대법원 1997. 11. 11. 선고 97다36835 판결 [토지소유권이전등기], 대법원 2010. 9. 30. 선고 2010다30782 판결 [소유권이전등기]

높은 다른 공익사업으로 변경되고 그 다른 공익사업을 위하여 토지를 계속 이용할 필요가 있을 경우에는, 환매권의 행사를 인정한 다음 다시 협의취득이나 수용 등의 방법으로 그 토지를 취득하는 번거로운 절차를 되풀이하지 않게 하기 위하여 이른바 '공익사업의 변환'을 인정함으로써 환매권의 행사를 제한하려는 것이다"라고 하여 변환을 인정하고 있다.[667]

- 또한 판례는 " 변경된 공익사업이 토지보상법 제4조 제1~5호에 정한 공익사업에 해당하면 공익사업의 변환이 인정되는 것이지, 변경된 공익사업의 시행자가 국가·지방자치단체 또는 일정한 공공기관일 필요까지는 없다고 할 것이다. 따라서 이 사건 고속도로 건설사업이 토지보상법 제4조 제2호에 정한 공익사업에 해당함이 명확한 이상 이 사건의 경수고속도로 주식회사도 공익사업의 변환이 인정되는 사업시행자에 해당한다"고 한다. 즉 공익사업이 토지보상법 제4조 제1~5호에 해당할 경우에만 변환이 인정되는 것과는 달리 변경된 공익사업의 시행자는 공공기관에 한하지 않는다.[668]

- 공익사업 변환의 경우 국가, 지방자치단체 또는 공공기관은 공익사업이 변경된 사실을 대통령령으로 정하는 바에 따라 환매권자에게 통지하여야 한다. 사업시행자는 법 제91조 제6항에 따라 변경된 공익사업의 내용을 관보에 고시할 때에는 그 고시 내용을 법 제91조 제1항에 따른 환매권자에게 통지하여야 한다. 다만 환매권자를 알 수 없거나 그 주소·거소 또는 그 밖에 통지할 장소를 알 수 없을 때에는 제3항에 따른 공고로 통지를 갈음할 수 있다. 공고는 사업시행자가 공고할 서류를 해당 토지의 소재지를 관할하는 시장(행정시의 시장을 포함)·군수·구청장(자치구가 아닌 구의 구청장을 포함)에게 송부하여 해당 시(행정시를 포함)·군·구(자치구가 아닌 구를 포함)의 게시판에 14일 이상 게시하는 방법으로 한다(법 제91조 제6항 후단, 영 제49조 제2항 제3항).

- 만약에 사업시행자가 환매권 행사의 공고나 통지를 하지 않고 환매대상 토지를 처분하지 않은 상태에서 공익사업의 변환에 따른 환매기간의 경과로 환매권이 소멸한 경우에는 사업시행자의 공고·통지의무는 법적 의무로써 환매권 자체를 상실하게 하는 손해를 가한 경우, 불법행위의 성립한다. 원소유자 등의 환매권 상실로 인한 손해배상액은 환매권 상실 당시를 기준으로 한 목적물의 시가에서 환매권자가 환매권을 행사하였을 경우 반환하여야 할 환매가격을 공제한 금원이다. 환매권 상실 당시 환매목적물의 감정평가금액이 토지보상법 제91조 제1항에 정해진 '지급한 보상금'에 그때까지 사업과 관계없는 인근 유사토지의 지가변동률을 곱한 금액보다 적거나 같을 때에는 위 감정평가금액에서 위 '지급한 보상금'을 공제하는 방법으로 계산하면 되지만, 이를 초과할 때에는 [환매권 상실 당시의 감정평가금액 − (환매

---

667) 대법원 2015. 8. 19. 선고 2014다201391 판결 [소유권이전등기], 대법원 1992. 4. 28. 선고 91다29927 판결 [소유권이전등기], 헌법재판소 1997.6. 26. 선고 96헌바94
668) 대법원 2015. 8. 19. 선고 2014다201391 판결 [소유권이전등기]

권 상실 당시의 감정평가금액 − 지급한 보상금 × 지가상승률)]로 산정한 금액, 즉 위 '지급한 보상금'에 당시의 인근 유사토지의 지가상승률을 곱한 금액이 손해로 된다.[669] 이에 대하여는 채권인 환매권에 대한 불법행위 성립을 일반적으로 인정하는 것은 채권에 대한 불법행위 성립의 일반이론과의 균형상 부정하는 견해도 있다.

- 공익사업 변환의 경우, 토지소유자 등의 환매권의 행사기간은 관보에 해당 공익사업의 변경을 고시한 날부터 기산(起算)한다(법 제91조 제6항 전단). 즉 이 경우의 환매권은 '공익사업의 변경을 고시한 날부터 10년 이내'에 당해 사업의 폐지·변경 그 밖의 사유로 취득한 토지의 전부 또는 일부가 필요없게 된 경우 또는 '공익사업의 변경을 고시한 날부터 5년 이내'에 취득한 토지의 전부를 당해 사업에 이용하지 아니한 때에 각각 환매권이 발생한다. 이때 공익사업의 변환으로 인한 환매권은 그 성립의 기산점만 달리할 뿐 그 외 환매권의 행사기간, 대항력, 환매권의 소멸 등은 앞의 일반적인 환매권의 경우와 같다.

(5) 환매권의 행사 방법

- 환매권의 행사에 사업시행자의 동의는 필요 없다. 따라서 환매 금액에 대하여 다툼이 있는 경우에도 환매권 행사 시에 환매 금액에 대하여 결정하여야 하는 것은 아니고, 보상 시에 수령한 보상금 상당액을 지급하면 족하며, 환매 금액의 증감에 대하여는 환매권 행사 후에 별도로 정하면 된다. 여기서 보상금 상당액도 협의취득 또는 수용 시에 토지 등의 소유자가 사업시행자로부터 지급받은 보상금을 의미하고, 여기에 환매권 행사 당시까지의 법정이자를 가산한 금액을 말하는 것이 아니다.[670]
- 환매권을 재판상 행사하는 경우에는 매매의 일방예약에서 예약자의 상대방이 매매예약완결의 의사표시를 하여 매매의 효력을 생기게 하는 권리, 즉 매매예약의 완결권은 일종의 형성권으로서 당사자 사이에 그 행사 기간을 약정한 때에는 그 기간 내에, 그러한 약정이 없는 때에는 그 예약이 성립한 때부터 10년 내에 이를 행사하여야 하고 그 기간이 지난 때에는 예약완결권은 제척기간의 경과로 인하여 소멸한다. 예약완결권은 재판상이든 재판외이든 그 기간 내에 행사하면 되는 것으로서, 예약완결권자가 예약완결권 행사의 의사표시를 담은 소장 부본을 상대방에게 송달함으로써 재판상 행사하는 경우에는 그 소장 부본이 상대방에게 도달한 때에 비로소 예약완결권 행사의 효력이 발생하여 예약완결권자와 상대방 사이에 매매의 효력이 생기므로, 예약완결권 행사의 의사표시가 담긴 소장 부본이 제척기간 내에 상대방에게 송달되어야만 예약완결권자가 제척기간 내에 적법하게 예약완결권을 행사하였다고

---

669) 대법원 2000. 11. 14. 선고 99다45864 판결 [소유권이전등기], 대법원 2017. 3. 15. 선고 2015다238963 판결 [손해배상(기)], 헌법재판소 2011. 3. 31. 선고 2008헌바26 전원재판부 [헌공제174호,531]
670) 대법원 1994. 5. 24. 선고 93누17225 판결 [환매금액이의신청기각처분취소등]

볼 수 있다. 즉 환매의 의사표시를 담은 소장 부본이 피고에게 도달할 때에 비로소 환매권 행사의 효력이 발생하여 환매권자와 피고 사이에 매매의 효력이 생긴다.671)
- 환매대금은 선지급되어야 한다. 판례도 "환매는 환매기간 내에 환매의 요건이 발생하면 환매권자가 지급받은 보상금에 상당한 금액을 사업시행자에게 미리 지급하고 일방적으로 의사표시를 함으로써 사업시행자의 의사와 관계없이 환매가 성립하는 것이다. 따라서 환매기간 내에 환매대금 상당을 지급하거나 공탁하지 아니한 경우에는 환매로 인한 소유권이전등기 청구를 할 수 없다"고 한다.672)

(6) 환매권 행사대금(환매 대금)

- 환매 대금은 지가가 현저히 변동되지 아니한 경우에는 토지에 대하여 받은 보상금에 상당하는 금액이다(법 제91조 제1항). 다만 토지의 가격이 취득일 당시에 비하여 '현저히 변동된 경우'에는 사업시행자와 환매권자는 환매 금액에 대하여 서로 협의하되, 협의가 성립되지 아니하면 그 금액의 증감을 법원에 청구할 수 있다(법 제91조 제4항). 환매권존부확인소송, 환매금액증감청구소송은 민사소송을 제기해야 한다. 따라서 토수위에 재결을 신청할 필요가 없다.673)
- 토지의 가격이 취득일 당시에 비하여 '현저히 변동된 경우'란 "환매권 행사 당시의 토지가격이 지급한 보상금에 환매 당시까지의 해당 사업과 관계없는 인근 유사토지의 지가변동률을 곱한 금액보다 높은 경우"이다(영 제48조). 이를 산식으로 표현하면 환매금액 = 보상액 + [환매 당시의 토지 가액 − {보상액 × (1 + 지가변동률)}]이다.

(7) 환매권 행사 효과

---

671) 대법원 2019. 7. 25. 선고 2019다227817 판결 [건물명도(인도)], 대법원 1999. 4. 9. 선고 98다46945 판결 [소유권이전등기], 대법원 2008. 9. 11. 선고 2008다27301,27318 판결 [소유권이전등기등·소유권이전등기말소]
672) 대법원 2012. 8. 30. 선고 2011다74109 판결 [소유권이전등기] "협의취득 또는 수용된 토지 중 일부가 필요 없게 되어 그 부분에 대한 환매권을 행사하는 경우와 같이, 환매대상인 토지 부분의 정확한 위치와 면적을 특정하기 어려운 등 특별한 사정이 있는 경우에는, 비록 환매기간 만료 전에 사업시행자에게 미리 지급하거나 공탁한 환매대금이 나중에 법원의 감정 등을 통하여 특정된 토지 부분에 대한 환매대금에 다소 미치지 못한다고 하더라도, 그 환매대상인 토지 부분의 동일성이 인정된다면 환매기간 경과 후에도 추가로 그 부족한 환매대금을 지급하거나 공탁할 수 있다고 보아야 한다. 그리고 이러한 법리는 환매권자가 명백한 계산 착오 등으로 환매대금의 아주 적은 일부를 환매기간 만료 전에 지급하거나 공탁하지 못한 경우에도 적용된다고 봄이 신의칙상 타당하다. 또한 만약 환매권자가 미리 지급하거나 공탁한 환매대금이 환매권자가 환매를 청구한 토지 부분 전체에 대한 환매대금에는 부족하더라도 실제 환매의 대상이 될 수 있는 토지 부분의 대금으로 충분한 경우에는 그 부분에 대한 환매대금은 미리 지급이 된 것으로 보아야지, 환매를 청구한 전체 토지와 대비하여 금액이 부족하다는 이유만으로 환매대상이 되는 부분에 대한 환매권의 행사마저 효력이 없다고 볼 것은 아니다"라고 한다.
673) 대법원 2013. 2. 28. 선고 2010두22368 판결 [환매대금증감]

- 환매권은 형성권의 일종이다. 이에 관하여는 환매권을 공권으로 인정하면서 환매권자의 의사표시와 일정한 금액의 지급만으로 소유권이전의 효과가 즉시 발생한다는 설도 있고, 환매권을 사권으로 보아 환매권을 행사함으로써 소유권이전등기청구권이 발생한다는 설(예약완결권설의 입장, 판례)이 있다. 어쨌든 실무상으로는 환매권자가 환매권을 행사하여도 사업시행자가 임의로 소유권이전등기를 해 주지 않으면 환매권자는 사업시행자를 상대로 환매권 행사를 원인으로 한 소유권이전등기절차를 이행하라는 소송을 제기하여야 한다. 환매권의 행사로 발생한 소유권이전등기청구권은 환매권을 행사한 때로부터 일반채권과 같이 민법 제162조 제1항 소정의 10년의 소멸시효기간이 진행된다는 것이 판례이다.[674]

(8) 환매권의 소멸

- 사업시행자가 환매할 토지가 생겼음을 통지나 공고한 경우에는 통지를 받은 날 또는 공고를 한 날부터 6개월이 경과하면 소멸한다(법 제92조 제2항).
- 그러나 통지나 공고가 없는 경우에는 사업의 폐지·변경으로 취득한 토지의 전부 또는 일부가 필요 없게 된 경우에는 관계 법률에 따라 사업이 폐지·변경된 날 또는 사업의 폐지·변경 고시가 있는 날부터, 그 밖의 사유로 취득한 토지의 전부 또는 일부가 필요 없게 된 경우에는 사업완료일로부터 10년이 경과하면 소멸한다(법 제91조 제1항).
- 취득일부터 5년 이내에 취득한 토지의 전부를 해당 사업에 이용하지 아니하였을 때에는 취득일부터 6년이 지나면 소멸한다(법 제91조 제2항).

---

674) 대법원 1992. 10. 13. 선고 92다4666 판결 [소유권이전등기], 대법원 1999. 4. 9. 선고 98다46945 판결 [소유권이전등기], 대법원 2019. 7. 25. 선고 2019다227817 판결 [건물명도(인도)].

저자 소개

김태건 (金兌建)

대학과 대학원에서 법학과 부동산학을 전공하였다(법학석사, 부동산학박사). 법무부와 검찰 공무원, 로펌의 법무국장·사무국장 등 법조계에서 오랜 성상을 보냈다. 검찰·법무법인·변호사 등의 민사·형사·가사·행정소송 등의 업무를 모두 경험하였고, 고시학원의 법원·검찰직 공채반, 경찰관 승진시험반에서 형법·형사소송법·행정법 강의를 하였다. 현재는 고려사이버대학교 부동산학과 외래교수로 부동산경매실무 강의를 하고 있으며, 평택박사공인중개사사무소·부동산경매투자 및 컨설팅사무소·중개와 경매학원(김태건의 부동산경매학원-부동산중개실무, 부동산경매실무, 상가중개실무 전문학원)을 운영하면서, 유튜버 활동도 하고 있다.

.

➢ 저서(단행본) : 부동산 블랙박스 시리즈
- 시리즈① 상가주택임대차실무(권리금 포함)
- 시리즈② 상가창업과 상가중개실무 (총론)
- 시리즈③ 상가창업과 상가중개실무 (각론)
- 시리즈④ 부동산경매실무
- 시리즈⑤ 임차권·유치권의 대항력과 민사집행(근간)
- 시리즈⑥ 부동산사법 강의 (근간)
- 시리즈⑦ 실전 부동산중개실무(Ⅰ) - 중개실무일반, 민법과 계약실무, 법조실무 -
- 시리즈⑧ 실전 부동산중개실무(Ⅱ) - 상가중개실무, 부동산세법실무, 특약실무 -
- 시리즈 ⑨ 실전 부동산중개실무(Ⅲ) - 부동산공법실무 -
- 시리즈 ⑩ 실전 부동산중개실무(Ⅳ) - 토지보상실무 -
- 기 타 ⑪ 민사집행에 미치는 대항력의 범위와 한계에 관한 연구(부동산학박사 논문)
- 기 타 ⑫ 자동차사고와 의료과오의 경합에 따른 민사책임(법학석사 논문) 등이 있다.

➢ 학술논문

- ① 임차보증금반환채권의 가압류와 임대인의 지위승계에 관한 연구
  -대법원 2013. 1. 17.선고 2011다49523[추심금] 전원합의체 판결을 중심으로-
  (건국대학교 법학연구소 일감 부동산법학 제22호, 2021. 2. 등재)
- ② 부동산 유치권의 대항력 제한에 관한 법리 연구-대법원 판결과 관련하여-
  (건국대학교 법학연구소 일감 부동산법학 제23호, 2021. 8. 등재)
- ③ 권리금 회수기회보호 규정의 개선방안
  (한국부동산원 제7권 제3호, 2021. 11. 등재)
- ④ 권리금 보상 법제의 문제점과 입법과제
  (건국대학교 법학연구소 일감 부동산법학 제25호, 2022. 11. 등재)

➢ 운영 중인 SNS
- YouTube(유튜브) : 김태건의부동산중개경매TV
- 네이버 카페 : 김태건의 부투클럽/아카데미 운영
  http://cafe.naver.com/pyeongtaekbaksa
- 네이버 블로그 : 평택박사공인중개사 운영 : http://blog.naver.com/009ktg
- 이메일 : 009ktg@naver.com

◎ 김태건의 부동산경매학원
⊙ 홈페이지 :
⊙ 학원 주소 : 경기도 평택시 평남로 1069 정성빌딩 5층
⊙ 학원 전화번호 : 031-655-1555

☞ (잠깐)
실전 부동산중개실무(Ⅰ)~(Ⅳ) 시리즈, 주택상가임대차실무, 부동산경매실무를 구입하신 분으로서,
1. 네이버 카페 "김태건의 부투클럽/아카데미"에 가입하시고
2. 이메일로 "성명, 직업, 사는 곳, 휴대전화 번호, 책 표지 사진"를 보내주시면, 이 책에서 인용한 '부동산 서식과 특약사항'을 디지털로 활용할 수 있도록 이메일로 보내드리고, 카페회원 등급을 모범회원으로 바로 승격해 드립니다.

저자와
협의하여
인지생략

실전 부동산중개실무(Ⅳ) -토지보상실무-

초 판 인 쇄	2023년 3월 6일
초 판 발 행	2023년 7월 24일
저　　　자	김 태 건
발 행 인	김 미 혜
발 행 처	도서출판 애플북
E - mail	appled@daum.net
인스타 아이디	applebook33
ISBN	979-11-982621-6-5 (13320)
가　　격	40,000원

* 이 책의 무단전재 및 복제를 금합니다.